상고한어의 비대격동사와 형태현상

上古汉语非宾格动词研究

寡人目親傷

'敗' *Apraads, *braads

'斷' *toon?, *doon?

'見' *keens, *geens

'折' *?ljed, *hljed

敗三國, 三國不敗

共王傷其目

상고한어의
비대격동사와
형태현상

上古汉语非宾格动词研究

楊作玲 지음 / 박원기 옮김

學古房

　전통적인 문법에서는 동사를 급물과 불급물의 두 유형으로 구분하게
되는데, 이때 급물과 불급물의 구분 기준은 바로 목적어를 갖는가의 여
부이다. 그래서 목적어를 갖는 것을 급물동사라 하고 목적어를 갖지 못
하는 것을 불급물동사라 한다. 1978년 D.M.Perlmutter는 불급물동사에
대한 연구 방향을 보다 발전시켜서, 불급물동사의 유일한 논항은 심층
구조 속에서의 의미역이 사실상 두 가지임을 발견하였다. 그 하나는
심층구조 속의 피동작주이고, 다른 하나는 심층구조 속의 행위주이다.
이로부터 비대격동사(unaccusative verb)와 비능격동사(unergative verb)
의 구분이 이루어졌다. 그리고 1994년 Dixton R.M.W가 《Ergativity》란
책을 출판하였고, 이어서 이듬해에 Levin B. & M.Rappaport Hovav가
《Unaccusativity: At the Syntax-lexical Semantics Interface》란 책을 출판
하였는데, 이 두 저서의 연구관점과 범위가 비록 다르긴 하지만 이들이
관심을 갖는 주요 대상은 모두 비대격동사이다.
　楊作玲박사는 이러한 비대격동사 이론을 상고한어 동사 연구에 운
용하여 상고한어 비대격동사의 각종 유형을 매우 체계적으로 고찰하였
고, 상고한어 비대격동사 하위범주 간의 차이와 하위범주 내부 동사들
간의 통사적 차이를 밝혀냈다. 그녀는 아울러 상고한어 비대격동사의
비대격성이 획일적이지 않으며 비대격동사와 비능격동사 간에도 경계
가 불분명함을 발견하였다. 楊作玲박사의 연구는 기존의 연구와 비교
할 때 주목할 만한 매우 독특한 특징이 있다. 그것은 바로 그녀가 비대
격동사의 '淸濁別義'현상에 주목하고, 나아가 '去聲別義'와 비대격동
사 간의 관계에 대해서도 주목을 하였다는 점이다. 그리하여 그녀는 淸

濁別義와 비대격동사의 통사기능을 결합하여 淸濁 兩讀의 통사기능을 따로 분리하여 고찰하게 되었고, 去聲別義 현상이 비대격동사의 통사 기능에 대해 어떠한 제약을 가하는지에 대해서도 주목하게 되었다. 이것은 바로 상고한어 통사연구 과정에서 가장 최초로 이루어진 체계적인 형태론적 안목이라 할 수 있다.

楊作玲박사는 또 상고한어 비대격동사의 통사 투사규칙에 대한 토론에 대해 만족하지 않고, 이를 바탕으로 상고한어의 유형적 특징을 보다 진일보하게 고찰하였다. 언어유형학 연구에서는 대격형언어와 비대격형언어가 통사 투사에 있어서 큰 차이를 보이고 있음을 밝혀냈다. 예컨대, 대격형언어는 능동과 피동 구분에 주안을 두고, 능격형언어는 자동과 사동 구분에 주안을 둔다. 그리고 1990년대 徐通鏘선생은 일찍이 "한어와 인구어의 현저한 차이점은 바로 인구어가 능동과 피동을 중심으로 하고, 한어가 자동과 사동을 중심으로 한다는 점이다."라고 한 바 있다. 楊作玲박사는 이러한 기존 학자들의 연구 성과와 자신의 연구를 종합하여, 상고한어가 일종의 '의미 능격형 언어'임을 제기하였다. 이러한 결론은 보다 심도 있는 상고한어의 형태-통사 연구를 위해 매우 중요한 방향성을 제시하고 있다.

楊作玲박사의 연구는 상고한어 비대격동사의 통사 투사규칙을 밝혀냈을 뿐 아니라 더 깊이 사고해 볼만한 중요한 문제도 제시하고 있다. 이를테면, "왜 原生性 상태동사의 사동화는 형태적 수단을 채택하고 非原生性 상태동사의 사동화는 '의미역 첨가'라는 사동 통사틀을 채택하게 된 것인가?" "왜 상고한어 급물성의 확장은 거의 경계가 없는 것인가?" 등등의 문제가 바로 그것이다. 필자는 楊作玲박사가 앞으로도 지속적으로 노력하여 상고한어 형태-통사 분야의 산적한 수수께끼를 점차적으로 해결해주기를 바란다.

楊作玲박사가 2003년 南開大學에 왔을 때 그녀는 이미 한 사람의 아내이자 한 아이의 어머니였다. 그 후 6년간 그녀는 각고의 노력을 경주하여 연구에 임하였다. 이 책은 바로 그녀의 박사논문을 바탕으로 완성된 것이다. 필자는 그녀의 지도교수로서 그녀의 성공을 바라마지 않으며 아울러 그녀의 연구 정신에 경의를 표하는 바이다. 물욕이 넘쳐나는 작금의 세태에 그녀의 이러한 연구 정신은 매우 귀중하고 보배로울 따름이다.

洪波

甲午正月 京城四母齋에서

　역자는 학부시절 한문학과를 다녔기에 한문을 접할 수 있는 기회가 많았다. 그러나 한문은 어린 학부생이던 역자에게 너무나도 어렵고 험난한 대상이 아닐 수 없었다. 교수님들의 수업을 꾸역꾸역 따라가면서, 그리고 선배들과 하던 '經書講讀班'이란 학과내 공부모임에 다니면서 한문 공부를 나름 열심히 했다고 생각했는데, 역시나 한문은 여지없이 나의 기대를 저버리고 나에게 계속 멀게만 느껴졌었다. 사실, 한문을 제대로 배우고 문리까지 깨우치려면 적어도 10년간은 서당에서 칩거하며 공부를 해야 한다. 물론 이렇게 해도 완벽한 상태의 해석능력을 갖추는 것은 어려울 수 있다. 다른 외국어에 비해 도대체 한문은 왜 이렇게 습득의 어려움이 있는 것일까? 역자는 끊임없이 고민했고, 급기야 이를 해결하고자 대학원에 진학해 고대중국어를 연구하게 되었다. 그 과정에서 먼저 중국성운학에 꽂혀서 석사과정에서는 성운학을 공부하게 되었다. 그 이후 박사과정에 가서는 한문공부를 하면서 四書集注註疏에서 나를 또 괴롭혔던 이른바 '早期白話'로 불리는 근대한어를 공부하게 되었다. 그러다 보니 어느덧 십여 년의 세월동안 애초의 목표에서 벗어나 다른 분야에 천착하고 있었던 것이다. 그런데 이 공부들을 하면서 점차 '한문'의 실체에 접근할 수 있는 상고한어문법에 대한 탐구 욕심과 연구 능력이 생기기 시작했다. 그것은 바로 근대한어문법을 연구하면서 역사적 변화에 심취하며 중국어의 전체 변화과정에 대한 이해도가 높아진 덕분도 있고, 성운학을 공부하며 상고한어의 근본적인 실체를 접근할 수 있는 중요한 음운학적 분석 무기를 갖추게 된 덕분도 있다. 그렇다. 상고한어문법을 연구하기 위해서는 단순히 문법 지식만으로는 한계가 있다. 그것은 바로 상고한어의 독특한 특징 때문이다.

상고한어는 현대한어 심지어 六朝시대의 중고한어와도 다른 모종의 독특한 유형적 특징을 갖는 언어이다. 이른바 굴절과 분석식이 융합된 언어로, 마치 지금의 영어와 유사하다고 할 수 있다. 지금까지 상고한어 문법에 대한 연구는 수없이 많은 학자들에 의해 진행되어 왔다. 이른바 최초의 중국 문법책이라 불리는 馬建忠의 《馬氏文通》마저도 사실상 한문의 문법을 다루고 있는데, 여기서부터 21세기에 이르기까지 지난 100여 년 간 상고한어문법에 대한 연구는 장족의 발전을 이루어 왔다. 그러나 지금까지 나온 연구 성과들은 대부분 문법 중에서 통사적 특징과 허사를 중심으로 연구가 이루어져 왔다. 특히 상고한어의 허사 연구는 이미 상당 수준에 이르렀고, 관련 허사 사전도 종류가 다양할 정도이다. 그리고 통사적 측면에서도 기본 문형에 대한 귀납과 정리 심지어 그것의 역사적 변천 과정에 대해서도 연구가 많이 이루어진 상태이다. 그러나 상고한어의 형태연구는 현재까지 연구가 매우 미진한 상황이다. 그 이유는 상고한어의 형태현상을 관찰하고 분석하기 위해서는 한자 하나하나의 음운구조를 먼저 알아야 하기 때문이다. 상고한어의 한자 하나는 하나의 단어에 해당하며 특히 한자 내부에 접두사나 접미사 같은 파생접사, 그리고 각종 굴절접사가 숨겨져 있다. 현대한어의 각종 접사들이 독립된 하나의 문자로 표기되어 쉽게 확인이 되는 것과 달리 상고한어의 접사 등 각종 형태표지들은 이처럼 한자 속에 숨겨져 있어서 현대한어식의 관점으로는 도저히 그 실체를 밝혀낼 수가 없다. 그럼에도 불구하고 현재까지 일부 학자들의 노력으로 그 실체가 점차 드러나게 되었다. 일찍이 周法高 선생 등을 필두로 고대 經師들의 音注에 존재하는 淸濁別義, 四聲別義가 연구되기 시작했으며, 이후 그 연구 성과가 점차 축적되고 이론도 발달하여 현재는 金理新, Laurent Sagart, William H. Baxter 등의 학자들에 의해 전문적으로 연구되고 있다. 이들은 기본적으로 상고음을 연구하는 성운학자들이며 상고한어 형태의 본격적인 연구는 일차적으로 이들에 의해 시작되었다. 그런데 최근에 와서는 상고한어의 문법을 연구하던 학자들에 의해 형태가 연구되기 시작했는데 그 선두에 있는 이가 바로 洪波이다. 그는 상고한어의 대명사 등을 연구하면서 일찍이 周나라 언어와 殷나라 언어의 차이를 밝혀내고 이를 漢藏언어학 이론과 접목하여 매우 입체적으로 상고한어를 연구하였다. 그리고 이것을 바탕으로 이른바 의미역첨가표지라고 불리는 *-s3이라는 형태표지를 발견해내기도 하였다. 이처럼 상고한어의 형태 연구는 크게 음운학자들을 중심으로 한 연구와 문법학자들을 중심으로 한 연구로 가름할 수 있는데, 최근에는 이들의 연구 성과가 유기적으로 융합하여 보다 완벽한 연구 성과가 나오고 있다. 이러한 모든 성과는 바로 상고한어를 고립적으로만 보지 않고 漢藏언어학이론과 결부시키려고 하는 입체적인 노력의 결과이다.

金理新은 일찍이 《上古漢語音系》라는 저서에서 상고한어의 諧聲字 원칙을 언급한 바 있다. 해성자는 단순한 문자상의 문제가 아니라 어근에 접사가 붙는 형태 현상을 문자상으로 표현해낸 것이며, 거기의 공통분모인 어근이 바로 성부라고 하였다. 그의 이 이론은 당시 중국음운학계는 물론 문법학계에도 큰 파장을 불러 일으켰고, 상고한어 형태 연구의 매우 중요한 바탕을 제공하게 되었다. 다만, 음운학을 중심으로 연구하는 학자들의 연구는 형태현상이 통사현상과 밀접하게 결부되어 움직이는 현상을 종종 간과하게 되어 보다 실제적인 상고한어의 면모를 밝히는데 아쉬움을 남기곤 했다. 이에 楊作玲선생의 본서는 통사중심의 기존 상고한어문법 연구의 전형적인 방법론과 음운학 연구의 성과를 접목하여 두 가지 상이한 영역의 융합을 통해 보다 상고한어의 실체에 접근할 수 있는 전면적인 상고한어 형태연구를 해내게 되었다. 거기다가 기존 상고한어문법 연구에서 항상 자동사/타동사라고 하는 고정관념에 사로 잡혀 지지부진했던 동사의 분류 연구를 이른바 '비대격이론'을 통해 새로운 관점에서 해결책을 제시하고 있다. 그리하여 한편으로 상고한어 동사를 급물동사와 비대격동사, 비능격동사 등으로 분류함으로써 기존에 상고한어학계에서 자주 언급해왔던 '사동용법'의 문제를 동시에 해결하게 되었다. 즉, 기존에 막연하게 인식해왔던 이른바 '사동용법'이 상고한어 비대격동사의 주요 특징 중 하나라는 식으로 통사와 형태론적 방법을 융합하여 해결해 내고 있다. 또한 상고한어의 유형을 '의미 능격형 언어'라고 밝혀내기도 했다. 그녀의 이러한 성과는 '한자'라고 하는 형식의 틀 속에 갇혀 있던 기존의 연구자들을 해방시키고 보다 입체적으로 상고한어를 연구할 수 있는 매우 중요한 방향을 제시하고 있다.

역자가 품어왔던 그간의 '한문'의 실체에 대한 의문점은 이러한 연구들을 접하면서 서서히 풀리기 시작했다. 이러한 성과는 중국의 음운학자들의 성과, 문법학자들의 성과 그리고 漢藏언어학의 연구 성과가 하나로 결합되면서 나오게 된 매우 경이로운 성과라 할 수 있다. 역자에게 새로운 연구의 방향과 시야를 제공해준 洪波선생, 金理新선생에게 이 자리를 빌어 다시 한 번 감사의 말씀을 전하고 싶고, 특히 그들의 연구 성과를 잘 녹여 상고한어 역사의 새로운 장을 써나간 楊作玲선생의 노고에 경의를 표한다. 아울러 항시 어려운 상황임에도 흔쾌히 중국언어학 이론서 출판에 적극적인 협조를 해주신 학고방 사장님과 직원 여러분께도 중국언어학자들을 대표해 감사의 말씀을 전하고자 한다. 이 책의 출판으로 국내의 상고한어 연구에도 새로운 관점과 연구방법론이 도입될 수 있기를 간절히 희망한다.

2020년 6월 인문대학 연구실에서
박원기

제1장 서론 ·· 21

제1절 상고한어 동사 연구개황 ························· 21
   1. 전통적인 동사 분류 연구 개황 ················· 22
   2. 상고한어 능격동사(作格動詞) 연구 개황 ············· 25
   3. 과거의 동사 연구는 음운차이를 중시하지 않았다. ·········· 29

제2절 비대격동사 이론 및 주요 성과 ·················· 32
   1. 비대격동사 이론의 핵심 논리 ················· 33
   2. 비대격동사 이론 연구의 주요 성과 ················· 34

제3절 연구방법 및 주요 목표 ························· 40
   1. 상고한어 비대격동사의 주요 의미유형과 판별식 ·········· 40
   2. 상고한어 비대격동사의 통사 표현 고찰 ············· 42

제4절 본 서와 관련된 용어의 정의 및 내용의 편성 ············ 44

상편

제2장 상태동사 ··· 49

제1절 '敗'류 동사-'敗', '折', '斷', '盡', '壞' ·················· 49
   0. 도입 ················· 49   1. 敗 ················· 51
   2. 斷 ················· 62   3. 折 ················· 65

4. 盡 ······················ 71   5. 壞 ······················· 77

6. 소결 ···················· 82   7. 기타 사항 ·············· 88

제2절 '見'류 동사 - 見, 降, 解 ······································· 90

0. 도입 ···················· 90   1. 見 ······················· 91

2. 降 ····················· 99   3. 解 ······················ 114

제3절 '治'류 동사 - 治, 毁, 張, 沉, 生1 ······················· 132

0. 도입 ·················· 132   1. 治 ······················ 133

2. 毁 ···················· 140   3. 張 ······················ 148

4. 沉(湛, 沈) ············· 155   5. 生1 ····················· 160

제4절 '傷'류 동사 - 傷, 破, 止, 開/啓, 死 ····················· 163

0. 도입 ·················· 163   1. 傷 ······················ 164

2. 破 ···················· 172   3. 止 ······················ 177

4. 開/啓 ················· 183   5. 死 ······················ 190

제**3**장 **存現동사 - 起, 作, 興, 立** ····························· 197

0. 도입 ··· 197

제1절 起 ·· 200

1. '일어나다'의미 '起'의 통사 기능 ···························· 200

2. '출현하다'의미 '起'의 통사 기능 ···························· 202

3. 소결 ··· 205

제2절 作 ·· 207

1. '일어나다(站起)'의미 '作'의 통사 기능 ···················· 207

2. '발생하다(興起)'의미 '作'의 통사 기능 ···················· 208

3. 소결 ··· 211

제3절 興 ·· 213

  1. '일어나다(站起)'의미 '興'의 통사 기능 ···················· 213

  2. '발생하다(興起)'의미 '興'의 통사 기능 ···················· 214

  3. 소결 ·· 217

제4절 立 ·· 218

  1. '일어나다(站起)'의미 '立'의 통사 기능 ···················· 218

  2. '세워지다/세우다(興起)'의미 '立'의 통사 기능 ············· 219

  3. '지위에 세워지다/세우다(确立)'의미 '立'의 통사 기능 ········· 222

  4. 소결 ·· 226

제5절 본장소결 ··· 230

제**4**장 방향동사 ·· 233

제1절 지시방향류: 來, 去 ··· 236

  1. 來 ························ 236   2. 去 ························ 243

제2절 이향류(里向類): 入(內/納) ·· 252

  1. 入 ························ 253   2. 內 ························ 258

  3. 納 ························ 259   4. 소결 ···················· 260

제3절 외향류(外向類): 出 ·· 266

  1. 入聲의 '出' ············· 268   2. 去聲의 '出' ············· 272

  3. 소결 ···················· 273

제4절 하향류(下向類) ·· 276

  1. 落, 墮, 墜, 隕 ········· 276   2. 下 ························ 280

제5절 후향류(後向類) ··· 282
  1. 退 ················· 283   2. 卻 ················· 285
  3. 返 ················· 287

제6절 전향류(前向類) ··· 292
  1. 단순식('가다'의미) ··· 292
  2. 부정문 ·· 292
  3. 연동구조 ·· 293
  4. 직접 목적어를 갖는 경우 ································· 293
  5. 사격목적어를 갖는 경우 ·································· 293

제7절 상승류(上昇類) ··· 296

제8절 경과류(經過類)와 환요류(環繞類) ···················· 300
  1. 경과류 ················· 300   2. 환요류('돌다'의미) ········ 303

제9절 부정향류(不定向類) ·· 305
  1. 聚 ('모이다', '모이게 하다') ··························· 305
  2. 散 ('흩어지다', '흩어지게 하다') ····················· 308

제10절 본장 소결 ··· 310

제5장 심리동사 -'怒, 懼, 畏, 服, 悅, 喜' ··············· 315

제1절 怒 ··· 315
  1. '怒'의 통사 기능 ········· 315   2. 소결 ················· 319

제2절 懼 ··· 322
  1. '懼'의 통사 기능 ········· 322   2. 소결 ················· 326

제3절 畏 ··· 328
    1. '畏'의 통사 기능 ········· 328   2. 소결 ·································· 332

제4절 服 ··· 334
    1. '服'의 통사 기능 ········· 334   2. 소결 ·································· 338

제5절 悅 ··· 341
    1. '悅'의 통사 기능 ········· 341   2. 소결 ·································· 346

제6절 喜 ··· 348
    1. 上聲 '喜'의 통사 기능 ······························ 349
    2. 去聲 '喜'의 통사 기능('좋아하다'의미) ········ 351
    3. 소결 ·· 353

제7절 본장소결 ··· 354

제**6**장 형용사의 비대격성 탐구 -'順, 紓/緩, 亂, 深, 遠' ······ 359

제1절 順 ··· 359
    1. '順'의 통사 기능 ········· 359   2. '訓'의 통사 기능 ········· 362
    3. 소결 ···························· 364

제2절 紓/緩 ·· 370
    1. '紓'의 통사 기능 ········· 371   2. 緩 ······························ 374
    3. 소결 ···························· 376

제3절 亂 ··· 378
    1. '亂'의 통사 기능 ········· 378   2. 소결 ·································· 382

제4절 深 ··· 384
    1. 平聲 '深'의 통사 기능 ···· 385   2. 소결 ·································· 388

제5절 大/小 ·· 389
   1. '大', '小'의 통사 기능 ····· 389   2. 소결 ···························· 393

제6절 본장 소결 ··· 393

하편

제7장 비대격동사의 판별식 및 그 의미 ······································· 397

제1절 전형적인 비능격동사의 통사 특징 – '勝', '哭', '坐', '走', '吠'를
   중심으로 ··· 397
   1. 勝 ···························· 397   2. 哭 ···························· 400
   3. 坐 ···························· 402   4. 走 ···························· 405
   5. 吠 ···························· 410   6. 소결 ························· 411

제2절 전형적인 급물동사의 통사적 특징 – '圍', '斬', '取', '伐', '誅' 414
   1. 圍 ···························· 414   2. 斬 ···························· 418
   3. 取 ···························· 422   4. 伐 ···························· 425
   5. 誅 ···························· 428   6. 소결 ························· 431

제3절 비대격동사의 판별식 및 그 합리성 토론 ···························· 433
   1. 판별식의 합리성에 대한 토론 ···································· 436
   2. 외현적 비대격 현상 ·· 460
   3. 先秦시기 영주속빈문을 통해 본 "王冕死了父親"의 역사적 기원
   ··· 466

제4절 각 의미 유형별 동사 비대격성의 강약 ······························ 488
   1. 존현동사는 전형적인 비대격동사이다. ··························· 488

2. 방향동사의 비대격성에 대한 토론 ································· 492

3. 심리동사의 비대격성에 대한 토론 ································· 499

4. 형용사의 비대격성에 대한 토론 ··································· 501

제5절 본장 소결 ·· 512

제**8**장 비대격동사의 파생 방향 및 관련 문제 ······················ 517

제1절 비대격동사의 파생 방향 ·· 517

1. 비대격동사에서 급물동사가 파생되는 경우 ················· 520

2. 급물동사에서 비대격동사가 파생되는 경우 ················· 524

3. 비능격동사에서 비대격동사가 파생된 경우 ················· 532

제2절 두 가지 서로 다른 淸濁 교체형식 ····························· 534

1. '見'의 淸濁 교체 ··· 535

2. '解'의 淸濁 교체 ··· 543

3. '見'류 동사 淸濁 교체의 기원 ··································· 548

제**9**장 상고한어의 언어 유형 탐색 ································· 555

도입 ·· 555

제1절 상고한어의 급물성 확장 ·· 557

1. 급물성 확장의 통사식 ·· 558

2. 급물성 확장의 형태식 ·· 560

3. 前向類 방향동사 통사적 차이의 원인 ························· 564

제2절 명사성분의 비강제성 ··· 573

제3절 사동태 ··· 578
  1. 사동태 접두사 s-와 관련된 淸濁別義 ··················· 579
  2. 피동태 문제 ·· 588

제4절 어순 및 사격목적어의 실현 ······················· 593
  1. 어순 ·· 593
  2. 탈대격화(去賓格化) ····································· 594

제5절 상고한어의 언어 유형 상황 ······················· 601
  1. 藏語의 사동태 접두사 *s-와 언어유형 간의 관계 ······· 601
  2. 상고한어 언어 유형의 경향: 의미 능격형 언어 ············ 608

제**10**장 결어 ··· 613

참고문헌 ··· 619

제1장

서론

제1절 상고한어 동사 연구개황

상고한어 동사의 연구 성과는 저술 유형에 따라 크게 세 가지로 나눌수 있다. 첫 번째는 개별언어문법(Reference grammar)으로서의 동사 연구를 들 수 있는데, 이것은 최초《馬氏文通》(1989)으로 출발하여 이후《古漢語語法及其發展》(楊伯峻, 何樂士 2001) 등이 있으며, 제목이《古漢語語法》,《古漢語語法學》인 저작이나 교재 등도 여기에 속한다. 두번째는 전문 텍스트의 동사 연구를 들 수 있다. 여기에는《〈呂氏春秋〉詞類研究》(殷國光 1997),《〈論語〉的動詞, 名詞研究》(邊瀯雨 1997),《〈左傳〉謂語動詞研究》(張猛 1998, 2003),《〈孫子兵法〉謂詞句法語義研究》(易福成 1999),《〈戰國策〉動詞研究》(金樹祥 2000) 등이 있다. 세 번째는 단편적인 전문주제 연구로, 여기에는 Cikoski(1978a, b), 大西克也(2004), 宋亞云(2005) 등이 있다. 한편, 연구의 취향을 중심으로도 구분해 볼 수가 있다. 첫 번째 케이스는 바로 전통적인 '급물성(及物性)'이란 개념의 영향 하에 이루어진 전통적인 동사 분류 연구가 그것이다. 여기에는《馬氏文通》(1989)과 李佐豊(1983)이 대표적이다. 그리고 두번째 케이스는 이른바 '능격동사(作格動詞)'라는 개념을 도입한 연구로, Cikoski(1978a, b), 易福成(1999), 大西克也(2004), 宋亞雲(2005), 巫雪如(2009) 등이 있다.

1. 전통적인 동사 분류 연구 개황

상고한어의 동사 연구 시스템에서는 《馬氏文通》(1898)이후부터 지금까지 줄곧 '급물(及物)'과 '불급물(不及物)'의 개념으로 동사를 구분해 왔다. 그리고 이러한 이분법은 혹은 '외동사(外動詞)', '내동사(內動詞)'라고 불리기도 하였고, '타동사(他動詞)'와 '자동사(自動詞)'로 불리기도 하였다.

馬씨가 이렇게 동사를 '외동'과 '내동'으로 분류한 기준은 바로 '止詞(즉, 피동작주목적어(受事賓語))'를 가지냐의 여부였다. 그래서 불급물동사는 '止詞'를 갖지 않는 대신 이른바 '轉詞(처소, 대상, 원인 등을 나타내는 목적어)'는 가질 수 있다. 이에 반해 급물동사는 바로 '止詞'를 가질 수 있다. 그런데 馬씨의 이러한 분류는 결코 철저하게 관철되지 못했는데, 그 이유는 아래의 두 가지로 요약할 수 있다.

첫째, 외동사와 내동사를 분류하는 형식상의 기초인 '轉詞'와 '止詞'의 구분이 분명치 않아 외동사와 내동사에 대한 판단에 문제가 있다. 이것은 《〈馬氏文通〉讀本》(이하 《讀本》으로 간칭)에 있는 '導言'에서 이미 밝힌 바 있다. 즉, 《馬氏文通》의 '正名'에는 '轉詞'를 위한 전문적인 정의의 내용이 없었고, '轉詞'에 대한 몇 차례의 논술 역시 대상이 모두 달랐다. 그리하여 다음과 같은 두 가지 표현이 있다.

> "외동사의 행위가 바깥까지 미치는 것으로 한 극단에만 머물지 않는 것이다. 止詞 외에도 다른 원인에 의해 다른 극단으로 미치는 것이 있기 때문에 그에 의해 미치는 것을 '轉詞'라 한다."[1]

----

1) 원문: 外動行之及於外者, 不止一端. 止詞之外, 更有因以轉及別端者, 爲其所轉及者曰'轉詞'

"내동사의 행위가 바깥까지 미치지 않기 때문에 그 행위를 받는 止詞가 없다……행위를 하는 자는 안으로 이루어지는 행위이므로, 혹은 그 장소가 달라지고 혹은 그 효과가 드러나므로, 이를 밝힐 말이 없을 수는 없다. 이것이 바로 이른바 '轉詞'이다"[2]

　'轉詞'는 통사적 특징이 다양하여, 형식 측면에서 "전치사가 그 보다 먼저 출현(介字以先焉)"할 수 있고, 또 "전치사가 앞에 없을 수도 있지만 전치사가 없어도 다시 전치사를 더할 수가 있다(或無介字以先之, 或雖無介字却可以加介字)." 의미도 하나가 아니어서, "사람을 가리키거나 장소, 시간을 가리키고, 또는 가치, 도량, 원인, 목적, 효과, 분야 등을 가리키기도 한다(指人, 指處, 指時, 指價值, 度量, 原因, 目的, 效果, 方面等)."(《讀本》p.17-18)

　둘째, 使動용법이 있는 동사를 다루는 문제에 있어서, 馬씨는 단지 그럴 듯하게 꾸며대기만 했다. 그래서 동일한 동사가 어느 때는 '내동'이었다가 어느 때는 또 '외동'이기도 했다.《馬氏文通》에서는 사동용법이 있는 동사에 대해서 '내동사가 마치 외동사처럼 쓰임(內動字用若外動字)'이라고 말한다. 또 "내동사는 '지사'가 없고 '전사'가 있는 것이 맞다. 그러나 내동사가 외동사처럼 쓰이면 또한 '지사'를 갖게 된다(內動字無止詞, 有轉詞, 固已. 然有內動字用若外動字, 則亦有止詞矣.)"라고 말한다. 작자는 '來, 泣, 立, 坐, 前, 仕, 怒, 信, 逃, 入, 驚, 飲, 死, 去, 走, 相, 殉, 害'등의 동사를 열거하면서 이것들이 바로 '내동'에서 '외동'으로 사용되는 예라고 보았다. 그러면서 "이와 같으니 동사의 용법에 두 가지가 있는 경우가 간혹 책에 출현하기도 한다(若是, 動字之用有兩岐者, 亦時見於書)"라고 하였다.

---

2) 원문: 內動者之行不及乎外, 故無止詞以受其所施……而施者因內動之行, 或變其處焉, 或著其效焉, 更不能無詞以明之, 是卽所謂'轉詞'也.

李佐豐의 〈先秦漢語的不及物動詞和及物動詞〉(1994)란 논문 및 기타 그의 상고한어 문법 관련 논문은 상고한어 문법 연구에 대해 매우 중요한 추동 작용을 하였다. 이 글에서도 先秦 漢語 동사의 분류에 대해 여전히 '급물동사'와 '불급물동사'라는 큰 틀을 중심으로 진행하고 있다. 그 가운데 '自動詞' 아래에 다시 '眞自動詞'와 '準自動詞'라는 항목을 두었고, 또 '他動詞'란 항목 아래에도 '眞他動詞'와 '準他動詞' 란 항목을 두고 있는 것이 특징이다.[3]

이 글에서 그가 眞自動詞라고 열거한 동사는 매우 적은데 '對, 卒, 薨, 崩, 疾(병나다), 病(병이 중하다), 譟, 饑, 旱, 災, 枯, 宴, 次(주둔하다), 宿, 狩, 往, 嘆, 吠' 등 총 18개의 동사가 있다.[4]

그리고 그가 제시한 準自動詞는 眞自動詞보다도 훨씬 더 많았다. 여기에는 '怒, 恐, 憚, 喜, 說(悅), 恥, 死, 來, 至, 出, 入, 反, 歸, 走, 逃, 田, 坐, 起, 涉, 濟, 飛, 畔(叛), 降, 朝, 盟, 會, 遇, 亡, 成, 敗, 立, 定, 驚, 盡, 竭, 興' 등 총 37개가 있다.[5]

---

3) [역주] 李佐豐에 따르면, '眞他動詞'는 전형적인 급물동사로, 주로 어떤 일이나 속성을 대상으로 한 행위를 가리킨다. 이 동사들은 항시 직접적인 목적어를 갖는다. 한편, 그가 말한 '準他動詞'는 상황이 약간 복잡하다. 먼저, '賜, 與, 語, 告' 등 이중목적어를 갖는 동사가 여기에 속한다. 즉, 간접목적어+직접목적어의 형식을 갖는다. 두 번째 유형은 직접 목적어를 포함한 여러 목적어를 가질 수 있다. 예컨대, '鼓, 御, 問' 등은 직접목적어 외에도 '目的'이나 '對象'을 나타내는 간접목적어를 가질 수 있다. 세 번째 유형은 직접목적어를 가질 수도 있지만 갖지 않을 수도 있는 '娶, 駕' 등이 있다. 네 번째 유형은 대개 직접적인 목적어를 가질 수 있는데 이 목적어를 '於字보어구'로 대신 쓸 수 있는 '及, 在, 奔, 害, 乘, 觀, 見' 등이다.

4) [역주] 李佐豐에 따르면, '眞自動詞'는 전형적인 불급물동사로, 주로 사망, 질병, 재난 등을 나타내며 목적어를 아예 갖지 않거나 거의 갖지 않는다고 한다.

5) [역주] 李佐豐에 따르면, 準自動詞는 급물동사의 특징을 갖는 불급물동사로, 주로 운동, 거주, 정서, 태도 등을 나타낸다고 한다. 이것은 간접적인 목적어나 使動의 목적어를 가질 수는 있으나 직접적인 목적어를 갖지는 않는다.

이 글에서 작자는 眞自動詞의 수가 많지 않고, 準自動詞의 수가 眞自動詞보다도 많다고 말하고 있다. '자동사'와 '타동사'라는 2분 대립으로부터 자동사의 하위범주를 더 분류해 냈기 때문에 眞自動詞는 마땅히 자동사의 원형적 대표가 되어야 한다. 즉 원형으로서의 眞自動詞의 수량은 적어도 準自動詞보다는 적지 않아야 할 것이다. 따라서 용법상 목적어를 갖는지의 여부를 가지고 동사를 분류하게 되면 상고한어 동사의 하위범주 분류의 문제를 매우 어렵게 할 수 있다. 사실 줄곧 동사 하위범주 문제를 복잡하게 만들었던 점은 바로 使動의 목적어를 갖는 동사들 때문이었다. 이들은 종종 使動의 목적어도 가질 수 있지만 어떤 경우엔 전치사 '于/於'와 결합하는 사격(旁格) 성분도 가질 수가 있는데, 어떤 때는 또 사격의 목적어가 전치사가 필요치 않을 때도 있다. 따라서 순수하게 통사 급물성만을 가지고 관찰한 '급물'과 '불급물'의 현상으로는 상고한어의 동사 분류를 제대로 해 낼 수가 없으며, 심지어 '活用'와 '本用' 간에도 어떤 것이 '本'이고 어떤 것이 '活'인지도 구분하기 어려운 상황이라고 할 수 있다.

2. 상고한어 능격동사(作格動詞) 연구 개황

비대격동사의 관점에서 상고한어의 동사를 연구한 것은 1970년대부터이다. 이른바 능격동사에 대한 연구로는 Cikoski(1978a,b), 易福成(1999), 大西克也(2004), 宋亞雲(2005), 巫雪如(2009) 등이 있다.

이 5명의 학자들이 연구한 능격동사의 연구 방법은 크게 세 가지로 분류할 수 있다. 먼저, Cikoski와 大西克也가 한 유형으로, 이들은 능격동사를 불급물동사의 하위범주가 아닌 동사의 하위범주로 넣었다.

Cikoski에 따르면, 거의 모든 고대한어의 동사들을 '중성동사(中性動詞)'와 '능격동사'로 분류할 수 있다고 한다. 이 두 유형의 동사는 그것의 어휘 특징으로 인해 분류한 것이다. 바로 이러한 어휘 특징이 있기 때문에 능격동사는 어떤 변형에 참여할 수 있지만, 중성동사는 제약을 받거나 혹은 그 반대가 될 수 있다는 것이다. 예컨대, '辟'은 중성동사이고, '免'은 능격동사이다.

大西克也는 Cikoski의 영향을 받아 또 다른 유형의 능격동사(즉 '施受同辭(즉, 행위주와 피동작주가 같은 말)' 혹은 '反賓爲主'용법의 동사)에 대해 깊이 있는 연구를 진행하였다. 그는 'X+V+Y'(급물문형)에 항시 출현하는 40개의 동사를 선택한 다음, 이들이 목적어를 갖지 않는 'NP1+V'의 문형에 출현할 때 그 주어(NP1)가 행위주(X)인지 피동작주(Y)인지 일정한 경향이 있는지 조사하였다. 조사 결과에 따라, 작자는 이 40개 동사를 두 유형으로 나누어 Cikoski의 술어를 사용하여 여전히 '중성동사'와 '능격동사'로 명명하였다.

大西克也에 의하면, 중성동사가 목적어를 갖지 않을 때 일반적으로 행위주주어문에 사용되며, 피동작주주어문에 사용되는 것은 예외라고 한다. 그리고 능격동사가 목적어를 갖지 않을 때는 일반적으로 피동작주주어문에 사용되며, 행위주주어문에 사용되는 것은 예외라고 한다. 한편, 이러한 예외의 조건은 대부분 찾아낼 수가 있는데, 이러한 조건은 先秦 한어 주어의 행위주/피동작주 관계 중립화의 여러 원인이 되었다고 한다. 大西克也가 연구한 능격동사들은 주로 전통적으로 언급되는 이른바 '反賓爲主'용법6)의 급물동사(혹은 '행위동사'라고 칭함)들로, 이것은 일반적인 의미상의 능격동사의 개념과 구별된다.

易福成(1999)과 宋亞雲(2005)은 두 번째 유형에 속한다. 이들의 연

---

6) [역주] '反賓爲主'란 일명 '의미상피동문'이다. 예컨대, '誅(죽이다)'란 동사는 '誅 A(A를 죽이다)'라고 할 수도 있고, 'A誅(A가 죽임 당하다)'라고도 할 수 있다. 즉, 후자가 의미상피동문인데 이렇게 의미상피동이 되는 경우를 '反賓爲主'라고 한다.

구는 주로 능격동사의 使動용법 상황을 주목한다.

먼저, 易福成(1999)은《孫子兵法》속 53개 능격동사의 각종 통사적 분포 상황을 전면적으로 묘사함으로써 상고한어 능격동사의 연구방향을 크게 전진시켰다.[7] 그가 예로 든 능격동사는 대체로 일부 使動용법이 있는 '상태동사(狀態動詞)'와 '형용사'가 해당된다. 여기에는 '安, 敗, 立₁, 立₂, 備, 變, 成, 出, 存, 大' 등이 있다.

宋亞雲(2005)은 따로 '능격동사'류를 설정하고, 선진 한어의 동사를 '급물동사', '불급물동사', '능격동사'로 3분하였다. 그는 통사적 특징에 근거하여 '능격동사'를 귀납하였다. 이때 목적어를 가지게 되면 주어는 대개 행위주(혹은 주체격(主體格)에 속하는 치사자(致使者)나 경험주(感事) 등이며, 출현하지 않을 수도 있음)가 되고, 목적어를 갖지 않을 시에 주어는 대개 피동작주(혹은 객체격(客體格)에 속한 관계주(當事), 결과 등)가 된다. 이러한 특징을 '가역전성(可逆轉性)'이라 개괄할 수 있다. 이것은 곧 "능격동사가 가지는 객체성 목적어는 일반적으로 비교적 자유롭게 주어로 바뀌게 되나 중의성을 일으키지는 않는다."는 것이다. 宋亞雲(2005) 연구의 핵심은 비대격동사 이론의 관점으로 선진 한어의 매우 복잡한 의미, 통사 현상을 토론하려는데 있는 것이 아니다. 이보다는 선진 한어 능격동사라고 하는 유형을 확정하여, 한어의 능격동사에 대해 선진시기부터 중고에 이르는 역사적인 변화를 묘사하고 각 유형 능격동사의 대체적인 변화 추세와 규칙, 즉 급물성(及物性)의 증가 혹은 감소에 대해 묘사하려고 하는 것이다.

巫雪如(2009)는 세 번째 유형에 속한다. 여기서 작자는 조기의 한자

---

7) [역주] 易福成은 〈손자병법〉에 있는 동사, 형용사를 네 가지로 분류하였다. 여기에는 '불급물동사/형용사', '급물동사/형용사', '직접동사/형용사', '능격동사/형용사'가 있다.

(甲骨文 등의 자형) 중 일부 동사의 會意式 구성 방식이 동사의 의미 구조를 구현하고 있다고 보고, 이를 인지언어학적인 방법론을 이용하여 선진 한어 속 능격동사를 분석하고 있다. 이렇게 하여 과거 쟁론이 있었던 일부 능격동사들에 대해 고문자적 구조 분석을 진행하고 있다. 그리고 마지막에는 능격동사가 행위와 결과상태를 포함하는 이중함축적 동사임을 제기하고 있는데, 사용 시에 부각되는 초점의 차이로 인해서 '동작의미의 것'은 '행위주문'에, '결과상태의미의 것'은 '피동작주문'에 들어간다고 한다. 그의 능격동사 범위는 大西克也와 유사하여 使動詞와 일부 급물행위동사도 포함하고 있다.[8]

한편, 劉承慧(1994)는 선진 동사에 대해 고급물동사, 저급물동사, 使動詞, 능격동사의 4분류를 시도한 적이 있다. 그에 따르면, 선진 동사의 '의미 급물'과 '통사 급물'이 서로 매칭되지를 못해서 통사의 각도에서 볼 때 선진 동사는 모두 급물동사라 볼 수 있다고 했는데, 이 점은 매우 참신하다. 그러나 능격동사에 대한 정의와 그 의미통사적 특징은 그의 주요 연구 대상이 아니었다. 그리고 劉承慧(2006b)는 다시 '급물성'의 각도로 선진의 보통 동사들을 '고급물동사'와 '저급물동사'로 나누었다. 이중 고급물동사에 속하는 것들은 모두 급물행위동사들이다. 그리고 저급물동사에 속하는 것들은 '불급물행위동사', '감지동사', '결과상태동사', '상태동사'가 있다. 따라서 능격동사는 더 이상 그녀의 분류에 들어

---

8) [역주] 예를 들어 '伐'자의 경우 갑골문에서 '부월로 사람을 죽이는 모습'을 나타내고 있다. 이것은 특히 피동작주를 부각시키고 있어서 피동작주주어문 등에도 출현하게 된다는 것이다. 이에 비해 '追'는 '군대가 쫓아가는 모습'을 나타내고 있어 행위주가 부각이 된 동사이다. 그래서 주로 행위주주어문에 출현한다고 한다. 이렇게 갑골문의 초기 자형에 나타난 모습은 원시 중국인들이 어떤 동작을 보고 이것을 개념화하는 과정에서 자신들이 부각시키고자 하는 내용이 거기에 함께 함축되어 있어서 이것이 능격동사의 행위나 결과의 개념으로 발현되고 있다고 하는 견해이다.

가지 않는다.9)

지금까지의 연구 상황을 보면, 상고한어 속 능격동사의 연구가 나타내는 내용은 대체로 불분명한 편이다. 그리고 능격동사의 외연과 함축도 모두 그 경계가 모호하여 진정한 비대격동사(능격동사)에 대한 연구방향과는 분명한 차이가 존재하므로 여전히 연구의 여지와 가치가 있는 상황이다.

3. 과거의 동사 연구는 음운차이를 중시하지 않았다.

전통적인 동사 연구이든, 아니면 능격의 개념을 도입한 동사 연구이든, 음운의 문제는 지금까지 연구자들에 의해 충분히 중시되지 못해왔다. 그리하여 동사의 異讀 현상은 아직 동사의 연구와 유기적으로 결합되지 못한 상태라, 이와 관련된 연구 성과는 아직도 상고한어의 통사 – 형태의 면모를 충분히 밝히지 못하였다. 이 점은 매우 큰 유감이 아닐 수 없다.

《馬氏文通》(1898)이 비록 선진 한어에 이독 현상이 존재하는 것에 대해 주의하긴 하였으나 동사의 문장구성 능력 측면에서는 이러한 유형의 동사에 대해 결코 관심을 갖지 않았었다. 그렇기 때문에 이독 현상 등이 선진 한어의 통사 계통에서 어떠한 지위를 갖는지에 대해서도 정확히 이해할 수가 없었다. 그리고 그 이후의 동사 연구에서도 이러한 문제는 계속해서 존재했다. 예를 들어, '淸濁異讀'이 있는 '敗'의 경우, 李佐豊(1983)은 淸聲母와 濁聲母가 각각 출현하는 통사 환경을 잘 판

---

9) [역주] 劉承慧는 '고급물동사는 에너지를 대상에게 전달하지만 저급물동사는 그렇지 못하다'라고 하면서, 使動詞도 에너지를 전달하는 것과 무관하기 때문에 저급물동사 유형으로 분류하고 있다.

별하지 못하여 이들을 일률적으로 취급해 모두 그냥 준자동사로 귀납하였다. 한편, 蔣紹愚(2000)는 네 가지 문법 기능에 근거하여 한 동사가 內動인지 外動인지를 판단할 수 있다고 하였고[10], '敗'의 문법 기능에 근거하여 그것을 外動詞로 귀납했다. 蔣紹愚도 동사에 '淸濁別義'와 '四聲別義'현상이 있다는 것에 대해 주목하였으나 그는 다음과 같이 언급한다. "'敗'는 갑골문에서 內動이었다. 본문에서는 이것을 外動으로 본다. 그 이유는 이것들이 항상 使動으로 쓰이다가 나중에 外動으로 발전해 나왔고 선진 전적이나《史記》에서 外動詞의 문법기능을 갖추고 있기 때문이다." 그러나 그의 글에서 역점을 두고 있는 것은 이러한 음운의 차이로 인해 나타난 兩用 동사와 상고의 통사 - 형태 관련성이 아니었다.

易福成(1999)과 宋亞雲(2005) 모두 능격동사에 대한 연구를 진행하면서 동사 음운의 차이가 동사 문장구성에 대해 영향을 주는 현상을 소홀히 하였다. 예컨대, 宋亞雲(2005)은 능격동사의 상고부터 중고까지의 변화를 탐색하면서, '破'류를 '강급물성 능격동사의 급물성이 점차 약화된 동사'라고 보았다. 그가 선택한 10개의 전형적인 동사 가운데 '敗', '斷', '絶', '折', '毁', '壞'의 6개 동사는《經典釋文》에서 모두 兩

---

10) [역주] 蔣紹愚가 말한 네 가지 기준은 아래와 같다.
　(a) '見+V', '爲……所+V', 'V+于' 등 형식에 있는 동사는 외동이고 내동이 아니다.
　(b) '所+V'(동작 대상의 표시) 형식에 출현할 수 있는 동사 절대다수가 외동이고 내동이 아니다.
　(c) 만약 동일한 동사가 동일한 목적어를 갖는데 이 동목구조는 두 가지 상황일 수 있다. 하나는 '동사+피동작주목적어', 다른 하나는 '使+명사+동사(피동표시)'. 이때의 동사는 반드시 외동이다.
　(d) 일반적으로, 외동사 뒤에는 피동작주목적어가 오고, 내동사 뒤에는 使動목적어 외에 항상 관계목적어(대상, 원인, 처소 등)가 온다. 따라서 만약 동사 뒤에 관계목적어가 오면 이 동사는 내동사이다.

讀인 것들이나, 그의 글에서는 이러한 동사에 대한 음운적 구분이나 판별 작업을 하지 않았다.

巫雪如(2009)는 '音變別義'을 제시하였다. 그러나 그녀는 이러한 '음변별의'의 동사에 대해 구별을 가하는 것은 주로 통사이고 또 주요 근거가 문맥이라고 보았다. 그래서 만약 문맥에 근거하여 분명하게 판별할 수 있다면 동사에 '음변별의'가 있고 없고는 중요하지 않다고 보았다.

한편, 黃坤堯(1992)는 《經典釋文》의 兩讀 동사에 대해 전문적인 토론을 진행하여 일부 양독 동사가 진입할 수 있는 문형을 귀납하였다. 그러나 그의 연구 목적은 "陸德明이 도대체 무엇을 근거로 동사의 양독을 구별했는지 확실히 고찰하는 것, 唐代의 문법 관념이 어떠했는지를 알아보는 것"(黃坤堯(1992:75))이어서, 그 출발점과 연구의 목적 자체가 본서와 괴리가 있다.

사실, 고대 한어의 조어법 연구에서 異讀 동사는 일찌감치 학자들의 시야에 들어왔었다. 특히 周法高(1962), 金理新(2006)은 모두 이독 동사가 출현하게 되는 다양한 통사 환경을 바탕으로 그 속에 숨어 있던 어휘 파생 혹은 형태 현상을 토론하였다. 그러나 이러한 유형의 연구는 그 나름의 한계를 갖고 있는데, 이들은 관련된 통사 현상에 대해 완벽한 토론을 진행하지 않은 상태여서, 그로 인해 예문도 부족하여 어떤 경우는 다소 주관적인 해석이 강하고 체계성이 떨어지는 면이 있다.

동사는 통사 연구에서 핵심적인 위치에 있다. 그래서 상고 한어의 통사구조 규칙을 확실히 하기 위해서는 반드시 상고 한어의 동사에 대해 심도 있는 고찰을 진행해야 한다. 동사 이독이 반영한 현상은 대체로 형태 현상과 관련이 깊다. 그러나 상고 한어 형태 문제는 현재까지도 주로 음운학 분야에 한정되어 있고 아직은 통사적 관점에서 관련 현상을 완벽하게 관찰한 이가 드물다. 따라서 독음이 다른 동사가 출현한 통사 환경에 대해 전면적으로 고찰한다면 상고 한어의 형태 문제를 이해하는데 매우 큰 도움을 줄 것으로 기대한다. 상고 한어 동사의 연구는 줄곧 두 가지 문제에 직면해 있다. 그중 하나는 "어떠한 동사가 使動化할 수 있는가" 이고, 다른 하나는 "비논항의 목적어 신분을 어떻게 봐야 하는가" 이다.11) 사실 이 문제는 상고 한어의 '논항 격부여(指派)' 문제를 어떻게 이해해야 하는가 와도 관련이 깊다. 그런데 한편으로 이렇게 동사 이독 현상에 대한 연구에서 많은 문제점들이 나오고 있어 이로 인해 우리들 스스로 이 문제에 대해 여전히 모호한 상태에 처하게 될 수도 있다. 따라서 상고 한어 동사의 연구는 반드시 새로운 착안점이 있어야 하며, 반드시 동사 이독 현상과 결합하여 연구해 나가야 한다. 본서에서는 비대격동사 이론을 가지고 상고 한어 동사를 연구하고자 한다. 이것은 실제로 어휘기능문법의 관련 연구 성과를 이용하여 상고 한어의 이독 동사를 관찰하고, 의미와 통사가 만나는 접합점의 각도에서 상고 한어와 비대격동사 관련 형태-통사 현상을 중점적으로 연구하는 것이라 할 수 있다.

제2절 비대격동사 이론 및 주요 성과

비대격동사(非賓格動詞, unaccusative verb)는 통사적 특징의 측면에서 단일 논항의 불급물동사를 바라본 것으로, 이러한 유형의 동사들은 그것의 통사상의 주어가 사실상 심층 의미 속의 피동작주가 된다. 어떤

---

11) '비논항'은 의미상으로 봤을 때, 해당 명사성분이 동사의 필수논항이 아니고 외부 성분인 경우이다.

이는 이것을 '능격동사(ergative verb)', '기동동사(起動動詞, inchoative verb)', '탈격동사(奪格動詞)' 등으로 부르고 중국의 학계에서는 이를 '作格動詞'라고 부르기도 한다. 그런데 자세히 관찰해 보면, '비대격동사'와 '능격동사'라는 이 두 용어는 '대충 섞어 놓고 말하면 같게 보이지만, 정확히 구분해보면 분명 다르다.'

비대격동사와 능격동사를 정확히 구분한 것으로는 影山太郎(2001)의 《動詞語義學》이 있다. 작자는 'open(열다)', 'break(부수다)' 등과 같이 형식을 바꾸지 않고 바로 급물동사로 변환될 수 있는 불급물동사를 '능격동사'라고 칭하고 있다. 그리고 'occur(발생하다, 존재하다)', 'happen (발생하다)', 'appear(출현하다)' 등과 같이 대응하는 급물동사가 없는 불급물동사를 '비대격동사'라고 칭한다.

비록 일부 학자는 '능격동사'와 본서에서 채택한 '비대격동사'라는 것을 사용하여 동일한 언어현상을 가리키고 있긴 하지만, 비대격동사에 대한 연구는 주로 동사의 통사적 특징에 착안한 것이다. 즉 비대격동사는 '대격(賓格)을 격부여(指派)'하지 못한다. 게다가 지금까지 이와 관련된 상고한어 능격동사의 연구에서는 '능격동사'가 가리키는 것이 제각각이었고, 연구의 관점도 다양했다. 특히 주로 통사상의 형식적 변환이란 측면에 주안을 두고 있고, 동사의 분류에 중점을 두고 있는데, 이러한 연구 경향은 비대격동사 이론과 결코 완전하게 부합되지 못하는 면이 있다. 따라서 본서에서는 '비대격동사'라는 명칭을 사용한다.

1. 비대격동사 이론의 핵심 논리

1978년 Perlmutter가 그 유명한 비대격 가설을 제기했을 때, 그는 관계문법(Relational Grammar)이란 틀 아래에서 전통 의미상의 불급물동사를 '비대격동사'와 '비능격동사(unergative verb)'란 두 하위범주로 구분하였다. 의미와 통사 관계에서 볼 때, 이들은 모두 1가동사에 속한다. 게다가 그것의 유일한 논항은 대개 문장의 표층구조에서 주어로 나타난다. 그러나 두 유형의 동사와 그 논항 간의 심층적 논리의미 관계는 본질적인 차이가 있다. 비대격동사의 표층구조 중의 주어는 심층구조 속의 논리목적어이나, 비능격동사의 표층구조 속 주어는 심층구조 속에서도 주어이다.[12] 이것이 이른바 '비대격동사 가설(Unaccusative Hypothesis)'이다.

Burzio(1986)는 Perlmutter의 사상을 계승하여, 생성문법의 틀 속에서 이것을 더욱 발전시켰다. 생성문법의 지배결속이론의 관점에서 볼 때, '비능격동사'는 문장 속에서 단지 하나의 theta표지[13]만을 갖는 '심층논리 주어'를 갖는다. 이는 즉 심층의 無목적어구조에 속한다. 그런데 '비대격동사'는 문장에서 단지 하나의 피동작주 theta표지의 '심층논리 목적어'를 갖는다. 그래서 심층무주어문에 속한다. Williams (1981)의 분류 기준에 따르면, 비능격동사의 유일한 동사 논항은 '외재논항(外在論元, external argument)'인 반면, 비대격동사는 외재논항이 없고 그 유일한 논항이 '내재논항(內在論元, internal argument)'라고 한다.

2. 비대격동사 이론 연구의 주요 성과

'비대격 이론'이 제기된 이래로, 언어학자들은 여러 언어의 비대격

---

12) [역주] 이를테면, 중국어의 '敗'와 '勝' 두 동사가 그러하다. 전자는 표층의 주어가 심층의 목적어인 비대격동사이고, 후자는 표층의 주어가 심층에서도 주어인 비능 격동사이다. 즉, 'A敗B'는 'B敗'로 다시 쓸 수 있다. 이때 B는 피동작주가 된다. 반면, 'A勝'의 A는 심층에서도 주어였다.

13) 'theta'란 지배결속이론의 술어로, 행위주, 피동작주, 처소, 근원, 목표 등의 의미 역할을 지칭한다. 일명 'thematic role'이라고 하며 다른 이론에서는 '의미역'이라 고 불린다.

현상에 대해 많은 연구를 진행해 왔다. 이를 통해 비대격 가설의 이론적 가치와 비대격 현상의 복잡성에 대해 많은 내용을 밝혀내고 있다.

2.1 비대격동사 판별식에 대한 토론

심층의미구조의 차이로 인해, 비대격동사와 비능격동사는 표층의 통사구조에서 일련의 차이점을 보여주고 있다. 이에 사람들은 이러한 통사적 특징을 비대격동사와 비능격동사를 구분하는 판별형식[14]으로 본다. 그 가운데 Perlmutter(1978), Burzio(1986), Donna Jo Napoli (1988), L&RH(1995) 등은 아래와 같은 내용을 제시하고 있다.

(1) **사역구조와 불급물구조의 변환**: 비대격동사의 유일한 논항은 심층의 목적어이다. 따라서 사역구조의 목적어 위치에 출현할 수 있다. 비능격동사는 이러한 변환을 사용할 수 없다.

(2) **조동사의 선택**(auxiliary selection): 불어나 독어 등 언어에서, 비대격동사는 영어의 'be'동사에 상당한 조동사를 선택하는 반면, 비능격동사는 영어의 'have'에 상당한 조동사를 선택한다.

(3) **결과식 구조**(resultative construction): 영어에서, 결과를 나타내는 어휘는 의미상 급물동사의 목적어를 지향하지 주어를 지향하지 않는다. 따라서 비대격동사의 주어는 사실상 동사의 심층 목적어이기 때문에 결과보어를 가질 수 있다. 반면, 비능격동사는 결과보어를 직접 가질 수가 없다.

---

14) 'diagnostics'는 비대격동사 연구 과정에서 중국에서는 대부분 '진단구문' 또는 '진단식'을 칭하나, 본서에서는 吳福祥선생의 건의에 따라 '판별형식, 판별식'으로 칭한다.

(4) 비인칭피동문(impersonal passive): 덴마크어 등 일부 언어에서, 비대격동사는 피동화를 허락하지 않는다. 이에 반해, 비능격동사는 비인칭피동식을 허락하고 있다.

(5) 과거분사가 명사수식어가 된다(prenominal perfect participles): 급물동사의 과거분사형식은 직접목적어에 상당한 명사구의 관형어 수식성분으로 충당될 수 있다. 비대격동사도 이와 유사한 형용사형식으로 바뀔 수 있으나, 비능격동사는 이와 동일한 용법을 허락하지 않는다.

(6) ne-부착화(ne-cliticization): 이탈리아어에서 급물동사의 직접목적어는 하나의 지대성 부착형태소 'ne'를 통해, 동사 중심어에 부착할 수 있다. 이와 동일한 조작이 비대격동사에도 활용되나 비능격동사에는 활용되지 못한다.

(7) 처소 도치구조(location inversion)[15]: 단지 비대격동사만이 이러한 구문에 출현할 수 있다.

여기서 제기된 모든 판별식이 학자들에 의해 다 인가가 된 것은 아니다. 일부 학자들은 개별 판별식의 유효성과 보편성에 대해 의문을 제기하기도 했는데, 예컨대, 顧陽(1996)은 '출현, 소실, 존재' 등을 나타내는 비대격동사는 상응하는 사역식이 없고, 상당부분의 사역동사로 보이는 어휘들이 그에 상응하는 비대격 형식이 없다고 한다. 또 Beth Levin & Malka Rappaport(1995)는 '처소 도치구조'가 비대격 판별식으로 쓰이는 것에 대해 다른 해석을 한 바 있다. 그러나 아래와 같은 비대격동사와 비능격동사의 본질적인 차이에 대해서는 공통된 인식, 보편적 인식을

---

15) [역주] 예를 들어, 영어의 "At the head of the table sat Bill."(안승신, 〈영어의 방향/처소 - 도치문의 통사적 속성〉(2014))와 같이 처소구가 문장의 맨 앞으로 이동한 문장이다. 중국어의 경우 존현문이 이에 해당할 수 있다.

갖고 있다. 즉, "비능격동사의 유일한 논항은 행위주의 성질을 갖고 있고, 통사상 급물동사의 주어와 유사하다. 이에 비해, 비대격동사의 유일한 논항이 비록 주어 위치에 출현하나, 통사상 급물동사의 목적어와 유사하다. 그리고 의미상 그 논항이 표시하는 것은 하나의 상태 혹은 위치 변화를 겪은 참여자를 나타내므로 그것이 갖는 theta-role은 피동작주나 객체가 된다."

2.2 통사적 차원의 외현성 비대격 현상과 내포성 비대격 현상

통사적으로 볼 때, 비대격 현상은 '외현성 비대격 현상'과 '내포성 비대격 현상'으로 구분할 수 있다. Burzio(1986)의 관찰에 따르면, 이탈리아어 비대격동사의 내재논항은 직접목적어의 표층 구조 위치에 출현할 수 있다고 한다. 예를 들어, 아래 예에서 동사 arrivare(즉, 영어의 'arrive')의 논항은 동사 앞과 동사 뒤라는 두 구조의 위치가 존재할 수 있다.

    a. Molti esperti arriveranno. 많은 전문가들이 올 것이다.
       many experts will arrive
    b. Arriveranno molti esperti. 많은 전문가들이 올 것이다.
       will arrive   many experts

논항이 단지 동사 뒤에 출현할 때, 즉 표층의 직접목적어 위치에 출현할 때에만, 'arrivare'와 같은 유형의 동사는 ne-부착화 조작을 허락하게 된다.

만약 1가동사의 논항이 동사 뒤의 논리적 목적어 위치에 출현할 수 있다면, 이것은 분명 '외현성 비대격 현상(顯性的非實格現象, surface unaccusativity)' 이다. 사람들은 동사 논항의 외현성 구조위치를 통해, 동사의 성질을 이해하고 그것이 비대격 속성을 갖는지 여부를 판단한다. 만약 동사의 논항이 표층의 주어 위치에 있다면, 동사의 비대격 속성은 단순히 표층 위치만으로는 판단할 수가 없다. 반드시 상술한 기타 판별식을 통해 추가적으로 감별해야 한다. 다시 말해서 이것은 바로 일종의 '내포성 비대격 현상(隱性的非實格現象, deep unaccusativity)'인 것이다.

동사 비대격 속성의 외현성과 내포성의 표현 형식은 언어마다 약간씩 다르게 나타난다. 영어의 외현성 비대격 현상은 'there - 존재구조'와 '처소 도치구조'로 표현된다. 한편, 潘海華,韓景泉(2005)이 언급했듯이, 현대한어에서 나타나는 비대격동사의 주요 외현성 표현은 대부분의 경우, 비대격동사의 유일한 논항이 표층의 목적어 위치에 출현하는 것이다. 즉, 표층의 통사구조 위치에 근거하여 동사의 비대격 속성을 판단할 수 있는 것이다. 이렇게 동사의 비대격 속성을 구현해 내는 문형에는 존현동사문, 비사역동사문, 피동동사문이 있다.16)

2.3 비대격동사 복잡성에 대한 인식

이른바 '비대격 가설'이 제기된 이후, 특히 《Unaccusativity: At the Syntax-lexical Semantics Interface(L&RH 1995)》의 출판은 언어학자들의 비대격동사에 대한 깊은 관심을 더 증폭시켰다. 최근 십여 년 동안, 비대격동사 및 관련 통사 - 형태 문제는 언어학자들의 광범위한 관심을 받아왔다. 이로써 이 이론은 여러 언어에서 중요한 작용을 해 왔고, 과

---

16) [역주] 潘海華,韓景泉(2005)이 언급한 세 가지 유형의 문형은 아래와 같다.

    (1) 존현동사문: 예) 來了客人.

    (2) 비사역동사문: 예) 沉了三艘貨船.

    (3) 피동동사문: 예) 被搶了一个錢包.

거 오랜 동안 해결해 오지 못한 통사 및 형태 문제들을 해결하였다. 한편, 그러함과 동시에 또 비대격동사 그 자체의 복잡성에 대해서도 드러내고 있다. 이것은 먼저, 비대격의 판별식으로 제기된 모든 것들이 충분조건이 아닌 필요조건이라서, 그중 어떤 하나의 판별식만을 통과한 동사는 비대격동사로 볼 수 없는 문제가 있다. 둘째로, 한 언어 내부이든 범언어적이든, 동류의 동사가 결코 일관되게 비대격 판별식을 통과하지 못할 수 있다. 즉 '비대격의 불일치(또는 비균질, Unaccusativity mismatches)'현상이 존재한다. 예컨대, 덴마크어의 아래의 예에서, 4개의 동사가 동일한 판별식에 대해 어떤 것은 통과하나 어떤 것은 통과하지 못하고 있다 (A.A, E.A & M.E(2004)에 근거).

a. de gevallen/ *gewerkte// *gebleven/ *gebloede   jongen
   the fallen   worked   stayed   bled   boy
b. De jongen is gevallen/ *gewerkte// gebleven/ gebloed.
   The boy is   fallen /   worked/   stayed/   bled
   Er wordt   *gevallen/   gewerkt//   *gebleven/ *gebloed.
   There is   fallen/   worked/   stayed /   bled.

세 번째는, 의미가 *유사한 동사들이 甲언어에서는 같은 유형에 속하나, 乙언어에서는 다른 유형에 속할 수 있다. 즉 순수하게 의미로 출발해서는 비대격동사를 확정하기가 매우 어렵다.

따라서 단순한 통사적 특징 또는 동사 의미유형의 각도만으로 비대격동사를 분류하는 것은 불가능하며, 어떤 한 동사를 어떤 판별식 하나만으로 그것의 확실성을 측정하기는 좀 곤란하다. 통사현상과 동사의미 특징이 반드시 서로 결합되어야 한다.

제3절 연구방법 및 주요 목표

비대격동사의 연구방법은 통사에 주안을 두는 것, 의미에 주안을 두는 것, 그리고 통사와 의미를 결합하는 것의 세 가지로 분류할 수 있다. 본서에서는 L&RH(1995)의 방식을 취하여, 비대격동사를 "의미에 의해 결정되고 통사에 의해 표현되는 것"으로 보고자 한다. 일차로 비대격동사의 의미유형을 확정하고, 다음으로 의미유형에 따라 40개 정도의 동사/형용사를 선택하여 그들의 통사표현을 고찰한다. 그리고 세 번째 단계로 이들 의미유형의 동사/형용사와 비대격성의 관련성 정도를 확정한다. 이를 통해 이를 수 있는 궁극적인 주요 목표는 아래의 세 가지로 요약할 수 있다.

(1) 상고한어 비대격동사의 가능한 판별식
(2) 상고한어 비대격동사의 가능한 파생방향
(3) 상고 통사 - 형태 현상에 대한 새로운 인식

1. 상고한어 비대격동사의 주요 의미유형과 판별식

L&RH(1995)는 네 가지 연접규칙을 제시하여 동사의 외재논항과 내재논항을 확정하였다.

A. **직접치사연접규칙(直接致使連接規則, Immediate Cause Linking Rue)**: '동사에 의해 묘사된 우발적 사건의 직접 致使를 표시하는 동사 논항'은 그것의 '외재논항'이다.

B. **직접변화연접규칙(直接變化連接規則, Directed Change Linking Rule)**: '동사가 묘사한, 직접 변화를 겪은 실체와 서로 대응하는 동사 논항'

은 그것의 '직접내재논항'이다.

C. 존재연접규칙(存在連接規則, Existence Linking Rule): '그 존재를 단언하거나 부정하는 동사의 논항'은 그것의 '직접내재논항'이다.

D. 묵인연접규칙(默認連接規則, Default Linking Rule): '상술한 연접규칙 범위 내에 있지 않은 동사의 논항'은 그것의 '직접내재논항'이다.

이 네 가지 규칙 간 존재하는 적용의 우선순위:

직접변화연접규칙, 존재연접규칙 > 직접치사연접규칙 > 묵인연접규칙

이 가운데 '직접변화연접규칙'과 '존재연접규칙'에 근거하여, 우리는 상고한어의 비대격동사를 의미유형상 '상태동사', '방향동사', '존현동사', '심리동사', '단계차원(stage-level)형용사'[17]의 다섯 가지로 확정할 수 있다.

범언어적 관점에서 보면, 상태동사는 논쟁의 여지가 없는 전형적인 비대격동사의 의미유형이다. 그래서 전형적인 상태동사의 통사기능에 대한 고찰과 비대격동사와의 비교를 통해 볼 때, 본서에서는 상고한어 비대격동사의 가능한 판별식에 대해 4가지를 제시하고자 한다.

(1) 가장 자주 출현하는 통사구조는 또한 최소로 구성되는 'NP V'형식이다. 여기서 'NP'는 'V'의 직접 내재논항이며, 의미는 이로써 충분히 충족된다.

(2) 통사구조상 이에 상응하는 使動 교체형식이 있다. 그래서 사동형식의

---

17) '단계차원 형용사'란 일반적으로 '상태형용사'로 이해되는 것이다. 이와 상대적인 '개체차원(individual level)형용사'는 '성질형용사'로 이해되는 것이다. 이러한 이해는 일정한 편차가 있는데, 본서 제7장 4절을 참고하기 바란다.

목적어는 'NP V'형식의 주어가 된다. 즉, 이 둘은 결국 동일한 의미역을 담당한다.

(3) 관형어로 쓰일 때, '완료' 혹은 '피동'의 의미를 갖는다.

(4) 이른바 '영주속빈(領主屬賓)'구조를 형성한다.

2. 상고한어 비대격동사의 통사 표현 고찰

본서에서 선택한 대표적 동사·형용사로는 '敗, 斷, 折, 壞, 盡, 見, 解, 降, 治, 毀, 沉, 張, 生, 傷, 止, 破, 死, 開/啓, 立, 起, 作, 興, 入, 出, 去, 來, 落, 退, 却, 登, 昇, 聚, 散, 怒, 懼, 畏, 服, 悅, 喜, 順, 紓/緩, 深, 大, 小'가 있다.

본서의 연구는 《詩經》, 《左傳》, 《國語》, 《論語》, 《戰國策》 등 춘추전국시기의 문헌[18]을 주요 코퍼스로 삼는다. 한편, 唐代 陸德明의 《經典釋文》 및 宋代 賈昌朝의 《群經音辨》에서 수록한 周秦 문헌의 音注를 참고하여, 형태와 통사 두 각도에서 전방위적으로 상고한어의 비대격동사를 고찰한다. 주요 내용은 아래의 세 가지 부분을 포함한다.

(1) 상고한어 각 의미유형 별 비대격동사의 통사 기능, 그리고 판별식과의 부합 정도.

(2) 상고한어 비대격동사의 파생방식, 그리고 관련 형태 문제.

(3) 상고한어 비대격동사의 통사 체계 내에서의 지위, 그리고 그것의 상고한어 형태·통사 체계 면모에 대한 영향.

---

18) 본서의 상고한어 시기는 鄭張尙芳(2003)의 기준과 동일하여, 대략 서주와 동주의 兩周시기에 해당한다. 선택한 대표적 문헌 중, 《國語》와 《戰國策》의 편찬시기가 모두 漢代이다. 이에 가능하면 연구 결과를 상고한어의 실제 면모에 접근토록 하기 위해서 본서는 코퍼스를 선택할 때, 주로 《左傳》 등의 작품을 중심으로 하였다.

제1부분에서는 동사의 통사행위에 대한 전면적인 고찰을 실시하여, 각 유형의 비대격동사가 통사기능상에서 갖는 공통점과 개별 특성을 탐구한다.

제2부분에서는 비대격동사의 파생방식에 대해 토론을 한다. 이 문제는 상고한어의 형태문제와 관련이 되어 있는데, 여기에는 '淸濁別義' 현상과 '去聲別義' 현상 등이 있다. 비록 기존 학자들이 淸濁別義 현상과 去聲別義 현상에 대해 이미 깊이 있는 논의를 한 바 있지만, 아직까지도 통사의 각도에서 체계적인 고찰을 한 적이 없다. 그래서 관련 문제에 대한 인식이 다소 편파적이거나 충분히 명쾌하지 못한 면이 있다. 《經典釋文》에서 수록한 去聲別義 현상은 처음엔 六朝시대 經師들의 인위적인 조작이라고 인식되기도 하였다. 그러나 이러한 관점은 이미 많은 학자들에 의해 부정되었다(高本漢(1959), 周法高(1953, 1962), 周祖謨(1966), 王力(1965, 1980), 俞敏(1980), 梅祖麟(1980, 1989, 2008), 潘悟雲(1991), 金理新(2005, 2006)). 다만, 去聲別義 현상이 반영한 상고 언어 사실의 내재적 규율에 대해서는 아직까지도 확실히 규명하지 못하고 있다. 去聲別義는 주로 세 가지 기능이 있다. 그중 하나는 '명사화' 기능이고 다른 하나는 '완료화' 기능이다. 세 번째 기능은 去聲別義 현상 중 가장 자주 발견되면서도 가장 복잡한 것으로 인식된 것인데, 이는 동사의 논항 격부여와 밀접한 관련이 있다. 이러한 논항 격부여 기능은 또 비대격동사와 매우 밀접한 관련이 있고, 상고한어 통사의 총체적인 면모와도 관련이 있지만, 이 방면은 아직까지도 충분한 관심을 끌지 못하고 있다.

제3부분은 상고한어 비대격동사의 통사 표현으로 출발하여 상고한어 비대격동사와 상고한어 언어유형의 관련성을 총결함으로써 상고한어 비대격동사와 使動범주의 관계를 규명하고 아울러 상고한어 '피동구문'의 진정한 면모와 상고한어 통사체계 속에서의 지위를 밝힌다. 즉,

통사 - 형태 방면에서 상고한어 언어유형의 성격에 대해 새로운 관점을 제시한다.

제**4**절 본 서와 관련된 용어의 정의 및 내용의 편성

본서에서는 아래의 몇 가지 용어들을 사용한다. 여기에는 '직접내재 논항', '외재논항', '관계주주어문', '치사자주어문', '행위주주어문', '사 격목적어', '직접목적어', '의미역 첨가구조(施用結構, applicative con-struction)' 등이 있으며, 이들을 아래와 같이 정의한다.

   a) 직접내재논항(直接內在論元): '동사가 묘사한 직접 변화를 겪은 실체와 서로 대응하는 동사 논항'과 '그 존재를 단언하거나 부정 하는 동사 논항'을 말한다.

   b) 외재논항(外在論元): 심층 의미의 행위주 및 치사자를 가리킨다.

   c) 관계주주어문(當事主語句): 직접내재논항이 주어로 충당되는 문장을 말한다.[19]

   d) 치사자주어문(使事主語句): 치사자(Causer. 使事 또는 致使者) 가 주어로 충당되는 문장을 말한다.

   e) 행위주주어문(施事主語句): 동작행위의 행위주(Agent)가 주어 로 충당되는 문장을 말한다.

   f) 사격목적어(旁格賓語, Oblique object): 동사의 필수 논항이 아

---

19) [역주] 중국어로 '當事'란 의미역은 학자들마다 다르게 정의되고 있어, 심지어 경 험주(感事)를 포함하기도 하고 배제하기도 한다. 이렇게 복잡한 상황이라 역자는 이를 임의로 '관계주'로 번역한다.

닌, 외곽의 의미성분이 문장의 목적어 또는 전치사구로 실현되는 것을 말한다. 사격성분이 목적어가 된다는 것은 곧 동사의 외곽 성분이 형식상 바로 동사의 목적어가 된다는 것이다. 그래서 어떤 경우는 이것이 목적어(즉, 사격)로 표지된다. 이러한 통사현상을 또 '의미역 첨가구조(施用結構, applicative construction)'라고도 부른다.

이외에 또 '단순식(單純式)'이란 용어가 있는데, 이는 술어동사 뒤에 목적어 뿐 아니라 사격목적어도 갖지 않는 것을 말한다.

한편, Comrie(1987)는 또 이른바 '使成式(동보구조)'을 분석형과 형태형, 어휘형의 세 가지로 구분한 적이 있다. 이중 아래의 예와 같은 분석형 사성식은 본서에서는 '우언법(迂說式)'이라 칭하여 특히 어휘형 사성식과 구분하고자 한다. 예컨대, '敗' 자체는 淸聲母인 경우 어휘형의 사성식이 된다. 그러나 이것은 또 아래와 같은 우언법 사성식도 있다.

> 예) 朱儒朱儒, 使我敗於邾. (《左傳, 襄公》, 04, 940) 주유야, 주유야, 우리 나라를 주나라에 패하게 만드는구나!

본서는 상·하 두 편으로 나누어 편성하였다. 상편에서는 비대격동사 각각에 대한 연구에 주안을 두어 40여 개 동사의 통사 기능에 대한 전면적인 고찰을 진행한다. 이로써 의미유형별 비대격동사의 비대격적 특징을 탐색한다. 장절의 편성 상 의미유형을 중심으로 하되 음운과 통사 상의 공통점을 따져 동사를 분류할 것이다. 그리고 하편에서는 상고 비대격동사의 통사적 특징, 파생방식 및 상고한어 통사－형태 등의 관련 문제에 대해 보다 심도 있는 논의를 할 것이다.

상편

제2장 상태동사
제3장 存現동사 - 起, 作, 興, 立
제4장 방향동사
제5장 심리동사 - '怒, 懼, 畏, 服, 悅, 喜'
제6장 형용사의 비대격성 탐구 - '順, 紓/緩, 亂, 深, 遠'

제**2**장

상태동사

제**1**절 '**敗**'류 동사 - '**敗**', '**折**', '**斷**', '**盡**', '**壞**'

0. 도입

Vendler(1967)는 명제의 상황(情狀) 유형에 따라 영어의 동사를 다음과 같이 분류하였다.

(1) 상태(state): desire, want, love, hate, know, believe 등

(2) 행위(activity): run, walk, swim, push a cart 등

(3) 완성(accomplishment): paint a picture, run a mile, draw a circle, walk to school 등

(4) 달성(achievement): recognize, find, stop, start, reach the top 등

객관 세계의 사건 상태 유형으로 봤을 때, 상태동사가 묘사하는 것은 하나의 정태적 상태의 장면으로 이는 다시 아래의 세 가지로 구분할 수 있다. 첫째는 정태성의 사건상태로, 여기에는 하나의 처소 논항이 관련되어 있다. 예컨대, "書在桌子上(책이 책상 위에 있다)"이 해당된다. 둘째는 한 참여자의 상태 혹은 상황으로, "我很累(나는 피곤하다)"가 해당한다. 셋째는 한 참여자의 내재적 경험으로, "弗雷德喜歡艾麗絲(프래드는 앨리스를 좋아한다)"가 해당한다.

비대격동사의 관점에서 말한 '상태동사(狀態動詞)'는 여기서의 분류와는 다른 것으로, 의미상 [+상태의미]를 함축한 단일 논항의 동사를 가리킨다. 다만 이것이 표현하는 것은 하나의 변화와 관련된 동태성의 사건 상태이다. 따라서 그것의 핵심적인 의미 특징은 바로 [+상태변화]이다.

'敗', '折', '斷', '盡', '壞'는 모두 '一字兩音'으로 이는 성모 淸濁의 차이로 나타난다. 이중 淸聲母는 급물동사이고, 濁聲母는 단일 논항의 불급물동사이다. 《廣韻》, 《群經音辨》에 따르면, 이들의 의미와 音讀 상황은 아래 표와 같다.

동사	濁聲母	淸聲母
敗	自敗, 薄邁切	敗他, 補邁切
斷	旣絶, 徒管切	絶也, 都管切
折	旣屈曰折, 市列切	屈也, 之舌切
盡	旣極曰盡, 慈忍切	極也, 津忍切
壞	自毁曰壞, 戶怪切	毁之曰壞, 音怪

표 2.1 '敗'류 동사의 의미 및 音讀 상황

의미상, 濁聲母 '敗'와 '壞'는 '自敗(스스로 패하다)'와 '自壞(스스로 무너지다)'로, 원래 '不敗', '不壞'의 사물이 어떤 원인에 의해 '敗'하고, '壞'하는 것을 의미한다. 그래서 상태변화의 의미를 갖고 있다. '折'과 '斷', '盡'도 모두 '旣絶/屈/極'으로, 상태변화 이후의 결과를 나타낸다. 따라서 이 5개 동사는 모두 상태의미의 동사이다. 일반적으로 상태동사는 전형적인 비대격동사라고 보고 있는데(Perlmutter(1978), L&RH(1995), 楊素英(1999)), 본장은 이들이 상고시기의 8부 문헌 속에서 나타내고 있는 통사 기능의 공통점을 밝힘으로써 상고 한어 비대격동사의 판별식을 찾고자 한다. 아울러 이를 가지고 후속 장절에 있는 기타 의미유형 동사들의 비대격성 판별을 위한 샘플로 쓰고자 한다.

본서의 연구 목적 중 하나는, 비대격동사에 대한 토론을 통해 상고의 통사-형태 현상을 관찰하는 것이다. 따라서 내용 편성에 있어서 일부에서는 '동일한 음변 현상을 갖고 있으나 의미상 다른 유형의 동사'를 한 조로 편성하여 토론할 수도 있다. 대표적으로 본장의 2절에 있는 濁성모의 '見'은 존현의미의 비대격동사이기에 마땅히 제3장에서 토론해야 하나, 음변 규율 상, '降', '解'와 동일하고, '降', '解₂' 모두 상태동사이기 때문에, 우리는 이들을 하나로 합하여 본장에서 다루고자 한다.

1. 敗

'敗'는 淸濁 두 독음이 있다. 이는 각각 *praads, *braads[1])로 재구된다. 《廣韻》에서는 "남을 깨뜨리는 것을 '敗'라고 하고 이때는 '補邁切'로 발음한다. 그리고 또 '薄邁切'의 발음이 있는데 이는 스스로 패하는 것이다(破他曰敗, 補邁切. 又薄邁切, 自敗曰敗)."라고 나온다. 《群經音辨》에서는 "다른 것을 무너뜨리는 것을 '敗'라 하고 음은 '배'이다 (壞它曰敗, 音拜)", "스스로 무너지는 것을 '敗'라고 하고 발음은 '薄邁切'이라 한다(自毀曰敗, 薄邁切)."라고 나온다. 《說文》에서는 '敗'를 '무너지다, 무너뜨리다(毀也)'로 풀이한다.

1.1 濁聲母 '敗'의 통사 기능

1.1.1 관계주(當事)주어문('패하다, 지다/무너지다, 망하다')

'敗'는 상고 문헌에서 고빈도 어휘로 나타난다. 비교의 편리를 위해,

---

1) 본서에서는 鄭張尙芳의 상고음 재구 체계를 따른다.

우리는 '전쟁에 지다(戰敗)'와 '무너지다, 망하다(毁壞)' 두 의항으로 나누어 예를 든다.

'전쟁에 지다'의 '敗'는《左傳》에서 76예 출현하며, '전쟁에 지다'의 미를 나타내는 '敗績(전쟁에 참패하다)'로 쓰인 예가 또 19예가 나와 총95예가 출현한다.《國語》에서는 13예,《孟子》에서는 2예,《荀子》에서는 2예,《韓非子》에서는 12예,《戰國策》에서는 34예 출현한다. 한편, 통사구조상 문장의 VP성분에 '于/於'전치사로 이루어진 대상 논항이 추가되기도 한다. 아래의 (12)와 같다.

(1) 吳師**大敗**, 吳子乃歸.（《左傳, 定公, 05, 1552》） 오군이 대패하자, 오왕이 이에 갔다.

(2) 八月, 鄭子罕伐許, **敗焉**.（《左傳, 成公, 14, 870》） 팔월에 정나라 자한이 허나라를 공격했으나 그들에게 패했다.

(3) 城濮之役, 晉無楚備, 以**敗於邲**.（《左傳, 昭公, 05, 1268》） 성복의 전역에서 진이 이기는 바람에 楚를 대비하지 않아 邲에서 패했다.

(4) 己丑, 秦, 晉戰於櫟, 晉師**敗績**, 易秦故也.（《左傳, 襄公, 11, 995》） 기축에, 秦과 晉이 櫟땅에서 전투를 했는데, 晉의 군대가 대패를 했다. 이는 秦을 가벼이 보았기 때문이다.

(5) 梁惠王以土地之故, 糜爛其民而戰之, **大敗**, 將復之, 恐不能勝, 故驅其所愛子弟以殉之, 是之謂以其所不愛及其所愛也.（《孟子, 盡心下》） 양혜왕은 토지의 연고 때문에 백성을 싸움터로 내몰아 피와 살이 터지도록 싸우게 했고, 크게 패하여 장차 다시 싸우되 이길 수 없음을 걱정했다. 그러므로 사랑하는 자제들을 내몰아 순장케 했으니, 이것이 사랑치 않는 것으로 사랑하는 것에 미치게 했다는 것이다.

(6) 及寡人之身, **東敗於齊**, 長子死焉, 西喪地於秦七百里, 南辱於楚. 寡人恥之, 願比死者一洒之, 如之何則可?（《孟子, 梁惠王上》） 하지만 과인의 세대에 이르러, 동쪽으로는 제나라에 패하고, 내 장자

는 죽었습니다. 서쪽으로는 진나라에 칠백 리의 영토를 잃었으며, 남쪽으로는 초나라에 모욕당하였습니다. 과인은 이를 부끄럽게 생각하고, 죽은 이들을 위해서라도 일거에 치고자 합니다. 어떻게 해야 하겠습니까?

(7) 楚衆欲止, 子玉不肯, 至於城濮, 果戰, 楚衆**大敗**. (《國語, 晉語四》) 초나라의 많은 사람들은 추격을 그치려고 하였으나 子玉이 수긍하지 않아 성복에 이르러 결국 전투를 했고, 초나라 군대가 크게 패하였다.

(8) 榮公若用, **周必敗**. (《國語, 周語上》) 만약 영공을 등용한다면, 주나라는 반드시 패할 것입니다.

(9) 三軍**大敗**, 不可斬也, 獄犴不治, 不可刑也, 罪不在民故也. (《荀子, 宥坐》) 대군이 크게 패했어도, 병사들을 참해서는 안 되며, 옥사를 제대로 다스리지 못했어도 사람에게 형벌을 가해서는 안 된다. 그 죄가 백성들에게 있는 것이 아니기 때문이다.

(10) 周幽厲, **所以敗**, 不聽規諫忠是害. (《荀子, 成相》) 주나라 유왕과 여왕이 패한 원인은 바른 간언을 듣지 않고 충성스러운 이를 해쳤기 때문이다.

(11) 宋人**大敗**, 公傷股, 三日而死. (《韓非子, 外儲說左上》) 송인이 대패하였고, 송양공이 다리에 부상을 당해 사흘 있다가 죽었다.

(12) 王之兵**自敗於秦, 晉**, 喪地數百里, 此兵之弱也. (《韓非子, 喩老》) 왕의 군사는 秦과 晉에 패해, 수백 리의 땅을 잃었는데, 이것은 병력이 쇠약한 것입니다.

한편, '무너지다, 망하다(毁壞)'의 '敗'는 《詩經》에 2예, 《左傳》에 12예 출현하며, 《經典釋文》에서는 모두 注音되어 있지 않다. 그 외에 《國語》에 2예, 《荀子》에 22예가 출현하며 아래와 같다.

(13) 如彼泉流, **無淪胥以敗**. (《詩經, 小雅, 小旻》) 저 흐르는 샘물처럼 함께

휩쓸려 다 같이 망하지 않기를

(14) 子之爲政, 愼之以禮. 不然, **鄭國將敗**. (《左傳, 襄公, 29, 1166》) 그대
가 정치를 함에 예로써 신중히 해야 하거늘, 그렇지 않으면 정나라는
장차 망할 것이다.

(15) **國家之敗**, 有事而無業, 事則不經, 有業而無禮, 經則不序. (《左
傳, 昭公, 13, 1355》) 국가가 망해가는 것은 조회와 회맹의 일이 있으나
공납의 일이 없기 때문이고, 조회와 회맹의 일을 하되 항상되지 못하
고, 공납의 일을 해도 예가 없으며 항상됨이 있어도 순서가 없기 때
문이다.

(16) 惠伯曰: "吾嘗學此矣, 忠信之事則可, 不然, **必敗**." (《左傳, 昭公,
12, 1337》) 혜백이 말했다. "내 일찍이 이것을 배웠다. 충신의 일이라면
가하겠으나, 그렇지 않다면 반드시 실패할 것이다."

(17) 子而棄之, 不亦難乎? **齊國之政敗矣**, 晉之無道久矣, 從者之謀
忠矣, 時日及矣, 公子幾矣. (《國語, 晉語四》) 당신이 이것을 버리면
또한 어렵지 않겠습니까! 제나라 정치가 실패하고 진나라의 도가 없
게 된지 오래되었습니다. 추종자들의 모책이 충성스럽고 시일이 닥쳐
와 공자께서 국가를 차지할 날이 거의 되었습니다.

(18) 吾聞**國家將敗**, 必用姦人, 而嗜其疾味, 其子之謂乎? (《國語, 楚語
下》) 내 들기로 나라가 망하려면 반드시 간사한 이를 등용하여 병을
일으킬 음식을 즐긴다고 하던데, 바로 당신을 두고 하는 말이군요?

(19) **事已敗矣**, 乃重太息. (《荀子, 法行》) 일은 이미 실패하여, 큰 한 숨만
쉴 뿐이다.

(20) 周而成, **泄而敗**, 明君無之有也. (《荀子, 解蔽》) 일을 빈틈없이 하면
성공하고, 일이 새게 하면 실패한다고 하는데 명철한 임금은 그러한 일
이 없다.

(21) 今我爲鳶, 三年成, **蜚一日而敗**. (《韓非子, 外儲說左上》) 나는 지금 솔
개를 만드는데 삼년이 걸려 만들었고, 하루를 날고 실패했다.

(22) 造父爲齊王駙駕, 渴馬服成, 效駕圃中, 渴馬見圃池, 去車走池,

<u>駕敗</u>. (《韓非子, 外儲說右下》) 조보는 제나라 왕의 말을 맡았고, 말에게 목이 말라도 견디게 한 다음, 농원에 마차를 몰고 나갔더니, 목이 마른 말이 농원의 물을 보자 수레를 버리고 물에 뛰어들어 말의 훈련은 실패하고 말았다.

그리고 우연히 '우언법'구조의 예도 발견되는데, 《詩經》, 《左傳》에 각각 1예가 있다.

(23) 式遏寇虐, <u>無俾正敗</u>. (《詩經, 大雅, 民勞》) 도적과 포학한 자를 막아 정도가 패하지 않도록 하라.

(24) 朱儒朱儒, <u>使我敗於邾</u>. (《左傳, 襄公, 04, 940》) 주유야, 주유야, 우리나라를 주나라에 패하게 만드는구나!

1.1.2 영주속빈문

8부 문헌에서 총2예 출현한다.

(1) <u>今軍敗亡二萬人</u>, 臣有斧質之罪, 請自歸於吏以戮. (《戰國策, 燕二》) 지금 우리 군이 패하여 이만을 잃었으니 신은 부질의 죄를 지었으니, 청컨대 스스로 관리에게 가서 육형을 받겠습니다.[2]

(2) <u>曹子以敗軍禽將</u>, 非勇也, 功廢名滅, 後世無稱, 非知也. (《戰國策, 齊六》) 조말은 그 군대가 패배했고 장수가 사로잡혔기에 용맹하지 않다. 그리고 공이 폐기되고 명성이 소멸하여 후세 사람들에게 칭찬을 받지 못하였기에 지혜롭지 못하다.

---

2) [역주] '斧質'은 '요참할 때는 형구', '부질의 죄'란 그 정도로 심한 죄이다.

1.1.3 관형어로 쓰이는 예

8부 문헌에서 모두 2예 출현한다.

(1) 於人爲言, **敗言**爲讒, 故曰: "有攸往. 主人有言." 言必讒也. (《左傳, 昭公, 05, 1265》) 사람에게는 말이 되는데, 무너뜨리는 말은 참언입니다. 그러므로 "갈 곳이 있으면 주인은 할 말이 있다."라고 했으니 말을 하면 반드시 참언입니다.

(2) 使曹子之足不離陳, 計不顧後, 出必死而不生, 則不免爲**敗軍禽將**. (《戰國策, 齊六》) 이러한 조말로 하여금 전장에서 떠나지 않게 하고, 훗날을 돌아보지 않게 하고, 또 필사적으로 싸우게 했다면 패퇴한 군대와 사로잡힌 장수라는 오명을 면치 못할 것이다.

1.2 淸聲母 '敗'의 통사 기능

1.2.1 치사자주어문('패배시키다/부수다, 무너뜨리다')

《經典釋文》과 《詩經》, 《左傳》에 대해 注音을 한 것들은 모두 淸聲母의 '敗'이다. 이것은 급물동사로, 濁聲母 '敗'의 사동 형식('패배시키다'의 의미)이다.

'전쟁에서 패배시키다(戰敗)'의 '敗'는 《左傳》에서 119예이다. 이것을 《經典釋文》은 '補邁切'로 注音하였고 모두 4회에 이른다. 《詩經》에서는 2예가 출현하는데, 그중 1예는 부정문에서 목적어가 출현하지 않고 있다. 《國語》는 18예, 《韓非子》는 10예, 《戰國策》은 30예이다.

(1) 惠公之季年, **敗宋師**於黃. (《左傳, 隱公, 元年, 18》) 혜공의 만년에 黃 땅에서 宋의 군대를 패퇴시켰다.

(2) 魋子曰: "**敗楚**服鄭, 於此在矣." (《左傳, 宣公, 12, 730》) 체자가 말했

다. "초나라를 패배시키고 정나라를 굴복시키는 것은 여기에 달려 있다."

(3) 是故敗吳於囿, 又敗之於沒, 又郊敗之. 《國語, 越語上》) 이에 오나라를 囿땅에서 패배시켰고 다시 沒땅에서 패배시켰으며 또 吳나라 교외에서 패배시켰다.

(4) 先軫從之, 大敗楚師, 則王孫啓之爲也. 《國語, 楚語上》) 先軫이 이를 따라 초나라 군사를 대패시킨 것은 곧 王孫啓가 한 것이다.

(5) 故强, 南足以破楚, 西足以詘秦, 北足以敗燕, 中足以擧宋. 《荀子, 王霸》) 그러므로 강할 때에는, 남쪽으로 초나라를 깨뜨릴 수 있었고, 서쪽으로는 진나라를 굴복시킬 수 있었으며, 북으로는 연을 패배시킬 수 있었고, 중앙의 송나라를 정복할 수 있었다.

(6) 罷宋圍, 還與荊人戰城濮, 大敗荊人, 返爲踐土之盟, 遂成衡雍之義. 《韓非子, 外儲說右上》) 송의 포위를 풀고 돌아가다가 형인과 성복에서 전투하여 형인을 대패시키고, 돌아오는 길에 이들과 회맹을 하고, 마침내 형옹에서 존왕의 대례를 거행했다.

(7) 辭雍季, 以舅犯之謀與楚人戰以敗之. 《韓非子, 難一》) 문공은 옹계를 물러나게 하고, 구범의 계략으로 초나라 사람과 싸워 그들을 패퇴시켰다.

(8) 王復使蘇子應之, 蘇子先敗王之兵, 其後必務以勝報王矣. 《戰國策, 燕二》) 대왕께서는 다시 소대를 시켜 응전케 하십시오. 소대가 지난번엔 대왕의 군대를 패하게 했지만, 그 뒤엔 반드시 승리로써 대왕께 보답할 것입니다.

'부수다, 무너뜨리다(毁壞)'의 '敗'는 《詩經》에서 2예, 《左傳》에서 18예 출현하고 있는데, 그중 《經典釋文》이 그 의미에 대해 注音한 것은 7예로 모두 '주술목'구조이다. 그 외에 《國語》에 8예, 《孟子》에 1예, 《荀子》에 1예, 《韓非子》에 12예 출현하고 있다.

(9) 大風有隧, **貪人敗類**. (《詩經, 大雅, 桑柔》) 큰 바람이 불어옴이 길이 있으니, 탐욕스러운 자들이 착한 이들을 망친다.

(10) 蔽芾甘棠, **勿翦勿敗**, 召伯所憩. (《詩經, 國風, 甘棠》) 우거진 팥배나무, 자르지도 꺾지도 마라, 소백님이 쉬시던 곳

(11) 書曰: "**欲敗度, 縱敗禮**." 我之謂矣. (《左傳, 昭公, 10, 1319》) 서경에 이르기를 "욕망은 법도를 망치고, 욕망을 따르면 예를 망친다."고 했으니 나는 이것을 일컫는 것이다.

(12) 君子謂羊斟"非人也, 以其私憾, **敗國殄民**, 於是刑孰大焉?" (《左傳, 宣公, 02, 652》) 군자가 羊斟에 대해 말하길, "그는 사람이 아니다. 자신의 사적인 원한으로 나라를 망치고 백성을 해쳤으니, 그의 죄보다 누구의 죄가 더 크겠는가?"라고 했다.[3]

(13) 兄弟甥舅, **侵敗王略**, 王命伐之, 告事而已, 不獻其功, 所以敬親昵, 禁淫慝也. (《左傳, 成公, 02, 809》) 형제국과 이성의 생질외숙의 나라가 서로 침범하여 왕의 법도를 어그러뜨리면, 왕이 그들을 정벌하라고 명할 것이다. 이때 정벌하여 승리한 후 그 결과만 보고할 뿐이요, 전공은 바치지 않는다. 이로써 친척을 존중하고, 사악함을 금하고자 한다.

(14) 己惡而掠美爲昏, 貪以**敗官**爲墨, 殺人不忌爲賊. (《左傳, 昭公, 14, 1367》) 자신이 추하면서 아름다움을 훔치면 '혼란'이라 하고, 욕심을 부려 관직을 어그러뜨리면 '더러움'이라 하며, 사람을 죽이되 두려움이 없으면 '도적'이라 부른다.

(15) 彼得其情以厚其欲, 從其惡心, **必敗國**且深亂. (《國語, 晉語一》) 그는 그 정을 얻어 자신의 욕심을 두터이 할 것이요, 그 악한 마음을 따를 것이니 반드시 나라를 망가뜨리고 더욱 깊이 혼란스럽게 될 것이다.

---

3) 《經典釋文》에 "반절이 '必邁反'으로 되어 있으며, 또 원래 글자로도 쓴다(必邁反, 又如字)."라고 되어 있다.

(16) 不仁而可與言, 則何亡國敗家之有? (《孟子, 離婁上》) 인하지 않는데
도 함께 말할 수 있다면 어떻게 나라를 망하게 하고 집안을 패망하게
하는 일이 있겠는가?

(17) 耳目之欲接, 則敗其思, 蚊虻之聲聞, 則挫其精. (《荀子, 解蔽》) 귀
와 눈이 욕망을 접하면, 그 생각을 망하게 하고, 모기와 등애의 소리를
들으면 그 정밀함이 꺾여진다.

(18) 令田連, 成竅共琴, 人撫一弦而揮, 而音必敗曲不逐矣. (《韓非子,
外儲說右下》) 전련과 성규가 같은 거문고를 다루며 각자 한 편을 맡아
서 연주한다면, 음은 반드시 곡을 망치게 될 것입니다.

(19) 遂驅之, 廷理擧殳而擊其馬, 敗其駕. (《韓非子, 外儲說右上》) 드디어
쫓아가 문지기는 창을 들더니 그 말을 내리쳐 수레를 부숴버렸다.

그런데 부정문이나 동사 앞에 '能, 必, 欲' 등의 조동사, 부사가 있을
때는 '破它'의미의 '敗'의 목적어는 출현하지 않을 수도 있다.《詩經》,
《左傳》,《國語》,《戰國策》에서 각각 1예씩 출현한다. 예컨대,

(20) 成師以出, 而敗楚之二縣, 何榮之有焉? 若不能敗, 爲辱已甚, 不
如還也. (《左傳, 成公, 06, 830》) 군대를 출동시켜 단지 초의 두 현만을
패배시킨다면 무슨 영광이 있겠는가? 만약 그들을 패배시키지 못한다
면 치욕이 매우 심할 것이니 차라리 돌아감만 못하다.

(21) 君不道於我, 我欲以吾宗與吾黨夾而攻之, 雖死必敗, 君必危,
其可乎? (《國語, 晉語六》) 임금께서 우리들에게 도리로 하지 않으니
내가 우리 종족과 우리 무리와 함께 협공해서 치고자 합니다. 비록 죽
더라도 반드시 패배시킬 터인데, 그러면 군께선 위태롭게 됩니다. 그
래도 괜찮겠습니까?

(22) 犀首欲敗, 謂衛君曰: "衍非有怨於儀也, 值所以爲國者不同耳. 君
必解衍." (《戰國策, 齊二》) 서수는 그를 패배시키려고 위군에게 말했다.
"저는 결코 장의에게 사사로운 원한이 있어서가 아닙니다. 그저 나라를

위한 바가 다를 뿐입니다. 그러니 귀하께서 저희를 화해시켜 주십시오."

1.2.2 NP+可敗

《左傳》에서 2예,《國語》에서 1예,《韓非子》에서 1예,《戰國策》에서
2예 출현한다.

(1) 夏六月, 齊師, 宋師次於郎. 公子偃曰: "宋師不整, **可敗也**. 宋敗,
齊必還. 請擊之." (《左傳, 莊公, 10, 184》) 여름철 6월에 제의 군대, 송
의 군대가 郎땅에 주둔하고 있었다. 이때 공자 偃이 말했다. "송의 군
대가 정돈되어 있지 않으니 패퇴시킬 수 있습니다. 송이 패퇴하면 제
나라는 분명 돌아갈 것이니, 공격하십시오."

(2) 七國同役而不同心, 帥賤而不能整, 無大威命, **楚可敗也**. (《左傳,
昭公, 23, 1445》) 칠국이 비록 함께 전쟁에 참여하고 있으나 마음이 서
로 다르고, 장수가 비천하여 군대를 정돈할 줄 모릅니다. 게다가 명령
을 내릴 큰 위엄이 없으니 초나라는 패퇴시킬 만 합니다.

(3) 往言不可及也, 且人中心唯無忌之, **何可敗也**! (《國語, 晉語二》) 이
미 쏟아낸 말이라 되돌릴 수 없소. 또 저 여희의 마음속에는 아무것도
꺼리는 것이 없으니, 무엇으로 좌절시킬 수 있겠소.

(4) 吳反覆六十里, 其君子必休, 小人必食, 我行三十里擊之, **必可
敗也**. (《韓非子, 說林下》) 오나라는 왕복 60리길을 걸어서 그 상관들은
쉬고 있을 것이고, 병사들은 분명 식사를 하고 있을 것입니다. 우리가
30리 길을 걸어 공격을 한다면 반드시 그들을 패배시킬 것입니다.

(5) 故齊雖强國也, 西勞於宋, 南罷於楚, 則**齊軍可敗**, 而河間可取.
(《戰國策, 楚一》) 그러므로 제나라가 비록 강국이라 하나 서쪽으로는 송
나라 때문에 피곤해 있고, 남쪽으로는 초나라 때문에 피폐해 있으니
제의 군대는 (지금 치면) 패배시킬 수 있습니다. 그리고 하간의 땅도
취할 수 있습니다.

(6) 彼懼吾兵而營我利, <u>五國之事必可敗也</u>. (《戰國策, 楚一》) 저들이 우리의 군대를 두려워하고 또 우리의 이익을 도모하게 되면 오국의 결맹을 반드시 실패하게 할 수 있다.

1.2.3 '爲敗' 구조

모두 3예 출현한다.

(1) 今衆人之所以欲成功而<u>反爲敗者</u>, 生於不知道理而不肯問知而聽能. 衆人不肯問知聽能, 而聖人强以其禍敗適之, 則怨. (《韓非子, 解老》) 지금 사람들이 성공하고자 하면서도 도리어 실패하는 까닭은 도리를 모르면서도 아는 이에게 기꺼이 묻거나 능력 있는 자에게 들으려 하지 않는데서 생긴다. 사람들이 이렇게 기꺼이 아는 이에게 물으려 하지 않고, 능력 있는 이에게 들으려 하지 않기에, 성인은 일부러 그 재난과 실패에 대해 꾸짖는데 오히려 원망한다.

(2) 吾無專享文, 武之功, <u>且爲後人之迷敗傾覆</u>而溺入於難, 則振救之. (《左傳, 昭公, 26, 1475》) 나는 홀로 문왕과 무왕의 공을 계승할 수 없다. 게다가 후인들이 혼란해지고 쇠미해져서 위험에 빠지는 상황이 되면 그들을 구할 것이다.

성모	통사기능	詩經	左傳	國語	論語	孟子	荀子	韓非子	戰國策	합계
濁	관계주주어문	2	86	17	0	3	6	35	43	192
	관형어	0	1	0	0	0	0	0	1	2
淸	치사자주어문	2	137	26	0	1	2	23	42	233
	可敗	0	2	1	0	0	0	1	2	6
	爲敗	0	1	0	0	0	0	1	1	3
합계		4	227	44	0	4	8	60	90	436

표 2.2 상고 8부 문헌 '敗'의 용례 통계

2. 斷

《說文》에서는 "'斷'은 '끊다'이다(斷, 截也)"로 되어 있는데, 段玉裁注에 "파생의미로 '결단하다'가 있다(引申之義爲決斷)"라고 되어 있다. 《廣韻》에 "'都管切'로 '끊다'의 의미이고, 또 '丁貫切'도 있으며 '결단하다'의 의미이다(都管切, 斷絶也. 又丁貫切, 決斷)."라고 되어 있다. 《群經音辨》에는 "'斷'은 '끊다'의 의미로 '都管切'이고, '이미 끊어짐'을 '斷'이라 하며 이때는 '徒管切'이다(斷, 絶也, 都管切, 既絶曰斷, 徒管切)."이라고 되어 있다.4) 본서에서는 '끊어지다(斷絶)'의미의 '斷'에 대해 토론하고자 하는데, 그것은 淸濁 兩讀이 있다. 이것의 재구음가는 *toon?, *doon?이다. 청성모의 '斷'은 급물동사이고, 탁성모의 '斷'은 불급물동사이다.

2.1 탁성모 '斷'의 통사 기능

관계주주어문('끊어지다')

(1) 臣有死罪三: 援礪砥刀, 利猶干將也, 切肉**肉斷**而髮不**斷**, 臣之罪一也. (《韓非子, 內儲說下》) 신이 죽을죄가 셋 있습니다. 숫돌로 칼을 갈아 날카롭기가 간장의 보검과 같았고, 고기를 썰어 고기가 끊어졌으나 머리카락은 끊어지지 않았으니 이것이 신의 첫 번째 죄입니다.5)

(2) **至親以期斷**. (《荀子, 禮論》) 지극히 친한 이의 상도 일 년이면 끝난다.

(3) 故仁人之兵, 聚則成卒, 散則成列, 延則若莫邪之長刃, **嬰之者斷**, 兌則若莫邪之利鋒, 當之者潰. (《荀子, 議兵》) 그러므로 어진사

---

4) [역주] '斷'은 '都管切', '丁貫切'이면 청성모(端母)이고, '徒管切'이면 탁성모(定母)이다.

5) [역주] '干將'은 춘추시대 오나라의 칼 잘 만들기로 유명한 장인의 이름이다.

람의 군대는 모이면 대오를 이루고, 흩어지면 행렬을 이루며, 늘어서 면 마치 막야의 긴 칼과 같아 그것을 건드린 자 모두 끊어지고, 예리하게 대열을 하면 마치 막야의 날카로움과 같아 그것에 닿으면 모두 무너지고 만다.

2.2 청성모 '斷'의 통사 기능

이것은 치사자주어문을 구성한다('끊다, 자르다'). 《經典釋文》의 注音은 '丁管反' 혹은 '丁緩反', '音短'이다.

(1) 徂來之松, 新甫之柏. **是斷是度**, 是尋是尺. (《詩經, 魯頌, 閟宮》) 조래산의 소나무와 신보산의 잣나무를 이에 자르고 이에 헤아리어, 이에 재고, 이에 자질하여

(2) 陟彼景山, 松柏丸丸. **是斷是遷**, 方斲是虔. (《詩經, 魯頌, 殷武》) 저 경산에 오르면, 쭉 뻗은 아름드리 잣나무와 소나무, 베어다가 옮겨서, 깎고 자르고 하여

(3) 及閎中, 齊氏用戈擊公孟, 宗魯以背蔽之, **斷肱**, 以中公孟之肩. (《左傳, 昭公, 20, 1411》) 문에 이르자, 제표가 창으로 공맹집을 공격했고 종노가 등으로 창을 막아 공맹집을 보호했으며, 이로써 팔이 부러졌고 (팔이 부러지게 했고) 이로써 공맹집의 어깨에 맞았다.

(4) 賓孟適郊, 見雄鷄**自斷其尾**. (《左傳, 昭公, 22, 1434》) 빈맹이 교외로 갔는데, 거기서 수탁이 스스로 자기 꼬리를 쪼아대는(잘라지게 하는) 것을 봤다.

(5) 武城人塞其前, **斷其後之木而弗殊**, 邾師過之, 乃推而蹷之, 遂取邾師, 獲鉏, 弱, 地. (《左傳, 昭公, 23, 1441》) 무성인이 그 앞을 막고는 그 뒤에 있는 나무를 잘랐는데 완전히 끊지는 않았다. 그러자 邾의 군대가 거기를 지나갔는데, 그들이 이 나무를 밀어서 그 나무가 그들을 공격하여 드디어 邾의 군대를 사로잡고 鉏, 弱, 地땅을 얻었다.[6]

(6) 公戟其手, 曰: "**必斷而足**!" (《左傳, 哀公, 25, 1724》) 위나라 出公이 손을 허리춤에 꽂고는 말했다. "반드시 네 다리를 잘라주마!"

(7) **大子抽劍斷鞅**, 乃止. (《左傳, 襄公, 18, 1040》) 태자가 검을 뽑아 말의 가슴걸이를 자르고 나서야 멈추었다.

(8) 苑子刜林雍, **斷其足**, 鬣而乘於他車以歸. (《左傳, 昭公, 26, 1473》) 苑子가 林雍을 내리쳐서 그 발을 잘랐더니 그가 한 발로 뛰어 다른 수레에 올라 돌아갔다.[7]

(9) **徐子章禹斷其髮**, 携其夫人以逆吳子. (《左傳, 昭公, 30, 1509》) 徐나라 왕 章禹가 그의 머리카락을 잘라 그의 부인을 데리고 오나라 왕을 맞이했다.

(10) 公卜使王黑以靈姑銔率, 吉, 請**斷三尺**焉而用之. (《左傳, 昭公, 10, 1316》) 景公이 점을 쳐 물어보니 王黑에게 시켜 靈姑의 깃발로 통솔하게 하면 길하다 하니, 이에 그 깃대를 세 척 잘라 사용하게 했다.

2.3 소결

성모	통사기능	詩經	左傳	國語	論語	孟子	荀子	韓非子	戰國策	합계
濁	관계주주어문	0	0	0	0	0	4	4	4	12
淸	치사자주어문	3	13	0	0	0	6	13	15	50
	합계	3	13	0	0	0	10	17	19	62

표 2.3 상고 8부 문헌 '斷'의 용례 통계

위의 표로 보건대, 탁성모 '斷'의 용례가 매우 적다. 《荀子》, 《韓非子》시대에 가서야 진정한 불급물동사 구조를 볼 수가 있다. 이 전에 탁

---

6) 楊伯峻注는 이에 대해 "이 부분은 나무를 자르되 완전히 자르지는 않은 것"이라고 해석하고 있다.

7) [역주] '鬣'은 '한쪽 발로 뛰다'이다.

성모의 '斷'은 《左傳》에서 1예가 출현하는데, 이것의 《經典釋文》注音은 '徒亂反'이다. 이는 일종의 '명사화 용법'으로 목적어로 쓰이고 있다.

> (1) **帶其斷**以徇於軍三日. (《左傳, 襄公, 10, 975》) 秦堇父가 그 자른 천 조각을 갖고 사흘간 군을 돌아다녔다.[8]

이것은 마치 영어의 'the+과거분사'의 형식과 같다. 이 예를 통해 우리는 탁성모의 '斷'이 결코 나중에 나온 것이 아님을 알 수 있다. 사실 어떤 경우엔 문헌 속에서 사용되는 상황이 源流 관계를 판단하는 증거로 사용되기에 부족한 경우도 있다.

3. 折

'折'은 《說文》에서 "끊다(斷也)."로 나온다. 《廣韻》에서는 "'旨熱切'로 '끊어지다'이다. 또 '常列切'로 '끊어졌으나 아직 연결되어 있음'의 의미도 있다(旨熱切, 拗折, 又常列切, 斷而猶連也)."로 되어 있다.[9] 《群經音辨》에서는 "'折'은 '굽다'이다. '之舌切'이다. '이미 굽은 것'을 折이라 한다, '市列切'이다(折, 屈也, 之舌切, 既屈曰折, 市列切)."라고 되어 있다.[10]

周法高(1962)는 "屈也, 之舌切(청성모, 入聲), 既屈曰折, 市列切(탁성모, 入聲)"이라 하고 있다. '折'은 청, 탁의 兩讀이 있어, 그 재구음이 각각 *ʔljed, *ɦljed이다.

---

8) 楊伯峻注에 "堇父가 斷布를 가지고 각 군을 사흘간 순시했다."라고 되어 있다.
9) [역주] '旨'는 照母로 청성모이고, '常'은 禪母로 탁성모이다.
10) [역주] '之'는 照母로 청성모이고, '市'은 禪母로 탁성모이다.

3.1 탁성모 '折'의 통사 기능

3.1.1 관계주주어문('끊어지다, 부러지다, 망하다, 무너지다')

《左傳》중 3개의 자동사구조의 용례(1~3)는 《經典釋文》에서 모두 注音이 없으므로 마땅히 '如字'인 '市列切'이다.

(1) 衡而委蛇, **必折**. (《左傳, 襄公, 07, 952》) 전횡적이나 겉으로 순한 척 하는 사람은 반드시 스스로 망한다.

(2) **棟折**榱崩, 僑將厭焉, 敢不盡言? (《左傳, 襄公, 31, 1192》) 기둥이 무너지고 서까래가 붕괴되면 그때 저는 눌려 죽을 터인데, 감히 말을 다 하지 않겠습니까?

(3) 末大**必折**, 尾大不掉, 君所知也. (《左傳, 昭公, 11, 1328》) 가지가 너무 크면 반드시 부러지고, 꼬리가 너무 크면 흔들기 어렵다고 했음은 당신도 잘 알 것이다.

(4) 夫**棟折**而榱崩, 吾懼壓焉. (《國語, 魯語下》) 무릇 기둥이 무너지면 서까래가 무너지게 되니, 나는 거기에 깔리는 것이 두렵다.

(5) 修其簠簋, 奉其牲象, 出其樽彝, 陳其鼎俎, 净其巾冪, 敬其祓除, **體解節折**而共飲食之. (《國語, 周語中》) 제기를 준비하고, 술그릇을 받쳐 들고, 술잔을 꺼내 들고, 솥과 도마를 진열하고, 수건을 깨끗이 빨고, 그 전당을 공경스럽게 청소하고, 고기 각 부위가 해체되고 잘라지거늘 함께 마시고 먹습니다.

(6) 風至**苕折**, 卵破子死. (《荀子, 勸學》) 바람이 불어 갈대가 부러지고, 알은 깨지고 새끼는 다 죽으니)

(7) 鍥而舍之, **朽木不折**, 鍥而不舍, 金石可鏤. (《荀子, 勸學》) 칼로 자르다 중단하면 썩은 나무도 잘라지지 않지만, 칼로 새기길 그치지 아니하면 쇠나 돌이라 할지라도 무늬를 넣을 수 있다.

(8) **木之折**也必通蠹, 牆之壞也必通隙. 然木雖蠹, 無疾風**不折**, 牆雖

隙, 無大雨不壞. (《韓非子, 亡徵》) 나무가 부러지는 것은 좀먹어서이고 담장이 무너지는 것은 틈이 난 것이 원인이이다. 나무가 비록 좀먹었으나 바람이 불지 않으면 부러지지 않고, 담장이 비록 틈이 났어도 큰 비가 없으면 무너지지 않는다.

(9) 夫吳干之劍, 肉試則斷牛馬, 金試則截盤匜, 薄之柱上而擊之, 則**折爲**三, 質之石上而擊之, 則碎爲百. (《戰國策, 趙三》) 오나라의 간장검은 고기에 시험하면 소나 말도 자를 수 있고, 쇠에 시험하면 대야도 자를 수 있다. 그러나 기둥에 때려보면 이것이 부러져 세 동강 나고, 돌에다 때려보면 부서져 수백 개 조각이 난다.

(10) 君因言王而重責之, <u>茸之軸今折矣</u>. (《戰國策, 趙三》) 귀하께서 왕에게 말해서 중하게 책임을 지웁니다. 그러면 茸의 바퀴 축은 부러지고 맙니다.

(11) 軍之所出, **矛戟折**, 鐶弦絶, 傷弩, 破車, 罷馬, 亡矢之大半. (《戰國策, 齊五》) 군대가 출정할 때, 창이 부러지고 고리와 줄이 끊어지고, 쇠뇌가 망가지고 수레가 부서지고, 말이 다쳤고, 빠진 화살촉이 태반이다.

(12) 蹄申**膝折**, 尾湛胕潰, 漉汁洒地, 白汗交流, 中阪遷延, 負轅不能上. (《戰國策, 楚四》) 말굽은 늘어지고 무릎은 꺾이고, 꼬리는 젖고 땀은 비오듯하고, 소금은 녹아내려 땅을 적시고 흰 땀은 뒤섞여 범벅이 되고, 산 중턱에서 더 오르지 못하는데, 수레 받침대도 더 이상 떠받칠 수 없게 되었다.

3.1.2 영주속빈문

(1) **其折骨**折筋, 終身不可以相及也. (《荀子, 修身》) 그것이 뼈가 부러지고 근육이 끊어지더라도 종신토록 서로 미칠 수가 없다.

(2) 女忘君之爲孺子牛而**折其齒**乎, 而背之也. (《左傳, 哀公, 06, 1638》) 당신은 돌아가신 경공께서 아기씨를 위해 소를 몰게 했다가 (넘어지는

바람에) 그의 이를 부러뜨린 일을 잊으셨습니까? 그리하여 지금은 도리어 임금을 배반하는 것이오.[11]

3.2 청성모 '折'의 통사 기능('끊다, 부러뜨리다, 꺾다')

청성모 '折'이 구성하는 것은 치사자주어문이다. 《左傳》에서 이러한 용법의 '折'은 《經典釋文》에서의 注音이 '之設反'이나 '之舌反'으로 되어 있다.[12] 통사구조는 '행위주+술어동사+피동작주'의 주술목 구조이다. 《左傳》에는 모두 10예이며, 注音이 없는 예가 1예 있다.

(1) 折柳樊圃, 狂夫瞿瞿. (《詩經, 齊風, 東方未明》) 버들가지 꺾어 채마밭에 울타리 치면, 광포한 사람도 두려워하는데)

(2) 將仲子兮, 無踰我園, 無折我樹檀. (《詩經, 鄭風, 將仲子》) 둘째 아드님아, 우리집 뜰을 넘어오지 마세요, 우리집 박달나무 꺾지 마세요.

(3) 爲長者折枝, 語人曰: "我不能", 是不爲也, 非不能也. (《孟子, 梁惠王上》) 어른을 위해 나뭇가지를 꺾는 일을 남에게 말해 "나는 못합니다."라고 했다면, 이는 안 하는 것이지, 못하는 것이 아닙니다.

(4) 必善事左右, 夫楊橫樹之卽生, 倒樹之卽生, 折而樹之又生. (《韓非子, 說林上》) 반드시 왕의 근신을 잘 사귀어 두십시오. 버드나무는 옆으로 심어도 잘 살고, 거꾸로 심어도 잘살고, 꺾어서 심어도 잘 삽니다.

---

11) 《經典釋文》에는 "之舌反, 又市列反, 注同"이라고 되어 있으나 楊伯峻注를 보면, "경공이 도를 아껴서, 일찍이 도에게 소를 몰게 했는데 잘못되어 넘어져서 경공의 이가 부러졌다."라고 되어 있다. 따라서 '君'과 '齒'는 행위주와 피동작주의 관계라기보다, 영주속빈의 관계가 더 옳다. 그리고 이때의 '折'은 탁음인 '市列反'이어야 한다.

12) 이중 한 예는 지명이다. "柔會宋公, 陳侯, 蔡叔盟於折." (《桓公, 11, 129》) (노의 대부 柔는 折땅에서 송공, 진후, 채숙과 만나고 결맹하였다.)

(5) 今王憧憧, 乃輦建信以與强秦角逐, 臣恐**秦折王之椅**也. (《戰國策, 趙三》) 지금 대왕께선 불안하게 건신군을 수레에 태워 진과 각축전을 벌이시니, 신은 진이 대왕의 수레의 받침대를 부러뜨릴까 두렵습니다.

이상의 예는 치사자주어가 행위주인 경우이다.

(6) 叔山冉搏人以投, 中車, **折軾**. (《左傳, 成公, 16, 888》) 숙산염이 포로를 잡아 던졌더니 수레에 맞았는데 수레의 횡목을 부러뜨렸다.

(7) 張匄抽殳而下, 射之, **折股**. 扶伏而擊之, **折軫**. (《左傳, 昭公, 21, 1429》) 장개가 창을 들고 뛰어내리자, 공자 성은 이를 보고 활을 쏘아 장개의 다리를 맞춰 부러트렸다. 장개가 기어가 다시 공격해 공자 성의 수레 앞쪽 가로막대를 분질렀다.

(8) 擊之以杖, **折委笄**. (《國語, 晉語五》) 몽둥이로 공격하여 위모관의 비녀를 부러뜨리다.

(9) 宋人有耕田者, 田中有株, 兎走, **觸株折頸**而死. (《韓非子, 五蠹》) 송나라 사람 중 밭을 갈던 이가 있는데 밭 가운데 나무 그루터기가 있었다. 그런데 토끼 한 마리가 달려오더니 그 그루터기에 부딪쳐 목이 부러져서 죽었다.

위의 예들의 치사자주어는 광의의 원인이다. 한편, 목적어가 출현하지 않을 때에는 아래처럼 부정문이나 연동문일 수 있다.

(10) 自始合, 而矢貫余手及肘, **余折以御**. (《左傳, 成公, 02, 792》) 교전할 때부터 화살이 내 손과 팔을 뚫었는데 나는 (화살을) 부러뜨리고 계속 수레를 몰았다.[13]

---

13) 楊伯峻注에 "折이란 '화살을 부러트리는 것'을 말하는데 '화살촉을 빼낼 틈도 없었음'을 말한다."라고 나온다.

(11) 從山下望木者, 十仞之木若箸, 而求箸者<u>不上折</u>也, 高蔽其長也.
(《荀子, 解蔽》) 산 아래에서 나무를 바라보면 열 길의 나무도 젓가락처
럼 작아 보인다. 그런데 젓가락을 구하는 자가 위로 올라가 꺾지 않는
것은 높음이 그 긴 것을 가렸기 때문이다.

어떤 목적어는 피동작주가 아닌 경우도 있다. 이 경우 일종의 예식적
인 의식에 속하여 하나의 관용어로 굳어진 것이다. 《左傳》에 3예, 《國
語》에 1예 출현한다.

(12) 召武子曰: "季氏而弗聞乎？ 王享有體薦, 宴有<u>折俎</u>. 公當享, 卿
當宴, 王室之禮也" (《左傳, 宣公, 16, 770》) 천자가 무자를 불러 말했
다. "계씨여, 그대는 듣지 못했는가？ 왕의 향례에는 체천을 차리고, 연
례에는 절조를 차린다는 법도를. 제후는 향례를 받고, 제후의 경은 연
례를 받는다. 이것이 왕실의 법도이다."14)

(13) 司馬置<u>折俎</u>, 禮也. (《左傳, 襄公, 27, 1129》) 사마가 삶은 고기를 잘라
예기에 담았는데 이는 예에 맞다.

(14) 致師者, 右入壘, <u>折馘</u>, 執俘而還. (《左傳, 宣公, 12, 735》) 적에게 싸
움을 걸어서는 오른쪽으로 적의 군영으로 쳐들어가 그들을 죽여 왼쪽
귀를 베고, 포로를 잡아 돌아온다.15)

(15) 於是乎有<u>折俎</u>加豆, 酬幣宴貨, 以示容合好, 胡有孑然其郊戎狄
也？ (《國語, 周語中》) 이때에 잘라온 고기를 제기에 더 담고, 서로 가져
온 연화를 선물로 주고받으며 화합과 우호를 용납함을 보여주는 것이
니, 어찌 융적을 대할 때처럼 그렇게 외로이 하겠습니까？

---

14) 楊伯峻注에는 "折殽는 곧 '殽烝'이니, 그 뼈마디를 잘라 적대에 담기에 '折俎(俎
에 담는 제사고기를 자르다)'라고 부른다."라고 되어 있다.
15) 楊伯峻注에는 "'折馘'는 적을 죽여 그 왼쪽 귀를 취하는 것을 말한다(즉, 귀베는
것을 자르다)."라 되어 있다. '馘'은 '베다'이다.

성모	통사기능	詩經	左傳	國語	論語	孟子	荀子	韓非子	戰國策	합계
濁	관계주주어문	0	3	2	0	0	8	3	4	20
	영주속빈문	0	1	0	0	0	0	1	0	2
淸	치사자주어문	4	11	2	0	2	4	1	6	30
	합계	4	15	4	0	2	12	5	10	52

표 2.4 상고 8부 문헌 '折'의 용례 통계

4. 盡

《說文》에 "'盡'은 그릇 가운데가 빈 것(盡, 器中空也)."이라 되어 있다.《廣韻》에 "慈忍切이고, '다하다', '끝나다'의 의미이다. 또 '卽忍切'가 있어, 곡례에 말하길 '음식 하는 자리에 앉을 때에는 앞으로 다가가 앉는다'라고 한다(慈忍切, 竭也, 終也. 卽忍切, 曲禮曰食坐盡前)."라고 되어 있다.《群經音辨》에는 "盡은 '끝에 이르다'이고 이때는 '卽忍切'이다. '이미 다한 것'을 '盡'이라고도 하며 '慈忍切'이다(盡, 極也, 卽忍切, 旣極曰盡, 慈忍切)."라고 되어 있다.[16] '盡'은 淸濁 兩讀이 있으며 재구음은 각각 *ʔslinʔ와 *zlinʔ 이다.

4.1 탁성모 '盡'의 통사 기능

관계주주어문을 구성한다('끝나다, 죽다, 없어지다').

(1) 師敗矣, 子不少須, 衆懼盡. (《左傳, 成公, 02, 787》) 우리 군은 이미 패했습니다. 그대가 만약 조금만 더 버텨주지 않는다면 아마도 모두가 다 전멸할 것입니다.

---

16) [역주] '慈'는 從母로 탁음이고, '卽'은 精母로 청음이다.

(2) 楚師遼遠, **糧食將盡**, 必將速歸, 何患焉? (《左傳, 襄公, 08, 958》) 초나라 군대는 멀고 양식은 다 떨어져가 반드시 속히 귀국할 것이니 무슨 걱정이 있겠습니까?

(3) 楚師多凍, **役徒幾盡**. (《左傳, 襄公, 18, 1043》) 초나라 군대는 대부분 얼어붙었고, 잡역꾼들은 이미 다 죽었다.

(4) 齊國佐見, **其語盡**. (《國語, 周語下》) 제나라의 국좌는 그 말이 다 될 정도로 거리낄 것이 없었다.

(5) 以韓之病, **兵甲盡矣**. (《國語, 晉語三》) 韓原의 전쟁에서 모두 참패함으로써 갑병이 모두 없어졌습니다.

(6) 若爲諸侯戮者, **魯誅盡矣**, 必不加師, 請爲戮也. (《國語, 晉語八》) 만약 제후에게 죽임을 당하게 된다면 노나라에 대한 토벌은 모두 종결되어져 반드시 군사로 토벌당하는 일은 없을 것이니, 죽임을 당하겠다고 청하겠습니다.

(7) 我有大事, 子有昆弟四五人皆在此, 事若不捷, **則是盡也**. (《國語, 吳語》) 내가 오나라를 토벌하는 큰일을 앞두고 있으나, 자네 형제 네다섯이 모두 여기 와서 참전하고 있구나. 만약 전쟁에서 승리하지 못하면 모두 죽게 될 것이다.

(8) 天應至矣, **人事未盡也**, 王姑待之. (《國語, 越語下》) 하늘이 호응하는 조짐은 오나라에 나타났으나 인사에 관한 것은 아직 극도에 이르지 않았으니 왕께서는 아직 기다리십시오.

(9) 故至備, **情文俱盡**, 其次, 情文代勝, 其下復情以歸大一也. (《荀子, 禮論》) 그러므로 잘 갖추어진 예는 감정과 형식을 모두 다 갖추고 있고, 그 다음의 예는 감정과 형식 어느 한 쪽으로 치우쳐 있다. 그리고 그 아래의 예는 감정으로만 치우쳐 있으나 과거의 소박함으로 귀결된다.

(10) **夫禮義之分盡矣**, 擅讓惡用矣哉! (《荀子, 正論》) 예의의 분수는 여기서 다하고 있는 것이니, 선양을 어디에 쓸 것인가!

(11) 三年之喪, 二十五月而畢, **哀痛未盡,** 思慕未忘, 然而禮以是斷之者, 豈不以送死有已, 復生有節也哉! 《荀子, 禮論》 삼년의 상은 25개월로 끝나는데, 슬퍼함이 아직 다하지 않고, 부모님을 그리워하는 마음이 아직 잊혀지지 않았지만, 예를 이로써 끊는 것은, 어찌 죽음을 보내는 일에 다함이 있고, 생으로 돌아오는 길에 절도가 있는 것이 아니겠는가?

(12) **術已盡,** 用之則過也. 《韓非子, 喻老》 기술에 대해서는 (그 가르침이) 이미 다 했는데 사용함이 잘못되었다.

(13) 萬物各異理, 萬物各異理而**道盡.** 《韓非子, 解老》 만물은 각기 리를 달리하는데, 만물이 리가 각기 다르므로 도가 다하게 되는 것이다.

(14) 畜生少則戎馬乏, **士卒盡**則軍危殆. 《韓非子, 解老》 가축이 적어지면 군마가 없어지고, 병사가 없어지면 군대가 위태해진다.

(15) 糧食匱, **財力盡,** 士大夫羸病, 吾恐不能守矣. 《韓非子, 十過》 식량이 다하고 재력도 다하고, 사대부들은 병이 들어 아마도 지킬 수 없을 듯 싶다.

(16) **力盡於事,** 歸利於上者必聞, 聞者必賞. 《韓非子, 難三》 일에 힘이 다하게 하고, 군주를 위해 이로움을 돌리는 자는 반드시 상신하게 되고 그러한 자는 반드시 상을 준다.

(17) 齊國好厚葬, **布帛盡**於衣衾, **林木盡**於棺槨. 《韓非子, 內儲說上》 제나라는 장례를 후히 하는 풍습이 있어, 비단은 모두 수의나 덮개로 사용되고, 나무는 모두 관곽에 사용된다.

(18) 黑貂之裘弊, **黃金百斤盡,** 資用乏絶, 去秦而歸. 《戰國策, 秦一》 소진은 흑초 갖옷도 다 헤지고, 황금 백 근도 다 하고, 노자도 다 떨어져 진을 떠나 되돌아 왔다.

(19) 少焉氣力倦, 弓撥矢鉤, 一發不中, **前功盡矣.** 《戰國策, 西周》 이윽고 기력이 소진하여 화살이 굽어 나가게 되니 그렇게 한 발도 맞지 않으면 앞의 공은 모두 없어지게 된다.

(20) <u>薪不盡</u>, 則火不止. (《戰國策, 魏三》) 장작이 다 타지 않으면, 불은 꺼지지 않을 것이다.

4.2 청성모 '盡'의 통사 기능

4.2.1 치사자주어문('다하다, 다 쓰다')

목적어로 충당되는 명사는 일반 명사 외에도 처소명사, 名量구가 있다.

(1) 亡者皆無禮者也, <u>余焉能盡禮焉</u>! (《國語, 晉語四》) 망명한 자는 모두 무례한 자들이니, 내가 어찌 예를 다할 수 있겠느냐!

(2) <u>子盍盡國</u>以賂外內, 無愛虛以求入. (《國語, 晉語二》) 유자는 왜 국가의 모든 재물을 나라 안팎에 뇌물로 주어 국고가 텅 빌지라도 아랑곳하지 않고 입국의 길을 구해 보려하지 않으십니까?

(3) 惡衣服, 而致美乎黻冕, 卑宮室, <u>而盡力乎溝洫</u>. (《論語, 泰伯》) 의복은 검소했으나 예복은 아름다웠고, 궁실은 낮았으나 수로 건설에 진력을 하였습니다.

(4) 仁智, <u>周公未之盡也</u>, 而況於王乎? (《孟子, 公孫丑》) 인과 지혜는 주공도 다 하지 못하였거늘, 하물며 왕에게 있어서랴?

(5) 欲爲君<u>盡君道</u>, 欲爲臣<u>盡臣道</u>, 二者皆法堯舜而已矣. (《孟子, 離婁上》) 임금이 되고자 하면 임금의 도를 다하고, 신하가 되고자 하면 신하의 도를 다하니, 둘은 모두 요순을 본받을 따름이다.

(6) 爲人臣者, 重賦斂, <u>盡府庫</u>, 虛其國以事大國, 而用其威求誘其君. (《韓非子, 八姦》) 신하된 자는 세금을 자주 걷고 국고의 재물을 모두 사용해, 자신의 나라를 텅비게 하면서까지 대국을 섬기고, 그 대국의 위세를 이용해 자신의 임금을 좌지우지한다.

(7) 明君之道, <u>使智者盡其慮</u>, 而君因以斷事, 故君不窮於智. (《韓非子, 主道》) 현명한 임금의 도는 지혜로운 자로 하여금 그 생각을 다하

게 하여 이를 근거로 그 일을 판단함으로써 임금은 지혜의 막다른 곳에 이르지 않게 된다.

(8) 夫秦貪戾之國而無親, 蠶食魏, 盡晉國. (《戰國策, 魏三》) 무릇 진나라는 탐욕스러운 나라로 친함이 없어 위나라를 잠식하고 晉나라를 다 삼키려 할 것입니다.

(9) 其子在中山, 中山之君烹其子而遺之羹, 樂羊坐於幕下而啜之, **盡一杯**. (《戰國策, 魏一》) 그 아들이 중산국에 있었다. 중산국의 임금은 자식을 삶아서 국을 보내나, 악양이 막사 안에 앉아서 먹으며 한 잔을 다 마셨다.

위의 주어는 일반적으로 행위주이나 어떤 경우는 '원인'일 수도 있다.

(10) 故拔一國, 而天下不以爲暴, **利盡西海**, 諸侯不以爲貪. (《戰國策, 秦一》) 한 나라를 빼앗아도 천하는 포악하다고 여기지 않을 것입니다. 이로움으로 인해 서해를 다 취한다 해도 제후들은 탐욕스럽다 여기지 않을 것입니다.

(11) 公中慕公之爲己乘秦也, 亦必**盡其寶**. (《戰國策, 秦一》) 韓의 공중도 그대가 진의 틈을 공략하는 것을 높이 평가하므로 반드시 그 재물을 다 쓰게 될 것입니다.

어떤 경우엔 치사자주어를 직접적으로 가리키지 않아 의미지향이 모호하기도 하다. 예컨대,

(12) 夫戰, **盡敵**爲上, 守和同順義爲上. (《國語, 周語中》) 무릇 전쟁이란 적을 완전히 섬멸하는 것이 상책이오, 화친을 지켜 함께 의를 따르게 하는 것이 상책이다.

(13) 夫**盡兩國之兵**, 無明此者矣. (《戰國策, 趙四》) 무릇 두 나라의 병사를 피폐하게 만들 것임이 이보다 더 분명하지 않을 것이다.

어떤 경우, 직접목적어가 함축되어 있고 '於/于'를 사용한 범위보어를 갖기도 한다. 모두 3예이다.

(14) 今也父兄百官不我足也, **恐其不能盡於大事**, 子爲我問孟子. (《孟子, 滕文公上》) 지금 집안 어른들과 백관들이 나를 흡족해 여기지 않아 대사에 마음을 다하지 못할까 두려우니, 선생께선 나를 위해 맹자께 여쭈어 주십시오.

(15) **申子未盡於法也**. (《韓非子, 定法》) 신불해가 법에 대해 다하지 않은 듯 합니다.

(16) **丈夫盡於耕農**, 婦人力於織紝, 則入多. (《韓非子, 難二》) 남자는 밭일에 힘을 다하고, 여자는 베짜는 것에 힘을 다하면 세입이 많아진다.

4.2.2 '可盡'구조

(1) 雖欲勉之, **狄可盡乎**? (《左傳, 閔公, 02, 271》) 비록 힘쓴다 해도 狄을 전멸시킬 수 있겠는가?

(2) 有自晉師告寅者, 將爲輕車千乘以厭齊師之門, 則**可盡也**. (《左傳, 哀公, 27, 1234》) 晉의 군에서 나에게 보고하러 온 자가 말하기를 장차 경거 천승으로 齊군의 營門을 공격하면 제군 모두를 섬멸할 수 있다고 합니다.

(3) 雖勉之, **狄可盡乎**? (《國語, 晉語一》) 비록 힘쓴다 해도 狄을 전멸시킬 수 있겠는가?

(4) 不然, 巴浦之犀, 犛, 兕, 象, **其可盡乎**, 其又以規爲瑱也? (《國語, 楚語上》) 그렇지 않으면 巴땅과 浦땅의 코뿔소, 검정소, 외뿔소, 코끼리 등의 뿔이며 상아들을 다 장신구로 쓰실 수 없을 터인데 또 다시 간하는 말까지 귀마개로 쓰려 하십니까?

(5) 雖爲天子, **欲不可盡**. (《荀子, 正名》) 비록 천자라 할지라도 욕구를 다 할 수는 없다.

(6) **所欲雖不可盡**, 求者猶近盡, 欲雖不可去, 所求不得, 慮者欲節求 也. (同上) 욕구하는 바를 비록 다할 수는 없지만 추구하는 것은 오히 려 다함에 가깝고, 욕구를 비록 버릴 수 없지만 구하는 바를 얻지 못한 다면 사려가 추구함을 절제하려고 한다.

(7) 豈爲**夫南之不可盡也**, 離南行而北走也哉! (同上) 어찌 남쪽으로는 끝까지 갈 수 없을는지 모른다 하여 남쪽으로 가는 것을 그만두고 북 쪽으로 가겠는가!

(8) 荊人不動, 魏不足患也, 則**諸侯可蠶食而盡**, 趙氏可得與敵矣. (《韓非子, 存韓》) 초가 움직이지 않으면 위는 걱정거리가 안 되므로 제 후들을 잠식하여 서서히 다 차지할 수 있으며 조와 대적하여 맞설 수 있을 것입니다.

(9) 案兵而勿出, 可以德東周, **西周之寶可盡矣**. (《戰國策, 秦一》) 군대를 주둔시키고 나가지 마십시오. 그러면 동주에게는 덕을 베푸는 것이 되 며, 서주의 보물을 모두 차지할 수 있을 것입니다.

예(8)을 통해, '可'와 '盡'의 관계가 느슨하여 중간에 기타 성분이 삽 입될 수 있음을 알 수 있다.

5. 壞

《廣韻》에는 "'古怪切' 외에 또 '胡怪切'이 있는데 이때는 '스스로 깨 지는 것'이다(古怪切, 又胡怪切, 自破也)."로 되어 있다. 《群經音辨》 에는 "망가트리는 것을 壞라고 하고, 음은 '怪'이다. 스스로 망가지는 것을 또 壞라고 하는데 발음은 '戶怪切'이다(毀之曰壞, 音怪, 自毀曰 壞, 戶怪切)"이라 되어 있다.[17] '壞'는 淸濁 兩讀이 있어 그 재구음은 각각 *kruuds와 *gruuls이다.

5.1 탁성모 '壞'의 통사 기능

5.1.1 관계주(當事)주어문('무너지다, 망가지다')

(1) 秋, 七月, **大室之屋壞**, 書不共也. (《左傳, 文公, 13, 598》) 가을 7월 대
묘의 집이 무너졌다. 춘추는 이를 기록했는데 그것은 관원들의 공경치
못함을 기록한 것이다.

(2) 諸侯貳則**晉國壞**. 晉國貳則**子之家壞**. (《左傳, 襄公, 24, 1089》) 제후들
이 두 마음을 품으면 진나라가 붕괴될 것이고, 진나라가 두 마음을 품
으면 그대의 집안이 붕괴될 것이다.

(3) 夫令名, 德之輿也, 德, 國家之基也. **有基無壞**, 無亦是務乎! (《左
傳, 襄公, 24, 1089》) 무릇 좋은 명성은 덕을 싣는 수레입니다. 덕은 나라
의 기초입니다. 기초가 있어야 무너지지 않습니다. 그러니 이것에 전
념하지 않겠습니까!

(4) 夫德, 福之基也, 無德而福隆, 猶無基而厚墉也, **其壞也無日矣**.
(《國語, 晉語六》) 무릇 덕은 복의 기초이다. 그런데 덕이 없이 복이 융성
하면 이는 마치 기초가 없는데 담만 두터운 꼴이니 그것이 붕괴되는
것은 조만간일 것이다.

(5) 君子三年不爲禮, **禮必壞**, 三年不爲樂, 樂必崩. (《論語, 陽貨》) 군
자가 3년이나 예를 하지 못하면 예가 반드시 망가질 것이요, 3년이나
음악을 하지 않으면 음악이 쇠퇴해질 것입니다.

(6) 師曠侍坐於前, 援琴撞之, 公披袵而避, **琴壞於壁**. (《韓非子, 難一》)
사광이 평공 옆에 앉아 있다가 거문고를 들어 그를 쳤다. 평공이 피해
서 거문고가 벽에 부딪쳐 부서졌다.

(7) 宋有富人, 天雨**墻壞**, 其子曰: "不築, 必將有盜." (《韓非子, 說難》) 송
나라에 한 부자가 있었는데, 비가 많이 내려 담장이 무너졌다. 그러
자 그 아들이 말했다. "다시 쌓지 않으면 반드시 도둑이 들 것이다."

---

17) [역주] '古'는 見母로 청음이고, '戶'는 匣母로 탁음이다.

한편 '우언법'의 예도 있다.

(8) **無俾城壞**, 無獨斯畏. (《詩經, 大雅, 板》) 그 성이 무너지지 않게 하여, 홀로 두려운 일 당하지 않게 되길)

(9) 夏書曰: "戒之用休, 董之用威, 勸之以九歌, **勿使壞**." (《左傳, 文公, 07, 563》) 〈夏書〉에 이르길, "좋은 일로 그를 경계하고, 위엄으로 그를 감독하고, '구가'로 그에게 권하여 그가 망가지지 않게 하라."

5.1.2 관형어로 쓰여, '완료'의 의미를 나타냄[18]

(1) 鄭人有一子, 將宦, 謂其家曰: "**必築壞墻**, 是不善人將竊." (《韓非子, 說林下》) 정나라 사람이 아들이 하나 있었는데 장차 벼슬길에 오르기 전에 그 집안사람들에게 말했다. "무너진 담을 꼭 쌓으십시오, 나쁜 사람들이 물건을 훔쳐갈 겁니다."

5.2 청성모 '壞'의 통사 기능

5.2.1 치사자주어문('무너뜨리다. 망가뜨리다, 부수다')

《左傳》중《經典釋文》에서 '怪'로 注音되어 있는 것이 3곳 있으며 모두 6회에 달한다.

---

18) 《詩經, 小雅, 小弁》에 "譬彼壞木, 疾用無枝(마치 저 병든 나무같이, 병들어 가지 없는 것과 같다.)"가 있다. 이에 대해《經典釋文》에서는 "'胡罪反'이고 또 원래 음으로 읽는데, 이때 '앓다'의 의미이다(胡罪反, 又如字, 瘣也)"라고 되어 있다. 《說文》에서는 '瘣'을 '病'이라고 하고 있다. 이 예에서 '壞'는 관형어로 쓰이는데, 그 음이 '胡罪反'으로 去聲이다. 혹시 이것이 淸성모의 완료 형식일 수 있다고 의심이 되나 현재로서는 증거가 부족한 상태이다.

(1) 君而卑之, 立而廢之, 棄信而**壞其主**, 在國必亂, 在家必亡. (《左傳, 文公, 07, 563》) 소군의 신분이나 그녀를 홀대하였으니, 이는 그녀를 부인으로 세웠다가 폐하는 것과 같으니, 이것은 신뢰를 저버리는 것이고 그 내주를 폐하는 것입니다. 이는 나라로서는 반드시 혼란이 초래되고 한 집안으로서는 망조가 들 것입니다.

(2) **壞大門及寢門**而入. 公懼, 入於室. **又壞戶**. (《左傳, 成公, 10, 849》) 晉의 경공이 대문과 내실 문을 부수고 들어왔고, 그래도 경공은 두려워 내실로 들어와 또 안방문을 부수었다.

(3) 子産使盡**壞其館之壇**而納車馬焉. ……**今吾子壞之**, 雖從者能戒, 其若異客何?……**若又勿壞**, 是無所藏幣以重罪也. (《左傳, 襄公, 10, 1186》) 자산이 사람을 시켜 여곽의 담을 다 부수고 거기에 거마를 들이게 했다. ……지금 그대가 담을 다 헐었는데, 비록 그대의 좋은 이를 대비할 수 있겠으나 다른 객들은 어떻게 합니까?…… 만약 담을 부수라고 하지 않았다면 납채를 둘 곳이 없어져서 이로써 우리의 죄를 더 중하게 합니다.

그 외에 또 다음과 같은 예들이 있다.

(4) 自幽王而天奪之明, 使迷亂棄德, 而卽慆淫, 以亡其百姓, **其壞之也久矣**. (《國語, 周語下》) 유왕으로부터 하늘이 총명함을 빼앗아서 어지럽게 하며 덕을 버리게 하고, 음탕한 데에 나아가게 해서 그 백성들을 잃게 하였으니, 그 파괴시킨 것이 오래되었도다!

(5) 堯舜旣沒, 聖人之道衰, 暴君代作, **壞宮室**以爲汚池, 民無所安息, 棄田以爲園囿. (《孟子, 滕文公下》) 요임금과 순임금이 이미 돌아가심으로 성인의 도가 쇠해졌다. 폭군이 연이어 나와 궁실을 허물고 물웅덩이를 만들어 백성들은 편안히 쉴 곳이 없어졌고, 밭을 갈아엎고 동산을 만들었다.

(6) 示之以利勢, 懼之以患害, 施屬虛辭以**壞其主**, 此之謂流行. (《韓

非子, 八奸》) 이로움과 세를 보이고, 걱정과 해로움으로 두렵게 하고, 같은 무리가 헛된 말로 그 주군을 무너트리니, 이를 유행이라 한다.

(7) 三者, **惛主壞法**之資也. 《韓非子, 南面》) 이러한 세 가지 요소는 군주의 눈을 속이고 법률을 파괴하는 수단이 된다.

(8) 天大雨雪, 至於牛目, **壞城郭**, 且爲棧道而葬. 《戰國策, 魏二》) 날씨가 눈이 많이 내려 눈이 소 눈높이까지 이르렀다. 성곽을 무너뜨려서 이에 잔도를 설치하여 장례를 지내려 했다.

(9) 荊, 魏不能獨立, 則**是一擧而壞韓**, 蠹魏, 挾荊, 以東弱齊, 燕, 決白馬之口, 以流魏氏. 《戰國策, 秦一》) 형나라와 위나라가 독립할 수 없게 되어, 이렇게 되면 일거에 한나라를 괴멸시키고 위를 격파하고 형을 공략할 수 있고, 동쪽으로 연과 제를 약화시킬 수 있으며, 백마강의 하구를 터서 위나라로 흐르게 할 수 있다.

(10) 故王者天太祖, **諸侯不敢壞**, 大夫士有常宗, 所以別貴始, 貴始得之本也. 《荀子, 禮論》) 그러므로 왕자는 하늘과 태조를 나란히 모시고, 제후는 시조의 사당을 감히 헐지 않고, 대부와 사는 항상된 종가를 둔다. 이렇게 함으로써 각각의 시조를 귀히 여김을 구별하게 되니, 시조를 귀하게 여김은 덕의 근본이다.

(11) 夫人主不塞隙穴, 而勞力於赭堊, **暴雨疾風必壞**. 《韓非子, 用人》) 군주는 틈과 구멍을 막지 않고, 단지 붉은 흙과 흰 흙을 칠하는 노력만 하면, 폭풍우로 반드시 무너트리게 된다.[19]

5.2.2 '可壞'구조

(1) 周詩有之曰: "天之所支, **不可壞也**. 其所壞, 亦不可支也." 《國語, 周語下》) 周詩에 이르길 "하늘이 유지하는 것은 파괴할 수 없고, 하늘이 파괴하는 것은 유지할 수 없다"고 하였다.

---

19) [역주] '赭堊'은 '붉은 흙(자)과 백토(성)'이다.

6. 소결

성모	통사기능	敗		斷	折	盡	壞
		戰敗	毁壞	折斷	折斷	極	毁
濁	NP V	139	53	12	20	102	22
	영주속빈문	2	0	1	2	0	0
	관형어	3	2	0	0	0	2
清	행+Vt+피행	178	55	50	30	189	14
	범위보어	0	0	0	0	3	0
	可V	6	0	0	0	11	1
	爲V	1	1	0	0	0	0

표 2.5 '敗', '折', '斷', '盡', '壞'의 통사기능 비교

이들 동사표를 살펴보면, 청성모로 읽히는 동사는 '급물동사'로 귀납
할 수 있다. 청성모 관련 내용은 아래와 같이 정리할 수 있다.

1) '행위주 + V + 피동작주'는 자주 보이는 통사구조이다. 예컨대,

  (1) 惠公之季年, **敗宋師**於黃. (《左傳, 隱公, 元年, 18》) 혜공의 만년에 黃
      땅에서 宋의 군대를 패퇴시켰다.

  (2) 賓孟適郊, 見雄鷄**自斷其尾**. (《左傳, 昭公, 22, 1434》) 빈맹이 교외로 갔
      는데, 거기서 수탁이 스스로 자기 꼬리를 쪼아대는(잘라지게 하는) 것
      을 봤다.

  (3) 叔山冉搏人以投, 中車, **折軾**. (《左傳, 成公, 16, 888》) 숙산염이 포로
      를 잡아 던졌더니 수레에 맞았는데 수레의 횡목을 부러뜨렸다.

  (4) 分曹地, 自洮以南, 東傅於濟, **盡曹地**也. (《左傳, 僖公, 31, 486》) 조
      나라 땅을 나누어 洮수이남으로 동쪽으로는 濟수 쪽으로 붙여서 조나
      라 땅을 다 없애버리다.

  (5) **壞大門及寢門**而入. 公懼, 入於室. **又壞戶**. (《左傳, 成公, 10, 849》) 晉

의 경공이 대문과 내실 문을 부수고 들어왔고, 그래도 경공은 두려워 내실로 들어와 또 안방문을 부수었다.

2) '可V'구조를 형성할 수 있으며, 이 구조 중의 'V'는 급물동사여야 한다. 예컨대,

    (6) 夏六月, 齊師, 宋師次於郎. 公子偃曰: "宋師不整, **可敗也**. 宋敗, 齊必還. 請擊之." (《左傳, 莊公, 10, 184》) 여름철 6월에 齊의 군대, 宋의 군대가 郎땅에 주둔하고 있었다. 이때 공자 偃이 말했다. "송의 군대가 정돈되어 있지 않으니 패퇴시킬 수 있습니다. 송이 패퇴하면 제나라는 분명 돌아갈 것이니, 공격하십시오."

    (7) 有自晉師告寅者, 將爲輕車千乘以厭齊師之門, 則**可盡也**. (《左傳, 哀公, 27, 1234》) 晉의 군에서 나에게 보고하러 온 자가 말하기를 장차 경거 천승으로 齊군의 營門을 공격하면 제군 모두를 섬멸할 수 있다고 합니다.

3) '爲V'구조를 형성할 수 있는 것들은 아래의 예와 같다.

    (8) 吾無專享文, 武之功, 且**爲後人之迷敗傾覆**而溺入於難, 則振救之. (《左傳, 昭公, 26, 1475》) 나는 홀로 문왕과 무왕의 공을 계승할 수 없다. 게다가 후인들이 혼란해지고 쇠미해져서 위험에 빠지는 상황이 되면 그들을 구할 것이다.

    (9) 今衆人之所以欲成功而**反爲敗者**, 生於不知道理而不肯問知而聽能. 衆人不肯問知聽能, 而聖人强以其禍敗適之, 則怨. (《韓非子, 解老》) 지금 사람들이 성공하고자 하면서도 도리어 실패하는 까닭은 도리를 모르면서도 아는 이에게 기꺼이 묻거나 능력 있는 자에게 들으려 하지 않는데서 생긴다. 사람들이 이렇게 기꺼이 아는 이에게 물으려 하지 않고, 능력 있는 이에게 들으려 하지 않기에, 성인은 일부러 그 재난과 실패에 대해 꾸짖는데 오히려 원망한다.

4) 어떤 경우엔 '於'를 이용하여 범위보어를 나타내기도 한다. 이때 직접 목적어가 생략된다. 하편에서 '전형적인 급물동사의 통사기능에 대한 토론'을 통해 이러한 통사구조가 개별적 현상이 아님을 증명할 것이다.

(10) 今也父兄百官不我足也, **恐其不能盡於大事**, 子爲我問孟子. (《孟子, 滕文公上》) 지금 집안 어른들과 백관들이 나를 흡족해 여기지 않아 대사에 마음을 다하지 못할까 두려우니, 선생께선 나를 위해 맹자께 여쭈어 주십시오

탁성모 동사는 의미상 '상태동사'이며, 전형적인 비대격동사 의미유형에 속한다. 통사적으로 아래와 같은 공통점이 나타난다.

1) 가장 자주 출현하는 통사구조이면서 또 최소의 형식인 것은 'NP V'이다. 이때 'NP'는 'V'의 '직접적인 내재논항'으로 의미가 자체적으로 충분한 상태이다.

(11) 榮公若用, **周必敗**. (《國語, 周語上》) 만약 榮公을 등용한다면, 주나라는 반드시 패할 것입니다.

(12) **事已敗矣**, 乃重太息. (《荀子, 法行》) 일은 이미 실패하여, 큰 한 숨만 쉴 뿐이다.

(13) 無脾之薄, 而**刃不斷**. (《戰國策, 趙三》) 비장처럼 얇은 부분을 없이 한다면, 그 칼날이 들지 않을 것입니다.

(14) 衡而委蛇, **必折**. (《左傳, 襄公, 07, 952》) 전횡적이나 겉으로 순한 척 하는 사람은 반드시 스스로 망한다.

(15) 楚師多凍, **役徒幾盡**. (《左傳, 襄公, 18, 1043》) 초나라 군대는 대부분 얼어붙었고, 잡역꾼들은 이미 다 죽었다.

(16) 秋, 七月, **大室之屋壞**, 書不共也. (《左傳, 文公, 13, 598》) 가을 7월 대묘의 집이 무너졌다. 춘추는 이를 기록했는데 그것은 관원들의 공경치 못함을 기록한 것이다.

2) 통사구조상 청성모의 급물동사와 교체형식을 형성할 수 있다. 이때 후자의 목적어는 전자의 주어가 되며 둘의 의미역은 동일하다. 이것은 위의 5개 '一字兩音' 동사의 가장 현저한 특징이기도 하다.

(17) **秦敗於閼與**, 反攻魏幾, 廉頗救幾, **大敗秦師**. (《戰國策, 趙三》) 진나라는 두 나라 협공에 걸려 알여에서 대패하고 말았다. 이에 진이 방향을 돌려 위나라 기땅을 공격하자 조나라 염파가 기땅을 구하고 진의 군대를 크게 무찔렀다.

(18) 仇赫之相宋, 將以觀秦之應趙宋, **敗三國**. **三國不敗**, 將興趙宋合於東方以孤秦. (《戰國策, 東周》) 구혁이 송나라의 재상이 되었으니 장차 秦나라가 조나라, 송나라에 응하는 것을 보고 삼국을 무너뜨릴 것입니다. 만약 삼국이 패하지 않으면 장차 동쪽에서 조와 송나라를 일으켜 연합하여 진나라를 고립시킬 것입니다.

(19) 今公東而因言於楚, 是令張儀之言爲禹, 而務**敗公之事也**. (《戰國策, 秦三》) 지금 그대가 동쪽으로 진출하니, 초에 근거하여 말하면, 이는 곧 장의가 말했던 禹의 상황과 같아져서, 그대의 일을 실패하게 만들 것입니다.

(20) 不然, 秦攻西周, 天下惡之, 其救韓必疾, 則**茂事敗矣**. (《戰國策, 韓一》) 만약 지더라도 진이 서주를 공격하면 천하가 진을 싫어하게 될 것이고, 모두가 한을 구하려고 할 것이니, 茂의 일은 실패할 것이다.

(21) 殷之法, 棄灰於公道者**斷其手**. (《韓非子, 內儲說上》) 은나라 법에 재를 공도에 버리면 그 손을 자른다.

(22) 操其刃而刺, 則未入而**手斷**. (《戰國策, 趙三》) 맨손으로 칼날을 잡고

찌르면, 들어가기도 전에 자기 손이 잘라질 것이다.

(23) 踰於北方而隊, **折股**. (《左傳, 哀公, 17, 1711》) 위장공이 북쪽 담장을 넘다 떨어져 대퇴골이 부러졌다.

(24) 蹄申**膝折**, 尾湛胕潰, 漉汁洒地, 白汗交流, 中阪遷延, 負轅不能上. (《戰國策, 楚四》) 말굽은 늘어지고 무릎은 꺾이고, 꼬리는 젖고 땀은 비오듯하고, 소금은 녹아내려 땅을 적시고 흰 땀은 뒤섞여 범벅이 되고, 산 중턱에서 더 오르지 못하는데, 수레 받침대도 더 이상 떠받칠 수 없게 되었다.

(25) 是使王歲以六城事秦也, 卽坐而**地盡矣**. (《戰國策, 趙三》) 이는 왕으로 하여금 해마다 여섯 개의 성을 진에게 바치게 하는 것입니다. 즉 가만히 앉아서 땅이 없어지는 겁니다.

(26) 當燕之方明奉法, 審官斷之時, 東縣齊國, **南盡中山之地**. (《韓非子, 飾邪》) 또 연나라가 법을 분명히 받들고, 정부가 재결을 소홀히 하지 않을 땐, 동쪽으로 제나라를 거느리고, 남쪽으로 중산의 땅을 다할 수 있었다.

3) 영주속빈문을 구성할 수 있다.

(27) **今軍敗亡二萬人**, 臣有斧質之罪, 請自歸於吏以戮. (《戰國策, 燕二》) 지금 우리 군이 패하여 이만을 잃었으니 신은 부질의 죄를 지었으니, 청컨대 스스로 관리에게 가서 육형을 받겠습니다.

(28) **曹子以敗軍禽將**, 非勇也, 功廢名滅, 後世無稱, 非知也. (《戰國策, 齊六》) 조말은 그 군대가 패배했고 장수가 사로잡혔기에 용맹하지 않다. 그리고 공이 폐기되고 명성이 소멸하여 후세 사람들에게 칭찬을 받지 못하였기에 지혜롭지 못하다.

(29) **吾斷足也**, 固吾罪當之, 不可奈何. (《韓非子, 外儲說左下》) 제가 발꿈치를 잘리게 된 것은 당연히 저의 죄에 합당한 것으로 어쩔 수 없는 것입니다.

(30) **其折骨**折筋, 終身不可以相及也. (《荀子, 修身》) 그것이 뼈가 부러지
고 근육이 끊어지더라도 종신토록 서로 미칠 수가 없다.

4) 형용사화하여 관형어로 쓰일 때, 종종 '완료'나 '피동'의 의미를 나타낸
다.

(31) 使曹子之足不離陳, 計不顧後, 出必死而不生, 則不免爲**敗軍禽**
將. (《戰國策, 齊六》) 이러한 조말로 하여금 전장에서 떠나지 않게 하고,
훗날을 돌아보지 않게 하고, 또 필사적으로 싸우게 했다면 패퇴한 군
대와 사로잡힌 장수라는 오명을 면치 못할 것이다.

(32) 鄭人有一子, 將宦, 謂其家曰: "**必築壞墻**, 是不善人將竊." (《韓非
子, 說林下》) 정나라 사람이 아들이 하나 있었는데 장차 벼슬길에 오르
기 전에 그 집안사람들에게 말했다. "무너진 담을 꼭 쌓으십시오, 나쁜
사람들이 물건을 훔쳐갈 겁니다."

그러나 이 경우 예외도 있어서 아래 예의 '敗言'의 '敗'는 '완료'나
'피동'의미로 이해되기가 어렵다.

(33) **敗言**爲讒, 故曰: "有攸往. 主人有言." 言必讒也. (《左傳, 昭公, 05,
1265》) (사람에 있어서 말이 되는데) 무너뜨리는 말은 참언입니다. 그
러므로 "갈 곳이 있으면 주인은 할 말이 있다."라고 했으니 말을 하면
반드시 참언입니다.

이 다섯 가지 동사는 공통점을 갖고 있다. 이것은 바로 "탁성모일 때 불급
물동사로 비대격동사이지만 청성모일 때는 급물동사가 된다."는 점이다. 그
리고 이 상태동사의 상황을 통해서 우리는 다음과 같은 상고한어 비대
격동사의 판별식을 발견할 수 있다.

1) 최소구성의 형식은 'NP V'이고, 'NP'는 'V'의 직접적인 내재논항이다. 아울러 이렇게 가장 간단한 통사구조가 출현하는 빈도는 비교적 높으며, 그 자체로 의미가 충분히 만족된다.
2) 어떤 의항에서 청성모의 급물동사와 자동/사동의 통사구조 쌍을 구성할 수 있다면, 이때 후자(사동)의 목적어는 전자(자동)의 주어로 변환이 되고, 그것이 담당하는 의미역도 동일하다.
3) 영주속빈문을 구성할 수 있다.
4) 형용사화하여 관형어로 쓰일 때, 마치 영어의 과거분사 형식과 유사하여 '완성'이나 '피동'의 의미를 갖는다.

이 네 가지 기준에서 앞의 두 가지(1,2)는 5개 비대격동사 모두가 갖추고 있으나 뒤의 두 가지(3,4) 통사현상은 들쑥날쑥하여 보다 많은 코퍼스를 조사한 후에야 이 판별식의 합리성을 평가할 수 있을 것이다.

7. 기타 사항

'敗'에 대해, 周法高(1962)가 '청성모의 使謂式'으로 분류했고, 王力(1965)는 타동사와 자동사로 분류했으며, 梅祖麟(1991)은 이에 대해 "상고한어에 청탁음이 있어 使動과 自動을 구별하는 대표 字"라고 하였다. 그리고 何元建,王玲玲(2002)은 청성모 '敗'를 파생사동사(役格動詞)로 보았고, 탁성모의 것은 능격동사로 보았다.[20] 金理新(2006)은

---

20) [역주] 何元建,王玲玲(2002)에 따르면, 어법체계에서 단어의 사동용법이 두 가지가 있는데, 하나는 '동사+사역형태'가 이른바 '役格動詞'를 구성하는 것이고, 다른 하나는 능격동사(作格動詞) 자체가 바로 사동으로 사용되는 것이다. 영어의 경우는 이 두 형식이 모두 있으나 현대중국어는 이중 후자만이 존재한다고 한다. 상고한어에서는 일찍이 청음으로 役格動詞를 나타냈고, 탁음으로 능격동사를 나

청탁 두 '敗'를 치사동사와 비치사동사의 대립으로 보았는데, 이 둘은
곧 한 단어의 두 개의 다른 형식으로, 전자는 직접목적어 혹은 치사목
적어를 갖는 급물동사이고, 후자는 직접목적어를 갖지 않는 불급물동사
로 보았다. 또한 이와 동시에 '자주(自主)범주'라는 것으로 '敗'를 분석
하여, 청성모인 '敗'는 자주동사(自主動詞)로, 탁성모인 '敗'는 비자주
동사(非自主動詞)로 보았다.21)

 '斷'에 대해, 金理新(2006)은 청탁 대립이며, 치사동사와 비치사동사
의 대립으로 보았다. 동시에 역시 자주동사와 비자주동사의 대립으로도
보았다.

 '折'에 대해, 王力(1965)는 청탁 성모의 차이에 대해 타동사와 자동
사의 관계로 보았고, 周法高(1962)는 비기사식(非旣事式)과 기사식(旣
事式)의 대립으로 보았다. 그리고 金理新(2006)은 이를 자주동사와 비
자주동사의 대립으로 보았다.

 '盡'에 대해, 金理新(2006)은 '相'범주의 차이로 보아, 청성모와 탁성
모의 차이를 각각 '미완료'와 '완료'의 차이로 보았다.

 '壞'에 대해, 周法高(1962)는 탁성모 '壞'를 使謂式으로 보았다. 그
리고 金理新(2006)은 역시 자주동사와 비자주동사의 차이로 보았다.

 이처럼 기존 학자들이 상기의 淸濁 兩讀 동사의 분류에 대해 서로 다

 타냈는데, 오늘날에 와서는 사역형태가 사라져서 능격동사가 바로 사동용법으로
 사용되고 있다고 한다.
21) [역주] 金理新(2006)에 따르면, "息師大敗而還."(《左傳, 殷公, 11》)(息國의 군대
 가 대패하여 돌아갔다.)의 경우, 주체(息師)는 비자주적이다. 즉 기꺼이 하지 않으
 려고 하는 것이다. 이것은 자연히 제어할 수 없는 비자주적인 상황이다. 한편, "惠
 公之季年, 敗宋師於黃." (《左傳, 隱公, 元年, 18》) (혜공의 만년에 黃땅에서 宋의
 군대를 패퇴시켰다.)에서 '敗'는 자주적인 것이다.

른 관점이 있음을 알 수 있다. 그런데 이러한 서로 다른 관점은 '비대격동사'라고 하는 틀 아래에서는 통일되고 있다. 비대격동사의 범언어적 연구에 따르면, 비대격동사 및 그와 대응하는 급물동사는 항시 自動과 使動의 대립이 존재한다고 한다. 즉 전자는 비치사동사이고 후자는 치사동사이다. 그리고 그것의 어휘 개념구조의 관계는 아래처럼 나타낼 수 있다.

[A DO-SOMETHING CAUSE 〈B BECOME STATE〉]

사실상, 이 淸濁 兩讀의 동사가 반영하는 것은 使動과 自動의 대립이며, 이는 상고한어 使動態 접두사 *s-와 관련이 있다. 이러한 내용은 이미 공식적으로 인정된 것으로 본서에서 진행한 첫 번째 비대격동사 그룹(상태동사)에 대한 토론은 바로 이러한 견해에 기초하고 있다.

제2절 '見'류 동사 - 見, 降, 解

0. 도입

淸濁 兩讀이 있는 동사에는 '敗'그룹 외에도 본절에서 분석하고자 하는 '見'그룹이 더 있다. '見', '降', '解' 세 동사는 선진 한어에서 '敗'그룹 동사와 비슷하여 一字兩音이고 이것은 성모의 淸濁으로 실현된다. 이 가운데 탁성모로 읽히는 '見'류 동사는 비대격동사이면서 동시에 使動의 용법도 있는데, 이것은 '敗'류 비대격동사의 통사표현과 다른 점이다. 이렇게 또 다른 그룹에 대해 토론하는 것은 상고한어의 淸濁別義 현상에 대해 보다 깊이 있는 인식을 위해 필요하다.

1. 見

'見'은 《說文》에 "보다(示也)"라고 되어 있다. 《廣韻》에는 "'보다'는 '古電切'이고, '나타나다'는 '胡甸切'이다(視也, 古電切, 露也, 胡甸切)."라고 되어 있다. 《群經音辨》에는 "보는 것을 '見'이라 하며 '古甸切'이다. 보이는 것을 '見'이라 하는데 '胡甸切'이다(視之曰見, 古甸切, 示之曰見, 胡甸切)."라고 되어 있다.[22] 이처럼 '見'은 淸濁 兩讀이며, 그 재구음은 각각 *keens, *geens이다.

《經典釋文》에서 탁성모는 '賢遍反'이고 청성모는 '如字'이거나 注音이 없다. 청성모 '見'이 말하는 '上臨下(위에서 아래를 임하다)'는 사실 '視之(보다)'와 같은 의항이다.

1.1 청성모 '見'의 통사 기능

1.1.1 행위주주어문('만나다')

청성모 '見'은 하나의 자주성 급물동사로 그 기본적인 통사구조는 '행위주+見+피동작주'이며, 이것은 행위주주어문을 구성한다. 그리고 구체적인 문맥에서는 그 행위주 주어 혹은 피동작주 목적어를 생략할 수 있다.

(1) 子曰: "隱者也." **使子路反見之**. (《論語, 微子》) 공자가 "은자로다"라고 하고는 자로에게 도로 가서 그를 만나게 했다.

(2) 樂正子入見曰: "**君奚爲不見孟軻也**?" (《孟子, 梁惠王下》) 악정자가

---

22) [역주] '古'는 見母로 청음이고, '胡'는 匣母로 탁음이다. 청성모의 見은 '만나다'의 의미가 있다. 탁성모의 상황은 복잡하여 아래에서 논한다.

들어가 뵙고는 말했다. "임금께선 어째서 맹가를 만나지 않으십니까?"

(3) 彼采蕭兮, <u>一日不見</u>, 如三秋兮. (《詩經, 王風, 采葛》) 그이가 쑥을 캔다. 하루도 못 보면 마치 석 달이 지나간 듯.

(4) 士季曰: "吾與之同罪, 非義之也, <u>將何見焉</u>?" 及歸, 遂不見. (《左傳, 文公, 07, 561》) 사계가 말했다. "나는 그와 같은 죄이며, 그의 행위가 결코 의에 맞지 않으니, 어째서 그를 만나보겠는가?" 그러고는 돌아와서 계속 그를 만나지 않았다.

(5) 死喪無日, <u>無幾相見</u>, 樂酒今夕, 君子維宴. (《詩經, 小雅, 頍弁》) 언제 죽을지 몰라 서로 만날 날 기약 없어, 이 밤에 술을 즐기며, 좋은 분들이 잔치 즐긴다.

1.1.2 '可V'구조

(1) 人主欲見之, 必半歲不入宮, 不飲酒食肉, 雨霽日出視之晏陰之間, 而棘刺之母猴乃<u>可見</u>也. (《韓非子, 外儲說左上》) 군주께서 그것을 보고자 하신다면, 반드시 반해 동안 후궁에 들어가지 말고 술을 마시지 않고 고기를 먹지 말아야 합니다. 비가 그치고 해가 뜨고 맑고 흐린 사이에 보면, 대추나무 가지 어미 원숭이 조각을 볼 수 있을 것입니다.

(2) 夫三家雖愚, 不棄美利於前, 背信盟之約, 而爲危難不<u>可成</u>之事, 其勢<u>可見</u>也. (《戰國策, 趙一》) 무릇 삼가가 비록 어리석어도 눈앞의 이익을 포기하지 못하니, 맹약을 배신하게 되면 그 위험과 어려움으로 일을 이루지 못함은 그 형세로 충분히 볼 수 있다.

1.2 탁성모 '見'의 통사 기능

'見濁'은 《廣韻》과 《群經音辨》에 근거해 볼 때, 아래와 같은 3개의 의항이 있다.

① 나타나다, 드러나다(露也)

② 드러내다, 보이다(示之)

③ 아랫사람이 윗사람을 뵙다(下朝上)

사실상 의항②와 ③은 모두 의항①의 사동용법에서 기원한 것이다. 이 3개 의항의 '見濁'의 용법은 각각 아래와 같다.

1.2.1 '나타나다, 드러나다(露也)' '見'의 통사용법

1.2.1.1 관계주주어문

(1) 及著雍, 疾. 卜, **桑林見**. (《左傳, 襄公, 10, 977》) 著雍에 이르자, 晉侯는 병이 났고, 점을 치자 桑林의 신이 나타났다.

(2) 士文伯曰: "**火見**, 鄭其火乎·!" (《左傳, 昭公, 06, 1277》) 사문백이 말했다. "큰 화성이 출현했으니, 정나라는 크게 재앙이 닥칠 것이다!"

(3) 陳人使婦人飮之酒, 而以犀革裹之. 比及宋, **手足皆見**. (《左傳, 莊公, 12, 192》) 진나라 사람들이 부인을 시켜 남궁장만에게 술을 먹이게 하여 물소가죽으로 그를 싸서 송에 이르자 그의 수족이 모두 드러났다.

(4) 軻旣取圖奉之, 發圖, 圖窮而**匕首見**. (《戰國策, 燕三》) 형가가 지도를 들어 바치며 지도를 폈고, 지도가 펴지자 비수가 드러났다.

(5) 天占旣兆, **人事又見**, 我蔑卜筮矣. (《國語, 吳語》) 하늘에 점친 조짐이 이미 일어났고, 백성의 원망하는 일도 나타났으니, 우리는 다시 점칠 일이 없다.

(6) 昔堯臨民以五, **今其胄見**, 神之見也, 不過其物. (《國語, 周語上》) 옛날에 임금은 5년에 한 번씩 백성에 나아갔었는데, 지금 그 후예가 나타났으니 신이 나타났으면 그 物數를 지나지 않습니다.

(7) 天下有道**則見**, 無道則隱. (《論語, 泰伯》) 천하에 도가 있으면 나와 벼슬하고, 도가 없으면 숨는다.

1.2.1.2 관형어로 사용될 때는 완료의 의미를 갖는다.

(1) 其同人曰: "見龍在田." 其大有曰: "飛龍在天." 其夬曰: "亢龍有
悔." 其坤曰: "見群龍無首, 吉." 坤之剝曰: "龍戰於野." (《左傳, 昭
公, 29, 1502》) 동인에서는 "나타난 용이 밭에 있다."고 했고, 대유에서
"곧게 나는 용이 하늘에 있다."라고 했다. 그리고 쾌괘에서는 "끝까지
간 용은 후회하게 된다."라고 했고, 곤괘에서는 "나타난 용 떼는 머리가
없으니 길하다."라고 했다. 또 곤괘가 박괘로 변한 곳에서는 "용이 들판
에서 싸운다."라고 했다.

(2) 皐陶之狀, 色如削瓜. 閎夭之狀, **面無見肤**. (《荀子, 非相》) 고요의
형상은 얼굴빛이 참외를 깎아 놓은 듯 하고, 굉요의 형상은 얼굴이 드
러난 피부가 하나도 없는 듯 하다.

(3) 今道雖不可得聞見, **聖人執其見功**以處見其形, 故曰: "無狀之狀,
無物之象." (《韓非子, 解老》) 지금의 도는 비록 듣고 볼 수 없지만, 성
인이 그 드러난 공효를 잡아 그 형상을 보여주었다. 이에 노자는 "현
상이 없는 현상이오, 물체가 없는 형상"이라고 하였다.

1.2.1.3 《荀子》와 《韓非子》 속의 탁성모 '見'은 또 영주속빈구조의 예가 있다.

(1) **天見其明, 地見其光**, 君子貴其全也. (《荀子, 勸學》) 하늘은 그것의 밝
음이 드러나고, 땅은 그것의 광채가 나타나며, 군자는 그 온전함을 귀히
여긴다.

(2) 韓與荆有謀, 諸侯應之, 則**秦必復見崤塞之患**. (《韓非子, 存韓》) 한나
라가 초나라와 모의하여 제후들이 이에 응해주면, 진나라는 제나라에
당했던 봉변이 다시 출현하게 될 것이다.

1.2.2 '見濁'의 '의항②' 즉 '보이다(示之)'는 사실 의항①의 사동의미이다.

이른바 '示之'는 사실상 '보이게 하다, 밖으로 드러나게 하다, 나타나

게 하다(使顯露, 使呈現)'로, 아래의 두 종류의 통사구조를 구성한다.

1.2.2.1 '치사자주어+見+치사목적어', 이를 'A형'이라함.

(1) 員曰: "彼將有他志, 余姑爲之求士, 而鄙以待之." 乃**見鱄設諸焉**, 而耕於鄙. (《左傳, 昭公, 20, 1409》) 이에 오원이 말했다. "공자 광은 다른 뜻이 있다. 내가 잠시 그를 위해 용사를 구해주고, 잠시 시골로 가서 기다려야겠다."하고는 곧 역사 전설제를 나오게 하고 그는 시골에 가서 밭을 갈았다.

(2) 王曰: "殺女, 我伐之." **見犀**而行. (《左傳, 宣公, 14, 755》) 초장왕이 말했다. "만약 송나라가 그대(신주)를 죽인다면 내 송나라를 정벌할 것이다." 그러자 신주는 아들 신서를 왕에게 보이고(왕에게 신서를 나오게 하다) 길을 떠났다.

(3) 止子路宿, 殺鷄爲黍而食之, **見其二子焉**. (《論語, 微子》) 자로를 머물러 자게하고는 닭을 잡고 기장밥을 하여 먹이고, 그의 두 아들을 그에게 보였다(나타나게 했다).

1.2.2.2 '치사자주어+見+치사목적어+사격목적어', 이를 'B형'이라함.

(1) 初, **齊豹見宗魯於公孟**, 爲驂乘焉. (《左傳, 昭公, 20, 1410》) 처음에 제표가 공맹에게 종로를 추천하여(공맹에게 종로를 보여) 그를 참승으로 삼았다.

(2) **諸侯將見子臧於王**而立之. (《左傳, 成公, 15, 873》) 제후들은 자장을 주나라 천자에게 보이고 그를 임금을 세우고자 했다.

1.2.3 '下朝上(아래가 위를 뵙다)' '見濁'의 통사표현

1.2.3.1 단순한 관계주주어문, 즉 동사 뒤에 다른 성분이 더 없는 것으로,

이를 'A형'이라함.

(1) 齊侯田於莒, **盧蒲嫳見**, 泣, 且請曰: "余髮如此種種, 余奚能焉?" (《左傳, 昭公, 03, 1242》) 제나라 군주가 거땅에 와서 사냥을 했는데, 노포별이 찾아와 그를 뵙고는 울면서 청하여 말했다. "신의 머리가 이처럼 짧아졌는데, 제가 무엇을 할 수 있겠습니까?"

(2) **師冕見**, 及階, 子曰: "階也." (《論語, 衛靈公》) 악사장 冕이 공자를 뵙자, 악사장이 계단에 이르면, 공자는 "계단이오."라고 말했다.

1.2.3.2 '관계주주어+見+목적어(+사격)', 이를 'B형'이라함.

(1) 初, 王儋季卒, **其子括將見王**, 而嘆. (《左傳, 襄公, 30, 1173》) 애초에 영왕의 아우 담계가 죽은 후, 그의 아들 괄이 영왕을 알현하기 위해 입조할 때, 탄식을 하였다.

(2) 縠曰: "我請使焉而觀之." **遂見公於夷儀**. (《左傳, 襄公, 26, 1112》) 곡이 말했다. "제가 그곳에 사자로 가서 보기를 청합니다." 마침내 이의에서 공을 만나뵈었다.[23)]

(3) 鄭罕虎如齊, 娶於子尾氏, **晏子驟見之**. (《左傳, 昭公, 05, 1270》) 정나라 한호가 제나라에 가서, 자미씨를 아내로 맞았다. 안자가 그를 누차 만나보았다.

1.2.3.3 '관계주주어+見+사격목적어', 이것을 'C형'이라함.

(1) 襄仲欲立之, 叔仲不可. **仲見於齊侯**而請之. 齊侯新立, 而欲親魯, 許之. (《左傳, 文公, 18, 631》) 양중이 그를 즉위시키려하자, 숙중이 동의하지 않았다. 중이 제나라 군주를 뵙고 부탁을 하니, 제나라 군주는 막 즉위하여 노나라와 친하게 지내고자 그것을 허락하였다.

---

23) '夷儀'는 지명임.

(2) 公使代之. **見於左師**, 左師曰: "女夫也必亡." (《左傳, 昭公, 06, 127 8》) 공이 그를 대신하게 하였다. 좌사를 찾아가 뵈니, 좌사가 말했다. "너 같은 놈은 반드시 망한다."

1.3 소결

본서에서 音注자료가 있는《詩經》,《左傳》,《論語》 속 '見濁'의 용법에 대해 진행한 통계 결과는 아래와 같다.

의항	통사 기능		詩經	左傳	論語	총계
露也 (드러나다, 나타나다)	관계주주어		0	12	1	13
	관형어		0	2	0	2
示之 (보이다, 드러내다)	치사자주어	A형	0	10	1	11
		B형	0	3	0	3
下朝上 (下가 上을 뵙다)	관계주주어문	A형	0	45	4	49
		B형	2	19	0	21
		C형	0	9	0	9
합계			2	100	6	108

표 2.6 '見濁'의 용례 상황 총계

의미의 파생 경로로 볼 때, '見'은 '보다'의 의미로부터 '출현하다'의 의미가 파생되었고, 다시 '출현하다'에서 더 나아가 '드러내다(顯出), 드러나게 하다(使出現)'의 의미가 파생되었다. 그리고 '下朝上'의 '見濁'의 의미는 사실상 使動용법으로부터 나온 것으로, 의항② '見濁'와 합병될 수도 있으며, 의항②의 일종의 변체형식이다. 이에 대해서는 8장 제2절에서 구체적으로 분석할 것이다.

의미로 볼 때, '드러나다, 나타나다(露也)'의 '見'은 기본적인 존현동사이며, '존재연접규칙'에 근거할 때, 탁성모 '見'은 의미상의 비대격동사류이다.

한편, 탁성모 '見'의 '드러나다, 나타나다(露也)'와 '보이다, 드러내다 (示也)'의 두 의항은 통사상 '自動'과 '使動'의 교체적 통사형식을 구성하고 있다. 그리고 使動文 속의 치사목적어는 관계주주어문의 주어가 되고 있어, 이 둘의 의미역이 동일하다. 예컨대, 다음과 같다.

(1) 昔堯臨民以五, **今其胄見, 神之見也**, 不過其物. (《國語, 周語上》) 옛날에 임금은 5년에 한 번씩 백성에 나아갔었는데, 지금 그 후예가 나타났으니 신이 나타났으면 그 物數를 지나지 않습니다.

(2) 七日, 新城西偏將有巫者而**見我焉**. 許之, 遂不見. (《左傳, 僖公, 10, 335》) 7일 후에, 신성 서쪽에 무당이 있을 것이니, 나의 모습을 나타나게 할 것이다. 이에 허락을 하니 마침내 보이지 않게 되었다.[24]

(3) 折而不撓勇也. **瑕適並見**, 情也. 扣之, 其聲淸揚而遠聞, 其止輟然, 辭也. (《荀子, 法行》) 부러지더라도 구부러지지 않음은 용이고, 티가 있어도 그대로 드러나는 것은 정이다. 이것을 두드리면 그 소리가 맑게 울려 멀리까지 들리고, 멈추면 소리가 바로 그치게 되니 이것은 말하는 모습이다.[25]

(4) **鏡無見疵之罪**, 道無明過之怨. (《韓非子, 觀行》) 거울은 흉터를 보인 죄가 없으며, 도는 잘못을 밝혔다는 원망이 없는 것이다.

(5) **仲見於齊侯**而請之. 齊侯新立, 而欲親魯, 許之. (《左傳, 文公, 18, 631》) 중이 제나라 군주를 뵙고 부탁을 하니, 제나라 군주는 막 즉위하여 노나라와 친하게 지내고자 그것을 허락하였다.

(6) **諸侯將見子臧於王**而立之. (《左傳, 成公, 15, 873》) 제후들은 자장을 주나라 천자에게 보이고 그를 임금을 세우고자 했다.

---

24) 楊伯峻注에 의하면 "아마도 자신이 장차 무당에 의지하여 표현하게 될 것"이라고 한다.

25) [역주] 瑕適: 티

탁성모 '見'은 비대격동사로 통사적 使動의 형식을 통해 급물의 使動詞 형식을 파생시켰다. 비대격동사로서, 이것은 自動과 使動의 교체적 형식이 있는 것 외에도, 아래의 몇 가지 특징이 있다.

(1) '드러나다, 나타나다(露也)'의 '見'이 가장 자주 나타나는 통사구조는 'NP V'이며, 이는 단일논항동사이다. 여기서 NP는 직접 내재논항이며 통사 주어가 된다.
(2) 관형어로 쓰일 때, 과거분사와 유사하여 '완료'의 의미가 있다.
(3) 영주속빈문을 구성할 수 있다.

2. 降

'降'은 《說文》에 "내려가다(下也)."로 되어 있다. 《廣韻》에는 "'古巷切'로 '내려가다, 돌아가다, 떨어지다'의 의미가 있고, 또 '下江切'로 '복종하다, 엎드리다'의 의미가 있다(古巷切, 下也歸也落也, 又下江切, 伏也)."라고 되어 있다. 《群經音辨》에는 "'내려가다'를 降이라 하는데, 이는 '古巷切'이다. '복종하다'를 降이라 하는데 이는 '戶江切'이다(下謂之降, 古巷切, 伏謂之降, 戶江切)."로 되어 있다. '降'은 淸濁 兩讀이 있으며, 각각 *kruuŋs, *gruuŋ이다.26)

2.1 청성모 '降'의 통사 기능

2.1.1 관계주주어문('내리다, 내려오다')

관계주주어로는 자연현상의 무생명명사일 수 있으며 이는 10예에 출현

---

26) [역주] '古'는 見母로 청음이고, '戶'는 匣母로 탁음이다.

한다. 또 기타 유형의 무생명명사일 수도 있다. 그러나 대부분이 일정한 행위주성이 있는 유생명명사이다.

2.1.1.1 단순 自動. 무생명명사가 주어로 쓰이는 것은 대부분 이 경우이다.

(1) **水潦方降**, 疾虐方起, 中山不服, 棄盟取怨, 無損於楚, 而失中山, 不如辭蔡侯. (《左傳, 定公, 04, 1534》) 장맛비가 바야흐로 내리고 있고, 학질이 드디어 시작되었으며, 중산국은 불복하고 있는데, 맹약을 버리고 적을 부르니, 초나라에 손해될 것이 없고, 중산국을 잃었으니, 채후를 거절함만 못합니다.

(2) **霜降**逆女, 冰泮殺止, 十日一御. (《荀子, 大略》) 서리가 내릴 때 여자를 맞이하고, 얼음이 풀릴 때 첩을 줄이며, 열흘에 한 번 집안일을 주재한다.

(3) 歸市者弗止, 芸者不變, 誅其君, 弔其民, 如時**雨降**. (《孟子, 滕文公下》) 장보러 가는 자들도 멈추지 않았고, 밭에서 김매던 자들도 변함이 없었으며, 포악한 군주를 주살하고 백성들을 위로하면 마치 단비가 내린 듯하였다.

(4) **亂匪降自天**, 生自婦人. 匪敎匪悔, 時維婦寺. (《詩經, 大雅, 瞻卬》) 그 재난 하늘로부터 내려온 것이 아니요, 여인에게서 생긴 것이다. 가르쳐주지도 깨우쳐주지도 않고, 다만 이 여자와 내시만을 총애하신다.

2.1.1.2 처소보어를 가진 경우

(1) 旣庶旣繁, 旣順迺宣, 而無永嘆. 陟則在巘, **復降在原**. (《詩經, 大雅, 公劉》) 많은 백성들이 살고 있는데, 백성들이 순종하고 뜻이 널리 통하여 긴 탄식이 없다. 산꼭대기로 올라갔다가 다시 들판으로 내려왔다.

(2) 秋七月, **有神降於莘**. (《左傳, 莊公, 32, 251》) 가을 칠월에 신이 莘땅에 내렸다.

(3) 國之將興, **明神降之**, 監其德也. 將亡, **神又降之**, 觀其惡也. (《左傳, 莊公, 32, 251》) 나라가 장차 흥할 때는, 명신이 그 나라에 내려, 그 나라 임금의 덕을 감찰한다. 나라가 장차 망할 때에도 신이 또 내려와 그 임금의 악을 살핀다.

(4) 如是則神聽之, **介福降之**. (《左傳, 襄公, 07, 952》) 이렇게 하면 신이 듣고 큰 복이 내려온다.

2.1.2 치사자주어문

2.1.2.1 일반 사동문('내려오게 하다')

(1) **天降喪亂**, 滅我立王. **降此蟊賊**, 稼穡卒痒. (《詩經, 大雅, 桑柔》) 하늘에서 난리를 내리셔서 우리가 세운 임금 멸하시고, 해충을 내리셔서 작물이 다 병이 들었다.

(2) **天子降心**以逆公, 不亦可乎? (《左傳, 僖公, 25, 432》) 천자가 마음을 낮추어 공을 맞으니, 또한 좋지 아니한가?

(3) 日過分而未至, 三辰有災, 於是乎**百官降物**, 君不舉, 辟移時, 樂奏鼓, 祝用幣, 史用辭. (《左傳, 昭公, 17, 1385》) 태양이 춘분을 지나고, 하지는 되지 않았으며 일월성 삼진에 재앙이 있으니, 이때에 백관은 소복을 입고, 임금은 성찬을 들지 않으며, 때를 피하고 악공은 북을 치고 축사는 비단을 바치고, 태사는 제문을 읽는다.[27]

(4) 十七年, **王降狄師**以伐鄭. (《國語, 周語中》) 양왕 17년에 양왕은 狄人의 군사에 명을 내려(또는 적인의 군사를 내려 보내) 정나라를 정벌하게 했다.[28]

----

27) [역주] 降物: 이것은 杜預 주에는 '소복을 입는다'라고 되어 있다. 孔穎達 주에는 '降物謂減其物采也(강물은 사물의 색채를 없애다)'로 되어 있는데, '降物'은 즉 "사물의 색채를 내려놓다"로 해석되며 여기서 '소복'의 의미가 나온 것이다.

28) 韋昭注에 '降'은 '下也'로 되어 있다고 한다.

(5) 今平原君自以賢, 顯名於天下, **然降其主父**沙丘而臣之. (《戰國策, 秦三》) 지금 평원군은 스스로 현명하다고 자임하여 천하에 이름을 날리고 있지만, 그는 자기 아버지 주보를 沙丘 행궁으로 내려서 신하 삼은 자이다.

2.1.2.2 이중목적어 구조

보통의 이중목적어문(예1~2)과 기타 변형된 구조(예3~5)가 있다.

(1) 是生后稷, **降之百福**. (《詩經, 魯頌, 閟宮》) 이에 후직을 낳으시고 백복을 내리시다)

(2) 敝邑失政, **天降之災**, 又懼讒慝之間謀之, 以啓貪人, 荐爲敝邑不利, 以重君之憂. (《左傳, 昭公, 18, 1399》) 우리나라가 실정을 하여 하늘이 재앙을 내렸네. 더욱 두려운 것은 사특한 자들이 끼어 도모하여, 탐욕스러운 이들을 끌어들이고, 거듭 우리나라를 해롭게 하여 임금의 걱정을 중하게 하는 것이다.

(3) 天子曰: "**天降禍於周**, 俾我兄弟並有亂心, 以爲伯父憂." (《左傳, 昭公, 32, 1517》) 천자가 말했다. "하늘이 주에 화를 내려, 우리 형제들로 하여금 모두 어지러운 마음을 갖게 하여, 백부들의 근심이 되었다."

(4) **天降禍于晉國**, 讒言繁興, 延及寡君, 使寡君之紹續昆裔, 隱悼播越, 托在草莽, 未有所依. (《國語, 晉語二》) 하늘이 진나라에 화를 내려 참소의 말이 분분하게 일어나더니, 급기야 우리 임금에게 그 화가 번져서 우리 임금의 태자와 공자들이 두려움으로 멀리 달아나게 하여 초야에 머물면서 의지할 곳이 없게 하였다.

(5) 故**天將降大任於是人**也, 必先苦其心志, 勞其筋骨, 餓其體膚, 空

[역주] '降'이 '下'라고 한다면 '降狄師'는 "적인의 군대를 내려 보내다"가 될 것이다.

乏其身, 行拂亂其所爲, 所以動心忍性, 曾益其所不能. (《孟子, 告子下》) 그렇기 때문에 하느님이 장차 사람에게 큰 임무를 내리려 할 때엔 반드시 그 마음을 괴롭게 하고, 육체를 고단하게 하며, 몸을 굶주리게 하고, 몸을 궁핍하게 하며, 행하는 것에는 그 하는 바를 어지럽고 어긋나게 하니, 마음을 분발시키고 성질을 참게 함으로써 그 불가능한 바에 보태어 준다.

2.1.3 관형어로 쓰일 수 있다.

(1) 二三婦之辱共先者祀, 請無瘠色, 無洵涕, 無搯膺, 無憂容, 有**降服**, 無加服. (《國語, 魯語下》) 너희들이 먼저 돌아간 사람들에게 제사하는데 파리한 기색이 없어야 하며, 소리 없이 우는 일이 없어야 하며, 가슴을 두드리지 말아야 하며, 근심하는 용모가 없어야 하며, 강복은 있으되 가복은 없어야 한다.[29]

(2) 子, 西岸之土地, 挺子以爲人, 至歲八月, **降雨下**, 淄水至, 則汝殘矣. (《戰國策, 齊三》) 그대는 서쪽 언덕의 흙으로 그대를 빚어 사람처럼 만들었다. 한해 중 8월에 이르면 비가 내려 淄水가 흘러오면 너는 없어질 것이다.[30]

2.2 탁성모 '降'의 통사 기능

우리는 '항복하다(投降)'의미의 '降濁'을 중점적으로 연구하였는데, 그것의 주요 통사 기능은 아래와 같다.

---

29) [역주] 降服: 상복에 대한 제도에 규정되어 있는 복보다 한 등급을 낮춤, 즉, 직역하면 '낮춘 상복'임.
30) [역주] 降雨: 이것은 '내리는 비'로 일종의 '수식+피수식'의 형식으로 구성된 것이다.

2.2.1 관계주주어문('항복하다'의미)

2.2.1.1 단순식

(1) 十二月, **盧降**. 使國勝告難於晉, 待命於淸. (《左傳, 成公, 17, 900》) 12월에 盧가 항복하였다. 국승을 시켜 진에 환난을 알리게 하고 淸땅에서 명을 기다렸다.

(2) **原不降**, 命去之. 諜出, 曰: "**原將降矣**." (《左傳, 僖公, 25, 435》) 3일이 되어도 原은 항복하지 않으므로 후퇴하라고 명령했다. 그때 간첩이 나와 말했다. "原은 곧 항복할 것입니다."

(3) 退一舍而**原降**. (《左傳, 僖公, 25, 435》) 30리를 후퇴하자 原이 항복했다.

(4) 圍鼓三月, 鼓人或**請降**. (《左傳, 昭公, 15, 1370》) 鼓를 포위한 지 3개월 만에 鼓중 어떤 사람이 항복을 청했다.

(5) 故令尹誅而楚奸不上聞, 仲尼賞而**魯民易降北**. (《韓非子, 五蠹》) 그러므로 영윤이 (직궁을) 죽이자 초나라에서는 죄행이 위로 알려지지 않았고, 공자가 (달아난 병사에게) 상을 주게 하자 노나라 백성들은 항복하고 달아나는 일을 쉽게 여겼다.

(6) 今城不沒者三板, 臼竈生蛙, 人馬相食, **城降**有日, 而韓,魏之君無意志而有憂色, 是非反如何也? (《戰國策, 趙一》) 지금 성이 삼판 정도만 남고 모두 잠겨서 아궁이에는 개구리가 나왔고, 사람과 말이 서로 잡아먹고 있으며, 성이 항복하는 날이 곧 다가올 텐데, 한위의 임금은 기쁜 기색이 없고 근심의 낯빛이니, 이것이 곧 그들이 배반의 조짐이 아니고 무엇이겠는가?

(7) 甲兵不出於軍而敵國勝, 衝櫓[31]不施而**邊城降**, 士民不知而王業至矣. (《戰國策, 齊五》) 갑주와 병기가 군에서 쓰이지 않고도 적국을 이기며, 충차와 고조차를 쓰지 않고도 변방의 성들이 항복하며, 백성

---

31) [역주] 衝櫓: 冲车와 高巢车

들이 모르는 사이에 왕업이 이루어진다.

2.2.1.2 목적어(의미상 사격목적어)를 갖는 경우('~에게 항복하다')

(1) 商密人懼曰: "秦取析矣! 戍人反矣!" 乃**降秦師**. (《左傳, 僖公, 25, 435》) 상밀 사람이 두려워 말했다. "진나라가 析을 빼앗았다. 지키던 자가 배반했다!"라고 하고는 秦에 항복했다.

(2) 使解揚如宋, **使無降楚**, 曰: "晉師悉起, 將至矣." (《左傳, 宣公, 15, 759》) 解揚을 송에 가게 한 다음 楚에 항복하지 않게 하여 말했다. "晉의 군대가 모두 일어나 곧 이를 것이다."

(3) **彭城降晉**, 晉人以宋五大夫在彭城者歸, 寘諸瓠丘. (《左傳, 襄公, 원년, 917》) 팽성이 진나라에 항복하자, 진나라 사람들이 팽성에 있는 송의 다섯 대부를 잡아가 호구에 안치하였다.

(4) 原人聞曰: "有君如彼其信也, 可無歸乎?" 乃**降公**. 衛人聞曰: "有君如彼信也, 可無從乎?" 乃**降公**. (《韓非子, 外儲說左上》) 原사람들이 이것을 듣고는 "임금이 저와 같이 신의가 있으니, 진정 따르지 않을 수가 없구나!"라고 말하고 문공에게 항복했다. 위나라 사람들이 이 말을 듣고는 "임금이 저와 같이 신의가 있으니, 진정 따르지 않을 수가 없구나!"라고 하고는 문공에게 항복했다.

2.2.1.3 사격목적어를 갖는 경우

(1) 夏, 師及齊師圍郕. **郕降於齊師**. (《左傳, 莊公, 08, 173》) 여름에 우리 군사들과 제나라 군사들이 郕을 포위하였다. 그러자 郕이 제나라에 항복하였다.

2.2.2 치사자주어문('항복시키다'의 의미)

(1) 子魚言於宋公曰: "文王聞崇德亂而伐之, 軍三旬而不降. 退修

教而復伐之, **因壘而降**.32)" (《左傳, 僖公, 19, 383》) 자어가 송공에게 말했다. "문왕은 崇의 덕이 어지러워짐을 듣고 정벌하였는데, 30일을 공격했어도 항복하지 않았습니다. 물러나 교화를 닦고 다시 정벌했더니 전에 썼던 누벽을 썼는데도 그들을 항복하게 만들었습니다."

(2) 文王伐崇, 再駕而**降爲臣**, 蠻夷帥服, 可謂畏之. (《左傳, 襄公, 31, 1195》) 문왕이 崇을 정벌할 때, 두 번 출병하여 그들을 항복시켜 신하로 만들자, 오랑캐들이 잇달아 항복을 하니, 두려워했다고 할만하다.33)

(3) 秋七月, **齊人降鄣**. (《左傳, 莊公, 30, 246》) 가을 7월에 제나라 사람들이 鄣을 항복시켰다.

(4) **晉降彭城**而歸諸宋, 以魚石歸. (《左傳, 襄公, 26, 1111》) 진나라는 팽성을 항복시켜 송나라에 돌려주고, 어석을 사로잡아 돌아갔다.

(5) 然則是邯鄲不守, 拔邯鄲, 完河間, 引軍而去, 西攻修武, 踰羊腸, **降代,上黨**. (《戰國策, 秦一》) 그러니 조나라는 수도 한단을 지켜낼 능력이 없으니, 이때 진이 한단을 점령했더라면 하간 땅을 손에 넣을 수 있으며 이어서 군대를 서쪽으로 진군시켜 수무를 공격했더라면 양장의 요새를 넘어 代땅과 상당을 항복시켰을 것이다.

2.2.3 '可V' 구조

(1) 襄主鑽龜筮占兆, 以視利害, **何國可降**. (《韓非子, 初見秦》) 조양주는 귀갑을 태워 점을 쳐서 이로써 이로움과 해로움을 보이게 하여 어느 나라를 항복시킬 만한지 보이게 했다.

---

32) 이 문장은 두 가지 해석이 있다. 첫째는 '崇이 항복하다'로 자동으로 하는 것이고, 둘째는 '崇으로 하여금 항복하게 하다'로 使動으로 하는 것이다. 楊伯峻은 이 중 후자로 하고 있다.

33) 楊伯峻에 따르면, 이 구절은 마땅히 '降之爲臣', 즉 '崇侯를 항복시켜 신하로 만들다'라고 해야 한다.

(2) 襄主鑽龜, 數策占兆, 以視利害, **何國可降**, 而使張孟談. (《韓非子, 秦一》) 조양주는 귀갑을 태워 여러 차례 점을 쳐서 이로써 이로움과 해로움을 보이게 하여 어느 나라를 항복시킬 만한지 보이게 하고는 장맹담을 파견하였다.

2.2.4 '降'이 직접적으로 관형어로 쓰일 때는 항시 '완료'나 '기사의미(旣事義)'를 나타낸다.

(1) 畏死難, **降北之民**也, 而世尊之曰: "貴生之士." (《韓非子, 六反》) 죽음이나 어려움이 두려워 투항했거나 도망간 백성인데 세상은 이들을 존중하여 '생명을 아끼는 이'라고 한다.

(2) 不救火者比**降北之罪**, 逐獸者比入禁之罪. (《韓非子, 內儲說上》) 불을 끄지 않는 자는 항복하고 도망간 죄로 다스릴 것이요, 짐승을 쫓는 자는 금지구역 무단 침입의 죄로 다스릴 것이다.

(3) 且君親從臣而**勝降城**, 城非不高也, 人民非不衆也, 然而可得並者, 政惡故也. (《戰國策, 魏一》) 일찍이 대왕께서는 친히 저를 따라 항복한 성을 이긴 적이 있는데, 그 성이 높지 않았던 것도 아니고, 백성이 적지 않은 것도 아닌데, 그런데도 이길 수 있었던 것은 그들의 정치가 잘못되었기 때문입니다.

(4) 國雖大赦, **降城亡子**不得與焉. (《戰國策, 魏四》) 나라에 비록 대사면이 있어도, 항복한 성과 도망간 자들은 거기에서 제외된다.

2.3 소결

《說文》에 "'夆'은 '항복하다(항복시키다)'이다(夆, 服也)"라고 되어 있고, 이에 대해 段玉裁 注는 "무릇 항복이란 글자는 마땅히 이 글자로 해야 한다. 지금은 '降'이 널리 쓰이고 '夆'는 쓰지 않는다(凡降服字當

作此. 降行而夅廢矣)."라고 나온다. 吳安其(2002:101)는 "'心服'은 심기가 이미 복종한 상태"라고 한다. '降'의 淸濁성모 간의 관계는 다음과 같다. 청성모 '降'은 근원어로서 '내려가다(下降)'의 의미이다. 그것의 완료 형식은 탁성모로 '下江切'의 '降'이 되며, '엎드리다, 복종하다(伏)'의 의미이다. 아울러 완료 형식의 使動용법을 통해서 '~에게 항복하게 하다(使……投降)'라고 하는 의미를 파생시켰다.

《詩經》에는 탁성모로 읽는 2예의 '降'이 있는데 이것은 '기쁘다'의 의미이다. 이는 분명 청성모의 완료형식의 의미이다.[34]

> (1) 未見君子, 憂心忡忡, 旣見君子, **我心則降**. (《詩經, 小雅, 出車》) 님을 뵙지 못하여, 마음이 뒤숭숭하고, 님을 뵌 후에야 내 맘이 놓였다.
>
> (2) 憂心忡忡, 亦旣見止. 亦旣覯止, **我心則降**. (《詩經, 召南, 草蟲》) 마음이 뒤숭숭한데, 또한 이미 그를 보며, 또한 이미 만나면, 내 맘이 놓이겠다.

청성모 '降'은 본래 '내려가다(下降)'의 의미로 그것의 내재적인 방향성을 갖고 있는데, 이는 일종의 '방향동사'인 셈이다. 이로부터 '예절상으로 등급을 낮춤'이란 의미가 파생되었다. 이것은 아래와 같다.

> (3) 夏四月己亥, 季康子卒. 公弔焉, **降禮**. (《左傳, 哀公, 27, 1733》) 여름 4월 기해일에 계강자가 죽었다. 공이 조문을 하였는데, 예법을 낮추었다.[35]

---

34) [역주] 이 말은 곧 청성모일 경우 '내려가다'인데, 이미 내려가 있는 상태, 즉 마음이 놓인 상태가 되므로 이로부터 '기쁘다'의 의미가 나오게 되는 것이며 이로써 '내려가다'의 완료 형식이라고 보는 것이다.

35) [역주] 降禮: 楊伯峻注에 따르면, 노나라 애공은 계강자에 대한 원한이 깊어, 계강자가 죽었을 때, 그의 常禮를 감한 것을 말한다고 한다. 즉, 예법의 등급을 낮춘 것을 의미한다.

(4) 王使委於三吏, 禮之如侯伯克敵使大夫告慶之禮, **降於卿禮一等**. (《左傳, 成公, 03, 810》) 왕은 삼공에게 맡기게 하고, 후백이 적을 이겨 대부를 시켜 경하를 고할 때의 예로 그를 대하였으니 이는 卿을 대할 때의 예보다 한 등급 낮춘 것이다.[36]

(5) 十一月, 越圍吳, **趙孟降於喪食**. 楚隆曰: "三年之喪. 親昵之極 也, 主又降之, 無乃有故乎?……今越圍吳, 嗣子不廢舊業而敵 之, 非晉之所能及也, 吾是以爲降." (《左傳, 哀公, 20, 1716》) 11월에 월이 오나라를 포위하자, 조맹은 상중에 먹는 것을 낮추었다. 초융이 말 했다. "삼년상은 친밀함의 극치인데 주인이 또 낮추었으니, 무슨 까닭이 있습니까?" ……"지금 월이 오를 포위하고 있는데, 사자가 옛 일을 폐 기하지 않으면서 월을 대적하고 있고, 晉나라가 미칠 수 있는 것도 아 니라 내 이에 낮추었다."

동사 기능		詩經	左傳	國語	論語	孟子	荀子	韓非子	戰國策	총계	
관계주 주어문	무생명주어	2	5	3	0	2	3	1	3	19	
	유생명 주어 무목적어	4	9	8	0	0	2	0	0	23	55
	범위보어	0	2	0	0	0	0	0	0	2	
	처소보어	4	4	2	0	0	0	0	0	10	
	수량목적어	0	0	0	1	0	0	0	0	1	
치사자 주어문	일반 使動	21	11	6	2	2	2	0	2	46	67
	이중 목적어 보통식	3	6	3	0	0	0	0	0	12	
	변식	0	1	7	0	1	0	0	0	9	
관형어		0	0	1	0	0	0	0	1	2	
총계		34	38	30	3	5	7	1	6	124	

표 2.7 청성모 '降'의 상고 8부 문헌 중의 용례 통계

---

36) [역주] 楊伯峻注에 따르면, 이는 羣朔을 대할 때의 예절에 대해 언급한 것인데, 그는 원래 卿이 아니라 大夫이기 때문에 '捷禮'가 아닌 '告慶禮'를 써서 예를 한 등급 낮춘다는 의미이다.

'직접변화연접규칙'에 근거할 때, 방향동사는 사람 혹은 사물이 공간 상태에서의 변화를 나타내며 전형적인 비대격동사류에 속한다. 그것의 통사 행위로부터 보면, 청성모 '降'은 그것의 관계주주어가 무생명명사일 경우 비대격동사의 핵심적 통사 자질을 갖게 된다. 즉,

① 최소로 구성되는 문장은 'NP V'로, 이때의 'NP'는 직접 내재논항 이며 그 자체로 의미가 충분히 만족된다.

② 自動과 使動의 통사 교체가 존재한다.

(6) 下民之孽, **匪降自天**, 噂沓背憎, 職競由人. (《詩經, 小雅, 十月之交》) 백 성들이 받는 재난은 하늘로부터 내려오는 것이 아니라 모이면 말만 많고 등지면 서로 미워하는 오로지 다투는 것을 일삼는 사람들 때문이다.

(7) **天之降罔**, 維其優矣. 人之云亡, 心之憂矣. (《詩經, 大雅, 瞻卬》) 하 늘이 그물을 내리니, 너무나도 크도다. 어진 사람이 없어 마음만 시름 겹다.

(8) 夏書曰: "皋陶邁種德, 德, **乃降**." (《左傳, 莊公, 08, 173》) 하서에 말했 다. "고요는 힘써 덕을 베푸는지라 덕이 이에 내려간다."

(9) **天降滔德**, 女興是力. (《詩經, 大雅, 蕩》) 하늘이 과도한 덕을 내려 너희 들이 힘쓰는구나.

③ 관형어로 쓰일 때 '완료'의 의미를 나타낸다.

(10) 子, 西岸之土地, 挺子以爲人, 至歲八月, **降雨下**, 淄水至, 則汝殘 矣. (《戰國策, 齊三》) 그대는 서쪽 언덕의 흙으로 그대를 빚어 사람처럼 만들었다. 한해 중 8월에 이르면 비가 내려 淄水가 흘러오면 너는 없 어질 것이다.

유생명명사가 주어가 될 경우, 겉으로 보기에 자동과 사동의 통사 교체를 형성할 것 같지만, 그 대응되는 것은 사동문 중의 직접 내재논항이 아니라 이중목적어구조 중의 간접목적어 즉, 여격(與事, dative)이다. 이것은 비대격동사의 사동 교체형식과 그 내포적 함의가 다르다.[37)

(11) 誓曰: "有犯命者, 君子廢, <u>小人降</u>!" (《左傳, 昭公, 06, 1279》) 맹서하며 말했다. "명을 어기는 자는 군자는 폐해지고, 소인은 강등된다!"[38)

(12) 子産曰: "君之羈臣, 苟得容以逃死, 何位之敢擇, 卿違, 從大夫之位. <u>罪人以其罪降</u>, 古之制也." (《左傳, 昭公, 07, 1293》) 자산이 말했다. "임금의 떠돌이 신하가 죽음을 벗어나기만 하면 되었지 어찌 감히 관위를 택하겠으며, 경이 나라를 떠나면, 대부의 관위를 따르며, 죄인이 그 죄에 따라 등급이 낮아지는 것이 옛 제도이다."

(13) 楚王方侈, 天或者欲逞其心, 以厚其毒, <u>而降之罰</u>, 未可知也. (《左傳, 昭公, 04, 1246》) 초나라왕은 바야흐로 교만한데다가 하늘도 그 욕심을 채워주려고 하는 듯, 그 독을 두터이 하여 그에게 벌을 내리려고 하려는지 아직 모릅니다.

　　따라서 청성모 '降'은 의미상 전형적인 방향동사이며 그것의 내재논항으로 무생명명사가 있을 경우 비대격동사의 핵심적인 통사 자질을 갖게 된다. 그러나 그것의 단일 논항의 주어가 행위자성의 유생명명사일 경우, 대응하는 사동 교체 형식은 비대격동사의 내포적 함의와 다르다. 이를 통해 비대격동사는 주어의 행위자성과 일정한 관련이 있음을 알 수 있다. 한편, 관형어로 쓰일 경우, 이는 현재분사 형식과 유사한데(아래 예

---

37) [역주] 예컨대, "小人降"이라 한다면, 이것은 누군가가 그 소인에게 등급을 낮추어주는 것이다. 따라서 여기서의 '소인'은 피동작주라기보다 일종의 여격에 가깝다. 즉, 소인이 강등의 대우를 받는 것이다.
38) 楊伯峻注에 의하면, 이는 곧 "면직되거나 등급이 낮춰지는 것"을 말한다.

14), 이 또한 전형적인 비대격동사와는 다르다. 즉, **행위자성의 방향동사는 비대격동사가 아니다.**

(14) 二三婦之辱共先者祀, 請無瘠色, 無洵涕, 無搯膺, 無憂容, 有**降服**, 無加服. (《國語, 魯語下》) 너희들이 먼저 돌아간 사람들에게 제사하는데 파리한 기색이 없어야 하며, 소리 없이 우는 일이 없어야 하며, 가슴을 두드리지 말아야 하며, 근심하는 용모가 없어야 하며, 강복은 있으되 가복은 없어야 한다.

탁성모 '항복하다(投降)'의 '降'이 나타내는 것은 유생명사가 표시하는 '臣服(신하로서 복종하다)의 태도'이며 이는 상태동사이다. 이는 의미상의 비대격동사류에 속한다. 상고 8부 문헌 속의 용례 상황은 아래와 같다.

	통사 기능	詩經	左傳	國語	論語	孟子	荀子	韓非子	戰國策	총계
자동사	단순자동		7	3	0	0	0	1	2	13
	사격(목적어)		3	0	0	0	0	2	1	6
	사격목적어		2	0	0	0	0	0	0	2
	사동		5	0	0	0	0	0	1	6
	可V		0	0	0	0	0	1	1	2
	관형어		0	0	0	0	0	2	2	4
	총계		17	3	0	0	0	6	7	33

표 2.8

통사행위 상으로 보면, 탁성모 '降'은 비대격동사의 전형적인 특징을 갖추고 있다.

① 내재논항은 그것의 필수논항이고, 외재 치사자논항은 출현하지 않을 수 있다. 이렇게 하여 단순자동문을 형성한다. 즉, '降濁'의 최소

구성문은 'NP V'이다. 예를 들면,

(15) 九月, 趙鞅圍邯鄲. 冬十一月, **邯鄲降**. (《左傳, 哀公, 04, 1628》) 9월에 조앙이 한단을 포위했다. 겨울 11월에 한단이 항복했다.

② '降濁'은 통사 조작을 통해 자동과 사동의 통사 교체형식을 형성할 수 있다. 가장 분명한 예로 위에서 이미 언급한 아래의 예가 있다.

(16) **彭城降晉**, 晉人以宋五大夫在彭城者歸, 實諸瓠丘. (《左傳, 襄公, 원년, 917》) 팽성이 진나라에 항복하자, 진나라 사람들이 팽성에 있는 송의 다섯 대부를 잡아가 호구에 안치하였다. **(자동)**

(17) **晉降彭城**而歸諸宋, 以魚石歸. (《左傳, 襄公, 26, 1111》) 진나라는 팽성을 항복시켜 송나라에 돌려주고, 어석을 사로잡아 돌아갔다. **(사동)**

③ 단독으로 관형어로 사용될 때, 완료나 기사의미(既事義)를 나타낸다.

④ 외부 논항성분이 목적어(사격)가 될 수 있는데 아예 사격목적어의 형식으로 출현하기도 한다.

(18) 秋七月, **齊人降鄣**. (《左傳, 莊公, 30, 246》) 가을 7월에 제나라 사람들이 鄣을 항복시켰다. (이것은 피동작주 목적어임)

(19) 夏, 師及齊師圍郕. **郕降於齊師**. (《左傳, 莊公, 08, 173》) 여름에 우리 군사들과 제나라 군사들이 郕을 포위하였다. 그러자 郕이 제나라에 항복하였다. (이것은 사격목적어임)

3. 解

'解'는《說文》에서 "나누다(判也)"로 되어 있다.《廣韻》에서는 "'깨닫다, 이해하다(曉)'로 '胡買切'이다. '설명하다(講), 말하다(說), 벗다(脫), 흩어지다(散)'의 의미로 '佳買切'이다. '없애다(除)'의 의미로 '古賣切'이다. '느슨하다(懈)'의 의미로 '古隘切'이다. '胡懈切'로 '잘못된 이해(曲解)'이다(曉也, 胡買切. 講也, 說也, 脫也, 散也, 佳買切. 除也, 古賣切. 懈, 古隘切. 胡懈切, 曲解)."라고 되어 있다.《群經音辨》에는 "'解'는 '풀다'(釋)이고, '古買切'이다. '이미 풀린 것'을 '解'라고도 하며, '胡買切'이다. '解'는 '나누다(判)'이고, '工買切'이다. '解'는 또 '흩어지다(散)'이고, '戶買切'이다. '解'는 또 '게으르다(惰)'로 음은 '懈'이다(解, 釋也, 古買切. 旣釋曰解, 胡買切. 解, 判也, 工買切. 解, 散也, 戶買切. 解, 惰也, 音懈)."로 되어 있다.

《群經音辨》과 《廣韻》 및 《經典釋文》의 音注자료를 통해 보건대, '解'는 5가지 독법이 있다.

(1) 全濁上聲: '胡買切', '戶買切', '音蟹'가 포함되고, *gree?로 재구된다.

(2) 全濁去聲: '胡買反', '戶賣反'을 포함하고, *grees로 재구된다.

(3) 全淸上聲: '古買切', '佳買切'을 포함하고, *kree?로 재구된다.

(4) 全淸去聲: '佳賣切', '音懈'를 포함하고, *krees로 재구된다.

(5) 次淸去聲: '苦懈反'을 포함하고, *khrees로 재구된다.

(6) 如字

(7) 無注音

: 이중 (6)(7) 두 가지는 사실상 '全淸上聲'의 '古買切'이다. 따라서 '解'의 음과 의미는 아래와 같이 개괄해 볼 수 있다.

① 나누다, 풀다(判也), '古買反'. 이 의미로부터 '벗어나다(解脫)', '없애다(解除)' 의미가 파생되었으며 발음은 같다. ($解_1$) **청음**

② 흩어지다, 풀리다(散也), '胡買反'. ($解_2$) **탁음**

③ 흩어지게 하다(使散), '胡買反'. ($解_3$) **탁음**

④ 알다, 이해하다(理解, 曉), '戶買反'. ($解_4$) **탁음**

⑤ 알게 하다, 이해하게 하다(使理解, 使明白), '佳買反'. ($解_5$) **청음**

⑥ 게으르다(懈怠), '佳賣反'. ($解_6$) **청음**

⑦ 해석(解釋, 명사), '戶賣反'. ($解_7$) **탁음**

본서에서는 이들에 대해 각각 $解_1$, $解_2$, $解_3$, $解_4$, $解_5$, $解_6$[39], $解_7$로 명명한다. 따라서 동사 '解'에 대해 깊이 있는 분석을 하기에 앞서 먼 저 이러한 복잡한 音讀과 파생관계를 명확히 해두는 것이 기본 전제 이다.

音讀자료가 있는 상고 8부 문헌 속 '解'의 용례가 부족하기 때문에, 본서에서는 十三經 전체 經文 중의 '解'와 《論語》注疏 중 《經典釋文》 에 音注가 있는 '解'까지 분석하였다. 그래서 이를 통해 '解'의 기본적인 音讀 및 의미 관계를 파악할 수 있었다. 아래의 예문들 중 일부는 音讀 이 달려 있으나, 音讀이 없는 예는 곧 《經典釋文》에서 音注가 없는 것 이다. 의미 및 기능에 따라 이들을 아래의 몇 가지로 나누어 소개한다.

3.1 $解_1$ (나누다, 풀다 / **古買反** / *kree? 청음)

3.1.1 행위주주어문

(1) 以不惑**解惑**, 復於不惑. 是尙大不惑. (《莊子, 徐無鬼》) 미혹되지 않

---

39) 이것은 현재 '懈'자로 표기한다.

은 밝은 지혜로 미혹을 풀어서, 미혹되지 않은 경지로 돌아가면 이것은 아주 큰 불혹의 경지에 가깝게 되는 것이다.[40]

(2) 故**解**之以牛之白顙者與豚之亢鼻者, 與人有痔病者不可以適河. (《莊子, 人間世》) 이마가 흰 소, 들창코의 돼지, 그리고 치병을 앓는 사람은 풀어주고, 황하로 끌고 가 제물로 던지지 않았다.[41]

(3) 鴟目有所適, 鶴脛有所節, **解**之也悲. (《莊子, 徐無鬼》) 올빼미의 눈은 그 나름대로 적합함이 있고 학의 다리 또한 나름의 적절함이 있는데 눈과 다리를 제거해버리면 올빼미와 학이 슬퍼할 것이다.[42]

(4) 侍坐於長者, 屨不上於堂, **解屨**不敢當階, 就屨, 跪而擧之. (《禮記, 曲禮上》) 어른을 모시고 앉을 때는 신을 신고 마루에 오르지 않으며 신을 벗을 때는 감히 섬돌에 바로 놓아두지 못한다. 신을 신을 때는 꿇어 앉아 신을 들고 섬돌 곁으로 물러나서 신는다.

(5) 公使人視之, 則**解衣**般礴裸. (《莊子, 田子方》) 원군이 사람을 시켜 살펴보니 그는 옷을 벗고 두 다리를 뻗고 발가벗고 앉아 있었다.[43]

(6) 至齊, 見辜人焉, 推而强之, **解朝服**而幕之, 號天而哭之. (《莊子, 則陽》) 백구는 제나라에 이르러 책형을 당해 저잣거리에 시신이 매달려 있는 죄인을 보고 밀어서 쓰러뜨리고서는 자기의 조복을 벗어 시신을 덮어주고 하늘을 향해 소리 지르고 곡하였다.

(7) 小儒曰: "**未解**裙襦, 口中有珠." (《莊子, 外物》) 소유가 말했다. "아직 송장의 치마와 저고리를 다 벗기지 못하였고, 입안에 주옥을 물고 있습니다."

---

40) 음이 '佳買反'이다.
41) 《經典釋文》에서는 "徐邈은 '古賣反' 또 '佳買反'이라고 하며 주가 동일하다. 向秀는 '古邂反'이다."라고 되어 있다(徐古賣反, 又佳買反, 注同. 向古邂反).
42) 음은 '佳賣反'이다. 司馬彪가 말하길 '제거하는 것이다'라고 한다. 다른 한 음은 '懈'이다(佳賣反. 司馬云: "去也", 一音懈).
43) [역주] 般礴: 두 다리를 뻗고 앉는 것임.

(8) 塞其兌, 閉其門, 挫其銳, **解其忿**, 和其光, 同其塵, 是謂玄同. (《老子, 德經》) 감각의 구멍을 막고, 욕망의 문을 닫으며, 예리함은 무디게 하고, 복잡함은 풀어내어, 빛을 흐리게 하여 먼지와 함께 동화된다. 이것이 바로 도와 현묘한 합일이라고 한다.

(9) 以甘辭說子路而使從之, 使子路去其危冠, **解其長劍**, 而受敎於子, 天下皆曰: "孔丘能止暴禁非." (《莊子, 盜跖》) 너는 달콤한 말로 자로를 꾀어 따르게 하고, 그가 쓰고 있던 높은 관을 벗기고, 차고 있던 긴 칼을 풀어놓게 한 뒤, 네 가르침을 받게 했다. 세상에서 말하기를, "공구는 난폭한 행동을 금지시키고 그릇된 행동을 금할 수 있다"고들 한다.

(10) 老聃曰: "胡不直使彼以死生爲一條, 以可不可爲一貫者, **解其桎梏**, 其可乎?" (《老子, 德充符》) 노담이 말했다. "다만 그로 하여금 죽고 사는 것을 한 가지로 여기게 하고 또 옳고 옳지 않은 것을 같은 것으로 여기게 하여, 그 질곡을 풀게 하는 것이 좋지 않겠는가?"

(11) 盧蒲癸自後刺子之, 王何以戈擊之, **解其左肩**. (《左傳, 襄公, 28, 1148》) 노포계는 뒤에서 자지를 찔렀고, 왕하는 창으로 공격해 그의 왼쪽 팔을 베어냈다.

3.1.2 '可V' 구조

(1) 善結, 無繩約**不可解**. (《老子, 道經》) 자연 그대로 묶으면, 끈으로 단단히 묶지 않아도 풀 수가 없다.

(2) 南方無窮而有窮, 今日適越而昔來. 連環**可解**也. (《莊子, 天下》) 남쪽은 끝이 없으나 끝이 있으며, 오늘 월나라에 갔는데 어제 도착했다. 그 이어진 고리를 풀 수 있다.

(3) 無趾曰: "天刑之, 安**可解**!" (《老子, 德充符》) 무지가 말했다. "하늘이 그를 벌한 것을 어찌 풀 수 있겠습니까!"

3.2 解₂ (흩어지다, 풀리다 / 胡買反 / *grees 탁음)

3.2.1 관계주주어문

(1) **鹿角解**. 蟬始鳴. 半夏生. 木堇榮. (《禮記, 月令》) 이때 사슴의 뿔이 빠지고, 매미가 울기 시작한다. 끼무릇(半夏)가 나오고 무궁화가 활짝 핀다.[44]

(2) 王季復膳, 然後亦復初([注文] 憂解, 胡買反). (《禮記, 文王世子》) 왕계의 식사가 평상시를 회복한 연후에야 문왕의 태도도 처음을 회복하였다.(注文에 '憂解(근심이 풀리다)'가 나오는데 이는 '胡買反'이다.)

(3) 客不說而去, 相與立胥閭而語, 移日不解. (《公羊傳, 成公元年》) 객이 기분이 나빠서 떠나자, 서로 胥閭에 서서 말을 했는데 다음 날이 되어도 기분이 풀리지 않았다.[45]

(4) (麛), 牡麚, 牝麎, 其子麇, 其跡解. (《爾雅, 釋獸》) (노루는) 수컷을 '麚', 암컷을 '麎', 그 새끼를 '麇'라 하며 그 발자국은 쉽게 흩어진다.[46]

(5) **天地解**而雷雨作, 雷雨作而百果草木皆甲坼, 解之時大矣哉. (《周易, 解卦, 彖辭》) 천지가 풀려 우레와 폭우가 일어나고, 우레와 폭우가 일어나 백과초목이 모두 싹을 트니 '解'의 때가 크도다.[47]

(6) **君子維有解**, 吉, 有孚于小人. (《周易, 解卦, 象辭》) 군자는 풀리는 때를 지탱할 수 있어야 길하니, 소인에게 뜻을 두어야 한다.[48]

(7) 俯而視其大根, 則**軸解**而不可以爲棺槨. (《莊子, 人間世》) 아래로 숙

---

44) 음은 戶買反이다(戶買反).

45) '古買反'이고, 또 音이 '蟹'이다(古買反, 又音蟹).

46) 《經典釋文》에 음은 '蟹'이고 施乾의 반절은 '佳買反'이다(《經典釋文》音蟹, 施佳買反).

47) 《經典釋文》에서는 "음이 '蟹'이고, 이 이후로 여섯 개의 주가 모두 동일하다."라고 되어 있다(《經典釋文》 "音蟹, 自此盡初六注皆同").

48) 《經典釋文》에서는 "음이 蟹이다."라고 되어 있다(《經典釋文》 "音蟹").

여 그 굵은 뿌리를 보니, 그 속이 갈라져 있어서 관곽으로도 쓸 수가 없다.49)

(8) 動刀甚微, **謋然已解**, 如土委地. (《莊子, 養生主》) 칼의 움직임을 매우 미세하게 하다가 순간 재빠르게 하니 이미 살과 뼈가 분리되어 마치 흙이 땅에 떨어지는 것 같다.50)

(9) **夫內誠不解**, 形諜成光, 以外鎭人心, 使人輕乎貴老, 而虀其所患. (《莊子, 列御寇》) 무릇 내면의 성실함이 풀리지 않으면, 외모가 위엄을 내뿜어 광채를 이루어 밖으로 사람의 마음을 누르니, 사람들로 하여금 귀인이나 노인을 가볍게 보게 하여 이로써 환난을 불러일으킨다.51)

(10) 且彼方跐黃泉而登大皇, 無南無北, 奭然**四解**, 淪於不測. (《莊子, 秋水》) 또한 저 장자는 이제 황천에까지 발을 들여놓고 하늘 끝 태황에까지 오르려 하고 있네. 남쪽도 북쪽도 없이 거침없이 사방팔방으로 흩어져서 짐작할 수도 없네.52)

(11) 吾聞子方之師, **吾形解**而不欲動, 口鉗而不欲言. (《莊子, 田子方》) 내가 자방의 스승에 관한 이야기를 듣고 나자, 내 몸은 해체되어 움직이지 않고, 입은 재갈 물린 것처럼 말이 나오지 않는다.53)

(12) 市南宜僚弄丸而**兩家之難解**. (《莊子, 徐無鬼》) 시남의료가 구슬을 가지고 놀아 이로써 양가의 분쟁이 풀어졌다.54)

(13) 苟無禮義忠信誠愨之心苴之, 雖固結之, **民其不解乎**? (《禮記, 檀弓下》) 진실로 예의와 충신과 성실한 마음이 없이 백성을 대한다면, 비록 굳게 맺더라도 백성들이 풀어지지 않겠습니까?55)

---

49) 주음이 없다. 李軌는 마치 衣軸이 바로 해지는 것과 같다고 하였다(無注音, 李云 如衣軸之直解也).

50) 음은 '蟹'이고 아래도 같다(音蟹, 下同).

51) 음은 '蟹'이다. 司馬彪의 음은 '懈'이다(音蟹, 司馬音懈).

52) 음이 '戶買反'이다(戶買反).

53) 음은 '戶買反'이다(戶買反).

54) 음은 '蟹'이다(音蟹).

3.2.2 영주속빈문

(1) 信不可知, 義無所立, 四方諸侯, **其誰不解體**? (《左傳, 成公, 08, 837》) 믿음을 알 수 없고, 도의가 설 곳이 없다면 사방 제후가 누구인들 마음이 떠나지 않겠는가?

3.3 解₃ (흩어지게 하다 / **胡買反** / *gree? 탁음)

'解₃'이 구성하는 것은 치사자주어문이다. 예컨대 다음과 같다.

(1) 及入, **宰夫將解黿**, 相視而笑. (《左傳, 宣公, 04, 678》) 들어가자 요리사가 자라를 해체하려고 했고 서로 보고는 미소를 지었다.56)

(2) 大一通之, **大陰解之**, 大目視之, 大均緣之, 大方體之, 大信稽之, 大定持之. (《莊子, 徐無鬼》) 대일은 이것을 통하게 하고, 대음은 이것을 해체시키고, 대목은 이것을 보고, 대균은 있는 그대로를 따르고, 대방은 이것을 체득하고, 대신은 이것을 생각하고, 대정은 이것을 유지한다.57)

(3) **故君子苟能無解其五藏**, 無擢其聰明, 尸居而龍見, 淵默而雷聲, 神動而天隨. (《莊子, 在宥》) 그러므로 군자는 그의 오장을 풀어헤치지 않고, 그의 총명을 뽐내지 않으며, 시동처럼 앉아 있어도 용처럼 나타나고, 심연처럼 고요해도 우레와 같고, 정신이 움직이면 하늘이 그를 따른다.58)

---

55) 음은 '佳買反'이고, 전에는 '胡買反'이다(佳買反, 舊胡買反).

56) 원래 발음과 같고 또는 '蟹'이다(如字, 又音蟹).

57) 음은 '蟹'인데 또 '佳買反'이다(音蟹, 又佳買反).

58) 원 글자와 음이 같은데 '蟹'라고도 발음한다. 이는 '흩어지게 하다'이다(如字, 一音蟹, 散也.).

(4) <u>庖丁爲惠君解牛</u>, 手之所觸, 肩之所倚, 足之所履, 膝之所踦, 砉然嚮然, 奏刀騞然…… <u>始臣之解牛之時</u>, 所見無非全牛者.…… 今臣之刀十九年矣, 所解數千牛矣, 而刀刃若新發於硎. (《莊子, 養生主》) 포정이 혜군을 위해 소를 해체할 때, 손으로 소뿔을 잡고, 어깨로 소를 기대고, 발로 소를 밟고, 무릎으로 소를 누르자, 칼로 뼈 바르는 소리가 들렸는데 칼로 베는 소리가 리듬이 있어…… 처음에 신이 소를 해체할 때에는 보이는 것이 모두 소로 보였습니다. ……지금 신이 칼을 쓴 것이 십구 년째이고, 잡은 소가 수천인데 칼날은 마치 숫돌에 막 간 듯합니다.

(5) <u>東風解凍</u>, 蟄蟲始振, 魚上冰, 獺祭魚, 鴻雁來. (《禮記, 月令》) 동풍이 언 땅을 녹이고, 겨울잠 자던 벌레가 꿈틀대기 시작하고, 물고기가 얼음 위로 떠오르고, 수달이 물고기를 제사지내며, 기러기가 남쪽에서 온다.

(6) <u>解獸之群</u>, 而鳥皆夜鳴, 災及草木, 禍及止蟲. (《莊子, 在宥》) 짐승의 무리를 흩어지게 하고, 새들이 모두 밤에 울고, 재앙은 초목에까지 미치고, 화는 벌레에까지 미친다.

3.4 解₄ (알다, 이해하다 / 戶買反 / *gree? 탁음)

3.4.1 관계주주어문

3.4.1.1 단순 자동

(1) <u>顔淵解</u>, 故語之而不惰, <u>餘人不解</u>, 故有惰語之時. (《論語, 子罕, 注》) 안연이 이해하였기에 논의 된 말을 게을리 하지 않았다. 나머지 사람들은 이해하지 못하였기에 말에 대해 게을리 하는 때가 있다.[59]

(2) 孔曰: "助, 益也. 言<u>回聞言旣解</u>, 無發起增益於己." (《論語, 先進,

---

59) 음은 '蟹'로 밑에도 같다(音蟹, 下同).

注)) 공안국이 말했다. '助'는 이익이다. 안회는 말을 들으면 즉시 이해하여, 일으켜 나타냄은 자신에게 이익이 없다는 것이다.[60]

(3) 馬曰: "升我堂矣, 未入於室耳. **門人不解**, 謂孔子言爲賤路, 故復解之." (《論語, 先進, 注》) 마융이 말했다. "나의 대청에는 올랐으나 아직 방에는 들어가지 않았을 따름이다. 문인들이 이해하지 못하고 공자가 자로를 천하게 말한 것으로 오해하여 다시 해석해 주었다."[61]

(4) 善問者如攻堅木, 先其易, 後其節. 及其久也, **相說以解**. (《禮記, 學記》) 묻기를 잘하는 자는 마치 굳은 나무를 치는 것과 같아서, 먼저 쉬운 것을 하고, 나중에 마디를 한다. 그것이 오래되어서야 서로 말하여 이해하게 된다.[62]

(5) 大惑者, **終身不解**, 大愚者, 終身不靈. (《莊子, 天地》) 크게 미혹된 자는 종신토록 이해하지 못하고, 크게 우매한 자는 종신토록 영명해지지 못한다.[63]

3.4.1.2 목적어(사격목적어 포함)을 갖는 경우

(1) 若泛問所未學, 遠思所未達, 則於所習者不精, **所思者不解**. (《論語, 子張, 疏》) 만약 배우지 못한 것을 두루 물어보고, 아직 이르지 못한 바를 멀리까지 생각한다면, 익힌 것에 대해 정밀해지지가 않고, 생각한 것에 대해 이해가 되지 않는다.[64]

(2) 子夏聞孔子言繪事後素**卽解其旨**. (《論語, 八佾, 疏》) 자하는 공자가 '회사후소'에 대해 한 말을 듣고 바로 그 의미에 대해 이해했다.[65]

---

60) 음은 '蟹'이다(音蟹).
61) 음은 '蟹'이다(音蟹).
62) 음이 '胡買反'이다(胡買反).
63) 음은 '蟹'이고 또 '佳賣反'이다(音蟹, 又佳賣反).
64) 음은 '蟹'이다(音蟹).
65) 음은 '蟹'이다(音蟹).

(3) 鄭曰: "子路信夫子欲行, 故言好勇過我. 無所取材者, 無所取桴材. 以**子路不解微言**, 故戲之耳." (《論語, 公冶長, 注》) 정현이 말했다. "자로는 공자가 떠나려 한다고 믿었기 때문에 용기를 좋아함이 우리보다 낫다고 하였다. '무소취재'라는 것은 뗏목의 재목에서 취할 바가 없음이다. 이로써 자로가 미묘한 말을 이해하지 못하였기에 그를 희롱한 것이다."66)

(4) 未知己志而便譏己, 所以爲果. 末, 無也, 無難者, **以其不能解己之道之言也**. (《論語, 憲問, 注》) 아직 자기 뜻을 알지 못하면서 자기편을 비웃었기에 그래서 과감하다고 한 것이다. '末'는 없다는 것이다. 어려움이 없다는 것은 그가 아직 공자의 도를 잘 이해하지 못하기 때문이다.67)

(5) **已爲道者解乎此**. (《莊子, 田子方》) 이미 도를 이해한 사람이라면 이것을 이해할 수 있을 것이다.68)

(6) 安時而處順, 哀樂不能入也, 此古之所謂縣解也, 而**不能自解者**, 物有結之. (《莊子, 大宗師》) 때에 편안히 하고, 주어진 운명에 잘 처하면, 슬픔과 즐거움이 끼어들 수가 없다. 이에 대해 옛사람들은 일컬어 '매달림에서 벗어나다'라고 한다. 그런데 스스로 벗어나지 못하는 것은 사물에 얽매여 있기 때문이다.69)

(7) 其**解之**也, 似**不解之**者, 其知之也似不知也, 不知而後知之. (《莊子, 徐無鬼》) 그것에 대해 이해한다고 해도 이해하지 못하는 이와 같고, 그것에 대해 안다고 해도 알지 못하는 것과 같으니, 아무 것도 모르는 경지에 올라야 알게 되는 것이다.70)

---

66) 음은 '蟹'이다(音蟹).
67) '不解'의 음은 '蟹'이다. 지금은 '不能解'라고 한다('不解', 音蟹. 本今作'不能解').
68) 음은 '戶買反'이다(戶買反).
69) 음은 '蟹'이다. 아래의 주도 동일하다. 向秀가 말하길 '縣解'란 매여진 것이 없는 것이다(音蟹, 下及注同. 向云: 縣解, 無所系也.). ※필자의 이 예는 "解₂(흩어지다, 풀리다)"에 속하는 것으로 보인다.

제2절 '見'류 동사 - 見, 降, 解 123

3.4.1.3 사격목적어를 갖는 경우

(1) 雖然, 其應於化而**解於物**也, 其理不竭, 其來不蛻, 芒乎昧乎, 未
之盡者. (《莊子, 天下》) 비록 그러하나, 변화에 대응하여 만물에 대해
해명할 때에는, 사물의 조리를 다하지 못했고, 그 사물이 올 때 벗어나
지 못했으며, 아득하고 어두워 아직 극진하지는 못한 자이다.

3.5 解₅ (알게 하다 / 佳買反 / *kree? 청음)

'解₅'가 구성하는 것은 치사자주어문으로 용례는 많지 않다.

(1) 馬曰: "升我堂矣, 未入於室耳. 門人不解, 謂孔子言爲賤路, **故
復解之.**" (《論語, 先進, 注》) 마융이 말했다. "나의 대청에는 올랐으나
아직 방에는 들어가지 않았을 따름이다. 문인들이 이해하지 못하고 공
자가 자로를 천하게 말한 것으로 오해하여 다시 해석해 주었다(알게
해주다)."

3.6 解₆ (게으르다 / 佳賣反 / *kree? 청음)

'解₆'이 구성하는 것은 관계주주어문이다.

(1) 王曰: "言爲政之道, 居之於身無得**解倦**, 行之於民, 必以忠信."
(《論語, 顏淵, 注》) 王肅이 말했다. "정치를 행하는 도는 자신에게 있어
서는 게을러서는 안 되고, 백성들에게 있어서는 반드시 충신으로 해야
함을 말하는 것이다."[71]

(2) 行春令, 則暖風來至, 民氣**解惰**, 師興不居. (《禮記, 月令》) 봄의 정

---

70) 음은 '蟹'이고 또 '佳買反'도 있다(音蟹, 又佳買反).
71) 《經典釋文》에서는 '懈倦'으로 되어 있다. '古賣反'이다(《經典釋文》: 懈倦. 古賣反).

령을 행하면, 따뜻한 바람이 불어와서 백성들의 심기가 해이하고 나태해져서 전란이 일어나 지키지 못할 것이다.72)

(3) 躬恤衛國, 其勤公家, **夙夜不解**. (《禮記, 祭統》) 몸소 위나라를 근심했다. 그 공가에 대한 부지런함이 이른 아침부터 밤까지 게으르지 않았다.73)

(4) 齊莊正齊, 而**不敢解惰**, 以成禮節. (《禮記, 聘義》) 엄숙하고 정제하여 감히 게으르거나 나태하지 못하니 이로써 예절을 이룬다.74)

(5) 始死, 三日不怠, **三月不解**, 期悲哀. (《禮記, 喪服四制》) 처음 죽으면, 사흘 동안 게을리 하지 않고, 석 달 동안 게을리 하지 않으며, 기년이 되어 슬퍼한다.75)

(6) **不解于位**, 民之攸墍. (《詩經, 大雅, 假樂》) 자리를 게을리 하지 아니하고 백성들이 편히 쉬리라.76)

(7) **夙夜匪解**, 以事一人. (《詩經, 大雅, 蒸民》) 밤낮으로 게을리 하지 않고 한 사람만을 섬긴다.77)

(8) 孟明之臣也, **其不解也**, 能懼思也. (《左傳, 文公, 03, 530》) 맹명이 신하의 도리를 다함에 게을리 하지 않았고, 두려워하고 생각할 줄 알았다.78)

(9) 綏萬邦, 婁豐年, **天命匪解**. (《詩經, 周頌, 桓》) 천하를 편안케 하시고, 해마다 풍년이 되어, 천명도 게으름 피우지 않는구나.79)

---

72) 음은 '古買反'이다(古買反).
73) 음은 '古賣反'이다(古賣反).
74) 음은 '佳賣反'이다(佳賣反).
75) 음은 '佳買反'이다(佳買反).
76) 음은 '佳賣反'이다(佳賣反).
77) 음은 '佳賣反'이다(佳賣反).
78) 음은 '佳賣反'이다(佳賣反).
79) 음은 '懈'이다(音懈).

(10) 無廢朕命, **夙夜匪解**. (《詩經, 大雅, 韓奕》) 나의 명을 저버리지 말고, 밤낮으로 해이하지 마라.[80]

(11) **春秋匪解**, 享祀不忒. (《詩經, 魯頌, 閟宮》) 봄가을 게으르지 않고 제사를 거르는 일 없다.[81]

3.7 解₇ (해석 / 戶賣反 / *grees 탁음)

3.7.1 '구실, 변명'의 의미

(1) 顧君責以視人, 欲以見. **就爲解也**. (《公羊傳, 宣公, 06, 注》) (佳賣反, 又如字) 임금이 자신을 책한 것을 살펴 남을 보고, 이로써 나타내고자 한 것인데, 나아간 것은 바로 구실이 된다.

(2) 晉侯有疾, 曹伯之竪侯獳貨筮史, 使曰**以曹爲解**.[82] (《左傳, 僖公, 28, 474》) 진후가 병이 나자 조백을 모시던 어린아이 후누가 점치는 관리에게 뇌물을 주어, 조나라를 가지고 이유로 삼게 했다.[83]

3.7.2 '연결(連接)'의 의미

(1) 今夫**茭解中**有變焉, 故挍. (《周禮, 冬官考宮記》) 지금 연결된 곳이 변화가 있기에 살펴본다.[84]

---

80) 음은 '懈'이다(音懈).
81) 음은 '懈'이다(音懈).
82) [역주] '竪侯獳'은 "어린 종(竪)인 侯獳"를 의미한다.
83) 두예주에는 '조를 멸하는 것을 이유로 삼다'로 되어 있다. 양백준 주에는 '爲解'는 '爲辭'와 같고, '戶賣反'이라고 되어 있다(杜預注: 以滅曹爲解. 楊伯峻注: 爲解 猶爲辭也. 戶賣反.).
84) 음은 '戶賣反'이다(戶賣反, 注同).

3.8 소결

'解'의 용례 상황 통계는 아래와 같다.

	기능		濁上	濁去	全淸上	全淸去	無注音	如字	용례총수	발음
解₁	행위주주어		0	0	5	2(淸上1)	15	0	22	淸上
	可V		0	0	0	0	3	0	3	
解₂	관계주주어		10	0	2(濁上2)	0	1	0	13	濁上
	영주속빈		0	0	0	0	1	0	1	
解₃	치사자주어		2(淸上1)	0	0	0	5	1(濁上)	8	濁上
解₄	관계주주어	단순自動	5	0	0	0	0	0	5	濁上
		목적어(사격)	7(淸上1)	0	0	0	0	0	7	
		사격목적어	0	0	0	0	1	0	1	
解₅	치사자주어		0	0	0	0	1	0	1	淸上
解₆	관계주주어		0	0	2	9	0	0	11	淸去
解₇	명사	구실핑계	0	1	0	1(又如字)	0	0	2	濁去
		연결시키다	0	0	0	1	0	0	1	淸去

표 2.9

한편,《禮記, 經解》의 '解'는《經典釋文》의 注音은 "정현이 말하길, '경해라는 것은 육경 정교의 득실을 기록한 것이다. 이때 解의 음은 佳買反인데, 서막의 반절은 胡賣反이며, 한편 蟹이기도 하다'(鄭云經解者, 以其記六藝政敎得失. 解音佳買反, 徐胡賣反, 一音蟹)."로 되어 있다. 이에 대해《春秋經傳集解》의《經典釋文》의 注音을 보면 "佳買反"이라고 되어 있는데, 이러한 문체에서의 '解'는 당연 '淸上'이어야 한다.

《儀禮》중 '豚解'의 의식이 있다. 이것은 고대 제사에서 제사 희생을 '四足, 下脊, 二脇'의 7개로 해체시키는 것을 말한다. 이때 '解'의《經典釋文》의 注音은 없다. 따라서 이것에 대한 통사 관계를 파악하기가 어렵기 때문에 통계 시에 여기서는 포함시키지 않았다.

(1) 豕亦如之, **豚解**無腸胃. (《儀禮, 旣夕禮》) 돼지 역시 이와 같이 했는데, 돼지의 사지 해체에는 장, 위는 없었다.

(2) 殺於廟門西, 主人不視. **豚解**. 羹飪, 升左肩, 臂, 臑, 肫, 胳, 脊, 脅, 離肺. (《儀禮, 士虞禮》) 묘문의 서쪽에서 돼지를 잡는데 주인은 보지 않는다. 돼지를 해체해서 국과 찬을 만드는데, 左肩, 臂, 臑, 肫, 胳, 脊, 脅, 離肺를 올려 했다.

이 표로 봤을 때, '解'에 대한 誤注나 失注가 비교적 많은 상황이다. 예컨대, '曲解'의미의 예는 주석가들이 특이하게도 '次淸去聲'으로 주를 달기도 하였다. 그런데《廣韻》에서는 全濁去聲으로 되어 있기 때문에 당연히《廣韻》을 따른다.

'구실, 핑계(說辭)'의미의 '解' 두 예는 하나는 '全濁去聲'으로, 다른하나는 '全淸去聲, 又如字'로 주가 달려 있다. 또한《禮記, 經解》의 '解'의 音讀은 '全濁去聲'의 발음으로 이는 명사화의 기능이다. 다시 의미의 파생으로부터 보면, '구실, 핑계'의미는 '解釋'의미의 '解'의 자동용법이 명사화한 것이다. 그러니 마땅히 全濁去聲, 다시 말해서 '全濁上聲에다가 명사화 접미사 *-s가 붙은 것'이다.

'흩어지다, 풀리다(散)'의미의 '解'는 자동용법일 경우 마땅히 全濁上聲이어야 하는데, 여기에는 4개의 失注가 있다. 그런데 치사자주어문의 '解'의 注音 상황은 혼란스러워 모두 8예가 있으며 그중 濁上으로 읽히는 것이 3예 있다. 그런데 동시에 또 淸上의 독음도 있고 그 밖의 5예는 또 전부 注音이 없다. '庖丁解牛'의 '解'는《經典釋文》에서는 注音이 없는데, 王力(1965)는 '佳買切'의 '解'일 것이라고 본다. 반면, 俞敏(1999)은 이것의 의미가 분명 g-음으로 '분해하다'일 것이라고 하였다. 우리는 俞敏의 관점을 접수하고 있는데, 하나는 예 (12) "市南宜僚弄丸而**兩家之難解**."와 예 (1) "信不可知, 義無所立, 四方諸侯, **其誰不解體**?" 처럼 '一音蟹'인 예가 있기 때문이고, 다른 하나는 현대한어에서도 현재까지 여전히 '大卸八塊(인체나 사물을 몇 개로 해체하다)'의 말이 남아 있고, 의미는 '~로 하여금 분해되게 하다'이며, 그 독음은 濁聲母이기 때문이다. 만약 그 의미가 '淸聲母上聲'이라면 이러한 濁성모의 독음은 마땅히 없어야 한다. 楊秀芳(2001)은 중고의 '解' 의미에 대해 귀납을 한 결과, 匣母去聲의 '解'의 의미가 '흩어지다, 풀리다(散)'의미임을 얻어내었다.《經典釋文》에서는 注音이 없거나 '又音'으로 이는 곧 육조시기 그 용법의 '解₃'('흩어지게 하다', 즉 사동용법)은 아마도 이미 소실되었기 때문에 注音할 때 확정할 수 없었거나 失注했을 가능성이 있다.

음운의 파생관계로 볼 때, '解'는 淸성모로부터 濁성모가 파생된 것이며, 또 上聲에서 去聲이 파생된 것이다. '解₂'의 淸濁 구별은 '自動'과 '使動'의 차이로 나타난다. 그런데 '解₂'는 '解₁'의 기사식(旣事式)이며 이것이 去聲別義를 통해 구현된 것이다.[85] 즉 완료형 접미사인 *-s가 결합된 형식이다. 한편, '연결(連接)'의미는 '解₁'의 명사화 형식으로, 명사화 접미사 *-s로 구현되었다.

---

85) [역주] 이 '解₂'는 '흩어지다, 풀리다'의 의미로 '풀다'란 동작이 이미 이루어진 것을 나타내며, 이 의미는 '戶賣反'라는 거성의 독음도 포함되어 있다.

3.8.1 '解₂'는 비대격동사이다.

3.8.1.1 최소 구성형식은 'NP V'이고, 'NP'는 직접 내재논항이다.

(1) 吾聞子方之師, **吾形解**而不欲動, 口鉗而不欲言. (《莊子, 田子方》) 내가 자방의 스승에 관한 이야기를 듣고 나자, 내 몸은 해체되어 움직이지 않고, 입은 재갈 물린 것처럼 말이 나오지 않는다.

(2) **天地解**而雷雨作,　雷雨作而百果草木皆甲坼,　解之時大矣哉. (《周易, 解卦, 彖辭》) 천지가 풀려 우레와 폭우가 일어나고, 우레와 폭우가 일어나 백과초목이 모두 싹을 트니 '解'의 때가 크도다.[86]

3.8.1.2 '解₂'와 '解₃'는 自動과 使動의 통사 교체형식을 구성한다.

(1) 動刀甚微, **謋然已解**, 如土委地. (《莊子, 養生主》) 칼의 움직임을 매우 미세하게 하다가 순간 재빠르게 하니 이미 살과 뼈가 분리되어 마치 흙이 땅에 떨어지는 것 같다.[87]

(2) 及入, **宰夫將解黿**, 相視而笑. (《左傳, 宣公, 04, 678》) 들어가자 요리사가 자라를 해체하려고 했고 서로 보고는 미소를 지었다.

3.8.1.3 영주속빈문을 구성할 수 있다.

(1) 信不可知, 義無所立, 四方諸侯, **其誰不解體**? (《左傳, 成公, 08, 837》) 믿음을 알 수 없고, 도의가 설 곳이 없다면 사방 제후가 누구인들 마음이 떠나지 않겠는가?

---

86) 《經典釋文》에서는 "음이 '蟹'이고, 이 이후로 여섯 개의 주가 모두 동일하다."라고 되어 있다(《經典釋文》 "音蟹, 自此盡初六注皆同").

87) 음은 '蟹'이고 아래도 같다(音蟹, 下同).

이 예는 失注이나 아래의 예를 통해 傍證할 수 있다.

(2) 苟無禮義忠信誠慤之心荅之, 雖固結之, **民其不解乎**? (《禮記, 檀弓下》) 진실로 예의와 충신과 성실한 마음이 없이 백성을 대한다면, 비록 굳게 맺더라도 백성들이 풀어지지 않겠습니까?[88)

'解₂'와 '解₃'은 모두 濁성모의 발음인데, 이러한 상황은 앞의 '見', '降'과 동일하지만 '敗'류 동사와는 다르다.

3.8.2 '解₄'는 비대격동사이다.

3.8.2.1 최소 구성형식은 'NP V'이고, 'NP'는 직접 내재논항이다.

(1) **顔淵解**, 故語之而不惰, **餘人不解**, 故有惰語之時. (《論語, 子罕, 注》) 안연이 이해하였기에 논의 된 말을 게을리 하지 않았다. 나머지 사람들은 이해하지 못하였기에 말에 대해 게을리 하는 때가 있다.

(2) 大惑者, **終身不解**, 大愚者, 終身不靈. (《莊子, 天地》 音蟹, 又佳賣反) (크게 미혹된 자는 종신토록 이해하지 못하고, 크게 우매한 자는 종신토록 영명해지지 못한다.

3.8.2.2 '解₄'와 '解₅'는 自動과 使動의 통사 교체형식을 구성하며, 성모의 淸濁교체로 표현된다.

(1) 馬曰: "升我堂矣, 未入於室耳. **門人不解**, 謂孔子言爲賤路, 故**復解之**." (《論語, 先進, 注》) 마융이 말했다. "나의 대청에는 올랐으나 아직 방에는 들어가지 않았을 따름이다. 문인들이 이해하지 못하고 공자가 자로를 천하게 말한 것으로 오해하여 다시 해석해 주었다(이해시켰다)."

---

88) 음은 '佳買反'이고, 전에는 '胡買反'이다(佳買反, 舊胡買反).

비록 '解4'의 사동문 용례가 우리가 뽑은 자료에서는 적지만, 위의 예에서 '解5', '解4'의 淸濁二讀이 사동과 자동의 구별임을 충분히 구현해내고 있다. 이처럼 '解'라는 글자는 두 가지 淸濁別義 현상을 구현하고 있으며, 그 가운데 '解4'는 '敗'그룹의 상황과 동일하나, '解2'는 '見', '降'의 상황과 동일하다. 상고한어의 통사 – 형태 관계를 통해 나타나는 두 가지 淸濁別義 문제는 하편에서 보다 자세히 토론하고자 한다.

제3절 '治'류 동사 – 治, 毀, 張, 沉, 生1

0. 도입

본절에서 토론하는 '治, 毀, 張, 沉, 生1'은 모두 去聲別義와 관련되어 있으며 이는 곧 접미사 *-s와 관련이 있다. 다만 '治, 毀, 張'이 관련된 것은 완료 표지 접미사 *-s이고, '沉, 生1'이 관련된 것은 사동화 접미사 *-s이다. '治'와 '毀' 두 非去聲 동사는 완료 표지 접미사 *-s를 통해서 분사의 형식이 된다. 그런 다음 다시 비대격동사로 고정화되어 근원(根詞) 동사와 더불어 自動과 使動의 교체를 형성하게 되었다. 이러한 완료분사 의미는 이것들이 관형어로 쓰일 때 가장 분명하게 실현된다. 그리고 '沉'과 '生1'은 平聲의 발음이 근원어(根詞)의 형식이고, 사동태 접미사 *-s를 통해서 형성된 去聲의 발음은 使動詞(급물동사)가 된다. 이렇게 하여 평성과 거성의 독음 차이가 자동사와 사동사의 통사 교체 형식을 형성하게 되었다.

한편, '張'은 이와 다르다. 이 역시 완료 표시 접미사 *-s를 통해서 去聲의 비대격동사가 된다. 그러나 自動과 使動의 교체형식은 平聲과 平聲의 '張', 去聲과 去聲의 '張'이 서로 교체되는 것이다. 이것은 분명

동사 자체의 개념구조와 관련이 있다. '張'의 본의는 '활에 현을 매다 (施弓弦)'인데, 이 행위는 동작의 결과와 밀접히 관련이 되어, 활에 줄을 맨 후에 '활이 벌어짐(弓張)'은 자연적인 결과가 된다. 그런데 이에 비해 행위동사 '治'와 '毀'는 그것과 그 결과 간에 이렇게 밀접한 상관성이 없다.

1. 治

'治'는 《說文》에 "물 이름이다. 동래군 곡성현 양구산에서 흘러 내려 남쪽으로 바다로 들어간다(水, 出東萊, 曲城陽丘山南入海)."라고 되어 있는데 이는 물의 이름이다. 《廣韻》에서는 "'直利切'로 '다스리다'이다. 또 '直之切'도 있는데 이는 물의 이름으로, 동래군에서 비롯된다. 이 역시 '다스리다'의미가 있다(直利切, 理也, 又直之切, 水名, 出東萊, 亦理也)."라고 되어 있다. 《群經音辨》에서는 "'治'는 '다스리다'이며 '直基切'이다. '잘 다스려 성공한 것'을 '治'라고 하며 '直吏切'이다 (治, 理也, 直基切. 致理成功曰治, 直吏切)."라고 되어 있다.[89]

'治'는 평성과 거성의 독음이 있는데 《經典釋文》에서는 '治'에 대해 '直吏反'으로 注音한다. 그 재구음는 *l'ɯs이다. 未注音은 如字로 '直之切'이며 재구음가는 *l'ɯ이다.

1.1 去聲 '治'의 통사 기능('다스려지다')

《詩經》, 《左傳》, 《論語》 세 문헌에서 去聲 '直吏反'으로 注音이 된

---

89) [역주] '直之切'이나 '直基切'일 때는 '平聲'이고, '直利切'이나 '直吏切'일 때는 '去聲'이다.

것은 총15곳이다. 그중 동사성 목적어로 충당된 것이 3예, 관형어가 1예이고 그 외 10예는 모두 서술어이다.

1.1.1 관계주주어문

(1) 對曰: "夫子之家事治, 言於晉國無隱情, 其祝史陳信於鬼神無愧辭." (《左傳, 襄公, 27, 1133》) 대답해서 말했다. "부자의 집안일은 잘 다스려졌으며, 진나라에서 말할 때는 숨김없이 하였고, 그 축사가 귀신에게 믿음을 다 하여 부끄러움이 없었다."

(2) 宋襄公卽位, 以公子目夷爲仁, 使爲左師以聽政, 於是宋治. (《左傳, 僖公, 09, 331》) 송양공이 즉위하였는데 공자 목이를 어질다하여 좌사로 삼아 정사를 다스리게 하니 이에 송이 다스려졌다.

1.1.2 관형어로 쓰이는 경우, 이때 하나의 과거분사와 유사하다.

(1) 余, 而所嫁婦人之父也. 爾用先人之治命, 余是以報. (《左傳, 宣公, 15, 764》) 나는 당신이 개가시킨 여자의 아버지요. 당신이 아버지가 정신 맑을 때의 명에 따랐기 때문에 내가 보답을 한 것이오.

1.2 平聲 '治'의 통사 기능('다스리다')

평성 '治'가 구성하는 것은 행위주주어문이다. 《詩經》,《左傳》,《論語》에는 《經典釋文》에 未注音으로 된 '治'가 54곳 있는데, 이것을 두 가지 상황으로 나눠볼 수 있다. 하나는 주술목식이고, 다른 하나는 목적어 생략형(생략 조건에 부합함)이다. 즉, 이를 통해 평성 '治'가 급물동사임을 알 수 있다. 예컨대, 다음과 같다.

(1) 王思子文之治楚國也, 曰: "子文無後, 何以勸善?" 使復其所, 改命曰生. (《左傳, 宣公, 04, 684》) 왕은 자문이 초나라를 다스릴 것을 생각하여 말했다. "자문에게 후사가 없으면 어떻게 그에게 선한 일을 권하겠는가?" 그의 지위를 회복하게 하고 이름을 '生'으로 바꾸었다.

(2) 若治其故, 則王官之邑也, 子安得之? (《左傳, 成公, 11, 824》) 만약 옛일을 따지면, 왕의 속관의 읍이니, 그대는 어찌하겠습니까?

(3) 寡君聞君將治兵於敝邑, 卜之以守龜. (《左傳, 昭公, 05, 1271》) 저희 임금께서는 당신께서 저희나라에서 군대를 쓰실 것이라 들었고 이에 守龜로 점을 치셨습니다.

(4) 鄭伯治與於雍糾之亂者, 九月, 殺公子閼, 刖强鉏. (《左傳, 莊公, 16, 202》) 정여공이 옹규의 난에 가담한 자들을 다스렸다. 9월에 공자 알을 죽이고, 강서에겐 발꿈치 베는 형벌을 내렸다.

(5) 孔子曰: "仲叔圉治賓客, 祝鮀治宗廟, 王孫賈治軍旅, 夫如是, 奚其喪?" (《論語, 憲問》) 공자가 말했다. "仲叔圉가 빈객을 잘 다스리고, 祝鮀가 종묘를 다스리며, 王孫賈가 군사를 맡아 잘 다스려 무릇 이와 같으니 어찌 그 자리를 잃겠는가?"

(6) 於是范宣子卒, 諸侯弗能治也. 及趙文子爲政, 乃卒治之. (《左傳, 襄公, 27, 1125》) 이때 범선자가 죽어서 제후들이 그들을 다스리지 못했다가 조문자가 정사를 돌보자 이에 그들을 다스리게 되었다.

(7) 患之所生, 汚而不治, 難而不守, 所由來也. (《左傳, 昭公, 원년, 1206》) 환란이 생기는 것은 더러운 관리를 다스리지 못해서이고, 어려운데도 관직을 지키지 않는데서 유래하는 것이다.

(8) 若下攝上, 與上攝下, 周旋不動, 以違心目, 其反爲物用也, 何事能治? (《國語, 晉語一》) 만약 아래 발이 위의 손의 일을 섭행하고, 위의 손이 아래 발의 일을 섭행하게 된다면, 이리저리 변화가 자유롭지 못하여 마음과 눈이 하고자 하는 것과 어긋나면서, 도리어 외부 사물에 부림을 당하게 되니, 무슨 일을 능히 다스릴 수 있겠습니까?

(9) 董閼于喟然太息曰: "吾能治矣. 使吾法之無赦, 猶入澗之必死

也, 則人莫之敢犯也, **何爲不治**?"《韓非子, 內儲說上》董閼于는 크게 탄식하며 말했다. "나는 다스릴 수 있게 되었다. 내가 법을 용서하는 일 없이 행사하며, 마치 계곡에 빠지면 반드시 죽는 것처럼 하면, 사람들 중 감히 죄를 범하는 자가 없을 것이니, 어찌 다스려지지 않겠는가?"

1.3 小結

音讀	통사 기능		詩經	左傳	國語	論語	孟子	荀子	韓非子	戰國策	총계
平聲	행위 주주어	有목	0	48	28	3	30	83	113	17	322
		無목	1	4	2	0	0	0	10	1	18
去聲	관계주주어		0	8	5	2	7	42	42	9	115
	관형어		0	1	0	0	0	0	0	0	1
	총계		1	61	35	5	37	125	165	27	456

표 2.10 상고 8부 문헌 '治'의 용례 통계

'治'의 去聲 의미는 '잘 다스려지다'이고, 平聲 의미는 '다스리다'이다. 전자는 후자의 결과로, 음운과 의미로 볼 때, 양자는 분명한 파생관계가 존재한다.

Pulleyblank(2006:30)는 평성 '다스리다'의 의미가 형용사 의미인 '다스려지다'에서 파생되었다고 보고 있다.

周法高(1962)는 '治'의 평성, 거성의 구별을 비기사(非旣事)와 기사(旣事)의 차이로 보았으며, 그가 든 예는 《群經音辨》을 기준으로 하고 있다. 즉, "'治'는 '다스리다'이며 '直基切'이다. '잘 다스려 성공한 것'을 '治'라고 하며 '直吏切'이다(治, 理也, 直基切. 致理成功曰治, 直吏切)."이다. 《禮記, 大學》에는 "옛날의 명덕을 천하에 밝히고자 하는 자

는 먼저 그 집안을 다스렸다(古之欲明明德於天下者, 先治其家)."가
나오고, 여기에 대해《經典釋文》에선 '治'자에 주음이 없다. 또 "집안
이 가지런한 후에야 나라가 다스려지고, 나라가 다스려진 후에야 천하
가 평화롭다(家齊而後國治, 國治而後天下平)."에 대해서는《經典釋
文》卷十四에 "'國治國治' 모두는 거성인 直吏反이며, 아래 모두 동일
하다(國治國治, 並直吏反, 下同)."이라고 하고 있다. 그의 이 관점은
후대의 학자들에 의해 광범위하게 계승되고 있는데, 평성의 '治'는 미
완료 의미를 나타내고 거성의 '治'는 완료 의미를 나타낸다는 것이다.

劉承慧(2006a)는 '治'에 대해 두 가지 가능성을 제시하였다. 하나는
'治'가 원래부터 '행위'와 '상태' 모두를 표시하던 同形異詞였고, 그중
상태동사로부터 바로 使動詞가 분화되었다고 하는 것이다. 다른 하나
는 '治'가 원래는 상태, 使動詞였는데, 使動詞가 쇠퇴해 가능 과정에
있었다는 것이다. 그녀는 이 가운데 두 번째 해석의 가능성이 더 높다
고 보았는데, 왜냐하면 大西克也의 연구를 따를 때,《史記》속의 '治'
가 이미 전형적인 행위동사였기 때문이다. 만약 상태의미의 '治'와 사
동사 혹은 행위를 나타내는 '治' 사이에 音讀의 차이가 있다는 것을
고려한다면, 본문에서는 첫 번째 가능성에 무게를 두고 싶다. 결과상태의
'治'(즉, 去聲)는 平聲의 급물동사 '治'로부터 파생되어 나온 것인데, 그 전에
먼저 완료 표지 접미사 *-s를 통해 하나의 분사 형식을 형성하게 되었다. "완
료는 동사의 일종의 굴절형태이며 파생형태는 아니다. 漢代이후 훈고학
자들의 音注로부터 봤을 때, 이러한 굴절형태는 漢代이후 이미 소실되
었다.《經典釋文》에 보존되어 있는 아주 제한적인 예들은 사실상 모두
단순한 완료의 용법은 아니다. 그보다는 일종의 '분사의 기능'이다."[90]
그런데 이후에 '治'의 분사 기능이 고정화되어 하나의 어휘로 변화하였고,

---

90) 洪波(2008)

형용사로서의 독립적인 어휘적 지위를 얻어 독립적으로 주요 술어동사의 기능도 담당할 수 있게 된 것이다.

《詩經》,《左傳》,《國語》,《論語》에서는 去聲의 '治' 앞에 시간부사가 있는 예가 보이지 않는다. 그러나 '治' 앞에 미래를 표시하는 시간부사 '欲'이 1예 출현하는데, 이것은 《孟子》에서 출현하고 있다. 또 앞에 과거시간을 나타내는 '旣'도 1예 출현하는데, 이것은 《荀子》에서 출현한다. 그 외에 과거시간을 나타내는 '已'도 3예 출현하며 《韓非子》에 출현하고 있다.

(1) 士止於千里之外, 則讒諂面諛之人至矣. 與讒諂面諛之人居, __國欲治__, 可得乎? 《孟子, 告子下》 선비가 천리 밖에 떨어져 있으면, 헐뜯고 아첨하는 인간들만 찾아오게 되니, 헐뜯고 아첨하는 사람들과만 함께 있다면, 나라를 다스리려고 해도 가능하겠는가?

(2) 明德慎罰, __國家旣治__四海平. 《荀子, 成相》 덕을 밝히고 형벌을 신중히 하면, 나라도 잘 다스려지고 세상도 평화로워진다.

(3) 夫是以人主雖不口教百官, 不目索奸邪, 而__國已治__矣. 《韓非子, 奸劫弑臣》 그래서 군주가 직접 벼슬아치를 가르치지 않고, 눈으로 간사한 이를 찾지 않아도, 나라는 다스려지게 된다.

(4) 君夕出令, 明日, 倉不容粟, 府無積錢, 庫不受甲兵, 居五日而__城郭已治__, 守備已具. 君召張孟談而問之曰: "__吾城郭已治__, 守備已具, 錢粟已足, 甲兵有餘, 吾奈無箭何?" 《韓非子, 十過》 그날 저녁 임금이 명령을 내리자, 다음날 창고는 식량을 더 이상 쌓을 수 없을 정도가 되었고, 돈은 더 이상 쌓을 수 없을 정도였으며, 창고에 무기도 더 이상 놓을 수가 없을 정도였다. 오일 만에 성곽이 이미 다 보수가 되었고, 수비도 다 갖추어졌다. 임금이 장맹담을 불러 물었다. "우리 성곽이 이미 다 보수되었고, 수비도 다 갖추어졌으며, 돈과 곡식도 충분하고 무기도 넘쳐난다. 그런데 화살이 없으니 어쩐단 말이오?"

'欲'은 아직 '治'에 도달하지 않은 것을 나타내지만 '旣'와 '已'는 모두 "동사의 앞에 쓰여 동작의 완료를 나타낸다." 그리고 이른바 문말 불변화사인 '矣'는 "동작이 완료가 되어 새로운 상황이 발생되도록 유도한다."는 이러한 내용을 표시한다. 또한 "고한어 시기에 '已'는 점차로 '旣'를 대체하였고 특히나 문장의 주요 술어에서는 더욱 그러하다. 이때 문장의 끝에는 일반적으로 '矣'를 동반한다."[91] 위의 예에 있는 '治'는 모두 절의 주요 술어로, 핵심적인 술어 기능을 담당할 수 없는 분사형식은 아니다.

去聲의 '治'는 비대격동사이다. 의미상, 거성의 '治'는 "잘 다스려지다"로 일종의 결과의미의 형용사이다. 그리고 통사행위상 '비대격동사의 특징'을 보여주는데 아래의 세 가지 특징이 있다.

첫째, 去聲 '治'의 최소 구성 형식은 'NP V'이고, 여기서 'NP'는 직접 내재논항으로 표층 통사에서 문장의 주어가 된다. 예컨대,

(5) 宋襄公卽位, 以公子目夷爲仁, 使爲左師以聽政, 於是**宋治**. (《左傳, 僖公, 09, 331》) 송양공이 즉위하였는데 공자 목이를 어질다하여 좌사로 삼아 정사를 다스리게 하니 이에 송이 다스려졌다.

둘째, 去聲 '治'는 단지 내재논항만 있고, 통사구조상 이 논항은 주어로 실현된다. 그러나 平聲의 '治'는 두 개의 논항이 있다. 즉, 그 가운데 원형적인 행위주 특징으로 편향된 논항이 문장의 주어로 실현되고, 원형적인 피행위주 특징으로 편향된 논항은 목적어로 실현된다. 변형될 때, 이 목적어가 마침 去聲 '治'의 통사상의 주어가 되는 것이다. 그래서 통사상 自動과 使動의 교체 형식을 구성할 수 있는 것이다.

---

91) Pulleyblank(2006:127-130)
예컨대, "年已七十矣." (《孟子》) (나이가 이미 칠십이 되었다)

(6) 治國制刑, 不隱於親. (《左傳, 昭公, 14, 1367》) 나라를 다스림에 형법을 제정하여, 친속을 숨기지 않았다.

(7) 子西長而好善, 立長則順, 建善則治. 王順, 國治, 可不務乎? (《左傳, 昭公, 14, 1474》) 자서는 연장자인데다가 선을 좋아한다. 연장자를 세우면 순리이고, 선한 자를 세우면 다스려진다. 왕이 순리에 맞고, 나라가 다스려지니, 힘쓰지 아니하겠는가?

(8) 古者帝堯之治天下也, 蓋殺一人, 刑二人, 而天下治. (《荀子, 議兵》) 옛날에 요임금이 천하를 다스릴 때, 한 사람을 죽이고 두 사람을 벌주었더니 천하가 다스려졌다.

셋째, 관형어가 될 때는 완료의 의미를 가져서 일종의 과거분사와 유사하다.

(9) 余, 而所嫁婦人之父也. 爾用先人之治命, 余是以報. (《左傳, 宣公, 15, 764》) 나는 당신이 개가시킨 여자의 아버지요. 당신이 아버지가 정신 맑을 때의 명에 따랐기 때문에 내가 보답을 한 것이오.

2. 毁

'毁'는 上聲과 去聲 두 독음이 있다. 그 재구음은 각각 *hmral?, *hmrals이다. 《說文》에서는 "'毁'는 (그릇 등이) '깨지다'이다(毁, 缺也)."로 되어 있다. 《廣韻》에는 "'무너뜨리다, 깨뜨리다, 허물다'는 '許委切'이다. '남자는 8세, 여자는 7세에 이가 빠진다'는 '況僞切'이다(壞也, 破也, 缺也, 虧也, 許委切. 男八歲女七歲而毁齒, 況僞切)."로 되어 있다. 《郡經音辨》에는 "다른 것을 깨는 것을 '毁'라 하고, '許委切'이다. 스스로를 깨는 것을 '毁'라 하며 '況僞切'이다(壞他曰毁, 許委切. 自壞曰毁, 況僞切)."로 되어 있다.[92]

다만 《詩經》,《左傳》,《論語》에서의 '毀'의 전체 용례에 대해 《經典釋文》에서는 注音이 없다. 항시 드는 예로 《周禮, 秋官, 司曆》의 鄭玄의 注에 "'齔'은 이를 가는 것이다. 남자는 8세에, 여자는 7세에 이가 빠진다(齔, 毀齒也. 男八歲女七歲而毀齒)."라고 되어 있다. 이에 대해 《經典釋文》에서는 "'況僞反'으로 아래는 모두 같다(況僞反, 下同)."라고 되어 있다. 본서에서는 다만 의미에 따라 音讀을 나눈다.

2.1 上聲 '毀'의 통사 기능

2.1.1 치사자주어문('허물다, 부수다, 무너뜨리다, 헐뜯다')

《詩經》1예, 《左傳》28예, 《荀子》2예, 《韓非子》14예, 《戰國策》10예가 각각 출현한다.

(1) 鴟鴞鴟鴞, 旣取我子, **無毀我室**. (《詩經, 豳風, 鴟鴞》) 올빼미야, 올빼미야, 이미 내 새끼 잡아먹었으니 우리 집 허물지마라.

(2) **王毀軍**而納少師. (《左傳, 桓公, 06, 110》) 임금은 군대의 진영을 허물고 약한 군사들을 받아들였다.

(3) 鬪穀於菟爲令尹, **自毀其家**, 以紓楚國之難. (《左傳, 莊公, 30, 247》) 자문이 영윤이 되었고, 스스로 집을 헐어 초나라 재정의 어려움을 덜었다.

(4) 若**司馬毀吳舟于淮**, 塞城口而入. 是獨克吳也. (《左傳, 定公, 04, 1543》) 사마가 회수에서 오나라 배를 부수고 성구를 막고 들어가면 이는 혼자서 오나라를 이기는 것이다.

(5) 靈王二十二年, 穀洛鬪, **將毀王宮**. (《國語, 周語下》) 영왕22년에 穀

---

92) [역주] '許委切'은 上聲이고, '況僞切'은 去聲이다.

水와 洛水가 길을 다투어 장차 왕궁을 무너뜨리려고 하였다.

(6) 玉帛酒食, 猶糞土也, 愛糞土以**毀**三常, 失位而闕聚, 是之不難, 無乃不可乎? (《國語, 晉語四》) 구슬과 비단, 술과 음식은 썩은 흙과 같거늘, 썩은 흙을 아껴서 세 가지 떳떳한 것을 해친다면 지위도 잃고 재물과 백성도 손실될 것이다. 이를 재난으로 보지 않는 것은 옳지 않을 것입니다.

(7) 吾之於人也, **誰毀誰譽**? (《論語, 衛靈公》) 내가 다른 사람을 대함에 누구를 헐뜯고 누구를 칭찬하리오?

(8) **叔孫武叔毀仲尼**. (《論語, 子張》) 숙손무숙이 공자를 헐뜯었다.

(9) 王梁造父者, 天下之善馭者也, 不能以辟馬**毀**輿致遠. (《荀子, 正論》) 왕량과 조보가 천하의 말 잘 다루는 사람들인데, 말을 절름발이로 하고, 수레를 망가뜨려서는 멀리 갈 수 없다.[93]

(10) 妬功**毀賢**, 下斂黨與上蔽匿. (《荀子, 成相》) 공로가 있는 자를 시기하고, 현명한 이를 헐뜯고, 아래로는 붕당을 만들고 위로는 가리고 숨긴다.

(11) 喜則譽小人, 賢不肖俱賞, 怒則**毀君子**, 使伯夷與盜跖俱辱, 故臣有叛主. (《韓非子, 用人》) 기쁘면 소인을 칭찬하고 어진 이와 불초한 이를 함께 상주고, 화나면 군자를 헐뜯고, 백이와 도척을 함께 욕보였다. 그러므로 신하가 임금을 반역하는 일이 있다.

(12) 妻子因**毀新**, 令如故褲. (《韓非子, 外儲說左上》) 아내는 그래서 새 옷을 해지게 해서 헌 옷처럼 만들었다.

(13) 王若負人徒之衆, 材兵甲之强, **壹毀魏氏之威**, 而欲以力臣天下之主, 臣恐有後患. (《戰國策, 秦四》) 임금께서 만약 이 진나라의 많은 백성과 재물, 갑병의 강함을 의지해 전에 한 번에 위나라를 물리쳤던 위세를 믿고 천하의 제후를 모두 힘으로 신하 삼고자 하신다면 신은 그 후환이 두렵습니다.

---

93) [역주] 여기서 필자는 이 문장을 치사자주어문으로 보고 있으나 '辟馬毀輿'를 '절름발이 말과 망가진 수레'로 하여 일종의 관형어로 해석할 수도 있다.

(14) **夏侯章每言未嘗不毀孟嘗君也**. (《戰國策, 齊三》) 하후장은 매번 말할 때마다 맹상군을 헐뜯는 것이 아님이 없다.

(15) **是王以楚毀齊也**. (《戰國策, 魏二》) 이는 왕께서 초나라로 제나라를 훼손시키는 겁니다.

'毀'의 주어는 행위주에 국한되지 않고 사건이나 도구일 수도 있다.

(16) 衛孫蒯田于曹隧, 飲馬于重丘, **毀其瓶**. (《左傳, 襄公, 17, 1030》) 위나라 손괴가 조수에서 사냥하고 중구에서 말을 물을 먹여 그 물병을 깨뜨렸다.

(17) 禮, **無毀人以自成也**. (《左傳, 昭公, 12, 1332》) 예로써는 남을 헐뜯어 자신을 이루는 것이 아니다.

2.1.2 범위보어로 '於'전치사구를 가진 경우

아래의 예 중, 피동작주는 '而鄉', '北方'의 범위 내에 있으며, 이는 상고시기 급물동사가 가지고 있을 법한 통사구조이기도 하다.

(1) "子産過女, 而命速除, 乃**毀於而鄉**." 子産朝, 過而怒之, 除者南毀. 子産及衝, 使從者止之, 曰: "**毀於北方**." (《左傳, 昭公, 18, 1398》) "자산이 너희 쪽을 지나가다가 빨리 치우라고 명하면 너희 쪽에서 허물어라." 자산이 조회하러 지나가면서 보고는 노했다. 치우는 자들이 남쪽을 헐었다. 자산이 교차로에 이르러 종자들에게 멈추게 하고는 "북쪽을 허물어라"라고 시켰다.

2.1.3 '可毀'구조. 단지 1예만 출현한다.

(1) 無以爲也, 仲尼不**可毀**也. (《論語, 子張》) 그러지 말라, 공자는 헐뜯을 수 없다.

2.2 去聲 '毁'의 통사 기능

2.2.1 관계주주어문('허물어지다, 훼손되다, 깨지다, 망하다')

《左傳》[94]1예, 《國語》1예, 《論語》1예, 《荀子》4예, 《韓非子》3예, 《戰國策》3예 출현하고 있다.

(1) **盈必毁**, 天之道也. (《左傳, 哀公, 11, 1665》) 차면 반드시 허물어지는 것이 바로 하늘의 도이다.

(2) 吾聞**王室之禮無毁折**, 今此何禮也? (《國語, 周語中》) 내 듣기에 왕실의 예가 아직 훼손되지 않았다고 하는데 지금 이 예는 무슨 예입니까?

(3) 虎兕出於柙, **龜玉毁於櫝中**, 是誰之過與? (《論語, 季氏》) 호랑이와 외뿔소가 우리를 나오고, 거북껍질과 옥이 함에서 깨지면 이는 누구의 잘못인가?

(4) 聲, 則非雅聲者擧廢, 色, 則凡非舊文者擧息, 械用, 則**凡非舊器者擧毁**, 夫是之謂復古, 是王者之制也. (《荀子, 王制》) 음악은 바르지 않은 것은 모두 폐지하고, 색은 옛날에 본받은 것이 아닌 것은 모두 중지시키고, 사용하는 기물은 옛 기물이 아니면 모두 폐기한다. 무릇 이러한 것을 복고라고 하니 이는 왕자의 제도이다.

(5) **兵革器械者, 彼將日日暴露毁折之中原**, 我將修飾之, 拊循之, 掩蓋之於府庫. (《荀子, 王制》) (폭군의) 병기와 갑옷 등은 매일같이 들판에서 드러내고 훼손되지만, 나는 그것들을 잘 수선하고 거두어 창고에 보관해둔다.

(6) 百乘之家, 有爭臣二人, 則**宗廟不毁**. (《荀子, 子道》) 백승의 나라에

---

94) 《左傳》중 2예의 '너무 슬퍼하여 몸이 야위고 수척해짐(毁瘠)' 의미의 '毁'는 통계에 넣지 않았다. 예컨대, "秋九月癸巳, 卒, 毁也." (《襄公, 31, 1185》) 杜預注: "過哀毁瘠, 以致滅性." (가을 9월 계사일에 죽었는데, 수척해서였다.) (두예주에는 "너무 슬퍼 수척해져서 목숨을 잃기에 이른 것이다."라고 되어 있다.)

바른 말로 간하는 신하가 둘 있으면 종묘는 허물어지지 않는다.

(7) 行義示則主威分, 慈仁聽則**法制毀**. 《《韓非子, 八經》》 군주의 의로운
행동이 빈번하면 군주의 위엄이 신하에게 나눠지고, 군자가 인자한 마
음으로 정치를 하면 법제가 파괴된다.

(8) 仁人者公財損也, 君子者民難使也, 有行者**法制毀**也. 《《韓非子, 八
說》》 인인은 공공의 재산을 낭비하고, 군자는 백성이 부리기 힘들고,
유행은 법제가 깨뜨려지는 것이다.

(9) 朝廷之事, **小者不毀**, 效功取官爵, 廷雖有辟言, 不得以相干也,
是謂以數治. 《《韓非子, 飭令》》 조정의 일은 작은 거라 해도 훼손되지
않으며. 공이 있어야 관작이 주어지게 되므로 비록 조정에 말을 꺼리
는 이가 있을지라도 공 없이는 상을 받지 못한다. 이것을 법술로 세상
을 다스리는 것이라고 한다.

(10) 蚤知之士, **名成而不毀**, 故稱於後世. 《《戰國策, 燕二》》 선각의 선비는
이름이 이루어진 후에 허물어지지 않으므로 후세에 칭송된다.

(11) 君不如使周最陰合於趙以備秦, 則**不毀**. 《《戰國策, 西周》》 그러니 임
금께서는 주최를 몰래 조에 보내 연합을 하여 진에 대비함만 못하니
그러면 아마 무너지지 않을 겁니다.

《荀子》에 있는 1예는 '於'로 행위주를 나타내고 있다.

(12) **閔王毀於五國**, 桓公劫於魯莊, 無它故焉, 非其道而慮之以王也.
《《荀子, 王制》》 제나라 민왕은 다섯 나라에 망하고, 제나라 환공은 노나
라 장공에게 협박당했는데, 그것은 바로 바르지 않은 도로 왕이 되려
생각했기 때문이다.

2.2.2 관형어로 쓰이는 것

'완료'의 의미를 갖는다. 《戰國策》1예, 《韓非子》1예.

(1) 宋之富賈有監止子者, 與人爭買百金之璞玉, 因佯失而毀之, 負其百金, 而**理其毀瑕**, 得千溢焉. (《韓非子, 說林》) 송나라의 부유한 상인인 감지자란 자가 있는데, 다른 이와 백금의 옥을 사려고 다투다가 거짓으로 실수한 척하며 옥을 훼손했다. 백금을 물어주고는 그 훼손된 하자를 보수하여 천일에 팔게 되었다.

(2) 有**覆巢毀卵**, 而鳳凰不翔, 刳胎焚夭, 而騏驎不至. (《戰國策, 趙四》) 새둥지를 뒤집고 알을 깨뜨리자(뒤집힌 둥지와 깨진 알이 있다면) 봉황이 날아오르지 않았고, 짐승의 태를 가르고 새끼를 죽이자 기린이 오지 않았다.

2.3 소결

音讀	통사 기능		詩經	左傳	國語	論語	孟子	荀子	韓非子	戰國策	총계
上聲	행위주 주어	피동작주 목적어	1	20	0	0	0	2	14	9	46
		목적어 생략	0	8	0	0	0	0	0	1	9
		범위보어	0	2	0	0	0	0	0	0	2
	可V		0	0	0	1	0	0	0	0	1
去聲	관계주 주어	단순	0	1	1	1	0	4	3	3	13
		於 +행위주	0	0	0	0	0	1	0	0	1
	관형어		0	0	0	0	0	0	1	1	2
총계			1	31	1	2	0	7	18	14	74

표 2.11 상고 8부 문헌 '毀'의 용례 통계

'毀'의 去聲과 上聲 간에는 기사식(既事式)과 비기사식(非既事式)의 관계가 존재한다. 去聲은 上聲의 완료 형식이며 굴절접사 *-s로 이루어진다. 이것은 '治'의 파생방향 및 기원과 동일하다. 그리고 **완료 분**

사가 어휘화된 이후, 去聲 '毁' 역시 하나의 비대격동사가 되는데 이것은 아래와 같은 특징으로 표현된다.

첫째, 최소 구성 형식은 'NP V'이며, 이때의 'NP'는 'V'의 직접 내재 논항이다.

(1) 虎兕出於柙, **龜玉毁於櫝中**, 是誰之過與? (《論語, 季氏》) 호랑이와 외뿔소가 우리를 나오고, 거북껍질과 옥이 함에서 깨지면 이는 누구의 잘못인가?

둘째, 自動과 使動의 교체형식이 존재하며, 사동문의 '毁'는 上聲으로 읽힌다.

(2) 今王妬**楚之不毁**也, 而忘**毁楚之强魏**也. (《戰國策, 秦四》) 지금 왕께서는 초나라가 무너지지 않는 것만을 질투하시는데, 초를 무너뜨림으로써 위를 강하게 할 수 있음을 잊으셨습니다.

셋째, 관형어로 쓰일 때, 완료의 의미가 있으며 이는 과거분사와 유사하다.

(3) 宋之富賈有監止子者, 與人爭買百金之璞玉, 因佯失而毁之, 負其百金, 而**理其毁瑕**, 得千溢焉. (《韓非子, 說林》) 송나라의 부유한 상인인 감지자란 자가 있는데, 다른 이와 백금의 옥을 사려고 다투다가 거짓으로 실수한 척하며 옥을 훼손했다. 백금을 물어주고는 그 훼손된 하자를 보수하여 천일에 팔게 되었다.

3. 張

'張'은 平聲과 去聲 兩讀으로 재구음은 각각 *taŋ, *taŋs이다.

'張'은《說文》에 "활에 현을 매다(施弓弦也)."로 되어 있다.《廣韻》에서는 "'펼치다, 베풀다'로 '陟良切'이다. '느슨해지다'로 '知亮切'이다(施也. 陟良切. 張施, 知亮切)."로 되어 있으며 또《廣韻》에 "'늘어나다, 부풀다, 가득 차다'로 '知亮切'이다(脹, 滿, 知亮切)."로 되어 있다.[95]

'張'은 '벌리다(張開), 확대하다(張大)'의 의미이며, 또 '휘장' 즉 '帳'을 가리키기도 한다. 어떤 때는 또 '배가 부르다(腹滿)', 즉 '脹'을 가리키기도 한다. '張', '帳', '脹'은 동족어로 상고 문헌에서는 모두 '張'을 그 문자형식으로 하고 있다. 예컨대 다음과 같다.

> (1) 將食, **張**, 如厠, 陷而卒. (《左傳, 成公, 10, 850》) 먹으려고 하는데 배가 불러 변소에 갔다가 빠져서 죽었다.[96]
>
> (2) 居則設**張容**, 負依而坐, 諸侯趨走乎堂下. (《荀子, 正論》) 조정에 있을 때는 장막을 치고 큰 병풍을 두르고 작은 병풍을 등지고 앉게 되고, 제후들은 종종걸음으로 당 아래에서 다닌다.

즉, '脹'과 '帳'은 去聲 '張'의 後起字임을 알 수 있다.

3.1 去聲 '張'의 통사 기능

3.1.1 관계주주어문('자만하다, 거만하다')

> (1) 隨**張**, 必棄小國. (《左傳, 桓公, 06, 110》) 隨나라가 자만하면 반드시 작

---

95) [역주] '陟良切'은 平聲이고, '知亮切'은 去聲이다.

96) 《經典釋文》에는 "'中亮反'으로, '배가 부르다'이다."로 되어 있다(《經典釋文》 "中亮反, 腹滿也.").

은 나라를 깔보게 될 겁니다.[97]

3.1.2 치사자주어문('자만하게 하다')

(1) 少師侈, 請贏師以張之. (《左傳, 桓公, 06, 110》) 소사는 자만에 들뜬 사람이니, 약한 군사를 내세워 저들을 기고만장하게 하십시오.[98]

3.1.3 관형어로 쓰이는 것. 이는 완료의 의미가 있다.

(1) 亂氣狡憤, 陰血周作, 張脈僨興, 外强中乾. (《左傳, 僖公, 15, 355》) 어지러운 기를 빠르게 움직이고, 몸 안의 피가 두루 솟구치고, 팽창된 혈맥이 솟아오르면, 겉은 강한 듯하나 배속은 마릅니다.[99]

3.2 平聲 '張'의 통사 기능

3.2.1 관계주주어문('벌려지다, 펼쳐지다, 발전하다')

《荀子》에 5예 출현한다.

(1) □□□□, 道古賢聖基必張. (《荀子, 成相》) 옛 성현의 길을 따르면 나라의 기틀이 반드시 발전할 것이다.

---

97) 《經典釋文》에는 "'豬亮反'으로 '스스로 거만함'이다. 주는 동일하며, 다른 한 음은 원래와 같다."로 되어 있다(《經典釋文》 "豬亮反, 自侈大也. 注同. 一音如字.").

98) 《經典釋文》에는 注音이 없다. 그런데 楊伯峻注에는 "張 또한 거성으로 읽을 수 있는데 '張之'는 바로 '소사를 기고만장하게 만드는 것'이다."라고 하고 있어 이에 따르면 양백준의 견해가 취할 만하다(《經典釋文》未注音. 楊伯峻注: "張亦可讀去聲, 張之者, 使少師自驕大." 据文意, 楊之見解可取.).

99) 《經典釋文》에는 "中亮反"으로 되어 있다(《經典釋文》 "中亮反").

(2) 笙竽具而不和, **琴瑟張**而不均, 輿藏而馬反, 告不用也. (《荀子, 禮論》) 생황과 우는 갖추나 함께 연주하지 않으며, 금과 슬도 벌여놓으나 함께 연주하지 않으며, 수레는 묻지만 말은 되돌아오니, 이는 모두 쓰지 못함을 말하는 것이다.

(3) 是故**質的張**, 而弓矢至焉. 林木茂, 而斧斤至焉. 樹成蔭, 而衆鳥息焉. (《荀子, 勸學》) 그러므로 과녁이 세워져야(펼쳐져야) 화살이 꽂히게 되고, 나무가 무성해야 도끼질도 할 수 있으며, 그늘이 짙어야 새가 날아든다.

(4) 若夫招近募選, 隆埶詐, 尙功利之兵, 則勝不勝無常, **代翕代張**, 代存代亡, 相爲雌雄耳矣. (《荀子, 議兵》) 군사들을 모으고 용사들을 모집해서 권세와 속임수를 존중하고, 공로와 이익을 숭상하는 군대는 승리와 승리하지 못함이 일정치 않아 줄었다가 늘었다를 번걸아 하고, 또 존속과 망함을 반복하니 서로가 자웅을 겨룰 따름이다.

3.2.2 치사자주어문('펼치다, 벌리다')

3.2.2.1 피동작주 목적어를 갖는 경우

《詩經》에 3예, 《左傳》에 6예, 《荀子》에 5예, 《韓非子》에 7예, 《戰國策》에 4예 출현한다.

(1) **旣張我弓**, 旣挾我矢. (《詩經, 小雅, 吉日》) 내 활을 당겨 내 화살을 끼워서

(2) **我張吾三軍**而被吾甲兵, 以武臨之, 彼則懼而協以謀我, 故難間也. (《左傳, 桓公, 06, 110》) 우리가 우리 삼군을 펼쳐놓고, 우리의 갑옷과 무기로 무장시켜, 무력으로 저들을 대했기에, 저들은 두려워서 협력하여 우리를 대하도록 모의하니 이간질하기가 어렵다.

(3) 曰: "合謀也." "**張幕矣**." (《左傳, 成公, 16, 884》) 말했다. "모여서 계책

을 세웁니다." "장막을 칩니다."

(4) **張武軍於熒庭**, 郫郜, 少水, 以報平陰之役, 乃還. (《左傳, 襄公, 23, 1077》) 형정에서 무군을 쌓고(무군을 펼치고), 비소를 지켰으며, 소수에서 봉분을 쌓아 평음의 전역을 보복하고 이에 돌아갔다.

(5) **張法**而度之, 則晻然若合符節, 是大儒者也. (《荀子, 儒效》) 법을 펼쳐놓고 헤아려 보면, 마치 부절을 합친 듯 맞아떨어지는데, 이것이 바로 대유이다.

(6) 非貴我名聲也, 非美我德行也, 用貧求富, 用飢求飽, 虛腹**張口**, 來歸我食. (《荀子, 議兵》) 우리의 명성을 존귀하게 여기지 않고, 우리의 덕행을 칭찬하지 않으나, 가난으로 부유함을 찾고, 배고픔으로 배부름을 찾으니, 허기진 배로 입을 벌리고 나의 것을 먹으러 돌아온다면

(7) **善張網者**引其綱, 若一一攝萬目而後得則是勞而難, 引其綱而魚已**囊矣**. (《韓非子, 外儲說右下》) 그물을 잘 치는 사람은 그물의 벼리를 끌어당긴다. 그물의 그 많은 눈을 다 당겨 얻으려 한다면 이는 힘만 들고 어려운 일이다. 그런데 벼리를 당기면 물고기는 이미 그 안에 있을 것이다.

(8) 譬之如**張羅**者, 張於無鳥之所, 則終日無所得矣. 張於多鳥處, 則又駭鳥矣. 必張於有鳥無鳥之際, 然後能多得鳥矣. (《戰國策, 東周》) 그물 치는 자에 비유할 수 있다. 새가 없는 곳에 그물을 치면 종일토록 얻는 것이 없다. 새가 많은 곳에 그물을 치면 새만 놀라게 하고 만다. 반드시 새가 있는 듯, 없는 듯한 곳에 그물을 쳐야 새를 많이 잡을 수 있다.

3.2.2.2 목적어 생략. 뒤에 전치사 '於'가 있는 범위보어를 갖는다.

《左傳》에 2예, 《荀子》에 2예, 《戰國策》에 4예 출현한다.

(1) 子産命**外僕速張於除**, 子大叔止之, 使待明白. 及夕, 子産聞其未

張也, 使速往, 乃無所張矣. (《左傳, 昭公, 13, 1357》) 자산이 외복을 시켜 속히 회맹하는 곳에 장막을 치게 했고, 자태숙은 그것을 막아서 다음날까지 기다리게 하였다. 저녁까지도 자산은 아직 장막을 다 치지 못했다는 말을 들었고, 얼른 가보게 했는데 이에 장막 칠 곳이 없어졌다.[100]

(2) 譬之如張羅者, **張於無鳥之所**, 則終日無所得矣. **張於多鳥處**, 則又駭鳥矣. 必**張於有鳥無鳥之際**, 然後能多得鳥矣. (《戰國策, 東周》) 그물 치는 자에 비유할 수 있다. 새가 없는 곳에 그물을 치면 종일토록 얻는 것이 없다. 새가 많은 곳에 그물을 치면 새만 놀라게 하고 만다. 반드시 새가 있는 듯, 없는 듯한 곳에 그물을 쳐야 새를 많이 잡을 수 있다.

(3) 於是出而爲之**張於朝**, 百姓皆見之, 三日而後更葬. (《戰國策, 魏二》) 이에 관을 꺼내어 거기에 장막을 치고는 백성들에게 보게 했으며 사흘 후에 다시 장례를 치렀다.

아래 2예 '張'의 音讀은 약간 다른 의견이 존재하는데, 본문에서는 平聲 '張'의 使動用法으로 본다. 그 이유는 문맥에 근거해 볼 때, 이곳의 '張'은 '~로 하여금 가득 차게 하다'가 아니라 '확장하다'의 의미로 봐야 하기 때문이다.

(4) 對曰: "**臣欲張公室也**." 子韓晳曰: "**家臣而欲張公室**, 罪莫大焉." (《左傳, 昭公, 14, 1364》) 대답했다. "신은 공실을 확장하려고 했습니다." 자한석이 말했다. "가신이면서 공실을 확장하려고 했으니 죄는 이보다 큰 게 없다."

(5) 公孫歸父以襄仲之立公也, 有寵, 欲去三桓, 以**張公室**. (《左傳, 宣公, 18, 778》) 공손귀보는 양중이 공을 세웠다하여 총애를 받아 삼환을 제거하고 공실을 확장하려고 하였다.[101]

---

100) 楊伯峻注에 "張은 군대 장막을 치는 것이다(張, 張幄幕)."라고 되어 있다.

3.3 소결

音讀	의미	통사 기능		詩經	左傳	國語	論語	孟子	荀子	韓非子	戰國策	총계
去聲	배가 차다	관계주주어		0	1	0	0	0	0	0	0	1
	자만하다	관계주주어		0	1	0	0	0	0	0	0	1
		치사자주어		0	1	0	0	0	0	0	0	1
	관형어			0	1	0	0	0	0	0	0	1
平聲	벌리다		관계주주어	0	0	0	0	1	5	0	0	6
		치사자주어	피동작주 목적어	3	5	0	0	0	5	7	4	24
			목적어 생략	0	2	0	0	0	0	0	4	6
총계				3	11	0	0	1	10	7	8	40

표 2.12 상고 8부 문헌 '張'의 용례 통계

平聲 '張'은 비대격동사의 통사 행위를 갖추고 있으며, 아래와 같이 표현된다.

첫째, 최소 구성 형식은 'NP V'이며 이때 'NP'는 직접 내재논항이다. 또한 그 자체로 의미가 충분히 만족된다.

둘째, 自動과 使動의 교체형식이 존재하며, 그것의 사동문 속 '張'은 平聲이다. 예컨대,

(1) **弓矢斯張**, 干戈戚揚, 爰方啓行. (《詩經, 大雅, 公劉》) 활과 화살이 이에 벌려지니 이를 메고, 방패, 창, 도끼 들고 비로소 길 떠난다.

(2) **既張我弓**, 既挾我矢. (《經, 小雅, 吉日》) 내 활을 당겨 내 화살을 끼워서

---

101)《經典釋文》에는 "원래의 음이며, 다른 음으로 '陟亮反'이 있다."라고 되어 있다 (《經典釋文》: "如字, 一音陟亮反.").

'자만하다'의미의 去聲 '張' 역시 비대격동사이며 아래와 같이 표현된다.

첫째, 최소 구성 형식은 'NP V'이며 이때 'NP'는 직접 내재논항이다. 또한 그 자체로 의미가 충분히 만족된다.

둘째, 自動과 使動의 교체형식이 존재하며, 그것의 사동문 속 '張'의 音讀 역시 去聲이다.

> (3) 隨張, 必棄小國. (《左傳, 桓公, 06, 110》) 隨나라가 자만하면 반드시 작은 나라를 깔보게 될 겁니다.
>
> (4) 少師侈, 請羸師以張之. (《左傳, 桓公, 06, 110》) 소사는 자만에 들뜬 사람이니, 약한 군사를 내세워 저들을 기고만장하게 하십시오.

이와 동시에 관형어로 쓰일 때, 과거분사와 유사하고 완료의 의미를 갖는다.

'張'의 평성, 거성의 구별은 또한 비기사식(非旣事式)과 기사식(旣事式)의 차이로 볼 수 있으나 '治', '毁'와는 좀 달라 周法高(1962)의 견해와 다름을 알 수 있다. 의미 파생으로 봤을 때, '張'의 去聲은 平聲으로부터 기원한 것이며 이때 굴절 접사인 *-s로 완료 형식을 구성한다. 이 점은 去聲 '張'이 관형어로 쓰일 때 平聲 '張'의 완료형식과 유사하게 나타나는 예를 통해서 증명된다.

> (5) 亂氣狡憤, 陰血周作, 張脈僨興, 外强中乾. (《左傳, 僖公, 15, 355》) 어지러운 기를 빠르게 움직이고, 몸 안의 피가 두루 솟구치고, 팽창된 혈맥이 솟아오르면, 겉은 강한 듯 하나 배속은 마릅니다.

그런데 이러한 완료 의미의 분사 형식은 나중에 어휘화가 발생하여 독립적인 어휘의미를 획득하게 되는데, 이것이 바로 '배가 부르다'의미이다. 아울

러 이 기초 위에 더 나아가 환유가 발생하여 '자만하다' 의미의 '張'이 출현하게 되었다.[102]

平聲과 去聲의 '張'은 모두 비대격동사이다. 이와 교체되는 使動형식에서 '張'의 音讀은 변화가 없다. 이것은 '張' 자체의 어휘개념 구조와 관련이 된다. 즉, '張'의 본의는 '활시위를 매다'인데, 이 행위는 동작 결과와 밀접한 관련이 있다. 활시위를 매면 활은 자연히 벌여지게 되지만 이것은 결코 '활을 일부러 팽팽하게 잡아당기는 것'은 아니다. 단지 활 전체가 벌여져야 활시위가 팽팽해지는 정도에 이르게 되기 때문에, 기사식도 바로 이러한 의미에서 말한 것이다. 그러므로 去聲 '張'은 平聲 '張'의 완료 형식 의미이며, 이것이 어휘화한 이후에는 또 하나의 전형적인 상태의미 형용사가 된다. 이에 통사 使動을 통해 이와 대응하는 교체형식을 형성할 수 있다.

4. 沉(湛, 沈)

《說文》에 "'湛'은 '빠지다'이다(湛, 沒也)."로 되어 있고, 段玉裁注에서 '沉', '湛', '沈' 세 글자의 문자상의 관계를 다음과 같이 언급한 바 있다. "고서의 '浮沉'의 표현에서 글자를 대부분 '湛'으로 썼었다. '湛'과 '沉'은 고금자의 관계이다. '沉'은 또 '沈'의 속자이다(古書浮沉, 字多作湛. 湛沉古今字. 沉又沈之俗也)." 《廣韻》에는 "'沈'은 '빠지다'로 발음이 '直深切'과 '直禁切'이 있다(沈, 沒也, 直深切. 又直禁切)." 라고 되어 있다. 즉, '沉'은 두 독음이 있는데, 평성과 거성으로 구별되며 이것의 재구음은 각각 *l'um, *l'ums이다.[103]

---

102) 바로 이러하기 때문에 의미는 "벌여지다 > 배부르다 > 자만하다"의 순으로 파생이 이루어졌다. '벌여지다'일 때는 평성인데 이렇게 평성의 완료화 형식은 '배부르다'라는 거성의 의미와 유사해지게 되었다.

4.1 平聲 '沈'의 통사 기능

平聲 '沈'이 구성하는 것은 관계주주어문이다('물에 잠기다, 물에 빠지다, 가라앉다'의미). 8부 문헌 중에는 《韓非子》에 3예, 《戰國策》에 3예 출현한다.

(1) 千鈞得船則浮, <u>錙銖失船則沈</u>, 非千鈞輕錙銖重也, 有勢之與無勢也. (《韓非子, 功名》) 천균의 무게도 배에 실으면 뜨지만 치수처럼 가벼운 것도 배가 없으면 가라앉는데, 이는 천균이 가볍고 치수가 무거워서가 아니라, 기댈 세력이 있고 없음의 차이이다.

(2) 夫六晉之時, 知氏最强, 滅范中行而從韓魏之兵以伐趙, 灌以晉水, <u>城之未沈者</u>三板. (《韓非子, 難三》) 진이 여섯으로 나뉘어 있을 때, 지씨가 가장 강해서 범씨와 중행씨를 멸하고 한씨와 위씨의 군사로 조씨를 정벌하였다. 이때 진수에서 물로 진양을 공격하자 성에서 물이 잠기지 않은 게 겨우 삼판 정도였다.

(3) 此十二人者, 或伏死於窟穴, 或槁死於草木, 或飢餓於山谷, <u>或沈溺於水泉</u>. (《韓非子, 說疑》) 이 열두 사람은 혹자는 굴속에서 죽기도 하고, 혹자는 숲 속에서 말라 죽기도 하고, 혹자는 산이나 골짜기에서 굶어죽기도 하고, 혹자는 물에서 빠져 죽기도 했다.

(4) 乘舟, 舟漏而弗塞, 則<u>舟沈矣</u>. (《戰國策, 韓二》) 배에 올라 배가 구멍이 새는데도 막지 않으면 배가 가라앉는다.

(5) 決晉水以灌晉陽, <u>城不沈者</u>三板耳. (《戰國策, 秦四》) 진수를 터서 진양에 물을 대자 성에 잠기지 않은 것이 조금밖에 안되었다.

(6) 知伯從韓魏兵以攻趙, 圍晉陽而水之, <u>城下不沈者</u>三板. (《戰國策, 趙一》) 지백이 한, 위 두 군사를 이끌고 조를 공격하여 진양을 포위하여 수공을 하였다. 그러자 성 아래에 물이 잠기지 않은 게 겨우 삼판 정도였다.

---

103) [역주] 즉, '直深切'은 平聲이고, '直禁切'은 去聲이다.

4.2 去聲 ‘沉’의 통사 기능

去聲 ‘沉’이 구성하는 것은 치사자구어문(‘물에 빠뜨리다’의미)으로 총 10예 출현한다. 그중 《左傳》에 3예, 《國語》에 3예, 《韓非子》에 1예, 《戰國策》에 2예 출현한다. 치사자주어는 대부분 행위주이나 가끔 원인이나 도구인 경우도 있다. 예컨대 아래 예(8)이 그렇다.

(1) 施氏逆諸河, **沈其二子**. (《左傳, 成公, 11, 853》) 시씨가 황하에서 그녀를 맞이하여 두 아들을 빠뜨려 죽였다.[104]

(2) **沉玉**而濟. (《左傳, 襄公, 18, 1036》) 구슬을 가라앉히고 건넜다.[105]

(3) 蔡侯歸, 及漢, **執玉而沈**, 曰: “余所有濟漢而南者, 有若大川!” (《左傳, 定公, 04, 1533》) 채후가 돌아오는 길에 한수에 이르러 옥을 집어 가라앉히고 말했다. “내 한수를 건너 남쪽으로 가는 일이 있으면 이 큰 내처럼 되리라!”[106]

(4) 若以越國之罪爲不可赦也, 將焚宗廟, 係妻孥, **沈金玉於江**, 有帶甲五千人將以致死, 乃必有偶. (《國語, 越語上》) 만일 월나라의 죄를 사면할 수 없다면, 장차 우리나라의 종묘를 불태우고 처자식들을 밧줄로 묶으며 금옥 따위를 모두 강에 던져 가라앉히고, 정예 군사 5천명을 거느리고 목숨을 바쳐 저항하면 반드시 맞먹는 희생이 생깁니다.

(5) 公子曰: “所不與舅氏同心者, 有如河水.” **沈璧以質**. (《國語, 晉語四》) 공자가 말했다. “외삼촌이 당신과 마음을 같이하지 않게 된다면, 황하에 가서 빠져 죽게 될 것입니다.” 그러고는 구슬을 빠뜨려 맹세했다.

---

104) 《經典釋文》에 “‘沉’은 ‘直蔭反’이고 아래 주는 동일하다. 다른 한 음은 원래 발음이다.”라고 나온다(《經典釋文》: “沉, 直蔭反, 注同. 一音如字.”). [역주] ‘蔭’자는 去聲자이다.

105) 《經典釋文》에 “발음이 ‘鴆’이거나 혹은 원래 발음이다.”로 되어 있다(《經典釋文》: “音鴆, 或如字.”). [역주] ‘鴆’자는 去聲자이다.

106) 《經典釋文》에 “발음이 ‘鴆’이다.”라고 나온다(《經典釋文》: “音鴆.”).

(6) 乃走晉陽, 晉師圍而灌之, **沈竈**產蛙, 民無叛意. (《國語, 晉語九》) 이에 진양으로 도망갔다. 진나라 군사들이 포위하여 성안으로 물을 대자 솥을 물에 잠기게 하여 개구리가 나올 정도였고 백성들이 배반할 생각을 하지 않았다.

(7) 溺人者一飲而止則無逆者, 以其不休也, 不如乘之以**沈之**. (《韓非子, 說林下》) 사람을 물에 빠뜨려 죽이려는 자는 한 번 마시게 하고 그치면 죽지 않는다. 그러니 쉬지 않고 마시게 해야 한다. 차라리 이 기회를 타서 완전히 물에 빠뜨리는 게 낫습니다.

(8) 臣聞**積羽沈舟**, 群輕折軸, 重口鑠金, 故願大王之熟計之也. (《戰國策, 魏一》) 제가 듣기에, 가벼운 깃털도 쌓이면 배를 가라앉히고, 가벼운 짐도 모이면 수레의 굴대를 부러뜨리며, 민중이 입을 모아 외치면 쇠도 녹이기까지 한다고 하였습니다. 이러하니 왕께서는 잘 생각하셔야 합니다.

(9) 故吳王夫差不悟先論之可以立功, 故**沈子胥**而不悔. (《戰國策, 燕二》) 그러므로 오왕 부차는 선진들의 말을 들으면 공을 이룬다는 말을 깨닫지 못했기에 오자서를 강에 빠뜨려 죽이고 후회할 줄도 몰랐다.

4.3 소결

의미상으로 볼 때, '침몰'은 일종의 '상태'이다. 즉, '沈'의 내재논항은 필수논항이나 외재논항은 출현하지 않을 수 있는데 다시 말하면 행위주가 출현하지 않을 수 있다는 것이다. 그래서 이것의 최소 구성 형식은 'NP V'이다.

(1) 乘舟, 舟漏而弗塞, 則**舟沉矣**. (《戰國策, 韓二》) 배에 올라 배가 구멍이 새는데도 막지 않으면 배가 가라앉는다.

平聲의 '沉'은 비대격동사이고 去聲의 '沉'은 그것의 사동 형식이다. 이 양자 간에는 의미와 음운상 분명한 파생 관계가 존재한다. 去聲의 '沉'은 使動態 접미사 *-s를 수단으로 형성된 것이다. 그리고 의미와 음운 형식으로 볼 때, 平聲의 '沉'이 당연히 근원어가 되고 去聲의 '沉'은 그것의 파생 형식이 된다. 그러나 상당히 조기의 상고 문헌에서는 '沉'이 自動 통사 구조에 출현하는 것이 발견되지 않고 있고, 《韓非子》에 가서야 비로소 등장하고 있다.

이 둘은 곧 自動과 使動이라는 통사구조를 형성하는 쌍으로, 이때 使動 통사구조 속의 목적어는 自動 통사구조의 주어가 되며, 둘은 동일한 의미역을 맡는다.

(2) 臣聞積羽沈舟, 群輕折軸, 重口鑠金, 故願大王之熟計之也. (《戰國策, 魏一》) 제가 듣기에, 가벼운 깃털도 쌓이면 배를 가라앉히고, 가벼운 짐도 모이면 수레의 굴대를 부러뜨리며, 민중이 입을 모아 외치면 쇠도 녹이기까지 한다고 하였습니다. 이러하니 왕께서는 잘 생각하셔야 합니다.

(3) 乘舟, 舟漏而弗塞, 則舟沉矣. (《戰國策, 韓二》) 배에 올라 배가 구멍이 새는데도 막지 않으면 배가 가라앉는다.

(4) 施氏逆諸河, 沈其二子. (《左傳, 成公, 11, 853》) 시씨가 황하에서 그녀를 맞이하여 두 아들을 빠뜨려 죽였다.

(5) 此十二人者, 或伏死於窟穴, 或槁死於草木, 或飢餓於山谷, 或沉溺於水泉. (《韓非子, 說疑》) 이 열두 사람은 혹자는 굴속에서 죽기도 하고, 혹자는 숲 속에서 말라 죽기도 하고, 혹자는 산이나 골짜기에서 굶어죽기도 하고, 혹자는 물에서 빠져 죽기도 했다.

潘悟雲(1991)에 따르면, 지금의 중국 溫州 방언에서 '沉'의 自動의미는 여전히 평성으로, 使動의미는 거성으로 실현되고 있다고 한다.

5. 生₁

《說文》에 "'生'은 '자라나오다'로 초목이 땅 위에 자라나오는 것을 본뜬 것이다. '所庚切'(生, 進也, 象草木生出土上. 所庚切)."라고 되어 있다. 《廣韻》에 "'生'은 '자라나다'로, '所庚切'이다(生, 長也, 所庚切)."이라 되어 있고, 映韻 아래에는 '所敬切, 又所京切.'이라 되어 있다. 《集韻》에는 "'生'은 '所慶切'로 '낳다'이다(生, 所慶切, 産也)."로 되어 있다. 《群經音辨》에는 "'生'은 '낳다'이고 '所庚切'이다. '자식을 낳는 것'을 '生'이라 한다. '色慶切'이다. 정현에 따르면, 周禮에서 짐승을 담당하는 貉吏가 말하길 '우리에서 새끼를 낳지 않는다.'라고 한다(生, 育也, 所庚切. 謂育子曰生, 色慶切, 鄭康成說'禮'貉吏掌獸謂不生乳於圈檻)."이라 되어 있다. 《左傳, 昭公十一年》에 "의자와 남궁경숙을 낳다(生懿子及南宮敬叔)."이라 되어 있고, 杜預注에 "쌍둥이를 낳은 것 같다(似雙生)."이라 한다. 《經典釋文》에 "이때의 '生'은 원래 발음인데, 혹은 '所敬切'이다(生, 如字, 或所敬切)."이라 되어 있다.[107]

金理新(2006:343)은 "동사 '生'의 경우, 목적어를 갖고 '낳다'의 의미를 나타내는 것은 본래의 음으로 읽든가 혹은 '所敬切'로 읽는데, 이 독음은 일찍이 소실되기 시작했다."고 하는데, 그의 견해가 일리가 있다.

'生'은 《王力古漢語字典》에 7개 의항이 소개되어 있다. 그중 동사 의항은 "식물이 자라나다(植物生長)" 한 조목이다. 여기서 파생이 되어 '낳다(生育)'가 나왔고, 이 외에 또 '출현하다, 발생하다'의 의미, '살아 있다'의 의미, '생존하다'의 의미가 파생되어 나왔다. 우리의 연구 목적에 근거할 때, 본 절에서는 주로 '낳다(生育)'의미의 '生'을 토론할 것이며, 이를 '生₁'로 표기한다. 상술된 音讀자료에 따르면, 이 의항의

---

107) [역주] '所庚切'은 平聲의 독음이고, '所敬切', '所慶切'은 去聲의 독음이다.

'生'은 평성과 거성 두 가지 독음이 있으며, 각각 재구음이 *shleeŋ, *srengs이다.

5.1 平聲 '生₁'의 통사 기능

平聲 '生₁'이 구성하는 것은 관계주주어문이다('나오다, 태어나다').

(1) **簡公生五年**, 奉而立之. (《左傳, 襄公, 07, 953》) 간공은 태어난 지 5년
되었는데, 받들어 제위에 앉혔다.

(2) **舜生於諸馮**, 遷於負夏, 卒於鳴條, 東夷之人也. **文王生於岐周**, 卒
於畢郢, 西夷之人也. (《孟子, 離婁下》) 순은 저풍에서 태어나 부하로
이주하였고, 명조에서 죽었으니 그는 동이 사람이다. 문왕은 기주에서
태어나 필영에서 죽었으니 그는 서이 사람이다.

(3) **寡人生於深宮之中**, 長於婦人之手, 寡人未嘗知哀也, 未嘗知憂
也, 未嘗知勞也, 未嘗知懼也, 未嘗知危也. (《荀子, 哀公》) 과인은 깊
은 궁궐에서 태어나 부인들 손에서 자랐기 때문에, 아직 슬픔을 잘 알지
못하고 근심, 고생, 두려움, 위태로움에 대해서도 잘 알지 못합니다.

5.2 去聲 '生₁'의 통사 기능

去聲 '生₁'이 구성하는 것은 치사자구어문이다('낳다').

(1) **父兮生我**, 母兮鞠我. (《詩經, 小雅, 蓼莪》) 아버지는 날 낳으시고, 어머
니는 날 기르시니)

(2) **父能生之**, 不能養之, 母能食之, 不能敎誨之, 君者, 已能食之矣,
又善敎誨之者也. (《荀子, 禮論》) 아버지는 낳을 수 있어도 기를 수 없
고, 어머니는 먹일 수는 있어도 가르칠 수 없다. 임금은 잘 먹일 수

있고 또 잘 가르칠 수 있는 사람이다.

(3) **天生烝民**, 其命匪諶. (《詩經, 大雅, 蕩》) 하늘이 백성을 낳았어도 그 명을 믿지 못한다.

(4) 維岳降神, **生甫及申**. (《詩經, 大雅, 崧高》) 산악이 신을 내려 보와 신을 낳았다.

이상의 예들로 볼 때, '生育'의미의 '生'은 그 주어가 여성이기도 하고 남성이기도 하며, 심지어 '天', '神'이기도 하여 사실상 치사자주어가 된다.

5.3 소결

성조	통사	詩經	左傳	國語	論語	孟子	荀子	韓非子	戰國策	총계
平聲	관계주주어	9	13	7	1	4	2	5	2	43
去聲	치사자주어	17	98	19	1	4	7	0	6	152
	총계	26	111	26	2	8	9	5	8	195

표 2.13 상고 8부 문헌 '生₁'의 용례 통계

'生₁'의 통사행위로 보건대, 平聲의 '生₁'은 비대격동사이다. 이는 아래와 같이 나타난다.

우선, 최소 구성 형식은 'NP V'이며, NP가 직접 내재논항이다. 또한 그 자체로 의미가 충분히 만족된다. 그 다음, 去聲의 '生₁'과 自動, 使動의 교체 형식을 형성한다. 전자의 주어는 후자의 목적어이며, 양자가 담당하는 의미역은 동일하다.

(1) 初, 鄭武公娶於申, 曰武姜, **生莊公及共叔段**. 莊公寤生, 驚姜氏, 故名曰寤生, 遂惡之. (《左傳, 隱公, 원년, 10》) 처음에 정나라 무공은 신나라에서 아내를 맞았는데 이름이 무강이다. 장공과 공숙단을 낳았는데, 장공이 난산으로 태어나 강씨를 놀라게 하여 이름을 '오생'이라 하였고 어미는 그를 미워하였다.

(2) 初, 晉穆侯之夫人姜氏以條之役**生太子**, 命之曰仇. **其弟以千畝之戰生**, 命之曰成師. (《左傳, 桓公, 02, 91》) 처음에 진목후의 부인 강씨는 條의 전쟁에서 태자를 낳았는데, 이름을 仇라고 하였다. 그의 아우는 천무의 전쟁 때 태어났으므로 이름을 성사라 하였다.

(3) 於是**知朔生盈**而死, **盈生六年**而武子卒, 庀裘亦幼, 皆未可立也. (《左傳, 襄公, 14, 1016》) 이때 지삭이 영을 낳고 죽었는데, 영이 태어난 지 6년 만에 무자가 죽었으며, 체구 또한 어려서 세울 수 없었다.

　'生₁'의 平聲과 去聲의 차이는 파생 관계에서 분명히 나타난다. 즉, 후자는 사동 접사인 *-s를 통해 형성된 것이다.

제**4**절 '傷'류 동사 - 傷, 破, 止, 開/啓, 死

0. 도입

　'傷', '破', '止', '開/啓', '死' 등의 동사들은 淸濁別義 또는 去聲別義 현상이 존재하지 않는다. 그렇지만 이들 역시 전형적인 상태의미 동사로 다른 언어에서는 항상 전형적인 비대격동사로 취급되는 것들이다. '死'가 그와 갈래가 다른 사동사인 '殺'이 존재하는 것 외에, 이 유형의 동사들은 自動과 使動의 구별이 주로 통사적 운용으로 이루어진다. '통사 사동'은 先秦시기에 매우 강한 유추 작용을 갖고 있었는데, 심지어 '死'조차도 통사 사동을 통해 형성된 사동문의 예가 소수 존재할 정도이다. 한편, '傷'이 보여주는 영주속빈 구조는 이 구조에서의 비대격동사의 면모를 충분히 보여주고 있다. 그리고 '開/啓'의 自動文과 使動文의 교체는 의미의 제약을 받는데, 이를 통해 비대격동사가 자동/사동의 통사 교체에 있어서 일일이 대응하는 것은 아니라는 점을 알 수 있다. 이는 곧 비대격동사의 복잡성을 반영하고 있다.

1. 傷

《說文》에는 "'傷'은 '상처'이다(傷, 創也)."로 되어 있고, 《廣韻》에는 "'傷'은 '상하게 하다'로, '式羊切'이다(傷, 傷損, 式羊切)"라고 되어 있다.

1.1 '傷'의 통사 기능

1.1.1 관계주주어문('다치다'의미)

단순 자동문. 《詩經》에 1예, 《左傳》에 12예, 《國語》에 8예, 《荀子》에 3예, 《韓非子》에 10예, 《戰國策》에 9예 출현한다.

(1) 苕之華, 芸其黃矣. 心之憂矣, <u>維其傷矣</u>. (《詩經, 小雅, 苕之華》) 초지 화꽃 노랗게 피었구나. 마음속의 근심이 있어 그것이 아프구나.

(2) <u>欒魴傷</u>, 欒盈奔曲沃. (《左傳, 襄公, 23, 1076》) 난방은 상처를 입었고, 난영은 곡옥으로 도망갔다.

(3) <u>子晳傷</u>而歸, 告大夫曰: "我好見之, 不知其有異志也, <u>故傷</u>." (《左傳, 昭公, 원년, 1212》) 자석이 부상을 당해서 돌아와 대부에게 말했다. "나는 그를 잘 만나려 했는데, 그가 다른 뜻이 있었는지를 몰라 부상

을 당했다.”

(4) 若跣不視地, **厥足用傷**. (《國語, 楚語上》) 맨발로 걸으면서 땅을 보지 않으면 그 발이 상하게 된다.[108]

(5) **性傷**謂之病. (《荀子, 正名》) 성이 다친 것을 병이라 한다.

(6) 牛馬俱死, 而不能成其功, **王之國必傷矣**! (《戰國策, 魏一》) 소와 말이 다 죽으면 그 공을 이룰 수가 없고, 대왕의 나라는 반드시 다치게 됩니다!

(7) 故王不如順天下, 遂伐齊, 與魏便地, **兵不傷**, 交不變, 所欲必得矣. (《戰國策, 魏四》) 대왕께서는 차라리 천하의 순리를 따라 제를 정벌한 후 그 토지를 위에게 주십시오. 그러면 병사들도 다치지 않고, 교역도 변함이 없고, 원하는 바를 반드시 얻으실 겁니다.

1.1.2 영주속빈문

《左傳》에 5예,《韓非子》에 3예 출현한다.

(1) 公懼, 墜於車. **傷足**, 喪屨. (《左傳, 莊公, 08, 175》) 공이 두려워 수레에서 떨어지자 발을 다치고 신발도 잃어버렸다.

(2) 旣陳而後擊之, 宋師敗績. **公傷股**. (《左傳, 僖公, 22, 397》) 이미 대열을 갖춘 후에 공격하자 송의 군대는 대패했고, 양공은 넓적다리를 다쳤다.

(3) 靈姑浮以戈擊闔閭, **闔閭傷將指**, 取其一屨還. (《左傳, 定公, 14, 1596》) 이때 영고부가 창으로 합려를 찔렀고 합려는 큰 발가락에 상처를 입었다. 그리고 영고부는 합려의 신발 한 짝을 얻었다.

(4) 宋人大敗, **公傷股**, 三日而死, 此乃慕自親仁義之禍. (《韓非子, 外儲說左上》) 송나라 사람들은 대패하였고, 양공은 다리를 다쳐 사흘 뒤

---

108) [역주] '跣'은 '맨발로 돌아다니다'의 의미이다.

에 죽었다. 이는 곧 군주가 인의를 행하기를 흠모하여 다친 화이다.

(5) 夫沐者有棄髮, <u>除者傷血肉</u>, 爲人見其難, 因釋其業, 是無術之事
也. (《韓非子, 八說》) 머리를 감으면 머리카락이 빠지게 되고, 병을 고
치려는 자는 자신의 피와 살을 상하기 마련이다. 사람을 다스림에 그
어려움을 보고 이에 그 일을 버리는 것은 지혜롭지 않은 일이다.

(6) 昔者楚共王與晉厲公戰於鄢陵, 楚師敗, <u>而共王傷其目</u>. (《韓非子,
十過》) 옛날에 초공왕이 진여공과 언능에서 싸웠다. 그때 초나라 군대
가 패하고, 공왕은 눈을 다쳤다.

어떤 경우, 屬語명사 앞에 전치사 '於'가 있을 수 있는데, 《左傳》에
1예 출현한다.

(7) <u>魏犨傷於胸</u>. 公欲殺之, 而愛其才. (《左傳, 僖公, 28, 454》) 위주가 가
슴에 상처를 입었다. 공이 그를 죽이려 했으나 그의 재주를 아꼈다.

1.1.3 "于/於+행위주" 구조('~에게 다치다'의미)

전치사 '於'는 심층의 치사자를 이끌고 있다. 《左傳》에 2예, 《荀子》
에 1예, 《戰國策》에 1예 출현한다.

(1) 夏五月, 宋襄公卒, <u>傷於泓故</u>也. (《左傳, 僖公, 23, 402》) 여름 5월에
송양공이 죽었는데, 홍수에 입은 부상 때문이다.

(2) <u>郤克傷於矢</u>, 流血及屨, 未絕鼓音. (《左傳, 成公, 02, 791》) 극극은 화
살에 맞아 다쳐 피가 신발까지 흘렀으나 북소리를 끊지 않았다.

(3) 故<u>傷於濕</u>而痺, 痺而擊鼓烹豚, 則必有蔽鼓喪豚之費矣, 而未有
兪疾之福也. (《荀子, 解蔽》) 그러므로 습한 것으로 인해 상하여 저릴
수 있다. 저린데 북을 치며 돼지를 삶으면 반드시 북을 해지게 하고
돼지를 상하게 할 뿐이며 병이 낫지는 않는다.

1.1.4 치사자주어문('다치게 하다' 의미)

치사자 논항은 도구, 사건, 행위주 등일 수 있다.

(1) 國人望君如望慈父母焉, <u>盜賊之矢若傷君</u>, 是絶民望也, 若之何
不冑? (《左傳, 哀公, 16, 1703》) 국인들이 그대 보기를 자상한 부모 보듯
이 하는데, 도적이 만약 그대를 상하게 하기라도 한다면 백성들을 절
망하게 하는 것이니 어찌 투구를 쓰지 않겠는가?

(2) 是以帶甲萬人事君也, <u>無乃卽傷君王之所愛乎</u>? (《國語, 越語上》) 이
는 정예 군사 만 명으로 임금을 섬기는 셈이니 임금께서 사랑하는 이
들을 상하게 하는 일이 아니겠습니까?

(3) 可以取, 可以無取, 取, **傷廉**, 可以與, 可以無與, 與, **傷惠**, 可以
死, 可以無死, 死, **傷勇**. (《孟子, 離婁下》) 취할 수도 있고 취하지 않을
수도 있는데 취하면 청렴을 상하게 하고, 줄 수도 있고 주지 않을 수도
있는데 주면 은혜를 상하게 한다. 죽을 수 있으나 죽지 않아도 되는
경우 죽으면 용기를 상하게 한다.

(4) **楛耕傷稼**, 耘耨失歲, 政險失民. (《荀子, 天論》) 함부로 경작해 농작
물을 상하게 하고, 함부로 김을 매어 수확을 줄이게 하고, 정치는 험난
하여 민심을 잃는다.

(5) 昔關龍逢說桀而**傷其四肢**, 王子比干諫紂而剖其心, 子胥忠直夫
差而誅於屬鏤. (《韓非子, 人主》) 옛날에 관용봉이 걸왕을 설득하려다
가 그 사지를 다쳤고, 왕자 비간이 주왕에게 간하다가 그 심장이 도려
졌으며, 오자서가 부차에게 충직하게 간하다가 자살을 강요당했다.

(6) 夫惜草茅者耗禾穗, **惠盜賊者傷良民**. (《韓非子, 難二》) 잡초를 불쌍
하다 여기면 벼를 방해할 것이요, 도둑에게 은혜를 베풀면 양민을 해
치게 된다.

(7) 齊魏雖勁, <u>無秦不能傷趙</u>. (《戰國策, 趙三》) 제, 위가 비록 강하지만 진
의 도움이 없으면 우리를 다치게 못한다.

(8) 足下不聽臣者, 人必有言臣不信, **傷臣於王者**. 《戰國策, 燕一》 임금께서 신의 말을 듣지 않는 것은 어떤 이가 필시 신이 미덥지 못하다 얘기하여 임금께 신을 상하게 했기 때문입니다.

(9) 周㝡善齊, 翟强善楚. 二子者, 欲**傷張儀於魏**. 《戰國策, 魏四》 주최는 제와 가까웠고, 적강은 초와 가까웠다. 이 둘은 장의를 위에서 쫓아내려고 벼르고 있었다.

(10) 今使臣受大王之令以還報, 敝邑之君, 畏懼不敢不行, **無乃傷葉陽君, 涇陽君之心乎**? 《戰國策, 趙四》 지금 제가 대왕의 명을 받들고, 돌아가서 보고하면 저희 임금은 두려워 감히 실행하지 않을 수 없습니다. 그러면 섭양군과 경양군의 마음을 상하게 하지 않겠습니까?

《荀子》에는 또 뒤에 '범위보어'를 가진 것이 2예 출현한다.

(11) 所謂賢人者, 行中規繩而**不傷於本**, 言足法於天下而**不傷於身**. 《荀子, 哀公》 이른바 현인이란 자는 행동이 규범에 맞아 근본을 상하게 하지 않고, 말은 천하에 법도로 삼을 만해 그 자신을 상하게 하지 않는다.

1.1.5 "見V" 구조. 《荀子》에 1예 출현한다.

(1) 凡人之動也, 爲賞慶爲之, 則**見害傷焉止矣**. 《荀子, 議兵》 모든 사람들의 행동이 상을 받기 위한 것이라면, 손해를 당하면 그칠 것이다.

1.1.6 "爲V" 구조. 《韓非子》에 1예 출현한다.

(1) 彼若有時反國而起兵, 卽恐**爲曹傷**. 《韓非子, 十過》 그가 만약 자신의 나라로 돌아갈 기회가 생긴다면 군사를 일으킬 것이고, 그러면 조나라가 상할까 두렵습니다.

1.2 소결

통사 기능		詩經	左傳	國語	論語	孟子	荀子	韓非子	戰國策	총계
관계주어	단순자동	1	13	8	0	0	3	10	9	44
	'於'+속빈	0	1	0	0	0	0	0	0	1
	영주속빈	0	5	0	0	0	0	3	0	8
	于/於+ 치사자	0	2	0	0	0	1	0	1	4
치사자주어		2	10	3	2	6	29	33	30	115
범위보어 있음		0	0	0	0	0	2	0	0	2
"見V"		0	0	0	0	0	1	0	0	1
"爲V"		0	0	0	0	0	0	1	0	1
총계		3	31	11	2	6	36	47	40	176

표 2.14 상고 8부 문헌 '傷' 용례 통계

'傷'은 전형적인 상태동사로 '다치지 않음'에서 '다침'으로의 상태변화를 나타낸다. 이것은 단지 내재논항만 있기 때문에 **전형적인 비대격동사**이다. '傷'의 통사 표현으로부터 상고한어의 비대격동사의 특징에 아래와 같은 것이 있음을 알 수가 있다.

먼저, 최소 구성 형식이 'NP V'인데, NP는 동사 '傷'의 직접 내재논항이며, 심층 의미상의 피동작주이다. 이에 대응하는 '사동 교체형식'이 존재한다.

(1) 奸起則上侵弱君, 禍至則**民人多傷**. 然則可欲之類, 上侵弱君而 **下傷人民**. (《韓非子, 解老》) 간사함이 일어나면 위로는 약한 군주를 침범하고, 화가 이르면 백성들이 다치게 된다. 그런 즉 욕심을 내는 일은 위로 약한 임금을 침범하고 아래로 백성을 상하게 하는 것이다.

이러한 使動은 바로 '통사 사동'을 통해 형성된 것이다. 따라서 '傷' 또한 전형적인 급물동사의 통사 특징을 보여주는데, 그로 인해 "爲V"나 "見 V"의 구조에 사용되기도 한다.

내재논항이 양도할 수 없는 領屬구조일 경우, 세 가지 통사구조가 가능하다. 하나는 領語가 주어이고, 屬語가 여전히 목적어 위치에 있는 경우이다(A). 두 번째는 領語가 주어가 되고, 屬語는 앞에 전치사 '於'를 사용하는 보어가 되는 경우이다(B). 세 번째는 전체 영속구조가 주어가 되는 경우이다(C).

(2) 旣陳而後擊之, 宋師敗績. **公傷股**. (《左傳, 僖公, 22, 397》) 이미 대열을 갖춘 후에 공격하자 송의 군대는 대패했고, 양공은 넓적다리를 다쳤다. (A)

(3) **魏犨傷於胸**. 公欲殺之, 而愛其才. (《左傳, 僖公, 28, 454》) 위주가 가슴에 상처를 입었다. 공이 그를 죽이려 했으나 그의 재주를 아꼈다. (B)

(4) 三年春王正月, **郊牛之口傷**, 改卜牛. (《左傳, 宣公, 03, 666》) 3년 봄 정월에, 교사에 쓸 소의 입이 상하여 점칠 소를 바꾸었다. (C)

(5) 若跣不視地, **厥足用傷**. (《國語, 楚語上》) 맨발로 걸으면서 땅을 보지 않으면 그 발이 상하게 된다. (C)

(6) 欒書從之, 大敗楚師, **王親面傷**, 則雍子之爲也. (《國語, 楚語上》) 난서가 이 말을 따라 초나라 군사를 대패시켰고, 공왕은 친히 얼굴까지 다쳤으니 이는 옹자가 한 일입니다. (C)

이것은 특히 《韓非子》에 출현하는 "동일 사건의 주요 동사가 '傷'인 세 가지 통사 구조"를 통해서 아주 분명하게 나타나고 있다.

(7) 昔者楚共王與晉厲公戰於鄢陵, 楚師敗, 而**共王傷其目**. (《韓非子,

十過》) 옛날에 초공왕이 진여공과 언능에서 싸웠다. 그때 초나라 군대가 패하고, 공왕은 눈을 다쳤다. (A)

(8) 今日之戰, **寡人目親傷**, 所恃者司馬, 司馬又如此, 是亡荊國之社稷而不恤吾衆也, 寡人無與復戰矣. (《韓非子, 飾邪》) 오늘의 전투에서 나의 눈은 부상을 입었고, 믿을 사람은 사마뿐이다. 그런데 사마 역시 이와 같으니, 이는 아예 초나라가 사직을 잊어버리고 백성들을 사랑하지 않는 것이다. 나는 더 이상 전쟁할 방법이 없다. (C)

(9) 今日之戰, **不谷親傷**, 所恃者司馬也. (《韓非子, 十過》) 오늘의 전투에서 나는 다쳤으니 믿을 사람을 사마뿐이다. (비영주속빈문)

한편, 영속구조 자체가 사동문의 목적어가 되기도 한다.

(10) 鄧舒爲政而殺之, 又**傷潞子之目**. (《左傳, 宣公, 15, 762》) 풍서가 위정자가 되어 그를 죽이고, 또 노자의 눈을 다치게 했다.

張猛(2004)는 '傷'을 대표로 하여 '다의미 동사의 의미와 통사 간의 대응 관계'에 대해 토론한 바 있고, 이를 통해 그는 동사 의항의 판단 규칙을 찾았다. 그가 제시한 '傷'의 세 가지의항은 "① 부상을 당하다(受傷), ② 다치게 하다(傷害), ③ 괴롭다(難受)"이다. 이중, '부상을 당하다'와 '다치게 하다' 두 의항은 '傷'이 비대격동사로 사용됨으로써 나타난 자동과 사동의 교체 현상이 불러온 의항 대립이다. 그리고 이 동사 뒤에 나오는 전치사 '於'의 각종 용법은 비대격동사의 통사틀에서 자주 보이는 것들이다. 한편, '傷'의 영주속빈 용례가 비교적 많이 나타나는데, 이는 상고한어 문헌 속의 관련 현상을 이해하는데 있어서 매우 유용하다.

2. 破

《說文》에서는 "'破'는 '돌이 깨지는 것'이다(破, 石碎也)."라고 되어 있고, 《廣韻》에서는 "'破'는 '깨뜨려 부서지다'로, '普過切'이다(破, 破壞. 普過切)."로 되어 있다.

2.1 '破'의 통사 기능

2.1.1 관계주주어문('깨지다'의미)

(1) 鳥焉, 名曰蒙鳩, 以羽爲巢, 而編之以髮, 繫之葦苕, 風至苕折, **卵破**子死. (《荀子, 勸學》) 새가 있는데 이름이 몽구이다. 깃털로 둥지를 만들고 머리터럭을 엮어 갈대에 매단다. 바람에 갈대가 꺾어지고, 알이 깨져 새끼가 죽다.

(2) **轂已破碎**, 乃大其輻. (《荀子, 法行》) 수레는 이미 부서지고, 바퀴만 크다.

(3) **四擬者破**, 則上無意, 下無怪也. **四擬不破**, 則隕身滅國矣. (《韓非子, 說疑》) 이 이상한 네 가지가 없어지면, 위에 있는 이도 걱정이 없고, 아래 있는 이도 괴이쩍게 생각지 않는다. 이 이상한 네 가지가 없어지지 않으면, 군주는 죽고 나라는 망할 것이다.

(4) **雖身死家破**, 要領不屬, 手足異處, 不難爲也. (《韓非子, 說疑》) 비록 자신이 죽고 집이 망하고, 목과 허리가 동강나고, 수족이 따로 떨어져 나가도 이것을 아랑곳하지 않는다.

(5) 夫玉生于山, **制則破焉**, 非弗寶貴矣, 然夫璞不完. (《戰國策, 齊四》) 옥은 산에서 난다. 그런데 이것을 가공하려면 옥은 깨져야 한다. 그 깨진 옥이 귀한 것이 아닌 것은 아니나, 그 질박함은 전처럼 완벽하지 못하다.

(6) **宋破**, 晉國危, 安邑王之有也. (《戰國策, 秦一》) 송나라가 망하면 진

나라가 위태로워지니, 그러면 안읍은 대왕의 소유입니다.

(7) 今攻梁, **梁必破**, 破則周危, 君不若止之. (《戰國策, 西周》) 지금 양을 공격하고 있는데, 양나라는 반드시 무너질 겁니다. 양이 무너지면 주나라가 위태로우니, 임금께서는 저지시켜야 합니다.

(8) 諸侯見齊之罷露, 君臣之不親, 舉兵而伐之, 主辱**軍破**, 爲天下笑. (《戰國策, 齊六》) 제후들이 제나라가 피로해지고 군신 간에 친하지 않은 것을 보고는 거병을 하여 정벌하였습니다. 주군이 욕을 당하고 군대가 깨져 천하의 웃음거리가 되었습니다.

2.1.2 영주속빈문

(1) 聞於諸侯也, **趙氏破膽**, 荊人狐疑, 必有忠計. (《韓非子, 存韓》) 제후에게 알려지면 조나라는 놀라 쩔쩔맬 것이며, 초나라는 기존의 방식에 의심을 품고 반드시 중립을 지킬 것입니다.[109]

(2) 是不勝黃城, **破心**而走, 歸, 恐不免於罪矣! (《戰國策, 趙二》) 외황성을 이기지 못하면, 군사들은 그 사기가 망가져서 도망갈 것이고, 돌아가면 죄를 면키 어려울 것입니다.

(3) 今王**破卒散兵**, 以奉騎射, 臣恐其攻獲之利, 不如所失之費也. (《戰國策, 趙二》) 지금 대왕께서는 병사들의 편제를 망가뜨려 기사병을 만들고 계시니, 신은 이렇게 하여 얻은 이익이 잃을 손해보다 못할 것이라 생각됩니다.

2.1.3 "於+치사자" 구조. 1예 출현하며, 대구로 나타난다.

(1) 夫破人之與**破於人**也, 臣人之與臣於人也, 豈可同日而言之哉!

---

109) [역주] '破膽'은 곧 "놀라서 자신의 담을 망가뜨리다."의 의미이며, 이후 하나의 단어가 되었다.

《《戰國策, 趙二》） 이렇게 남을 격파하는 것과 남에게 격파당하는 것, 남을 신하로 삼는 것과 남의 신하가 되는 것을 어찌 하루에 다 말할 수 있겠습니까!

2.1.4 관형어로 쓰여, '완료' 혹은 '피동'의 의미를 갖는다.

(1) 人主不除此五蠹之民, 不養耿介之士, 則海內雖有**破亡之國**, 削滅之朝, 亦勿怪矣. 《《韓非子, 五蠹》） 군주가 이 다섯 부류의 좀벌레 같은 자들을 제거하지 않고 정도를 지키는 선비를 부양하지 않는다면, 천하에 패망하는 나라, 멸망하는 왕조가 끊이지 않는 것은 당연한 일이다.

(2) 故**破國亡主**以聽言談者之浮說. 《《韓非子, 五蠹》） 그러므로 망한 나라, 망한 군주로써 언담자의 뜬소리를 듣다.

(3) 燕昭王收**破燕**後卽位, 卑身厚幣, 以招賢者, 欲將以報仇. 《《戰國策, 燕一》） 연소왕이 망한 연을 수습한 후 즉위하자 몸을 낮추고 남에게 후하게 대접하여 어진 이를 모집하고는 이로써 원수를 갚고자 하였다.

(4) **破國**不可復完, 死卒不可復生. 《《戰國策, 中山》） 망한 나라는 복원하기 어렵고, 죽은 병사는 되살리기 어렵다.

(5) 臣以五里之城, 七里之郭, **破亡餘卒**, 破萬乘之燕, 復齊墟. 《《戰國策, 齊六》） 저는 오리의 성과 칠리의 곽, 그리고 패망한 남은 병졸을 이끌고, 만승의 연을 깨뜨리고 제나라의 폐허를 회복하였습니다.

(6) 收**破齊**, 罷楚, 弊魏, 不可知之趙, 欲以窮秦折韓, 臣以爲至誤. 《《戰國策, 趙二》） 망한 제와, 피폐해진 초, 위, 그리고 언제 망할지 모르는 조를 수습해 진을 궁하게 하고 한을 꺾으려 하니 신은 지극히 잘못이라 여깁니다.

(7) 趙以亡敗之餘衆, **收破軍之敝守**, 而秦罷於邯鄲之下, 趙守而不可拔者, 以攻難而守者易也. 《《戰國策, 趙三》） 조나라는 패망한 나머지 무리를 이끌고 망한 군대를 수습하여 지키고 있으나 진은 한단 아

래에서 고초를 겪었습니다. 조가 잘 막고 넘어뜨릴 수 없는 것은 공격은 어렵고 수비가 쉽기 때문입니다.

2.1.5 치사자구어문('깨뜨리다'의미)

(1) **旣破我斧**, 又缺我斨. (《詩經, 豳風, 破斧》) 이미 내 도끼를 부수고, 또 내 도끼를 부쉈으니

(2) 故强, 南足以**破楚**, 西足以詘秦, 北足以敗燕, 中足以擧宋. (《荀子. 王制》) 그러므로 강할 때는 남쪽으로 초를 쳐부술 수가 있었고, 서쪽으로는 진을 굴복시킬 수가 있었으며, 북쪽으로는 연을 패배시킬 수 있었고, 중앙의 송나라를 정복할 수가 있었다.

(3) **大王以詔破之**, 拔武安. (《韓非子, 初見秦》) 대왕께서는 이것을 격파하고 무안을 공략하셨다.

2.1.6 "可V" 구조. 《戰國策》에 2예 출현한다.

(1) 趙魏相弊, 而齊秦應楚, 則**魏可破**也. (《韓非子, 楚一》) 조와 위가 모두 피폐해지게 되어, 제와 진이 우리 초를 편들게 되면, 위는 깨뜨릴 만 합니다.

(2) 趙若許, 約楚魏, 宋盡力, 四國攻之, **齊可大破也**. (《戰國策, 燕二》) 조나라가 만약 허락을 하고, 초, 위와 맹약을 하고, 송이 힘을 다하여 네 나라가 공격을 한다면, 제나라는 크게 깰 수 있다.

2.1.7 "見V" 구조. 《戰國策》에 1예 출현한다.

(1) **今見破於秦**, 西面而事之, 見臣於秦. (《戰國策, 趙二》) 지금 제후들은 진에게 격파당해, 서쪽으로 진을 섬기고, 진에 의해 신을 강요당하고 있다.

2.2 소결

기본 의미로 볼 때, '破'는 하나의 상태동사이고, 단지 하나의 내재논항만을 갖는다. 이것이 나타내는 비대격동사로서의 통사 특징은 다음과 같다.

먼저, 그것이 구성하는 최소 형식은 'NP V'이과 NP는 동사의 직접적인 내재논항이다.

(1) 轂已破碎, 乃大其輻. (《荀子, 法行》) 수레는 이미 부서지고, 바퀴만 크다.

(2) 王必不得媾, **軍必破矣**, 天下之賀戰勝者皆在秦矣. (《戰國策, 趙三》) 왕께서는 강화에 성공하지 못할 것이고 군대는 반드시 패할 것입니다. 그리고 천하의 전승을 축하하는 제후들이 모두 진에 있을 것입니다.

그리고 통사적 사동을 통해 자동과 사동 구조의 대구를 형성하게 된다.

(3) 靖郭君大怒曰: "刜而類, **破吾家**. 苟可慊齊貌辨者, 吾無辭爲之." (《戰國策, 齊一》) 그러자 정곽군이 대노하여 말했다. "너희들을 다 없애고 우리 집을 깨뜨리는 한이 있어도, 구차하게 제모변을 싫어하는 자들에 대해 나는 그 어떤 일에도 사양하지 않겠다."

(4) **雖身死家破**, 要領不屬, 手足異處, 不難爲也. (《韓非子, 說疑》) 비록 자신이 죽고 집이 망하고, 목과 허리가 동강나고, 수족이 따로 떨어져 나가도 이것을 아랑곳하지 않는다.

(5) 臣昧死願望見大王言所以**破天下之從**, 擧趙、亡韓, 臣荊、魏, 親齊、燕, 以成霸王之名, 朝四鄰諸侯之道. 大王誠聽其說, 一擧而**天下之從不破**, 趙不擧, 韓不亡, 荊、魏不臣, 齊、燕不親, 霸王之名不成, 四鄰諸侯不朝, 大王斬臣以徇國, 以爲王謀不忠者也. (《韓非子, 初見秦》) 제가 감히 죽음을 무릅쓰고 대왕을 뵙고 간하고자 하는 것은, 천하 열국 동맹을 격파하고, 조를 탈취하고 한을 멸망시키고, 초

와 위를 신하로 삼고, 제와 연은 잠시 친하여 패왕의 이름을 이루어 이
웃 제후들을 내조하게 하는 길입니다. 대왕께서 이 말을 듣고도 일거에
천하의 연맹을 깨지 못하고, 조를 얻지 못하고 한을 멸망시키지 못하
고, 초와 위를 신하삼지 못하고, 제, 연과 친하지 못하여 패왕의 이름이
이루어지지 못함으로써 사방 제후를 조회케 하지 못한다면, 신을 죽이
십시오. 신이 대왕을 위해 일을 함에 불충했기 때문일 것입니다.

(6) **破齊定封**, 而秦晉皆重君. 若**齊不破**, 呂禮復用, 子必大窮矣. (《戰
國策, 秦三》) 이것은 당신이 제나라를 깨뜨려 봉읍을 얻고, 진과 진 두
나라가 당신을 중히 여기게 하는 계책입니다. 만일 제가 격파되지 않
고 여례가 다시 기용되면, 당신은 반드시 난처해 질 것입니다.

한편, 형용사화하여 관형어로 쓰일 때는 '완료'나 '피동'의 의미를 갖
는다. 그리고 영주속빈 구조를 구성한다.

통사기능	詩經	左傳	國語	論語	孟子	荀子	韓非子	戰國策	총계
관계주주어문	0	0	0	0	0	2	8	30	40
영주속빈	0	0	0	0	0	0	1	2	3
於+행위주	0	0	0	0	0	0	0	1	1
관형어	0	0	0	0	0	0	2	7	9
치사자주어문	3	1	0	0	0	1	21	81	107
可V	0	0	0	0	0	0	0	2	2
見V	0	0	0	0	0	0	0	1	1
총계	3	1	0	0	0	3	32	124	163

표 2.15 상고 8부 문헌 '破'의 용례 통계

3. 止

《說文》에서는 "이것은 아래의 기초이다. 초목이 자라나서 그 아래

뿌리라는 기초가 있는 것을 본뜬 것이고, 이에 '止'로 발을 나타내기도 한다(下基也, 象草木有址, 故以止爲足)."이라 되어 있다.[110]

《廣韻》에서는 "'멈추다, 발, 쉬다, 기다리다, 머물다'의 의미이며, '諸市切'이다(停也. 足也. 禮也. 息也. 待也. 留也. 諸市切)."라고 되어 있다.

《王力古漢語字典》에는 "① 서식하다, 거주하다(栖息, 居住). 여기서 파생되어 '머무르다, 만류하다(留, 留住)'의미가 됨. ② 멈추다(停止), ③ 행동거지(容止)."의 세 가지 의미가 나온다.

'止'의 동사 의항은 사실상 둘로 나눌 수 있는데, 하나는 '멈추다(停止)'이고 다른 하나는 '멈추게 하다(使……停止)'이다.

3.1 '멈추다'의미 '止'의 통사 기능

3.1.1 관계주주어문

(1) 謗言乃止. (《左傳, 昭公, 27, 1488》) 비방이 이에 그쳤다.

(2) 薪不盡, 則火不止. (《戰國策, 魏三》) 땔나무가 소진될 때까지 불은 멈추지 않는다.

(3) 公怒, 乃止. (《左傳, 隱公, 05, 47》) 공이 노하여 이에 그만두었다.

(4) 子玉收其卒而止, 故不敗. (《左傳, 僖公, 28, 462》) 자옥이 병사를 거두어 멈추었기에 패하지 않았다.

(5) 楚衆欲止, 子玉不肯, 至於城濮, 果戰, 楚衆大敗. (《國語, 晉語四》) 초나라 군대가 멈추려 하였는데, 자옥이 좋아하지 않았다. 성복에 가서 결국 전투를 하여 초나라가 대패하였다.

---

110) [역주] '止'는 갑골문이나 금문에서 사람의 '발'을 본뜬 것으로 나온다. 즉, 이것의 본의는 '발'이다. 여기서부터 '멈추다' 등의 동작이 파생된 것으로 보인다.

(6) 壅離其水也, 而人竊金不止. (《韓非子, 內儲說上》) 시체가 냇물을 메웠는데도 사람들은 금을 훔치는 일이 멈추지 않았다.

(7) 孟子自齊葬於魯, 反於齊, 止於嬴. (《孟子, 公孫丑下》) 맹자가 제나라에서 노나라로 와서 장례를 치르고 제로 돌아오다가 영땅에 머물렀다.

(8) 海鳥曰"爰居." 止於魯東門之外三日, 臧文仲使國人祭之. (《國語, 魯語上》) 바다 새인 '원거'가 노나라 동문 밖에서 사흘 간 앉아 있었는데, 장문중이 국인을 보내 제사 지내게 했다.

(9) 有鳥止南方之阜, 三年不翅不飛不鳴, 嘿然無聲, 此爲何名? (《韓非子, 喩老》) 새 한 마리가 남쪽 언덕에 멈춰서서 삼년 동안 날개짓도 안하고 날지도 않고 울지도 않고 소리도 안 내고 가만히 있는데, 이 새는 이름이 무엇입니까?

3.1.2 '於'나 '乎'로 치사자 논항을 나타내다.

(1) 亦不克救, 遂止於秦. (《國語, 晉語三》) 또한 구하지 못해 마침내 진나라에 붙잡혔다.

(2) 語曰: "流丸止於甌臾, 流言止於知者." (《荀子, 大略》) 속담에 이르길, "흘러간 탄환은 움푹한 구덩이에 멈추고, 근거 없는 말은 지혜 있는 사람에 의해 멈춰진다."고 하였다.

(3) 郊止乎天子, 而社止於諸侯, 道及士大夫, 所以別尊者事尊, 卑者事卑, 宜大者巨, 宜小者小也. (《荀子, 禮論》) 교제는 천자에만 그치고, 땅에 지내는 사제는 제후에만 그치고, 선조에 대한 도리는 사대부까지 이른다. 이로써 존귀한 이는 존귀한 이를 섬기고, 비천한 자는 비천한 이를 섬기고, 마땅히 크게 할 것을 크게 하고, 작게 할 것을 작게 하도록 구별하였다.

3.2 '멈추게 하다'의미 '止'의 통사 기능

3.2.1 치사자주어문

(1) <u>止鄭一卿</u>, 以除其偪, 使睦而疾楚, 以固於晉, 焉用之? (《左傳, 襄公, 13, 1003》) 정나라의 한 경인 양소를 억류해서 이러면 정나라로서는 핍박받는 이를 없애주는 결과가 되어, 서로 화목해져서 초나라를 미워함으로써 진나라와는 더욱 공고해졌으니, 이 사람을 붙잡아 두어 무엇에 쓰겠습니까?

(2) 晉侯之立也, 公不朝焉, 又不使大夫聘, <u>晉人止公於會</u>. (《左傳, 宣公, 07, 692》) 진후가 즉위함에 공이 조현하지 않았으며, 또한 대부도 조빙을 보내지 않았으니, 진나라 사람들이 공을 회합에서 억류하였다.

(3) 蔡侯曰: "吾姨也." <u>止而見之</u>, 弗賓. (《左傳, 莊公, 10, 184》) 채후가 "나의 처제로다."라고 말했다. 머무르게 하여 그를 만났으나 예로 대하지 않았다.

(4) <u>止子路宿</u>, 殺雞為黍而食之, 見其二子焉. (《論語, 微子》) 노인은 자로를 붙잡아 자기 집에 묵게 하고, 닭을 잡고 기장밥을 지어서 자로를 먹이고, 자신의 두 아들에게 자로를 뵙게 했다.

3.2.2 '可V' 구조

동사의 내재논항이 주어가 될 경우, '可', '能' 등의 구조를 형성할 수 있다. 《左傳》에 2예, 《國語》에 1예, 《戰國策》에 1예 출현한다.

(1) 政亡, 則國家從之, <u>弗可止也已</u>. (《左傳, 成公, 2, 789》) 정치가 망하면 나라가 그것을 따를 것이니, 그리되는 것을 막을 수 없다.

(2) <u>網不能止</u>, 繳不能絓也, 蕩而失水, 螻蟻得意焉. (《韓非子, 說林下》) 대어는 그물로도 잡을 수 없고, 작살로도 잡을 수 없지만, 뛰어 올라 물을 벗어나게 되면, 개미라도 제 맘대로 할 수 있지요.

(3) **網不能止**, 鉤不能牽也, 蕩而失水, 螻蟻得意焉. (《戰國策, 齊一》) 대
　　어는 그물로도 잡을 수 없고, 낚시로도 잡을 수 없지만, 뛰어 올라 물
　　을 벗어나게 되면, 개미라도 제 맘대로 할 수 있지요.

3.3 소결

의미	통사	詩經	左傳	國語	論語	孟子	荀子	韓非子	戰國策	총계
멈추다	관계주주어	18	66	19	7	10	28	55	29	232
	於+치사자	0	0	1	0	0	0	3	0	4
	乎+치사자	0	0	0	0	0	0	1	0	1
멈추게 하다	치사자주어	1	78	12	1	3	12	21	22	150
	可V	0	1	0	0	0	0	0	0	1
	能V	0	0	0	0	0	0	1	1	2
총계		19	145	32	8	13	40	81	52	390

표 2.16 상고 8부 문헌 '止'의 용례 통계

　'멈추다'의미의 '止'는 비대격동사이며 이것의 최소 구성 형식은 'NP V'
이다. 그중 'NP'는 '止'의 직접적인 내재논항이며 심층의미상의 피동작
주이다.

(1) 薪不盡, 則**火不止**. (《戰國策, 魏三》) 땔나무가 소진될 때까지 불은 멈
　　추지 않는다.

　급물동사와 불급물동사의 통사 쌍을 형성할 수 있는데, 이때, 급물동
사의 목적어가 불급물동사의 주어가 된다. 급물동사 '止'의 목적어는
유생명명사일 수도 있고, 무생명명사일 수도 있다.

(2) **文子遽止之**, 曰: "圉豈敢度其私, 訪衛國之難也. **將止**, 魯人以幣

召之, 乃歸." (《左傳, 哀公, 11, 1667》) 문자가 급히 말리면서 말했다. "어가 어찌 감히 사적인 것을 헤아리겠습니까? 찾은 것은 위나라의 난 때문입니다. 멈추려는데, 노나라 사람이 폐백으로 불러 이에 돌아 갔습니다."

여기서 '將止'의 주어는 '之'로, 곧 '仲尼'이다.

(3) 今不知治者, 皆曰: "重刑傷民, **輕刑可以止奸**, 何必於重哉?" (《韓非子, 六反》) 오늘날 정치를 모르는 자들은 모두 말한다. "형을 무겁게 하면 백성을 상하게 하지만 형을 가볍게 해도 악을 멈추게 할 수 있다. 그런데 어찌 반드시 형을 중하게 하는가?"

(4) 是以上設重刑者而**奸盡止**, **奸盡止**則此奚傷於民也? (《韓非子, 六反》) 이로써 위에서 중형을 제정하면 못된 짓은 모두 멈추게 된다. 못된 짓이 다 멈추게 되는데 이 어찌 백성들에게 해가 되겠는가?

(5) 邪人不壽而**盜跖止**, 如此, 故圖不載宰予, 不擧六卿. (《韓非子, 守道》) 간악한 이들은 오래 살지 못하므로 도척도 도둑질을 그만둔다. 이렇게 되면, 재여나 육경의 일을 책에 기록하는 일도 없다.

(6) 立法非所以備曾史也, 所以使**庸主能止盜跖**也. (《韓非子, 守道》) 법을 세우는 것은 曾參이나 史魚같은 이를 대비하기 위함이 아니라 평범한 군주가 도척을 막기 위함이다.

《莊子》에서 '止'가 관형어로 쓰이는 예가 둘 있는데, 모두 '완료'의 의미를 나타낸다.

(7) 鯢桓之審爲淵, **止水**之審爲淵, 流水之審爲淵. (《莊子, 應帝王》) 소용돌이치는 깊은 물도 연못이고, 고여 있는 깊은 물도 연못이고, 흐르는 깊은 물도 연못이다.

(8) 解獸之群, 而鳥皆夜鳴, 災及草木, 禍及**止蟲**. (《莊子, 在宥》) 짐승의 무리는 흩어지고, 새들은 모두 밤을 새워 울게 됩니다. 초목까지 그 재앙이 미치고 벌레에 이르기까지 화가 미치게 됩니다.

4. 開/啓

4.1 '開'의 통사 기능

의미	통사	詩經	左傳	國語	論語	孟子	荀子	韓非子	戰國策	총계
추상적인 열다	능동	2	0	1	0	0	4	4	3	14
	피동	0	0	1	0	0	0	0	0	1
문을 열다	자동	0	1	0	0	0	0	0	1	2
	사동	1	0	0	0	0	0	3	0	4
총계		3	1	2	0	0	4	7	4	21

표 2.17 상고 8부 문헌 '開'의 용례 통계

《說文》에는 "'開'는 '문을 열다'이다(開, 張也)."로 되어 있다.

《廣韻》에는 "'開'는 '분석하다, 구분하다'의 뜻이거나 州의 이름, 姓이기도 하다. '苦哀切'이다(開, 開解, 亦州名. 又姓. 苦哀切)."이라 되어 있다.

《王力古漢語字典》에는 "① '문을 열다(把門打開)', 또는 '열다(打開), 파서 열다(掘開)', 또는 '개척하다(開辟), 확장하다(擴展)', 또는 '분해하다(拆開)' 또는 '개방하다(開放)'. ② 창립하다(開創). ③ 계발하다(啓發). ④ 시작하다(開始). ⑤ 개설, 설치하다(開設, 設置). ⑥ 공개하다(公開). ⑦ 기분전환하다, 없애다(排遣, 解除). ⑧ 넓다(開闊)."의 뜻이 있다.

'開'는 8부 문헌에서 단지 21예 등장한다. 우리는 '문을 열다' 이외의

기타 파생의미를 추상적인 '열다'의미로 개괄하고자 한다. 아래는 우리의 상고 8부 문헌 속 '開'의 용례에 대한 통계이다.

'開'의 용례는 많지가 않아[111], 단지 '문을 열다'의 의미일 때에만 자동, 사동의 교체형식을 형성한다.

(1) 重賂越人, **申開**, 守陴而納公, 公不敢入. (《左傳, 哀公, 26, 1728》) 월 나라 사람들에게 뇌물을 두터이 주고, 성문을 대대적으로 열고, 삼엄하게 지키면서 공을 들였는데, 공이 감히 들어가지 못했다.[112]

(2) **使邊境早閉晩開**. (《戰國策, 秦五》) 변경의 문을 아침 일찍 닫고 저녁에 열겠습니다.

(3) 乃益爵二級, 而**開後門**出太子. (《韓非子, 外儲說右上 第三十四》) 이에 그의 작위를 두 등급 올려주고, 후문을 열고 태자를 내보냈다.

(4) **景陽乃開西和門**, 晝以車騎, 暮以燭見, 通使於魏. (《戰國策, 燕三》) 경양은 이에 서화문을 열고, 낮에는 수레와 기병으로, 밤에는 촛불로 밝혀, 위에 사신을 보내듯이 하였다.

4.2 '啓'의 통사 기능

《說文》에는 '启'와 '啓' 두 개의 글자가 수록되어 있다. "'启'는 '열다'이다(启, 開也)." "'啓'는 '가르치다, 인도하다'이다(啓, 敎也)."

《廣韻》에도 "'启'는 '열다'이다(启, 開也)."와 "'啓'는 '열다, 나누다,

---

111) 추상적인 '열다'의 '開'는 일반적으로 피동작주주어문을 구성하지 않는다. 그런데 한 급물동사의 용법 중 한 예 "田野開辟, 府倉實, 民衆殷(들의 전답을 개간하고, 창고에 재물과 양식을 채우며, 백성들이 많이 불어나다)."(國語, 越語下)는 피동작주주어문으로 되어 있으나, 이 예는 일종의 대구구조로, 본문의 하편에서 집중적으로 다룰 전형적인 급물동사의 통사기능에 부합하는 예이다.

112) [역주] '申開'에서 '申'은 '거듭'으로, '문을 대대적으로 열다'이다.

새기다'의미이다(啓, 開也, 發也, 別也, 刻也)."로 두 가지로 구분되어
나온다.

《王力古漢語字典》에 '啓'의 동사 의항은 두 가지가 나온다. "① '열
다(開)', 특히 '문을 열다'의 의미, 여기서 파생되어 '일깨우다'의 의미가
있다. ② '진술하다, 알려주다(陳述, 告訴)'의 의미."

《說文》에 있는 '启'와 '啓'의 해석으로 볼 때, '启'는 '開'의 구체적인
동작이고, '啓' 역시 '열다'의 의미가 있으나, 이것은 일종의 추상적인
'계몽'의 의미이다. 따라서 이것의 추상적인 의미는 '敎'의 의미에서 파
생되어 나왔을 것이다. 그러나 문헌에서는 '启'와 '啓'를 엄격하게 구별
하지 않는 편이다. 예컨대, "開启而入, 枕尸股而哭(문을 열어주자 들어
와서 시체의 머리를 자기의 다리에 누이고 울었다)."(《左傳, 襄公, 二十
五年》)는 《十三經注疏》와 《春秋左傳注》에서 모두 '啓'로 되어 있다.

어떤 경우, '啓'는 '瞀(보다)'로 차용되기도 한다. 예컨대 다음과 같다.

(1) 啓予足! 啓予手! (《論語, 泰伯第八》) 나의 발과 손을 보아라![113]

연구의 목적에 근거하여 여기서 우리는 '열다'의미의 '啓'에 대해서
만 토론한다. 이 의항은 또 '문을 열다'와 추상적인 '열다'로 나눈다.

4.2.1 '문을 열다'의미 '啓'의 통사 기능

4.2.1.1 **치사자주어문**('열다'). 《左傳》에 8예 출현한다.

(1) **偪陽人啓門**, 諸侯之士門焉. (《左傳, 哀公, 10, 975》) 핍양 사람들이 문

---

113) 楊伯峻注에 의하면, "《說文》에는 '瞀'자가 있는데 이에 대해 '보다(視也)'라고
    되어 있다. 王念孫의 《廣雅疏證, 釋詁》에는 《論語》의 이 부분의 '啓'가 바로
    《說文》에 나온 그 '瞀'라고 되어 있다."라고 한다.

을 열자, 제후의 군대가 문을 공격했다.

(2) 吳王勇而輕, **若啓之**, 將親門. (《左傳, 哀公, 25, 1108》) 오왕은 용감하
나 가벼우니, 성문을 열어주면 친히 성문으로 들어올 것이다.

(3) 莒共公懼, **啓西門**而出. (《左傳, 昭公, 19, 1403》) 거공공이 두려워 서문
을 열고 나갔다.

(4) 夫子則勇矣, 然我往, **必不敢啓門**. (《左傳, 定公, 10, 1579》) 부자는 용
감하오, 내가 가면 반드시 감히 문을 열지 않을 것이오.

(5) **日中不啓門**, 乃退. (《左傳, 定公, 10, 1580》) 정오가 다 되도록 문을 열
지 못하고 이에 물러났다.

(6) 大叔完聚, 繕甲兵, 具卒乘, 將襲鄭, **夫人將啓之**. (《左傳, 隱公, 원년,
13》) 대숙은 성벽을 수리하고 군량을 모으며, 갑옷과 무기를 수선하고,
병사와 병거를 갖추어 장차 정나라를 습격하려고 하는데, 부인 강씨가
문을 열어주고자 한다.

(7) 楚大子建之母在郹, 召吳人而**啓之**. (《左傳, 昭公, 23, 1447》) 초나라
태자 건의 어미는 격에 있었는데, 오나라 사람을 불러 성문을 열어주
었다.[114]

(8) 巢隕諸樊, 閽戕戴吳, **天似啓之**, 何如? (《左傳, 襄公, 31, 1190》) 소에
서 제번이 떨어지고, 문지기가 대오를 죽였으니 이는 하늘이 연 것과
같으니 어떠한가?[115]

4.2.1.2 관계주주어문('열리다'). 《左傳》에 2예, 《戰國策》에 1예 출현한다.

(1) 於是**申息之北門不啓**. (《左傳, 文公, 16, 617》) 이에 신, 식의 북문은 열
리지 않았다.

---

114) 楊伯峻注에 의하면 '啓'는 '성문을 여는 것(開城門)'이라고 한다.
115) 楊伯峻注에 의하면, '啓'는 隱公원년전에 "夫人將啓之"라고 한 것의 '啓'로서
그 뜻은 "季子를 위해 임금이 되는 문을 연다."는 것이다.

(2) **門啓**而入, 枕尸股而哭. (《左傳, 襄公, 25, 1098》) 문이 열리자 들어와서 시체의 머리를 다리에 누이고 울었다.

(3) 有濟西則趙之河東危. 有陶平陸則**梁門不啓**. (《戰國策, 齊四》) 제수의 서쪽 땅을 차지하면 조나라의 하동이 위태롭고, 또 도와 평육 땅을 차지하고 있으면, 양나라의 문은 감히 열리지 못할 것이다.116)

4.2.2 '(추상적인)열다, 넓히다' 의미 '啓'의 통사 기능

4.2.2.1 치사자주어문

(1) 是二王之命也, **非啓季子**也. (《左傳, 襄公, 31, 1190》) 이는 두 왕의 명이지, 계자를 위해 열어준 것이 아니다.

(2) 休公徒之怒, 而**啓叔孫氏之心**. (《左傳, 昭公, 27, 1486》) 공의 무리의 노여움을 그치게 하고, 숙손씨의 마음을 열어주십시오.

(3) 臣爲足下解負親之攻, **啓關通敝**, 齊交韓魏. (《戰國策, 趙三》) 신이 친교를 등졌다고 받는 공격을 풀고, 관문을 열고 재물을 오가게 하여, 한, 위와 똑같이 교류하였습니다.

(4) 夫狡焉思**啓封疆**以利社稷者, 何國蔑有? (《左傳, 成公, 08, 840》) 무릇 간교하게 영토를 넓혀 사직을 이롭게 할 생각을 하는 자가 어느 나라엔들 없겠습니까?

(5) 齊桓公并國三十, **啓地三千里**. (《韓非子, 有度》) 제환공이 삼십여 나라를 병합해 삼천 리의 땅을 넓히셨다.

(6) 因群喪職之族**啓越大夫常壽過**作亂, 圍固城, 克息舟, 城而居之. (《左傳, 昭公, 13, 1344》) 직위를 잃은 족속에 의지하여 월나라 대부 상수과를 꾀어 난을 일으키고는, 고성을 포위하고, 식주를 이겨 성을 쌓고 거기에 살았다.

---

116) '梁門'은 '大梁의 문'이다.

(7) 今公子蘭, 姞甥也, **天或啓之**, 必將爲君, 其後必蕃. (《左傳, 宣公, 03, 674》) 지금 공자란은 길씨의 생질로, 하늘이 혹시 그의 앞길을 열어 주면, 반드시 장차 임금이 될 것이고, 그 후손은 반드시 번창할 것이다.

(8) 書曰: "丕顯哉, 文王謨, 丕承哉, 武王烈, **佑啓我後人**, 咸以正無 缺." (《孟子, 滕文公下》) 서경에 말했다. "크게 나타났도다, 문왕의 법이 여! 크게 계승했도다, 무왕의 공렬이여! 우리의 후인들을 도와 길을 열어주시어, 모두가 정도로써 결함이 없게 하셨다.

4.2.2.2 '可V' 구조. 3예 출현

(1) **晉不可啓**, 寇不可翫. (《左傳, 僖公, 05, 307》) 진나라에게 야심을 열어 줄 수가 없고, 군사를 일으키는 것에 대해 소홀히 할 수 없다.

(2) 土不可易, 國不可小, 許不可俘, **讎不可啓**, 君其圖之! (《左傳, 昭 公, 18, 1400》) 땅은 쉽게 볼 수 없고, 나라는 작게 볼 수 없으며, 허나라 는 포로로 삼을 수 없고, 원수에게는 열어줄 수도 없으니 임금께서는 잘 도모하십시오!

(3) 距險而鄰於小, 若加之以德, **可以大啓**. (《國語, 鄭語》) 진나라는 험 준한 지역을 차지하여 지키면서 작은 나라들을 이웃하고 있으니, 만약 덕으로써 더한다면 국토를 크게 넓힐 수 있을 것이다.

의미	통사 기능	詩經	左傳	國語	論語	孟子	荀子	韓非子	戰國策	총계
(추상적인) 열다	급물	4	30	13	0	3	1	0	2	53
	可V	0	2	1	0	0	0	0	0	3
문을 열다	치사주어	0	8	0	0	0	0	0	0	8
	관계주주어	0	2	0	0	0	0	0	1	3
총계		4	42	14	0	3	1	0	3	67

표 2.18 상고 8부 문헌 '啓'의 용례 통계

4.3 소결

4.3.1 '啓'의 통사 표현으로 볼 때, '문을 열다'의미의 '啓'는 비대격동사이다.

첫째, 최소 구성형식이 'NP V'이고, 이때 NP는 '啓'의 직접적인 내재 논항이며, 심층의미상의 피동작주이다. 또한 그 자체로 의미가 충분히 만족된다.

둘째, 자동과 사동의 교체 형식이 존재한다.

(1) 門啓而入, 枕尸股而哭. (《左傳, 襄公, 25, 1098》) 문이 열리자 들어와 서 시체의 머리를 다리에 누이고 울었다.

(2) 偪陽人啓門, 諸侯之士門焉. (《左傳, 哀公, 10, 975》) 핍양 사람들이 문을 열자, 제후의 군대가 문을 공격했다.

4.3.2 추상적인 '열다'의미의 '啓' 및 그것의 파생의미는 단지 급물동사의 형식만이 존재하며, 피동작주주어문은 단지 1예 출현한다. 이것도 대구문장에서 출현한다.

(1) 不憤不啓, 不悱不發, 擧一隅不以三隅反, 則不復也. (《論語, 述而》) 맘속으로 분발하지 않으면 열리지 않으며, 애태워하지 않으면 말해주 지 않는다. 한 귀퉁이를 들어 나머지 제 귀퉁이를 돌이키지 못한다면 다시 반복하여 가르쳐 주지 않는다.

이것은 '開'의 상황과 유사하다. 이를 통해 의미의 확장, 목적어 범위의 확대에 따라 '開'와 '啓'가 급물동사가 되었고, 피동작주(목적어)를 나타내는 '상태화 능력'은 제한을 받게 되었음을 알 수 있다. 동시에 비대격동사는 동사 자체의 의미와 밀접한 관계가 있음을 알 수가 있다.

5. 死

5.1 '死'의 통사 기능

5.1.1 관계주주어문('죽다'의미)

(1) 初, 內蛇與外蛇鬪於鄭南門中, **內蛇死**. (《左傳, 莊公, 14, 196》) 처음에 정나라 안의 뱀과 정나라 밖의 뱀이 정나라 남문 안에서 싸우다가 안의 뱀이 죽었다.

(2) 鄭昭宋聾, 晉使不害, **我則必死**. (《左傳, 宣公, 14, 754》) 정나라는 밝고, 송나라는 흐리멍텅하여 진나라로 가는 사자를 해를 입히지는 않겠으나 나는 반드시 죽을 것이다.

(3) 鄭人俘酅魁壘, 賂之以知政, **閉其口而死**. (《左傳, 哀公, 27, 1736》) 정나라 사람이 휴괴루를 잡아 정사를 맡긴다고 회유했으나 그는 입을 막고 죽었다.

(3) **王請食熊蹯而死**. (《左傳, 文公, 원년, 515》) 왕이 곰발바닥을 먹은 후에 죽게 해달라고 청했다.

(4) 南遺使國助豎牛以攻諸大庫之庭, 司宮射之, **中目而死**. (《左傳, 昭公, 05, 1263》) 남유가 국인을 시켜 수우를 도와 대고의 뜰에서 그를 공격하라고 했는데, 사궁이 활을 쏘아 그는 눈에 맞아 죽었다.

(5) 以讒人入, 其名曰牛, **卒以餒死**. (《左傳, 昭公, 05, 1264》) 사특한 사람을 데리고 들어올 것인데, 그의 이름은 우이고, 결국 굶어죽을 것입니다.

나중에는 '於'를 이용하여 '행위주 논항'을 표시하기도 했다.

(6) 至, 復命, 不說弁而**死於崔氏**. (《左傳, 哀公, 25, 1097》) (축타보가 고당에서 제사를 지내고) 이르러 복명을 하고는 변모도 벗지 않고 최씨에게 죽음을 당했다.

(7) 及范氏出, 張柳朔謂其子, "爾從主, 勉之! 我將止死, 王生授我

矣, 吾不可以僭之." <u>遂死於柏人</u>. (《左傳, 哀公, 25, 1630》) 범씨가 도망갔을 때, 장류삭이 그 아들에게 말했다. "너는 주인을 따라 힘쓰거라! 나는 장차 머물러 죽을 것이니, 왕생이 나에게 주었으니 나는 그것을 어길 수가 없구나." 마침내 백인에게 죽었다.

(8) 君必不免, <u>其死於夷乎</u>! (《左傳, 哀公, 12, 1672》) 임금은 필시 난을 면치 못하고 오랑캐한테 죽을 것이다!

5.1.2 치사자주어문('죽게 하다'의미)

(1) <u>死吾父</u>而專於國, 有死而已, 吾蔑從之矣. (《左傳, 襄公, 21, 1058》) 우리 아버지를 죽이고 국정을 전횡하였으니 오직 죽음만이 있을 뿐, 내 저들을 따르지 않을 것이다.

(2) 盈將爲亂, 以<u>范氏爲死桓主</u>而專政矣. (《左傳, 襄公, 21, 1057》) 난영이 난을 일으키려 하여, 범씨가 환자를 죽여 정치를 전횡하였다.

(3) <u>死吾君</u>而殺其孤, 吾有死而已, 吾蔑從之矣! (《國語, 晉語二》) 우리 임금을 죽이고 그 어린 자식을 또 죽이려고 한다면 나에게는 단지 죽음만이 있을 뿐 결코 따르지 않을 것이다!

(4) 通則一天下, 窮則獨立貴名, <u>天不能死</u>, 地不能埋, 桀跖之世不能汚, 非大儒莫之能立, 仲尼, 子弓是也. (《荀子, 儒效》) 뜻이 통하면 천하를 통일하지만, 궁할 때는 홀로 자신의 고귀한 명예를 지킨다. 하늘도 그를 죽이지 못하고, 땅도 그를 묻지 못한다. 그리고 걸왕과 도척도 그를 더럽히지 못하니 모두 위대한 선비여야만 실현할 수 있는데, 이는 바로 공자와 자궁이 그러하다.

5.1.3 爲動목적어문

(1) 臣也無罪, <u>父子死余矣</u>. (《左傳, 襄公, 27, 1127》) 공손신은 죄가 없다. 그의 부자는 나를 위해 죽었다.

(2) 今罪無所, 而**民皆盡忠以死君命**, 又何以爲京觀乎? (《左傳, 宣公, 12, 747》) 지금 진나라는 죄를 지은 것이 없고 백성들은 모두 충성을 다하여 임금의 명을 위해 죽었으니, 어찌 또 경관을 짓겠는가?

(3) 凡諸侯薨於朝會, 加一等. **死王事**, 加二等. (《左傳, 僖公, 04, 294》) 무릇 제후가 천자를 조회하고 죽으면 일등을 더해주고, 왕의 일로 죽으면 이등을 더해준다.

(4) 不出七年, 宋齊晉之君, <u>皆將死亂</u>. (《左傳, 文公, 14, 604》) 7년 이내에, 송, 제, 진의 임금이 모두 내란으로 죽을 것이다.

5.1.4 관형어로 쓰이는 경우

수식받는 것이 한정성(定指) 명사일 경우, '기사(旣事)'의 의미가 있다.

(1) 未報秦施, 而伐其師, 其爲**死君**乎? (《左傳, 僖公, 33, 497》) 진나라가 베푼 은혜를 아직 갚지 않았는데, 그 군사를 치면, 그가 돌아가신 임금이겠습니까?

(2) 夫爲人子而不欺**死父**, 豈爲人臣欺生君哉? (《戰國策, 齊一》) 무릇 사람의 아들로서 그 돌아가신 아비를 속이지 않는 자가 어찌 남의 신하가 되어 그 살아 있는 임금을 속이겠는가?

(3) 所求者生馬, 安事**死馬**而捐五百金? (《戰國策, 燕一》) 내가 구하는 것은 살아 있는 말인데, 어찌 죽은 말을 사고 또 오백 금이나 썼는가?

(4) 人希見生象也, 而得**死象**之骨, 案其圖以想其生也, 故諸人之所以意想者皆謂之'象'也. (《韓非子, 解老》) 사람은 대개 살아 있는 코끼리를 본적이 드물어서 죽은 코끼리의 뼈를 얻어 그것을 바탕으로 그린 그림으로 살아 있는 것을 상상한다. 그러므로 사람들이 맘속으로 생각한 바를 모두 '코끼리'라고 한다.

비한정성(不定指)의 명사를 수식할 때는 기사(旣事)의 의미가 없다.

(5) 危事不可以爲安, **死事**不可以爲生, 則無爲貴智矣. (《國語, 吳語》) 위태로운 일을 바꾸어 편안하게 하지 못하고, 죽게 된 일을 바꾸어 살 수 있는 일을 만들 수 없다면, 지혜를 귀히 여길 필요가 없습니다.

(6) 有**死罪**三, 何以堪之? (《左傳, 昭公, 02, 1230》) 죽을죄가 세 가지나 되니 어찌 감당할 수 있겠는가?

(7) 楚瓦不仁, 其臣莫有**死志**. (《左傳, 定公, 04, 1544》) 초나라 낭와는 어질지 못하니, 그의 신하는 아무도 죽을 뜻이 없습니다.

5.2 소결

통사 기능	詩經	左傳	國語	論語	孟子	荀子	韓非子	戰國策	총계
사동	0	2	1	0	0	0	1	0	4
자동	1	222	79	15	12	131	35	144	639
爲動	0	34	14	2	2	8	8	8	77
관형어	0	9	4	0	3	25	1	15	57
총계	1	267	98	17	17	165	45	167	777

표 2.19 상고 8부 문헌 '死'의 용례 통계

'死'는 '息姊切'로 재구음은 *hljiʔ > shljiʔ 이며, 인간의 언어에서 가장 기본적인 어휘이다. '死'는 하나의 전형적인 상태의미 동사이며, 통사 기능에 있어서도 전형적인 단일논항 동사이다. 그것의 논항은 직접적인 내재논항으로 주어 위치에 놓인다. 이것이 관형어가 되어 한정성 명사를 수식할 때는 그 의미가 영어의 'died(죽은)'와 유사하나, 비한정성의 명사를 수식할 때는 'dying(죽을)'의 의미와 유사하다. 이러한 원인에 대해서는 좀 더 깊이 있는 연구가 필요하다.

이것의 使動은 단지 4예만이 출현하나, 자동과 사동의 통사쌍 형식을 구성하게 된다.

(1) <u>吾父死</u>而益富. (《左傳, 襄公, 21, 1058》) 우리 아버지가 죽자 더욱 부자가 되었다.

(2) <u>死吾父</u>而專於國, 有死而已, 吾蔑從之矣. (《左傳, 襄公, 21, 1058》) 우리 아버지를 죽이고 국정을 전횡하였으니 오직 죽음만이 있을 뿐, 내 저들을 따르지 않을 것이다.

그러나 이러한 사동문은 단지 대구로 쓰인 형식이라 출현비율이 매우 낮다. 이때 사동문의 주어는 행위주가 아닌 치사자이다. '死'는 결코 '…로 하여금 죽게 하다(使……死)'의 의미로 파생되지는 않았다. 이것은 주로 그와 대응하는 사동사인 '殺'이 있기 때문이다. 이것의 재구음은 *sreed이다. '殺'은 급물동사로 주어는 대개 동작의 직접적인 행위자가 된다.

(3) 止子路宿, <u>殺雞</u>爲黍而食之, 見其二子焉. (《論語, 微子》) 노인은 자로를 붙잡아 자기 집에 묵게 하고, 닭을 잡고 기장밥을 지어서 자로를 먹이고, 자신의 두 아들에게 자로를 뵙게 했다.

여기서 '殺'을 행하는 이는 앞 문장에 있던 '丈人'이다.

'殺'도 사동문의 예가 있다(아래의 예(4)). 이 예에서의 '子靈之妻'는 '殺'의 직접적인 행위자가 아니라 단지 치사자일 뿐이다. 이 문장의 의미는 "子靈의 처가 세 남편, 한 명의 임금, 한 명의 아들로 하여금 죽게 했다."로, 여기서의 '殺'은 '…로 하여금 죽게 하다'이다.

(4) <u>子靈之妻殺三夫, 一君, 一子</u>, 而亡一國兩卿矣, 可無懲乎? (《左傳, 昭公, 28, 1492》) 子靈의 처는 세 남편, 한 임금, 한 아들을 죽게 했고,

한 나라와 두 경을 망하게 했으니, 귀감삼지 않을 수 있겠는가?

'死'가 爲動목적어를 갖는 예는 많다. 그런데 실제로 自動의 구조에서 이러한 '수혜자(爲事)' 논항은 항시 부사어로도 출현하고 있다. 즉, 爲動목적어는 '死'의 필수논항이 아닌 것이다. 이보다는 '사격 성분'을 목적어로 갖는 것으로 봐야 한다.

(5) 得主而**爲之死**, 猶不死也. (《左傳, 襄公, 23, 1074》) 주인을 얻어 그를 위해 죽는 다면 이는 죽는 게 아니다.

(6) 我有大事, 子有父母耆老, 而子**爲我死**, 子之父母將轉於溝壑, 子爲我禮已重矣. (《國語, 吳語》) 나는 대사를 앞두고 있는데 그대들은 늙은 부모가 있다. 그런데 그대들이 나를 위해 죽는다면, 그대들의 부모는 장차 산골짜기에서 나뒹굴게 될 것이니 그대들은 이미 나를 위해 예를 다하였도다.

(7) 其卒, 子噲**以亂死**, 桓公蟲流出戶而不葬. (《韓非子, 二柄》) 그 결과, 자쾌는 내란으로 죽었고, 환공은 벌레가 시신에서 나와 문밖으로 나오는데도 장례를 치르지 못했다.

(8) 不出七年, 宋齊晉之君, **皆將死亂**. (《左傳, 文公, 14, 604》) 7년 이내에, 송, 제, 진의 임금이 모두 내란으로 죽을 것이다.

(9) 故君**爲社稷死**, 則**死之**. 爲社稷亡, 則亡之. (《左傳, 襄公, 25, 1098》) 그러므로 임금이 사직을 위해 죽으면 따라 죽을 것이고, 사직을 위해 도망을 갔다면, 따라서 도망갈 것이다.

'可死' 구조가 1예 있는데, 이는 爲動목적어가 전치하여 형성된 것으로, 급물동사와 유사한 '可V'구조처럼 보이지만, 자세히 살펴보면 이는 '가능'의 양상, 즉 '可以'를 나타내고 있다. 여기서 '可死' 앞의 명사는 '死'의 피동작주가 아니라 爲動목적어가 전치한 것이다.

(10) 叔仲曰: "**死君命可**也." 公冉務人曰: "**若君命, 可死**. 非君命, 何 聽?" (《左傳, 文公, 18, 632》) 숙중이 말했다. "임금의 명을 따라 죽는 것은 괜찮다." 그러자 공염무인이 말했다. "임금의 명이면 죽을 만 하 지만, 임금의 명이 아닌데 어찌 따르려하십니까?"

(11) 若猶有罪, **死命可**也. (《左傳, 昭公, 13, 1362》) 만약 죄가 있다면 죽으라 는 명은 괜찮다.

(12) 未臣而有伐之, 奔命焉, **死之可也**. (《左傳, 哀公, 08, 1647》) 신의 예를 다하지 않고 오히려 치고, 명을 위해 분주히 다니느니 죽는 것이 옳습 니다.

제3장

存現동사
− 起, 作, 興, 立

0. 도입

사물의 '존재', '출현', '나타남'이나 '소실'을 나타내는 동사를 '존현 동사'라 한다. 예컨대, 영어의 "be(존재하다, 이다), appear(나타나다), arise(발생하다), occur(생기다), happen(일어나다), disappear(사라지다), vanish(사라지다), emerge(나타나다), elapse(지나다), exist(존재하다)" 등의 동사가 있다. 본장에서는 '起', '作', '興', '立'을 예로 하여 토론을 진행하고자 한다.

《說文》에서는 "'起'는 '발을 들고 서다'이다(起, 能立也).", "'作'은 '일어나다'이다(作, 起也).", "'立'은 '서다'이다(立, 住也).", "'興'은 '일 어나다'이다(興, 起也)."라고 되어 있다.

《廣韻》에 "'起'는 '일어나다, 서다, 나오다'이다(起, 興也, 作也, 立 也, 發也)."로 되어 있다. "'作'은 '하다, 일어나다, 행하다, 일하다, 시작 하다, 나오다'이다(作, 爲也, 起也, 行也, 役也, 始也, 生也)."로 되어 있다. "'立'은 '걷다가 멈추다, 서다, 이루다'이다(立, 行立, 又住也, 成 也).로 되어 있다. "'興'은 '성대하다, 들다, 선하다'이다(興, 盛也, 擧 也, 善也.)"로 되어 있다.

《王力古漢語字典》에는 다음과 같이 소개되어 있다.

'起': ① 서다, 일어나다(站起、起來) ② 흥기하다(興起) ③ 기용하다
(起用) ④ 출현하다(出現、產生) ⑤ 건조하다(建造) ⑥ 시작하
다(開始)
'作': ① 일어나다(起、站起來) 파생되어 '기상하다(起床)', '흥기하다
(興起)' ② 제작하다, 만들다(制作、造) 파생되어 '창작하다(創
作), 저작하다(著作), 하다(做), 되다(作爲)'
'立': ① 서다(站立) 파생되어 '수립하다(樹立)', 파생되어 '성취하다
(成就)', 파생되어 '설립하다(設立), 창립하다(創立)', 파생되어
'병존하다(並存)' ② 즉위하다(國君即位)
'興': ① 일어나다(起、起來) ② 창립하다(創立、創辦) ③ 행동하기 시
작하다(行動起來) 파생되어 '유행하다(流行)' ④ 흥성하다(興
旺、昌盛)

여기서 우리는 '起', '作', '興' 세 동사가 '상호 뜻풀이(互訓)'를 하고 있음
을 알 수 있다. 뿐만 아니라 의항에 있어서 교차되는 상황을 많이 볼
수 있는데, 그렇다고 의미가 완전히 같은 것은 아니다.

특히나 글 속에서 '起', '作', '興' 세 동사가 대구되는 환경에 같이
출현하기도 한다.

(1) 天時不作, 弗爲人客. 人事不起, 弗爲之始. 《國語, 越語下》 적국에
天災가 일어나지 않으면 함부로 남의 나라에 쳐들어가지 않고, 적국
에 인사 변란이 일어나지 않으면 먼저 事端을 주동하지 않는다.

(2) 若是, 故奸邪不作, 盜賊不起, 而化善者勸勉矣. 《荀子, 富國》 이와
같이 하면 간사한 이가 일어나지 않고 도적이 일어나지 않으니 선한
사람이 되도록 권장하는 것이다.

(3) 陰血周作, 張脈僨興, 外强中乾, 進退不可, 周旋不能, 君必悔之.
《左傳, 僖公, 15, 255》 몸 안의 피가 두루 솟구치고, 혈맥이 팽창하여
솟구치면, 겉은 강한 것 같으나 뱃속은 마릅니다. 오도 가도 못하고 돌
지도 못하니 임금께선 후회하실 겁니다.

어떤 경우 同義가 연용되기도 한다.

(4) 百世之下, 聞者莫不興起也. (《孟子, 盡心下》) 백세의 아래에서 들은 자들은 흥기하지 않을 수 없다.

'起'는 '墟里切'로 재구음은 *khɯʔ 이다. '興'은 '虛陵切'로 재구음은 *qhɯɯŋ 이다. 王力의 《同源字典》에 '起'와 '興'이 同源 관계로 되어 있다. 이 둘은 '溪曉旁紐'이고, '之蒸對轉'이다.[1] 한편, '作'과 '做' 역시 동원 관계인데, '做'는 '作'의 後起字이다. '作'은 '則箇切'로 그 재구음은 *ʔsaags 이다. 음운상으로 볼 때, 이것과 '起', '興'의 관계는 비교적 멀다. 이 세 단어의 파생 방향은 "의미적으로 모이는 관계에 있는 단어들 사이에서 발생하는, 방향이 일치되는 대응성 파생"이라 할 수 있다. 그리고 '起'와 '興'은 이른바 '의미파생 동족어(義衍同族詞)'에 속한다 (張博(2003:14)).

'起', '作', '興' 세 동사의 본의는 '일어나다'이며, 이들은 행위주성의 '비능격동사'이다. 반면, '立'은 '서다'의미를 나타내는 상태의미 동사이다. 다만, 이 네 동사들은 유사하거나 같은 파생 과정을 통해 존현의미의 용법을 발전시켰다. 자전이나 사전에서 이들의 의항이 매우 많이 나와 있는데, 이 의항들의 설정은 段玉裁가 '作'에 대한 注에서 언급한 것과 같은 상황이다.

"《秦風, 無衣, 傳》에서는 '作, 起也'라고 하고, 《釋言》, 《穀梁傳》에서는 '作, 爲也'라고 한다. 또 《魯頌, 駉, 傳》에서는 '作, 始也'로, 《周

---

1) [역주] '溪曉旁紐'는 상고음에서 성모가 '溪母'와 '曉母'로 가까운 상태라는 것이다. 그리고 '之蒸對轉'은 운모가 '之部'와 '蒸部'로 운미만 다른 대전의 상태임을 나타낸다. 이러한 것으로 볼 때, 이 두 글자는 성모와 운모가 체계적으로 관련이 되어 있어 근원이 같을 가능성이 있다.

頌, 天作, 傳》에서는 '作, 生也'로 되어 있다. 그 의미는 구별이 되나 약간씩 비슷하고, 구별되는 것은 그것이 출현한 문장이 다르기 때문이다. 또 같은 것은 그 글자 의미가 같은 것이다. 그리고 동일한 문장에 나오는 같은 글자가 의미가 다른 경우도 있다. 예컨대, 《小雅》에는 '作而作'이란 구절이 나오는데, 이에 대해 《詩箋》에서는 '上作起也, 下作爲也'라고 되어 있다."

이 네 동사의 기본적인 파생의미는 두 가지이다. 하나는 '출현하다'의 의미로, 앞에 있던 '興起, 出現, 開始, 並存' 등의 의미를 아우르는 것이다. 다른 하나는 '…로 하여금 출현하게 하다'의 의미로, 이는 '출현하다'의미의 使動용법이다. 이는 앞의 '創作, 樹立, 設立, 創辦' 등의 의미를 아우른다. 다시 말해서, 구체적인 문맥 상황에서는 이러한 다른 어휘들을 이용하여 '출현하다'의 의미를 충분히 구체화할 수 있다. 한편, 이 두 의항은 더 파생이 가능한데, '起用, 建造, 流行, 興旺, 昌盛' 등이 그것이다. 본장에서는 이 네 동사의 원시 의미와 기본적인 파생의미만의 통사 기능에 대해서 다룰 것이다. 그 외의 다른 파생의미들은 이 책의 전체 논지와 맞지 않기 때문에 여기서는 다루지 않는다.

제1절 起

1. '일어나다'의미 '起'의 통사 기능

1.1 행위주주어문('일어나다'의미)

(1) 念彼不蹟, **載起**載行. (《詩經, 小雅, 沔水》) 저 도를 따르지 않음을 염려하여 곧 일어나 곧 길을 가노라.

(2) **皇尸載起**, 鼓鐘送尸, 神保聿歸. (《詩經, 小雅, 楚茨》) 시동님은 일어
나소서, 종을 울려 시동님을 전송하니, 신령들도 모두 돌아가신다.

(3) 楚子聞之, **投袂而起**. (《左傳, 宣公, 14, 756》) 초자가 그 말을 듣고 소매
를 떨치며 일어났다.

(4) **大夫皆起**. (《左傳, 襄公, 23, 1078》) 대부가 모두 일어났다.

(5) **景公遽起**, 傳騎又至. (《韓非子, 外儲說左上》) 경공이 곧바로 일어났을
때, 또 역리의 말이 도착했다.

《戰國策》에도 1예가 출현하는데, 이는 爲動목적어를 갖고 있다.

(6) 諺曰: "見君之乘, 下之. 見杖, **起之**." (《戰國策, 楚四》) 속담에 이르
길 "임금의 수레만 봐도 내려서고, 그 지팡이만 봐도 (임금을 위해) 일
어난다."라고 한다.

1.2 치사자주어문('일으키다'의미)

(1) 宋人懼, 使華元夜入楚師, 登子反之床, **起之**, 曰⋯ (《左傳, 宣公, 15, 761》) 송나라 사람이 두려워 화원을 시켜 밤에 몰래 초나라 군대
안으로 들어오게 하여 자반의 침대에 올라 그를 일으키게 하고는 말하
게 했다.

(2) 君王之於越也, **繄起死人**而肉白骨也. (《國語, 吳語》) 임금께서 저희
월에 주신 은혜는 죽은 이를 일으키고 백골에 살이 붙게 하는 정도입
니다.

(3) 王聞之怒, 因見武安君, **强起之**. (《戰國策, 中山》) 왕이 이 말을 듣고
노하여, 직접 무안군을 찾아가서 억지로 그를 일으켜 세웠다.

2. '출현하다'의미 '起'의 통사 기능

2.1 관계주주어문('출현하다'의미)

(1) 水潦方降, **疾虐方起**, 中山不服, 棄盟取怨. (《左傳, 定公, 04, 1534》)
장맛비가 바야흐로 내리고, 학질이 바야흐로 일어나고 있으며, 중산국
은 항복하지 않고 있는데, 맹약을 버리고 적을 부르니.

(2) **讒言益起**, 狐突杜門不出. (《國語, 晉語一》) 참언이 더욱 일어나 호돌
이 문을 닫고 나가지 않았다.

(3) 患而固金城於遠境, 不用近賢之謀, 而外結萬乘之交於千里, **飄
風一旦起**, 則賁育不及救, 而外交不及至, 禍莫大於此. (《韓非子,
用人》) 근심을 하되, 멀리 변방에 견고한 성을 쌓으며, 가까이 있는 현
명한 이의 지혜는 사용하지 않으면서 천리 밖의 다른 큰 나라와 교제
하려고 한다. 이러한 상황에서 회오리바람이 한 번 일어나면, 맹분과
하육도 구하지 못할 것이고, 교류가 있는 외국도 미치지 못할 것이니
재앙은 이보다 큰 것이 없다.

(4) 然則**難之從內起**, 與從外作者相半也. (《韓非子, 說疑》) 이러한 즉,
재난이 안에서 일어난 것과 밖에서 일어난 것이 각각 반을 차지한다.

(5) 脫易不自神曰彈威, **其患賊夫酖毒之亂起**. (《韓非子, 八經》) 군주가
자기 자신을 경시하고 신비스러운 힘을 상실한 것을 탄위라 한다. 그
재난은 독약으로 도적의 난이 일어나는데 있다.

(6) 是以國安而**暴亂不起**. (《韓非子, 奸劫弒臣》) 이로써 나라는 평안하고
난폭한 일은 일어나지 않는다.

(7) 上則能尊君, 下則能愛民, 物至而應, **事起而辨**, 若是則可謂通
士矣. (《荀子, 不苟》) 위로는 임금을 존중하고 아래로는 백성들을 사랑
하며, 주변의 물건에 대해 잘 대응하고 일이 발생할 경우 잘 분별하면,
이를 통달한 선비라 할 수 있다.

(8) 故仁言大矣. **起於上**所以道於下, 政令是也. **起於下**所以忠於上,

謀救是也. (《荀子, 非相》) 그러므로 어진 말은 위대하다. 어진 말이 위에서 나오면 아래 사람을 인도해주는 바가 되는데, 이것이 정령이다. 어진 말이 아래에서 나오면 위에 충성하는 바가 되는데 이것이 바로 계책을 강구하는 것이다.

(9) 古之所謂"危主滅國之道"必**從此起**. (《戰國策, 秦三》) 옛말에 이르기를 '임금을 위태롭게 하는 것이 나라를 망하게 하는 길'이라 했거늘, 이는 반드시 여기에서 시작한다.

(10) 於是, 楚王游於雲夢, 結駟千乘, 旌旗蔽日, **野火之起**也若雲蜺. (《戰國策, 楚一》) 이때 마침 초왕이 운몽의 호수가로 사냥을 나갔다. 서로 묶은 수레가 천승이요, 깃발은 해를 가리고, 들불이 일어나 마치 무지개 같았다.

(11) 今魏恥未滅, **趙患又起**, 文信侯之憂大矣. (《戰國策, 趙一》) 지금 위나라는 그 치욕을 아직 다 씻지 못했고, 조나라는 근심이 다시 일어나자 문신후의 근심은 매우 크다.

2.2 관형어로 쓰이는 경우

(1) 不穀之國雖小, 卒已悉起, 願大國之信意於秦也. 因願大國令使者入境視楚之**起卒**也. (《韓非子, 十過》) 우리나라는 비록 작지만 모든 군대가 다 일어났으니, 원컨대 진에 대해 대국의 뜻을 펴기 바랍니다. 따라서 대국께서는 사자를 보내 초나라의 일어난 군대 상황을 살펴보시기 바랍니다.

2.3 치사자주어문('발생시키다'의미)

(1) 宮之奇諫, 不聽, 遂**起師**. (《左傳, 僖公, 02, 283》) 궁지기가 간했으나 우공은 듣지 않고 결국 군사를 일으켰다.

(2) 鄭子孔欲去諸大夫, 將叛晉而**起楚師**以去之. (《左傳, 襄公, 18, 104 1》) 정나라 자공이 여러 대부를 제거하고자 하여, 진나라에 반기를 들고 초나라 군대를 일으켜 제거하려고 하였다.

(3) 出一玉以**起二罪**, 吾又失位, 韓子成貪, 將焉用之? (《左傳, 昭公, 16, 1379》) 옥환 하나를 내어 두 가지 죄를 일으키는 셈이고 우리는 또한 지위를 잃게 되는 것이니, 한자는 탐욕스러워질 것이니, 장차 어디에 쓰겠는가?

(4) **司馬起豊析與狄戎**, 以臨上雒. (《左傳, 哀公, 04, 1627》) 사마판은 초나라 읍인 풍과 석의 군중과 적융을 집합시켜, 상락을 위협하였다.[2]

(5) 今**君起百姓**以自封也, 民外不得其利, 而內惡其貪, 則上下旣有判矣. (《國語, 晉語一》) 지금의 임금은 백성을 일으켜 자신만을 후하게 하고자 합니다. 백성들은 밖으로 정벌로 인한 이익도 얻지 못하고, 안으로는 군주의 탐욕을 미워하고 있으니, 이로써 위아래의 마음이 완전히 갈라졌습니다.

(6) 是以晉厲公滅三郤而欒中行作難, 鄭子都殺伯咺而**食鼎起禍**, 吳王誅子胥而越句踐成霸. (《韓非子, 難四》) 이에 진 여공이 삼극을 멸망시켜 난씨, 중행씨가 난을 일으켰고, 정나라 자도가 백훤을 죽였기에 식정이 모반을 일으켰으며, 오왕이 오자서를 죽였기에 월왕 구천이 패자가 되었다.

(7) **起事於無形**, 而要大功於天下, 是謂微明. (《韓非子, 喩老》) 형태가 없는데서 일을 시작하여 천하에 큰 공을 세우는 것, 이것을 미명이라고 한다.

---

2) 楊伯峻注에 따르면, '起'는 漢에서는 '興'이라고도 한다. 이는 군대를 징집하는 것이다. 여기서는 "풍, 석 및 적융의 백성들을 징집하여 군대로 만드는 것"을 일컫는다.

3. 소결

의미	통사 기능	詩經	左傳	國語	論語	孟子	荀子	韓非子	戰國策	총계
일어나다	행위주주어	2	2	3	0	2	5	3	16	33
	치사자주어	0	1	1	0	0	0	0	1	3
출현하다	관계주주어	0	5	5	0	5	36	19	20	90
	관형어	0	0	0	0	0	0	1	0	1
	치사자주어	0	9	8	0	0	5	9	35	66
총계		2	17	17	0	7	46	32	72	193

표 3.1 상고 8부 문헌 '起'의 용례 통계

'출현하다'의미와 '…으로 하여금 출현하게 하다'의미의 '起'는 통사상 광범위한 자동과 사동의 교체를 형성할 수 있다.

(1) 事起而有所利, 其尸主之. 有所害, 必反察之. (《韓非子, 內儲說下》)
어떤 일이 일어나 이익이 있다면, 그 이에서 이익을 얻는 자가 주재자이고, 해로움이 있다면 반드시 잘 살펴봐야 한다.

(2) 起事於無形, 而要大功於天下, 是謂微明. (《韓非子, 喩老》) 형태가 없는데서 일을 시작하여 천하에 큰 공을 세우는 것, 이것을 미명이라고 한다.

(3) 不谷之國雖小, **卒已悉起**, 願大國之信意於秦也 (《韓非子, 十過》)
우리나라는 비록 작지만 모든 군대가 다 일어났으니, 원컨대 진에 대해 대국의 뜻을 펴시기 바랍니다)

(4) **公因起卒**, 革車五百乘, 疇騎二千, 步卒五萬, 輔重耳入之於晉, 立爲晉君. (《韓非子, 十過》) 공이 이에 군대를 일으켜 전차 오백 대와 정예기병 이천, 보병 오만으로 중이를 도와 진에 들어가 진의 임금으로 세웠다.

(5) 內暴虐則民産絶, 外侵欺則**兵數起**. 民産絶則畜生少, **兵數起**則

士卒盡. (《韓非子, 解老》) 안으로 포학하면 백성들의 생산이 끊어지고, 밖으로 이웃나라를 침략하면 전쟁이 자주 일어나게 된다. 백성들의 산업이 끊어지면 가축이 줄어들고, 전쟁이 자주 일어나면 병사들이 모두 죽게 된다.

(6) 君築臺三年, 今荊人起兵將攻齊, 臣恐其攻齊爲聲, 而以襲秦爲實也, 不如備之. (《韓非子, 說林上》) 왕께서 누각을 세우신지 삼년이 지났습니다. 지금 초나라 사람들이 군대를 일으켜 제나라를 공격하는 것은, 신이 보기에 아마도 제를 공격하는 것은 소문일 뿐이고 실은 진을 습격하고자 하는 것 같으니 대비를 해야 합니다.

(7) 讒言益起, 狐突杜門不出. (《國語, 晉語一》) 참언이 더욱 일어나 호돌이 문을 닫고 나가지 않았다.

(8) 若惠於父而遠於死, 惠於衆而利社稷, 其可以圖之乎? 況其危身於狄以起讒於內也? (《國語, 晉語一》) 만약 아버지 마음에 순응하면서 죽음에서도 멀어지고, 민중은 은혜롭게 하면서 사직도 이롭게 한다면 도모할 만한 일일 겁니다. 하물며 오랑캐에게 몸을 위태롭게 하며 참언이 안에서 일어나도록 하는 일에 비하겠습니까?

(9) 黃帝戰於涿鹿之野, 而西戎之兵不至. 禹攻三苗, 而東夷之民不起. (《戰國策, 魏二》) 황제는 탁록의 들판에서 싸울 때, 서융은 참가하지 않았습니다. 또 우가 삼묘를 공격할 때, 동이의 백성들은 일어나 돕지 않았습니다.

(10) 今君起百姓以自封也, 民外不得其利, 而内惡其貪, 則上下既有判矣. (《國語, 晉語一》) 지금의 임금은 백성을 일으켜 자신만을 후하게 하고자 합니다. 백성들은 밖으로 정벌로 인한 이익도 얻지 못하고, 안으로는 군주의 탐욕을 미워하고 있으니, 이로써 위아래의 마음이 완전히 갈라졌습니다.

(11) 故百事廢, 財物詘, 而禍亂起. (《荀子, 正論》) 그러므로 모든 일이 그릇되고 재물이 부족하여 재난과 혼란이 일어난다.

(12) 是以晉厲公滅三郤而欒中行作難, 鄭子都殺伯咺而食鼎起禍, 吳

王誅子胥而越句踐成霸. (《韓非子, 難四》) 이에 진 여공이 삼극을 멸
망시켜 난씨, 중행씨가 난을 일으켰고, 정나라 자도가 백훤을 죽였기
에 식정이 모반을 일으켰으며, 오왕이 오자서를 죽였기에 월왕 구천이
패자가 되었다.

(13) 凡貴堯禹君子者, 能化性, **能起偽**, **偽起**而生禮義. (《荀子, 性惡》)
무릇 요임금, 우임금, 군자가 귀한 것은, 본성을 교화시키고, 작위를 일
으킬 수 있기 때문이니, 작위가 일어나 예의가 생겨난다.

'일어나다'의미의 '起'도 자동과 사동의 교체 형식을 형성할 수 있다.

(14) **景公遽起**, 傳騎又至. (《韓非子, 外儲說左上》) 경공이 곧바로 일어났을
때, 또 역리의 말이 도착했다.

(15) 王聞之怒, 因見武安君, **强起之**. (《戰國策, 中山》) 왕이 이 말을 듣고
노하여, 직접 무안군을 찾아가서 억지로 그를 일으켜 세웠다.

제**2**절 作

1. '일어나다(**站起**)'의미 '**作**'의 통사 기능

이것이 구성하는 형식은 행위주주어문('일어나다'의미)이다.《國語》
에 1예,《論語》에 4예 출현한다.

(1) 趙文子與叔向游於九原, 曰: "**死者若可作**也, 吾誰與歸?" (《國語,
晉語八》) 조문자가 숙향과 함께 구원에서 유람하다가 말했다. "죽은
자가 만약 다시 살아날 수 있다면, 내 누구에게 귀의하여 살아가겠습
니까?"

(2) 鼓瑟希, 鏗爾, **舍瑟而作**. (《論語, 先進》) 증석이 슬을 간간히 뜯다가 뎅하고 슬을 내려놓고 일어났다.

(3) 有盛饌, **必變色而作**. 迅雷風烈, 必變. (《論語, 鄉黨》) 성찬을 대접받을 때에는 반드시 얼굴색을 가다듬고 일어나셨고, 갑자기 맹렬한 우레 소리가 나고 바람이 세차게 불면, 반드시 얼굴색을 경건히 하셨다.

(4) 子路共之, **三嗅而作**. (《論語, 鄉黨》) 자로가 꿩을 잡아 요리하여 올리자, 세 번 냄새를 맡고 일어나셨다.

(5) 子見齊衰者冕衣裳者與瞽者, 見之, **雖少必作**. 過之, 必趨. (《論語, 子罕》) 공자께서는 부모의 상복을 입은 자, 면류관을 쓰고 의상을 입은 자와 소경을 만날 때에는 상대가 비록 어리더라도 일어나셨고, 지나갈 때는 반드시 빠른 걸음으로 지나가셨다.

2. '발생하다(**興起**)'의미 '作'의 통사 기능

2.1 관계주주어문('일어나다, 발생하다'의미)

《左傳》에 23예, 《國語》에 6예, 《論語》에 1예, 《孟子》에 19예, 《荀子》에 12예, 《韓非子》에 11예, 《戰國策》에 1예 출현한다.

(1) 采薇采薇, **薇亦作止**. (《詩經, 小雅, 采薇》) 고사리를 뜯네, 고사리를 뜯네. 고사리 역시 땅에서 나왔으니.

(2) 晏子曰: "**禍將作矣**. 齊將伐晉, 不可以不懼." (《左傳, 襄公, 22, 1069》) 안자가 말했다. "화란이 곧 일어날 것이다. 제가 장차 진을 칠 것이니, 두려워하지 않을 수 없다.

(3) **兵作於內**爲亂, 於外爲寇. (《左傳, 文公, 07, 563》) 싸움이 국내에서 일어나는 것을 '난'이라 하고, 국외에서 일어난 것을 '구'라고 한다.

(4) 妖由人興也, 人無釁焉, **妖不自作**. (《左傳, 莊公, 14, 197》) 요괴는 인간으로부터 일어나는데, 인간이 자신이 틈이 없다면 요괴는 스스로 일어나지 않는다.

(5) 申生勝狄而反, **讒言作於中**. (《國語, 晉語一》) 신생이 오랑캐를 이기고 돌아오자, 참소하는 말이 안에서부터 일어났다.

(6) 土氣含收, **天明昌作**, 百嘉備舍, 群神頻行. (《國語, 楚語下》) 흙의 기운이 수축하고, 맑은 천기가 성하게 일어나며, 온갖 좋은 곡식이 집안에 비축되며 여러 신들이 모두 출행합니다.

(7) 樂其可知也. **始作**, 翕如也. 從之, 純如也, 皦如也, 繹如也, 以成. (《論語, 八佾》) 음악을 알 수 있으니, 처음에 시작함에 모든 음악이 잘 화합하여 어우러지고, 계속 진행하면서 잘 조화되는 듯이 하고, 음색이 맑은 듯이 하고, 꿰는 듯이 하여 곡조가 이루어진다.

(8) 堯舜旣沒, 聖人之道衰. **暴君代作**, 壞宮室以爲汙池, 民無所安息. 棄田以爲園囿, 使民不得衣食. **邪說暴行又作**, 園囿汙池, 沛澤多而禽獸至. (《孟子, 滕文公下》) 요임금과 순임금이 이미 돌아가심으로 성인의 도가 쇠해졌다. 폭군이 연이어 나와 궁실을 허물고 물웅덩이를 만들어 백성들은 편안히 쉴 곳이 없어졌고, 밭을 갈아엎고 동산을 만들어 백성들은 옷과 밥을 얻지 못했다. 사악한 말과 난폭한 행동들이 연이어 일어났고, 동산과 물웅덩이와 늪이 많아져 짐승들이 다시 모여들었다.

(9) 閑先聖之道, 距楊墨, 放淫辭, 邪說者**不得作**. **作於其心**, 害於其事. **作於其事**, 害於其政. 聖人復起, 不易吾言矣. (《孟子, 滕文公下》) 먼저 나온 성인들의 가르침을 지키고, 양주와 묵적을 막으며, 음란한 말을 내쫓고, 사악한 말을 하는 이들이 다시 일어나지 못하게 하려 하는 것이다. 그 마음에서 일어나 일을 망치며, 그 일에서 일어나 정치를 망치는 법이다. 성인이 다시 나오신다 해도, 나의 말을 바꾸지 않으시리라.

2.2 영주속빈문

《荀子》에 1예 출현한다.

(1) 勉力不時, 則牛馬相生, **六畜作祅**. (《荀子, 天論》) 농사일에 힘씀에
    때에 맞지 않으면, 소와 말이 서로 새끼를 바꿔 낳게 되는데, 이는 가
    축들에게 요사스러운 일이 생기는 것이다.

2.3 치사자주어문('발생시키다'의미)

《左傳》에 35예,《國語》에 6예,《論語》에 1예,《孟子》에 8예,《荀子》
에 16예,《韓非子》에 14예,《戰國策》에 8예 출현한다.

(1) **紂作淫虐**, 文王惠和, 殷是以隕, 周是以興, 夫豈爭諸侯? (《左傳,
    昭公, 04, 1427》) 주임금은 음학한 짓을 하였고, 문왕은 은혜롭고 화해로
    와, 은나라는 이 때문에 떨어지고 주나라는 흥성하였으니, 어찌 제후
    를 다투겠습니까?

(2) 我聞忠善以損怨, 不聞**作威**以防怨. (《左傳, 昭公, 31, 1292》) 내 훌륭
    한 일을 충실히 하여 원망을 막는다는 말을 들었어도, 위협적인 일을
    하여 원망을 막는다는 말은 듣지 못했다.

(3) 一鼓**作氣**, 再而衰, 三而竭. (《左傳, 莊公, 10, 183》) 북을 처음 쳐서 사
    기를 일으키고, 두 번째에는 쇠퇴하며 세 번째 치면 없어진다.

(4) **天作淫雨**, 害於粢盛, 若之何不弔? (《左傳, 莊公, 11, 187》) 하늘이 장
    마를 내려 모든 곡물을 해하게 했으니 어찌 위로하지 않겠습니까?

(5) 睊睊胥讒, **民乃作慝**. (《孟子, 梁惠王下》) 원망하는 맘으로 서로를 흘겨
    보고 참소하며, 백성들은 이에 사특한 일을 하게 된다.

(6) 召大師曰: "爲我**作君臣相說之樂**!" (《孟子, 梁惠王下》) 태사를 불러
    말했다. "나를 위해 왕과 신하가 함께 즐거워할 음악을 만들라!"

(7) **天作孽**, 猶可違, **自作孽**, 不可活. (《孟子, 離婁上》) 하늘이 내린 재앙은 오히려 피할 수 있으나 스스로 만든 재앙은 살아날 수 없다.

(8) **天油然作雲**, 沛然下雨, 則苗浡然興之矣. (《孟子, 梁惠王上》) 하늘이 뭉게뭉게 구름을 일으키고, 패연히 비를 내리면 벼가 불쑥 일어납니다.

(9) 託地而游宇, 友風而子雨, **冬日作寒**, **夏日作暑**. (《荀子, 賦》) 땅에 몸을 기탁하고, 우주에 노닐면서, 바람을 벗하고, 비를 아들 삼아, 겨울에는 추위를 일으키고, 여름에는 더위를 일으킨다.

3. 소결

의미	통사 기능	詩經	左傳	國語	論語	孟子	荀子	韓非子	戰國策	총계
일어나다	행위주주어	0	0	1	4	0	0	0	0	5
발생하다	관계주주어	7	23	6	1	19	12	11	1	80
	自V	0	0	0	0	0	1	0	0	1
	영주속빈	0	0	0	0	0	1	0	0	1
	치사자주어	13	35	6	1	8	16	14	8	101
총계		20	58	13	6	27	30	25	9	188

표 3.2 상고 8부 문헌 '作'의 용례 통계

통사 표현으로 볼 때, '作'의 '발생하다'의미는 '…으로 하여금 발생하게 하다'의 의미와 광범위하게 자동과 사동의 교체 형식을 형성한다.

(1) 之子于垣, **百堵皆作**. (《詩經, 小雅, 鴻雁》) 우리들은 공사를 벌여, 수백 장의 담장을 쌓았네.

(2) 昔爾出居, **誰從作爾室**? (《詩經, 小雅, 雨無正》) 지난날 그대가 나가 살아도, 누가 따라가 그대 집 지어주었던가?

(3) **天作高山**, 大王荒之. **彼作矣**, 文王康之. (《詩經, 周頌, 天作》) 하늘은

높은 산 만드시고, 대왕께서 이것을 다스리셨다. 그분께서 만드시고,
문왕께서 이를 편히 하신지라.

(4) 少姜爲之請, 曰: "送從逆班. 畏大國也, 猶有所易, **是以亂作**."
(《左傳, 昭公, 02, 1229》) 소강이 그를 위해 청해 말했다. "보내는 자의
지위가 맞는 자의 반열을 따라야 합니다. 대국을 두려워하여 오히려
바꾼 것인데, 이로 인해 혼란이 생긴 겁니다."

(5) 秋, **鄭公孫黑將作亂**, 欲去游氏而代其位, 傷疾作而不果. 《左傳,
昭公, 02, 1229》) 가을에 정나라 공손흑이 난을 일으켜 유씨를 제거하고
그 직위를 대신하려고 했는데, 상처가 덧나서 결행하지 못했다.

(6) 鮑叔牙曰: "君使民慢, **亂將作矣**." 奉公子小白出奔莒. **亂作**, 管
夷吾, 召忽奉公子糾來奔. (《左傳, 莊公, 08, 176》) 포숙아가 말했다.
"임금께서 백성들을 방만케 하시면, 장차 난이 일어날 것입니다." 이
렇게 말하고 공자 소백을 모시고 거나라로 도망갔다. 난이 일어나자
관이오와 소홀은 공자 규를 모시고 노나라로 도망왔다.

(7) 因群喪職之族, **啓越大夫常壽過作亂**, 圍固城, 克息舟城而居之.
(《左傳, 昭公, 13, 1344》) 여러 직위를 잃은 종족들에 의지하여, 월 대부
상수과를 꾀어 난을 일으키고, 고성을 포위했으며, 식주를 이기고 성
을 쌓아 거기 살았다.

(8) 公子朝通於襄夫人宣姜, 懼, 而欲以**作亂**. 故**齊豹, 北宮喜, 褚師
圃, 公子朝作亂**. (《左傳, 昭公, 20, 1410》) 공자조가 양부인 선강과 사통
하여 두려워 난을 일으키고자 했다. 그리하여 제표, 북궁희, 저사포, 공
자조가 난을 일으켰다.

(9) 若**火作**, 其四國當之, 在宋衛陳鄭乎! (《左傳, 昭公, 17, 1391》) 만약
화재가 난다면, 네 나라가 해당될 것이며, 송, 위, 진, 정에 있을 것입
니다.

(10) 火未出, 而**作火**以鑄刑器, 藏爭辟焉. (《左傳, 昭公, 06, 1277》) 대화성
이 출현하기 전에, 불을 일으켜 형구를 만들고, 쟁론을 일으키는 형법
을 갈무리했다.

(11) 公欲逐石圃, 未及而**難作**. (《左傳, 哀公, 17, 1711》) 공이 석포를 쫓고
자 했는데, 미치기 전에 난이 일어났다.

(12) **厲公將作難**, 胥童曰: "必先三郤." (《左傳, 成公, 17, 901》) 려공이 난
을 일으키려하자 서동이 말했다. "반드시 세 극씨를 먼저 치십시오."

(13) 伏之而觴曲沃人, **樂作**, 午言曰: "今也得欒孺子何如?" (《左傳, 襄
公, 23, 1073》) 그를 숨기고 곡옥 사람들에게 술을 내렸다. 음악이 시작
되자 서오가 말했다. "지금 난유자를 얻는다면 어떠하겠는가?"

(14) **天子省風以作樂**, 器以鐘之, **興以行之**. (《左傳, 昭公, 21, 1424》) 천자
는 풍속을 살펴 음악을 만들고, 악기로 그것을 모으며, 수레로 그것을
보낸다.

(15) 王者之迹熄而詩亡, 詩亡然後**春秋作**. (《孟子, 離婁下》) 왕도정치의
자취가 사라진 후 시가 없어졌고, 시가 없어진 연후에 춘추가 나왔다.

(16) 孔子懼, **作春秋**. (《孟子, 滕文公下》) 공자께서 두려워 춘추를 지었다.

(17) 襄王聞之, **顔色變作**, 身體戰栗. (《戰國策, 楚四》) 양왕이 이것을 듣
자, 안색이 바뀌며 몸까지 떨었다.

(18) **中山王作色不悅**. (《戰國策, 中山》) 중산왕이 얼굴색이 변하며 기뻐하지
않았다.

제**3**절 興

1. '일어나다(站起)'의미 '興'의 통사 기능

행위주주어문을 구성한다.

　(1) 女曰鷄鳴, 士曰昧旦. **子興視夜**, 明星有爛. (《詩經, 鄭風, 女曰鷄鳴》)

여자는 닭이 울었다고 말하고, 남자는 새벽이 되었다고 말한다. 그대
는 일어나 밤을 보라. 계명성이 찬란하도다.

(2) **夙興夜寐**, 灑掃庭內, 維民之章. (《詩經, 大雅, 抑》) 일찍 일어나고 늦
게 자서, 뜰 안에 물 뿌리고 청소하여, 백성의 의표가 되며

(3) **季武子興**, 再拜稽首曰. (《左傳, 襄公, 19, 1047》) 계무자가 일어나 두
번 절하고 머리를 조아리며 말했다.

(4) 門啓而入, 枕尸股而哭. **興**, 三踊而出. (《左傳, 襄公, 25, 1098》) 문이
열리자 들어와서 시체의 머리를 다리에 누이고 울었다. 일어나 세 번
을 뛰고 나갔다.

(5) 在陳絶粮, 從者病, **莫能興**. (《論語, 衛靈公》) 공자께서 진나라에 계실
때 양식이 떨어져, 따르던 제자들이 병이 들어, 일어나지 못했다.

(6) **魯君興**, 避席擇言曰. (《戰國策, 魏二》) 노군이 일어나 자리를 피하여
경계의 말을 택하여 아뢰다.

2. '발생하다(興起)'의미 '興'의 통사 기능

2.1 관계주주어문('일어나다, 발생하다'의미)

(1) **百堵皆興**, 鼛鼓弗勝. (《詩經, 大雅, 綿》) 모든 담벽이 다 일어나 북소리
도 다 들리지 않았다.

(2) **齊師將興**, 陳子屬孤子三日朝. (《左傳, 哀公, 27, 1733》) 제나라 군사가
장차 일어나서, 진성자가 나라 위해 죽은 자들의 아들을 모아 대조에
서 삼일 간 만났다.

(3) 不有廢也, **君何以興**? (《左傳, 僖公, 10, 333》) 그들이 폐해지지 않았다
면, 임금께선 어떻게 흥하셨겠습니까?

(4) **師興而雨**. (《左傳, 僖公, 19, 383》) 군사가 일어나자 비가 왔다.

(5) 鯀殛而**禹興**. 伊尹放大甲而相之. (《左傳, 襄公, 21, 1060》) 곤이 극

형을 받았지만 우가 등용되었고, 이윤이 태갑을 쫓아냈지만 그를 도왔다.

(6) **甲興**, 公登臺而請, 弗許. (《左傳, 襄公, 25, 1079》) 갑사들이 일어나자, 공이 대에 올라 청했으나 허락하지 않았다.

(7) **師不興**, 孤不歸矣. (《左傳, 襄公, 26, 1123》) 군사가 일어나지 않으면 저는 돌아가지 않겠습니다.

(8) 君子篤於親, 則**民興於仁**. 故舊不遺, 則民不偷. (《論語, 泰伯》) 군자가 친척에게 돈독하게 대하면, 백성들이 인에서 일어나게 되고, 옛 친구를 저버리지 않으면 백성들이 야박해지지 않는다.

(9) 子曰: "**興於詩**, 立於禮. 成於樂." (《論語, 泰伯》) 공자가 말했다. "사람은 시에서 일어나고 예에 서며, 음악에서 이룬다."

(10) 事不成, 則**禮樂不興**. **禮樂不興**, 則刑罰不中. 刑罰不中, 則民無所措手足. (《論語, 子路》) 일이 이루어지지 못하면 예악이 일어나지 못하고, 예악이 일어나지 못하면 형벌이 알맞지 못하고, 형벌이 알맞지 못하면 백성들이 손발을 둘 곳이 없어진다.

(11) 經正, 則**庶民興**. **庶民興**, 斯無邪慝矣. (《孟子, 盡心下》) 상도가 바르게 되면 백성들이 선에 일어나고, 백성들이 선에 흥하면 이에 사특함이 없어진다.

2.2 치사자주어문('일으키다, 발생시키다'의미)

(1) **王于興師**, 脩我戈矛, 與子同仇. (《詩經, 秦風, 無衣》) 왕께서 군사를 일으키시면, 나는 긴 창과 짧은 창으로 그대와 함께 한 편이 되리라.

(2) 是謂沈陽, **可以興兵**, 利以伐姜, 不利子商. (《左傳, 哀公, 09, 1653》) 이를 일러 양기가 가라앉는 것이라 하니, 군사를 일으킬 수 있는데, 강성을 치는 것이 이롭고, 자상을 치는 것이 불리합니다.

(3) **大尹興空澤之士千甲**, 奉公自空桐入, 如沃宮, 使召六子曰. (《左

傳, 哀公, 26, 1730)) 대윤은 공택의 갑사 일천을 일으켜, 공의 시신을 모시고 공동으로부터 옥궁에 들어가, 여섯 사람을 부르게 하고는 말했다.

(4) 上天降災, 使我兩君匪以玉帛相見, 而**以興戎**. ((左傳, 僖公, 15, 358)) 하늘이 화를 내어, 우리 두 임금으로 하여금 옥백으로 만나게 하지 않고 전쟁을 일으키게 하였습니다.

(5) **天將興之**, 誰能廢之? ((左傳, 僖公, 23, 409)) 하늘이 흥성케 하려는데, 누가 그만두게 할 수 있겠는가?

2.3 '可V' 구조

(1) 至於今不育, **其子不可不興也**. ((國語, 晉語七)) 지금에 이르도록 그 공이 이루어지지 않았으니, 그 아들을 기용하지 않을 수 없습니다.

2.4 관형어로 쓰이는 경우

완료의 의미를 갖는다.

(1) 冀之北土, 馬之所生, **無興國焉**. ((左傳, 昭公, 04, 1247)) 기의 북쪽 땅은 말이 나는 곳인데, 흥성한 나라가 없습니다.

(2) 故**興王賞諫臣**, 逸王罰之. ((國語, 晉語六)) 그러므로 국가를 일으킨 임금은 간언하는 신하에게 상을 주고, 방탕한 임금은 벌을 준다.

(3) 反先王之道, 亂楚國之法, **墮興功之臣**, 恥受賞之屬. ((荀子, 强國)) 선왕의 도를 위반하고, 초나라 법을 어지럽히며, 공을 세운 신하들의 기를 죽이며, 상을 받은 이들을 부끄럽게 하고 있다.

3. 소결

의미	통사 기능	詩經	左傳	國語	論語	孟子	荀子	韓非子	戰國策	총계
일어나다	행위주주어	6	5	0	1	0	2	1	1	16
발생하다	관계주주어	1	13	3	4	3	3	21	1	49
	치사자주어	3	21	13	3	1	6	4	16	67
	可V	0	0	1	0	0	0	0	0	1
	관형어	0	1	1	0	0	1	0	0	3
총계		10	40	18	8	4	12	26	18	136

표 3.3 상고 8부 문헌 '興'의 용례 통계

'興'의 '일어나다'의미와 '…로 하여금 일어나게 하다'의 의미는 통사 상 광범위한 자동과 사동의 교체 형식을 형성할 수 있다.

(1) 國家之敗, 失之道也, 則禍亂興. (《左傳, 昭公, 05, 1268》) 나라가 실패 하는 것은 이런 도를 잃어 화란이 일어나기 때문이다.

(2) 民未忘禍, 王又興之, 其若文武何? (《左傳, 僖公, 24, 425》) 백성들이 화를 잊지 않고 있는데, 임금이 화를 또 일으킨다면 문왕과 무왕을 어 찌하겠습니까?

(3) 我友敬矣, 讒言其興. (《詩經, 小雅, 沔水》) 내 친구들 조심하면, 참언이 어찌 일어나리오?

(4) 今吾子殺人以興謗, 而弗圖, 不亦異乎! (《左傳, 昭公, 27, 1488》) 지금 그대는 사람을 죽여 비방을 일으키고, 그것을 도모하지 않으니 또한 괴이하지 않습니까!

(5) 師興而雨. (《左傳, 僖公, 19, 383》) 군사가 일어나자 비가 왔다.

(6) 欒武子曰: "不可以當吾世而失諸侯, 必伐鄭." 乃興師. (《左傳, 成 公, 16, 880》) 난무자가 말했다. "우리 세대에 제후를 잃을 수 없으니, 반드시 정나라를 쳐야 합니다." 그리고는 군사를 일으켰다.

(7) **甲興**, 公登臺而請, 弗許. (《左傳, 襄公, 25, 1079》) 갑사들이 일어나자, 공이 대에 올라 청했으나 허락하지 않았다.

(8) **大尹興空澤之士千甲**, 奉公自空桐入, 如沃宮, 使召六子曰. (《左傳, 哀公, 26, 1730》) 대윤은 공택의 갑사 일천을 일으켜, 공의 시신을 모시고 공동으로부터 옥궁에 들어가, 여섯 사람을 부르게 하고는 말했다.

제**4**절 立

1. '일어나다(站起)'의미 '立'의 통사 기능

1.1 행위주주어문

(1) 之子于歸, 遠于將之. 瞻望弗及, **佇立以泣**. (《詩經, 邶風, 燕燕》) 그녀 시집가는 날, 멀리 나가 그녀를 보내고, 아득히 바라보아도 보이지 않아 우두커니 서서 눈물 흘린다.

(2) **豕人立**而啼. (《左傳, 莊公, 08, 175》) 돼지가 사람처럼 서서 울부짖었다.

(3) **公立於寢庭**, 謂獻子曰: "何如?" (《左傳, 成公, 06, 828》) 공이 침전의 뜰에 서서, 헌자에게 말했다. "어떤가?"

(4) **立於門外**, 告而入. (《左傳, 宣公, 06, 653》) 문밖에 서서 알리고 들어갔다.

(5) **嘗獨立**, 鯉趨而過庭. (《論語, 季氏》) 일찍이 아버지께서 홀로 서 계실 때 내가 종종걸음으로 마당을 지나고 있었다.

1.2 관형어로 쓰여 진행의 의미를 나타내는 경우

(1) 俯見其影, 以爲伏鬼也. 卬視其髮, 以爲**立魅**也. (《荀子, 解蔽》) 허

리를 숙여 자기 그림자를 보고 귀신이 구부리고 있는 것으로 생각하고, 머리를 들어 자기 머리카락을 보고도 도깨비가 서있다(서있는 도깨비)고 생각했다.

2. '세워지다/세우다(興起)'의미 '立'의 통사 기능

2.1 관계주주어문('세워지다'의미)

(1) 吾聞國家之立也, 本大而末小, 是以能固. (《左傳, 桓公, 02, 94》) 내가 듣자하니, 국가가 건립될 때에는, 근본이 크고 지엽이 작아야 이에 굳건해질 수 있다고 한다.

(2) 人所以立, 信, 知, 勇也. (《左傳, 成公, 17, 901》) 사람이 서게 되는 것은 믿음, 지혜, 용기이다.

(3) 伐叛, 刑也. 柔服, 德也, 二者立矣. (《左傳, 宣公, 12, 722》) 배반한 것을 친 것은 형벌이고, 복종한 것을 어루만지는 것은 덕이다. 이 두 가지가 다 세워졌다.

(4) 德立刑行, 政成事時. (《左傳, 宣公, 12, 725》) 덕이 서고 형벌이 행해지며, 정치가 이루어지고 일이 때맞춰 시행된다.

(5) 怠禮, 失政. 失政, 不立. 是以亂也. (《左傳, 襄公, 21, 1063》) 예를 태만히 하면, 정치를 잃고, 정치를 잃으면 서지 못하니, 이로써 어지러워진다.

(6) 魯有先大夫曰臧文仲, 旣沒, 其言立, 其是之謂乎? (《左傳, 襄公, 24, 1088》) 노나라에 옛날 대부 '장문중'이란 자가 있는데, 그는 이미 죽었으나 그의 말은 아직도 세상에 서 있어, 이것이 바로 '不朽'란 말이다.

(7) 邾非敢自愛也, 懼君威之不立. 君威之不立, 小國之憂也. (《左傳, 哀公, 07, 1644》) 주나라는 감히 스스로 아깝게 여기지 않고, 임금의 위신이 서지 않는 것을 두려워했다. 임금의 위신이 서지 않는 것이 바로 소

국의 근심이다.

(8) 君子務本, **本立**而道生. (《論語, 學而》) 군자는 근본에 힘을 쓰며, 근본이 세워져야 도가 생겨난다.

2.2 관형어로 쓰이는 경우 과거분사와 유사하며, 완료의 의미가 있다.

(1) 大上有**立德**, 其次有**立功**, 其次有**立言**. (《左傳, 襄公, 24, 1088》) 최고의 것은 세워진 덕에 있고, 그 다음은 세워진 공에 있으며, 그 다음은 세워진 말에 있다.

(2) 有成功**立事**而不敢伐其勞, 不難破家以便國, 殺身以安主. (《韓非子, 說疑》) 이룬 공과 완수한 사업이 있어도 감히 그 수고로움을 자랑하지 않았고, 집은 파멸해도 국가의 이익을 도모하고, 몸을 희생하여 군주의 평안을 도모했다.

(3) 故聞伯夷之風者, 頑夫廉, 懦夫有**立志**. (《孟子, 盡心下》) 그렇기 때문에 백이의 이야기를 들은 이들은 강고한 사람은 청렴해지고, 나약한 사람은 뜻을 세우게 된다.

2.3 치사자주어문('세우다' 의미)

(1) 民之多辟, **無自立辟**. (《詩經, 大雅, 板》) 백성들은 간사한 이가 많아, 스스로 간사함을 세우지 마라.

(2) 今吾子相鄭國, 作封洫, **立謗政**, 制參辟, 鑄刑書, 將以靖民, 不亦難乎? (《左傳, 昭公, 06, 1276》) 지금 그대는 정나라를 보좌하면서, 봉지와 구혁을 획정하고, 비방을 사는 정사를 세우며, 세 가지 형법을 만들어, 형법을 주조하여, 백성을 안정시키려 하니, 어렵지 않겠습니까?

(3) 卿無共御, **立軍尉**以攝之. (《左傳, 成公, 18, 908》) 경은 정해진 어자를 없애고, 군위를 세워 대신하게 하였다.

(4) 志以發言, 言以出信, **信以立志**. (《左傳, 襄公, 27, 1131》) 뜻으로 말을 하고, 말로 신의를 낳으며, 신의로 뜻을 세운다.

2.4 '可V' 구조

(1) 桓公召而與之語, 訾相其質, 足以比成事, 誠**可立**而授之. (《國語, 齊語》) 환공이 불러다 그와 대화를 하여 그의 자질을 헤아려 보고, 족히 일을 성사시킬 만하고 진실로 관리로 세울만 하다면 그에게 관직을 주었다.

(2) 人情者, 有好惡, 故賞罰可用. 賞罰可用則**禁令可立**而治道具矣. (《韓非子, 八經》) 인정이란 상을 좋아하고 죄를 싫어하는 것이 있는 것이다. 그래서 상벌이 소용이 되고, 상벌이 소용이 되면, 금령을 세울 수 있고 법도가 갖추어지게 된다.

(3) 使士民明焉盡力致死, 則**功伐可立**而爵祿可致. (《韓非子, 六反》) 신하들에게 그것을 명확히 하고, 그들의 힘을 다하고 목숨을 다하게 하면, 그들도 공을 세우고 작록을 얻게 될 것이다.

(4) 以爲不可陷之楯, 與無不陷之矛, 爲名**不可兩立**也. (《韓非子, 難勢》) 절대로 뚫리지 않는 방패와 뚫지 못하는 것이 없는 창은 그 이름이 양립될 수 없다고 보기 때문이다.

(5) 夫不可陷之楯, 與無不陷之矛, **不可同世而立**. (《韓非子, 難勢》) 무릇 절대 뚫리지 않는 방패와 뚫지 못하는 것이 없는 창은 이 세상에 동시에 존재할 수 없습니다.

(6) 臣聞之, 善爲事者, 先量其國之大小. 而揆其兵之强弱, 故**功可成**而**名可立**也. 不能為事者, 不先量其國之大小, 不揆其兵之强弱, 故**功不可成**而**名不可立**也. (《戰國策, 燕一》) 제가 듣건대, 일을 잘 처리하는 자는 먼저 자기 나라의 크기를 따지고, 또 병력의 강약도 살펴보고 시작합니다. 그래서 공도 이룰 수 있고, 이름도 이룰 수 있습니다. 그러나 일을 잘 처리하지 못하는 자는 먼저 자기 나라의 크기를

따지지 않고 병력의 강약도 헤아리지 않기 때문에, 공도 이룰 수 없고, 이름도 세울 수 없습니다.

(7) 矯國革俗於天下, **功名可立**也. (《戰國策, 齊六》) 천하에 나라를 바로 잡고, 풍속을 고친다면 공명을 세울 수 있다.

(8) 如此, 則**齊威可立**, 秦國可亡. (《戰國策, 齊六》) 이와 같다면, 제나라의 위엄은 세울 만 하고, 진나라는 망할 만 합니다.

3. '지위에 세워지다/세우다(确立)'의미 '立'의 통사 기능

3.1 관계주주어문('지위 등에 세워지다'의미)

(1) 洩駕惡瑕, 文公亦惡之, **故不立**也. (《左傳, 宣公, 03, 674》) 설가는 하를 미워했고, 문공 역시 그를 미워하여, (그는) 세워지지 않았다.

(2) **齊侯新立**, 而欲親魯, 許之. (《左傳, 文公, 18, 631》) 제후는 막 즉위하여 노나라와 친하고자 그것을 허락하였다.

(3) 子死, **孺子立**, 不亦可乎? (《國語, 晉語二》) 그대가 죽어 유자가 왕위에 설 수 있다면, 죽는 것 또한 옳지 않은가?

(4) 叔熊逃難於濮而蠻, **季紃是立**, 薳氏將起之, 禍又不克. (《國語, 鄭語》) 숙웅이 환란을 피하여 濮땅으로 가서 만족이 되어 버리자, 季紃이 이에 세워졌는데, 원씨가 숙웅을 세우려다가 화를 당하고 성공하지 못했다.

(5) **文公立四年**, 楚成王伐宋, 公率齊秦伐曹衛以救宋. (《國語, 晉語四》) 진문공이 즉위한지 4년에, 초성왕이 송을 정벌하자, 문공이 제와 진을 통솔하여 조와 위를 쳐서 송을 구하였다.

(6) **太子不得立矣**. 改其制而不患其難, 輕其任而不憂其危, 君有異心, **又焉得立**? (《國語, 晉語一》) 태자께서는 군주의 지위에 서지 못할 것입니다. 태자의 법제를 바꾸면서도 그로 인해 일어날 환란을 근심하

지 않고, 그 임무를 가볍게 만들면서도 그에 의하여 나타날 위태로움을 근심하지 않고 있으니, 임금께서 다른 마음이 있는 것이니, 어떻게 군주의 자리에 설 수 있겠습니까?

(7) **韓咎立爲君**, 未定也. (《韓非子, 說林下》) 한나라의 태자 구는 임금이 되었지만 아직 완전한 자리가 아니다.

(8) 鄭莊公城櫟而置子元焉, **使昭公不立**. (《左傳, 昭公, 11, 1328》) 정장공이 역에 성을 쌓아 자원을 거기에 두어 소공이 즉위하지 못하게 하였다.

3.2 치사자주어문('지위 등에 세우다'의미)

(1) **天立厥配**, 受命既固. (《詩經, 大雅, 皇矣》) 하늘에서 그 배필을 세우셔서, 받으실 천명 굳어지셨다.

(2) 外大國是疆, 幅隕既長. 有娀方將, **帝立子生商**. (《詩經, 商頌, 長發》) 밖의 큰 나라들을 경계로 하였고, 폭과 둘레가 이미 넓었다. 유융씨 마침내 커질 때, 상제께서 아들을 세워 상을 탄생하게 하셨다.

(3) 今**滅德立違**, 而置其賂器於大廟, 以明示百官. (《左傳, 桓公, 02, 89》) 지금은 덕을 없애고 어긋난 것을 세워, 태묘에는 사람들의 뇌물을 놓아 이로써 백관들 앞에 드러낸다.

(4) **襄仲欲立之**, 叔仲不可. 仲見于齐侯而请之. (《左傳, 文公, 18, 631》) 양중이 그를 즉위시키려하자, 숙중이 동의하지 않았다. 그러자 仲이 제후를 뵙고 부탁하였다.

(5) 君既許我殺太子而**立奚齊矣**, 吾難里克, 奈何! (《國語, 晉語二》) 일찍이 임금께서 나에게 태자를 죽이고 해제를 세울 것을 허락하셨다. 그러나 나는 이극이 어렵게 생각되니 어찌할 것인가?

(6) 今**天子立諸侯**而建其少, 是教逆也. (《國語, 周語上》) 지금 천자께서 제후를 세우면서 그의 작은 아들을 세운다면, 이는 법도에 거스르는

일을 가르치는 것입니다.

(7) 遂以復齊, 遽迎太子於莒, <u>立之以爲王</u>. (《戰國策, 齊六》) 드디어 제나라 국토를 회복하고는, 급히 태자를 거에서 맞이하여 그를 왕으로 세우게 되었다.

3.3 관형어로 쓰이는 경우('즉위한, 자리에 세워진')

완료의미 또는 피동의미를 가지며 과거분사와 유사하다.

(1) 天降喪亂, <u>滅我立王</u>. (《詩經, 大雅, 桑柔》) 하늘에서 난리를 내리셔서 우리가 세운 임금 멸하시다.

(2) 鄭游吉如楚葬郟敖, 且聘<u>立君</u>. (《左傳, 昭公, 원년, 1235》) 정나라 유 길이 초나라에 가서 겹오의 장례에 참석하고, 아울러 새로 즉위한 임 금을 빙문하였다.

(3) 楚人日徵敝邑以不朝<u>立王</u>之故. (《左傳, 昭公, 03, 1241》) 초나라 사람 이 날로 우리나라에게 즉위한 왕에게 조현하지 않는 까닭을 추궁합니 다.

(4) 非我生亂, <u>立者</u>從之, 先人之道也. (《左傳, 昭公, 27, 1484》) 내가 난 을 일으킨 것이 아니라, 즉위한 자를 따르는 것이니, 선인의 도이다.

3.4 '自V' 구조

여기서 '自'는 재귀대명사이다.

(1) 秋, 負芻殺其大子而<u>自立也</u>. (《左傳, 成公, 13, 867》) 가을에 부추가 태 자를 죽이고 자신이 즉위하였다.

(2) 九月, 夫槪王歸, <u>自立也</u>, 以與王戰, 而敗. (《左傳, 定公, 05, 1551》)
9월에 부개왕이 돌아와 스스로 왕이 되고는 왕과 싸워 패했다.

(3) <u>君死自立</u>則不敢, 久則恐諸侯之謀, 徑召君于外也, 則民各有心, 恐厚亂, 盍請君于秦乎? (《國語, 晉語二》) 임금께서 돌아가셨는데, 스스로 임금이 될 수도 없고, 그렇다고 오래 놔두면 제후들이 음모를 꾸미며 마음대로 밖에서 군주를 불러들여, 백성들 각자 마음이 달라져서 혼란이 가중될까 두렵습니다. 진에 임금세우는 일을 어찌 요청하지 않으십니까?

(4) 楚王子圍將聘於鄭, 未出境, 聞王病而反, 因入問病, 以其冠纓絞王而殺之, <u>遂自立也</u>. (《韓非子, 姦劫弑臣》) 초나라 왕자 위가 정에 사신가게 되었다. 그가 국경을 넘기 전 왕이 병이 들었다는 말을 듣고 돌아왔다. 그는 왕을 병문안한다는 구실로 들어가 갓끈으로 왕을 목 졸라 죽이고 스스로 왕이 되었다.

(5) 楚王子圍聘於鄭, 未出境, 聞王病, 反問病, 以其冠纓絞王, 殺之, <u>因自立也</u>. (《戰國策, 楚四》) 초나라 왕자 위가 정에 사신가게 되었다. 그가 국경을 넘기 전 왕이 병이 들었다는 말을 듣고 돌아왔다. 그는 왕을 병문안을 하다가 갓끈으로 왕을 목 졸라 죽이고 스스로 왕이 되었다.

(6) 國之衆, 皆以田單爲<u>自立</u>也. (《戰國策, 齊六》) 제나라 백성들은 모두 전단 스스로 왕이 되었다고 생각한다.

3.5 '可V' 구조

《左傳》에 3예, 《國語》에 1예 출현한다.

(1) 周子有兄而無慧, 不能辨菽麥, <u>故不可立</u>. (《左傳, 成公, 16, 907》) 주자에게는 형이 있었으나 지혜가 없어서, 콩과 보리도 분간하지 못했으므로 임금으로 세울 만 하지 못했다.

(2) 且是人也, 蜂目而豺聲, 忍人也, **不可立也**. (《左傳, 文公, 원년, 514》)
그런데 이 분은 벌과 같은 눈에 승냥이 같은 목소리를 가졌고, 잔인한
성격을 가지셔서, 태자로 세울 만하지 못합니다.

(3) 於是知朔生盈而死, 盈生六年而武子卒, 毚裘亦幼, **皆未可立也**.
(《左傳, 襄公, 14, 1016》) 이에 지삭이 영을 낳고 죽었는데, 영이 태어난
지 6년 만에 무자가 죽었다. 체구 역시 어려서 세울 수가 없었다.

(4) **不可立也**! 不順必犯, 犯王命必誅, 故出令不可不順也. (《國語, 周
語上》) 戲를 세워서는 안 됩니다! 지위 계승의 법도에 순응하지 않으
면 반드시 노나라는 왕명을 위반할 것이고, 왕명을 위반하면 반드시
주살해야 합니다. 그러므로 명령을 내리는 일은 법도에 순응해야 합
니다.

4. 소결

의미	통사 기능	詩經	左傳	國語	論語	孟子	荀子	韓非子	戰國策	총계
일어나다 (站立)	행위주주어	0	20	0	13	10	18	19	22	102
	관형어	0	0	0	0	0	1	0	0	1
	명사화	0	0	0	0	0	3	0	0	3
성립되다 (成立)	관계주주어	0	9	9	7	1	31	47	22	126
	관형어	1	6	0	0	1	0	1	0	9
	치사자주어	1	7	14	2	1	37	12	8	82
	可V	0	0	0	0	0	0	3	4	7
(지위를) 세우다 (確立)	관계주주어	0	48	18	3	6	2	16	31	124
	치사자주어	3	193	42	1	1	11	21	50	322
	可V	0	3	2	0	0	0	0	0	5
	自V	0	2	1	0	0	0	1	1	5
	관형어	1	6	0	0	0	0	0	0	7
총계		6	294	86	26	20	103	120	138	793

표 3.4 상고 8부 문헌 '立'의 용례 통계

'立'의 '성립되다'와 '…로 하여금 성립되게 하다(성립시키다)'의미는 통사상 자동과 사동의 교체형식을 구성할 수 있다.

(1) 夫子之得邦家者, 所謂**立之斯立**, 道之斯行, 綏之斯來, 動之斯和. (《論語, 子張》) 만일 부자께서 나라를 얻으신다면, 백성에 대해 이른바 세우면 이에 서고, 인도하면 이에 따르고, 편안하게 해주면 이에 따라오고, 고취시키면 이에 화합한다.

(2) 然而用之者, 夫文王**欲立貴道**, 欲白貴名, 以惠天下, 而不可以獨也. 非於是子莫足以擧之, 故擧是子而用之. 於是乎**貴道果立**, 貴名果白, 兼制天下, 立七十一國, 姬姓獨居五十三人. (《荀子, 君道》) 그런데도 그를 등용한 이유는, 무릇 문왕이 귀한 도를 세우고, 귀한 도를 밝혀, 천하에 은혜를 베풀고자 하였는데, 홀로 할 수가 없었으며, 태공이 아니면 족히 등용할 사람이 없어서, 그러므로 그를 등용하여 재상으로 삼았던 것이다. 이에 고귀한 도가 과감히 세워지고 귀한 이름 과감하게 밝혀져서, 천하를 통일하시어, 71개 나라를 세우면서 희씨 성의 나라 53개국을 세웠다.

(3) 夫**立法令者**以廢私也, 法令行而私道廢矣. (《韓非子, 詭使》) 무릇 법령을 세우는 것은 사사로운 것을 폐하기 위함이다. 법령이 행해지면 사사로운 도는 폐해진다.

(4) **法立**, 則莫得爲私矣. (《韓非子, 詭使》) 법이 서게 되면, 사도를 행하는 자가 없게 된다.

'…의 지위를 세우다(옹립하다, 즉위하다)'의미의 '立'은 통사적 使動을 통해 자동과 사동의 교체 형식을 구성할 수 있다.

(5) 齊秦合而**立負芻**, **負芻立**, 其母在秦, 則魏秦之縣也已. (《戰國策, 秦四》) 제나라와 진나라가 합하여 부추를 위나라 왕으로 세워주는 겁니다. 부추가 왕으로 세워지고 그 어미가 진의 왕비가 된다면, 위와 진

은 하나의 현처럼 됩니다.

(6) 今君相楚王二十餘年, 而王無子, 即**百歲後將更立兄弟**. (《戰國策, 楚四》) 지금 당신은 이미 20년 넘게 초왕의 재상을 맡았지만 왕에게는 후사가 없습니다. 왕이 죽은 후에는 장차 왕의 형제를 세우게 될 수 있을 것입니다.

(7) 君用事久, 多失禮於王兄弟, **兄弟誠立**, 禍且及身, 奈何以保相印江東之封乎? (《戰國策, 楚四》) 당신께서 일을 맡으신지 오래인데, 아마도 왕의 형제들에게 무례를 많이 범했을 것이오. 그런데 형제 중 한 명이 왕으로 서면, 화가 당신께 미칠 것인데, 어떻게 상국의 패인과 강동의 봉지를 지킬 수 있겠소?

이러한 통사구조는 확충이 될 수도 있어서, 목적어 뒤에 구체적인 직위가 더 나오기도 한다.

(8) 殺顚頡以徇於師, **立舟之僑以爲戎右**. (《左傳, 僖公, 28, 455》) 전힐을 죽여 군사들에게 돌리며, 주지교를 세워 호위병(戎右)으로 삼았다.

이러한 구조 역시 자동과 사동의 교체 형식을 구성할 수 있다. 특히 구체적인 직위와 피동작주 간에 등가성이 있기 때문에, 자동구조 중의 주어는 사동문 중의 목적어가 될 수도 있고, 또 직위명사가 될 수도 있다. 사실상 '立'이란 의항의 개념구조는 "피동작주를 세워 어떤 직위를 획득하게끔 하다."가 된다.

(9) 蘇秦謂齊王曰: "**齊秦立爲兩帝**, 王以天下爲尊秦乎? 且尊齊乎?" (《戰國策, 齊四》) 소진이 제왕에게 물었다. "제와 진이 두 왕이 되어 서로 동제, 서제 한다면, 왕께서 생각하시기에, 천하가 진을 높일까요, 아니면 제를 높일까요?

(10) **兩帝立**, 約伐趙, 孰與伐宋之利也? 《《戰國策, 齊四》》 두 개의 제왕이
서고 나면, 맹약을 맺어 조를 치는 것과 제나라 혼자서 송을 치는 것
중 어느 것이 더 유리할까요?

'立'은 '力入切'로 그 재구음은 *rɯb이다. 한편, '位'는 '于愧切'로
그 재구음은 *Gʷrɯbs이다. 이 '位'는 바로 '立'의 轉注분화자이다. 즉,
'位'는 '立'의 명사형식인 것이다. 상고 8부의 문헌에서 단지 《詩經》에서
만 '位'가 동사로 쓰이는 용법이 1예 출현한다.

(11) **天位殷適**, 使不挾四方. 《《詩經, 大雅, 大明》》 하늘은 은나라 자손들에
게 자리를 주었는데, 그들로 하여금 세상을 다스리지 못하게 하였다.

'位'는 주로 명사의 용법이다. 그리고 '卽位'라고 하는 술목구조는
《左傳》에서 68예나 출현한다. 그런데 이 의미를 가진 '立'의 자동구조
는 《左傳》에서 73예 출현하여 기본적으로 서로 비슷한 출현상황을 보
여준다.

(12) 元年春王正月, **公卽位**. 《左傳, 哀公, 원년, 1603》 원년 봄 주력 정월
에 공이 즉위하였다.

(13) **桓公立**, 乃老. 《左傳, 隱公, 03, 33》 환공이 즉위하자, 이에 늙었다고 고
했다.

음운상으로, '立'과 '位' 사이에는 入聲과 去聲의 차이가 있다. 다시
말해서, '位'는 *-s접미사가 있는 것이다. 그리고 통사 표현으로 볼 때,
이 접미사가 명사화 기능이 있음을 분명히 알 수 있어서 우리는 이를 '-s₁'이
라고 한다.

제5절 본장소결

의미	통사 기능	起	作	興	立
일어서다 站立	행위주주어	33	5	16	102
	치사자주어	4	0	0	4
	관형어	0	0	0	1
발생하다 興起	관계주주어	90	80	49	126
	관형어	1	0	3	7
	영주속빈	0	2	0	2
	치사자주어	66	105	67	82
	可V	0	0	1	9

표 3.5 '起' '作' '興' '立'의 통사 기능 일람

'立'의 본의는 '일어서다, 서다(站立)'로 공간자세동사이다. 이것이 '일어남(起立)'이후 형성된 상태이기 때문에 《說文》은 "立, 位也", "位, 立也"로 互訓을 하고 있다. 이렇게 '일어서다' 의미의 '立'이 결코 '일어나다(起身)'와 같은 방향의미를 갖고 있지는 않으나, 의미가 좀 더 파생되어 가면서, '立'은 '起', '作', '興'과 더불어 동일한 '출현하다(出現)'의 의미를 갖게 되었다. '起', '作', '興'은 '일어나다'라는 동작으로 부터 '서다(立)'의 상태가 형성되었고, 이는 공간 속에 서있는 것, 즉 '공간 속의 존재'를 나타내게 되었다. 즉, 은유를 통해 '존재', '출현'의 의미가 파생된 것이다. 그리고 '…로 하여금 출현하게 하다'라는 使動의 의미는 의미가 진일보하게 파생된 것으로, 이는 통사 사동을 통해 형성된 것이다. 이것은 전형적인 존재의미의 동사인 濁聲母 '見'의 의미 파생 경로와 매우 유사하다.

이 네 가지 '발생하다(興起)'의미의 핵심은 바로 '존재의미'이다. 존현동사로서 이들은 이른바 '존재연접규칙'에 의거할 때, '의미상의 비대격동사류'이다. 동시에 이들은 또 비대격동사의 통사적 표현도 있어서 '…로 하여금

발생하게 하다'라는 의미와 함께 자동/사동의 교체 형식을 구성한다. 이때, 전자의 주어는 후자의 목적어이다. 통사 기능 상, 관형어로 쓰이는 경우는 하나의 과거분사와 유사하여 '완료의미'를 갖는다. 그리고 또 영주속빈의 구조도 가지고 있다. L&RH(1995)는 비대격동사가 비록 그와 상응하는 사동사와 자동/사동의 교체쌍을 형성할 수 있으나 존재의미의 동사는 사동의 교체형식이 없다고 하였다. 그래서 影山太郞은 바로 이러한 의미로 능격동사와 비대격동사를 구분하였다. 그런데 앞의 제2장 제2절의 탁성모 '見'에 대한 분석을 통해 알 수 있듯이, **상고한어의 존재의미 동사는 그에 상응하는 사동 교체형식이 존재한다.** 바로 이점이 비대격동사 연구 상의 한 가지 특징이라 할 수 있다.

본의가 '일어서다(站立)'의미인 '起', '作', '興' 세 동사는 모두 '비능격동사'이다. 이들이 '일어서다'의 의미로부터 존재의미로 파생되는 것은 '起'의 일부 예로부터 그 단서를 찾을 수 있다.

(1) **莊蹻起**, 楚分而爲三四, 是豈無堅甲利兵也哉! 《荀子, 議兵》 장교라는 장수가 나온 이후, 초나라는 서너 개로 분열하였다. 이들이 어찌 단단한 갑옷, 예리한 무기가 없어서이겠는가!

(2) 及以**燕趙起**而攻之, 若振槁然, 而身死國亡, 爲天下大戮, 後世言惡, 則必稽焉. 《荀子, 王霸》 연나라와 조나라가 일어나 그들을 공격하여, 마치 마른 나뭇잎을 흔들 듯이 쉽게 이겨서, 그의 몸은 죽고 나라는 망하는 천하의 대 치욕을 당했으니, 후세에 악한 경우를 얘기할 때는 반드시 이 일을 참고하게 되었다.

(1)에서의 행위주 '莊蹻'는 '일어서다'라는 구체적인 행위를 실시하지 않았다. 그보다는 추상적인 '일어나다'의 상태인 것이다. '연나라와 조나라가 일어나다'에 있어서, '燕'과 '趙'는 나라이기 때문에, 사실상

추상적인 '일어나다'라는 능력조차 갖추지 못한다. 그래서 단지 '출현하다(興起)'라는 의미로 해석할 수밖에 없다. 이를 통해, 추상적인 '일어나다'의 동작 혹은 상태는 곧 '일어나다(起)'라는 의미가 파생되어 가는 중간상태임을 알 수 있다.

'일어서다'의미의 '起'가 사동의 통사구조가 있긴 하지만, 이와 동일의미의 '作'과 '興'이 모두 사동의 통사형식이 없기 때문에, 이는 아마도 일종의 우연한 사동 창조라고 할 수 있다. 특히나 '일어서다'의미 '起'의 사동문에서, 이것의 치사자주어는 의미상 엄격한 행위주를 요구하며, 광의의 치사자(원인이나 도구 등)로 충당되지는 않는다. 아울러 목적어는 반드시 유생명명사이다. 바로 이러한 면이 '起' 사동문의 특징이다.

존재의미의 동사가 관형어로 쓰이면 완료의미나 피동의미를 갖는다. 예컨대, '…의 지위를 세우다'의미의 '立'과 존현동사 '興'이 그러하다. 그리고 비능격동사 '일어서다'의미의 '立'이 관형어로 쓰이면 현재분사와 유사하다.

제**4**장

방향동사

현대한어의 방향동사는 일종의 폐쇄적인 의미유형으로 방향보어로 쓰일 수 있는 동사들을 말한다. 그중 단음절의 방향동사는 모두 10개로 '來', '去', '上', '下', '進', '出', '回', '開', '過', '起'가 있다. 한편, 이들로 구성되는 이음절의 방향동사는 총15개가 있고, 그중 보통화에는 '起去'가 존재하지 않는다. 본서에서 사용하는 '방향동사'의 개념은 그 범위가 비교적 넓다. 일단, 기존의 연구를 따를 때, 과거에서 현재까지 방향동사의 범위가 점차적으로 폐쇄화되어왔기 때문에, 先秦시기의 방향동사는 그 개방성이 상대적으로 강할 것으로 추측한다. 이에 그 수를 확실하게 확정할 수는 없다. 다른 한편으로, 선진시기, 방향동사가 다른 동사 뒤에 출현하여 구성하는 것은 술보구조가 아닌 연동구조였다는 한계가 있다. 예컨대, "其子趨而往視之, 苗則槁矣(그 아들이 달음질하여 가서 보니, 묘목이 말라버렸다)."(《孟子, 公孫丑上》)의 경우, 방향보어로 쓰일 수 있는 조건을 갖추지 못하고 있다. 전체적인 체계성과 비교가능성, 그리고 연구의 편의를 고려해, 본문에서는 전형적인 방향동사를 중심으로 살펴보고자 한다.

王媛(2007)은 방향유형에 근거하여 방향성 동사에 대해 '중심에서 주변으로'라는 다음과 같은 연속성을 설정하였다.

> 정향(定向) 공간방향 > 부정향(不定向) 공간방향 > 과정성(過程性) 방향 > 위치이동의 주체가 피동작주인 관계화방향 > 위치이동의 주체가 행위주인 관계화방향 > 행위주/피동작주 공동 이동의 관계화방향

이것은 王媛(2007)의 〈現代漢語單音節動作動詞的方向性硏究〉에서 언급된 내용이다. 여기서 필자는 동작의 방향을 크게 '동작의 현실방향'과 '동작의 가상방향' 둘로 나누었다. 그런 다음, 동작의 현실방향은 다시 **'동작의 공간방향', '동작의 과정성방향', '동작의 관계화방향'**의 셋으로 나누었다. 먼저, 동작의 공간방향은 확정된 것과 확정되지 않은 것으로 나누었는데, 전자는 '상하, 내외, 좌우, 전후'를 나타내는 '擧, 退, 踩' 같은 동사가 해당되고, 후자는 不定의 방향이기 때문에 그 방향을 확정할 수 없는 '揉' 등이 해당된다. 그리고 동작의 과정성방향이란 "동작의 완정한 과정에서 표현되는 일종의 안정상태로 표현되는 동작"을 말하는데, 여기에는 '攤(벌이다, 늘어놓다)' 같은 동사가 있다. 또한 동작의 관계화방향이란 "일정한 관계에 기초한 것"으로 '脫'같은 것이 있다. 이러한 세 가지 유형은 동작을 묘사할 때 우선순위가 있는데, 다음과 같다.

동작의 현실공간방향 > 동작의 현실과정성방향 > 동작의 현실관계화방향 > 동작의 가상방향

그런 다음 필자는 현대한어 단음절 동사에 대해 다음과 같은 분류를 하였다. 아래에서는 '현실방향동사'만을 소개한다.

(一) 공간방향동작동사
1. 定向동사: 종향, 횡향, 전후향, 이외향 동사(登, 立, 降, 落, 上, 退, 拔, 進, 走 등)
2. 不定向동사: 擦, 抹, 揮, 拌, 轉 등

(二) 과정성방향동사
1. 內變向동사: 滾, 卷, 扭, 彎 등
2. 聚攏向동사: 抽, 收, 縮 등
3. 擴展向동사: 剪, 解, 拉, 劈, 伸 등

(三) 관계화방향동사
1. 위치이동 주체가 피동작주인 것: 扯, 牽, 投, 推 등
2. 위치이동 주체가 행위주인 것: 踩, 踏, 吻, 握, 朝 등
3. 행위주/피동작주 동시이동인 것: 跟, 攔, 堵, 捉 등

본문에서는 이 기초 위에 약간의 수정을 가하여, 전반적으로 위의 연속성 상에서 '과정성 방향'의 좌측에 있는 것들로 한정하였다. 그 외에 또 모든 언어에서 기본적으로 존재하는 지시방향동사인 '來'와 '去'를 추가하였다. 이렇게 선진시기의 방향동사는 먼저 '지시방향동사'와 '비지시방향동사'로 분류한다. 그리고 비지시방향동사는 다시 내재방향의 차이 및 의미의 중점에 따라 재분류를 할 수 있다. 그 분류 결과는 아래 표와 같다.

유별			대표적 동사
지시방향류			來 去
비지시방향류	이향류(裏向類)		入 進
	외향류(外向類)		出
	전향류(前向類)		往 至 如 之 逝 徂 適 赴
	후향류 (後向類)	후퇴	退 却
		되돌아옴	反(返) 退 回 還 復 歸
	상향류(上向類)		登 陟 升 乘 上
	하향류(下向類)		落 降 墮 墜 隕 下
	경과류(經過類)		涉 過 濟 逾 越 超
	사주류(四周類)		繞 環 還 周
	집중성 부정향류		聚
	산개성 부정향류		散

표 4.1 상고 방향동사 분류표

논항구조로 볼 때, 방향동사는 2논항 동사이다. 그중 하나는 직접적인 내재논항(공간상 위치이동이 발생하는 객체)이고, 다른 하나는 간접적인 내재논항(처소)이다. 그 외 외재논항은 없다. 상고한어 방향동사의 통사 행위는 주로 두 가지 방면에서 비교적 큰 차이를 보인다.

첫째, 반드시 처소목적어를 갖는가의 여부. 또는 처소논항이 반드시 표층 목적어로 실현되는가의 여부.

둘째, 사동 교체 형식이 존재하는가의 여부. 사동 교체 형식이 존재하는 방향동사로는 주로 지시방향류, 이향류, 외향류, 후향류, 집중성 부정향류와 산개성 부정향류이다.

셋째, 일부는 급물동사와 유사하여, 처소논항이 표층 목적어로 실현되기도 한다. 여기에는 경과류, 사주류동사가 있다.

넷째, 일부 방향동사의 내부 통사 표현이 다른 경우도 있다.

아래에서는 전체적인 관찰을 바탕으로, 일부 예를 대표로 하여 선진 시기 방향동사의 통사 행위에 대해 전면적인 귀납과 토론을 하고자 한다. 본장은 기본적으로 용례가 많은 동사에 대해 상세한 고찰을 진행할 것이며, 용례가 적은 동사에 대해서는 함께 합쳐서 종합적인 고찰을 진행할 것이다.

제1절 지시방향류: 來, 去

1. 來

'來'는 平聲과 去聲의 두 가지 독음이 있다. 《廣韻》에서는 단지 평성의 '來'만을 수록하고 있는데, "'來'는 '이르다, 미치다, 돌아오다'로 '落哀切'이다(來. 至也, 及也, 還也, 落哀切)."이라 되어 있다. 한편, "夫如是, 故遠人不服, 則修文德以來之(무릇 이와 같다면 먼 곳의 사람이 복종하지 않으면 문덕을 닦아 그를 오게 한다)."(《論語, 季氏》)에 대해선 《經典釋文》의 주음이 '力代反'으로 되어 있다.

'倈'는 《廣韻》에 "발음은 '落哀切'이며, '돌아오다'이다. 또 '力代切'이 있는데 이 경우는 '위로하다'이다(落哀切, 還也. 又力代切, 勞也)."

로 되어 있다.

'勑'는 '力代切'로, 《說文》에 "위로하다(勞也)."로 되어 있다.

《爾雅, 釋詁》에, "'來'는 '위로하다'이다(來, 勤也)."로 되어 있고, 글자 역시 '倈'나 '俫'로도 되어 있다.

《經典釋文》에 "'來' 옆에 '力'이 있는데, 세속에서 '勑'자로 쓴다. '설문'에서는 '은덕을 베풀어 오게 하다, 위로하다'의 글자로 본다(來旁作力, 俗以爲約勑字. '說文'以爲勞倈之字)."라고 되어 있다.

다시 말해서, '위로하다(勤)(…로 하여금 오게 하다)'라는 의미의 '來'는 去聲이다. 다만 문자상 '倈', '勑', '俫'의 여러 가지 표기법이 존재할 뿐이다.

'來'는 전형적인 방향동사이다. 평성과 거성의 두 독음은 각각 재구음가가 *rɯɯ, *rɯɯs이다. 우리는 독음을 나누어 '來'의 통사 기능을 살펴보고자 한다.

1.1 平聲 '來'의 통사 기능

1.1.1 단순식 관계주주어문

관계주주어는 대부분 행위주성의 유생명명사이다. 어떤 경우엔 행위주성이 약한 무생명명사일 수도 있다.

(1) **以爾車來**, 以我賄遷. (《詩經, 衛風, 氓》) 그대 수레 몰고 와서, 나의 혼수감 가져가세요.

(2) 雞棲于塒, 日之夕矣, **羊牛下來**. (《詩經, 王風, 君子于役》) 닭은 홰에 오르고, 날이 저무니, 양과 소도 내려왔다.

(3) 齊君恐不得禮, 故不出, 而**使四子來**. (《左傳, 宣公, 17, 773》) 제나라 임금은 예우를 받지 못할까 걱정되어, 나서지 않고 네 사람을 오라고

했다.

(4) 今鸜鵒來巢, 其將及乎! (《左傳, 昭公, 25, 1460》) 지금 구욕새가 와서
둥지를 트니 아마 곧 이르게 될 겁니다.

(5) 是師也, 唯子玉欲之, 與王心違, 故唯東宮與西廣寔來. (《國語, 楚語
上》) 이번 초나라 군사는 오직 자옥의 욕심에서 벌어진 것으로 왕의
마음과는 맞지 않는 전쟁입니다. 그래서 동궁군과 서광군이 집단으로
따라왔습니다.

(6) 有朋自遠方來, 不亦樂乎? (《論語, 學而》) 벗이 있어 멀리서 바야흐로
온다면, 또한 즐겁지 아니한가?

(7) 宣子曰: "我欲得齊, 而遠其寵, 寵將來乎?" (《左傳, 昭公, 03, 1141》)
선자가 말했다. "우리가 제나라를 얻고자 하면서 총신을 멀리한다면,
총신이 장차 오겠는가?"

(8) 凡物有乘而來, 乘其出者, 是其反也. (《荀子, 大略》) 무릇 사물은 어
떤 것에 편승하여 오게 되는데, 그 나가는 것을 탄 것은 돌아오게
된다.

(9) 執一無失, 行微無怠, 忠信無倦, 而天下自來. (《荀子, 堯問》) 마음을
나라로 집중해서 잃지 않으며, 행동함에 아주 작은 일까지 태만하지
않으며, 진심과 믿음으로 게으름 없이 한다면 천하는 저절로 돌아올
것이다.

1.1.2 연동구조의 제1동사

(1) 是用作歌, 將母來諗. (《詩經, 小雅, 四牡》) 이렇게 노래지어, 어머니에
게 가리라 생각해본다.

(2) 晉侯使欒黶來乞師. (《左傳, 成公, 16, 878》) 진후가 난염을 보내서 군사
를 청하였다.

(3) 七年春, 衛侯使孫良夫來盟. (《左傳, 宣公, 07, 690》) 7년 봄, 위후가 손
양부를 시켜 맹약을 하게 했다.

(4) **越人必來襲我**, 王雖悔之, 其猶有及乎? (《國語, 吳語》) 월왕 구천이
처들어와 반드시 우리를 습격할 것이니, 왕께서 그때서야 후회한들 미
칠 수 있겠습니까?

(5) 有王者起, **必來取法**, 是爲王者師也. (《孟子, 滕文公上》) 만약 왕업을
이룰 자가 나올 경우, 반드시 등나라로 와서 이 법을 취할 것이니, 이
는 왕업을 이룬 자의 스승이 되는 것입니다.

(6) 夫苟好善, 則四海之內, **皆將輕千里而來告之以善**. (《孟子, 告子下》)
만약 선을 좋아하면, 사해 내에서 모두 천리를 가벼이 여기고 와서 선
을 알려줄 것이다.

(7) 兵不血刃, **遠邇來服**, 德盛於此, 施及四極. (《荀子, 議兵》) 군대는
칼에 피를 묻히지 않고도 먼데서 가까운 곳까지 와서 복종하게 했다.
그들의 덕은 여기서 성대해지고 멀리 사방에까지 미쳤다.

(8) 今趙欲聚兵士卒, 以秦爲事, **使人來借道**, 言欲伐秦, 其勢必先韓
而後秦. (《韓非子, 存韓》) 지금 조가 병사들을 모아 진에 맞서 전쟁을
일으키고자 하여, 사람을 보내 길을 빌려 달라하고 진을 치겠다는 뜻
을 전하지만, 그 형세로 보아 반드시 한을 먼저 친 뒤에 진을 칠 것
같습니다.

(9) 吾爲子使秦, **必來請子**. (《戰國策, 秦五》) 내가 그대를 위하여 진나라
로 사신 가서, 반드시 그대를 와서 청하게 하겠습니다.

1.1.3 연동구조의 제2동사

(1) **盍歸乎來**! 吾黨之士狂簡進取, 不忘其初. (《孟子, 盡心下》) 어찌 돌
아가지 않겠는가! 우리 고을의 선비들은 뜻이 크고 대범하여 진취적
이어서 그 처음을 잊지 않는다.

(2) **使者數相往來**, 章子爲變其徽章, 以雜秦軍. (《戰國策, 齊一》) 양쪽의
사신이 자주 왕래하고 있을 때, 광장은 자신의 깃발을 진의 것처럼 바
꾸고, 몰래 진의 군대와 섞이게 하였다.

1.2 去聲 '來'의 통사 기능

이것이 구성하는 것은 치사자주어문('오게 하다'의미)이다.

(1) 夫樂以安德, 義以處之, 禮以行之, 信以守之, 仁以厲之, 而後
可以殿邦國, 同福祿, **來遠人**, 所謂樂也. (《左傳, 襄公, 11, 994》) 무
릇 음악으로 덕을 안정시키고, 의로 그 위치에 처하고, 예로써 행하고,
믿음으로 지키고, 인으로 면려하고, 그런 다음에 나라를 안정시키고,
복록을 함께 하며, 먼 곳의 사람을 오게 할 수 있는 것이 이른바 즐거
움입니다.

(2) 子爲正卿, 而**來外盜**. 使紇去之, 將何以能? (《左傳, 襄公, 21, 1057》)
당신은 정경이 되어, 외국의 도적을 불러오고, 나에게 그들을 없애게
하니, 장차 어찌 할 수 있겠습니까?

(3) 優施曰: "吾**來里克**, 一日而已." (《國語, 晉語二》) 우시가 말했다. "내
가 리극을 우리편으로 돌아오게 하는 것은 하루면 됩니다."

(4) 夫如是, 故遠人不服, 則修文德**以來之**. **既來之**, 則安之. (《論語, 季
氏》) 무릇 이와 같다면 먼 곳의 사람이 복종하지 않으면 문덕을 닦아
그를 오게 한다. 이미 오게 했으면 그를 편안케 한다.

(5) **勞之來之**, 匡之直之, 輔之翼之, 使自得之, 又從而振德之. (《孟
子, 滕文公上》) 백성들을 위로하고 먼데서 오게 하여, 바로잡아 주며 펴
주며, 그들을 도와 이루게 해주면서, 스스로 얻게 하고, 또 그들을 쫓
아 덕을 베풀어야 한다.

(6) 葉公子高問政於仲尼, 仲尼曰: "政在悅近而**來遠**." (《韓非子, 難
三》) 섭의 공자 고가 공자에게 정치를 물었다. 공자가 대답했다. "정
치는 가까이 있는 이를 기쁘게 하고, 멀리 있는 이를 오게 하는 것입
니다."

(7) 葉民有倍心, 而說之悅近而**來遠**, 則是敎民懷惠. (《韓非子, 難三》)
섭의 백성들이 배신의 마음을 품자, 공자는 가까이 있는 이를 기쁘게

하고 멀리 있는 이를 오게 한다고 말했는데, 이는 곧 백성들로 하여금 은혜를 품게 하는 것이다.

(8) 客肯爲寡人**來靖郭君**乎? (《戰國策, 齊一》) 그대가 기꺼이 나를 위해 정곽군을 모셔올 수 있겠소?

1.3 '徠'의 통사 기능

1.3.1 치사자주어문('오게 하다'의미)

(1) 去鄕離家兮**徠遠客**, 超逍遙兮今焉薄? (宋玉 《楚辭, 九辨》) 고향을 버리고 집을 떠났네, 먼 곳의 나그네를 오게 하였더니, 정처 없이 이리 저리 떠돌다 지금은 어느 곳에 멈추었나?

(2) 今以草茅之地, **徠三晉之民**, 而使之事本. (《商君書, 徠民》) 지금 풀이 자란 땅으로 삼진의 백성을 오게 하여 그들에게 근본에 종사하게 한다.

1.3.2 관계주주어문

(1) 后皇嘉樹, **橘徠服**兮. (《楚辭, 思美人》) 하늘과 땅 사이의 아름다운 나무, 귤이 이곳에 와서 토질에 맞는구나.

(2) **魂魄歸徠**! 無遠遙只. (《楚辭, 大招》) 혼백이시어 돌아오시라! 부디 멀리 가지 마십시오.

(3) **魂乎徠歸**! 尙三王只. (《楚辭, 大招》) 혼이여 돌아오시라! 옛날 삼왕을 법삼는 세상이로다.

(3) 民勝其地者, 務開. 地勝其民者, **事徠**. (《商君書, 算地》) 백성들이 그 땅을 초과하면 힘써 땅을 넓히고, 땅이 그 백성을 초과하면, 백성들이 오는 일에 힘써야 한다.

1.4 소결

통사 기능			詩經	左傳	國語	論語	孟子	荀子	韓非子	戰國策	총계
관계주 주어문 (평성)	단순식		39	73	38	5	11	9	19	57	251
	연동 구조	제1동사	43	217	37	0	5	4	11	37	354
		제2동사	1	0	0	0	5	0	0	8	14
치사자주어문(거성)			0	2	1	2	1	0	5	1	12
총계			83	292	76	7	22	13	35	103	631

표 4.2 상고 8부 문헌 '來'의 용례 통계

평성 '來'는 방향의미 동사로서 비대격동사의 주요 통사적 특징을 갖고 있다.

첫째, 평성 '來'의 최소 구성 형식은 'NP V'이고, NP는 위치이동 변화가 발생하는 실체가 되어 직접적인 내재논항이 된다.

둘째, 평성 '來'와 거성 '來'는 자동과 사동의 교체 형식을 구성할 수 있다. 그래서 전자의 주어는 후자의 목적어가 되어, 양자는 동일한 의미역을 계승한다.

(1) 夫如是, 故遠人不服, 則修文德**以來之**. **旣來之**, 則安之. 今由與求也, 相夫子, **遠人不服而不能來也**, 邦分崩離析而不能守也. (《論語, 季氏》) 무릇 이와 같다면 먼 곳의 사람이 복종하지 않으면 문덕을 닦아 그를 오게 한다. 이미 오게 했으면 그를 편안케 해야 한다. 지금 유와 구는 계씨를 도우면서도 먼 곳에 있는 사람들이 복종하지 않아도 오게 할 수 없으며, 나라가 나누어지고 무너지고 떠나고 쪼개지는데도 지키지 못한다.

(2) 子曰: "近者說, **遠者來**." (《論語, 子路》) 공자가 말했다. "가까이 있는 자를 기쁘게 하고, 멀리 있는 오게 해야 한다."

(3) 葉公子高問政於仲尼, 仲尼曰: "政在悅近而**來遠**." (《韓非子, 難三》) 섭의 공자 고가 공자에게 정치를 물었다. 공자가 대답했다. "정치는 가까이 있는 이를 기쁘게 하고, 멀리 있는 이를 오게 하는 것입니다."

용례 상황으로 봤을 때, 거성의 '來'는 문헌 속의 용례가 평성의 '來'보다 훨씬 적다. 그러나 音注자료를 통해 확실히 증명이 되듯이, 이러한 사동 용법은 단순한 우연적인 창조라고 보기는 어렵다.

상고한어 8부 문헌에서는 아직 '徠'자는 보이지 않는다. 이것은 《楚辭》와 《商君書》에서의 용례가 비교적 많으나 사동문에 쓰이는 예는 매우 적어서 단지 2예만이 출현하고 있다. 그 외에 자동문에서는 27예 출현하고 있는데, 그중 22예는 '歸'와 연용이 되고 있다. 이 글자의 용법이나 자동/사동의 상황은 대체로 '來'와 유사하다. 이를 통해 '徠'는 '來'의 사동사 형식이 아니라 단지 이체자일 뿐임을 알 수 있다. 이로써 '來'가 평성과 거성의 두 독음이 있고, 거성일 때 사동사가 된다는 사실이 더욱더 증명되고 있다.

2. 去

방향의미 동사 '去'는 고빈도의 동사이다. 《説文》에서는 "사람이 어떤 곳을 떠나는 것이다. '丘倨切'이다(人相違也, 丘倨切)."이라 되어 있다. 《廣韻》에서는 "'丘倨切'로 '떠나다'의 의미이다. 또 '羌擧切'로 '없애다'의 의미이다(丘倨切, 離也. 又羌擧切, 除也)."라고 되어 있다. 《群經音辨》에서는 "없애는 것을 '去'라 하며 '羌擧切'이다. 스스로 떠나는 것을 '去'라 하며 '丘倨切'이다(除之曰去, 羌擧切. 自離曰去, 丘倨切)."이라 되어 있다.

《王力古漢語字典》에서는 다음과 같이 소개되어 있다.

> 1. 丘倨切, ① 떠나다(離開). '去'자가 급물동사로 자주 사용되어 '어떤 곳을 떠나다'를 나타내거나 '누구를 떠나다'를 나타낸다. ② 거리(距離).

2. 羌擧切, 제거하다(除掉).

3. 《集韻》: '苟許切'이나, 音이 '擧'이다. 의미는 '저장하다(藏)'이다.[1]

우리는 여기서 '떠나다'의미와 '제거하다, 없애다'의미의 '去'를 분석하고자 한다. 이때, 전자는 去聲으로 재구음은 *khas이고, 후자는 上聲으로 *khaʔ 이다.

2.1 去聲 '去'의 통사 기능

이것이 구성하는 것은 관계주주어문이다. 주어는 대개 행위주성을 갖고, 처소목적어를 갖는다. '떠나다'의미의 거성 '去'는 그것의 심층 의미구조는 '어떤 이가 어떤 곳을 떠나다'이다. 그래서 처소목적어는 이것의 간접적인 내재논항이다. 비처소의미의 指人명사 등은 사실 모두 처소의미의 환유로, 이러한 예가 가장 많다. 따라서 王力은 이것을 급물동사로 보았다. 예컨대 다음과 같다.

(1) **去我三十里**. 唯命是聽. (《左傳, 宣公, 15, 761》) 우리로부터 30리만 물리면 명을 따르겠습니다.

(2) 或欲通外內, **且欲去君**. (《左傳, 昭公, 25, 1465》) 혹 안팎으로 통하려고 하고, 또 임금을 떠나려고 합니다.

(3) 對曰: "自先王莫墜其國, 當君而亡之, 君之過也." **遂去王**. (《國語, 楚語下》) 대답하였다. "선왕이래로 우리나라를 잃은 적이 없습니다. 지금 임금의 시대에 망하게 되었으니, 이는 임금의 잘못입니다." 하고는 소왕을 버리고 떠났다.

---

1) [역주] '去'의 '丘倨切'발음은 去聲이고 '羌擧切'이나 '苟許切'은 上聲이다. 그리고 성모는 앞의 둘은 '溪母'이나 뒤의 하나는 '見母'로 다르다.

여기서 '去我'와 '去君' 등에서의 '我', '君', '王'이 나타내는 것은 모두 '내가 있는 곳', '임금이 계신 곳', '왕이 계신 곳'이다.

비행위주주어는 8부 문헌에서 모두 7예 출현한다.

(4) **魂魄**去之, 何以能久? (《左傳, 昭公, 25, 1456》) 혼백이 떠나면 어찌 오래갈 수 있겠는가?

(5) 貧與賤是人之所惡也, 不以其道得之, **不去也**. (《論語, 里仁》) 가난함과 천함은 사람이 미워하는 것이지만 올바른 방법으로 획득한 게 아니면 떠나지 않는다.[2]

(6) 思慮靜, **故德不去**. 孔竅虛, 則和氣日入. (《韓非子, 解老》) 생각이 고요하면 원래의 덕이 떠나지 않을 것이고, 이목구비가 막힘이 없으면, 조화로운 기운이 나날이 들어올 것이다.

처소목적어가 출현하지 않을 수도 있는데, 대개 부정문이나 연동구조에서 그러하다. 그리고 소수의 긍정문에서 어떤 경우 처소논항이 생략될 수도 있다.

(7) 趙旃以其良馬二濟其兄與叔父, 以他馬反, **遇敵不能去**, 棄車而走林. (《左傳, 宣公, 12, 742》) 조전이 그의 좋은 말 두 마리로 형과 숙부를 보내고, 다른 말로 돌아갔다. 적을 만나 갈 수가 없어서, 수레를 버리고 숲으로 도망갔다.

(8) 淸丘之盟, 晉以衛之救陳也, 討焉. **使人弗去**, 曰: "罪無所歸, 將加而師." (《左傳, 宣公, 14, 752》) 청구의 맹약으로 晉은 衛나라가 陳을

---

2) [역주] 원래 이 문장은 "가난함과 천함은 사람이 미워하는 것이지만 올바른 방법으로 획득한 게 아니어도 버리면 안 된다."로 해석하는 경향이 있다. 그러나 필자는 여기서의 '去'의 주체를 빈천으로 보고 있다.

구하였다고 이를 꾸짖었다. 사자가 그곳을 떠나지 않고 말했다. "죄가 돌아갈 곳이 없다면 곧 너희에게 군사를 가할 것이다."[3]

(9) 昔者大王居邠, 狄人侵之, **去之**岐山之下居焉. (《孟子, 梁惠王下》) 옛날에 대왕께서 빈에 거주할 때, 적인이 그곳을 침입했습니다. 그러자 그곳을 떠나 기산 아래에 거주하였습니다.

(10) **地來而民去**, 累多而功少. (《荀子, 王制》) 땅은 늘었지만 백성들은 떠나고, 피해는 많지만 공은 적다.

(11) 昭陽以爲然, **解軍而去**. (《戰國策, 齊二》) 소양은 그렇다고 여기고 군대를 풀어 철수해버렸다.

(12) **鳥乃去矣**, 后稷呱矣, 實覃實訏, 厥聲載路. (《詩經, 大雅, 生民》) 새는 이에 떠나고, 후직은 고고히 우시니, 울음소리가 실로 길고 커서 그 소리가 길에 가득하였다.

(13) 舟之僑諫而不聽, **遂去**. (《戰國策, 秦一》) 주지교가 간언했으나 들어주지 않자, 그는 떠났다.

(14) **齊兵已去**, 魏失其與國. (《戰國策, 燕三》) 제나라 군대가 이미 떠나자 위나라는 그 동맹국을 잃었다.

《戰國策》에는 3예의 우언법 使成式이 있다. 이는 한 예가 위아래 문장에서 반복 출현하는 것이다.

(15) 可以爲楚王走太子, 可以忠太子**使之亟去**. (《戰國策, 齊三》) 초왕을 위해 태자를 제나라에서 떠나보낼 수 있다. 또 태자를 위한다는 핑계로 이를 더 급히 보낼 수도 있다.

---

3) 楊伯峻注에는 "晉의 사자가 와서 衛의 소행을 꾸짖으며 가려고 하지 않는데, 이는 그 요령을 얻고자 함이었다."라고 되어 있어, 사자가 떠나지 않는 이유를 보충 설명하고 있다.

2.2 上聲 '去'의 통사 기능

2.2.1 치사자주어문('떠나게 하다, 제거하다'의미)

《經典釋文》은 上聲의 注音을 '起呂反'으로 하고 있으며, 이것은 급물동사로 사용된다. 《左傳》에 注音이 없는 예가 4예 있다. 이는 다음과 같다.4)

(1) 夫人使謂**司城去公**. (《左傳, 文公, 16, 622》) 부인이 사람을 시켜 사성에게 공을 떠나라고 말하게 했다. ('떠나다'의미)

(2) 初, 穆子**去叔孫氏**, 及庚宗, 遇婦人, 使私爲食而宿焉. (《左傳, 昭公, 04, 1256》) 처음에 목자가 숙손씨를 떠나 경종에 이르러 부인을 만났는데, 몰래 먹을 것을 만들어 주고 재워줬다. ('떠나다'의미)

(3) **顔鳴去之**. (《左傳, 昭公, 26, 1473》) 안명이 그곳을 떠났다. ('떠나다'의미)

(4) 若**去蔑與行父**, 是大棄魯國, 而罪寡君也. (《左傳, 成公, 16, 893》) 중손멸과 계손행보를 제거하면, 노나라를 크게 버리고 과군을 징벌하는 것입니다. ('제거하다'의미)

목적어의 상황에 따라 이 의항의 용법은 크게 세 가지로 나눌 수 있다. 첫째는 목적어가 유생명명사인 경우(예5-9), 둘째는 목적어가 무생명명사인 경우(예10-14), 셋째는 목적어가 생략된 경우이다. 세 번째의 경우, 문장이 부정문이거나 연동문인 경우이며, 8부 문헌에서 총10예 출현한다(예15-18).

(5) **去其螟螣, 及其蟊賊**, 無害我田稺. (《詩經, 小雅, 多田》) 온갖 벌레와

---

4) [역주] 주음이 없는 4개의 예 중 세 가지는 '떠나다'의 의미이고, 마지막 한 예만이 '제거하다'의 의미이다.

해충을 없애니, 내 밭의 어린 싹이 해가 없도다.

(6) 孔悝立莊公, 莊公害故政, **欲盡去之**. (《左傳, 哀公, 15, 1696》) 공회가 장공을 세웠다. 장공은 옛 경들을 해롭게 여겨, 그들을 다 제거하고자 했다.

(7) **司城欲去大尹**. (《左傳, 哀公, 26, 1729》) 사성이 대윤을 없애려고 했다.

(8) 公欲以越伐魯而**去三桓**. (《左傳, 哀公, 27, 1735》) 애공이 월나라의 힘으로 노나라를 쳐서 삼환을 제거하고자 했다.

(9) 子爲司寇, **將盜是務去**, 若之何不能? (《左傳, 襄公, 21, 1057》) 그대는 사구로서 도둑을 없애는 일에 힘써야 하거늘, 어찌 할 수 없다 하는가?

(10) 爲國家者, 見惡, **如農夫之務去草焉**. (《左傳, 隱公, 06, 50》) 국가를 통치하는 자가 나쁜 것을 보면, 마치 농부가 힘써 잡초를 제거하듯이 해야 한다.

(11) 鬪伯比曰: "**天去其疾矣**, 隨未可克也." (《左傳, 桓公, 08, 122》) 투백비가 말했다. "하늘이 이미 그 병을 없앴으나 수나라는 이길 수 없습니다."

(12) 壬午, 猶繹. 萬入, **去籥**. (《左傳, 宣公, 08, 694》) 임오일에 다음날 제사를 지낼 수 있었다. 만무는 넣고 약무는 넣지 않았다.5)

(13) 臣, **治煩去惑者**也, 是以伏死而爭. (《左傳, 成公, 02, 802》) 신하는 어지러움을 다스리고 의혹을 없애는 자로 이로써 죽음을 무릅쓰고 간쟁을 한다.

(14) 子曰: "善人爲邦百年, 亦可以**勝殘去殺矣**. 誠哉是言也!" (《論語, 子路》) 공자가 말했다. "선인이 나라를 백년만 다스린다면 또한 모든 잔혹함을 없애고 사형을 없앤다고 했는데, 옳도다, 이 말이여!"6)

---

5) '去籥'는 楊伯峻注에서는 《公羊傳》의 "去其有聲者(그 소리 있는 것을 없애다)"를 인용하고 있다.
[역주] '萬舞' 중에 '籥舞'가 있는데, '籥'이라는 것은 고대의 악기로 불어서 춤의 박자를 맞추는 것이다. 이 문장에서는 이것의 소리를 나지 않게 한다는 의미이다.

(15) 此三族也, 世濟其凶, 增其惡名, 以至于堯, **堯不能去**. (《左傳, 文公, 18, 640》) 이 세 족속은 대대로 그 흉악함을 이어, 악명을 더하여, 요임금에 이르렀는데, 요임금도 없앨 수가 없었다.

(16) 若困民之主, 匱神乏祀, 百姓絶望, 社稷無主, 將安用之? **弗去何爲**? (《左傳, 哀公, 14, 1016》) 만약 백성의 생활을 곤궁하게 하고, 귀신에게 제사지내는 일이 없어지게 한다면, 백성은 희망이 없어질 것이고, 사직은 주인이 없어질 것이니, 장차 어디에 쓰겠습니까? 그를 없애지 않으면 어찌하오리까?

(17) 子貢曰: "必不得已而**去**, 於斯三者何先?" 曰: "**去兵**." 子貢曰: "必不得已而**去**, 於斯二者何先?" 曰: "**去食**. 自古皆有死, 民無信不立." (《論語, 顏淵》) 자공이 물었다. "부득이 버려야 한다면 이 셋 중에 어떤 것을 먼저 버려야 합니까?" 공자가 말했다. "군대를 버려야지." 자공이 또 물었다. "부득이 버려야 한다면 이 둘 중에 어떤 것을 먼저 버려야 합니까?" 공자가 말했다. "식량을 버려야지. 자고로 사람은 누구나 다 죽지만, 백성들은 믿음이 없으면 살아갈 수가 없게 되는 것이다."

(18) 今子, 東國之桃梗也, 刻削子以為人, 降雨下, 淄水至, **流子而去**, 則子漂漂者將何如耳. (《戰國策, 齊三》) 지금 너는 저 동국의 도경으로 깎아서 사람으로 만든 것이다. 비가 내려, 치수까지 잠기고 나면, 너를 흘려보낼 것이다. 그러면 너는 흘러흘러서 장차 어디로 갈 것인가?

2.2.2 '可V' 구조

(1) 毁則者爲賊, 掩賊者爲藏, 竊寶者爲宄, 用宄之財者爲姦, 使君爲藏姦者, **不可不去**也. (《國語, 魯語上》) 신이 듣자니, 법칙을 파괴

---

6) 《經典釋文》에는 注音이 없다. 楊伯峻注에서는 "옛날에는 上聲으로 읽었다."라고 한다.

한 자는 적이고, 적을 숨긴 자는 감춘 자이고, 보물을 훔친 자는 내란을 일으킨 자이고, 내란을 일으킨 자의 재물을 사용하는 자는 간사한 자가 된다고 하니, 이러한 자는 제거하지 않을 수 없다.

(2) 故雖爲守門, **欲不可去**, 性之具也. 雖爲天子, 欲不可盡. 欲雖不可盡, 可以近盡也, **欲雖不可去**, 求可節也. 所欲雖不可盡, 求者猶近盡, **欲雖不可去**, 所求不得, 慮者欲節求也. (《荀子, 正名》) 그러므로 비록 문을 지키는 사람이라 하더라도, 욕망을 제거할 수 없고, 비록 천자라 해도 욕망을 다 채울 수는 없다. 욕망을 다 채울 수는 없지만 가까이는 갈 수가 있다. 욕망을 비록 다 제거할 수는 없지만 추구하는 것을 절제할 수 있다. 욕망하는 바를 다 채울 수는 없지만 그것을 추구하는 자는 가까이 갈 수 있고, 비록 욕망을 제거할 수는 없지만, 그 추구하는 바를 얻을 수 없음은 생각하는 자가 추구함을 절제하기 때문이다.

2.3 소결

'去'는 두 가지 필수논항이 있는데, 하나는 행위주이고, 다른 하나는 처소이다. 이때, 처소논항은 통상적으로 표층의 통사 상으로 실현된다. 이 동사는 통사적 표현으로 볼 때, 비대격동사에 속한다고 할 수 있다. 이것의 上聲과 去聲은 사동과 자동의 통사구조 쌍을 구성한다.

(1) 夫江上之處女, 有家貧而無燭者, 處女相與語, **欲去之**. **家貧無燭者將去矣**…… (《戰國策, 齊三》) 강가에 처녀들이 살고 있었는데, 그 중 한 명은 집이 가난하여 초가 없었다. 다른 처녀들이 상의하여 그녀를 쫓아내려고 했다. 집이 가난하여 초가 없던 처녀는 장차 나가려고 하면서……)

(2) 聖人之道, **去智與巧**, **智巧不去**, 難以爲常. (《韓非子, 揚勸》) 성인의 도는 지혜와 기교를 버리는 것이다. 지혜와 기교를 버리지 않으면 상

도라 하기 어렵다.

(3) 今已得地而求不止者, 以太子權王也. 故**臣能去太子**. **太子去**, 齊無辭, 必不倍於王也. (《戰國策, 齊三》) 지금 땅을 이미 얻고도 멈추지 않는 것은, 태자로 귀국의 임금을 저울질 하는 것입니다. 그러므로 신이 태자를 떠나게 하겠습니다. 태자가 떠나면 제는 구실이 없어 반드시 임금께 땅을 두 배로 달라고 하지 못할 것입니다.

의미		통사 기능	詩經	左傳	國語	論語	孟子	荀子	韓非子	戰國策	총계
上聲 '…로 하여금 떠나게 하다'	有 목적어	유생명	1	45	2	0	1	2	18	10	79
		무생명	0	28	15	4	7	10	63	13	140
	無 목적어	부정	0	2	1	0	1	0	1	0	5
		연동	0	0	0	2	1	0	1	1	5
去聲 '떠나다'	有 목적어	행위주주어	3	37	9	1	22	14	19	27	132
		비행위주주어	0	1	0	1	0	0	5	0	7
	無 목적어	일반	2	0	0	0	5	4	4	13	28
		부정 등	0	4	6	1	15	2	10	46	84
可V			0	0	1	0	0	3	0	0	4
총계			6	117	34	9	52	35	121	110	484

표 4.3 상고 8부 문헌 '去'의 용례 통계

의미상으로 볼 때, '떠나다'의 본의는 '사람이 서로 엇갈려 가다(人相違也)'로 되어 있다. 이것의 원형적인 주어는 바로 指人명사이다. 따라서 자동구조에 유생명행위주가 있는 것은 일반적인 것이다. 위의 표에서 목적어가 무생명명사이거나 추상명사인 사동문이 140예에 달한 반면, 비행위주 주어의 자동구조는 단지 7예에 지나지 않는다. 이를 통해 모든 사동문이 다 그에 상응하는 자동구조가 존재하는 것이 아님을 알 수 있다.

처소논항이 통사 층위에서 출현하지 않는 행위주주어문이나 주어가 비행위주주어로 확장된 문장에서, '去'는 '소실의미'를 갖는다. 즉, 이러한 모든 구조가 표현하는 것은 바로 존현의미이다.

(4) **鳥乃去矣**, 后稷呱矣, 實覃實訏, 厥聲載路. (《詩經, 大雅, 生民》) 새는 이에 떠나고, 후직은 고고히 우시니, 울음소리가 실로 길고 커서 그 소리가 길에 가득하였다.

(5) 舟之僑諫而不聽, **遂去**. (《戰國策, 秦一》) 주지교가 간언했으나 들어주지 않자, 그는 떠났다.

(6) **齊兵已去**, 魏失其與國. (《戰國策, 燕三》) 제나라 군대가 이미 떠나자 위나라는 그 동맹국을 잃었다.

(7) **夫能令故德不去**, 新和氣日至者, 蚤服者也. (《韓非子, 解老》) 고유의 덕을 잃지 않고, 새롭고 조화로운 기를 나날이 이르게 한다면, 일찍 도리에 따르는 사람이다.

(8) 凡所謂崇者, **魂魄去**而精神亂, 精神亂則無德. (《韓非子, 解老》) 무릇 귀신의 재앙이란 귀신이 사람의 혼백을 앗아가 정신이 혼란해지는 것이다. 정신이 혼란스러우면 덕이 없게 된다.

제**2**절 이향류(里向類): 入(內/納)

《說文》에는 "'入'은 들어가는 것이다.(入, 內也)."로 되어 있다.

《王力古漢語字典》에 따르면, '入'의 의미를 나타내는 것이 金文에서는 '內'로 되어 있고 선진 문헌에서는 '納'으로 되어 있으나, '內'를 사용하는 것이 일반적이라고 한다. 그리고 후대에는 '納'으로 쓰고 '內'로는 쓰지 않는다고 한다.

《廣韻》의 '輯部'에는 "'入'은 '얻다, 안, 들이다'의 의미로 발음은 '人執切'이다(入, 得也, 內也, 納也, 人執切)."이라 되어 있다. '入'의 재구

음은 *njub이다. 한편, '內'는 "入也, 奴對切"로 되어 있고, 재구음은
*nuubs이다. 그리고 '納'은 "內也, 奴答切."로 되어 있으며 그 재구음
은 *nuub이다.

1. 入

본장의 주요 토론 내용은 방향동사로서의 '入(內, 納)'의 비대격동사
특징이기 때문에, '납부하다'의미에 대해서는 자세히 다루지 않는다.
《左傳》에서 동사 '入(內, 納)'의 용례가 가장 많이 출현하고 있고 여기
에 나타난 통사 현상도 비교적 전면적이다. 따라서 아래에서는 주로 이
자료의 용례를 중심으로 관련 통사 현상을 소개하고자 한다.

1.1 행위주주어문('들어가다'의미)

《左傳》의 '入'이 행위주주어문에 사용되는 예는 320예이다. 그중 목
적어(사격, 즉 의미상 처소논항도 포함)를 갖는 경우는 134예인데, 사격
목적어를 갖는 경우가 79예, 전치사 '于/於'를 사용하는 경우 및 기타
(주로 목적어를 갖지 않는 예)의 경우가 196예이다.

(1) 六月乙亥, <u>昭公入</u>. (《左傳, 桓公, 15, 143》) 6월 을해 일에 소공이 들어
    왔다.

(2) <u>子晳盛飾入</u>, 布幣而出. (《左傳, 昭公, 원년, 1212》) 자석을 화려하게 꾸
    미고 들어가서 폐백을 펼쳐 놓고 나왔다.

(3) 公揖而<u>入</u>. (《左傳, 成公, 06, 828》) 공이 읍을 하고 들어갔다.

(4) <u>公入</u>而賦: "大隧之中, 其樂也融融." (《左傳, 隱公, 원년, 15》) 장공이
    굴속으로 들어가 시를 지었다. "굴속에 기쁨이 넘쳐나는구나."

(5) 夏五月, **莒人入向**. (《左傳, 隱公, 02, 20》) 여름 오월엔 거나라가 향나라로 쳐들어갔다.

(6) 鄭人以王師會之, 伐宋, **入其郛**, 以報東門之役. (《左傳, 隱公, 05, 47》) 정나라 사람이 천자의 군대로 회맹을 하여, 송나라를 정벌하고 그의 외성으로 들어갔는데, 이로써 동문의 전투를 보복하기 위해서이다.

(7) 故**民入川澤, 山林**, 不逢不若. (《左傳, 宣公, 03, 670》) 그러므로 백성들이 내나 늪, 산과 숲으로 들어가도 뜻하지 않은 것을 만나지 않는다.

(8) **段入于鄢**, 公伐諸鄢. (《左傳, 殷公, 원년, 13》) 공숙단이 언으로 들어가자, 장공이 언을 정벌했다.

(9) 凡馬, 日中而出, **日中而入**. (《左傳, 莊公, 29, 244》) 무릇 말은 춘분에 마구간에서 나왔다가 추분 때 마구간으로 들어간다.

(10) 宋人懼, **使華元夜入楚師**. (《左傳, 宣公, 15, 761》) 송나라 사람이 두려워, 화원을 시켜 밤에 초나라 군영으로 들어가게 했다.

(11) 公與之環, **使牛入示之**. (《左傳, 昭公, 04, 1258》) 공이 그에게 가락지를 주어, 우를 시켜 들어가 보여주게 했다.

우언법 사동으로 된 것은 1예 출현한다.

(12) **苟使我入獲國**, 服冕乘軒, 三死無與. (《左傳, 哀公, 15, 1694》) 나로 하여금 들어가 나라를 얻게 해준다면, 면복을 입게 하고 헌거를 타게 해주며 세 번의 죽을죄를 면하게 해주겠다.

1.2 비행위주주어문

(1) 齊子淵捷從洩聲子, 射之, 中楯瓦. 繇朐汏輈, **匕入者三寸**. (《左傳, 昭公, 26, 1472》) 제자 연첩이 설성자를 쫓아, 활을 쏴서 방패 한 가운데를 맞혔다. 멍에로부터 끌채를 지나 화살촉이 박힌 게 세치나 되었다.

(2) 立, 依於庭牆而哭, 日夜不絶聲, **勺飲不入口七日**. (《左傳, 定公, 04, 1548》) 서서 뜰의 담에 기대어 곡하는데, 밤낮으로 소리가 끊이지 않았으며, 칠일 동안 물 한 모금도 마시지 않았다.

(3) **貢之不入**, 寡君之罪也. (《左傳, 僖公, 04, 291》) 공납물이 제때에 조정에 들어가지 않은 것은 저희 임금의 죄입니다.

(4) **饋入**, 召之. (《左傳, 昭公, 28, 1496》) 음식이 들어가자 그들을 불렀다.

(5) 曩者**志入而已**, 今則怯也. (《左傳, 襄公, 24, 1092》) 지난번에 마음만은 들어갔을 따름이나, 지금은 겁이 납니다.

(6) 宋人以兵車百乘, 文馬百駟以贖華元于鄭, **半入**, 華元逃歸. (《左傳, 宣公, 02, 652》) 송나라 사람이 병거 백승과 털빛이 좋은 말 4백 마리로 정나라에서 화원을 대신 바꾸기로 했는데, 반이 들어갔을 때, 화원이 도망쳐 돌아왔다.

(7) 言出於余口, **入於爾耳**, 誰告建也? (《左傳, 昭公, 04, 1408》) 말이 내 입에서 나와 네 귀로 들어갔는데, 누가 건에게 고했는가?

(8) 壬午, 猶繹. **萬入**, 去籥. (《左傳, 宣公, 08, 694》) 임오일에 다음날 제사를 지낼 수 있었다. 만무는 넣고 약무는 넣지 않았다.

(9) **籥入**, 叔弓卒. (《左傳, 昭公, 15, 1369》) 약이 들어올 때, 숙궁이 죽었다.

(10) 右廣鷄鳴而駕, 日中而說. 左則受之, **日入而說**. (《左傳, 宣公, 12, 737》) 우광은 닭이 울면 멍에를 지웠다가 한낮이 되면 풀었고, 좌광은 그것을 받아 해가 들어가면 풀었다.

　‘入’의 주어가 자연현상일 경우, 이른바 행위주가 없어서, ‘入’은 존현의미의 동사로 전환된다. 다만, ‘入’의 출현 또는 소실 의미는 불안정하여 사람들이 자연현상을 관찰하는 각도에 따라 달라진다. 이것은 또 ‘入’이 ‘들어가다’와 ‘들어오다’를 모두 나타낼 수 있는 것과 같다. 아래의 예는 출현의미를 나타내는 것이다.

(11) 秋七月, **有星孛入于北斗**. (《左傳, 文公, 14, 600》) 가을 7월에, 혜성이 북두성 속으로 들어갔다.

심지어 유생명명사가 주어로 사용되는 예까지 확장되었다.

(12) 有蛇自泉宮出, **入于國**. (《左傳, 文公, 16, 616》) 뱀이 천궁으로 나와 도읍으로 들어갔다.

그리고 아래는 소실의미를 나타내는 예이다.

(13) 右廣鷄鳴而駕, 日中而說. 左則受之, **日入而說**. (《左傳, 宣公, 12, 737》) 우광은 닭이 울면 멍에를 지웠다가 한낮이 되면 풀었고, 좌광은 그것을 받아 해가 들어가면 풀었다.

(14) 火出而見, 今茲火出而章, **必火入而伏**, 其居火也久矣, 其與不然乎? (《左傳, 昭公, 17, 1390》) 대화성이 나타나면 보이는데, 지금은 대화성이 더욱 더 빛나니, 반드시 대화성이 들어가 숨어, 그것이 숨어 지낸 것이 오래되었을 것인데, 어찌 그러하지 않겠습니까?

1.3 '納'에 해당하는 '들어오게 하다'의미

《左傳》에 2예 출현한다.

(1) 是役也, **鄭石制實入楚師**, 將以分鄭, 而立公子魚臣. (《左傳, 宣公, 12, 747》) 이번 전쟁은 정나라 석제가 실로 초나라 군사를 끌어들여, 장차 정나라를 나눠 공자 어진을 세우고자 한 것이다.

(2) 魯人買之, 百兩一布. 以道之不通, **先入幣財**. (《左傳, 昭公, 26, 1471》) 노나라 사람이 그것을 살 때, 한포에 백량 씩 하였는데, 길이 통하지 않아서 먼저 선물로 드린 것이다.

1.4 조동사 '可'로 구성된 처소논항 전치문

중복의 예를 포함해 《左傳》에 6예, 《國語》에 1예가 출현한다. 이 7예의 주어는 모두 처소논항이다.

(1) 說欲襲衛, 曰: "雖不可入, 多俘而歸, 有罪不及死." (《左傳, 成公, 06, 827》) 하양열이 위나라를 기습하려고 말했다. "위나라는 들어갈 수는 없어도 포로를 많이 잡아 돌아가면 죄가 있어도 죽을 정도는 아니다."

(2) 吳不可入. (《左傳, 昭公, 06, 1272》) 오나라는 들어갈 수 없었다.

(3) 今日我死, 楚可入也. (《左傳, 定公, 04, 1544》) 오늘 내가 죽기로 각오하면, 초나라는 들어갈 수 있다.

(4) 非親則頑, 不可入也. (《國語, 鄭語》) 친족이 아니면 완악한 나라여서 이들 나라는 들어갈 수 없습니다.

'可以入'은 8부 문헌에서 총5예 출현하는데, 《左傳》에서 2예, 《國語》에서 1예 출현한다. 여기서 주어는 모두 행위주논항이다. 그런데 《戰國策》의 2예는 처소논항이 화제이고, 행위주주어가 생략이 되어 있다. 한편, '得入'은 총 8예인데, 《左傳》에 2예, 《韓非子》에 1예, 《戰國策》에 5예 출현하며, 여기선 주어가 모두 행위주논항이다. 즉, '可入'과 달리, '可以入'과 '得入' 둘은 행위주에 대해서 모종의 권리가 있다는 판단을 나타낸다.

(5) 凡從君出而可以入者, 將唯子是聽. (《左傳, 定公, 원년, 1525》) 무릇 임금을 따라 나갔다가 들어갈 수 있는 것은 그대의 명을 따를 뿐이오.

(6) 今不從, 不得入矣. (《左傳, 成公, 15, 875》) 이제 그를 따라가지 않는다면, 들어갈 수 없는 것이다.

그러나 《戰國策》의 '可以入' 앞에 있는 처소논항은 화제가 되며 주어는 생략되어 있다. 2예가 출현한다.

(7) 王收而與之百萬之師, 使收楚故地, **即武關可以入矣**. (《戰國策, 齊六》) 왕께서 이들을 수습하여 백만 군사를 결합하게 되면, 초나라에게 잃은 영토를 회복할 수 있고, 우리는 무관까지도 들어갈 수 있습니다.

(8) 王收而與之百萬之師,　使收三晉之故地,　**即臨晉之關可以入矣**. (《戰國策, 齊六》) 왕께서 이들을 수습하여 백만 군사를 결합하게 되면, 삼진의 옛 영토를 회복할 수 있고 또 우리는 진나라의 임진관까지 들어갈 수 있습니다.

2. 內

'內'는 사실상 '納'이다. '들어가게 하다'를 나타내는 것은 5예가 있는데, 그중 목적어를 가진 것이 2예, 부정 무목적어문이 3예이다. 여기서 부정사는 모두 '弗'이다.

2.1 치사자주어문('들어가게 하다'의미)

(1) 夫人姜氏旣哭而息, 見大子之不哀也, **不內酳飲**. (《左傳, 成公, 14, 870》) 부인 강씨가 곡을 끝내고 쉬는데, 태자는 슬퍼하지도 않고 거친 음식과 물을 마시지도 않는 것을 보았다.

(2) **吳人內之**. (《左傳, 哀公, 15, 1692》) 오나라 사람이 이를 받아들였다.

(3) 士匄請見, **弗內**. (《左傳, 襄公, 19, 1046》) 사개가 면회를 요청하자, 들어보내지 않았다.

(4) 辛丑, 孟懿子卒, 成人奔喪, **弗内**. (《左傳, 哀公, 14, 1689》) 신축일에 맹의자가 죽어서 성읍 사람이 문상을 갔으나 들여보내지 않았다.

(5) 揮出, 信, **弗內**. (《左傳, 哀公, 25, 1727》) 휘가 나가서 이튿날 저녁이 되었으나 들여보내지 않았다.

2.2 '可V' 구조

《荀子》,《韓非子》에는 피동작주논항이 전치되어 형성된 '可'자문이 있으며, 여기서 동사 '內'를 사용하고 있다.

(1) 其誠可比於金石, **其聲可內於宗廟**. (《荀子, 大略》) 그 성실함은 쇠나 돌에 견줄만 하고, 그 노래는 종묘에 들일만 하다.

(2) 此小之所以事大也, 而今也大以來, 卒必隨之, **不可內也**. (《韓非子, 說林下》) 이것은 작은 나라가 큰 나라를 섬기는 방법입니다. 그런데 지금 큰 나라가 종을 먼저 보내왔으니, 군대가 반드시 뒤따를 것입니다. 받아들일 수 없습니다.

3. 納

이것이 구성하는 것은 치사자주어문이다('들어오게 하다'의미).

(1) 公使**侍人納公文懿子之車**于池. (《左傳, 哀公, 25, 1725》) 공은 시인을 시켜 공문의자의 수레를 못에 넣게 했다.

(2) **殖綽工僂會夜縋納師**, 醯衛于軍. (《左傳, 襄公, 19, 1051》) 식작과 공루회가 밤에 밧줄을 늘어뜨려 군을 들이자, 군중에서 숙사위를 젓을 담갔다.

(3) 君實不察其罪, 被此名也以出, **人誰納我**? (《左傳, 僖公, 04, 298》) 임금께서 실로 그 죄를 살피지 않으시니, 이 죄명을 쓰고 도망가면 누가 나를 받아들이겠는가?

(4) 冬, 會于裹, 謀伐鄭, **將納厲公也**. (《左傳, 桓公, 16, 144》) 겨울에, 裹에서 만나 정을 정벌하고 장차 여공을 들여보내려고 하였다.

(5) 秋, **秦人納芮伯萬于芮**. (《左傳, 桓公, 10, 128》) 가을에 진나라 사람들이 예에서 예백만을 잡아 바쳤다.

(6) **納閻職之妻**, 而使職驂乘. (《左傳, 文公, 18, 630》) 염직의 아내를 거두고, 염승을 참승으로 삼았다.

(7) 公卿宣淫, 民無效焉, 且聞不令. **君其納之**. (《左傳, 宣公, 09, 702》) 공과 경이 음란한 행위를 보인다면, 백성들이 본받지 않겠습니까. 또한 외국에도 소문이 좋지 않습니다. 임금께서는 그 속옷을 거두십시오.

(8) 庚辰, 赦鄭囚, 皆禮而歸之. **納斥候**, 禁侵掠. (《左傳, 襄公, 10, 991》) 경진일에 정나라 죄수를 풀어주고, 모두 예우하여 돌려보냈다. 척후병을 거두었으며 침략을 금지하였다.[7]

(9) **子速納邑與政**, 無邑無政, 乃免於難. (《左傳, 襄公, 29, 1166》) 그대는 속히 봉읍과 정권을 돌려주십시오. 봉읍과 정권이 없으면, 화를 면할 수 있습니다.[8]

4. 소결

'入'(內/納)은 상고한어에서 고빈도의 동사이다. 아래는 8부 문헌에 출현한 '入'에 대한 통계상황이다.

---

7) 楊伯峻注에 따르면, "'納'은 '회수하다, 거두다'의 의미가 있다"고 한다.
8) 杜預注에 따르면, "'納'은 公에게 돌려주는 것이다"라고 한다.

동사	통사 기능		詩經	左傳	國語	論語	孟子	荀子	韓非子	戰國策	총계
入	행위주 주어	직접목적어	5	134	16	5	11	12	39	94	316
		간접목적어	1	79	13	5	2	1	0	16	117
		기타	10	197	46	4	6	12	29	97	401
	비행위주주어		0	19	5	0	0	10	6	16	56
	들어오게 하다		0	2	5	0	1	0	5	9	22
	可入		0	3	1	0	0	0	0	0	4
	바치다, 납부하다		0	0	0	0	0	0	2	4	6
內	들어오게 하다		0	5	2	0	3	2	10	19	41
	可內		0	0	0	0	0	1	1	0	2
	바치다, 납부하다		0	0	0	0	0	0	0	3	3
納	들어오게 하다		3	101	27	2	0	0	1	20	154
	바치다, 납부하다		0	24	12	0	1	0	1	3	41

표 4.4 상고 8부 문헌 '入/內/納'의 용례 통계

위의 표를 보면, '入', '內', '納' 모두 '바치다, 납부하다'의 의미가 있
는 것을 알 수 있다. 특히《戰國策》에서 혼용되는 현상이 돌출되고 있
는데, 전기만큼 그렇게 의항의 구분이 엄격하지 않은 것을 볼 수 있다.
'入'의 '납부하다(바치다)'의미는 4예이고, '內'는 3예이며, 사실상《國
語》에 이미 한 예가 출현하고 있었다.

(1) 司寇詰奸, **虞人入材**. (《國語, 周語中》) 사구는 불순한 사람을 조사하
고, 우인은 접대에 필요한 각종 재료를 들인다.

(2) 魏欲和, 使惠施之楚. **楚將入之秦**而使行和. (《戰國策, 楚三》) 위나
라는 강화를 하길 원하여, 혜시를 시켜 초에 가게 했다. 초는 이를 진
에 들여보내 강화를 주선하게 했다.

(3) 今施以魏來, 而**公入之秦**, 是明楚之伐而信魏之和也. (《戰國策, 楚
三》) 지금 혜시가 강화를 위해 위에서 왔는데, 이를 다시 진으로 보내
는 것은, 이는 초가 주범인 것을 밝히는 동시에 위나라가 강화의 주체

임을 믿게 합니다.

(4) 鬼侯有子而好, **故入之於紂**, 紂以為惡, 醢鬼侯. (《戰國策, 趙三》) 귀
후는 자신의 딸이 예쁘다고 여겨, 딸을 주에게 바쳤습니다. 주는 못생
겼다고 여겨 귀후를 삶아 육장으로 만들었습니다.

(5) 春平侯者, 趙王之所甚愛也, 而朗中甚妬之, 故相與謀曰: "春平
侯入秦, 秦必留之." **故謀而入之秦**. (《戰國策, 趙四》) 춘평후는 조왕
이 매우 아끼는 사람입니다. 그래서 궁중의 낭중들이 심히 질투하고
있습니다. 그래서 서로 모여 함께 말하길 "춘평후가 진으로 가면 진은
반드시 그를 잡아 둘 것이다." 그래서 모의하여 그를 진에 보내게 한
것입니다.

(6) 趙以公子郚為質於秦, 而**請內焦, 黎, 牛狐之城**, 以易藺, 離石, 祁
於趙. (《戰國策, 趙三》) 이에 조나라는 공자 오를 진에 인질로 보내, 초,
여, 우호의 성을 바치고, 인, 이석, 기땅을 조에 돌려줄 것을 요구하였다.

(7) 今有城市之邑七十, 願拜**內之於王**, 唯王才之. (《戰國策, 趙一》) 지
금 상당은 성시의 읍이 70여개나 됩니다. 원컨대 대왕께서는 받아주시
길 원합니다. 대왕의 지혜를 믿습니다.

(8) 資之今玉寶器, 奉以上庸六縣為湯沐邑, **欲因張儀內之楚王**. (《戰
國策, 楚二》) 금옥과 여러 보물을 보내고, 상용 땅 6현을 탕목읍으로 삼
아 장의를 풀어주는 조건으로 초왕에게 바칠 것입니다.

그리고 구조상 '入'의 '바치다, 납부하다'의미와 동일한 예가 1예 있
는데, 다만 의미상 약간 달라 여기서는 잠시 보류한다.

(9) 而李園女弟, 初幸春中君有身, 而**入之王所生子者**, 遂立為楚幽
王也. (《戰國策, 楚四》) 이원의 여동생이 춘신군의 총애를 먼저 받아 임
신한 후, 그렇게 초왕에게 바쳐져서 왕의 아들을 낳았는데, 그가 바로
왕이 되었으니, 그가 초유왕이다.

의미상, '入'은 방향의미를 갖는 비대격동사로, 내재논항과 처소논항을 갖는 2논항동사이다. 이때 처소논항은 '入'의 내재논항으로 설사 통사 층위에서 외현적으로 실현되지는 않더라도 일종의 내포적 논항이 된다. 따라서 구체적인 문맥 상황에서, 화자와 청자 모두에게 쌍방이 묵인하고 있는 배경지식이라 할 수 있다.

이것이 필요로 하는 직접적인 내재논항은 대개 행위주성을 갖지만, 또 비행위주성의 명사일 수도 있다. 우리는 이것의 최소 구성 형식을 아래처럼 볼 수 있다.

(10) 六月乙亥, <u>昭公入</u>. (《左傳, 桓公, 15, 143》) 6월 을해일에 소공이 들어왔다.

(11) 宋人以兵車百乘, 文馬百駟以贖華元于鄭, <u>半入</u>, 華元逃歸. (《左傳, 宣公, 02, 652》) 송나라 사람이 병거 백승과 털빛이 좋은 말 4백 마리로 정나라에서 화원을 대신 바꾸기로 했는데, 반이 들어갔을 때, 화원이 도망쳐 돌아왔다.

'入'의 화용적 의미 또한 분명한데, 《左傳》에 따르면 다음과 같다.

(12) 凡勝國, 曰滅之. 獲大城焉, 曰入之. (《左傳, 文公, 15, 613》) 무릇 한 나라에 대해 승리한 것을 '멸했다'라고 하고, 큰 성을 빼앗는 것을 '들어갔다'라고 한다.

(13) 書曰"復入." 凡去其國, 國逆而立之, 曰: "入". 復其位, 曰: "復歸." 諸侯納之, 曰: "歸." 以惡, 曰: "復入." (《左傳, 成公, 18, 911》) 서경에는 "復入"이라고 기록하는데, 무릇 그 나라를 떠났다가 나라에서 맞이하여 세우면 "入"이라 기록하고, 그 직위를 회복시킨 것을 "復歸"라고 하고, 제후들이 들여보낸 것을 "歸"라고 기록하며, 나쁜 방법을 쓴 것을 "復入"이라고 기록한다.

'入'의 '들어가다, 들어오다'의미에 상관없이, 화용적 의미가 추가된 '入'은 모두 사동문의 구조쌍이 있다.

(14) 吳洩庸如蔡納聘, 而**稍納師**. **師畢入**, 衆知之. (《左傳, 哀公, 02, 1618》) 오나라의 설용이 채나라에 가서 빙례를 바치고, 군사를 조금씩 들여보냈다. 군사들이 다 들어오자 모두가 그것을 알았다.

(15) 王聊聽臣, 發使出重寶以附楚, 魏. 楚, 魏欲得王之重寶, **必入吾使**. **趙使入楚, 魏**, 秦必疑天下合從也, 且必恐. (《戰國策, 趙三》) 왕께서는 제 말씀만 들으십시오. 많은 보물을 주어 초와 위에 사신을 보내십시오. 초위 두 나라가 대왕의 보물을 얻으려고 반드시 우리 사신을 받을 것입니다. 우리 사신이 초위에 들어가는 것만으로도 진은 반드시 천하가 합종하는 것이라 의심하여 두려워할 것입니다.

(16) 夏, 公伐齊, **納子糾**. **齊小白入于齊**. (《左傳, 莊公, 09, 108》) 여름에 장공이 제나라를 정벌하여 자규를 들이려고 했다. 제나라 소백이 제나라로 들어갔다.

(17) 二十四年春王正月, **秦伯納之**. 不書, **不告入**也. (《左傳, 僖公, 24, 412》) 24년 봄, 주력 정월에, 진백이 그를 들여보냈다. 기록하지 않은 것은 들어간 것을 알리지 않았기 때문이다.

(18) 十二月, 齊侯遂伐北燕, **將納簡公**. 晏子曰: "**不入**, 燕有君矣, 民不貳." (《左傳, 昭公, 06, 1280》) 12월에 제후가 드디어 북연을 쳐서 간공을 들이려 하였다. 안자가 말했다. "그를 들이지 마십시오. 연나라는 임금이 있으며, 백성은 두 마음이 없습니다."

(19) 秦伯師于河上, **將納王**. (《左傳, 僖公, 25, 431》) 진백이 황하가에 군사를 주둔시키고, 천자를 들여보내려고 했다.

(20) 夏四月丁巳, **王入于王城**. (《左傳, 僖公, 25, 432》) 여름 4월 정사일에 왕이 왕성에 들어갔다.

일부 비행위주주어문도 그에 상응하는 사동문 쌍이 있다.

(21) 言出於余口, **入於爾耳**, 誰告建也?《左傳, 昭公, 04, 1408》) 말이 내 입에서 나와 네 귀로 들어갔는데, 누가 건에게 고했는가?

(22) **口內味而耳內聲**, 聲味生氣.《國語, 周語下》) 입으로는 다섯 가지 맛을 받아들이고, 귀로는 다섯 가지 소리를 받아들여, 맛과 소리가 기운을 냅니다.

(23) **地入數月**, 而秦兵不下.《戰國策, 魏三》) 땅을 준지 수개월이 지났어도, 진나라는 군대를 보내주지 않았다.

(24) 今又走芒卯, **入北地**, 此非但攻梁也, 且劫王以多割地. 王必勿聽也.《戰國策, 魏三》) 지금 망묘를 내쫓고 북지도 차지하였는데, 이는 진의 속셈이 단지 우리 양나라만 공격하는데 있지 않습니다. 장차 임금을 겁박하여 더 많은 땅을 할양받기 위해서이니, 임금께서는 절대로 들어줘서는 안 됩니다.

(25) 不如謂楚韓曰: "**西周之欲入寶**, 持二端. 今東周之兵不急西周, **西周之寶不入楚, 韓**."《戰國策, 東周》) 그러니 초한 두 나라에 "서주가 초한 두 나라에게 보물을 주고자 하나, 우리가 그 결정권을 갖고 있다. 지금 우리 동주의 군사가 서주를 급히 치지 않는 한 서주의 보물이 초한 두 나라에 들어갈 일이 없다."라고 말하느니만 못하다.

주어가 자연현상에 속하는 이러한 유형의 경우, 존현이나 소실 의미로 표현될 수 있는데, 이러한 '入'은 비대격동사이다. 이것은 그와 상대적 의미의 '出'과 궤를 같이한다.

王力(1965)은 '納'이 '入'의 致使형식이라고 보았다. 그런데 金理新(2006:193)은 '納'와 '入'의 치사/비치사의 관계를 부정하였고, '納'은 피동작주동사, '入'은 행위주동사라고 보았다. 그는 주로 '納'의 '납부하다, 바치다'의미를 나타내는 통사구조를 가지고, '入'의 통사구조와 비교를 하여 '入'의 통사 주어는 '納'의 직접목적어로 변환될 수 없다고 보았다. 그러나 본서의 통계로 볼 때, '納'이 '들어오게 하다'를 나타내는 용례는 상고시기 가장 주요한 의미였으며, 기타 의항의 용례를 훨씬 초과하고 있었다. 따라서 '納'을 '入'의 치사동사로 보는 것도 가능할 것이다. 그리고 '납부하다, 바치다'의미는 '들어오게 하다'의미의 파생의미로 볼 수 있다. 《戰國策》에서 '入'이 우연히 '納'의 파생의항으로 들어가는 사실이 바로 이 점을 증명해주고 있다.

'內'는 두 개의 독음이 있다. 하나는 '奴答切'로 入聲이고, 다른 하나는 '奴對切'로 去聲이다. 周法高(1962)는 '內'의 非거성을 타동식이고, '奴對切'은 '內外'의 '內'로, 명사화형식이라고 보았다. 王力(2000:474)은 '入'도 두 개의 독음이 있다고 보았다. 그중 '人執切'은 자동사로 '出'의 반대이다. 반면, '奴答切'과 '奴對切'이 더 있는데, 이는 사동사이다. 다만, 《廣韻》에는 '奴答切'과 '奴對切'이 수록되어 있지 않다. 이에 대해, 王力은 '入'자가 상고시기 마땅히 '奴對切'발음이 있으나 더 이른 것은 '奴答切'일 것이라 상상할 수 있다고 하였다. 독음 상황으로 보건대, '入'의 자동/사동 형식은 모두 入聲字이며 聲母의 차이로 표현되고 있다. 그래서 金理新(2006)은 자동사 '入'이 *g-접두사가 있는 것이라고 주장한다.[9]

제**3**절 외향류(外向類): 出

《廣韻》에는 "'나아가다, 나타나다, 멀다'의 의미이고, 발음은 '赤律切'이다. 또 '赤季切'이나 '尺類切'도 있다(進也, 見也, 遠也, 赤律切.

---

9) [역주] 金理新에 따르면, 入, 納, 內의 재구음은 각각 *g-nub, *nub, *nub-s이다. 이 세 글자는 기본적인 어근인 'nub'을 공유하고 있는데, '入'은 행위주동사 접두사인 *g-를 붙인 것이고, '納'은 급물동사의 형태이다. 그리고 '內'는 명사로, 이는 동사 '納(*nub)'에 명사화 접미사 *-s를 붙인 것이다.

又赤季切或尺類切)."로 되어 있다.

《王力古漢語字典》에는 하나는 '赤律切, 入聲'이라고 되어 있고 그 아래의 의항은 다음과 같다.

① 안에서 밖으로 나가다(由內到外). '入'과 상대적이며, '지출하다(支出)'로 파생되기도 하였고, 그 외에 또 '초과하다(超出)'의 의미, 또 '내보내다(发出)'의 의미, 또 '출현하다(出现)'의 의미도 파생되었다.

② 쫓아내다(逐出). 아내와 부부관계를 단절하는 것을 의미한다.

다른 하나는 '尺類切, 去聲'인데, 이는 '나가게 하다(使出)'이다.

'出'의 入聲 재구음가는 *khljud이고, 去聲의 재구음가는 *khljuds이다. 전자는 자동사이고 후자는 사동사이다. 입성의 '出'은 《經典釋文》에서 주음이 없다. 다만, 거성의 독음은 주음이 있다. 예컨대 다음과 같다.

(1) 晉侯曰: "**衛人出其君**, 不亦甚乎?" (《左傳, 襄公, 14, 1016》) 진후가 말했다. "위라나 사람이 그 임금을 쫓아냈으니 또한 심하지 않은가?"[10]

(2) 縣門發, 耶人紇抉之, **以出門者**. (《左傳, 襄公, 10, 975》) 현문이 작동하자, 추나라 사람 흘이 들어 올려 성문으로 들어간 자들을 탈출시켰다.[11]

(3) 鳳鳥不至, **河不出圖**, 吾已矣夫! (《論語, 子罕》) 봉황새도 오지 않고, 황하에서 그림도 나오지 않으니, 나는 이제 끝인가 보구나![12]

---

10) 《經典釋文》에 "원래의 발음과 동일하며, 서막의 음은 '黜'이다(如字, 徐出音黜)."이라 되어 있다.

11) 《經典釋文》에 "'出'은 원자이며, 또 '尺遂反'도 있다(出, 如字, 又尺遂反)."이라 되어 있다. 楊伯峻注에는 "진공하여 성으로 들어간 사졸들을 탈출시킨 것이다."라고 하였다.

12) 《經典釋文》에 "원자와 동일하며, 전에는 '尺遂反'이라 하기도 했다. 주가 동일하다."라고 되어 있다.

1. 入聲의 '出'

1.1 '안에서 밖으로 나가다'의 '出'

이것이 구성하는 것은 관계주주어문으로, 주어는 행위주성이 없을 수도 있고, 강한 행위주성을 가질 수도 있다. 예컨대 다음과 같다.

(1) <u>晉人不出</u>. (《左傳, 文公, 03, 529》) 진나라 사람이 나오지 않았다.

(2) 衆曰: "<u>勿出</u>." (《左傳, 哀公, 26, 1728》) 군중들이 말했다. "도망가지 마십시오."

(3) <u>姜出而賦</u>: "大隧之外, 其樂也洩洩." (《左傳, 隱公, 원년, 15》) 어머니 강씨도 나와서 말했다. "큰 지하도 밖은 그 즐거움이 넘치는구나!"

(4) <u>婦人送迎不出門</u>, 見兄弟不踰閾, 戎事不邇女器. (《左傳, 僖公, 22, 399》) 부인은 배웅이나 마중을 나올 때도 문을 나오지 않으며, 형제를 만날 때는 문지방을 넘지 않았으며, 전쟁을 할 때는 여자의 물건을 가까이 하지 않았다.

(5) 饗畢, <u>夜出</u>, 文羋送于軍. (《左傳, 僖公, 22, 400》) 잔치가 끝나고 초나라 선왕이 밤에 물러나올 때, 문공의 부인 미씨가 진중까지 배웅을 하였다.

(6) <u>將命者出戶</u>, 取瑟而歌. (《論語, 陽貨》) 명령을 전달하는 자가 문을 나설 때, 비파를 들고 노래를 불렀다.

(7) <u>師冕出</u>. (《論語, 衛靈公》) 악사인 소경 면이 나갔다.

(8) <u>師出於陳鄭之間</u>, 國必甚病. (《左傳, 僖公, 04, 293》) 군대가 진과 정 사이를 지나간다면, 양국이 식량을 공급하느라 매우 곤란해질 것이오.

(9) 曾子曰: "戒之戒之! <u>出乎爾者</u>, 反乎爾者也." (《孟子, 梁惠王下》) 증자가 말했다. "경계하고 또 경계하라! 너에게서 나간 것은 다시 너에게로 돌아온다."

(10) <u>夫戮出於身</u>實難, 自他及之何害? (《國語, 晉語八》) 죽음이 나의 잘못에서 나온다면 실로 난처한 일이지만, 다른 것으로부터 미쳐 오는 것

이라면 무엇이 해가 되겠습니까?

(11) **西周寶出**, 是我爲楚韓取寶以德之也, 西周弱矣. (《戰國策, 東周》)
서주에서 보물이 나올 겁니다. 이는 우리가 초한 두 나라를 위해 보물
을 취해 이로써 그들에게 덕을 베푸는 셈입니다. 그리하면 서주는 반
드시 약해질 것입니다.

(12) **禮義由賢者出**. (《孟子, 梁惠王下》) 예의는 어진 이로부터 나오는 것이다.

행위주는 전치사 '自'에 의해 유도되어 동사 앞에 위치하기도 한다.

(13) 天下有道, 則禮樂征伐**自天子出**, 天下無道, 則禮樂征伐**自諸侯
出**. (《論語, 季氏》) 천하에 도가 있으면 예악과 정벌이 천자에게서 나오
고, 천하에 도가 없으면, 예악과 정벌이 제후로부터 나온다.

1.2 '나타나다(出現)'의 '出'

1.2.1 관계주주어문

(1) 日居月諸, **出自東方**. (《詩經, 邶風, 日月》) 해와 달이 동쪽에서 떠오른다.

(2) **穀出**不過藉, 以豊財也. (《左傳, 宣公, 16, 766》) 곡식이 나오면 빌린 땅
의 것을 넘으면 안 되니, 재산을 풍부하게 하기 위함이다.[13]

(3) 公始用之, **火出而畢賦**, 自命夫命婦至於老疾, 無不受冰. (《左傳,
昭公, 04, 1249》) 임금이 비로소 쓰며, 대화성이 나타나면 다 나누어 주
는데, 명부, 명부로부터 늙어 병든 자까지 얼음을 받지 않은 이가 없다.

---

13) 左傳正義: "백성들의 곡식이 공공의 것으로부터 나온 것은 그 빌린 전답을 넘지
않게 하였는데, 이로써 백성들의 재산을 풍부하게 하려고 함이다(民之田穀出公
共者, 不過取所借之田. 欲以豊民之財)."

(4) 十年春王正月, **有星出于婺女**. (《左傳, 昭公, 10, 1314》) 십년 봄 주력 정월에, 어떤 별이 무녀 별자리에 나타났다.

(5) 秋無苦雨, **雷出**不震. (《左傳, 昭公, 04, 1250》) 가을에는 장맛비가 내리지 않고, 우레가 쳐도 다치지 않는다.

(6) 律度量衡於是乎生, 小大器用**於是乎出**, 故聖人慎之. (《國語, 周語下》) 음률과 길이 단위와 부피단위, 무게단위가 여기 12율에서 생기고, 크고 작은 기물이 여기에서 나옵니다. 그러므로 성인이 신중히 하셨습니다.

(7) 辭讓之節得矣, 長少之理順矣. 忌諱不稱, **祆辭不出**. (《荀子, 正名》) 사양하는 예절이 잘 지켜지고, 어른과 아이의 도리가 순조로우며, 꺼려야 할 말은 하지 않고, 해가 되는 말은 하지 않는다.

(8) **彘突出於溝中**, 馬驚駕敗. (《韓非子, 外儲說右下》) 돼지가 갑자기 개천에서 나타나서 말이 놀라 말 다루는 일이 실패했다.

(9) **雨霽日出**, 視之晏陰之間, 而棘刺之母猴乃可見也. (《韓非子, 外儲說左上》) 비가 그치고 해가 났을 때, 그늘에서 보면, 나무 가시 끝의 원숭이를 볼 수 있을 겁니다.

(10) 明日大雨, **山水大出**, 所營者, 水皆滅表. (《戰國策, 燕三》) 다음 날 큰 비가 내려서, 산골짜기 물이 크게 불어, 만들어 놓았던 진지는 물이 그 표지까지 다 없애버렸다.

(11) 今魯句注禁常山而守, 三百里通於燕之唐, 曲吾, 此代馬胡駒不東, 而**昆山之玉不出**也. (《戰國策, 趙一》) 지금 진나라가 노의 구주를 넘어 상산의 통행을 금하여 지키면, 연으로 통하는 삼백 리의 당과 곡오는 진과 연결됩니다. 이러하면 그 북쪽의 대마나 호구를 동으로 반입할 수 없으며, 곤산의 옥도 나오지 못합니다.

1.2.2 처소 도치구조

(1) 鳳鳥不至, **河不出圖**, 吾已矣夫! (《論語, 子罕》) 봉황새도 오지 않고, 황하에서 그림도 나오지 않으니, 나는 이제 끝인가 보구나![14]

(2) 秋, 大水. 凡<u>平原出水</u>爲大水. (《左傳, 桓公, 원년, 82》) 가을에 큰물이 났다. 대개 평원에까지 물이 찬 것을 큰물이라 한다.

1.2.3 영주속빈문

(1) 眷言顧之, <u>潸焉出涕</u>. (《詩經, 小雅, 大東》) 머리를 돌려 그 길을 바라보니 주르르 눈물만 흐른다.

(2) 及子産卒, 仲尼聞之, <u>出涕</u>曰: “古之遺愛也.” (《左傳, 昭公, 21, 1422》) 자산이 죽자, 중니가 그 말을 듣고 눈물을 흘리며 말했다. “옛 인애의 유풍을 가졌다.”

(3) 公泫然<u>出涕</u>曰: “不亦悲乎! 寡人有國而田成氏有之, 今爲之奈何?” (《韓非子, 外儲說右上》) 경공은 괴로운 듯 눈물을 흘리며 말했다. “또한 슬프지 아니한가? 과인이 가지고 있는 나라를 전성씨가 갖게 되다니, 지금 이를 어찌하오?”

이러한 유형에서 屬語명사는 관계주주어로 출현할 수도 있다. 예컨대 다음과 같다.

(4) <u>涕出</u>而女於吳. (《孟子, 離婁上》) 눈물을 흘리며 오나라에 딸을 출가시키다.

(5) 然則何爲<u>涕出</u>? (《戰國策, 魏四》) 그렇다면 어찌하여 눈물을 흘리고 있는가?

---

14) 《經典釋文》에 ‘出’에 대해 “원자와 동일하며, 전에는 ‘尺遂反’이라 하기도 했다. 주가 동일하다.”라고 되어 있다. 그러나 여기서는 이것을 ‘원래 발음의 글자(如字)’의 ‘出’로 본다. 통사구조상 ‘河’는 ‘出’의 치사자라 볼 수 없고 일종의 처소논항이기 때문이다. 즉 아래의 예에 있는 ‘出’과 동일한 통사구조라고 본다. 다만 《經典釋文》은 《左傳》의 이 예에 대해서 注音을 하지 않았다.

2. 去聲의 '出'

2.1 치사자주어문('나오게 하다'의미)

(1) 邾人以須句故出師. (《左傳, 僖公, 22, 395》) 주나라 사람이 수구로 인하여 출병하였다.

(2) 召孟明, 西乞, 白乞, 使出師於東門之外. (《左傳, 僖公, 32, 490》) 맹명, 서걸, 백걸을 불러 동문 밖에서 출병하게 했다.

(3) 自公以下, 苟有積者, 盡出之. (《左傳, 襄公, 10, 972》) 공이하 진실로 쌓아 놓은 것이 있으면 모두 꺼내놓았다.

(4) 若重問以召之, 臣出晉君, 君納重耳, 蔑不濟矣. (《左傳, 僖公, 10, 335》) 두터운 예물로 그들을 부르면, 신이 진나라 임금을 쫓아낼 것이니, 임금께서 중이를 받아들이시면 성공하지 않을 수 없습니다.

(5) 十二月, 宋公殺母弟須及昭公子, 使戴, 莊, 桓之族攻武氏於司馬子伯之館, 遂出武穆之族. (《左傳, 文公, 18, 642》) 12월에 송공이 동복아우인 수와 소공의 아들을 죽이고, 대, 장, 환의 일족에게 사마자백의 집에서 무씨를 공격하여 마침내 무와 목의 일족을 쫓아냈다.

(6) 出穀戍, 釋宋圍, 一戰而霸, 文之敎也. (《左傳, 僖公, 27, 447》) 제나라 곡성을 수비하던 초나라 신공숙후의 군대를 쫓아내고, 송나라를 포위하고 있는 초나라 자옥의 군대를 퇴거시켜, 초나라와 일전을 하여 패자가 되었으니, 이는 진문공의 가르침이다.

(7) 乃益爵二級, 而開後門出太子. (《韓非子, 外儲說右上》) 그의 작위를 두 등급 올려주고, 후문을 열어 태자를 내보냈다.

(8) 夫名以制義, 義以出禮, 禮以體政, 政以正民. (《左傳, 桓公, 02, 92》) 대체로 이름으로 의를 나타내고, 의로써 예를 나오게 하며, 예로써 정치를 체현하는 것이며, 정치는 백성을 바르게 하는 것이다.

(9) 當暑, 袗絺綌, 必表而出之. (《論語, 鄕黨》) 더위를 당해서는 갈포로 만든 홑적삼을 반드시 겉에 내어 입었다.

(10) 賁皇非之曰: "是<u>出主之爵祿</u>以附下也." (《韓非子, 外儲說左下》) 묘분황은 그를 비난했다. "이는 군주가 준 작위와 봉록을 버리고 아랫사람에게 빌붙는 것이다."

(11) 晉侯聞之, 曰: "是君子之言也." 乃出陽民. (《國語, 周語中》) 진후가 이 말을 듣고 말했다. "이는 군자의 말이다." 이에 陽樊의 백성들을 나오게 했다.

2.2 관형어로 쓰이는 경우. 기사(既事) 의미를 갖는다.

(1) 其雨其雨, 杲杲<u>出日</u>. (《詩經, 衛風, 伯兮》) 비가 오려나, 비가 오려나 했는데, 환하게 떠오른 태양.[15]

3. 소결

'出'의 의미와 통사구조에 근거할 때, 상고 8부 문헌 '出'의 '안에서 밖으로 나오다'의미와 '나타나다'의미의 용례 통계는 아래와 같다.

의미	통사 기능	詩經	左傳	國語	論語	孟子	荀子	韓非子	戰國策	총계
안에서 밖으로 나오다	행위주	22	329	77	17	27	21	52	130	675
	관계주	2	22	10	5	2	7	21	32	101
	치사자	7	58	22	2	1	7	17	22	135
나타나다	처소도치	0	1	1	1	0	1	0	2	6
	관계주	5	14	0	0	2	4	5	2	32
	영주속빈	1	1	0	0	0	2	1	0	5
총계		37	425	110	25	32	42	96	188	955

표 4.5 상고 8부 문헌 '出'의 용례 통계

---

[15] 《經典釋文》에는 "원자이며 沈氏의 반절은 또 推類反도 있다."라 되어 있다.

의미상으로 볼 때, '안에서 밖으로 나오다'라는 '出'은 단논항동사이고, 指人명사의 동작행위를 나타낸다. 그리고 통계상으로 볼 때, 이것의 심층 행위주는 통사상의 주어가 된다. 한편, '出'의 발원처 또는 경과를 나타낼 때는 처소논항이 통사 층위로 나타날 수가 있다. '안에서 밖으로 나오다'의미의 '出'은 내재방향성(內在方向性) 동사이며, 비대격동사의 전형적인 통사 특징을 갖추고 있다.

그것의 최소 구성 형식은 'NP V'형식이다.

(1) **師冕出**. (《論語, 衛靈公》) 악사인 소경 면이 나갔다.

행위주주어가 비록 능동성(主動性)과 의지성(意願性)을 갖고 있긴 하나, 그래도 이와 서로 쌍을 이루는 사동문과 함께 사동문쌍을 구성할 수가 있다. 게다가 이들의 용례도 많다. 즉, 去聲의 '出'은 급물동사가 되는데, 동시에 入聲의 '出'과 더불어 일정한 조건 하에서 급물동사와 불급물동사의 통사대응을 형성할 수 있다는 것이다. 예컨대 다음과 같다.

(2) **齊侯之出也**, 過譚, 譚不禮焉. (《左傳, 莊公, 10, 184》) 제나라 임금이 외국으로 출발할 때, 담나라를 지나니, 담나라는 그를 예우하지 않았다.

(3) 若重問以召之, **臣出晉君**, 君納重耳, 蔑不濟矣. (《左傳, 僖公, 10, 335》) 두터운 예물로 그들을 부르면, 신이 진나라 임금을 쫓아낼 것이니, 임금께서 중이를 받아들이시면 성공하지 않을 수 없습니다.

《左傳》에서 '君出'과 '出君'의 용례 비율은 14:13으로 비슷하다. 그리고 비행위주성의 관계주주어문도 사동문쌍을 구성할 수 있다.

(4) **師出於陳鄭之間**, 國必甚病. (《左傳, 僖公, 04, 293》) 군대가 진과 정 사 이를 지나간다면, 양국이 식량을 공급하느라 매우 곤란해질 것이오.

(5) 召孟明, 西乞, 白乞, 使**出師**於東門之外. (《左傳, 僖公, 32, 490》) 맹 명, 서걸, 백걸을 불러 동문 밖에서 출병하게 했다.

(6) 民之有口, 猶土之有山川也, **財用於是乎出**. (《國語, 周語上》) 백성에 게 입이 있는 것은 대지에 산천이 있어서, 쓸 만한 물건이 이로부터 나오는 것과 같다.

(7) 及九州名山山澤, **所以出財用**也. (《國語, 魯語上》) 구주, 명산, 산택에 제사지내는 것은 이것들이 재물을 내주기 때문이다.

(8) **利出**一空者, 其國無敵. **利出**二空者, 其兵半用. **利出**十空者, 民 不守. (《韓非子, 飭令》) 상이란 이익이 군주 하나에게서 나오면 그 나라 는 적이 없다. 그런데 이익이 군주와 권신 둘에게서 나오면, 병사의 절 반만이 쓰일 수 있다. 그 이익 열 사람에게서 나오면, 백성들은 나라를 지키려하지 않는다.

(9) 授官爵, **出利祿**不以功, 是無當也. (同上) 군주가 관작을 수여하고, 이익과 봉록을 내줄 때, 공으로 하지 않으면 이는 항아리 밑이 빠진 것이다.

이외에 다른 특징으로, 관형어로 쓰일 때, 완료의미를 갖는 예가 있다.
王力(1965), 龔煌城(2000)은 '出'과 '黜'이 자동/사동의 쌍이라고 본 다. 그러나 黃坤堯(1992,1997), 金理新(2006)은 이 의견에 반대한다.[16] '黜'은 《說文》에서 "폄하하다(貶下也)."라고 되어 있고, 《廣韻》에서는 "'黜'은 '폄하하다'로 '絀'이라 쓰기도 한다. 발음은 '丑律切'이다(黜, 貶下也, 亦作絀, 丑律切)."이라 되어 있다. 이는 入聲의 術韻으로 그

---

16) [역주] 金理新은 '黜'의 재구음이 *r-thud라 하며, 이는 '出' *g-thud와 대립하고 있 는데, '出'이 행위주동사를 나타내는 반면, *r-이 피동작주동사를 나타낸다고 한다.

재구음은 *lhud이다. '出'은 入聲과 去聲의 양독이 있으며, 이는 자동과 사동의 관계가 된다. 그런데 '黜'은 단지 입성 한 가지 독음만 있고 이것은 자동의 '出'과 음운형식이 동일하다. 음운관계로 볼 때, '出'과 '黜'은 동원사로 볼 수 있으나, '黜'이 '出'의 사동사 형식은 아니다. '黜'은 상고 8부 문헌의 용법에서, 주로 행위주주어의 급물동사 구조에 사용되며, 그 목적어는 피동작주이다. 이것이 피동작주주어문에 사용될 때는 조건이 필요한데, 전체 예를 보건대, 일부는 완료사건이고 일부는 비현실적 조건문이었다. 즉, 전형적인 급물동사가 피동작주주어문에 사용되는 조건과 동일하다. 따라서 '黜'은 급물동사이고, 中性의 '出'과는 서로 대립한다. 그리고 '黜'은 의미상 '폄하'의 감정색채 의미를 더하고 있다. 이로써 '出'과는 의미상에서 서로 간 분업을 이룬다.

제4절 하향류(下向類)

하향류 방향동사에는 주로 '降, 落, 墮, 墜, 隕, 下'가 있다. 이중 '降'의 통사표현은 제2장 2절에서 이미 상세히 언급한 바 있다. 본절에서는 나머지 5개의 동사에 대해 두 그룹으로 나누어 상세히 다루고자 한다.

1. 落, 墮, 墜, 隕

'落'은 《說文》에 "무릇 풀이 시드는 것을 '零'이라 하고, 나뭇잎이 시들어 떨어지는 것을 '落'이라 한다(凡艸曰零, 木曰落)."이라 되어 있고, 段玉裁는 '隊'자 아래에 "파생된 것이다. 무릇 위에서 아래로 내려오는 것을 모두 '落'이라 한다(引申之, 凡自上而下皆曰落)."이라 주를 달고 있다.

'墮'는《說文》에, "성벽을 무너뜨리는 것을 '墮'라 한다(敗城阜曰
墮)"[17]라 하는데 그 의미는 '부수다, 무너뜨리다(毁坏)'이다. 갑골문의
자형은 회의자로, 오른쪽의 '阜'는 가파른 언덕을 나타내고 있고, 왼쪽
에 거꾸로 쓴 '人'이 있는데, 이는 사람이 가파른 성위에서 떨어지는
것을 나타내고 있다. 그래서 본의는 '떨어지다'이다.

'墜'는《說文》에 "떨어지다(陊也)", "'陊'는 '떨어지다'이다(陊, 落
也)."라고 되어 있다. 段玉裁는 '隊'에 대해서 "'隊'와 '墜'는 정자와 속
자의 관계이다. 고서에서는 '隊'를 많이 썼으나, 현재는 '墜'를 쓰고,
'隊'는 쓰지 않게 되었다('隊', '墜'正俗字, 古書多作'隊', 今則'墜'行
'隊'廢矣)."라고 주를 달고 있다. '墜'는 바로 '隊'의 속자로,《說文》에
는 "'隊'는 높은 곳에서 떨어지는 것이다(隊, 从高隊也)."라 하고,《爾
雅》에서는 "'墜'는 떨어지는 것이다(墜, 落也)."라고 하고 있다.《廣雅》
에서는 "'墜'는 떨어지는 것이다(墜, 墮也)."라고 되어 있다.

'隕'은《說文》에 "높은 곳에서 내려오다(从高下也)"라고 되어 있다.
《爾雅》에서는 "'隕'은 떨어지는 것이다(隕, 墜也)."라 되어 있다. 그리고
《玉篇》에서는 "'隕'은 떨어지는 것이다(隕, 落也, 墮也)."라고 되어 있다.

이 네 동사의 주요 통사 기능은 아래와 같다.

1.1 자동사문('떨어지다'의미)

(1) 水深而回, **樹落**則糞本, 弟子通利則思師. (《荀子, 致士》) 물이 깊으
면 소용돌이가 일어나고, 나뭇잎이 떨어지면 뿌리에 거름이 된다. 이
처럼 제자가 성공하면 반드시 스승을 생각한다.

---

17) [역주] '墮'는《說文》에서 원래 '陸'로 표기되어 있다.

(2) 則夫人行年七十有二, 齫然而<u>齒墮</u>矣. (《荀子, 君道》) 그 강태공은 나이 72세에 이가 빠져 움푹 들어갔다.

(3) 文武之道, <u>未墜於地</u>. (《論語, 子張》) 문왕과 무왕의 도가 아직 땅에 떨어지지 않았다.

(4) 夜中, <u>星隕</u>如雨. (《左傳, 莊公, 07, 170》) 밤중에 별이 비 오듯이 떨어졌다.

1.2 사동사문('떨어뜨리다' 의미)

(1) 晉聞古之長民者, <u>不墮山</u>, 不崇藪, 不防川, 不竇澤. (《國語, 周語下》) 제가 들으니 옛날의 백성을 다스리는 임금은 산을 무너뜨리지 않았고, 늪을 메워 돋우지 않았으며, 내를 막지 않았고, 못의 둑을 터서 흐르게 하지 않았습니다.

(2) 欲壅防百川, <u>墮高堙庳</u>, 以害天下. (《國語, 周語下》) 모든 하천을 막고 산을 무너뜨리며, 물웅덩이를 메워 천하를 해롭게 하려고 했다.

1.3 관형어로 쓰이는 경우. '완료'이나 '피동'의 의미를 나타낸다.

(1) 自取一聽, 則毋隨<u>墮壑</u>之累. (《韓非子, 八經》) 군주가 많은 이의 말을 듣고 그중 하나를 취하면 구학에 떨어지는 누를 범하지는 않는다.[18]

(2) 夫戰孟賁, 烏獲之士, 以攻不服之弱國, 無以異於<u>墮千鈞之重</u>, 集於鳥卵之上, 必無幸矣. (《戰國策, 韓一》) 무릇 오획과 맹분 같은 전사들로 하여금 약한 나라의 병졸을 공격하게 하는 것은, 마치 일천 균이나 되는 쇳덩이로 새알에 내리치는 것(직역: 떨어진 천균의 무게)과 같습니다. 분명 요행은 없습니다.

---

18) [역주] 필자는 이 예문의 '墮壑'을 완료의미의 수식구조로 보고 있으나 그보다는 '구학에 떨어지다'의 술목구조로 보는 것이 어떨까 한다.

1.4 영주속빈문

(1) 吏請其罪, **文公隕涕**而憂. (《韓非子, 外儲說右上》) 벼슬아치가 처벌을 청했으므로, 문공은 눈물을 흘리며 고뇌했다.

	落	隕	墜	墮
목적어 없음	10	4	1	3
연동구조	0	1	2	1
관형어로 쓰임	0	0	0	3
영주속빈	0	1	0	0
사동	1	0	0	7
총계	11	6	3	14

표 4.6 상고 8부 문헌 '落', '隕', '墜', '墮'의 용례 통계

'落', '隕', '墜', '墮'의 용례는 그다지 많지가 않다. 이것의 최소 구성 형식은 'NP V'형식이며, 이때의 NP는 대부분 무생명명사이고, 직접적인 내재논항이다. 유생명명사가 주어일 경우, 그 의미는 '사라지다', '잃다'이다. 이것은 자동/사동의 교체를 충분히 구성할 수 있는데, 전형적인 예는 다음과 같다.

(1) 歲云秋矣, **我落其實**, 而取其材, 所以克也. **實落**, 材亡, 不敗, 何待? (《左傳, 僖公, 15, 354》) 철은 가을이 되어 우리가 열매를 떨어뜨리고, 재목을 얻게 되니, 이는 이긴다는 것이다. 열매가 떨어지고 재목이 없으면 패하지 않고 무엇을 기다리겠습니까?

이 네 개 동사의 통사 기능을 고립적으로 본다면, 그들이 보여주는 비대격동사로서의 통사 기능은 결코 충분치 않을 것이고, 비대격동사

판별식과도 큰 괴리가 있을 것이다. 그러나 그들이 구성하는 최소 구성형식의 NP에 대한 한정이 완전히 동일하여, 피차간에 상호 해석이 가능하고 또 통사 행위에서 상호 보충이 되고 있다. 그래서 '落'은 자동/사동의 교체가 있고, '墮'는 관형어로 쓰일 때 완료나 피동의미를 나타내고 있으며, '隕'은 영주속빈문의 용례가 있는데다가 날씨 동사로 쓰일 때 외현적인 비대격 현상을 체현하고 있어서, 이들을 합쳐서 본다면 이 그룹 전체가 바로 전형적인 비대격동사에 속하게 된다.

2. 下

방향동사로서의 '下'는 선진 시기의 용례가 많지 않다.《詩經》에 3예,《左傳》에 18예,《論語》에 2예,《孟子》에 1예,《戰國策》에 4예 출현하고,《國語》와《荀子》,《韓非子》에는 출현하지 않는다. 그것의 통사 기능은 다음과 같다.

2.1 주술문('내려가다'의미)

(1) 王在渚宮, 下, 見之. (《左傳, 文公, 10, 576》) 성왕은 저궁에 있다가 내려가서 자서를 보았다.

(2) 孔子下, 欲與之言. (《論語, 微子》) 공자가 계단을 내려가서 그와 말하려고 했다.

(3) 劌曰: "未可." 下, 視其轍, 登軾而望之, 曰: "可矣!" (《左傳, 莊公, 10, 183》) 조귀가 "아직 안 됩니다."라고 말하고, 병거에서 내려와 그 바퀴자국을 조사하고 수레 앞에 올라가 바라보면서 말했다. "좋습니다."

2.2 연동문

(1) 雞棲于塒, 日之夕矣, **羊牛下來**. (《詩經, 王風, 君子于役》) 닭은 홰에 오르고, 날은 저무니, 양과 소도 내려왔다.

(2) 自始合, 苟有險, **余必下推車**, 子豈識之? (《左傳, 成公, 02, 792》) 처음 맞붙을 때부터 험난함이 있으면, 나는 반드시 내려 수레를 밀었는데, 그대가 어찌 알겠는가?

2.3 처소목적어를 갖는 경우

(1) **馮婦攘臂下車**, 衆皆悅之, 其爲士者笑之. (《孟子, 盡心下》) 풍부가 소매를 걷어 올리며 수레에서 내리자, 모두가 다 기뻐했으나, 선비된 자들은 모두 비웃었다.

(2) 諺曰: "見君之乘, **下之**. 見杖, 起之." (《戰國策, 楚四》) 속담에 이르길 "임금의 수레만 봐도 내려서고, 그 지팡이만 봐도 (임금을 위해) 일어난다."라고 한다.

2.4 사동문('내리게 하다, 떨어뜨리다'의미)

2예가 발견되는데, 모두 《左傳》에 있다.

(1) 閭丘嬰以帷縛其妻而載之, 與申鮮虞乘而出, **鮮虞推而下之**. (《左傳, 襄公, 25, 1099》) 여구영이 장막으로 그 아내를 묶어서 실었고, 신선우와 함께 수레를 타고 나갔는데, 선우가 그를 밀어서 떨어뜨렸다.

(2) 遇賈獲, 載其母妻, **下之**, 而授公車. (《左傳, 襄公, 25, 1102》) 가획과 마주쳤는데, 그의 어미와 처를 태우고 있어서 그들을 내리게 하고, 공에게 수레를 주었다.

	詩經	左傳	論語	孟子	戰國策	합계
단순식	0	7	1	0	0	8
처소목적어	0	0	0	1	4	5
연동식의 제1동사	2	2	1	0	0	5
연동식의 제2동사	1	6	0	0	0	7
치사자주어	0	3	0	0	0	3
총계	3	18	2	1	4	28

표 4.7 상고 8부 문헌 '下'의 용례 통계

'下'의 통사 행위는 하편에서 토론하는 '비능격동사'의 상황과 비슷하다. 그래서 불급물 통사구조에서 주어로 사용되는 명사논항은 모두 전형적인 행위주이다. 이들이 자동/사동의 교체형식을 구성할 수 있지만, 사동문에서의 치사자는 단지 유생명명사에 한정되고 있다. 이 점은 '落' 등이 무생명명사였다는 점과 분명 다르다. 제2장 제2절에서 동사 '降' 에 대해 언급한 바 있는데, 주어가 무생명명사이면 비대격동사일 경우가 많았고, 주어가 유생명명사이면 비능격동사일 경우가 많았다. 따라서 하향류 방향동사 전체로 볼 때, 동사의 비대격성은 주어의 행위주성과 관련이 깊다. 즉 행위주성이 강한 동사는 비능력류이고, 그 반대이면 비대격류이다.

제5절 후향류(後向類)

후향류 방향동사에는 후퇴류('退', '却')와 귀환류('反', '還', '復', '歸')가 있다. 아래에서 '退', '却'과 '返'을 예로 이 유형 동사의 상황을 살펴보자.

1. 退

'退'는 《說文》에 "물러나다(却也)."라고 되어 있다. 이는 회의자로 본의는 "뒤로 가다, 후퇴하다"이다. 주요 통사 기능은 아래와 같다.

1.1 주술식('물러나다, 후퇴하다'의미). 뒤에 기타 성분을 가질 수 있다.

(1) **大夫夙退**, 無使君勞. (《詩經, 衛風, 碩人》) 대부들은 일찍 물러가 군주를 수고롭게 하지 말라.

(2) 蘇而復上者三, 主人辭焉, **乃退**. (《左傳, 襄公, 10, 975》) 깨어나 다시 오른 것이 세 번이 되어, 주인이 치사하고 이에 물러났다.

(3) **寇退**, 曾子反. (《孟子, 離婁下》) 적군이 퇴각해서 증자가 집에 돌아왔다.

(4) 子若欲戰, 則**吾退舍**, 子濟而陳. (《左傳, 僖公, 10, 504》) 그대가 싸우고자 한다면, 내 30리를 물릴 터이니, 그대는 건너와서 진을 치시오.

(5) **退一舍**而原降. (《左傳, 僖公, 25, 435》) 30리를 물러나니 원이 항복했다.

(6) 范文子暮**退於朝**. (《國語, 晉語五》) 범문자가 저물어서 조정에서 퇴근했다.

(7) 范武子**退自朝**. (同上) 범무자가 조정에서 퇴근했다.

(8) **退朝**, 待於庭. (《左傳, 昭公, 28, 1497》) 조정에서 물러나 뜰에서 기다렸다.

(9) 冉子**退朝**. (《論語, 子路》) 염자가 조정에서 물러나왔다.

'退舍'와 '退一舍'는 모두 거리를 나타내고 있다.[19] '退於朝'와 '退自朝'는 《國語》에서만 1예 출현하고 있는데, 여기서 처소명사 '朝(조정)'는 발원지를 나타낸다. '退朝'는 곧 '退於朝'이며, 상고 8부 문헌에

---

19) [역주] '舍'는 거리 단위로 '1舍'는 30리이다.

서 8예 출현하고 있다. 그 용례는 '退於朝'나 '退自朝'보다 많아, 일종의 관용어화하는 추세를 보여준다. '退於朝'와 '退自朝'는 전치사구가 부가어로 사용되고 있는 것이다. 그런데 '退朝'는 처소논항이 직접목적어로 실현되었다라고 볼 수 있겠으나 이 보다는 '退朝' 자체가 하나의 어휘가 된 것으로 볼 수 있다.

1.2 연동구조의 전항동사로 사용되는 경우

(1) 穆子賦'匏有苦葉', <u>叔向退而具舟</u>. (《左傳, 襄公, 14, 1008》) 목자가 '포유고엽'을 읊었고, 숙상이 물러나 배를 준비했다.

(2) <u>退而省其私</u>, 亦足以發. (《論語, 爲政》) 물러나 그 사생활을 살펴봤는데도 역시 충분히 발명을 하니)

1.3 연동구조의 후항동사로 사용되는 경우

(1) 義則進, 否則<u>奉身而退</u>. (《左傳, 襄公, 26, 1113》) 도의에 맞으면 나아가고, 그렇지 않으면 몸을 보전하여 물러나야 한다.

(2) 不可, <u>收師而退</u>, 可以無害, 君亦無辱. (《左傳, 襄公, 18, 1041》) 좋지 않을 경우, 군사를 거두어 물러나면 되는데, 그러면 해가 없을 것이고 임금 역시 치욕이 없을 것이다.

1.4 사동용법('물리다, 후퇴시키다'의미)

(1) 吾救主於車, <u>退敵</u>於下, 我, 右之上也. (《左傳, 哀公, 02, 1618》) 나는 병거 위에서 주인을 구하고, 적병을 병거 아래에서 격퇴시켰으니, 나는 우익으로서의 공이 최강이다.

(2) 凡我父兄昆弟及國子姓, 有能助寡人謀而**退吳**者, 吾與之共知
越國之政. (《國語, 越語上》) 모든 나의 부형, 형제 및 동성 종족 중에서
나를 도와 계책을 내어 오를 물러가게 하는 자가 있다면, 나는 그와
더불어 월나라의 국정을 함께 할 것이다.

(3) 遂去癰鉏, **退彌子瑕**, 而用司空狗. (《韓非子, 難四》) 영공은 광대와
미자하를 쫓아내고 사공구를 등용했다.

(4) 荊人聞之, 因用子常而**退子期**也. (《韓非子, 內儲說下》) 초나라 사람
들은 이 말을 듣고, 자상을 임명하고 자기를 물러나게 했다.

1.5 관형어로 쓰이는 경우

《國語》에서만 2예 출현한다. 이는 영어의 현재분사와 유사하다.

(1) 車無**退表**, 鼓無**退聲**, 軍事集焉. (《國語, 晉語五》) 수레에 퇴각의 깃
발이 없고, 북소리도 퇴각 소리가 없으면 군대의 일이 성공할 것이다.

	詩經	左傳	國語	論語	孟子	荀子	韓非子	戰國策	총계
단순식	3	36	17	3	5	7	9	6	86
연동문 전항	3	22	9	2	3	2	8	4	53
연동문 후항	0	28	8	0	0	8	7	4	55
부가성분 있음	0	6	4	2	0	2	0	0	14
사동	0	4	2	0	0	1	6	2	15
관형어로 쓰임	0	0	2	0	0	0	0	0	2
총계	6	96	42	7	8	20	30	16	225

표 4.8 상고 8부 문헌 '退'의 용례 통계

2. 卻

'卻'은《說文》에 "절제시켜 물러나게 하는 것이다(節欲也)[20]."라고

되어 있다. 段玉裁注에는 "'卪卻'이란 절제시켜 물러나게 하는 것이다 (卪卻者, 節制而卻退之也)."라고 되어 있다. 본래는 '卻'으로 되어 있으나 속자로 '却'을 사용한다. 상고 8부 문헌에서 26예 발견되는데, 《國語》에 1예, 《荀子》에 1예, 《韓非子》에 13예, 《戰國策》에 11예 등 4부 문헌에만 출현한다. 통사 기능으로 볼 때, 목적어가 없는 것이 4예, 연동문의 전항 동사로 사용되는 것이 3예, 연동문의 후항 동사로 사용되는 것이 4예, 사동문이 14예이다. 각각 2예씩 아래처럼 들 수 있다.

(1) 公必曰: "少却, 吾惡紫臭." (《韓非子, 外儲說左上》) 환공은 반드시 이렇게 말했다. "조금 물러서라, 나는 자주색 옷이 싫다." (無목적어)

(2) 楚王大怒, 興師襲秦, 戰於藍田, 又却. (《戰國策, 楚一》) 초왕이 대노하여 군사를 일으켜 진을 공격하였다. 이번엔 남전에서 싸웠으나 역시 퇴각당했다. (無목적어)

(3) 白刃在前, 斧鑕在後, 而却走不能死也. (《韓非子, 初見秦》) 적의 칼날이 앞에 보이고, 도끼가 뒤에 보이면, 대부분 달아날 것이고 죽지 않을 것입니다. (연동문 전항)

(4) 太子跪而逢迎, 却行爲道, 跪而拂席. (《戰國策, 燕三》) 태자가 전광을 영접하여 뒷걸음질 치며 인도하여 무릎을 꿇고는 자리의 먼지를 털었다. (연동문 전항)

(5) 乃復悉士卒以攻邯鄲, 不能拔也, 棄甲負弩, 戰竦而却, 天下固已量秦力二矣. (《戰國策, 楚一》) 그래서 또 군대를 모아 한단을 공격한 것인데, 함락하지 못하고, 무기와 갑옷을 버리고, 싸움에 두려워 퇴각하고 말았다. 이것은 진의 힘을 얕보게 된 둘째 이유이다. (연동문 후항)

(6) 是以其民用力勞而不休, 逐敵危而不却, 故其國富而兵强. (《韓非子, 定法》) 이로써 백성은 열심히 일하고 쉬지도 않게 되었고, 적을 쫓

---

20) [역주] 여기서의 '欲'은 '卻'으로도 본다.

을 때는 위험해도 물러서지 않았다. 이로써 진은 부국강병해진 것이다. (연동문 후항)

(7) 昔克潞之役, 秦來圖敗晉功, **魏顆以其身卻退秦師於輔氏**, 親止杜回, 其勳銘於景鍾. (《國語, 晉語七》) 옛날에 潞國을 이긴 전투에서, 진나라가 와서 진의 공을 패배시키려고 도모하거늘, 魏顆가 그 몸으로 진나라 군대를 보씨에서 패퇴시켰고, 두회를 포획했으니, 그 공훈이 경공의 종에 새겨져 있다. (사동문)

(8) 夫言用賢者, 口也, **卻賢者**, 行也, 口行相反, 而欲賢者之至, 不肖者之退也, 不亦難乎! (《荀子, 致士》) 어진 이를 등용하겠다는 것은 입으로만 하는 것이므로, 오히려 어진 이를 물리치는 행위가 된다. 말과 행동이 상반되면서, 어진 자가 오고 불초한 이가 물러가길 원한다면 이 역시 어렵도다! (사동문)

3. 返

'返'은 《說文》에서 "돌아오다(還也)."로 되어 있다. '反'은 《說文》에 "뒤집히다(覆也)."라고 되어 있는데, 그 본의는 손바닥을 뒤집는 것이다. 그런데 '돌아오다'의미의 '返'은 상고 8부 문헌에서 '反'자로 많이 되어 있고, '返'을 쓰는 것은 겨우 7예 뿐이다. 이는 《國語》에 1예, 《韓非子》에 3예, 《戰國策》에 3예 출현한다. 본서에서 통계를 낼 때에는 두 글자를 모두 함께 포함시킨다.

3.1 단순식('돌아가다'의미)

(1) 冬十月, 華元自止之, 不可, **乃反**. (《左傳, 成公, 18, 875》) 겨울 시월에 화원은 스스로 가서 그들을 만류하였으나 불가하여 이에 돌아왔다.

(2) **反**, 誅屨於徒人費. (《左傳, 莊公, 08, 175》) 돌아오면서, 시인 비에게 신발을 찾아오라고 꾸짖었다.

3.2 목적어를 갖는 경우

(1) **吾自衛反魯**, 然後樂正, 雅頌各得其所. (《論語, 子罕》) 내가 위나라에서 노나라로 돌아온 뒤로, 음악이 바르게 되고, 아와 송이 각자 그자리를 얻었도다.

(2) 及**公子返晉邦**, 擧兵伐鄭, 大破之, 取八城焉. (《韓非子, 喩老》) 공자는 진나라로 돌아가게 되었고, 이후 거병하여 정을 정벌하니, 크게 격파하여 8개 성을 차지했다.

3.3 연동구조의 전항동사

(1) 晉陽處父聘於衛, **反過審**, 審嬴從之. (《左傳, 文公, 05, 540》) 진나라 양처보가 위나라를 방문하고, 돌아오다 영을 지났는데, 영영이 그를 따랐다.

(2) **反至五湖**, 范蠡辭於王曰: "君王勉之, 臣不復入越國矣." (《國語, 越語下》) 월나라 군대가 돌아오다 오호에 이르러, 范蠡가 월왕에게 말했다. "임금께서는 덕에 힘쓰십시오. 신은 다시 월나라에 들어가지 않을 것입니다."

3.4 연동구조의 후항동사

(1) 靡笄之役, **郤獻子師勝而返**, 范文子後入. (《國語, 晉語五》) 미계의 전투에서 郤獻子의 군대가 이기고 돌아올 때, 범문자가 뒤에 들어왔다.

(2) 右回梅山, 侵鄭東北, **至于蟲牢而反**. (《左傳, 襄公, 18, 1042》) 오른쪽으로 매산을 돌아, 정나라 동북쪽을 침공하였는데, 충뢰에 이르러 돌아왔다.

3.5 사격목적어를 갖는 경우

(1) **反自箕**, 襄公以三命命先且居將中軍. (《左傳, 僖公, 33, 502》) 기에서 돌아와, 양공은 삼등의 품급으로 선차거를 중군 장수로 명했다.

(2) 孟子自齊葬於魯, **反於齊**, 止於嬴. (《孟子, 公孫丑下》) 맹자는 제나라에서 노나라로 가서 어머니의 장례를 치르고, 장례를 마치고 제로 돌아오는 길에, 영땅에 머물렀다.

3.6 사동문('돌아가게 하다'의미)

(1) 二十二年春, 伐邾, 取須句, **反其君焉**, 禮也. (《左傳, 僖公, 22, 393》) 22년 봄, 주나라를 치고, 수구를 취했는데, 그 임금을 돌려보내줬으니 예에 맞는다.

(2) 放太甲於桐, 民大悅. 太甲賢. 又**反之**, 民大悅. (《孟子, 盡心下》) 태갑을 동땅으로 추방하자, 백성들이 크게 기뻐하였고, 태갑이 현명해져서 다시 그를 돌아오게 하자, 백성들이 크게 기뻐하였다.

(3) 公孫戌趨而去. 未出, 至中閨, **君召而返之**. (《戰國策, 齊三》) 공손수가 곧 달려 나가, 아직 다 나가지 않고 중간 문에 이르렀는데, 맹상군이 이상해서 그를 다시 불러 돌아오게 했다.

	詩經	左傳	國語	論語	孟子	荀子	韓非子	戰國策	총계
단순식	1	15	3	0	4	1	2	3	32
직접목적어	0	0	1	1	0	0	1	4	9
연동구조 전항	0	4	1	1	0	0	0	2	4
연동구조 후항	0	4	7	0	1	0	4	9	24
사격목적어	0	3	3	0	1	0	0	1	8
사동문	0	9	2	0	2	0	1	5	18
총계	1	37	16	2	8	1	8	22	95

표 4.9 상고 8부 문헌 '返'의 용례 통계

후향류 방향동사들의 통사 행위가 대체로 유사함을 알 수가 있는데, 이들은 모두 사동 교체형식을 갖고 있다.

'退'의 주동과 사동 교체형식의 예는 다음과 같다.

(1) 國人大臨, 守陴者皆哭. **楚子退師**. (《左傳, 宣公, 12, 718》) 도성 사람들이 크게 울고, 성가퀴를 지키는 사람들이 모두 곡을 했다. 그러자 초자가 군사를 물렸다.

(2) 國危矣, 若使燭之武見秦君, **師必退**. (《左傳, 僖公, 30, 479》) 나라가 위태롭습니다. 촉지무에게 시켜 진나라 임금을 만나게 하면 군대는 반드시 물러날 겁니다.

(3) 姦臣愈進而**材臣退**, 主惑而不知所行. (《韓非子, 飾邪》) 간사한 신하는 더욱 등용되고 재간 있는 신하는 물러날 것이니, 군주는 미혹하여 행할 바를 알지 못한다.

(4) 君壅而不知其壅也, 已見之後而知其壅也, 故**退壅臣**. (《韓非子, 難四》) 영공은 자기의 총명이 흐려지고 있다는 것을 모르고 있지만, 광대가 알현한 후에는 그 총명이 흐려지고 있다는 것을 알게 되었다. 그래서 영공은 총명을 흐리게 하는 신하를 추방하였다.

'卻'의 주동/사동 교체형식은 아래와 같다.

(5) 海上有賢者狂矞, 太公望聞之往請焉, **三卻馬**於門而狂矞不報見也, 太公望誅之. (《韓非子, 外儲說右上》) 바닷가에 현인 광휼이 있었다. 태공망이 이를 듣고 가서 만나기를 청했다. 세 번이나 문앞에서 말을 내렸지만 광휼은 만나주지 않았다. 그러자 태공망은 그를 죽였다.

(6) **馬退而卻**, 筴不能進前也, 馬騈而走, 轡不能止也. (《韓非子, 外儲說右下》) 말은 물러나 뒷걸음질 쳤고, 채찍질을 해도 앞으로 나가게 할 수 없었다. 말이 날뛰며 달아나, 고삐로 해도 제지할 수 없었다.

(7) **周行人卻之**曰: "諸侯不得與天子同號." (《韓非子, 外儲說右下》) 주의 행인이 그를 저지하며 말했다. "제후는 천자와 같은 이름을 쓰지 못합니다."

(8) **齊王桉戈而卻**, 曰: "此一何慶吊相隨之速也?" (《戰國策, 燕一》) 제나라 왕은 창에다 손을 대며 물러서며 말했다. "이 어찌 축하와 조의가 서로 연이어 함께 오는가?"

(9) 不如聽之以**卻秦兵**, 不聽則**秦兵不卻**, 是秦之計中. (《戰國策, 齊二》) 말을 들어 주어 진나라 군사를 물리치는 것만 못합니다. 들어주지 않으면, 진나라 군사는 물러가지 않을 것입니다. 이는 진나라 계책에 걸려드는 것입니다.

'返'의 주동/사동 교체형식은 아래와 같다.

(10) **公子縶返**, 致命穆公. (《國語, 晉語二》) 공자 縶이 돌아와서 목공에게 복명하였다.

(11) 公孫戍趨而去. 未出, 至中閨, **君召而返之**. (《戰國策, 齊三》) 공손수가 곧 달려 나가, 아직 다 나가지 않고 중간 문에 이르렀는데, 맹상군이 이상해서 그를 다시 불러 돌아오게 했다.

(12) **桓公自莒反於齊**, 使鮑叔爲宰. (《國語, 齊語》) 환공이 거에서 제나라로 돌아와서는 포숙을 시켜 재상을 맡게 했다.

(13) 二十二年春, 伐邾, 取須句, **反其君焉**, 禮也. (《左傳, 僖公, 22, 393》) 22년 봄, 주나라를 치고, 수구를 취했는데, 그 임금을 돌려보내줬으니 예에 맞는다.

'退', '卻', '返'은 불급물구조(최소 형식)속 주어에 대해 유생명명사를 요구한다. 즉, 행위주주어를 요구하는 것이다. 동시에 사동문의 치사자에 대해서도 유생명주어를 요구한다. 이때 역시 행위주성을 갖는다.

그리고 이 유형은 형용사화하여 관형어가 될 때, 그 의미가 영어의 현재분사와 매우 유사하다. 따라서 후향류의 방향동사는 하강류의 '下'와 마찬가지로 마땅히 '비능격동사'로 봐야 한다.

제6절 전향류(前向類)

전향류 방향동사에는 주로 '至, 往, 赴, 逝, 之, 徂, 適, 如' 등이 있으며 어떤 이는 이를 '適往詞'라 부르기도 한다. 그들의 주요 통사 기능은 다음과 같다.

1. 단순식('가다'의미)

(1) 孝公奔宋, 十二月乙亥, **赴**. 辛巳, 夜殯. (《左傳, 僖公, 17, 376》) 효공이 송나라로 달아났다. 12월 을해일에 갔고, 신사일 밤에 초빈을 하였다.[21]

(2) **乃往**, 先造於越軍. (《左傳, 哀公, 20, 1716》) 이에 갔다. 먼저 월나라 군중에 가서 말했다.

2. 부정문

(1) 是行也, 將始會吳, **吳人不至**. (《左傳, 成公, 09, 843》) 이번에 처음으로 오나라와 만나기로 했으나 오나라 사람은 오지 않았다.

(2) 諸侯唯我事晉, **今使不往**, 晉其憾矣. (《左傳, 定公, 06, 1558》) 제후들

---

21) [역주] 이 예의 '赴'자를 아예 '부고를 보내다'로 보는 시각도 있다.

중 우리만 진을 섬기는데, 지금 사신이 가지 않으면 진이 유감스럽게 생각할 것이다.

3. 연동구조

전항동사로 쓰일 수도 있고, 후항동사로 쓰일 수도 있다.

(1) 工祝致告, **徂賚孝孫**. (《詩經, 小雅, 楚茨》) 공축이 신의 뜻을 말하길, 가서 효손에게 주오.

(2) 將盟, **鮑子醉而往**. (《左傳, 哀公, 06, 1673》) 맹약을 맺으려 하는데, 포자가 취하여 나갔다.

4. 직접 목적어를 갖는 경우

(1) **鄭伯如周**, 始朝桓王也. (《左傳, 隱公, 06, 51》) 정백이 주나라에 갔는데, 처음으로 환왕을 알현하였다.

5. 사격목적어를 갖는 경우

(1) 逮夜, **至於齊**, 國人知之. (《左傳, 哀公, 06, 1673》) 밤이 되어서야 제나라에 도착했는데 국인들이 이를 알았다.

(2) **不赴于諸侯**, 不反哭于寢, 不祔于姑, 故不曰薨. (《左傳, 隱公, 03, 26》) 제후들에게 부고를 전하지 않아서(부고를 전하러 가지 않아서) 안장한 후 종묘로 돌아와 곡을 하지 않았고, 시어머니와 신주를 합사하지 않았기에 이를 '훙'이라 하지 않았다.[22]

---

22) [역주] 이 예문에서의 '赴' 역시 '부고가 가다'로 보는 시각이 있다.

	至	往	赴	逝	之	徂	適	如
단순식	217	95	3	6	0	2	0	0
부정문	56	9	5	0	0	0	0	0
연동문 전항	10	102	3	0	0	2	2	0
연동문 후항	21	23	0	1	9	0	0	0
직접목적어	81	10	15	7	81	16	42	290
사격목적어	136	2	6	0	0	0	0	0
총계	521	241	32	14	90	20	44	290

표 4.10 상고 8부 문헌 전향류 방향동사의 용례 통계

　표 4.10로 알 수 있듯이, '至', '往', '赴'의 통사 기능은 유사하여, 직접목적어를 갖지 않는 것이 더 많은 편이다. 반면, '之', '徂', '適', '如', '逝'는 직접목적어를 갖는 것이 절대다수를 차지한다. 이처럼 전향류 방향동사는 통사행위를 바탕으로 크게 두 가지로 부류로 나눌 수 있는데, 이것은 바로 '往'류 동사와 '之'류 동사이다. 그러나 표 4.10의 통계가 보여주듯이, 이 양류 동사의 통사 대립은 그다지 엄격하지가 않다. '往'류 동사 특히 '至'와 '赴'의 경우는 목적어를 갖는 예가 적지 않기 때문이다. 게다가 선진 한어 중 급물동사의 목적어는 연동문, 부정문 및 앞에 양상부사가 있는 문장에서는 출현하지 않을 수도 있기 때문이다. 따라서 이들이 목적어를 갖는 문제는 결코 '之'류 동사와 분명한 대립을 이룬다고는 할 수 없다. 그런데 만약 《詩經》, 《左傳》, 《國語》, 《論語》를 '전기문헌'이라 하여 이를 A로 표시하고, 기타 4종을 '후기문헌'이라 하여 이를 B라고 표시한다면, '往'류 동사와 '之'류 동사의 대립은 표 4.11에서와 같이 시간 층위 상의 변화로 나타날 수가 있다. 즉, '之'류와 '往'류 '適往詞'의 통사 대립은 전기에 보다 현저하게 나타난다. 그래서 '之'류 동사 중 '之'와 '如'는 강제적으로 처소목적어를 가진다. 한편, '往'류 동사는 선진의 전기엔 불급물동사였으나 후기에 가서 일정한 급물화가 발생하였다.

용법	시간	至	往	赴	適	如	逝	之	徂
목적어 없음	A	133	74	2	0	0	5	0	2
	B	84	21	1	0	0	2	0	0
목적어 있음	A	7	7	1	27	290	7	7	16
	B	74	3	14	15	0	0	74	0
총계	A	299	115	16	31	290	14	7	20
	B	222	126	16	13	0	0	83	0

표 4.11 전향류 방향동사 전기와 후기의 용례 통계

'往'은 전기에서 비록 목적어를 갖는 것이 7예 있으나 단지 의문문에만 출현하고 있고 모두가 '焉往'의 형식이다.

(1) 己氏曰: "殺女, **璧其焉往**?" (《左傳, 哀公, 17, 1711》) 기씨가 말했다. "너를 죽이면 벽옥이 어디로 가겠는가?"

(2) 子良曰: "先得公, **陳鮑焉往**?" (《左傳, 昭公, 10, 1316》) 자양이 말했다. "우리가 먼저 임금을 얻으면, 진씨와 포씨가 어디로 가겠는가?"

'至'도 전기문헌에서 처소목적어를 갖는 예가 있다.

(3) **內史過從至虢**, 虢公亦使祝史請土焉. (《國語, 周語上》) 내사 과가 그들을 따라 괵땅에 이르렀는데, 괵공은 축응과 사은으로 하여금 땅을 더 달라고 청하게 했다.

(4) 我送舅氏, **曰至渭陽**. (《詩經, 秦風, 渭陽》) 외삼촌을 배웅하려 위수 북쪽에 이르렀네.

(5) 夏, 楚公子慶, 公孫寬追越師, **至冥**, 不及, 乃還. (《左傳, 哀公, 19, 1714》) 여름에 초나라 공자경과 공손관이 월나라 군사를 추격해 명에 이르지 못하고 돌아갔다.

그러나 '至'의 전기문헌 근 300여개 용례 중, 단지 7개만이 처소목적

어를 갖고 있어, 그 비율이 상당히 낮다.

이러한 전향류 방향동사는 서로 간에 互訓이 이루어질 수 있다. 그래서 '赴'는《爾雅》에서 '至也'로. 해석하고 있다.《廣雅》에서는 "之, 適也, 往也"로, "往, 之也, 至也"로, "逝, 往也"로, "如, 往也"로, "徂, 往也"로 해석하고 있다. 그런데 **先秦의 早期에 '之'류 동사와 '往'류 동사의 통사행위는 분명한 대립을 나태내고 있다.**[23] 이와 관련하여, 통사적 차이를 유발하는 의미적 요소가 있는 것인지 아니면 기타 원인이 있는 것인지의 문제에 대해서는 아래 하편에서 자세히 토론하고자 한다.

전체적으로 볼 때, 이러한 전향류 '適往詞'들은 통사행위상의 공통된 특징으로 자동문과 서로 대응하는 사동문이 없다는 점이 특이하다. 그리하여 이들은 행위주동사에 속하며 비대격동사류에 속하지는 않는다. 즉, '之'를 대표로 하는 전향류 방향동사들은 급물동사이고 '往'을 대표로 하는 것들은 비능격동사이다.

제7절 상승류(上昇類)

상승류 방향동사에는 '登, 陟, 升, 上' 등이 있으며, 그중 '登'의 용례가 가장 많다. '上'은 선진시기에 주로 방위명사로 사용되었고, 방향동사로 사용되는 예는 그다지 많지가 않다.

'登'이 처소목적어를 갖는 것은 일반적이며, 처소성분이 외현적으로 출현하지 않을 수도 있다.

---

23) [역주] 즉, '之'류는 줄곧 목적어를 갖는 경우이고, '往'류는 목적어를 갖지 경우가 매우 많았다가 점차 목적어를 갖는 유형으로 변해간 것이다.

(1) **鄭師畢登**. (《左傳, 隱公, 11, 73》) 정나라 군사들이 모두 올라갔다.

(2) 故**不登高山**, 不知天之高也, 不臨深溪, 不知地之厚也. (《荀子, 勸學》) 높은 산에 오르지 않으면 하늘이 높은 줄 모르고, 깊은 물에 임해 보지 못하면 땅이 두터운지 모른다.

(3) 及鄢陵, **登城**見之, 美, 自爲娶之. (《左傳, 文公, 07, 562》) 언릉에 이르러 성에 올라 만나보니, 아름다워서 자신이 맞이하였다.

(4) 宋人懼, 使華元夜入楚師, **登子反之床**. (《左傳, 宣公, 15, 759》) 송나라 사람이 두려워, 화원을 시켜 밤에 초나라 군영에 잠입하게 하고 자반의 침상으로 올라가게 했다.

처소명사는 또 사격목적어의 형식으로 출현할 수도 있다.

(5) 無然畔援, 無然歆羨, 誕先**登于岸**. (《詩經, 大雅, 皇矣》) 그렇게 이것을 버리고 저것을 취하지 말며, 그렇게 흠모하고 부러워하지 말아 크게 먼저 높은 경지에 오르라 하시다.

(6) 勇則害上, **不登於明堂**. (《左傳, 文公, 02, 520》) 용맹하여 윗사람을 해한다면 명당에 오르지 못한다.

《左傳》에 사동문의 예(예7)가 1예 출현하는데, 치사자로 유생명명사를 요구하고 있다.

(7) **登諸樓車**, 使呼宋而告之. (《左傳, 宣公, 15, 761》) (사람을) 누거에 오르게 했고, 그에게 송나라 사람을 불러 이를 알리게 시켰다.

'陟'은 《左傳》이하의 문헌에서는 보이지 않는다. 《詩經》에 출현하는 것 중 15예가 처소목적어를 갖고 있고, 4예는 연동구조의 전항동사이다. 《左傳》에서는 2예 출현하는데, 모두 연동구조의 전항동사로 출현하고 있다.

(1) **陟彼岡兮**, 瞻望兄兮. (《詩經, 魏風, 陟岵》) 저 산마루에 올라, 형님 계신 곳 바라본다.

(2) **陟彼南山**, 言采其薇. (《詩經, 召南, 草蟲》) 저 남산에 올라, 고사리를 캐자꾸나.

(3) 文王**陟降**, 在帝左右. (《詩經, 大雅, 文王之什》) 문왕이 하늘에 오르내리니, 하느님이 좌우에 계시네.

(4) 叔父**陟恪**, 在我先王之左右, 以佐事上帝. (《左傳, 昭公, 07, 1294》) 숙부가 승천하여, 우리 선왕의 좌우에서 상제를 보좌하여 모실 것이다.

'升'뒤에 있는 목적어는 대개 '목표목적어(目標賓語)'이며, 《詩經》 중 1예는 동작 발생의 처소를 나타낸다.

(1) **升彼虛矣**, 以望楚矣. (《詩經, 鄘風, 定之方中》) 저 옛 성터에 올라 초구를 바라본다.

(2) **升彼大阜**, 從其羣醜. (《詩經, 小雅, 吉日》) 저 큰 언덕에 올라, 짐승 떼가 많은 곳을 찾도다.

(3) 麾之以肱, **畢來既升**. (《詩經, 小雅, 無羊》) 손으로 지휘하니, 모두가 와서 우리로 올라간다.

(4) 揖讓而升, 下而飮, 其爭也君子. (《論語, 八佾》) 읍양하고 올라가고, 내려와서 술을 마시니, 이렇게 다투는 것이 바로 군자니라.

(5) **升車**, 必正立執綏. (《論語, 鄉黨》) 수레에 오르셔서는 반드시 바르게 서서 끈을 잡으셨다.

(6) **被羽先升**, 遂克之. (《國語, 晉語一》) 깃발을 등에 지고 먼저 올라가 드디어 승리하였다.

‘上’의 방향동사로서의 용례는《韓非子》에 4예,《戰國策》에 4예 출현한다. 이 8예는 모두 처소목적어를 갖고 있다.

(1) 秦昭王令工施鉤梯而上華山, 以松柏之心爲博. (《韓非子, 外儲說左上》) 진 소왕은 기술자에게 사다리를 타고 화산에 올라 소나무와 잣나무의 심으로 박을 만들라고 했다.

(2) 是猶上高陵之顚, 墮峻溪之下而求生, 必不幾矣. (《韓非子, 奸劫弑臣》) 이는 마치 높은 언덕에 올랐다가 계곡 아래로 떨어져서 살고자 하는 것 같으니 거의 살 수가 없다.

(3) 因事之理則不勞而成, 故茲鄭之踞轅而歌以上高梁也. (《韓非子, 外儲說右下》) 사물의 이치에 따르면 수고롭지 않아도 성과를 이루게 되는데, 그래서 자정은 수레에서 노래만 부르고도 산 정상에 오를 수 있었다.

(4) 夫驥之齒至矣, 服鹽車而上太行. (《戰國策, 楚四》) 무릇 이 기마가 나이가 들어, 소금수레를 끌고 태항산을 넘게 되었습니다.

(5) 聶政直入, 上階刺韓傀. (《戰國策, 韓二》) 섭정은 곧바로 들어가 계단을 올라가 한괴를 찔렀다.

(6) 太子上車請還. (《戰國策, 宋衛》) 태자는 수레에 올라 군대를 돌이키려 했다.

	登	陟	升	上	총계
단순식	19	6	5	0	30
연동문 전항	4	0	1	0	5
직접목적어	40	15	7	7	69
사격목적어	4	0	0	0	4
可V	0	0	1	0	1
사동문	1	0	0	0	1
총계	68	21	14	7	110

표 4.12 상고 8부 문헌 상향류 방향동사의 용례 통계

통사행위로 볼 때, 상향류 방향동사는 행위자성의 급물동사이다. 여기서 처소논항은 대부분 직접목적어로 실현되고 있다. 일반적으로 이에 대응하는 사동문 형식이 없다. 만약 사동의 통사행위가 있다면, 그중의 치사자는 유생명성을 요구한다(예컨대, '登').

제8절 경과류(經過類)와 환요류(環繞類)

1. 경과류

경과류 방향동사에는 '過, 涉, 濟, 逾, 渡, 超'가 있다. 이들은 대부분 처소목적어를 필요로 한다. 그중 '過'는 현대한어에서도 여전히 전형적인 방향동사로 활약하고 있다. 이것은 선진 시기에도 가장 많이 사용되던 것으로, 平聲과 去聲 두 독음이 있다. 《群經音辨》에 "'過'는 '넘다'로, '古禾切'이다. 이미 넘은 것을 '過'라고 하는데 이때는 '古臥切'이다(過, 愈也, 古禾切. 既逾曰過, 古臥切)."이라 되어 있다. 이중 방향동사로서의 '경과'의미의 '過'는 平聲이다. 그리고 '초과, 과실'의미의 '過'는 去聲이다. '逾'는 《荀子》,《戰國策》에서는 모두 '踰'로 되어 있다. 예컨대, "數仞之墙而民不踰也, 百仞之山而竪子馮而游焉, 陵遲故也(몇 길 높이의 담을 사람들은 넘지 못하지만, 백 길 높이의 산을 아이들이 올라가 놀 수 있는 것도 그 경사가 완만하기 때문이다.(《荀子, 囿坐》)"가 있다.

경과류 방향동사의 통사 기능은 아래와 같다.

1.1 단순식('넘다, 지나다, 건너다'의미)

(1) 魯叔孫賦"匏有苦葉", **必將涉矣**. (《國語, 魯語下》) 노나라 숙손이 '匏有苦葉'을 읊었으니, 반드시 건너겠다는 것이다.

(2) 是行也, **魯人以莒人先濟**, 諸侯從之. (同上) 이 행군에, 노나라 사람들이 거나라 사람들을 먼저 건너게 하니, 제후들이 따랐다.

1.2 연동식

연동구조의 전항동사가 될 수도 있고 후항동사가 될 수도 있다.

(1) 將行, 哭而**過市**, 曰: "天乎! 仲爲不道, 殺適立庶." (《左傳, 文公, 18, 632》) 가려고 하는데, 곡을 하며 저자를 지나가면서 말했다. "하늘이시여! 양중이 부도하여 적자를 죽이고, 서자를 세웠습니다."

(2) **涉于犯而歸**. 而後葬許靈公. (《左傳, 襄公, 26, 1124》) 범수를 건넜다가 돌아왔다. 그런 다음 허영공을 장사지냈다.

1.3 부정문

(1) **數仞之墻而民不踰**也, 百仞之山而堅子馮而游焉, 陵遲故也. (《荀子, 囿坐》) 몇 길 높이의 담을 사람들은 넘지 못하지만, 백 길 높이의 산을 아이들이 올라가 놀 수 있는 것도 그 경사가 완만하기 때문이다.

(2) 諸侯伐秦, **及涇莫濟**. (《國語, 魯語下》) 제후들이 진을 정벌하려고 할 때, 경수에 이르러서 건너려고 하는 자가 없었다.

1.4 직접목적어를 가진 경우

(1) 夫齊, 魯譬諸疾, 疥癬也, 豈能**涉江, 淮**而與我爭此地哉? (《國語, 吳語》) 제와 노는 질병에 비유하면 피부의 옴에 지나지 않습니다. 어찌 저들이 장강과 회수를 건너 우리와 이 땅을 다투겠습니까?

(2) 齊侯之出也, **過譚**, 譚不禮焉. (《左傳, 莊公, 10, 184》) 제나라 임금이 나올 때, 담 땅을 지나갔는데, 담은 그를 예우하지 않았다.

1.5 사격목적어를 가진 경우

(1) **欒盈過於周**, 周西鄙掠之. (《左傳, 襄公, 21, 1061》) 난영이 주나라를 지나가는데, 주나라 서쪽 변경에서 그를 노략질 했다.

(2) 閏月戊寅, **濟於陰阪**, 侵鄭. (《左傳, 襄公, 09, 969》) 윤달 무인일에 음반을 건너 정나라를 침공하였다.

(3) 莊公走出, **踰於外墻**, 射中其股, 遂殺之, 而立其弟景公. (《戰國策, 楚四》) 장공이 도망가려고 담을 넘자, 활로 그 넓적다리를 쏘아 맞춰 결국 그를 죽이고, 그의 동생을 경공으로 세웠다.

1.6 사동문('넘게 하다, 건네주다'의미)

(1) 王之奔隨也, 將涉於成臼, **藍尹亹涉其帑**, 不與王舟. (《左傳, 定公, 원년》) 초나라 왕이 수나라로 도망갈 때, 성구를 건너려하는데, 남윤미는 먼저 그의 처자를 건너게 하려고 배를 왕에게 주지 않았다.[24]

(2) **今秦欲踰兵於澠隘之塞**. (《戰國策, 韓一》) 지금 진은 병사들을 민애의 요새로 넘게 하려고 한다.

1.7 관형어로 쓰이는 '過'는 1예가 있다. '진행의미'를 나타낸다.

(1) 晉, 鄭同儕, **其過子弟**固將禮焉, 況天之所啓乎! (《左傳, 僖公, 23, 408》) 진나라와 정나라는 동등한데, 그 지나가는 자제를 실로 예우를 해줘야 할 것인데, 하물며 하늘이 도움줌이 있겠습니까!

---

24) [역주] '帑'는 '처자, 자손'이다.

1.8 '可V'구조. '涉'이 1예 출현.

(1) 昔者江出於岷山, 其始出也, 其源可以濫觴. 及其至江之津也, 不放舟, 不避風, 則**不可涉**也. (《荀子, 子道》) 옛날에 장강은 민산에서 발원했는데, 처음 시작할 때에 그 근원은 술잔을 띄울 만한 정도였다. 그것이 강의 나루에 이르면, 배를 타지 않거나 바람을 피하지 않으면 건널 수가 없을 만큼이 되었다.

	過	涉	濟	逾	越	渡	총계
단순식	0	9	9	1	0	0	19
연동문 전항	4	0	1	0	0	0	5
연동문 후항	3	1	2	0	0	0	6
부정문	0	0	2	0	2	0	4
직접목적어	92	26	19	14	17	2	170
사격목적어	6	7	5	1	0	0	19
사동문	0	0	1	1	0	0	2
관형어로 쓰임	1	0	0	0	0	0	1
可V	0	1	0	0	0	0	1
총계	106	44	39	17	19	2	227

표 4.13 상고 8부 문헌 경과류 방향동사의 용례 통계

2. 환요류('돌다'의미)

환요류 동사는 8부 문헌의 용례가 많지 않다. 그중 '繞'는《韓非子》에서 5예 출현하고,《戰國策》에서 1예 출현한다. 이들 모두는 목적어를 갖는다.

(1) 女欲寡人之哽邪? 奚爲**以髮繞炙**. (《韓非子, 內儲說下》) 네가 과인을 목메게 하고 싶은 게냐? 어찌하여 머리카락으로 적을 감았느냐.

(2) **秦繞舞陽之北**, 以東臨許, 則南國必危矣. (《戰國策, 魏三》) 진나라가 무양의 북쪽으로 돌아 동쪽으로 허나라를 임한다면 남국은 분명 위태로워질 것입니다.

'周'는 《左傳》에서 목적어를 갖는 예 1예가 있고, 연동구조 '周旋'의 형식으로 출현하는 것이 6예 있다. 《國語》에서는 목적어를 갖는 것이 2예이다.

(1) 逐之, **三周華不注**. (《左傳, 成公, 02, 792》) 그들을 쫓아, 화부주산을 세 바퀴나 돌았다.

(2) 齊師大敗, 逐之, **三周華不注之山**. (《國語, 晉語五》) 제나라 군사가 대패하자 그들을 쫓아 화부주산을 세 바퀴나 돌았다.

'周'는 사격목적어를 갖는 예가 1예 있는데, 이때는 방향동사가 아니다.

(3) **周於利者**, 凶年不能殺. **周於德者**, 邪世不能亂. (《孟子, 盡心下》) 이익에 대해 주도적인사람은 흉년도 그를 죽이지 못하고, 덕에 있어 주도적인 사람은 사악한 세상도 그를 어지럽히지 못한다.

이 예에서 '周'는 '완비된, 주도면밀한'의 의미이다.

'環'의 용례는 비교적 많다. 주로 두 가지 통사구조에 출현하는데, 하나는 연동구조로 여기서 전항동사로 출현한다. 총3예로, 《左傳》에 1예, 《孟子》에 2예 출현한다. 다른 하나는 직접적으로 목적어를 갖는 구조이다. 총8예로, 《左傳》에 1예, 《國語》에 4예, 《韓非子》에 1예, 《戰國策》에 2예 출현한다.

(1) 三里之城, 七里之郭, **環而攻之**而不勝. (《孟子, 公孫丑下》) 삼리나 되는 내성과 칠리나 되는 외성을 둘러싸고 공격해도 이기지 못할 수 있다.

(2) 甲寅, **堙之環城**, 傅於堞. (《左傳, 襄公, 06, 947》) 갑인일에 성벽 주위에 흙을 쌓아 성을 둘렀더니 성가퀴에 다다랐다.

(3) **三江環之**, 民無所移. (《國語, 越語上》) 세 강이 월과 오를 둘러싸고 있어서, 백성들이 다른 곳으로 옮겨갈 수가 없다.

(4) 今則不然, 其當途之臣得勢擅事以**環其私**, 左右近習朋黨比周以制疏遠. (《韓非子, 人主》) 그런데 요즘은 그렇지가 않아서, 대신이 세력을 장악하고 국사를 제멋대로 다루며, 자기 이익만을 취하고, 또 측근들은 작당하여 군주와 친숙하지 않은 자를 억압하고 있다.

경과류와 환요류의 방향동사는 다음과 같은 공통의 통사 표현이 나타난다. 첫째, 이들에 상응하는 사동문이 없다. 둘째, 일반적으로 처소목적어를 갖는다. 그리고 통사행위상 이들은 행위주성의 급물동사이다. 따라서 이들은 비대격성을 갖지 못한다.

제9절 부정향류(不定向類)

부정향류 방향동사에는 '聚'와 '散'이 있다. '聚'는《說文》에 "모이다(會也)."로 되어 있고, 段玉裁注에서는 이것에 대해 '聚'와 '積'이 동의관계라고 말한다. 즉, "'積'은 사물에 대해 말하는 것이고, '聚'는 사람에 대해 말하는 것이다(積以物言, 聚以人言)."라 하고 있다. '散'은 "모인 것으로부터 분리되는 것"이다.

1. 聚 ('모이다', '모이게 하다')

방향동사로서의 '聚'는 상고 8부 문헌 중《左傳》,《國語》,《荀子》,

《韓非子》,《戰國策》에 출현한다. 주요 통사 기능은 아래와 같다.

1.1 단순식

(1) **蔡人聚**. 將執之. (《左傳, 昭公, 13, 1345》) 채나라 사람들이 모여들어 그를 잡으려 했다.

(2) 庸師衆, **群蠻聚焉**, 不如復大師, 且起王卒, 合而後進. (《左傳, 文公, 16, 618》) 용은 군사가 많고, 뭇 오랑캐가 모여들어, 대군을 일으키고 또 임금의 군사까지 일으켜 합하여 나아감만 못합니다.

(3) 醯酸, 而**蚋聚焉**. (《荀子, 勸學》) 식초가 시어지면 쇠파리가 모이게 된다.

1.2 사격목적어를 갖는 경우

(1) 皆**聚於中軍**矣. (《左傳, 成公, 16, 884》) 모두가 중군에 모였다.

(2) 麇人率百濮**聚於選**, 將伐楚. (《左傳, 文公, 16, 617》) 균나라 사람들은 백복을 거느리고 초나라 선땅에 모여 장차 초를 정벌하고자 했다.

1.3 직접목적어를 갖는 경우

처소명사가 직접목적어로 실현된다. 《韓非子》에서 1예 출현한다.

(1) 甚者擧兵以**聚邊境**而制斂於內. (《荀子, 八姦》) 심하게는 큰 나라의 군대를 변방에 모이게 하여 그 나라 안까지 제압한다.

1.4 연동구조

총2예 출현한다. 《左傳》과 《韓非子》에 각각 1예씩 출현하며, 모두 전항동사이다.

(1) **大夫聚謀**. (《左傳, 襄公, 30, 1174》) 대부들이 모여서 모의했다.

(2) 於是乃相與**聚嘬其母而食之**. (《韓非子, 說林下》) 이에 이 세 마리는 서로 모여서 그 어미 돼지의 피를 빨아 먹기 시작했다.

1.5 사동문

(1) 吳句餘予之朱方, **聚其族焉而居之**, 富於其舊. (《左傳, 襄公, 29, 1149》) 오나라의 구여가 그에게 주방을 주어 그 일족을 모아 거기에 거주하게 해줬는데, 옛날보다 더 부유했다.

(2) 今子宋子嚴然而好說, **聚人徒**, 立師學, 成文典. (《荀子, 正論》) 지금 송자께서는 자신의 말을 좋아하여, 제자를 모으고, 학교를 세우고, 문장을 이루었다.

	左傳	國語	荀子	韓非子	戰國策	총계
단순식	2	0	3	1	5	11
사격목적어	3	0	0	0	1	4
직접목적어	0	0	0	1	0	1
연동구조 전항동사	1	0	0	1	0	2
사동문	6	1	2	7	4	20
총계	12	1	5	10	10	38

표 4.14 상고 8부 문헌 '聚'의 용례 통계

'聚'는 일정한 비대격성을 갖고 있어서, 이는 특히 자동/사동의 교체형

식을 구성하는 것으로 나타난다. 예컨대 아래와 같다.

(1) 百日之內, **天下之兵未聚**, 奢已擧燕矣. 《戰國策, 趙四》 백일 내에 천하의 제후 군사가 다 모이기 전에 저는 이미 연을 뽑아 버릴 수 있습니다.

(2) **趙氏聚士卒**, 養從徒, 欲贅天下之兵. 《韓非子, 存韓》 조나라가 군대를 동원하고, 따르는 무리를 양성하여 천하의 군사를 동원하다.

(3) 天下之士, **合從相聚於趙**, 而欲攻秦. 《韓非子, 秦三》 천하의 선비들이 합종을 위해 조나라에 모여 진을 공격하려고 하다.

(4) 此所以**聚賢能之士**, 而散私門之屬也. 《韓非子, 人主》 이는 곧 현능의 선비를 모이게 하고, 사문의 무리를 흩어지게 하는 바이다.

2. 散 ('흩어지다', '흩어지게 하다')

'散'은 《詩經》이외의 7부 상고 문헌에 다 출현한다. 이것의 주요 통사 기능은 아래와 같다.

2.1 자동문

모두 25예 출현한다.

(1) **城盡則聚散**, 聚散則無軍矣. 《韓非子, 存韓》 성이 함락되면 백성들이 흩어질 것이고, 백성들이 흩어지면 군대도 없게 된다.

(2) 上失其道, **民散久矣**. 《論語, 子張》 윗사람이 그 도를 잃어 백성이 흩어진지 오래다.

2.2 사동문

모두 8예 출현한다.

(1) 殄滅我費滑, **散離我兄弟**, 撓亂我同盟, 傾覆我國家. (《左傳, 成公, 13, 863》) 우리 비활을 멸망시켜, 우리 형제들을 흩어놓았으며, 우리 동맹을 어지럽히고, 우리나라를 뒤엎었습니다.

(2) **作鬪以散朋黨**, 深一以警衆心, 泄異以易其慮. (《韓非子, 八經》) 붕당의 내부에 분쟁을 만들어 붕당을 흩어지게 하며, 여러 사람들의 마음을 경계시켜 일부러 다른 생각을 누설하여 신하의 생각을 바꾸게 한다.

2.3 관형어로 쓰이는 경우

이때는 '완료'나 '피동'의미를 나타낸다. 모두 9예 출현한다.

(1) 故天無伏陰, **地無散陽**. (《國語, 周語下》) 그러므로 하늘에는 잠복한 음기가 없고, 땅에는 흩어진 양기가 없다.

(2) 令荊人得收亡國, **聚散民**, 立社稷, 主置宗廟. (《韓非子, 初見秦》) 그 결과 초나라 사람들은 빼앗긴 영토를 다시 회복하여 흩어진 백성을 모으고, 사직을 세우고, 종묘를 세웠다.

2.4 영주속빈문

《戰國策》에 1예 출현한다.

(1) **今王破卒散兵**, 以奉騎射, 臣恐其攻獲之利, 不如所失之費也. (《戰國策, 趙二》) 지금 대왕께서는 병사들 편제를 바꾸고 흩어서 기사군을

만드시는데, 신이 생각건대 그로 인한 이익이 이로 인한 손실만 못할 것 같습니다.

	左傳	國語	論語	孟子	荀子	韓非子	戰國策	총계
자동문	2	2	1	5	1	9	5	25
사동문	0	0	0	0	0	4	4	8
관형어로 쓰임	1	2	0	0	0	2	4	9
영주속빈문	0	0	0	0	0	0	1	1
총계	3	4	1	5	1	15	14	43

표 4.15 상고 8부 문헌 '散'의 용례 통계

'散'은 上聲(蘇旱切)과 去聲(蘇汗切) 兩讀이 있으며 지금까지도 존재한다. 去聲의 '散'은 '나누다, 흩어지게 하다'의 의미가 있어 '聚(모으다)'와 상대적이다. 그리고 이 의미와 상대적인 上聲의 '散'의 의미는 '흩어지다'이다. 《左傳》에 나온 이 글자의 두 독음에 대해 《經典釋文》에서는 특별히 구분을 하고 있지는 않다. 小篆의 자형으로 볼 때, '散'은 형성자이다. 여기서 形符는 '攴'인데, 이는 손으로 몽둥이를 들고 나뭇가지를 쳐서 흩어버리는 것이다.

'散'이 관형어로 쓰일 때의 의미는 '완료'나 '피동'의 의미이다. 그리고 이것은 영주속빈문을 구성할 수 있고, 또 자동/사동의 교체형식을 구성할 수도 있다. 따라서 '散'은 분명한 비대격성을 지니고 있는데, 이는 '散'의 의미가 [+상태]를 함축하고 있기 때문이다.

제10절 본장 소결

L&RH(1995)는 네 가지 연접규칙을 제시하여 동사의 외재논항과 내

재논항을 확정하였다. 그중 직접변화연접규칙은 '동사가 묘사한, 직접 변화를 겪은 실체와 서로 대응하는' 동사 논항은 그것의 직접적인 내재 논항이다(The argument of a verb that correspond to the entity undergoing the directed change described by that verb is its direct internal argument(p.146)).

따라서 방향동사(L&RH(1995)는 이를 '본질적으로 방향을 나타내는 행위의 동사(verbs of inherently directed motion)'라고 칭함)는 전형적인 비대격동사 의미유형으로 분류할 수 있다. 이는 방향동사의 주체가 공간 위치상의 변화, 즉 직접적인 변화를 겪는 실체이기 때문이다. 예컨대, 이탈리아어에서 아래 예(1)의 동사가 갖는 것은 비대격조동사 'essere('be')'이고, Basque어에서 예(2)의 동사가 갖는 것은 비대격조동사 'izan('be')'이다.

(1) andare('go'), venire('come'), entrare('enter'), partire('leave')
(2) etorri('come'), joan('go')

영어에서 이러한 동사는 동족목적어(同源賓語, cognate object)를 갖지 못하고, 그 행위가 비대격 유형과 일치한다.

(3) *She arrived a glamorous arrival.
(4) *The apples fell a smooth fall.

또한 영어의 방향동사는 'X's way'구조에 출현할 수 없는데, 이것이 바로 방향동사가 비대격동사임을 설명해주고 있다. 예컨대 다음과 같다.

(5) *The oil rose its way to the top.

(6) *The apples fell their way into the crates.

(7) *She arrived her way to the front of the line.

(위의 관점과 예는 L&RH(1995:148)에서 인용함).

선진 시기 방향동사는 복잡한 성질을 보여준다. 그래서 일부는 급물동사와 유사하여 처소논항이 표층의 목적어로 실현되기도 하나, 일부는 또 비대격동사와 동일하여 처소논항이 대개 표층 목적어로 실현되지 않는다. 동시에 또 사동 교체형식이 존재하지 않기도 하지만, 일부 방향동사는 사동 교체형식이 존재하기도 하여 비대격성을 가진다. 이 가운데 급물동사로 분류할 수 있는 것은 경과류, 환요류 동사들이다. 그리고 전향류 도달의미 동사 중 사용 빈도수가 가장 높은 '至'와 '往'은 비능격동사이고, '如', '之', '逝', '徂, 適'은 급물동사로 분류할 수 있다. 한편, 하향류 동사 중 '落', '隕', '墜', '墮'는 비대격동사에 속하고, '降'은 비능격과 비대격에 동시에 속한다. 그리고 상향류동사는 비능격동사와 급물동사로 동시에 분류할 수 있다. 즉 분명한 제한 조건이 없는 상황에서 처소목적어를 가질 수도 있고 갖지 않을 수도 있다. 예컨대 용례가 가장 많은 '登'은 처소목적어를 갖지 않는 예가 19예, 처소목적어를 갖는 예가 40예이다.

비대격동사 유형으로 분류할 수 있는 것은 주로 '지시방향류', '이향류', '외향류', '후향류', '집중성 부정향류'와 '산개성 부정향류'이다. 이러한 방향동사들의 최소 구성 형식은 'NP V'이며, 처소논항이 통사상 실현될 때, 목적어로 실현되기도 하고, 또 사격목적어로 실현되기도 한다. 그리고 자동과 사동의 교체형식을 갖고 있다. 한편, 형용사화하여 관형어로 쓰일 경우, 완료나 피동의 의미를 갖는다. 예컨대, '出'과 '散' 등이 그러한데, 다만 이러한 통사 기능은 방향동사에서는 그다지 분명하지가 않아 그 용례가 매우 적다. 또한 어떤 동사들은 영주속빈 구조를 구성하는 예도 보이는데, 여기에는 '隕', '散' 등이 있다.

방향동사의 비대격성은 '비전형성'을 갖고 있다. 그리고 비대격동사로 이해되는 방향동사의 의미는 '존현의미'로 그 동작성이 약하다. 특히 주어가 무생명명사일 경우, 이러한 의미 특징은 더욱더 분명하다. 이것은 '出', '入'의 분석을 통해 그 단초를 확인할 수 있다. 방향동사의 내부 통사기능은 단일하지 않아, 일부 방향동사는 '출현' 또는 '소실' 의미가 나올 수 있는데, 이것은 사실상 '주어의 의지성'과 관련이 깊다. Dowty(1991)는 일찍이 '원형 행위주'의 5가지 특징에 대해 [+自主性], [+感知成], [+使因性], [+位移性], [+自立性]으로 제시한 적이 있다. 방향동사의 주체 의지성이 약할 경우, 주어의 행위주 특징이 낮아지고, 해당 동사는 존현동사의 의미를 표현하게 된다. 예컨대,《春秋, 僖公元年》의 "邢遷於陳儀(형나라는 夷儀로 천도했다)[25]"란 문장에 대해《公羊傳》에서는 "遷者何? 其意也. 遷之者何? 非其意也('遷'이란 무엇인가? 바로 그들의 뜻이다. '遷之'란 무엇인가? 이는 그들의 뜻이 아니다)."라 하고 있다. 그래서 陳望道(1987)는 이것이 "문법상 자동과 타동을 판별하는 힌트"라고 하였다. 방향동사의 주어가 유생명명사이고, 강한 행위주성을 갖고 있다면, 예컨대, '之, 適, 往, 至, 繞, 環' 등이라면, 이들은 출현 또는 소실 의미가 없다. 이러한 방향동사는 급물동사 또는 비능격동사이다.

　사동교체 형식에서 '入', '出', '去', '來'는 모두 그에 상응하는 사동사가 있다. 그중 '出'과 '來'는 모두 去聲이 사동을 나타내는데, 이는 사동 접미사 *-s와 관련이 있다. '散' 역시 상성과 거성의 구별이 있는데, 다만《經典釋文》에서는 여기에 대한 音注가 없을 뿐이다. 한편, '落'과 '隕' 등은 통사적 사동으로 구성되는 것들이다. 상대적으로 볼 때, '入', '出', '去', '來'는 언어에서 가장 기본이 되는 방향동사이다. 이를 통해 이러한 기본적인 어휘일수록 그 형태적 특징이 가장 늦게까지 유지되고 있음을

---

25) [역주] '邢遷於陳儀' 이 문장에서 '陳'은 '夷'로 표기되기도 한다.

알 수 있다.

　방향동사의 처소논항은 간접적인 내재논항이다. 그래서 방향동사의 통사 표현으로 볼 때, 처소논항은 통사 층위에서 외현적으로 실현되기도 하고 그렇지 않을 수도 있다. 그러나 이 사실로 전향류 동사를 모두 아울러 설명할 수는 없다. 왜냐하면 이렇게 외현적으로 실현되느냐 안 되느냐의 문제는 바로 '之'류 동사와 '往'류 동사의 두 가지 분야로 나뉘어 설명되기 때문이다. 전자의 경우 처소논항이 반드시 직접적인 목적어로 실현될 것을 요구한다. 반면 후자는 처소논항이 통사 층위에서 숨겨진 상태가 되거나 사격목적어로 실현되기도 한다. 방향동사의 비대격성, 그리고 전향류 동사가 간접적인 내재논항이 실현되는 문제에 있어서 보여주는 다양함의 원인, 이 모두는 아래 하편의 관련 부분에서 상세히 다룰 예정이다.

제5장

심리동사
-'怒, 懼, 畏, 服, 悅, 喜'

    심리동사란 사람의 심리, 감지를 나타내는 동사를 말한다. 표층 의미상 심리동사는 두 개의 논항과 관련되는데, 하나는 '경험자'이고 다른 하나는 '자극물'이다. 비대격동사의 연구에서, 심리동사의 귀속 문제는 줄곧 하나의 난제였다. 본장에서는 6가지 심리동사에 대해, 상고한어에서 나타나는 통사 표현을 통해 관련 문제를 토론하고자 한다. 여기에 확정된 6개 심리동사로는 '怒, 懼, 畏, 服, 悅, 喜'가 있다.

제1절 怒

1. '怒'의 통사 기능

1.1 경험주 주어문

1.1.1 단순식('노하다'의미)

  (1) **曾孫不怒**, 農夫克敏. (《詩經, 小雅, 甫田之什》) 증손은 노하지 않고, 농부들은 더욱 열심히 일하네.

  (2) **公子怒**, 欲鞭之. (《左傳, 僖公, 23, 406》) 공자가 노하여 그들을 채찍질하려 했다.

  (3) **公愈怒**. 大夫辭之, 不可. (《左傳, 哀公, 25, 1274》) 공이 더욱 노하였다.

대부들이 변명해주었지만 불가하였다.

(4) **文王一怒**而安天下之民. (《孟子, 梁惠王下》) 문왕은 한 번 노하여 천
하의 백성들을 편안케 하였다.

(5) **武公怒**而戮之, 曰: "胡, 兄弟之國也. 子言伐之何也?" (《韓非子,
說難》) 무공이 노하여 그를 죽이려 하면서 말했다. "호는 형제의 나라
인데 그대가 정벌하려고 하니, 이 무슨 말인가?"

(6) **令尹大怒**, 擧兵而誅郤宛, 遂殺之. (《韓非子, 內儲說下》) 영윤은 대노
하여, 거병을 하여 극완을 처벌해 죽였다.

(7) 余亟使人犒師, 請行以觀**王怒**之疾徐, 而爲之備, 尙克知之! (《左傳,
昭公, 05, 1271》) 내 빨리 사람을 보내 군사를 위로하고, 청컨대 왕이 노여
워한 정도를 보게 하여, 그에 따라 방비하면 이기리란 것을 알 수 있다.

'怒' 역시 우언법 使成式에 사용될 수도 있다. 여기엔 2예가 있다.

(8) 寡君不佞, 不能事彊場之司, **使君盛怒**, 以暴露於弊邑之野, 敢
犒輿師. (《國語, 魯語上》) 우리 임금이 재주가 없어, 귀국의 국경 관리
를 섬기지 못해, 귀국 임금을 매우 성내게 만들었고, 우리나라의 들에
서 볕을 쐬고 이슬을 맞게 했으니, 감히 군대를 위로합니다.

(9) 鼈於何有? 而**使夫人怒**也! (《國語, 魯語下》) 그깟 자라 구하는 게 뭐
라고 부인을 노하게 만들었는가!

1.1.2 자극물(刺激物)이 목적어로 실현되는 경우

(1) 弗許而後戰, 所以**怒我**而怠寇也. (《左傳, 桓公, 08, 122》) 그것을 허락
하지 않고 싸우게 되면, 우리 군 때문에 노하고 적을 태만하게 할 것입
니다.[1]

---

1) [역주] '怒我'에 대해 '우리 군을 노하게 하고'라고 해석할 수도 있다.

(2) 喜賂, **怒頑**, 能無戰乎? (《左傳, 僖公, 28, 455》) 뇌물을 좋아하고, 완고함에 노할 것이니, 싸우지 않을 수 있겠습니까?

(3) 楚君討鄭, **怒其貳**而哀其卑. (《左傳, 宣公, 12, 722》) 초나라 임금이 정나라를 토벌함에, 두 마음을 품은 것에 노하였고, 복종을 하자 용서해 주었다.

(4) 楚, 秦構難, <u>三晉怒齊不與己</u>也, 必東攻齊. (《戰國策, 齊一》) 초와 진이 그 싸움으로 풀려나지 못하고 있을 때, 삼진은 제나라가 자신을 편들지 않음에 대해 원한을 품고, 반드시 동쪽으로 제를 공격할 것입니다.

1.1.3 자극물이 사격목적어로 실현되는 경우

(1) 漆雕之議, 不色撓, 不目逃, 行曲則違於臧獲, 行直則**怒於諸侯**, 世主以爲廉而禮之. (《韓非子, 顯學》) 칠조의 주의는 굴종한 기색을 보이지 않고, 한눈을 팔지 않으며, 행실이 바르지 않으면 노비한테도 굽히고, 행실이 곧으면 제후에게도 화를 내니, 세상의 군주는 이에 대해 청렴하다고 여겨 이를 예우한다.

(2) **秦王怒於戰不勝**, 必悉起而擊楚. (《戰國策, 楚二》) 진왕은 전쟁에서 이기지 못한 것에 노하여 반드시 모든 것을 일으켜 초를 공격할 것입니다.

(3) **魏怒於趙之勁**, 而見楚救之不足畏也, 必不釋趙. (《戰國策, 楚一》) 위나라는 조가 완강한 것에 노할 것이고, 초의 구함이 족히 두려워할 만하지 못함을 알아 반드시 조를 포기하지 않을 것이다.

1.2 치사자주어문('노하게 하다'의미)

'怒'는 급물동사로, 경험주 논항이 목적어가 된다.

(1) **林楚怒馬**, 及衢而騁. (《左傳, 定公, 08, 1569》) 임초가 말을 화나게 하여 달려 큰 길에 이르러서는 나는 듯이 달아났다.

(2) 若**二子怒楚**, 楚人乘我, 喪師無日矣. 不如備之. (《左傳, 宣公, 12, 737》) 두 사람이 초나라를 노하게 하여 초나라 사람들이 우리를 괴롭히면, 군사를 잃을 날이 얼마 안 남았으니 대비를 해야 할 것이다.

(3) 聽之不和, 比之不度, 無益於敎, 而離民**怒神**, 非臣之所聞也. (《國語, 周語下》) 들어도 화합되지 않고, 비교해도 법도에 맞지 않아 교화에 무익하여 백성을 이반시키고 신을 노하게 하는 것 등은 신이 들은 바가 아닙니다.

(4) **鄭人怒君之疆場**, 我文公帥諸侯及秦圍鄭. (《左傳, 成公, 13, 862》) 정나라 사람이 임금의 강역을 침노하였을 때, 우리 문공이 제후와 진을 이끌고 정을 포위하였다.

(5) 將見昭王, 使人宣言以**感怒應侯**曰. (《戰國策, 秦三》) 장차 소왕을 만나려고 사람을 시켜 자신을 자랑하는 말로 응후를 노하게 하여 말했다.

1.3 '可V'구조

(1) 齊帥賤, 其求不多, 不如下之, **大國不可怒也**. (《左傳, 昭公, 22, 1432》) 제나라 장수는 지위가 낮고 요구하는 것이 많지 않으니, 낮춤만 못하며, 대국은 노하게 해서는 안 된다.

(2) 衆可懼也, 而**不可怒**也. (《左傳, 昭公, 26, 1472》) 뭇사람들은 두렵게는 할 수 있으나 노하게 해서는 안 된다.

(3) 百官得序, 群物皆正, 則主不能喜, **敵不能怒**, 夫是之謂至臣. (《荀子, 議兵》) 백관이 서열이 잘 갖추어지고 여러 사물이 모두 바르게 되었어도, 임금을 기쁘게 할 수 없고, 적을 노하게 할 수 없으니, 이것이 바로 지극한 신하라 합니다.

사동문과 대조되어, '不可', '不能' 앞의 명사성분은 모두 '怒'의 피동작주가 된다.

1.4 관형어로 쓰이는 경우

수반의미 또는 진행의미를 나타낸다. 모두 3예 출현하고 형식은 모두 '怒蛙'이다.

(1) 句踐知之, 故式怒蛙. (《韓非子, 內儲說上》) 월왕 구천은 포상의 효험을 알았기에, 화내는(의기양양한) 두꺼비에게도 수레를 세우고 예를 갖추었다.

(2) 越王慮伐吳, 欲人之輕死也, 出現怒蛙乃爲之式. (《韓非子, 內儲說上》) 월왕 구천이 오나라를 치려고 하고 있을 때, 백성들이 목숨 바쳐 해주기를 바랐다. 그때 화난(의기양양한) 두꺼비가 나타나자 이에 수레에서 예를 올렸다.

(3) 越王句踐見怒蛙而式之. (《韓非子, 內儲說上》) 월왕 구천이 화난(의기양양한) 두꺼비를 보고 이에 수레에서 예를 올렸다.

2. 소결

	통사 기능	詩經	左傳	國語	論語	孟子	荀子	韓非子	戰國策	총계
자동문	단순	3	96	18	0	5	3	41	46	212
	목적어(자극물)	0	12	3	0	0	2	4	11	32
	사격목적어	0	1	0	0	0	0	1	11	13
사동문		0	9	7	0	0	0	0	1	17
可怒/能怒		0	2	0	0	0	1	0	1	4
총계		3	120	28	0	5	6	46	70	278

표 5.1 상고 8부 문헌 '怒'의 용례 통계

《說文》에 "'怒'는 '성내다'이다(怒, 恚也)."라고 되어 있다. 《廣韻》에는 "'怒'는 '성내다'이다. 발음은 '乃故切'이다. '성내다'로 또 '奴古切'이다(怒, 恚也, 乃故切. 恚也, 奴古切)."라고 되어 있다. 《王力古漢語字典》에는 "화를 내다, 또 기세가 강성한 것을 형용하는 말이다."라고 되어 있다.

'怒'의 의미구조는 'NP V'이고, 이때의 'NP'는 유생명명사로 '화를 내는 능력'을 갖추고 있다. 그것의 최소 구성 형식은 아래와 같다.

(1) **郤獻子怒**, 歸, 請伐齊. (《國語, 晉語》) 극헌자가 노하고는 돌아와 제를 정벌할 것을 청했다.

위의 상고 8부 문헌의 통계를 보면, '怒'의 최소 구성 형식은 주술식이 가장 많다. 이 말은 곧 '怒'가 단논항동사임을 뜻한다. 의미상으로 볼 때, 주어 NP는 '怒'의 행위주이고 감수자(undergoer)인데, 이는 전형적인 비대격동사인 '破', '敗'류와 매우 유사하다. 그래서 '묵인연접규칙'에 근거할 때, 이는 직접적인 내재논항에 속한다.

의미구조상, '怒'는 필수적인 경험주 이외에 또 비필수논항이 하나 있는데 바로 '자극물'이다. 이 논항은 목적어로 실현될 수도 있고, 또 사격목적어의 형식으로 출현할 수도 있다. 그리고 이는 指人명사일 수도 있고, 또 하나의 사건절일 수도 있다.

(2) 諸侯皆有二心, 是之不憂, 而**怒和大夫**, 非子之任也. (《國語, 晉語八》) 제후들이 모두 진나라에 대해 두 마음을 품고 있는데, 이를 걱정하지 않고 화대부에게 노여워하는 것은 그대의 임무가 아니오.

(3) **王怒犀首之泄**, 乃逐之. (《韓非子, 外儲說右上》) 왕은 서수가 말을 누설한 것이라고 화를 내고 그를 쫓아냈다.

(4) **王怒於犀首之泄也**, 乃逐之. (《戰國策, 秦二》) 왕은 서수가 말을 누설한 것이라고 화를 내고 그를 쫓아냈다. (사격목적어)

'怒'는 자동과 사동의 통사구조쌍을 형성할 수 있다.

(5) 夫齊, 甥舅之國也, 而大師之後也, 寧不亦淫從其欲以**怒叔父**, 抑豈不可諫誨? (《左傳, 成公, 03, 810》) 제나라는 생구의 나라이고 대사의 후예이다. 어찌 사욕을 방종하게 하여 숙부를 노하게 할 것이며, 어찌 꾸짖어 가르칠 수 없는가?

(6) **鄭人怒**, 請師於齊. (《左傳, 桓公, 10, 128》) 정나라 사람이 노하여 제나라에 군사를 청하였다.

(7) 至於用鉞, 臣之罪重, 敢有不從以**怒君心**? (《左傳, 襄公, 03, 930》) 부월을 쓰는 지경에 이르러, 신의 죄가 중하니 감히 따르지 않고 임금의 마음을 노하게 하겠습니까?

(8) **王心怒矣**, 虢公從矣, 凡周存亡, 不三稔矣. (《國語, 鄭語》) 왕의 마음이 노여우면 괵나라의 석부는 따라서 노여울 것이니, 주나라의 존망은 삼년을 넘기지 못할 것이다.

즉 사동문의 목적어가 자동구조의 주어로 전환될 수 있다.

《廣韻》에서 '怒'는 兩讀으로, 하나는 上聲, *naaʔ, 하나는 去聲, *naas이다. 그러나 《經典釋文》과 《羣經音辨》에서는 上聲의 독음을 찾을 수 없다. 이는 곧 상성 '怒'의 소실이 비교적 이름을 말하는 것이다. '怒'의 상성과 거성의 구별은 두 가지 가능성이 있다. 첫째, 이는 자동과 사동의 구분일 수 있다. 둘째, 이는 '의미역 첨가구조(施用結構, applicative construction)' 표지인 *-s$_3$와 관련이 있다. 그러나 증거가 될 수 있는 구체적인 자료가 부족하기 때문에 여기서는 자세한 언급을 하지 않겠다.

제**2**절 懼

1. '懼'의 통사 기능

1.1 경험주 주어문

1.1.1 단순식('두려워하다'의미)

(1) **季孫懼**, 使宣伯帥師會伐郑. (《左傳, 成公, 08, 840》) 계손이 두려워서, 선백으로 하여금 군사를 거느리고 담을 치는데 회합하게 했다.

(2) 一怒而**諸侯懼**, 安居而天下熄. (《孟子, 滕文公下》) 한 번 노하여 제후들이 두려워하고, 편안히 거하니 천하가 평온하게 되었다.

(3) 智伯必驕而輕敵, **鄰邦必懼**而相親. (《韓非子, 說林上》) 지백은 분명 거만해져서 적을 가벼이 볼 것이고, 이웃 나라들은 두려워서 서로 친해질 것입니다.

(4) **魏王懼**, 令軍設舍速東. (《戰國策, 西周》) 위왕은 두려워서, 군사들에 명해 하루 밤만 야영하고 동쪽으로 속히 옮겼다.

(5) 齊王聞之, **君臣恐懼**. (《戰國策, 齊四》) 제나라 왕이 이 사실을 듣고, 임금과 신하 모두 두려웠다.

자극물 논항성분이 부사어의 형식으로 출현하기도 한다.

(6) 仁義充塞, 則率獸食人, 人將相食. **吾爲此懼**. (《孟子, 滕文公下》) 인의가 막히게 되면 짐승을 몰아 사람을 먹게 하고 사람이 장차 서로 잡아먹게 된다. 나는 이것 때문에 두렵다.

또한 우언법의 용례가 있는데 단지 1예 출현한다.

(7) 甚者擧兵以聚邊境而制敛於內, 薄者數內大使以震其君, **使之恐懼**, 此之謂四方. (《荀子, 八姦》) 심하게는 큰 나라의 군대를 변방에 모

이게 하여 그 나라 안까지 제압한다. 약하게는 큰 나라의 사신을 자주 받아들여, 군주의 마음을 흔들되 그로 하여금 두렵게 하는 것이다. 이것을 사방이라 한다.

1.1.2 자극물이 목적어로 실현되는 경우

(1) 蔡侯, 鄭伯會於鄧, **始懼楚也**. (《左傳, 桓公, 02, 90》) 채후와 정백이 등에서 회합을 했는데, 초나라가 두려워지기 시작해서이다.

(2) 彼徒我車, **懼其侵軼我也**. (《左傳, 隱公, 09, 65》) 저들은 보병이고 우리는 전차부대인데, 저들이 갑자기 우리를 뒤에서 공격할까 두렵다.

(3) 我悉兵以臨之, **其心必懼我**. **彼懼吾兵**而營我利, 五國之事必可敗也. (《戰國策, 楚一》) 우리가 병력을 모아 접근하면 그들은 반드시 우리를 두려워할 것입니다. 저들이 우리 병사들을 두려워하되 우리에게서 이익을 취하게 하면 다섯 나라의 일은 반드시 실패하게 될 것입니다.

(4) 强脇弱也, **知懼愚也**, 民下違上, 少陵長, 不以德爲政. (《荀子, 富國》) 강한 자가 약한 자를 협박하고, 지혜로운 이가 우매한 이를 두려워하고, 아랫사람이 윗사람을 어기고, 어린 사람이 나이 든 사람을 업신여기며, 덕으로써 정치를 하지 않다.

(5) 及昭公卽位, **懼其殺己也**, 辛卯, 弑昭公而立子亹也. (《韓非子, 難四》) 소공이 즉위하자, 고거미는 소공이 자기를 죽일까 두려워서 신묘년에 소공을 죽이고 그 아들 단을 옹립했다.

(6) 燕王悔, **懼趙用樂毅承燕之弊以伐燕**. (《戰國策, 燕二》) 이에 연왕이 후회하였고, 조나라가 악의를 이용해 연의 어려움을 틈타 연을 공격할까 두려웠다.

1.1.3 자극물이 사격목적어로 실현되는 경우

(1) **公懼於晉**, 殺子叢以說焉. (《左傳, 僖公, 28, 452》) 공은 진을 두려워하

여, 자총을 죽여 진을 기쁘게 하였다.

(2) <u>鄭人懼於邲之役</u>, 而欲求媚於晉, 其必許之. (《左傳, 成公, 02, 804》) 정나라 사람은 필의 전역에서 두려워서 진에게 아첨을 구하고자 할 것이니 반드시 허락할 것이다.

(3) 雖四鄰諸侯之聞之也, <u>其誰不儆懼於君之威</u>, 而欣喜於君之德? (《國語, 晉語二》) 비록 사방의 제후가 들었어도, 그 누가 임금의 위엄에 두려워하지 않고 임금의 덕을 기뻐하지 않겠는가?

1.2 치사자주어문('두렵게 하다'의미)

(1) 晉范鞅貪而棄禮, 以大國<u>懼敝邑</u>, 故敝邑十一牢之. (《左傳, 哀公, 07, 1640》) 진나라 범앙이 탐욕스럽고 예를 버려, 대국으로 우리나라를 협박하였으니 우리나라가 11뢰를 바쳤습니다.

(2) 使反者得辭, 而害來者, <u>以懼諸侯</u>, 將焉用之? (《左傳, 宣公, 17, 773》) 돌아간 사람은 변명하게 하고, 온 자는 해쳐서 제후들을 두렵게 하였으니, 무슨 소용이 있습니까?

(3) 毒諸侯而<u>懼吳, 晉</u>, 吾庸多矣, 非吾憂也. (《左傳, 成公, 18, 912》) 제후들에게 해를 끼치고 오와 진을 두렵게 하는 것으로, 우리의 쓰임이 많아지는 것이니 우리의 근심이 아닙니다.

(4) 一與一, <u>誰能懼我</u>? (《左傳, 襄公, 25, 1100》) 일대일로 하면, 누가 우리를 두렵게 하겠습니까?

(5) 若憚之以威, <u>懼之以怒</u>, 民疾而叛, 爲之聚也. (《左傳, 昭公, 13, 1343》) 위세로 그들을 협박하고, 분노로 그들을 두렵게 한다면, 백성들은 미워하여 반란을 일으킬 것이고, 그를 위해 모일 것입니다.

(6) 請殺晉公子. 弗殺, 而反晉國, <u>必懼楚師</u>. (《國語, 晉語四》) 진나라 공자를 죽이십시오. 죽이지 않아서 그가 진에 돌아가게 되면 반드시 초나라 군대를 두렵게 할 것입니다.

(7) 若使太子主曲沃, 而二公子主蒲與屈, 乃可以威民而懼戎. (《國語, 晉語一》) 만약 태자에게 곡옥을 관리하게 하고, 두 공자는 포와 굴 땅을 관리하게 하면, 백성을 두렵게 하고 오랑캐를 두렵게 할 것입니다.

(8) 重言以懼遠使, 擧往以悉其前, 即邇以知其內. (《韓非子, 八經》) 말을 무겁게 하여 머리서 온 사신을 두렵게 하고, 지나간 것을 들어 그 앞의 것을 다 살피고, 그 친밀한 자를 통해 안을 살핀다.

1.3 '可/易V'구조

(1) 夫誰不可喜, 而誰不可懼？ (《國語, 晉語九》) 누군들 기뻐하게 하지 못하며 누군들 두렵게 하지 못하겠는가?

(2) 衆可懼也, 而不可怒也. (《左傳, 昭公, 26, 1472》) 뭇사람들은 두렵게는 할 수 있으나 노하게 해서는 안 된다.

(3) 好利, 可營也, 惡難, 可懼也. (《戰國策, 楚一》) 이익을 좋아하므로 유혹할 수 있고, 전쟁을 싫어하므로 두렵게 할 수 있다.

(4) 君子易知而難狎, 易懼而難脅. (《荀子, 不苟》) 군자는 알기는 쉬우나 친압하기는 어렵고, 두려움을 주기는 쉬우나 위협하기는 어렵다.

1.4 관형어로 쓰이는 경우. 수반 또는 진행의 의미를 나타낸다. 1예 출현한다.

(1) 罕, 駟自後随而從之, 彼見吾貌, 必有懼心, 於是乎會之, 必大敗之. (《左傳, 哀公, 02, 1613》) 한달과 사홍이 뒤에서 따르며 그들을 쫓다가, 저들이 내 모습을 보면, 반드시 두려운 마음이 생길 것이다. 이에 그들을 만나면 분명 그들을 대패시킬 수 있다.

2. 소결

통사 기능		詩經	左傳	國語	論語	孟子	荀子	韓非子	戰國策	총계
관계주 주어	단순식	2	103	34	6	5	7	21	39	217
	목적어(자극물)	0	96	45	1	0	1	6	8	157
	사격목적어	0	2	1	0	0	0	0	0	3
치사자주어		0	13	3	0	0	0	1	0	17
'可/易V'자문		0	1	1	0	0	1	0	1	4
총계		2	215	84	7	5	9	28	48	398

표 5.2 상고 8부 문헌 '懼'의 용례 통계

《說文》에는 "'懼'는 두려워하는 것이다(懼, 恐也)."라고 되어 있다. 《廣韻》에는 "'懼'는 두려워하는 것으로 '其遇切'이다(懼, 怖懼, 其遇切)."이라 되어 있다. 《王力古漢語字典》에는 "'懼'는 두려워하는 것(恐懼)이다."라고 되어 있다. 심층 의미상, '懼'는 외적 요인이 유발한 일종의 심리적 상태를 가리키며, 그 주어는 感知力이 있는 명사성 성분으로, 대부분 사람을 가리키거나 국가 등을 나타내는 명사이다. 용례 중 3예는 주어 명사가 감지력이 없는 듯이 보이나, 사실상 유생명명사와 밀접하게 관련이 있는 '言', '聲', '心' 등의 명사들로, 이들은 사람이 발출하거나 인체기관이 발출하는 것들이다.

(1) **言懼**而名禮, 其庶乎! (《左傳, 莊公, 11, 188》) 말함에 두려움이 있고 이름도 예에 맞으니 거의 맞을 것이다!

(2) **其聲懼**. (《韓非子, 難三》) 그 목소리에 두려워함이 있다.

(3) 剛則犯民以暴, 愎則不得民心, 悍則下不為用, **其心不懼**. (《韓非子, 十過》) 강직하면 백성들을 힘으로 다스리고 이상하면 민심을 얻지 못한다. 사나우면 백성들이 그를 위해 힘을 쓰지 않으니, 그 마음이 두려워하지 않다.

통사 표현으로 볼 때, '懼'는 단논항동사이다. 그중 감지력이 있는 경험주는 필수논항으로 주어가 된다. 그러나 자극물논항은 비필수논항인데 대개 통사층위에 실현이 된다. 그것이 구성하는 최소 형식은 아래와 같다.

(4) **孔子懼**, 作春秋. (《孟子, 滕文公下》) 공자가 두려워서 춘추를 지었다.

(5) 孔子成春秋, 而**亂臣賊子懼**. (《孟子, 滕文公下》) 공자가 춘추를 다 짓자, 난신적자들이 두려워하였다.

(6) 於是**吏皆聳懼**, 以爲君神明也. (《韓非子, 內儲說上》) 이에 관리들이 모두 두려워했고, 임금이 신명하다고 여겼다.

통사구조상, '懼'는 자동과 사동의 교체현상이 존재한다. 예컨대 다음과 같다.

(7) 且合諸侯而執衛君, **誰敢不懼**? 墮黨, 崇讎, 而**懼諸侯**, 或者難以霸乎! (《左傳, 哀公, 12, 1672》) 또한 제후를 회합하고 위나라 군주를 잡아두니 누가 감히 두려워하지 않겠습니까? 당을 무너뜨리고 적을 높여주어 제후들을 두렵게 만들면 아마도 패자가 되기 어려울 겁니다.

(8) 初, 鬻拳強諫楚子, 楚子弗從, 臨之以兵, **懼而從之**. 鬻拳曰: "**吾懼君以兵**, 罪莫大焉." (《左傳, 莊公, 19, 211》) 처음에 육권이 초나라 임금에게 강하게 간했으나 초나라 임금이 따르지 않았다. 이에 무기로 위협하자 그가 두려워 따랐다. 육권이 말했다. "내가 무기로 임금을 두렵게 했으니 죄는 이보다 클 수 없다."

《王力古漢語字典》에서 '畏', '恐', '懼' 세 동사의 차이를 분석할 때, '畏'는 대개 목적어를 가지나, '恐'과 '懼'는 주로 불급물동사로 쓰이고 어떤 경우 급물동사로도 쓰인다고 하였다. '懼'가 급물동사로 쓰일 때는 使動으로 쓰일 경우가 많다. 그리고 '恐'이 급물동사로 쓰일 때는 뒤에 목적어가 길다. 다만, 본서에서 '懼'를 고찰한 결과, '懼'가 사동으로 쓰이는 예는 목적어를 갖는 예보다 훨씬 적었다.

한편, 통사구조의 비율로 볼 때, '懼'는 '怒'와 달랐다. 동사 '懼'의 자극물 논항은 통사상 외현적으로 출현하는 것을 선호하여 주로 목적어로 실현되었다. 그러나 간접목적어의 형식으로 출현하는 예는 극히 적어 3예에 불과하여, 절대적인 수량이든 상대적인 비율이든 '怒'보다는 훨씬 적었다.

제**3**절 畏

1. '畏'의 통사 기능

1.1 경험주 주어문('두려워하다'의미)

1.1.1 단순식. 이것은 용례가 매우 적어, 《左傳》에 1예, 《韓非子》에 2예, 《戰國策》에 2예 출현한다.

(1) **女其畏哉**! (《左傳, 昭公, 06, 1278》) 너는 두려워할 것이다.

(2) 有重罰者必有惡名, 故**民畏**. (《韓非子, 孤憤》) 중벌을 받는 자는 분명 악명이 있으니, 그래서 백성들이 두려워한다.

(3) **楚王畏**, 必不敢倍盟. (《戰國策, 楚二》) 초왕이 두려워, 분명 감히 맹약을 배신하지 않을 것입니다.

(4) 楚, 趙大破, **魏, 齊甚畏**, 天下之西鄕而馳秦, 入朝爲臣之日不久. (《戰國策, 魏三》) 초나라와 조나라가 대패하였고, 위나라와 제나라는 매우 두려워서, 천하가 모두 서쪽을 향해 진으로 달려갈 것이며, 입조하여 신하가 될 날이 머지않았습니다.

《左傳》의 1예는 우언법 사동이다.

    (5) 爲刑罰威獄, **使民畏忌**. (《左傳, 昭公, 25, 1458》) 형벌을 만들고 감옥으로 위협하여 백성들을 두렵고 꺼리게 만들다.

《孟子》에는 명령문이 1예 출현한다.

    (6) 王曰: "**無畏**! 寧爾也, 非敵百姓也." (《孟子, 盡心下》) 왕이 말했다. "두려워하지 마라! 너희들을 편안케 하기 위해서 왔다. 백성들을 적대시 하지 않는다."

1.1.2 자극물논항이 목적어로 실현되는 경우. '畏'의 목적어는 NP일 수도 있고 VP일 수도 있다.

    (1) **曹畏宋, 邾畏魯**, 魯衛偪於齊而親於晉, 唯是不來. (《左傳, 昭公, 04, 1248》) 조나라는 송나라를 두려워하고, 주나라는 노나라를 두려워하며, 노나라와 위나라는 제나라에게 핍박당하고 진에는 친하니, 이로써 오지 않을 것이다.

    (2) **合左師畏而惡之**. (《左傳, 襄公, 26, 1118》) 합좌사가 그를 두려워하고 미워했다.

    (3) 夫鼠, 晝伏夜動, 不穴於寢廟, **畏人故**也. (《左傳, 襄公, 24, 1085》) 무릇 쥐는 낮에는 엎드려 있다가 밤에 움직여서 종묘에 구멍을 내지 않는데, 이는 사람을 두려워하기 때문이다.

    (4) **不畏寇盜**, 而亦不患燥濕. (《左傳, 襄公, 31, 1188》) 도적을 두려워하지도 않고, 건조하거나 습한 것을 걱정하지도 않는다.

    (5) 群臣不忘其君, **畏子**以及今, 三年聽命矣. (《左傳, 昭公, 14, 1364》) 여러 신하들이 그 군주를 잊지 못해 아직까지도 그대를 두려워하고 있어 삼년 동안이나 명을 따르고 있다.

(6) 不懦不耆, 完其守備, 以待不虞, <u>又何畏矣</u>? (《左傳, 昭公, 22, 1448》) 나약하지도 않고 강하지도 않고 그 지키는 것을 온전히 하여 예기치 못한 것에 대비하면 무엇을 두려워하겠는가?

(7) 敝邑之往, 則<u>畏執事其謂寡君而固有外心</u>, 其不往, 則宋之盟云. (《左傳, 昭公, 03, 1241》) 우리나라가 가면 집사께서 과군에게 실로 다른 마음을 가졌다할까 두렵고, 가지 않으면, 송의 맹약을 따라야 할 것입니다.

(8) 夫火烈, <u>民望而畏之</u>, 故鮮死焉. (《左傳, 昭公, 20, 1421》) 무릇 불이 거세면 백성들이 그것을 지켜보고 두려워하므로 죽는 이가 드물다.

(9) 崔杼有寵於惠公, <u>高, 國畏其偪也</u>, 公卒而逐之, 奔衛. (《左傳, 宣公, 10, 706》) 최저는 혜공에게 총애 받았다. 고씨와 국씨가 그의 핍박을 두려워하여 공이 죽자 그를 쫓아냈고, 그는 위로 도망갔다.

1.1.3 자극물논항이 사격목적어로 실현되는 경우

(1) 胡不相畏, <u>不畏于天</u>. (《詩經, 小雅, 雨無正》) 어찌 두렵지 않겠는가, 하늘이 두렵지 않은가!

(2) 我聞其聲, 不見其身. 不愧于人, <u>不畏于天</u>. (《詩經, 小雅, 何人斯》) 내 그 소리는 들어도 그 몸은 보이지 않으니, 사람도 부끄러워하지 않고, 하늘도 두려워하지 않는다.

(3) 君子之不虐幼賤, <u>畏於天</u>也. (《左傳, 文公, 15, 614》) 군자는 어린이와 천한 이를 학대하지 않는데, 이는 하늘을 두려워해서이다.

(4) 智士者遠見, 而<u>畏於死亡</u>, 必不從重人矣. (《韓非子, 孤憤》) 지혜로운 선비는 멀리 보아 죽음을 두려워할 것이니, 분명 중인을 따르지 않을 것이다.

1.2 '可V'구조

(1) 國君, 文足昭也, <u>武可畏也</u>, 則有備物之饗, 以象其德. (《左傳, 僖

公, 31, 483)) 임금이란 문은 밝힐 만 해야 하고, 무는 두려워할 만 하다면 음식을 갖추어 대접하게 되니 이로써 그 덕을 나타내게 된다.

(2) 有威而**可畏**, 謂之威. (《左傳, 襄公, 31, 1194》) 위엄이 있어서 두려워할 만하다면 이를 위엄이라 한다.

(3) 寡君有甲車四千乘在, 雖以無道行之, 必**可畏**也. (《左傳, 昭公, 13, 1357》) 우리 임금께선 무장한 수레가 사천 승이나 있으니 비록 무도로 행한다 해도 반드시 두려워할 만합니다.

(4) 仲**可懷**也, 人之多言, 亦**可畏**也. (《國語, 晉語四》) 도련님도 그립긴 하지만 사람들의 말이 많아 두렵습니다.

(5) **後生可畏**, 焉知來者之不如今也? 四十五十而無聞焉, **斯亦不足畏**也已. (《論語, 子罕》) 뒤에 나온 이들이 두려워할 만하다. 어찌 앞으로 올 사람들이 지금만 못하다고 알 수 있겠는가? 사십, 오십이 되어도 명성이 없다면 이는 족이 두려워할 만하지 못하다.

(6) 物之已至者, 人祅則**可畏**也. (《荀子, 天論》) 사물 중 이미 나타난 것이 사람들이 만든 재앙이라면 두려워할 만하다.

(7) 父母之言, 亦**可畏**也. (《詩經, 國風, 將仲子》) 부모님의 말씀이 두렵다.

1.3 '足V' 구조

(1) 是四國者, 專**足畏**也. (《左傳, 昭公, 12, 1240》) 이 네 나라는 두려워하기에 충분하다.

(2) 燕固弱國, **不足畏**也. (《戰國策, 趙二》) 연나라는 실로 약소국이니 두려워할 만하지 못하다.

(3) 魏怒於趙之勁, 而**見楚救之不足畏**也, 必不釋趙. (《戰國策, 楚一》) 위나라는 조가 완강한 것에 노할 것이고, 초의 구함이 족히 두려워할 만하지 못함을 알아 반드시 조를 포기하지 않을 것이다.

1.4 치사자주어문('두렵게 하다'의미). 《戰國策》에 2예 출현.

(1) 攻周, 實不足以利國, 而**聲畏天下**. 天下以聲畏秦, 必東合於齊.
《戰國策, 西周》) 주나라를 공격해도 실제로는 나라에 도움이 되지 못하고 오히려 그 소문이 천하를 두렵게 할 것이다. 천하는 이 명성으로 진을 두려워할 것이므로 분명 동으로 제나라와 합세할 것이다.

2. 소결

통사 기능		詩經	左傳	國語	論語	孟子	荀子	韓非子	戰國策	총계
관계주 주어	단순자동	0	1	0	0	0	0	2	2	5
	목적어(자극물)	20	48	14	4	12	51	26	36	211
	사격목적어	2	1	0	0	0	0	1	0	4
'可V'		4	3	1	1	0	2	0	0	11
'足V'		0	1	0	1	0	0	0	2	4
치사자주어		0	0	0	0	0	0	0	2	2
총계		26	54	15	6	12	53	29	42	237

표 5.3 상고 8부 문헌 '畏'의 용례 통계

《說文》에서는 "'畏'는 '두려워서 싫어하다'이다(畏, 惡也)."라고 되어 있고, 《廣韻》에서는 "'畏'는 '두려워하다'이다(畏, 畏懼)."라고 되어 있다. 《王力古漢語字典》에서는 다음과 같이 소개한다.

① 두려워하다(害怕), 여기서 파생되어 '경외(敬畏)'가 되었다.
② 전쟁 중 패배하여 죽는 것을 두려워하다.
③ '圍'와 통함. '겹겹이 포위하다(圍困)'

'경외'는 '두려워하다'라는 의미에 대해 상대적으로 감정색채 상의 제한이 약간 있는 것이다. 본서에서는 '畏'에 대한 통사구조 분석을 할 때, 전부 다 《廣韻》의 의미 해석을 바탕으로 하므로, '두려워하다'와 '경외'를 모두 '두려워하다'로 취급한다.

'두려워하다'를 나타내는 심리동사는 그것의 경험주논항이 일반적으로 감지력이 있는 유생명사사이다. 그런데 《荀子》에 있는 일부 '畏'의 주어는 추상명사이다(2예).

(1) 是故喜而天下和之, 怒而**暴亂畏之**. 《荀子, 樂論》 이로써 기쁘면 천하가 조화롭고, 화를 내면 난폭한 것이 두려워한다.

(2) 其窮也俗儒笑之, 其通也英傑化之, 嵬瑣逃之, **邪說畏之**, 衆人愧之. 《荀子, 儒效》 그가 궁하면 속된 선비들이 그를 비웃고, 그의 뜻이 통하면 영걸들이 그에 화답하고, 괴상한 것들이 그를 도망가며, 사학한 설들이 그를 두려워하고 사람들이 그를 송구스럽게 여긴다.

'畏'의 통사 표현으로 볼 때, 이것은 쌍논항동사이다. 이것의 경험주논항은 통사층위 상의 주어로 실현되고, 자극물논항은 대개 목적어로 실현된다. '畏'는 목적어를 갖는 것이 일반적이다. 즉, 자극물논항이 통사층위에서 외현적으로 드러나게 되며 필수논항의 지위를 보여준다. 따라서 '畏'는 '懼'와 의미가 유사하지만, 자극물논항이 '畏'는 필수논항이고, '懼'는 필수논항이 아니기 때문에, 이 두 동사는 동사의 분류에서 약간 다르게 적용받는다. '畏'는 '可畏', '足畏'구조를 구성하는 예가 비교적 많다. 그리고 사동의 통사구조가 매우 적어 《戰國策》에 단지 2예만이 출현하므로 이 동사는 **급물동사**로 분류할 수 있다.

제**4**절 服

1. '服'의 통사 기능

1.1 경험주주어문('두려워하다, 항복하다'의미)

1.1.1 단순식

(1) 六月, 同盟於新城, <u>從於楚者服</u>, 且謀邾也. (《左傳, 文公, 14, 603》) 6 월, 신성에서 동맹을 맺자, 초를 따르던 이들이 항복했고 또 주나라를 도모하고자 했다.

(2) 晉爲<u>鄭服</u>故, 且欲修吳好, 將合諸侯. (《左傳, 襄公, 03, 926》) 진은 정이 항복하였기에 또 오와 관계를 잘 하려고 했고 제후를 규합하려고 했다.

(3) <u>陽人不服</u>, 晉侯圍之. (《國語, 周語中》) 양번 사람들이 진에 불복하자, 진문공이 그들을 포위했다.

(4) <u>民以土服</u>, 又何求焉! (《國語, 晉語四》) 백성이 흙을 주어 복종을 하니, 또 무엇을 구하겠습니까!

(5) 夫必追擇前言, 求善以終, 鼇遹逐遠, <u>遠人入服</u>, 不爲郵矣. (《國語, 晉語四》) 그는 분명 관중의 전의 말을 잘 택해서 선을 구함으로써 잘 마무리 할 것인즉, 가까이 있는 이를 풍족하게 해주고, 멀리 있는 이를 구할 것이며, 먼 곳의 사람이 들어가 복종해도 그들을 탓하지 않을 것이다.

(6) 擧直錯諸枉, 則<u>民服</u>. 擧枉錯諸直, 則<u>民不服</u>. (《論語, 爲政》) 곧은 이를 들어 굽은 이 위에 놓으면 백성들이 복종할 것이고, 굽은 이를 곧은 이 위에 두면 백성이 복종하지 않을 것이다.

(7) 然而兵甲頓, 士民病, 蓄積索, 田疇荒, 囷倉虛, <u>四鄰諸侯不服</u>, 霸王之名不成, 此無異故, 其謀臣皆不盡其忠也. (《韓非子, 初見秦》) 그러나 군대는 피폐해지고 백성은 병들고, 쌓아 놓은 물자는 다 쓰고 땅은 황폐해지고, 곡식 창고는 비고, 사방의 제후국은 복종하지 않아

패왕의 명성이 이루어지지 않으니, 이는 다른 까닭이 아니라 그 신하들 모두가 그 충성을 다 하지 않기 때문입니다.

1.1.2 자극물 논항이 목적어로 실현되는 경우

(1) 王謂叔父: "**敬服王命**, 以綏四國, 糾逖王慝." (《左傳, 僖公, 28, 465》) 왕이 숙부에게 말했다. "삼가 왕명에 복종하여 사방 제후국을 편안케 하고, 왕의 사악한 이들을 잘 다스리라"

(2) 以德服人者, 中心悅而誠服也, 如**七十子之服孔子**也. (《孟子, 公孫丑上》) 덕으로 남을 복종시키는 자는 마음속으로 기뻐 진실로 복종하는 것이니, 마치 70의 공자 제자가 공자에게 복종하는 것과 같다.

(3) **夫韓不服秦之義**, 而服於强也. (《韓非子, 存韓》) 무릇 한나라는 진의 義에 복종한 것이 아니라 그 강함에 복종한 것이다.

(4) **宰人頓首服死罪**曰: "竊欲去尙宰人也." (《韓非子, 內儲說下》) 요리사가 머리를 조아리며 죽을죄에 굴복하며 말하길 "그 요리사를 제거하려고 했습니다."

(5) 夫明主畜臣亦然, 令臣不得不利君之祿, **不得無服上之名**. 夫利君之祿, **服上之名**, 焉得不服? (《韓非子, 外儲說右上》) 무릇 현명한 군주가 신하를 기르는 것 또한 그러하니, 신하로 하여금 군주에게서 받은 봉록을 이롭게 여기게 하고, 군주의 이름에 복종하게 해야 한다. 임금의 봉록을 이롭게 여기고, 임금의 이름에 복종하거늘 어찌 복종하지 않겠는가?

(6) 仲尼非懷其義, **服其勢**也. (《韓非子, 五蠹》) 중니는 애공의 義에 감화한 것이 아니라 그 힘에 복종한 것이다.

1.1.3 자극물 논항이 사격목적어로 실현된 경우

(1) 上帝既命, **侯于周服**. **侯服于周**, 天命靡常. (《詩經, 大雅, 文王》) 상제

께서 이미 명하시어, 주나라에 복종하게 했다. 주나라에 복종하게 하
심에 천명이 항상되지 않으니)

(2) 且**民者固服於勢**, 寡能懷於義. (《韓非子, 五蠹》) 또한 백성이란 진실
로 힘에 복종하지만 의에 감화되는 이는 드물다.

(3) 衆狄疾赤狄之役, **逐服于晉**. 秋, 會于欑函, 衆狄服也. (《左傳, 宣
公, 11, 713》) 뭇 적은 적적의 노역을 괴로워하여 드디어 진에 복종했다.
가을에 찬함에서 모인 것은 뭇 적이 복종한 것이다.

(4) 夫虎之所以能服狗者, 爪牙也, 使虎釋其爪牙而使狗用之, 則**虎
反服於狗矣**. (《韓非子, 二柄》) 무릇 호랑이가 개를 복종시킬 수 있는 것
은 발톱과 이빨이 있기 때문이니, 호랑이의 발톱과 이빨을 뽑아 개에
게 사용하게 하면 호랑이가 오히려 개에게 복종할 것이다.

(5) 秦與荊人戰, 大破荊, 襲郢, 取洞庭、五湖、江南, 荊王君臣亡走,
東服於陳. (《韓非子, 初見秦》) 진이 초나라와 전쟁을 하여 크게 초를 대
파하고, 수도 영을 습격하고, 동정호, 오호, 강남을 취하였고, 초나라
왕과 신하는 망하여 도망가서 동쪽으로 진에게 복종하였다.

(6) **不肖而能服於賢者**, 則權重位尊也. (《韓非子, 難勢》) 불초한 자가 현
명한 이에게 복종하는 것은 현명한 이가 권세가 강하고 지위가 높기
때문이다.

(7) 故以義則**仲尼不服於哀公**, 乘勢則哀公臣仲尼. (《韓非子, 五蠹》) 그
러므로 의로 했다면 중니는 애공에게 복종하지 않았을 것인데, 권세에
의지했기에 애공이 중니를 신하로 삼은 것이다.

1.2 치사자주어문('복종시키다'의미). 주어는 행위주에 국한되지 않고
광의의 치사자가 된다.

(1) 秋, 盟于貫, **服江, 黃**也. (《左傳, 僖公, 02, 282》) 가을에 관에서 결맹을
했는데, 제나라가 강나라와 황나라를 복종시켰기 때문이다.

(2) 敗楚, **服鄭**, 於此在矣. (《左傳, 宣公, 12, 730》) 초를 패배시키고 정을
복종시키는 것은 바로 여기에 있다.

(3) 彼無亦置其同類以**服東夷**, 而大攘諸夏, 將天下是王, 而何德於
君, 其予君也? (《國語, 魯語下》) 저들은 그 동족을 두어 동이를 항복
시키려 하고, 중원을 물리쳐 천하에 왕노릇 하려고 하니, 어찌 임금께
덕을 베풀고 그것을 주려고 하겠습니까?

(4) 卽位數年, 東南多有淫亂者, 萊, 莒, 徐夷, 吳, 越, **一戰帥服三十一**
國. (《國語, 齊語》) 환공이 즉위한지 몇 년 만에 동남쪽에 음란한 자들
이 많았다. 이는 萊, 莒, 徐夷, 吳, 越로, 한번 전쟁을 하여 31개국을
모두 굴복시켰다.

(5) **以力服人者**, 非心服也, 力不贍也. **以德服人者**, 中心悅而誠服也,
如七十子之服孔子也. (《孟子, 公孫丑上》) 힘으로 남을 복종시키는
자는 마음으로 복종하지 않는다. 이는 힘이 부족해서이다. 덕으로 남
을 복종시키는 자는 마음속으로 기뻐 진실로 복종하는 것이니, 마치
70의 공자 제자가 공자에게 복종하는 것과 같다.

(6) **兼服天下之心**, 高上尊貴, 不以驕人. 聰明聖智, 不以窮人. (《荀子,
非十二子》) 천하의 마음을 복종시키는 방법은, 높고 귀한 자리로 남을
업신여기지 않고, 총명한 지혜로 남을 궁하게 만들지 않아야 한다.

(7) 往者齊南破荊, 東破宋, **西服秦**, 北破燕, 中使韓, 魏. (《韓非子, 初見
秦》) 전에 제는 남으로 초나라를 격파하고, 동으로 송나라를 격파하고,
서쪽으로 진을 복종시키고, 북으로 연나라를 격파하고, 가운데서 한과
위를 부렸다.

(8) 斬社稷而焚滅之, 曰: "**威服天下鬼神**." (《戰國策, 宋衛》) 사직을 부수
고 불로 태우고는 말했다. "위력으로 천하의 귀신도 굴복시켰다."

1.3 관형어로 쓰이는 경우

이때는 기사(旣事) 의미가 있다.

(1) 昔者吾先君獻公幷國十七, <u>服國</u>三十八, 戰十有二勝. (《韓非子, 難二》) 옛날 우리 선군인 헌공께선 병합한 나라가 열일곱, 항복시킨 나라가 서른여덟, 전승한 것이 열둘이었다.

(2) 微子開封於宋, 曹觸龍斷於軍, 殷之<u>服民</u>, 所以養生之者也, 無異周人. (《荀子, 議兵》) 미자계는 송에 봉하고 조촉룡은 군영에서 처형했다. 은의 항복한 백성은 먹여살려야할 백성이므로 주나라 사람과 똑같이 하였다.

2. 소결

통사 기능		詩經	左傳	國語	論語	孟子	荀子	韓非子	戰國策	총계
관계주 주어	단순자동	2	43	16	7	4	23	20	28	143
	목적어(자극물)	0	7	1	0	0	0	9	0	17
	사격목적어	0	0	1	0	1	1	7	0	10
치사자주어		0	9	6	0	6	10	18	9	58
관형어		0	0	0	0	0	1	1	0	2
총계		2	59	24	7	11	35	55	37	230

표 5.4 상고 8부 문헌 '服'의 용례 통계

'服'은 《說文》에서 "'사용하다'이다. 한편으로 '수레에서 오른쪽에 있는 참마로, 오른쪽으로 돌 때 쓴다'라고 한다(用也, 一曰車右騑, 所以舟旋)."이라 되어 있다. 《廣韻》에는 "'섬기다, 모시다' 또는 '의복', 또 '행하다', '익히다', '사용하다', '온전하다'이며, 또 성으로도 쓰인다. '房六切'이다(服事, 亦衣服, 又行也, 習也, 用也, 整也, 亦姓. 房六切)."라고 되어 있다. 《王力古漢語字典》에는 '服'의 동사 의항에 7가지를 열거하고 있다. 그중 '상태동사/심리동사'와 관련이 있는 것은 ⑥조로 '복종하다, 귀순하다(服從, 歸順)'의 의미이다. 또는 '항복하다(制服, 降服)', 또 '복종하다, 탄복하다(信服, 佩服)'의 의미도 있다.

여기서 '制服, 降服'의미는 사실상 '~로 하여금 항복하게 하다'의 의미이다.

'服從'의미의 '服'은 비대격동사로, 분명한 비대격의 통사적 특징을 갖고 있다.

의미상 '服從'은 유생명명사가 갖고 있는 태도이다. 그리고 '服'의 최소 구성 형식은 'NP V'이고, 여기서 'NP'는 '服'의 직접적인 내재논항이다.

(1) 季氏出其君, 而民服焉, 諸侯與之. (《左傳, 昭公, 32, 1519》) 계씨가 임금을 쫓아내자, 백성들이 그에게 복종했고 제후들이 함께했다.

여기서 주어 '民'은 '服'이란 동작에 대해 제어성이 없으므로 이는 행위주가 아니고 관계주이다(즉 심층의 피동작주). 그리고 이는 직접적인 내재논항이며 외재논항이 아니다. 직접적인 내재논항에게 요구되는 것은 '복종'이라는 태도를 충분히 가질 수 있는 유생명명사이다. 따라서 주어 위치에 출현하는 비유생명 논항은 사실상 유생명명사를 환유적으로 가리킨다고 볼 수 있다.

(2) 三川服矣, 王亦知之乎? (《戰國策, 韓三》) 삼천이 이미 항복했는데, 왕께서도 알고 계십니까?

여기서 '三川'은 바로 '삼천에서 생활하는 백성들'을 말한다.

(3) 是我一擧, 二國有亡形, 則荊, 魏又必自服矣. (《韓非子, 存韓》) 이는 내가 한 번의 거사로 제와 조 두 나라를 망하게 하는 것이니, 이러하면 형과 위도 반드시 스스로 항복한다.

'服從'의 '服'은 대량의 자동/사동 통사 구조쌍을 갖고 있다. 이때, 전자의 주어와 후자의 목적어는 의미역이 동일하다.

(4) 以善養人, **然後能服天下**. **天下不心服**而王者, 未之有也. (《孟子, 離 婁下》) 선으로 사람을 봉양한 후에야 천하를 복종시킬 수 있다. 천하가 마음으로 복종하지 않았는데, 왕노릇 하는 자는 없었다.

(5) **兼服天下之心**, 高上尊貴, 不以驕人. 聰明聖智, 不以窮人. (《荀子, 非十二子》) 천하의 마음을 복종시키는 방법은, 높고 귀한 자리로 남을 업신여기지 않고, 총명한 지혜로 남을 궁하게 만들지 않아야 한다.

(6) 嚭聞古之伐國者, **服之**而已. **今已服矣**, 又何求焉! (《國語, 越語上》) 제가 들으니 옛날에 다른 나라를 정복한 자는 그들을 신복하게 한 것 일 따름이니, 지금 이미 신복을 하였는데 또 무엇을 요구하십니까?

(7) 循其舊法, 擇其善者而明用之, **足以順服好利之人矣**. 賢士一焉, 能士官焉, **好利之人服焉**, 三者具而天下盡, 無有是其外矣. (《荀 子, 王覇》) 그 옛법을 따르고 좋은 이들을 택해 등용하면 이익을 좋아 하는 이들을 복종케 할 수 있다. 현명한 선비가 모이게 되고, 능력 있 는 선비가 벼슬을 하고, 이익을 좋아하는 이가 복종하게 되면, 이 세 가지가 모이면 천하가 다 이루어지는 것이니 그 외의 것은 필요치가 않다.

비사동의 통사구조에서 객체 논항은 목적어로 실현될 수 있다.

(8) 以力服人者, 非心服也, 力不瞻也. 以德服人者, 中心悅而誠服 也, 如**七十子之服孔子也**. (《孟子, 公孫丑上》) 힘으로 남을 복종시키는 자는 마음으로 복종하지 않는다. 이는 힘이 부족해서이다. 덕으로 남 을 복종시키는 자는 마음속으로 기뻐 진실로 복종하는 것이니, 마치 70의 공자 제자가 공자에게 복종하는 것과 같다.

'服從'의미의 '服'은 상태동사로 볼 수도 있고 또 심리동사로 볼 수도 있다. 상태동사로 볼 때의 객체논항은 심리동사로 볼 때의 자극물 논항이 된다. 바로 이렇게 '服'이 의미상 두 가지가 다 가능하기 때문에, 그것의 통사 표현은 한편으로 전형적인 심리동사인 '怒', '懼' 등과 동일한 면모도 있지만, 또 상태동사의 특징도 갖고 있다. 바로 이러한 이유로 이 동사는 사동의 통사구조가 출현하는 비율이 '怒', '畏', '懼' 세 동사보다 월등히 높다.

제5절 悅

《廣韻》에서는 "'悅'은 '기쁘다, 벗어나다, 즐겁다, 복종하다'의 의미가 있으며 '弋雪切'이다(悅, 喜也, 脫也, 樂也, 服也. 弋雪切)."로 되어 있다.

《王力古漢語字典》에는 "'기뻐하다'의 의미로, 이 글자는 본래 '說'로 되어 있다. 《說文》에는 '悅'자가 없다."라고 되어 있다.

1. '悅'의 통사 기능

1.1 경험주주어문('기쁘다, 기뻐하다'의미)

1.1.1 단순식

(1) **齊侯說**, 與之虎牢. (《左傳, 僖公, 04, 293》) 제나라 임금은 기뻐서 신후와 함께 호뢰에 갔다.

(2) 晉君大失其衆, 背君賂, 殺里克, 而忌處者, **衆固不說**. (《國語, 晉語三》) 진나라 임금이 군중들의 민심을 크게 잃어 임금님께 드릴 뇌물도

저버렸고, 이극을 죽이고 거기 남아 있던 자들을 미워하여 군중들이 진실로 좋아하지 않습니다.

(3) 取之而**燕民悅**, 則取之. 古之人有行之者, 武王是也. 取之而**燕民不悅**, 則勿取. (《孟子, 梁惠王下》) 연나라를 취하여 연의 백성들이 기뻐하면 취하십시오. 옛날 사람 중 이를 행한 자가 있으니 바로 무왕입니다. 만약 연을 취했는데 연의 백성들이 기뻐하지 않으면 취하지 마십시오.

1.1.2 자극물 논항이 목적어로 실현되는 경우

(1) 彤管有煒, **說懌女美**. (《詩經, 邶風, 靜女》) 붉은 피리 빛이 나고, 너의 아름다움이 기쁘도다.

(2) 巫臣請使於吳, 晉侯許之. **吳子壽夢說之**. (《左傳, 成公, 07, 834》) 무신이 오나라 사신가는 것을 청하였고, 진후가 허락했다. 오자 수몽이 그를 좋아했다.

(3) **余不說初矣**. (《左傳, 襄公, 14, 1015》) 나는 처음의 헌공을 좋아하지는 않았다.[2]

(4) 臣亟聞其言矣, **說禮樂而敦詩書**. (《左傳, 僖公, 27, 445》) 신이 자주 그의 말을 들었는데, 예악을 좋아하고 시서에 통달했다고 합니다.

(5) 楚王汰侈, 而**自說其事**, 必合諸侯, 吾往無日矣. (《左傳, 昭公, 원년, 1225》) 초왕이 사치스럽고 교만하여 그 일을 스스로 기뻐하니, 반드시 제후들을 모을 것입니다. 우리가 갈 날이 머지않았습니다.

(6) **唯寡人說子之言**, 子必往! (《左傳, 定公, 06, 1558》) 과인은 그대의 말을 좋아하니 그대가 반드시 가야한다.

(7) **悅賢**不能舉, 又不能養也, 可謂**悅賢**乎? (《孟子, 萬章下》) 현자를 좋아

---

2) 楊伯峻注에는 "나는 헌공의 일에 대해 기뻐하지 않았었다."라고 되어 있다.

하면서 기용할 수 없고 또 봉양할 수 없다면 현자를 좋아한다고 할 수 있는가?

1.1.3 자극물 논항이 사격목적어로 실현되는 경우

(1) 先生以利說秦楚之王, **秦楚之王悅於利**, 以罷三軍之師, **是三軍之 士樂罷而悅於利也**. (《孟子, 告子下》) 선생께서 이로움으로 진초의 임금을 설득하면 진초의 임금은 이로움에 기뻐할 것이고, 이로써 삼군의 군대를 중지시킬 것입니다. 이 삼군의 병사들도 중지시킴에 기뻐할 것이고 이로움에 기뻐할 것입니다.

(2) 先生以仁義說秦楚之王, **秦楚之王悅於仁義**, 而罷三軍之師. **是三 軍之士樂罷而悅於仁義也**. 《孟子, 告子下》) 선생께서 인의로써 진초의 임금을 설득하면 진초의 임금은 인의에 기뻐할 것이고, 이로써 삼군의 군대를 중지시킬 것입니다. 이 삼군의 병사들도 중지시킴에 기뻐할 것이고 인의에 기뻐할 것입니다.

(3) 群臣其言小而功大者亦罰, **非不說於大功**也. (《韓非子, 二柄》) 여러 신하 중 그 말이 작고 공이 큰 자를 벌할 수 있는데 이는 공이 큼을 기뻐하지 않는 것이 아니다.

1.2 치사자주어문('기쁘게 하다'의미)

(1) **守情說父**, 孝也. 殺身以成志, 仁也. 死不忘君, 敬也. (《國語, 晉語 二》) 정을 지켜 부친을 기쁘게 하는 것이 효이고, 몸을 바쳐 뜻을 이루는 것이 인이요, 죽으면서도 임금을 잊지 않는 것이 경이다.

(2) 且賞以**悅衆**, 衆皆哭. (《國語, 晉語三》) 또 상을 내려 백성들을 기쁘게 하니, 백성들은 모두 울었다.

(3) 魏獻子爲政, **說萇弘**而與之. (《國語, 周語下》) 위헌자가 정권을 잡고

있었는데, 그는 장홍을 기쁘게 하였고 그에게 허락하였다.

(4) 故爲政者, 每人而**悅之**, 日亦不足矣. (《孟子, 離婁下》) 그러므로 위정자가 모든 사람마다 기쁘게 한다면 그 시간이 또한 부족할 것이다.

(5) **故理義之悅我心**, 猶**芻豢**之悅我口. (《孟子, 告子上》) 그러므로 리와 의가 우리 마음을 즐겁게 하는 것은 마치 고기가 내 입을 즐겁게 하는 것과 같다.

(6) 君子難說, **說之**不以道, 不說也. (《荀子, 大略》) 임금은 기쁘게 하기 어려우니, 그를 도로써 기쁘게 하지 않으면 기뻐하지 않는다.

(7) 爲人臣者散公財以**說民人**, 行小惠以取百姓, 使朝廷市井皆勸譽已, 以塞其主而成其所欲, 此之謂民萌. (《韓非子, 八姦》) 신하된 자로 공공의 재산을 뿌려 백성을 기쁘게 하고, 작은 은혜를 베풀어 백성을 취하고, 조정과 저자에서 모두 자기를 칭찬하게 만들고, 이로써 군주를 막고 그 하고자 하는 바를 이루면 이것이 바로 백성을 이용하는 것이다.

(8) 今學者之言也, 不務本作而好末事, 知道虛聖以**說民**. (《韓非子, 八說》) 지금의 학자들의 말은 근본적인 일에 힘쓰지 않고 지엽적인 일을 좋아하면서 공허한 성인을 말하여 백성을 기쁘게 한다.

(9) 夫以布衣之資, 欲以離人主之堅白, 所愛, 是**以解左髀說右髀者**, 是身必死而說不行者也. (《韓非子, 外儲說右上》) 포의의 신분으로 임금이 좋아하는 바를 분리시키려고 하는 것은 이는 왼쪽 다리를 잘라 오른쪽 다리를 기쁘게 하는 것이다. 이는 몸도 죽고 그 유세도 이루어지지 않는다.

여기서 설명이 필요한데, '說'의 '설득하다'의 의미와 '~하여금 기쁘게 하다'의 의미는 어느 경우엔 구별하기 어려울 때도 있다. 예컨대 다음과 같다.

(10) 公懼於晉, 殺子叢以**說焉**. (《左傳, 僖公, 28, 452》) 공은 진나라를 두려워하여, 자총을 죽여서 진나라를 기쁘게 했다.

《經典釋文》에서는 이것에 대한 注音을 "원래의 발음이며, 王肅의 발음은 '悅'이다(如字, 王音悅)"라고 하고 있다. 이와 유사한 예가 더 있다.

(11) 及河, 王復之, **殺史狡以說焉**. (《左傳, 襄公, 10, 983》) 하수에 이르러 왕은 그를 돌아오게 했고, 사교를 죽여 그를 기쁘게 했다.

(12) 陳侯爲衛請成于晉, **執孔達以說**. (《左傳, 文公, 02, 522》) 진후가 위를 위해 진나라에 화친을 청하자, 공달을 잡아 기쁘게 했다(설득했다.)

그런데 이러한 용법의 '說' 뒤에는 사격목적어가 오기도 한다. 이는 곧 이때의 '說'을 사동사로 볼 수 없고, 그보다는 '설득하다'로 봐야 한다는 것을 의미한다.

(13) 曰: "晉必將報." **欲弑公以說于晉**, 而不獲間. (《左傳, 襄公, 25, 1096》) (최자는) "진이 반드시 보복을 할 것이다."라 말하고, 공을 죽여 진을 설득하려 했으나 기회를 잡지 못했다.

(14) 王亦使賓滑執甘大夫襄**以說於晉**, 晉人禮而歸之. (《左傳, 昭公, 09, 1310》) 왕 역시 빈활을 시켜 감의 대부 양을 잡아 진을 설득하게 하자 진나라 사람이 예를 갖춰 그를 돌려보냈다.

(15) 子尾殺閭丘嬰**以說于我師**. (《左傳, 襄公, 31, 1184》) 자미가 여구영을 죽이고 우리 군사에게 해명했다.

(16) 欲除不忠者**以說于越**, 吳人殺之. (《左傳, 哀公, 20, 1716》) 불충한 이들을 죽여 없애 월을 설득하려 했고, 오나라 사람이 그를 죽였다.

(17) 九月己未, 子常殺費無極與鄢將師, 盡滅其族, **以說于國**, 謗言

乃止. (《左傳, 昭公, 27, 1488》) 9월 기미일에, 자상이 비무극과 언장사를 죽이고 그 일족을 멸하여 나라를 설득하자, 이에 비방이 그쳤다.

(18) 又**能上下說於鬼神**, 順道其欲惡, 使神無有怨痛於楚國. (《國語, 楚語下》) 또 상하로 귀신을 설득하여, 그들이 원하는 것, 싫어하는 것을 따라 신이 초나라에 원통이 없게 하다.

(19) **孔子不悅於魯衛**, 遭宋桓司馬將要而殺之, 微服而過宋. (《孟子, 萬章上》) 공자는 노와 위나라를 설득하지 못하자 송의 사마환퇴가 공자를 죽이려고 해서, 변복을 하고 송을 지나갔다.

(20) 反身不誠, **不悅於親矣**, 誠身有道: 不明乎善, 不誠其身矣. (《孟子, 離婁上》) 자신을 돌아봐 진실되지 않으면 부모를 설득하지(기쁘게) 못하게 되니 몸을 성실히 함에 길이 있다. 선에 밝지 못하면 그 몸을 성실하게 하지 못한다.

다른 예는《經典釋文》에서 "音悅"이라 주가 달려 있으나 그 의미는 설득의 의미였다.

(21) 故遂聘于齊, **說晏平仲**, 謂之曰. (《左傳, 襄公, 29, 1166》) 그래서 드디어 제나라로 가서 안평중을 설득해 그에게 말했다.

2. 소결

통사 기능		詩經	左傳	國語	論語	孟子	荀子	韓非子	戰國策	총계
관계주 주어	단순자동	3	28	22	10	29	6	25	46	169
	목적어(자극물)	1	16	13	3	11	3	27	18	92
	사격목적어	0	0	0	0	4	0	1	0	5
치사자주어		0	0	4	0	4	3	8	1	20
총계		4	44	39	13	48	12	61	65	286

표 5.5 상고 8부 문헌 '說(悅)'의 용례 통계

'悅'은 전형적인 심리동사로 단논항동사의 통사적 특징을 보여준다. 이러한 통사 특징은 바로 대량의 주술식 통사구조로 나타난다. 그것의 최소 구성 형식은 'NP V'이다.

(1) **襄仲說**, 帥兄弟以哭之. (《左傳, 文公, 15, 611》) 양중이 기뻐하였다. 형제를 이끌고 곡을 하였다.

이 동사는 충분히 자동/사동의 통사 구조쌍을 구성한다.

(2) 苟衆不說其君之不報也, 則有辭矣. 不若予之, **以說其衆. 衆說**, 必咎於其君. (《國語, 晉語三》) 진실로 백성들이 임금이 은혜를 갚지 않은 것을 좋아하지 않다면 이런저런 말들이 있을 겁니다. 그들에게 줘서 백성들을 기쁘게 함만 못합니다. 백성들이 기쁘면 반드시 그 임금에게 허물을 돌릴 것입니다.

(3) **事親弗悅**, 弗信於友矣; **悅親**有道: 反身不誠, **不悅於親矣**, 誠身有道: 不明乎善, 不誠其身矣. (《孟子, 離婁上》) 부모를 모시나 기뻐하지 못하면 벗에게 신임을 얻지 못한다. 부모님을 기쁘게 하는 데는 방법이 있다. 자신을 돌아봐 진실되지 않으면 부모를 기쁘게 하지 못하게 되니 몸을 성실히 함에 길이 있다. 선에 밝지 못하면 그 몸을 성실하게 하지 못한다.

(4) 言爲可聞, 所以**說遠**也. 行爲可見, 所以**說近**也. **近者說**則親, **遠者說**則附, 親近而附遠, 孝子之道也. (《荀子, 大略》) 말은 들을 만하면 먼 것을 기쁘게 할 수 있고, 행위가 볼만 하면, 가까이 있는 것을 기쁘게 할 수 있다. 가까이 있는 자가 기쁘면 친해지고, 먼 자가 기쁘면 따르게 되니 가까이 있는 이와 친해지고, 먼 자를 따르게 하는 것이 효자의 도이다.

(5) 葉公子高問政於仲尼, 仲尼曰: "政在**悅近**而來遠." (《韓非子, 難

三》) 섭공자 고가 중니에게 정치를 물었다. 중니가 말했다. "정치란 가까이 있는 이를 기쁘게 하고 멀리 있는 이를 오게 하는 것이다."

제**6**절 喜

《說文》에 "'喜'는 '기뻐하다, 즐거워하다'이며, '虛里切'이다(喜, 樂也, 虛里切)."이라 되어 있고 또 "'憙'는 '기뻐하다'이다(憙, 說(悅也))."라 하고 있다.

《群經音辨》에서는 "'喜'는 '기뻐하다'로, '虛己切'이다. 감정상 기뻐하는 것을 '喜'라 하며 '虛記切'라고도 읽는다(喜, 悅也, 虛己切. 情所悅謂之喜, 虛記切)."이라 하고 있다.

《廣韻》에는 "'기뻐하다'로 '虛里切' 또는 '香忌切'이다('喜樂, 虛里切, 又香忌切)."이라 되어 있는데, '志韻'에는 '喜'가 없고, "'憙'는 '좋아하다'이며 '許紀切'이다(憙, 好也, 許紀切)."이라고 되어 있다.

周法高(1962)는 다음과 같이 말한다.

> "喜, 悅也, 虛己切. 情所悅謂之喜, 虛記切."이라 했다. 《易蹇》에는 "안으로 기뻐하는 것이다(內喜之也)."라고 나온다. 이에 대해 《經典釋文》卷二에서는 "'안으로 기뻐하다'의미는 원래의 발음이나, 서막의 반절은 '許意反'으로 이는 '好'와 같다(內喜, 如字, 徐許意反, 猶好也)."라고 한다. 또 《詩經, 小雅, 彤弓》에서는 "마음속으로 기뻐하다(中心喜之)"가 나온다. 여기에 대해 《經典釋文》은 음주가 없는데, 아마도 '喜'자 뒤에 목적어가 있으니 徐邈은 이를 去聲으로 읽은 듯 하고, 陸氏는 '如字'로 보고 그냥 上聲으로 읽은 것 같다.

‘喜’는 上聲과 去聲의 두 독음이 있어서 이를 각각 *qhlɯʔ, *qhlɯs
로 재구가능하다. 그 외에 ‘憙’와 ‘喜’는 古今字의 관계이다.

1. 上聲 ‘喜’의 통사 기능

1.1 경험주주어문(‘기쁘다’의미)

(1) 旣見君子, 我心則喜. (《詩經, 小雅, 菁菁者莪》) 이미 군자를 보니 내
    마음이 기쁘다.

(2) 周邦咸喜, 戎有良翰! (《詩經, 大雅, 崧高》) 주나라가 모두 기뻐하였고
    훌륭한 인재라 했다.

(3) 國人皆喜, 唯子良憂曰. (《左傳, 宣公, 10, 703》) 나라 백성들이 다 기뻐
    했으나 오직 자양만 걱정이어서 말했다.

(4) 宣子喜, 曰: “而殺之, 所不請於君焚丹書者, 有如日!” (《左傳, 襄
    公, 23, 1075》) 선자가 기뻐 말했다. “내가 죽였는데 임금께서 단서를 태
    우겠다고 청하지 않는다면 해가 증거가 될 겁니다!”

(5) 明主之道, 已喜則求其所納, 已怒則察其所構. (《韓非子, 八經》) 현
    명한 구주의 도리는, 자신이 이미 기뻐했다면 신하가 올린 말을 살펴
    보고, 자신이 이미 노했다면 역시 신하의 말을 의심해봐야 한다.

술어부분이 연동구조나 연합구조일 수도 있다.

(6) 同我婦子, 饁彼南畝, 田畯至喜. (《詩經, 豳風, 七月》) 내 처자식과 함
    께 저 남쪽으로 밥을 가져가니, 전준이 매우 기뻐한다.[3]

---

3) [역주] ‘至喜’에 대해 필자는 ‘와서 기뻐하다’의 연동으로 보고 있으나 ‘至’를 부
   사로 보아 ‘매우 기뻐하다’로 볼 수도 있다.

(7) 醉而怒, **醒而喜**, 庸何傷? (《國語, 魯語下》) 노나라 치는 것은 술취해 화가 난 듯이 하시고, 치지 않는 것은 술이 깨서 기쁜 듯이 하시면 어찌 해가 되겠습니까?

(8) 聞君親討焉, **諸夏之人莫不欣喜**, 唯恐君志之不從. (《左傳, 哀公, 20, 1716》) 임금께서 친히 토벌한다는 말을 듣고, 제하의 사람들이 모두 기뻐했는데, 다만 임금의 뜻을 따르지 않을까 두렵다.

1.2 치사자주어문('기쁘게 하다'의미). 단지 1예에 출현한다.

(1) 王不如設戎, 約辭行成, **以喜其民**, 以廣侈吳王之心. (《國語, 吳語》) 왕께서는 군대를 설치하여 지키고 오에 사람을 보내 겸손한 말로 화친을 청하여 그 백성들을 기쁘게 하여 오왕의 마음을 크게 하느니만 못하다.

1.3 '可V'구조

(1) 夫誰**不可喜**, 而誰不可懼? (《國語, 晉語九》) 누군들 기쁘게 못하고, 누군들 두렵게 못하겠습니까?

(2) 凡受命於主而行三軍, 三軍旣定, 百官得序, 羣物皆正, 則**主不能喜**, 敵不能怒. (《荀子, 議兵》) 무릇 임금에게서 명을 받아 삼군을 통솔하되 삼군이 이미 정돈되고, 백관이 서열이 갖추어졌으며, 여러 사물이 모두 바르게 되었다면 임금이 기쁘지 않을 수 없고, 적이 노하지 않을 수 없다.

1.4 관형어로 쓰이는 경우

수반 또는 진행의 의미를 나타낸다. 현재분사와 유사하다. 특히 '喜

色’의 형식이 4예 출현하는데, 《論語》에 1예, 《孟子》에 2예, 《荀子》에
1예 출현한다. 그리고 ‘喜志’의 형식도 1예 출현한다.

(1) 令尹子文三仕爲令尹, 無**喜色**, 三已之, 無慍色. (《論語, 公冶長》)
영윤 자문이 세 번이나 영윤 벼슬을 했어도 기뻐하는 기색이 없었고,
또 세 번이나 그 자리에서 물러났어도 화를 내는 기색이 없었다.

(2) 今城不沒者三板, 臼竈生蛙, 人馬相食, 城降有日, 而**韓、魏之
君無喜志**而有憂色, 是非反如何也? (《戰國策, 趙一》) 지금 성이 삼판
만 남겨놓고 다 잠겨서 절구와 부엌에 개구리나 나올 정도이고, 사람
이 서로 잡아먹고 있어 성이 항복할 날이 얼마 안 남았는데, 한, 위의
임금은 기뻐하는 기색이 없고 오히려 걱정을 하고 있으니 이는 배반하
는 맘이 아니고 무엇이겠습니까?

2. 去聲 ‘喜’의 통사 기능(‘좋아하다’의미)

2.1 자극물 논항이 목적어로 실현되는 경우

(1) 我有嘉賓, **中心喜之**. (《詩經, 小雅, 彤弓》) 내게 아름다운 손님이 계셔,
맘속으로 그를 기뻐한다.

(2) **喜**賂, 怒頑, 能無戰乎? (《左傳, 僖公, 28, 455》) 뇌물을 좋아하고, 완고
함에 노할 것이니, 싸움이 없을 수 있겠습니까?

(3) 因亂以入, 則必**喜亂**, **喜亂**必怠德. (《國語, 晉語二》) 어지러움을 틈타
들어가게 되면 반드시 어지러움을 기뻐하게 되고, 어지러움을 기뻐하
면 반드시 덕에 게으르게 된다.

(4) 信讒**喜優**, 憎輔遠弼, 聖人不出. (《國語, 越語下》) 참소를 믿고 배우
를 좋아하며, 보필하는 신하를 미워하고 멀리하여 성인이 나오지 않
는다.

(5) 彼以愛兄之道來, 故誠信而**喜之**, 奚僞焉? (《孟子, 萬章上》) 그가 형을 사랑하는 마음으로 왔으니 진실로 믿고 그것을 기뻐한 것이지 어찌 거짓으로 하겠는가?

(6) 夏生而惡暑, **喜濕**而惡雨. (《荀子, 賦》) 여름에 태어났으나 더운 것을 싫어하고, 습한 것을 좋아하나 비를 싫어한다.

(7) 愚者固欲治而惡其所以治, 皆惡危而**喜其所以危者**. (《韓非子, 奸劫弑臣》) 멍청한 이도 나라가 잘 다스려지기를 원하면서도 그 방법을 싫어하여 나라가 위태로운 것을 싫어함에도 나라가 위태롭게 되는 방법을 좋아한다.

(8) **王甚喜人之掩口也**, 爲近王, 必掩口. (《韓非子, 內儲說下》) 왕은 사람들이 입을 가리는 것을 매우 좋아한다. 왕을 옆에서 모실 때는 반드시 입을 가려라.

2.2 자극물 논항이 사격목적어로 실현되는 경우

(1) **鄭伯喜於王命**, 而懼其不朝於齊也, 故逃歸不盟. (《左傳, 僖公, 05, 306》) 정백은 왕의 명은 기뻤했으나, 제에 조현하지 않는 것은 두려워하여, 도망가서 돌아와 맹약하지 않았다.

(2) **公私喜於陽穀**, 而思於魯. (《左傳, 昭公, 29, 1500》) 공은 사사로이 양곡을 좋아했고, 노나라가 생각났다.

(3) 魯人聞余出, **喜於徵死**, 何暇追余? (《左傳, 定公, 08, 1569》) 노나라 사람들은 내가 나간 것을 듣고, 죽음을 늦췄다고 좋아하니, 어느 겨를에 나를 쫓겠는가?

(4) 其誰不儆懼於君之威, 而**欣喜於君之德**? (《國語, 晉語二》) 누군들 임금의 위엄을 경계하고 두려워하지 않고, 임금의 덕을 좋아하겠는가?

3. 소결

통사 기능		詩經	左傳	國語	論語	孟子	荀子	韓非子	戰國策	총계
上聲	단순식	11	19	9	0	10	7	13	21	90
	치사자주어	0	0	1	0	0	0	0	0	1
	'可V'	0	0	2	0	0	0	0	0	2
去聲	목적어	1	1	3	2	1	1	10	7	26
	사격목척어	0	3	1	1	0	0	0	0	5
총계		12	23	15	3	11	9	23	28	124

표 5.6 상고 8부 문헌 '喜'의 용언 용법 용례 통계

上聲 '喜'의 최소 구성 형식은 'NP V'이다.

(1) **王喜**, 告邵公曰. (《國語, 周語上》) 왕이 기뻐서 소공에게 말했다.

그리고 使動과 主動의 통사 구조쌍을 구성하기도 하고 '可喜'의 구조를 구성하기도 한다.

(2) 王不如設戎, 約辭行成, **以喜其民**, 以廣侈吳王之心. (《國語, 吳語》) 왕께서는 군대를 설치하여 지키고 오에 사람을 보내 겸손한 말로 화친을 청하여 그 백성들을 기쁘게 하여 오왕의 마음을 크게 하느니만 못하다.

(3) **國人皆喜**, 唯子良憂曰. (《左傳, 宣公, 10, 703》) 나라 백성들이 다 기뻐했으나 오직 자양만 걱정이어서 말했다.

'喜'의 去聲은 일종의 급물성 형태식의 확장으로 볼 수 있는데, 여기서 바깥의 논항성분이 목적어나 사격목적어로 실현된 것이다. 사실상 뒤에 접미사 *-s를 붙인 형식으로, 이것은 다른 말로 말하면 **사격을 파생**

시키는 표지가 된다(洪波(2008)). 이것은 바로 하편에서 논의할 '遠'의 상성/거성의 관계와 동일한 것이다.

제7절 본장소결

통사 기능		怒	懼	服	悅	畏	喜
경험주 주어	단순식	211	215	143	169	21	90
	목적어	31	157	11	92	211	26
	사격목적어	14	3	17	5	4	5
치사자주어문		17	17	52	20	2	1
'可V'		4	4	0	0	15	2
우언법		2	1	0	0	0	0
관형어		3	1	2	0	0	5

표 5.7 6개 동사 용례 통계 일람

경험자 논항은 심리동사의 필수논항이기 때문에 이는 통사 층위에서 실현되어야 한다. 상고한어에서는 대개 절의 주어가 된다. 자극물 논항의 실현은 두 가지 경향이 있다. 먼저, '怒', '懼', '服', '悅'의 경우, 자극물은 이들 동사에서는 필수논항이 아니다. 그래서 통사 층위에서 주로 내포성 출현의 예가 많다. 그러나 어떤 경우 문장의 목적어나 사격목적어로 실현되기도 한다. 한편, 동사 '畏'는 약간 좀 다른데, 자극물이 필수논항이다. 그래서 통사상 외현적으로 출현해야 하고 통사구조도 급물동사와 동일하다.

관형어로 쓰이는 상황을 중심으로 볼 때, '怒', '懼', '喜'가 한 유형이 되는데, 이들의 의미는 수반의미나 진행의 의미가 있고 현재분사와 유사하다. 그러나 '服'의 경우는 이들과 다른 한 유형으로, 의미는 기사의미(旣事義)를 갖는다. 그리고 완료분사와 유사하다.

사동의 통사구조쌍에 있어서, '畏'의 사동문 용례는 가장 적다. 모든 동사 가운데서 유일하게 주술목구조가 주술식을 훨씬 초과하는 동사이기도 하다. 따라서 '畏'는 마땅히 급물동사의 범주에 넣어야 한다. 반면, '怒'와 '懼'의 통사행위는 가장 근접하며, '服'의 사동 통사구조 용례는 상대적으로 가장 많다. 이것은 아마도 '服'이 의미상 상태동사에도 함께 속하는 것과 관계가 있다. 한편, '悅'의 사동 통사구조 용례 역시 적지 않은데, 이처럼 이 네 동사 '怒', '懼', '服', '悅'은 모두 비대격동사에 귀속시킬 수 있다. 그리고 上聲 '喜'의 사동 용례는 매우 적어서 단지 1예만 출현한다. 이는 또 '可V'구조를 구성할 수도 있다. 그러나 그 '可V'구조의 두 예 모두 사동용법이 많은 '怒', '懼'와 대구로 출현하는 거라서, '喜'의 사동용법은 임시적인 것임을 알 수가 있다. 이로써 '喜'는 비대격동사로 귀속시킬 수가 없다.

의미 관계로 말할 때, 의미가 불투명한 관계 시스템에서, 감수자/자극물, 그리고 영유자/영유물은 행위주/피동작주라는 구조 속으로 동화되어 들어갈 수 있다. 그래서 아래와 같이 두 개의 자연스레 대립하는 관계쌍을 구성할 수 있다.

행위주 - 경험주 - 영유자 : 피동작주 - 자극물 - 영유물

그러나 범언어적으로 볼 때, 비대격이론의 관점으로 심리동사를 관찰해보면, 그 내부는 항상 일치하지 않는 면모를 보여준다. Croft(1993)에 따르면, 비치사(非致使) 심리동사의 논항은 한 언어의 내부와 범언어적 측면에서 변이가 존재하게끔 표현되고 있으나, 치사(致使) 심리동사의 논항 실현은 이러한 변이가 존재하지 않는다고 한다. 그 원인은 치사의 심리동사는 조금도 중의적이지 않게 핵심 급물동사의 의미 모델에 들어맞는 반면, 비치사

의 심리동사는 이에 들어맞지 않고 두 종류의 의미 모델 중 하나에 들어가도록 강요를 받아, 그중의 어떠한 한 종류든 자신의 논항실현이 발생하기 때문이다(L&R.H 2005:23). 따라서 총체적으로 볼 때, 'frighten (겁주다, 두렵게 하다)' 같은 동사는 범언어적으로 결코 변이가 나타나지 않아 항상 '경험주'가 '목적어'로 실현된다. 그러나 비치사의 심리동사 'fear(두려워하다)'류는 범언어적인 변이가 매우 크게 존재한다. 예컨대 영어 'fear'와 대응하는 이탈리아어 동사는 아래와 같다.

> Gianni teme questo.
> Gianni fears this. Gianni는 이것을 두려워한다.[4]
> (L&R.H(2005:23)에서 재인용함)

경험주가 여격으로 출현하고, 자극물이 주격으로 출현하는 예[5], 이탈리아어:

> Questo   piace   a Gianni
> this   pleases   to Gianni
> 'This pleases Gianni.'   (L&R.H 2005:23에서 재인용함)

그리고 독일어 판별식에 따르면, 심리동사는 단지 '완료'일 때만 비대격동사라고 한다.

심리동사의 주어가 비행위주, 즉 객체인 경우엔 설사 유생명이라 해도 이것을 비대격의 범주에 넣어서는 안 된다. 이탈리어의 유생명 경험주는 '사격'의 형식으로 출현하기도 한다. 예컨대 다음과 같다.

---

4) [역주] 이 경우는 '경험주'가 '주어'로 실현된 경우이다.
5) [역주] 이 경우는 '경험주'가 '여격(~에게)'로 실현된 경우이다.

questo(화제 - 주격)   mi(경험주 - 사격)   piace.
this   me   pleases
I like that.

    관련된 통사 표현으로 보건대, 상고한어의 심리동사 논항의 실현은 비교적 일치된 면모를 보여준다. 그래서 항상 경험주가 주어로 실현되고 자극물 논항은 대개 사격목적어로 실현된다. 그러나 위의 분석에서도 알 수 있듯이, 심리동사 내부는 통사 실현의 과정에서 완전히 일치되는 국면이 아니어서 Croft(1993)의 분석과 유사한 측면도 있다. '怒'와 '懼'는 치사성의 심리동사인 반면 '畏'는 비치사성의 심리동사이다. 그리고 '悅'은 이 둘 사이에 위치하고, '喜'는 '悅'보다는 뒤에 위치한다. 그렇다면 이러한 것은 심리동사가 비치사성에서부터 치사성에 이르는 연속선이 있다는 것을 의미하는가? 아니면 외재 치사와 내재 치사의 개념과 관련이 있는 것인가? 심리동사의 이와 같은 의미류 논항 격부여의 특징 및 원인에 대해서는 앞으로 좀 더 진일보한 연구가 필요하다.

제6장

형용사의 비대격성 탐구
-'順, 紓/緩, 亂, 深, 遠'

제**1**절 順

　'順'은《廣韻》에서 "'따르다'로 '食閏切'이다(從也, 食閏切)."로 되어 있고, '順'과 동원 관계인 '馴', '訓'은《廣韻》에서 "'馴'은 '순하다, 따르다, 착하다'로, '詳遵切'이다(馴, 擾也, 從也, 善也, 詳遵切).", " '訓'은 '훈계하다'로, 남자는 '敎', 여자는 '訓'이라 한다. '許運切'이다 (訓, 誠也. 男曰敎, 女曰訓. 許運切)."이라 되어 있다.

1. '順'의 통사 기능

1.1 불급물동사처럼 쓰이는 경우('순종하다'의미)

1.1.1 주술식

(1) <u>禮無不順</u>. (《左傳, 文公, 02, 524》) 예는 따르지 않음이 없다.

(2) 置善則固, <u>事長則順</u>, 立愛則孝, 結舊則安. (《左傳, 文公, 06, 550》)
선한 이를 세우면 견고해지고, 연장자를 섬기면 순종하고, 사랑하는 이를 세우면 효도를 하고, 우호를 맺으면 편안해진다.

(3) **辭順**, 而弗從, 不祥. (《左傳, 文公, 14, 604》) 말이 사리에 맞아 따르지 않으면 상서롭지 못하다.

(4) **執事順成**爲臧, 逆爲否. (《左傳, 宣公, 12, 727》) 일을 집행할 때 순조롭게 이루는 것을 장이라 하고 거스르는 것을 부라고 한다.

(5) 民生厚而德正, 用利而事節, **時順而物成**. 上下和睦, 周旋不逆, 求無不具, 各知其極. (《左傳, 成公, 16, 881》) 백성의 삶이 두터우면 덕이 바르고, 이로움을 쓰면 일이 절도에 맞고, 시간이 순조로우면 만물이 이루어진다. 상하가 화목하고 돌아감에 거스름이 없고, 구함에 갖추어지지 않는 것이 없고 각자 그 준칙을 알게 된다.

(6) 鄭人皆善, **唯子産不順**, 曰. (《左傳, 襄公, 08, 956》) 정나라 사람 모두가 선한데, 오직 자산만이 따르지 않고 말했다.

(7) 秋八月, 莒著丘公卒, 郊公不慼, **國人弗順**, 欲立著丘公之弟庚輿. (《左傳, 昭公, 14, 1365》) 가을 8월, 거나라 저구공이 죽었는데, 교공이 슬퍼하지 않았다. 그러자 백성들이 따르지 않았고 저구공의 아우 경여를 옹립하고자 했다.

(8) **王順**, 國治, 可不務乎? (《左傳, 昭公, 26, 1474》) 왕이 순리에 맞고 나라가 다스려지니, 힘쓰지 않겠는가?

1.1.2 객체 논항이 목적어로 실현되는 경우('따르다'의 대상)

(1) 昭文章, 明貴賤, 辨等列, **順少長**, 習威儀也. (《左傳, 隱公, 05, 43》) 문장을 밝히고, 귀천을 밝히며, 등급을 구별하고, 어리고 나이 많음에 따라 하는 것은 위의를 익히는 것이다.

(2) 不識不知, **順帝之則**. (《左傳, 僖公, 09, 331》) 알든 모르든, 상제의 법만 따르라.

(3) **齊公子元不順懿公之爲政**也, 終不曰"公", 曰"夫己氏". (《左傳, 文公, 14, 606》) 제나라 공자 원이 의공의 정치를 따르지 않아 끝내 그를 '공'이라 부르지 않고 '그 사람'이라 불렀다.

(4) 順天者存, 逆天者亡. (《孟子, 離婁上》) 하늘을 따르는 이는 존재할 것이요, 하늘을 거스르는 자는 망할 것이다.

(5) 子能順杞柳之性而以爲桮棬乎? (《孟子, 告子上》) 그대는 버드나무의 성질을 따라서 이로써 나무 그릇을 만들 수 있는가?

(6) 寡助之至, 親戚畔之. 多助之至, 天下順之. (《孟子, 公孫丑下》) 돕는 이가 너무 적어지면 친척마저 배반하고, 돕는 이가 많아지면 천하가 그를 따른다.

1.1.3 객체 논항이 사격목적어로 실현되는 경우

(1) 度於天地而順於時動, 和於民神而儀於物則. (《國語, 周語下》) 그들이 천지의 법도를 헤아리고, 사시의 운행을 따르고, 백성과 신에게 화합하고, 만물의 생장의 규칙을 준칙으로 삼는다.

(2) 吾聞國家有大事, 必順於典刑, 而訪諮於耇老, 而後行之. (《國語, 晉語八》) 내가 듣기에, 국가에 큰 일이 있으면 반드시 전형적인 규범을 따르고 나라 신하들에게 자문을 한 후에 행한다고 들었다.

(3) 人悅之, 好色, 富貴, 無足以解憂者, 惟順於父母, 可以解憂. (《孟子, 萬章上》) 사람들이 기뻐해주는 것, 호색, 부귀로도 근심을 풀 수가 없고, 오직 부모의 뜻을 따라야만 근심을 풀 수 있다.

(4) 不得乎親, 不可以爲人. 不順乎親, 不可以爲子. (《孟子, 離婁上》) 부모의 뜻을 얻지 못하면 사람이 될 수 없고, 부모의 뜻을 따르지 않으면 자식이 될 수 없다.

(5) 禮以順人心爲本, 故亡於禮經而順於人心者, 皆禮也. (《荀子, 大略》) 예는 사람의 마음에 맞는 것이 근본이다. 그러므로 예의 경전에서 없어졌어도 사람의 마음에 따른다면 모두 예이다.

(6) 故靜則建乎德, 動則順乎道. (《韓非子, 喩老》) 그러므로 고요하면 덕을 쌓고, 움직이면 자연의 도를 따라야 한다.

(7) 聖人爲法國者, 必逆於世, 而**順於道德**. 《《韓非子, 奸劫弑臣》》 성인이
    나라를 법으로 통치하면서, 반드시 세속적인 것은 거스르나 도덕은 따
    른다.

1.1.4 관형어로 쓰이는 경우

(1) 從其時享, 虔其宗祝, 道其**順辭**, 以昭祀其先祖. 《《國語, 楚語下》》
    제향을 따르고 그 종축을 따르며, 그 축사를 따라 외워 이로써 선조를
    밝게 제사지낸다.

(2) 義則義殺, 勿庸以卽, 女惟曰: "未有**順事**." 《《荀子, 致士》》 서경에
    옳은 법과 옳은 살인이라 해도 곧바로 하지 말고, 너는 단지 '순조로운
    일이 없다.'고 생각하라.

(3) 而卜筮視手理狐蠱為**順辭**於前者日賜. 《《韓非子, 詭使》》 점을 치고
    관상을 보고, 군주를 농락하고 군주에게 아첨하는 이들은 매일 상을
    받고 있다.[1]

2. '訓'의 통사 기능

2.1 행위주주어문

2.1.1 指人목적어를 갖는 경우('가르치다'의미)

(1) 夫固謂**君訓衆**而好鎮撫之, 召諸司而勸之以令德, 見莫敖而告
    諸天之不假易也. 《《左傳, 桓公, 13, 137》》 저 투백비의 말은 君께서 대
    중을 훈계하여 잘 어루만지고 백관을 불러 아름다운 덕으로 권면하여
    서 그들이 막오를 만나거든 '하늘은 남을 경시하는 자를 용서하지 않
    는다.'고 고하라는 뜻입니다.

---

1) '狐蠱'는 '군주를 농락하는 것'이다.

(2) 聞二先君之出入此行也, **將鄭是訓定**, 豈敢求罪于晉? (《左傳, 宣公, 12, 733》) 두 선군이 이 길로 드나든 것이 장차 정을 훈계하여 안정시키고자 함이었다고 하니, 어찌 감히 진에게 죄를 빌겠습니까?

(3) **天其或者正訓楚也**, 禍之適吳, 其何日之有? (《左傳, 哀公, 원년, 1608》) 하늘이 혹시 초나라를 훈계하고 화가 오로 간다면 그 얼마나 시간이 있습니까?

(4) 以聽**伊尹之訓己也**, 復歸于亳. (《孟子, 萬章上》) 자기에게 훈계한 이윤의 말을 잘 들어 박땅으로 돌아가다.

2.1.2 指物목적어를 갖는 경우

(1) 故會以**訓上下之則**, 制財用之節. (《左傳, 莊公, 23, 226》) 그러므로 제후가 만날 때는 아랫사람이 윗사람을 만나는 법으로 가르치고, 재물을 사용하는 절도를 정한다.

(2) 終則講於會, 以正班爵之義, 帥長幼之序, **訓上下之則**, 制財用之節, 其間無由荒怠. (《國語, 魯語上》) 조회를 마치면 모임에서 강하고, 반작의 의를 바로 잡고, 장유의 순서를 따르며, 상하의 법도를 가르치며, 재용의 절도를 제정하니, 그 사이에 나태할 수가 없다.

(3) 於是乎有享宴之禮, 享以**訓共儉**, 宴以示慈惠. (《左傳, 成公, 12, 858》) 이에 향례와 연례가 있게 되었다. 향례로 공경과 검소를 가르치고, 연례로 자애와 은혜를 보였다.

2.1.3 쌍급물구조

(1) 大夫其非衆之謂, 其謂君撫小民以信, **訓諸司以德**, 而威莫敖以刑也. (《左傳, 桓公, 13, 137》) 대부는 병력이 많은 것을 말하는 것이 아닙니다. 그것은 임금이 믿음으로 백성을 어루만지고, 덕으로 벼슬아치들을 가르치고, 형벌로 막오에 위엄을 보이는 것입니다.

(2) 使魏相, 士魴, 魏頡, 趙武為卿, 荀家, 荀會, 欒黶, 韓無忌為公
族大夫, 使訓卿之子弟共儉孝弟. (《左傳, 成公, 18, 909》) 魏相, 士魴,
魏頡, 趙武를 경으로 삼았고, 荀家, 荀會, 欒黶, 韓無忌를 공족대
부로 삼았으며, 경의 자제들에게 공손과 검소, 효제를 가르쳤다.

(3) 其君無日不討國人而訓之于民生之不易, 禍至之無日, 戒懼之不可
以怠…… 訓之以若敖, 蚡冒篳路藍縷以啓山林. (《左傳, 宣公, 12, 731》)
그 임금은 백성들에게 삶이 쉽지 않고 화가 이르는 날이 머지않았고,
경계함에 게으르지 말아야함을 가르치고 국인들을 다잡지 않은 날이
없고, 약오와 분모가 초라한 수레와 남루한 옷으로 산림을 열었다고
가르쳤다.

2.2 '可V'구조

(1) 顓頊氏有不才子, 不可教訓, 不知話言. (《左傳, 文公, 18, 639》) 전욱씨
에게도 이런 이가 있었는데, 가르쳐도 안 되고, 말로 해도 안 되었다.

(2) 若民煩, 可教訓. (《國語, 楚語上》) 만약 백성들이 번잡스럽다면 가르치
고 훈계할 수 있다.

3. 소결

통사 기능	詩經	左傳	國語	論語	孟子	荀子	韓非子	戰國策	총계
주술식	4	23	13	2	7	34	5	8	91
목적어	6	15	17	0	6	38	7	17	106
사격목적어	0	0	2	0	3	1	2	0	8
관형어	0	0	1	0	0	2	1	0	4
총계	10	38	33	2	11	75	15	25	209

표 6.1 상고 8부 문헌 '順'의 용법 용례 통계

통사 기능	詩經	左傳	國語	孟子	총계
指人목적어	3	8	10	1	22
내용목적어	0	2	1	0	3
목적어생략	0	5	4	0	9
쌍급물구조	0	8	0	0	8
可V	0	1	1	0	2
총계	3	24	16	1	44

표 6.2 상고 8부 문헌 '訓'의 용법 용례 통계

'順'은 비대격의 형용사로 그 사동사 형식은 '馴' 또는 '訓'이다. '馴'은 先秦문헌에서의 용례가 매우 적다. 아래의 4예는 '馴'이 출현하는 전형적인 통사 환경이다. 예를 통해 보면, '馴'은 불급물동사로도 사용되고 급물동사로도 사용됨을 알 수 있는데, 《韓非子》의 예는 사동과 자동의 교체 통사형식을 구성할 수 있다.

(1) **馴烏者**斷其下翎焉, 斷其下翎則必恃人而食, **焉得不馴乎**? (《韓非子, 外儲設右上》) 까마귀를 길들이려면 그 날개 끝을 잘라주어야 한다. 날개 끝을 잘라주면 반드시 사람에 의지해 먹이를 먹으니, 어찌 길들여지지 않겠는가?

(2) 周宣王之牧正有役人梁鴦者, 能養野禽獸, 委食於園庭之內, 雖虎狼雕鶚之類, **無不柔馴者**. (《列子, 黃帝》) 주선왕의 짐승 기르는 자 중에 양앙이란 이가 있었다. 그는 들짐승과 새를 잘 기르는데, 그가 짐승들을 임금의 정원 안에서 먹이를 주면, 비록 호랑이나 수리라 해도 유순하고 말을 잘 듣지 않을 수 없었다.

(3) 恐**衆狙之不馴於己**也, 先誑之曰: "與若茅, 朝三而暮四, 足乎?" (《列子集釋卷第二》) 원숭이들이 자기의 말에 따르지 않을까 하여 먼저 그들을 속여 말했다. "너희에게 도토리를 주는데, 아침엔 세 개, 저녁엔 네 개 주면 족하냐?"[2]

王力(1980)은 '順'과 '馴'을 한 쌍의 자동사/사동사로 보았다. 金理新(2006)은 이 둘을 기사식(既事式)과 비기사식(非既事式)으로 보았고, 또 '訓'은 '順'의 사동사형식이라고 보았으나3) 아직까지 보다 진일보한 분석을 하지는 않고 있다. 우리는 '順'과 '訓'의 일부 용례를 자동과 사동의 교체형식으로 볼 수 있다.

(4) **蔡小而不順**, 楚大而不德. (《左傳, 昭公, 11, 1325》) 채나라는 작은데도 순종하지 않고 초나라는 큰데도 덕이 없다.

(5) **天其或者正訓楚也**, 禍之適吳, 其何日之有? (《左傳, 哀公, 원년, 1608》) 하늘이 혹시 초나라를 훈계하고 화가 오로 간다면 그 얼마나 시간이 있습니까?

(6) 秋八月, 莒著丘公卒, 郊公不慼, **國人弗順**, 欲立著丘公之弟庚輿. (《左傳, 昭公, 14, 1365》) 가을 8월, 거나라 저구공이 죽었는데, 교공이 슬퍼하지 않았다. 그러자 백성들이 따르지 않았고 저구공의 아우 경여를 옹립하고자 했다.

(7) 其君無日不討國人而**訓之于民生之不易, 禍至之無日, 戒懼之不可以怠**…… **訓之以若敖, 蚡冒篳路藍縷以啓山林**. (《左傳, 宣公, 12, 731》) 그 임금은 백성들에게 삶이 쉽지 않고 화가 이르는 날이 머지않았고,

---

2) 楊伯峻注에는 '馴音馴'이라고 나오고, 《經典釋文》에서도 '馴音馴'이라 되어 있다.
3) [역주] 金理新은 이들 세 글자에 대해 각각 다음과 같이 재구하고 있다.
'順' *ɦi-dul-s
'馴' *s-dul
'訓' *ɦi-thul-s
그는 Sagart이 '順'과 '馴'을 치사와 비치사의 관계로 보고 '順'의 *-s 접미사가 바로 치사기능을 한다는 주장에 반대한다. 그는 '順'의 *-s는 일종의 동사의 상을 나타내는 표지로 본다. 그는 '順'이 '馴'의 결과라고 한다. 즉 동물을 길들여 그 결과 온순해지기 때문에 '順'은 既事式이고 '馴'은 상대적으로 非既事式인 것이다. 아울러 그는 '訓'이야말로 '順'의 치사형식이라 한다.

경계함에 게으르지 말아야함을 가르치고 국인들을 다잡지 않은 날이 없고, 약오와 분모가 초라한 수레와 남루한 옷으로 산림을 열었다고 가르쳤다.

'順', '馴', '訓'의 재구음은 각각 *Gljuns, *sGljun, *qhuns이다. 음운 형식으로 볼 때, '順'은 全濁去聲으로 自動을 나타낸다. '訓'은 淸聲母 去聲으로 使動을 나타내는데 이는 '敗'류자와 비슷하다.

《說文》에 "'馴'은 말이 순한 것이다(馴, 馬順也)."라고 되어 있고, 段玉裁注에서는 옛날에 '馴, 訓, 順' 세 글자가 서로 가차되어 사용되었다고 한다. 이 세 글자는 발음도 비슷하고 뜻도 비슷하여 마땅히 同族字 혹은 分化字일 수 있다. '馴'은 平聲 '諄韻', 匣母에 속한다. '順'은 去聲 '稕韻', 禪母에 속한다. 그리고 '訓'은 去聲 '問韻', 曉母에 속한다. 비록 '馴'과 '訓'이 평성과 거성의 차이가 있으나, 문헌 자료로 보건대, '訓'은 자주 '馴'으로 쓰이기도 했다. 《墨子》에 아래와 같은 예가 출현한다.

(8) 藏於心者, 無以竭愛. 動於身者, 無以竭恭. **出於口者, 無以竭馴**. (《墨子, 修身第二》) 마음에 담아 두는 것만으로 사랑을 다할 수 없고, 몸으로 움직이는 것만으로 공경을 다할 수 없으며, 입으로 나오는 것으로만 가르침을 다할 수 없다.

이것에 대해 孫詒讓은 《墨子間詁》에서 다음과 같이 언급한다.

"'馴'은 '점잖다(雅馴)'와 같다." 《史記, 五帝本紀》에는 "점잖치 않다 (不雅馴)."이라고 나오고 張守節은 《正義》에서 "'馴'은 '訓'과 같다."라고 하고 있다. 孫詒讓이 보건대, "馴, 訓은 글자가 통한다." 그리고 《周禮, 地官, 敍官》의 鄭衆의 注에 "訓은 '馴'으로 읽힌다(訓讀爲馴)."이라고 되어 있는데, '訓'은《爾雅, 釋訓》의 의미와 동일하다. 즉, "입에서 나오는 말이 모두 점잖고 단아하다는 말이다(出口者皆典雅之言)."

한편, 吳毓江은《墨子校注》에서 "'馴'은 정덕본에 '訓'으로 되어있다(馴, 正德本作訓)"이라고 한다.

(9) 又以先王之書, **馴天明不解之道也知之**.《《墨子集詁, 天志中》) 또한 선왕의 책으로 하늘의 밝고 영원한 도를 가르쳐 알게 했다.

《墨子間詁》는 위의 문장에 대해 畢沅의 말을 인용하여 "'馴'과 '訓'은 같다. 이것은 '하늘의 밝은 도를 풀어 가르치다.'이다(馴與訓同, 言訓釋天之明道)."라 하고 있다. 또 曹耀湘《墨子箋》에서는 "馴, 順也." 라고 되어 있고, 于省吾의《雙劍誃諸子新證》에서는 "보력본은 '馴'이 '訓'으로 되어 있다(寶歷本'馴'作'訓')."이라 하고 있다.

(10) 昔越王句踐好士之勇, **教馴其臣**, 和合之, 焚舟失火.《《墨子, 兼愛中》) 옛날에 월왕 구천은 관리들의 용감함을 좋아했는데, 그의 신하들을 가르치기 위해 그들을 집합시켰고 고의로 배에 불을 붙였다.

孫詒讓은《墨子間詁》에서 "馴은 '訓'으로 읽는다. 자세한 것은《修身篇》에 있다."라고 하였다.

《廣韻》에서 '訓'을 풀이할 때, '남자는 敎, 여자는 訓이다(男曰敎, 女曰訓)'이라 하는데, 이는 이른바 '析言則異(세밀히 분석하면 의미가 다름)'의 케이스이다. 그런데 상술한 문헌의 용례로 보건대, '敎'와 '訓'은 사용 시에 항시 '混言則同(구분하지 않고 말하면 동일함)'이었다. '敎'는 '~로 하여금 배우게 하다'이고, '訓'은 '~로 하여금 따르게 하다'이다. '訓'의 통사 기능을 통해 관찰해보면, '訓'의 피동작주 목적어는 指

人명사였다. 그 이유는 다음과 같다.

첫째, 목적어가 생략된 문장에서 암묵적 목적어는 指人명사이다. 예컨대,

(11) 寡人有弟, **弗能教訓**, 使干大命, 寡人之過也. (《左傳, 襄公, 03, 930》)
나에게 아우가 있는데 잘 가르치지 못해 그로 하여금 군법을 범하게 했으니, 이는 과인의 잘못이다.

둘째, '可V'구조에서의 피동작주 논항은 모두 指人명사이다. 예컨대,

(12) 顓頊氏有不才子, **不可教訓**, 不知話言. (《左傳, 文公, 18, 639》) 전욱씨에게도 이런 이가 있었는데, 가르쳐도 안 되고, 말로 해도 안 되었다.

(13) 若民煩, **可教訓**. (《國語, 楚語上》) 만약 백성들이 번잡스럽다면 가르치고 훈계할 수 있다.

셋째, 내용목적어를 갖는 문장은 사실상 피동작주 논항이 생략된 문장이다. 아래의 두 예에서 이 점을 분명히 보여주고 있다.

(14) 於是乎有享宴之禮, 享以**訓共儉**, 宴以示慈惠. (《左傳, 成公, 12, 858》) 이에 향례와 연례가 있게 되었다. 향례로 공경과 검소를 가르치고, 연례로 자애와 은혜를 보였다.

(15) 使魏相, 士魴, 魏頡, 趙武為卿, 荀家, 荀會, 欒黶, 韓無忌為公族大夫, 使**訓卿之子弟共儉孝弟**. (《左傳, 成公, 18, 909》) 魏相, 士魴, 魏頡, 趙武를 경으로 삼았고, 荀家, 荀會, 欒黶, 韓無忌를 공족대부로 삼았으며, 경의 자제들에게 공손과 검소, 효제를 가르쳤다.[4]

---

4) [역주] (15)에 있는 '卿之子弟'라는 지인목적어가 (14)에서는 생략되어 있는 셈이다.

동일한 어근으로부터 파생되어 나온 '馴', '順', '訓' 세 동사는 의미상 각자의 역할이 있다. 급물동사로서의 '馴'은 전문적으로 동물에 사용되고, '訓'은 사람에게 사용된다. 그리고 불급물동사로서의 '馴(온순하다)'은 동물에 대해 말한다면, '順(순종하다)'은 상대적으로 통용성을 획득하고 있다. 따라서 모든 '順'의 용례가 다 그에 상응하는 사동의 교체형식이 있는 것은 아니라서, 그 주어가 무생명명사일 경우, 일반적으로 그에 대응하는 사동형식이 없다.

(16) 名不正, 則言不順. **言不順**, 則事不成. 事不成, 則禮樂不興. 禮樂不興, 則刑罰不中. 刑罰不中, 則民無所措手足. 《論語, 子路》 이름이 바르지 않으면 말이 순조롭지 않고, 말이 순조롭지 않으면 일이 이루어지지 않는다. 일이 이루어지지 않으면 예악이 흥하지 않고, 예악이 흥하지 않으면 형벌이 맞지 않는다. 형벌이 맞지 않게 되면 백성들이 수족을 둘 데가 없다.

제2절 紓/緩

'紓'는 《廣韻》에 "'傷魚切'이고 '느슨하다'의미이다. '神輿切'도 있고 역시 '느슨하다'이다(傷魚切, 緩也. 神輿切, 緩也)."라고 되어 있다. '紓'는 발음이 두 가지 있는데, 하나는 清聲母 平聲으로 재구음은 *hlja이다. 다른 하나는 全濁 上聲으로 재구음은 *filjaʔ이다. 상고 8부 문헌에서 단지 《左傳》과 《國語》에서만 '紓'의 용례가 발견되고 있고, 《經典釋文》의 注音은 청음과 탁음이 각각 '音舒'와 '直汝反'이다.[5] '紓'와

---

5) [역주] '舒'는 平聲 魚韻, 審母로 清音이다.

'緩'은 의미가 같다. 따라서 뒤에서는 '緩'의 통사 표현에 대해서도 토론한다.

1. '紓'의 통사 기능

1.1 濁聲母 上聲 '紓'의 통사 기능('느슨하다'의미)

불급물동사처럼 사용되어 관계주주어문을 만든다. 즉, 단순주술문을 구성하며 뒤에는 사격목적어를 가질 수 있는데, 이것이 직접목적어로 실현되기도 하고(예(3)), 또 간접목적어로 실현되기도 한다(예(4)).

(1) **彼交匪紓**, 天子所予. (《詩經, 小雅, 采菽》) 저 사귐이 느리지 아니하니, 천자가 허여한 것이다.[6]

(2) 有此四德者, **難必抒矣**.[7] (《左傳, 文公, 06, 550》) 이 네 가지 덕이 있는 자는 어려움이 반드시 풀릴 것이다.

(3) 子, 身之貳也, **姑紓死焉**. (《左傳, 文公, 16, 621》) 자식은 나의 분신이니, 이는 잠시나마 죽음을 늦추려는 것이다.

(4) 子得其國寶, 我亦得地而**紓於難**, 其榮多矣. (《左傳, 成公, 02, 799》) 그대는 나라의 보물을 얻고, 나는 또한 땅을 얻으니, 환난이 풀리게 되면 그 영광도 클 것이다.[8]

---

6) 《經典釋文》의 注音은 '音舒'이다.

7) '抒'와 '紓'는 同族이다. '紓'의미로서의 '抒'는 상고 60여종의 문헌에서 단지 1예만이 등장한다. 楊伯峻注에서는 "抒가 紓와 같다, 孔穎達 疏에서 인용한 服虔 판본은 '紓'로 되어 있다."라고 한다. 이 외에 상고 문헌에서 '抒'가 '緩'의 의미를 갖는 것은 보이지 않는다. 따라서 이곳은 '紓'의 자동용법일 것이며, 글자가 다른 이유는 아마도 전사 과정의 오류일 것으로 보인다.

8) 여기서의 '紓'는 음이 '舒'이며 '느슨하다(緩)'의 의미이다. 다른 한 음은 '直呂反'이다.(音舒, 緩也. 一音直呂反)

1.2 清聲母 平聲 '紓'의 통사 기능('풀다'의미)

급물동사처럼 쓰여, 치사자주어문이 된다. 아래 예의 1-9는《經典釋文》의 주음이 모두 '音舒'이다.

(1) 秋, 申公鬪班殺子元. 鬪穀於菟爲令尹, 自毀其家, 以**紓楚國之難**. (《左傳, 莊公, 30, 247》) 가을에 신공 투반이 자원을 죽였다. 이에 투곡오도가 영윤이 되었고, 자기 집안의 재산을 헐어 초나라의 재난을 해결했다.9)

(2) 若封須句, 是崇暤濟而脩祀**紓禍**也. (《左傳, 僖公, 21, 392》) 만약 수구를 봉하면, 이에 태호와 제수의 신을 높여 제사를 이어서 그 재난을 풀게 할 수 있습니다.

(3) 子若欲戰, 則吾退舍, 子濟而陳, 遲速唯命. 不然, **紓我**. (《左傳, 僖公, 33, 504》) 그대가 싸우고자 한다면 내가 30리를 물릴 것이다. 그대가 물을 건너서 진을 치되 그 속도는 명을 따르겠소. 그렇지 않으면 내가 천천히 하게 해주시오.10)

(4) 二國圖其社稷, 而**求紓其民**, 各懲其忿, 以相宥也. (《左傳, 成公, 03, 813》) 두 나라가 그 사직을 도모하기 위해 그 백성의 긴장을 풀어주기를 원했다. 이에 각자 분을 삭이고 서로 용서하기로 했다.

(5) 我出師以圍許, 僞將改立君者, 而**紓晉使**, 晉必歸君. (《左傳, 成公, 09, 846》) 우리가 군사를 내어 허를 포위하고 거짓으로 임금을 갈려고 하여, 진으로 사자 보내는 일을 늦추게 한다면 진은 반드시 임금을 돌려보낼 것이다.

---

9) 《經典釋文》에, "음은 '舒'이고, 다른 한 음은 '直汝反'으로 '느슨하다'이다(音舒, 一音直汝反, 緩也.)"라고 되어 있다.

10) 여기서 '紓'는 음이 '舒'이고, '느슨하다(緩)'의 의미이다. 다른 한 음은 '直呂反'이다. 楊伯峻注에 "紓는 '느슨하다(緩)'로, '緩我'란, 초의 군영이 물러나 우리 진으로 하여금 건너서 진을 치게 하라는 것이다."라고 되어 있다.(音舒, 緩也, 一音直呂反)

(6) 范文子欲反, 曰: "我儌逃楚, 可以**紓憂**." (《左傳, 成公, 16, 882》) 범문자가 돌아가고자 하면서 말했다. "우리가 초나라를 피할 수 있다면 근심을 늦출 수 있을 것이다."

(7) 民急矣, 姑從楚, **以紓吾民**. (《左傳, 襄公, 08, 957》) 백성들이 조급해하니, 잠시 초나라를 따르면서 우리 백성들의 마음을 풀어줘야 한다.

(8) 從王命以**紓諸侯**, 晉國無憂. (《左傳, 昭公, 32, 1518》) 천자의 명을 따라 제후들을 풀어주어 쉬게 하면 진나라는 근심이 없을 겁니다.

(9) 余是故許而弗爲, **以紓余死**. (《左傳, 定公, 14, 1598》) 내가 이런 이유로 허락을 하되 하지를 않아 이로써 내 죽음을 늦추었다.

(10) 子, 身之貳也, **姑紓死焉**. (《左傳, 文公, 16, 621》) 자식은 나의 분신이니, 이는 잠시나마 죽음을 늦추려는 것이다.

(11) 晉人無信, 半涉而薄, 悔敗何及? **不如紓之**. (《左傳, 僖公, 33, 504》) 진나라 사람들은 믿을 수 없어 반쯤 건넜을 때 우리를 공격하면 그때 패배를 후회해도 늦습니다. 고삐를 풀어주느니만 못합니다.[11]

(12) 不腆先君之幣器, 敢告滯積, **以紓執事**, 以救弊邑, 使能共職. (《國語, 魯語上》) 넉넉지 않은 선군의 기물로 감히 묵은 곡식을 요청합니다. 이로써 집사의 일을 누그러뜨리고자 하며 저희를 구제하여 그 직책을 할 수 있게 해주십시오.

(13) 今是長亂之道也, 禍未歇也, 必三年而後**能紓**. (《左傳, 襄公, 29, 1168》) 지금 이는 난리를 늘어나게 하는 길이니, 화는 쉬지 않을 것이오, 삼년은 되어야 풀릴 것이다.[12]

(14) 子不如易於齊, 與其死也, 猶是郈也, 而**得紓焉**, 何必此? (《左傳, 定公, 10, 1581》) 그대는 죽는 것보다 제나라와 바꾸는 것만 못하다. 여전히 후읍인데, 난을 완화시키는데 어찌 반드시 이곳입니까?

---

11) 《經典釋文》에서는 失注임.

12) 《經典釋文》에서는 "'直呂反'으로 서막의 발음은 '舒'이고, '풀다'이다(直呂反, 徐音舒, 解也)."라고 되어 있다. 楊伯峻注에는 "紓의 音은 '舒'이고, '해제하는 것'이다."라고 되어 있다.

2. 緩

2.1 '緩'의 통사 기능

2.1.1 불급문동사로 쓰여 주술식을 구성한다('느슨하다'의미). 어떤 경우엔 예6처럼 사격목적어를 취할 수도 있다.

(1) 夏, 葬衛桓公. 衛亂, **是以緩**. (《左傳, 隱公, 05, 45》) 여름에 위환공을 장례지냈다. 위에 난리가 나서 이에 늦어졌다.

(2) 西門豹之性急, 故佩韋以自緩. **董安于之心緩**, 故佩弦以自急. (《韓非子, 觀行》) 서문표는 성격이 급해, 허리에 가죽을 차서 스스로 느슨해했고, 동안우는 성격이 느긋해, 허리에 활을 차서 스스로 긴장하였다.

(3) 千里之馬時一, **其利緩**, 駑馬日售, 其利急. (《韓非子, 說林下》) 천리마는 어쩌다가 하나 있는 거라, 그 이익이 적고, 느린 말은 매일 팔수 있어 그 이익이 많다.

(4) 三國之與秦壤界而患急, 齊不與秦壤界而**患緩**. (《戰國策, 齊三》) 세 나라는 진과 경계가 맞닿아 있어서 급하지만, 제나라는 진과 닿아 있지 않아서 여유가 있다.

(5) 齊交不絶, 儀聞之, **其效鄢, 郢, 漢中必緩矣**. (《戰國策, 楚一》) 제와 외교가 단절되지 않고 장의가 이것을 들으면, 언과 영, 한중의 일은 반드시 늦어지게 될 것이다.

(6) **今王緩於事已者**, 安能急於事人. (《戰國策, 宋衛》) 지금 왕께선 자신을 섬기는 자에게 느슨하니 어찌 남을 섬기는 일에 급할 수 있겠습니까?

2.1.2 급물동사로 사용될 경우 치사자주어문을 만든다('늦추다, 느리게 하다'의미)

(1) **晉人緩之**, 逸. (《左傳, 宣公, 17, 77》) 진나라 사람들이 그들에게 느슨하게 대하니 달아났다.

(2) 旣不受矣, 而復緩師, 秦將生心. (《左傳, 文公, 07, 560》) 받아들이지 않기로 했으면서 다시 군대를 늦춘다면 진은 다른 마음을 품은 것이다.

(3) 君子用其一, 緩其二. (《孟子, 盡心下》) 군자는 그중 하나는 쓰고 두 가지는 늦춘다.

(4) 使周, 衛緩其從衡之計, 而嚴其境內之治, 明其法禁, 必其賞罰. (《韓非子, 五蠹》) 만일 주와 위가 그 합종의 계책을 느슨히 하고, 국내의 다스림을 엄히 하고, 그 법을 분명히 하고, 반드시 상벌을 행하면)

(5) 彼將禮陳其辭而緩其言, 鄭王必以齊王爲不急, 必不許也. (《戰國策, 韓二》) 그는 장차 예를 갖추어 그 말을 함에 천천히 할 것이고, 정왕은 반드시 제왕이 급하지 않다고 여겨 허락하지 않을 것이다.

2.1.3 '可V'구조

(1) 民事不可緩也. (《孟子, 滕文公上》) 백성들의 농사는 느슨히 할 수 없다.

2.1.4 부사어로 쓰이는 경우

(1) 鄭伯自櫟入, 緩告于楚. (《左傳, 莊公, 16, 202》) 정백이 역으로부터 들어왔으나 초나라에 늦게 보고했다.

(2) 於是不鄭聘于秦, 且謝緩賂, 故不及. (《左傳, 僖公, 10, 334》) 이에 비정이 진에 빙문을 갔을 때, 선물을 늦게 준 것에 대해 사과를 하여 화가 미치지 않았다.

(3) 衛君之來, 必謀於其衆, 其衆或欲或否, 是以緩來. (《左傳, 哀公, 12, 1672》) 위나라 임금이 올 때는 반드시 그 대부들과 상의했을 텐데, 어떤 이는 원하고 어떤 이는 반대하여 이로써 늦게 왔을 것이다.

(4) 葬僖公, 緩作主, 非禮也. (《左傳, 僖公, 33, 504》) 희공을 장례지내고 나서 늦게 신주를 만들었는데 이것은 예가 아니다.

(5) 今君人者, 急逐樂而緩治國, 豈不過甚矣哉! (《荀子, 王霸》) 지금의

임금은 즐거움을 급히 쫓고, 나라는 게을리 다스리니, 어찌 잘못이 심하지 않은가!

3. 소결

《經典釋文》의 '紓'에 대한 音注 상황으로 보건대, '紓'의 濁聲母라는 독음은 분명 실제로 존재했다고 본다. 다만, 그것이 비교적 이른 시기에 소실되어 淸聲母 독음으로 합쳐진 것인데, 종종 '紓'의 兩讀이 나타나기도 하여 의미와 통사적으로 구분이 필요한 경우도 있다.

성모	통사 기능	詩經	左傳	國語	총계
淸, 音舒	사동문	0	12	1	13
濁, 直呂反	단순식	1	1	0	2
	목적어(사격)	0	1	0	1
	사격목적어	0	1	0	1
총계		1	15	1	17

표 6.3 상고 8부 문헌 '紓'의 용례 통계

통사 기능		詩經	左傳	國語	論語	孟子	荀子	韓非子	戰國策	총계
급물	사동	0	3	0	0	1	0	8	1	13
	可V	0	0	0	0	1	0	0	0	1
불급물	주술식	0	8	0	0	0	2	3	6	19
	사격목적어	0	0	0	0	0	0	0	1	1
부사어로 쓰임		0	5	0	0	0	3	0	0	8
총계		0	16	0	0	2	5	11	8	42

표 6.4 상고 8부 문헌 '緩'의 용례 통계

통사 행위로 보면, '紓'와 '緩'은 모두 비대격동사이다.

첫째, 최소 구성 형식이 'NP V'이고, 'NP'는 직접적인 내재논항이다.

둘째, 자동/사동의 통사 교체형식을 구성한다. 불급물구조의 주어는 급물구조의 목적어가 되며, 양자는 동일한 의미역을 맡고 있다.

(1) 子, 身之貳也, **姑紓死焉**. (《左傳, 文公, 16, 621》) 자식은 나의 분신이니, 이는 잠시나마 죽음을 늦추려는 것이다.

(2) 范文子欲反, 曰: "我儌逃楚, 可以**紓憂**." (《左傳, 成公, 16, 882》) 범문자가 돌아가고자 하면서 말했다. "우리가 초나라를 피할 수 있다면 근심을 늦출 수 있을 것이다."

(3) **彼交匪紓**, 天子所予. (《詩經, 小雅, 采菽》) 저 사귐이 느리지 아니하니, 천자가 허여한 것이다.

(4) 民急矣, 姑從楚, **以紓吾民**. (《左傳, 襄公, 08, 957》) 백성들이 조급해하니, 잠시 초나라를 따르면서 우리 백성들의 마음을 풀어줘야 한다.

(5) 西門豹之性急, **故佩韋以自緩**. 董安于之心緩, 故佩弦以自急. (《韓非子, 觀行》) 서문표는 성격이 급해, 허리에 가죽을 차서 스스로 느슨해했고, 동안우는 성격이 느긋해, 허리에 활을 차서 스스로 긴장하였다.

(6) **緩心**而無成, 柔茹而寡斷, 好惡無決, 而無所定立者, 可亡也. (《韓非子, 亡徵》) 임금이 마음을 게을리 하여 이루는 것이 없고, 유약하여 결단을 잘 내리지 못하고, 옳고 그름을 잘 결정하지 못하고 스스로 확고하게 서지 못한다면 이 나라는 망할 수 있다.

(7) 魏急, **其救趙必緩矣**. (《戰國策, 韓三》) 위나라가 급해져서 그가 조나라를 구할 일이 분명 느슨해졌다.

(8) 公賂之, **請緩師**. (《左傳, 成公, 08, 840》) 공이 뇌물을 주고, 군사를 늦출 것을 청했다.

潘悟雲(1991)은 다음과 같이 언급한 바 있다. "豫 혹은 預는 '羊洳

切'이고, *lǎs 로 '편안하다(安也), 즐겁다(樂也)'란 뜻이다. '紓', '舒'는 '느슨하다(緩也)'로, 이것은 또 '그를 편안케 하다(使之安也)'이며, '傷魚切'이고, 발음은 *sljǎ 이다." 그의 설명에 의하면, 이들은 자동사와 사동사의 대립을 구성하고 있는 것이다. 그런데 '紓'의 문헌에서의 용례나 注音상황, 그리고 동의어인 '緩'과의 주요 통사 행위 평행 상황 등을 통해 보건대, '紓' 자체의 淸聲母와 濁聲母의 대립은 곧 사동사와 자동사의 대립으로 볼 수 있으며, 이는 '敗'류 상태동사의 상황과 동일하다고 볼 수 있다.

제**3**절 亂

'亂'은 《廣韻》에 "'다스리다'이다. 또 '적군, 반란군의 침략', '질서가 문란하다'이다. '郎段切'이다(理也, 又兵寇也, 不理也, 郎段切)."이라 되어 있다.

1. '亂'의 통사 기능

1.1 불급물동사로 사용되는 경우('어지럽다, 반란이 일어나다'의미).

이것은 주술식 구조를 구성한다.

(1) 子常之卒奔, **楚師亂**, 吳師大敗之. (《左傳, 定公, 04, 1544》) 자상의 군대가 도망가자 초나라 군대는 어지러웠고, 오나라 군대가 크게 무찔렀다.

(2) **賈季亂**, 且罪大, 不如隨會. (《左傳, 文公, 13, 595》) 가계는 난을 일으

컸고 또 죄가 크니, 수회만 못합니다.

(3) 爲毛, 召之難故, **王室復亂**, 王孫蘇奔晉. (《左傳, 宣公, 16, 769》) 모,
소의 난으로 왕실이 다시 혼란해지자, 왕손소는 진으로 달아났다.

(4) 小國無信, **兵亂**日至, 亡無日矣. (《左傳, 襄公, 08, 957》) 소국은 신의
가 없고 병사들이 난을 일으키는 것이 나날이 발생해, 망할 날이 머지
않았다.

(5) **國亂**無象, 不可知也. (《左傳, 襄公, 09, 964》) 나라가 혼란해도 조짐이
없어 알 수가 없다.

(6) 吳之罪人或奔或止, **三國亂**, 吳師擊之, 三國敗, 獲胡, 沈之君及
陳大夫. (《左傳, 昭公, 23, 1446》) 오나라의 죄인이 혹은 달아나고 혹은
멈추니, 세 나라가 어지러웠다. 이에 오나라 군대가 그들을 격파하여
세 나라가 패했고, 호와 심의 임금, 진대부를 잡았다.

어떤 경우는 '우언법'도 있다.

(7) 自幽王而天奪之明, **使迷亂**棄德, 而卽慆淫, 以亡其百姓, 其壞
之也久矣. (《國語, 周語下》) 유왕으로부터 하늘이 총명함을 빼앗아 어
지럽게 만들고 덕을 버리게 해서, 음탕함을 좋아하게 되었고 백성들을
망하게 했으니 그 무너짐이 오래되었다.

(8) 我以墨子之'非樂'也, 則**使天下亂**. (《荀子, 富國》) 나는 묵자가 음악
을 부정하는 것이 천하를 어지럽게 만든다고 여긴다.

또한 사격목적어를 가질 수도 있다.

(9) 所以然者, 引於外物, **亂於玩好也**. (《韓非子, 解老》) 그러한 까닭은
외물에 이끌리고, 좋아하는 장난감에 혼란해졌기 때문이다.

(10) 聽之則**亂**治, 不聽則謗主, 故君輕乎位而**法亂乎官**, 此之謂無常

之國. (《韓非子, 八經》) 이것을 들어주면 다스림이 문란해질 것이고, 들어주지 않으면 군주를 비방할 것이다. 이로써 군주는 지위보다 가벼워지고 법은 관직에 의해 혼란해지니, 이러한 나라는 무상의 나라이다.

(11) 君無術則弊於上, 臣無法則**亂於下**, 此不可一無, 皆帝王之具也. (《韓非子, 定法》) 임금이 술이 없으면 위 자리에 가려지고, 신하가 법이 없으면 아래에서 난이 일어난다. 이는 하나라도 없어서는 안 되니 모두가 제왕의 도구이다.

1.2 급물동사로 사용되는 경우

1.2.1 치사자주어문('혼란시키다, 어지럽히다'의미)

(1) 兩君合好, 而**裔夷之俘以兵亂之**, 非齊君所以命諸侯也. (《左傳, 定公, 10, 1578》) 두 나라 임금이 잘 만나고 있는데, 먼 곳 오랑캐의 포로들이 무기로 어지럽히니, 이는 제나라 임금이 제후에게 명한 것이 아니다.

(2) 今失其行, **亂其紀網**, 乃滅而亡. (《左傳, 哀公, 06, 1636》) 지금 그 행실을 잃었고, 그 기강을 어지럽혀서 드디어 멸망하게 되었다.

(3) 寡我襄公, 迭我殽地, 奸絶我好, 伐我保城, 殄滅我費滑, 散離我兄弟, **撓亂我同盟**. (《左傳, 成公, 13, 863》) 우리 양공을 어리다 여겨 우리 효땅을 공격하고, 우리와의 우호를 단절하고, 우리의 성을 공격해 우리의 비활을 멸망시키고, 우리 형제들을 흩어뜨렸고, 우리의 동맹을 어지럽혔다.

(4) **晉侯之弟揚干亂行於曲梁**, 魏絳戮其僕. (《左傳, 襄公, 03, 928》) 진후의 아우 양간이 곡량에서 행진을 어지럽히자, 위강이 그의 종을 죽였다.

(5) 臣也不唯其宗室是暴, **大亂宋國之政**, 必逐之. (《左傳, 襄公, 17, 1032》) 화신은 그 종실을 포악하게 대했으며, 송나라의 정치를 어지럽혔으니, 반드시 쫓아내야 합니다.

(6) 余一人敢設飫禘焉, 忠非親禮, 而干舊職, **以亂前好**? (《國語, 周語中》) 나 혼자 어찌 감히 飫과 禘를 설치하여 친척에 쓰면 안 되는 예를 충실히 하여 옛 직책을 어기고 이전의 좋은 바를 어지럽히겠는가?

(7) **巧言亂德**, 小不忍則**亂大謀**. (《論語, 衛靈公》) 교묘한 말은 덕을 어지럽히고, 작은 것을 참지 못하면 큰일을 어지럽힌다.

1.2.2 '可V'구조

(1) **王有適嗣, 不可亂也**. 敗親, 速讎, 亂嗣, 不祥. (《左傳, 昭公, 26, 1474》) 왕은 계승할 적자가 있으니 어지럽히면 안 된다. 친정을 허물고, 원수를 불러들이고, 적통을 어지럽히는 것은 상서롭지 못하다.

(2) 周于利者, 凶年不能殺. 周于德者, **邪世不能亂**. (《孟子, 盡心下》) 이를 추구하는데 주도면밀한 이는 흉년도 그를 죽일 수 없고, 덕에 주도면밀한 이는 사악한 세상도 그를 어지럽힐 수 없다.

(3) 知異實者之異名也, 故使異實者莫不異名也, **不可亂也**. 猶使同實者莫不同名也. (《荀子, 正名》) 실체가 다른 것이 다른 이름임을 알기에, 다른 실체에 대해 다른 이름이 아님이 없을 것이오, 어지럽힐 수가 없다. 이는 마치 같은 실체에 대해 같은 이름을 쓰지 않을 수 없는 것과 같다.

(4) 勢治者, 則**不可亂**, 而勢亂者, 則不可治也. (《韓非子, 難勢》) 세로써 다스려질 때는 어지럽힐 수 없고, 세에 의해 어지러울 땐 다스릴 수가 없다.

(5) 塞其姦者必王, 故王術不恃外之不亂也, **恃其不可亂也**. 恃外不亂而治立者削, **恃其不可亂**而行法者興. (《韓非子, 心度》) 신하의 간악함을 막는 자는 반드시 왕이 된다. 그러므로 왕의 술은 외부의 어지럽지 않음을 믿지 않고 그 어지럽힐 수 없음을 믿는다. 그리고 외부가 어지럽지 않은데 세움을 다스리는 자가 줄어들 것임을 믿고, 그 어지럽히지 못하면서 법을 행하는 자가 흥할 것임을 믿는다.

1.3 관형어로 쓰이는 경우

(1) 彼何人斯, 居河之麋. 無拳無勇, 職爲**亂**階. (《詩經, 小雅, 巧言》) 저
사람 누구인가, 황하 가에 사는 사람. 주먹도 용기도 없으면서 혼란의
계단을 만든다.

(2) 吾聞之, 生於**亂**世, 貴而能貧. (《左傳, 襄公, 22, 1068》) 내가 듣건대,
어지러운 세상에 살려면, 귀하면서도 가난할 수 있어야 한다.

(3) 諺曰: "無過**亂**門." 民有**亂**兵, 猶憚過之, 而況敢知天之所**亂**?
(《左傳, 昭公, 19, 1404》) 속담에 이르길 "문란한 집 앞은 지나가지 않는
다."라고 했으니, 백성들에게 어지러운 난이 생겨도 오히려 지나가기
를 꺼리거늘, 하물며 하늘의 난을 감히 알겠는가?

(4) 危邦不入, **亂**邦不居. (《論語, 泰伯》) 위태로운 나라엔 들어가지 말고,
어지러운 나라엔 살지 마라.

2. 소결

통사 기능		詩經	左傳	國語	論語	孟子	荀子	韓非子	戰國策	총계
불급물	단순	1	65	21	4	1	73	88	25	278
	우언법	0	0	1	0	0	1	0	0	2
	사격목적어	0	0	0	0	0	0	4	0	4
치사자주어		3	17	20	4	7	32	36	10	129
可V		0	1	0	0	1	1	3	0	6
관형어로 쓰임		1	18	5	1	2	24	26	13	90
총계		5	101	47	9	11	131	157	48	509

표 6.5 상고 8부 문헌 '亂'의 용례 통계

'亂'은 비대격성을 갖고 있으며, 아래와 같이 그 특징이 나타난다.
이것의 최소 구성 형식은 'NP V'이며, 여기서 'NP'는 'V'의 관계주이

고 직접적인 내재논항이다.

(1) **彼實家亂**, 子勿與知, 不亦可乎? (《左傳, 昭公, 05, 1262》) 저들이 집안에 난이 일어났으니, 그대는 관여하지 않는 것이 또한 옳지 않겠는가?

한편, 이 동사는 광범위한 자동과 사동의 교체형식을 구성할 수 있다. 그래서 주술식의 주어는 치사자주어문의 목적어가 되며, 양자는 동일한 의미역을 맡는다.

(2) **竪牛欲亂其室**而有之, 强與孟盟, 不可. (《左傳, 昭公, 04, 1257》) 수우가 그 집안에서 난을 일으켜 이를 차지하고 강제로 맹과 맹약을 맺으려 하자 안 된다고 하였다.

(3) 六月, 叔鞅如京師葬景王, **王室亂**. (《左傳, 昭公, 22, 1431》) 6월에 숙앙이 경사에 가서 경왕의 장례에 참석했는데 왕실에 난이 일어났다.

(4) 子比而同之, 是**亂天下**也. (《孟子, 滕文公下》) 그대는 이것을 나란히 하여 똑같이 하니, 이는 천하를 어지럽히는 것이다.

(5) 邪說暴行又作, 園囿汚池, 沛澤多而禽獸至, 及紂之身, **天下又大亂**. (《孟子, 滕文公下》) 사설과 포악한 행위가 또 일어나고, 동산과 연못, 늪이 많아져 짐승들이 모여들어, 주임금 때 이르러서는 천하가 다시 크게 어지러워졌다.

(6) "見侮不辱", "聖人不愛己", "殺盜非殺人也", **此惑於用名以亂名者也**. (《荀子, 正名》) "모욕을 당하고도 치욕스럽게 여기지 않는다. 성인은 자신을 사랑하지 않는다. 도둑을 죽인 것이지 사람을 죽인 것이 아니다." 등의 말은 명언을 쓰는 데 현혹되어 명언을 어지럽히는 것들이다.

(7) 今聖王沒, 名守慢, 奇辭起, **名實亂**, 是非之形不明, 則雖守法之吏, 誦數之儒, 亦皆亂也. (《荀子, 正名》) 지금은 성왕이 없어, 이름 지키는 일이 소홀하고, 기이한 말이 일어나, 명칭과 실물이 혼란스러

워지고, 시비의 형상이 분명치 않으니, 비록 법을 지키는 관리나 가르침을 외우는 유가라 해도 모두 혼란스럽다.

(8) 上盛畜積, 而**鬼不亂其精神**, 則德盡在於民矣. 《韓非子, 解老》 군주가 성대하게 축적하여 귀신이 그 정신을 어지럽히지 못하면 그 덕은 모두 백성에게 있게 된다.

(9) 鬼不崇人則魂魄不去, 魂魄不去則**精神不亂**, **精神不亂**之謂有德. 《韓非子, 解老》 귀신이 사람에게 재앙을 끼치지 못하면 혼백은 떠나지 않을 것이고, 혼백이 떠나지 않으면 정신이 어지럽지 않을 것이며, 정신이 어지럽지 않은 것이 덕이 있는 것이다.

제**4**절 深

《廣韻》에 "'深'은 '멀다'로 이때는 '式針切'이다. '深'은 '얕지 않은 것'으로, 이때는 '式禁切'이다(深, 遠也, 式針切(平聲 侵韻). 深, 不淺也, 式禁切(去聲 沁韻))."이라 되어 있다.

《群經音辨》에는 "'深'은 '아래'로 '얕다'는 것에 대한 상대적인 의미이다. 발음은 '式金切'이다. '깊이를 재는 것'을 '深'이라 하는데, '몇 심, 몇 인을 재다'가 바로 이것이다. 이때는 '式禁切'이다(深, 下也, 對淺之稱, 式金切. 測深曰深, 深幾尋幾仞是也, 式禁切)."이라 되어 있다.[13]

'深'은 平聲과 去聲 兩讀이 있고, 그 재구음은 각각 *hljum, *hljums이다. 周法高(1962)는 이에 대해 "去聲은 타동식이다."라고 하고 있다. 그러나 《經典釋文》注音으로 볼 때, '深'의 去聲 독음은 명사화 용법

---

13) [역주] '深'이 '깊이를 재다'라는 동사로 쓰인 상황에서 '尋'과 '仞'은 모두 길이의 단위이다. 1尋은 8尺이다.

으로 봐야 한다. 예컨대, 다음과 같다.

(1) 以土圭之法測土深, 正日景以求地中. (《周禮, 地官司徒》) 토규의 관
    측법을 이용하여 토심을 측정하고, 해의 그림자를 교정하여 지중을 구
    한다.[14]

《左傳》에서의 '深'은 불급물동사이든, 급물동사이든 《經典釋文》에
서는 모두 注音이 되어 있지 않다.

1. 平聲 '深'의 동사 기능

1.1 불급물동사와 유사하여 주술식 구조를 구성한다('깊다'의미).

(1) 不如新田, 土厚水深, 居之不疾, 有汾澮以流其惡, 且民從敎, 十
    世之利也. (《左傳, 成公, 06, 828》) 차라리 신전으로 옮기십시오. 그곳은
    땅이 두텁고 물이 깊어, 살아도 병이 안 걸립니다. 분수와 회수가 오물
    을 흘려보내고 또 백성들은 가르침을 잘 따라, 십대에 걸쳐 이로운 곳
    입니다.

(2) 思深哉! 其有陶唐氏之遺民乎! (《左傳, 襄公, 29, 1163》) 생각이 깊다!
    아마도 도당씨가 남긴 풍모가 있어서인가 보다!

(3) 吾聞申生之謀愈深. (《國語, 晉語二》) 내 듣기에 신생의 계획이 매우 깊
    다고 들었다.

(4) 其爲德也深矣, 其爲本也固矣, 故不可拔也. (《國語, 晉語八》) 그의
    덕 됨이 깊고, 그의 근본 됨이 굳어서 움직일 수가 없다.

(5) 自得之, 則居之安. 居之安, 則資之深. 資之深, 則取之左右逢其
    原, 故君子欲其自得之也. (《孟子, 離婁下》) 그것을 스스로 얻게 되면

---

14) 《經典釋文》에서 '深'이 '尸鴆反'으로 되어 있다(즉, 去聲의 독음이다).

머무는 곳이 편안해지며, 머무는 곳이 편안해지면 자질이 깊어진다. 자질이 깊어지면 좌우에서 그 근원인 것을 만나 해결하게 된다. 그러므로 군자는 스스로 얻고자 하는 것이다.

(6) 城非不高也, <u>池非不深也</u>, 兵革非不堅利也, 米粟非不多也. 委而去之, 是地利不如人和也. (《孟子, 公孫丑下》) 성이 높지 않아서가 아니고, 해자가 깊지 않아서가 아니며 병기와 갑옷이 견고하지 않아서가 아니고, 곡식이 많지 않아서가 아니다. 그것들을 버리고 떠나는 것은 이는 지리가 인화만 못하다는 것이다.

1.2 급물동사로 사용되어 치사자주어문이 된다('깊게 하다'의미).

(1) 夏, 士蔿城絳, <u>以深其宮</u>. (《左傳, 莊公, 26, 234》) 여름에 사위는 강에 성을 쌓아 진나라 궁을 높고 크게 했다.

(2) 秦不能久, <u>請深壘固軍</u>以待之. (《左傳, 文公, 12, 590》) 진나라는 오래 못 가니, 누벽을 높게 쌓고 군대를 튼튼히 하고 기다리십시오.

(3) 彼得其情以厚其欲, 從其惡心, 必敗國且<u>深亂</u>. (《國語, 晉語一》) 驪姬가 그 바라는 바를 얻어 그 욕심을 더 크게 한다면 그의 악한 마음을 따를 것이고 반드시 나라를 망치게 하고 혼란을 더 심화시킬 것이다.

(4) 依乎法, 而<u>又深其類</u>, 然後溫溫然. (《荀子, 修身》) 법에 의지하여 그 류를 깊이 파악한 후에야 문채가 빛날 것이다.

(5) <u>深其根</u>, 固其柢, 長生久視之道也. (《韓非子, 解老》) 그 뿌리를 깊게 하고 또 굳게 하는 것이 오래 사는 길이다.

(6) 將軍怒, <u>將深溝高壘</u>, 將軍不怒, 將懈怠. (《韓非子, 說林》) 장군께서 노하시면 장차 호를 깊이 파고 성을 높게 쌓을 것이고, 장군께서 노하지 않으시면 장차 나태해질 것입니다.

(7) 作鬪以散朋黨, <u>深一以警衆心</u>, 泄異以易其慮. (《韓非子, 八經》) 싸움을 하여 붕당을 해체시키고, 하나를 깊이 함으로써 사람들 마음을

경각시키고, 다른 생각을 나타내어 신하들 생각을 바꾼다.

1.3 관형어로 쓰이는 경우

(1) 戰戰兢兢, 如臨**深淵**, 如履薄氷. (《左傳, 僖公, 22, 395》) 전전긍긍하여 마치 깊은 연못가에 있는 듯이 하고 얇은 얼음을 밟는 듯이 한다.

(2) **深山**大澤, 實生龍蛇. 彼美, 余懼其生龍蛇以禍女. (《左傳, 襄公, 21, 1060》) 깊은 산과 큰 못에는 실로 용과 뱀이 산다. 저것은 아름다우니, 나는 그것이 용과 뱀을 낳아 너희를 해칠까 두렵다.

(3) 高臺**深池**, 撞鐘舞女. (《左傳, 昭公, 20, 1416》) 높은 누대와 깊은 연못에 종경을 쳐서 무녀를 춤추게 한다.

(4) 高岸爲谷, **深谷**爲陵. (《左傳, 昭公, 32, 1520》) 높은 언덕이 계곡이 되고, 깊은 계곡이 구릉이 된다.

1.4 부사어로 쓰이는 경우

(1) 敢盡布其腹心及先王之經, 而**諸侯實深圖之**. (《左傳, 昭公, 26, 1478》) 감히 그 속마음과 선왕의 명을 다 살피니, 제후들은 실로 그것을 깊이 헤아려보기 바란다.

(2) 言不可食, 衆不可弭, 是以**深謀**. (《國語, 晉語二》) 이미 한 말을 취소할 수도 없고, 민중들의 바람을 중지시킬 수도 없으니 이로써 깊이 계획한 것입니다.

(3) **不能深知君之心度**, 棄寵求廣土而竄伏焉. (《國語, 晉語二》) 임금님의 넓은 마음을 깊이 헤아려 태자자리를 버리고 넓은 땅을 구해 거기로 달아나 숨을 수도 없었다.

(4) 君子曰: "**善深謀**也." (《國語, 晉語二》) 군자가 말했다. "깊이 계획을 잘 했도다."

(5) **君子深造之以道**, 欲其自得之也. (《孟子, 離婁下》) 군자가 도로써 깊이 연구하는 것은 스스로 얻기 위함이다.

(6) 王如施仁政於民, 省刑罰, 薄稅斂, **深耕**易耨. (《孟子, 梁惠王上》) 임금께서 백성들에게 인정을 베풀고자 한다면, 형벌을 줄이고, 세금을 줄이고, 밭을 깊게 갈고 제때에 김을 매줘야 합니다.

2. 소결

통사 기능	詩經	左傳	國語	論語	孟子	荀子	韓非子	戰國策	총계
주술식	2	3	3	0	1	2	11	19	41
치사자주어	0	3	2	0	0	1	4	0	10
관형어로 쓰임	1	11	2	0	2	7	5	8	36
부사어로 쓰임	2	1	4	0	3	6	4	24	44
총계	5	18	11	0	6	16	24	51	131

표 6.6 상고 8부 문헌 '深'의 용례 통계

'深'은 비대격성을 갖고 있어서 다음과 같이 그 특징이 나타난다.

첫째, 최소 구성 형식은 'NP V'이고 여기서의 'NP'는 V의 관계주이다.

둘째, 주술식구조와 치사자주어문은 자동과 사동의 교체형식을 구성하며, 전자의 주어가 후자의 목적어가 된다. 그리고 양자의 의미역은 동일하다.

(1) 晉侯謂慶鄭曰: "**寇深矣**, 若之何?" 對曰: "**君實深之**, 可若何?" (《左傳, 僖公, 15, 354》) 진후가 경정에게 말했다. "적이 깊이 들어왔으니 어찌해야 하는가?" 대답해 말했다. "이는 임금께서 깊게 만든 것이니 어찌할 수 있겠습니까?"

(2) 公謂慶鄭曰: "**秦寇深矣**, 奈何?" 慶鄭曰: "**君深其怨**, 能淺其寇

乎?"(《國語, 晉語三》) 진후가 경정에게 말했다. "진의 군대가 깊이 들어왔으니 어찌하면 좋겠소?" 경정이 말했다. "임금께서 그 원한을 깊게 만들었으니, 그들을 깊지 않게 할 수 있겠습니까?"

(3) 柢固則生長, **根深**則視久, 故曰: "**深其根**, 固其柢, 長生久視之道也."(《韓非子, 解老》) 뿌리가 굳으면 생장하고, 뿌리가 깊으면 오래 간다. 이에 말하길 "그 뿌리를 깊게 하고 또 굳게 하는 것이 오래 사는 길이다."

'深'의 관형어와 부사어 사용 상황을 보면, 이것이 형용사의 기본용법을 잘 구현해 내고 있음을 볼 수 있는데, 이는 비대격성의 상태동사의 통사 특징과는 완전히 다른 모습이다.

제**5**절 大/小

'大'와 '小'는 가장 기본적인 형용사이다. 이는 언어에서 가장 기본적인 어휘로 문헌에서도 고빈도 어휘에 속한다. 여기서는 단지 그들의 기본용법에 대해서만 개괄을 할 것인데, 주로 使動용법과 意動용법의 용례에 대해 전면적인 고찰을 할 것이고 기타 용법은 용례만 나열할 것이다.

1. '大', '小'의 통사 기능

1.1 불급물동사와 유사한 기능('크다/작다'의미)

(1) <u>陳桓子始大於齊</u>, 其後亡也, 成子得政.(《左傳, 莊公, 22, 224》) 진환자가 제나라에서 강대해졌고, 그 뒤 제나라가 망하자 성자가 제의 실권을 잡았다.

(2) 蠻夷屬於楚者, 吳盡取之, **是以始大**, 通吳於上國. (《左傳, 成公, 07, 834》) 만이 중에서 초에 속하는 것을 오가 다 차지해서 이로써 비로소 커졌는데 오나라가 상국과 통교하게 되었다.

(3) **衛雖小**, 其君在焉, 未可勝也. (《左傳, 定公, 09, 1575》) 위나라가 비록 작아도 그 임금이 거기 있으니 이기지 못할 것이다.

(4) 晉侯問於士文伯曰: "誰將當日食?" 對曰: "魯, 衛惡之. **衛大, 魯小**." (《左傳, 昭公, 07, 1287》) 진후가 사문백에 물었다. "장차 누가 일식을 당하겠는가?" 대답했다. "노, 위가 그것에 당할 것인데, 위는 크게, 노는 작게 당할 것입니다.

비교에도 사용된다.

(5) 君富於季氏, 而**大於魯國**, 玆陽虎所欲傾覆也. (《左傳, 定公, 09, 1573》) 임금께서는 계씨보다도 부자이고 노나라보다도 큰 나라인데, 양호가 우리나라를 엎으려고 하는 것입니다.

(6) 故**君子莫大乎與人爲善**. (《孟子, 公孫丑上》) 군자는 사람을 위해 좋은 일을 하는 것보다 큰 것이 없다.

1.2 급물동사처럼 사용되어 사동문을 구성한다.
('크게 하다/작게 하다')

상고 8부 문헌 중 아래의 예만이 출현한다.

(1) 僑聞文公之爲盟主也, 宮室卑庳, 無觀臺榭, **以崇大諸侯之館**. (《左傳, 襄公, 31, 1187》) 제가 듣기에 문공이 맹주였을 때, 궁실이 낮았고, 볼만한 누대가 없었으나 제후의 빈관은 높고 크게 지었다.

(2) 不知天將以爲虐乎, 使剪喪吳國而**封大異姓**乎, 其抑亦將卒以祚

吳乎, 其終不遠矣. (《左傳, 昭公, 30, 1508》) 하늘이 장차 포학하게 하여 오나라를 잘라 없애서 다른 성에 봉해 크게 해줄지, 아니면 끝내 오나라에 복을 내릴지 모르겠으나 그 끝은 멀지 않다.

(3) 此匹夫之勇, 敵一人者也. **王請大之**! (《孟子, 梁惠王下》) 이는 필부의 용맹함이라 한 사람만을 대적할 수 있으니, 왕께선 그것을 크게 하십시오!

(4) 三月之殯, 何也? 曰: **大之**也, 重之也. (《荀子, 禮論》) 삼 개월 동안 빈소에 모셔두는 것은 어째서인가? 그것은 죽은 이를 크게 하고 소중히 하고자 하는 뜻이다.

(5) 卑其志意, **大其園圃**高其臺. (《荀子, 成相》) 그의 마음이 비루하여, 그의 정원만 크게 하고 그의 누대만 높게 한다.

(6) 匠人斲而**小之**, 則王怒, 以爲不勝其任矣. (《孟子, 梁惠王下》) 장인이 나무를 깎아서 작게 하면 왕이 노할 것이며 그 나무가 그 소임을 다하지 못할 것이라 여길 것이다.

1.3 意動용법('작게 여기다')

(1) 秋, 秦師侵芮, 敗焉, **小之**也. (《左傳, 桓公, 04, 101》) 가을에, 진나라 군사가 예를 침략했으나 패했는데, 그들을 작게 보았기 때문이다.

(2) 孔子登東山而**小魯**, 登太山而**小天下**. (《孟子, 盡心上》) 공자는 동산에 올라 노나라를 작게 보았고, 태산에 올라 천하를 작게 보았다.

(3) **子小寡人之國以爲不足仕**, 則寡人力能仕子, 請進爵以子爲上卿. (《韓非子, 外儲說右上》) 그대가 과인의 나라를 작다고 보고 벼슬할만하지 못하다고 여긴다면 과인은 힘써 그대가 벼슬할 수 있게 할테니, 청컨대 그대를 상경으로 올려주겠소.

1.4 '可V' 구조

(1) <u>國之不可小</u>, 有備故也. (《左傳, 昭公, 19, 1400》) 나라를 작게 볼 수 없음은 대비함이 있기 때문이다.

(2) 土不可易, <u>國不可小</u>, 許不可俘, 讎不可啓. 君其圖之. (《左傳, 昭公, 19, 1400》) 땅은 쉽게 볼 수 없고, 나라는 작게 볼 수 없으며, 허나라는 포로로 할 수 없고, 원수는 열어줄 수 없으니 임금께서는 잘 헤아리십시오.

(3) <u>鼻大可小</u>, <u>小不可大也</u>. <u>目小可大</u>, <u>大不可小也</u>. (《韓非子, 說林下》) 코가 크면 작게 할 수 있으나 작은 것을 크게 할 수는 없다. 눈이 작으면 크게 할 수 있으나 큰 것을 작게 할 수는 없다.

앞의 두 예는 意動文의 변식 수동구조이고, 마지막 예는 사동문의 변식 수동구조이다.

1.5 관형어로 쓰이는 경우

(1) 內則父子, 外則君臣, 人之<u>大倫</u>也. (《孟子, 公孫丑下》) 집안에서는 부자 관계, 밖에서는 군신의 관계가 바로 사람의 큰 인륜이다.

(2) <u>大車</u>無輗, <u>小車</u>無軏, 其何以行之哉? (《論語, 爲政》) 큰수레에 큰 멍에 거는 예가 없고 작은 수레에도 그것이 없다면 도대체 무엇으로 그 수레를 가게 할 것인가?

(3) 不能三年之喪, 而緦<u>小功</u>之察. (《孟子, 盡心上》) 삼년 상은 잘 못하면서 시마복과 소공은 잘 살핀다.

(4) <u>小物</u>引之, 則其正外易. (《荀子, 解蔽》) 작은 사물에 이끌리면 마음의 올바름이 밖으로 바뀌게 된다.

1.6 부사어로 쓰이는 경우

(1) 五月庚申, 鄭伯侵陳, **大獲**. (《左傳, 隱公, 06, 48》) 오월 경신일에 정백이 진을 침략해 크게 수확을 얻었다.

(2) 十一月甲寅, **鄭人大敗戎師**. (《左傳, 隱公, 09, 66》) 11월 갑인일에, 정나라 사람들이 융의 군대를 크게 물리쳤다.

(3) **紀侯大去其國**. (《左傳, 莊公, 04, 162》) 기후가 그 나라를 크게(완전히) 떠났다.

2. 소결

'大/小'는 언어에서 가장 기본적인 형용사이다. 본서는 단지 그 기본용법에 대해서만 귀납을 진행하였다. 언어자료의 관찰을 통해 보건대, 그것의 기본적인 용법으로는 단논항의 서술어로 쓰이는 것, 관형어나 부사어로 쓰이는 것이 있다. 이 외에 또 명사화가 발생하기도 한다. 한편, 使動, 意動으로 쓰이는 용례는 많지가 않다. 그리고 '可V'구조는 상고 8부 문헌에서 단지 3예만이 출현한다. 이러한 사동용법 및 '可V' 구조로부터 보건대, '大/小'는 弱비대격성을 갖고 있다. 이것의 사동문의 목적어는 불급물동사 구조의 주어로 전환될 수 있고, 또 양자는 동일한 의미역을 담당하고 있다.

제6절 본장 소결

품사 범주에서 형용사는 동사에 가깝기도 하고 명사에 가깝기도 한데, 상고한어의 형용사는 통사 표현상 동사에 보다 더 가까운 편이다. 이는 서술어, 관형어, 부사어 및 보어로 쓰일 수 있으며 이러한 면은 현대한어와 기본적으로 일치한다. 상고의 형용사가 통사 기능에 있어서 동사와 가장 크게 차이 나는 점은 바로 관형어로 쓰일 때 동사보다 자유롭고 또 부사어로도 쓰일 수 있다는 것이다.

일반적으로 先秦시기, 성질과 상태 두 가지 범주로 구성된 형용사 시스템에서, 성질 형용사는 使動과 意動의 용법이 있다. 반면, 상태 형용사는 사동과 의동의 용법이 없다. 단음절의 상태 형용사는 단지 《詩經》에서 그 용례가 비교적 많으나, 일반 산문에서는 매우 적다(楊建國(1979)). 이로 보건대, 본장에서 토론한 '順', '紓/緩', '亂', '深', '大/小' 등은 모두 성질 형용사이다. 이들은 이에 대응하는 사동문 형식을 구성할 수 있으며 그 용례도 비교적 많은 편이다. 그리고 '紓'와 '順' 등의 형용사는 자동문과 사동문에서의 발음 변화 형식이 상태동사의 상황과 유사하기 때문에, 유형 상 이들을 상태동사의 하위범주로 볼 수 있다. 즉, 이들은 바로 매우 강한 비대격성을 갖고 있는 것이다.

서방의 학자들은 형용사에 대해 '개체성 용언'과 '단계성 용언'의 대립으로 보고 있으며, 이것이 중국어에서 말하는 성질 형용사, 상태 형용사와 정확히 대응한다고 보고 있다. 다만 형용사의 비대격성으로 말하면, 단계성 용언이 비대격성을 갖는다고 할 수 있다. 그런데 특이하게도 先秦시기에는 성질 형용사가 비대격성을 갖고 있다. 이는 곧 성질 형용사와 개체성 용언이, 상태 형용사와 단계성 용언이 결코 완벽하게 대응하는 것이 아님을 말해준다. 뒤의 제7장에서 이와 관련된 내용을 좀 더 상세히 토론하고자 한다.

하편

제7장 비대격동사의 판별식 및 그 의미

제8장 비대격동사의 파생 방향 및 관련 문제

제9장 상고한어의 언어 유형 탐색

제10장 결어

비대격동사의 판별식 및 그 의미

제1절 전형적인 비능격동사의 통사 특징
– '勝', '哭', '坐', '走', '吠'를 중심으로

1. 勝('이기다'의미)

'勝'은 두 가지 발음이 있다.《廣韻》에서는 "'勝'은 '승부하다, 또 더하다, 이기다'의 의미이며, 州의 명칭이기도 하다. '詩證切'이다. 또 '詩陵切'도 있는데, 이때는 '맡다, 천거하다'의 의미이다.(勝, 勝負, 又加也, 克也, 亦州名, 詩證切. 又詩陵切, 任也, 擧也)."라고 되어 있다. 平聲일 때는 '勝'이 주로 부사로 사용되며, 본문에서의 주요 토론 대상은 去聲의 '이기다' 의미의 '勝'이다.

1.1 '勝'의 통사 기능

1.1.1 불급물 통사구조[1]

(1) 百堵皆興, **鼛鼓弗勝**. (《詩經, 大雅, 綿》) 모든 담벼락이 다 세워져서, 북소리가 담을 이기지 못한다.

(2) **國勝**君亡, 非禍而何? (《左傳, 哀公, 원년, 1607》) 나라가 이기고 임금이

---

[1] '勝'의 연동구조와 부정구조에서의 용례는 불급물 통사구조로 계산된다.

도망갔으니, 화가 아니면 무엇이겠는가?

(3) 敎大成, 定三革, 隱五刃, 朝服以濟河而無忧惕焉, **文事勝矣**. (《國語, 齊語》) 가르침이 크게 이루어져, 갑옷, 갑주, 방패의 삼혁이 정해지고, 다섯 가지 병기를 쓰지 않았다. 조복을 입고 황하를 건너 회맹을 해도 두렵지 않았으니 이는 문이 이긴 것이다.

(4) 士民不親附, 則**湯武不能以必勝也**. (《荀子, 議兵》) 군사와 백성들이 친근히 따르지 않으면, 탕왕과 무왕이라 해도 반드시 이기지는 못한다.

(5) **楚莊王旣勝**, 狩於河雍, 歸而賞孫叔敖. (《韓非子, 喩老》) 초장왕이 승리했는데 황하와 형옹 사이에서 이기고는 돌아와 손숙오를 상주려 했다.

(6) 頃間, 言**齊兵大勝**, 秦軍大敗. (《戰國策, 齊一》) 잠시 후, 제나라 군대가 대승을 하고 진나라 군대가 대패했다고 보고가 왔다.

1.1.2 목적어를 갖는 경우

(1) 克開厥後, 嗣武受之. **勝殷**遏劉, 耆定爾功. (《詩經, 周頌, 武》) 후손들에게 문을 열어주자, 맏이 무왕이 이를 이어 받았고, 은나라를 이기고 살상을 막아, 드디어 이 공을 이루었다.

(2) 齊人將立孝公, **不勝四公子之徒**, 遂與宋人戰. (《左傳, 僖公, 18, 378》) 제나라 사람들이 효공을 세우고자 했으나 네 공자의 무리를 이기지 못해 마침내 송나라와 전쟁을 했다.

(3) 殺其內主, 背其外賂, 彼塞我施, 若無天乎? 若有天, **吾必勝之**. (《國語, 晉語三》) 안으로 주도한 이들을 죽이고, 밖으로 뇌물을 거절하고 나의 베풂을 외면하였으니 마치 하늘이 없는 듯하다. 하늘이 만약 있다면 내가 반드시 이길 것이다.

(4) **質勝文**則野, **文勝質**則史. (《論語, 雍也》) 바탕이 꾸밈을 이기면 촌스럽고, 꾸밈이 바탕을 이기면 세련된다.

(5) 怒不過奪, 喜不過予, **是法勝私也**. (《荀子, 修身》) 노엽다고 해서 지나치게 빼앗지도 않고, 기쁘다고 해서 지나치게 주지도 않는데, 이는 법이 사사로움을 이기는 것이다.

(6) **吳兵旣勝齊人於艾陵**, 張之於江, 濟, 強之於黃池. (《韓非子, 喩老》) 오나라 군사는 애릉에서 제나라를 이겨서 장강과 제수까지 영토를 확장하고 황지까지 강함을 드러냈다.

1.2 소결

통사 기능	詩經	左傳	國語	論語	孟子	荀子	韓非子	戰國策	총계
목적어 없음	3	8	20	1	6	12	37	79	166
목적어 있음	1	10	18	3	10	45	34	55	176
총계	4	18	38	4	16	57	71	134	342

표 7.1 상고 8부 문헌 '勝'의 용례 통계

'勝'의 최소 구성 형식은 'NP V'이고, 여기서의 'NP'는 '勝'의 외재논항이다. 그러나 '勝'은 전형적인 행위동사가 아니다. 즉 동작성이 강하지 못하여 주어가 반드시 행위주여야 하는 것이 아니다. 예컨대 다음과 같다.

(1) **質勝文**則野, **文勝質**則史. (《論語, 雍也》) 바탕이 꾸밈을 이기면 촌스럽고, 꾸밈이 바탕을 이기면 세련된다.

'**勝**'은 전형적인 비능격동사이다. 비록 통사상으로 항시 목적어를 가질 수 있지만, 이 명사성분은 필수논항이 아니고 일종의 화용상의 요구로 출현하는 것이다. 이것은 특히 아래의 예를 통해 분명하게 드러난다.

(2) 齊戰勝楚, 勢必危宋, **不勝**, 是以弱宋干强楚也. (《戰國策, 楚一》) 제나라가 초나라를 이기면 세가 반드시 송을 위태롭게 할 것이다. 이기지 못하면 이는 약한 송이 강한 초를 침범하는 것이다.

2. 哭('울다'의미)

'哭'은《說文》에 "슬퍼서 우는 소리(哀聲也)."라고 나온다.《廣韻》에는 "'슬픈 소리'이며, '空谷切'이다(哀聲, 空谷切)."이라고 나온다.《王力古漢語字典》에서는 "슬퍼서 소리를 내다(悲痛出聲)."라고 나온다.

2.1 목적어를 갖지 않는 경우

단독으로 서술어가 되기도 하고, 또 연동문에 출현하여 전항동사나 후항동사로 모두 다 쓰인다.

(1) **衆皆哭**, 晉於是乎作爰田. (《左傳, 僖公, 15, 360》) 사람들이 모두 통곡을 하니, 진은 이에 원전을 만들었다.

(2) **國三日哭**, 以禮焉. (《國語, 晉語五》) 나라에서는 사흘 동안 곡을 하여 이로써 예를 표시하였다.

(3) 子食於有喪者之側, 未嘗飽也. **於是日哭**, 則不歌. (《論語, 述而》) 공자께서는 상당한 자 옆에서 밥을 먹을 땐 배불리 먹지 않았다. 그리고 이날 곡을 하고 자리를 떠도 노래를 하지 않았다.

(4) 賓出, 主人拜送, 反易服, **卽位而哭**, 如或去之. (《荀子, 禮論》) 손님이 나가면 주인은 전송을 하였고, 돌아와 옷을 갈아입고 다시 자리로 가서 곡을 했는데 마치 그가 직접 떠난 듯이 하였다.

(5) 將行, **哭而過市**. (《左傳, 文公, 18, 631》) 가려고 하는데, 곡을 하며 저자를 지나갔다.

2.2 목적어를 갖는 경우('~을 위해, ~ 때문에 울다'의미)

(1) 公知其無罪也, 枕之股而**哭之**. (《左傳, 僖公, 28, 470》) 공은 그가 무죄임을 알고는, 그의 허벅지를 베고 그를 위해 곡을 했다.

(2) 公父文伯之母, **朝哭穆伯**, 而**暮哭文伯**. (《國語, 魯語下》) 公父文伯의 어미가 아침에는 남편인 穆伯을 위해 곡을 하고, 저녁엔 아들인 文伯을 위해 곡을 했다.

(3) 華周, 杞梁之妻善哭其夫, 而變國俗. (《孟子, 告子下》) 화주와 기량의 아내가 남편을 위해 곡을 잘 하니 나라의 풍속이 변했다.

(4) 武王始入殷, 表商容之閭, 釋箕子之囚, **哭比干之墓**, 天下鄉善矣. (《荀子, 大略》) 무왕이 처음 은나라에 들어가서 현인 상용의 마을을 표창하고, 죄수 기자를 석방하고, 비간의 묘에서 통곡을 했는데, 천하가 다 선으로 향했다.

(5) **楊朱哭衢涂**, 曰: "此夫過擧蹞步, 而覺跌千里者夫!" **哀哭之**. (《荀子, 王霸》) 양주가 갈래길에서 곡을 하며 말했다. "여기서 반걸음이라도 옮기게 되면 천리가 틀어지게 됨을 깨달아라!" 그러고는 슬피 울었다.

(6) 顏淵死, **子哭之慟**. (《論語, 先進》) 안연이 죽자, 공자가 그를 위해 서럽게 울었다.

(7) 天下之刖者多矣, **子奚哭之悲也**? (《韓非子, 和氏》) 천하에 월형을 받은 자는 많은데, 그대는 어찌하여 그렇게 슬프게 우는가?

관형어로 사용되는 예가 하나 있는데, 이것은 임시적 용법으로 볼 수 있다. 그 의미는 현재분사와 유사하다.

(8) **復命哭墓**, 復位而待. (《左傳, 昭公, 27, 1485》) 왕료를 위해 곡을 했던 무덤에서 복명을 하고 다시 자리로 돌아와 명을 기다렸다.[2]

통사 기능	詩經	左傳	國語	論語	孟子	荀子	韓非子	戰國策	총계
목적어 없음	0	31	6	1	3	2	5	7	55
목적어 있음	0	8	3	1	2	3	2	2	21
관형어로 쓰임	0	1	0	0	0	0	0	0	1
총계	0	40	9	2	5	5	7	9	77

표 7.2 상고 8부 문헌 '哭'의 용례 통계

3. 坐

'坐'는 '徂果切'로 재구음은 *zool?이다. 《說文》에서 "멈추는 것이다
(止也)."라고 되어 있고, 朱駿聲은 "옛날에는 자리를 땅에 깔고 앉았으
며, 무릎을 땅에 대고 엉덩이를 내리는 것을 '坐'라고 한다(古席地而
坐, 膝着地而下其臀曰坐)."라고 한다. '坐'는 '徂臥切'도 있는데 재구
음은 *zools 이다. 이는 "앉는 자리(床座)"의 의미이다. 즉, '坐'의 上聲
은 동사이고, 去聲은 명사인 것이다.

3.1 불급물동사로 사용('앉다'의미)

행위주주어는 단독으로 서술어가 되기도 하지만, 연동문에 사용되기
도 한다. 그리고 뒤에는 처소나 시간 성분이 출현할 수도 있다.

  (1) 席不正, **不坐**. (《論語, 鄉黨》) 자리가 바르지 않으면 앉지 않으셨다.

  (2) **詹何坐**, 弟子侍, 有牛鳴於門外. (《韓非子, 解老》) 첨하가 앉아 제자
      들이 모시고 앉았는데, 밖에서 소의 울음소리가 들렸다.

---

  2) 杜預注에는 이것에 대해 "왕료의 무덤에 가서 사신 갔던 일을 복명한 것(復使命
     於僚墓)"이라고 한다.

(3) 有欲爲王留行者, <u>坐而言</u>. (《孟子, 公孫丑下》) 임금을 위해 맹자가 떠나는 것을 만류하려고 하는 자가 앉아서 말했다.

(4) <u>坐</u>! 我明語子. (《孟子, 公孫丑下》) 앉으시오! 내 그대에게 분명히 말하겠소.

(5) <u>楚人坐其北門</u>, 而覆諸山下. (《左傳, 桓公, 12, 134》) 초나라 사람들이 북문에 앉자, 산 아래에 복병을 두었다.

(6) 齊侯與晏子坐于路寢. (《左傳, 昭公, 26, 1480》) 제나라 제후와 안자가 노침에 앉아 있었다.

(7) 居則設張容, <u>負依而坐</u>, 諸侯趨走乎堂下. (《荀子, 正論》) 편안하게 정사를 들을 때는 용을 설치하여 병풍을 의지해 앉고 제후들이 종종걸음으로 당 아래로 간다.

(8) <u>樓緩坐魏三月</u>, 不能散齊, 魏之交. (《戰國策, 趙三》) 누완이 위나라에 3개월간 있었지만, 제와 위의 결맹을 무너뜨리지 못했다.

(9) 臣一見, 而<u>能令王坐</u>而天下致名實. (《戰國策, 趙四》) 신이 한 번 뵈오면, 임금으로 하여금 앉아서 천하의 명과 실을 다 얻게 할 수 있습니다.

《戰國策》에 출현하는 2예의 용례는 '坐' 뒤에 결과보어가 출현하고 있다.

(10) <u>田先生坐定</u>, 左右無人, 太子避席而請曰. (《戰國策, 燕三》) 전선생이 좌정을 하자 좌우엔 사람이 없었고, 태자가 자리를 피하며 말했다.

(11) <u>荊軻坐定</u>, 太子避席頓首曰. (《戰國策, 燕三》) 형가가 좌정하자 태자가 자리를 피하며 머리를 숙이고 말했다.

3.2 치사자주어문('앉게 하다'의미)

'坐'의 사동 용례는 매우 적어서 총3예 출현한다. 그것의 치사자주어는 모두 행위주 논항이다.

(1) 二子在幄, <u>坐射犬于外</u>, 既食而後食之. (《左傳, 襄公, 24, 1092》) 두 사
람이 군막에 있는데, 사견은 밖에 앉혔고, 다 먹고 나서 그 다음에 먹게
했다.[3]

(2) <u>太后坐王</u>而泣. (《戰國策, 秦五》) 태후는 왕을 앉혀놓고 울었다.

(3) 其適來班貢, 不俟馨香嘉味, 故<u>坐諸門外</u>, 而使舌人體委與之.
(《國語, 周語中》) 그들이 마침 와서 조공을 바치면, 맛있는 음식을 기다
릴 것도 없이 문 밖에 그들을 앉게 하고 역관을 시켜 먹을 것을 통째
로 주면 된다.

3.3 관형어로 쓰이는 경우

진행의 의미를 나타내며, 《左傳》에서 1예 출현한다.

(1) <u>坐引者</u>, 以師哭之, 親推之三. (《左傳, 定公, 09, 1575》) 앉아 있는 수레
끄는 이들이 있고, 군사들은 곡을 했으며, 친히 수레를 세 번 밀었다.[4]

통사 기능	詩經	左傳	國語	論語	孟子	荀子	韓非子	戰國策	총계
능동	2	11	5	3	9	4	14	22	70
사동	0	1	1	0	0	0	0	1	3
관형어로 쓰임	0	1	0	0	0	0	0	0	1
총계	2	13	6	3	9	4	14	23	74

표 7.3 상고 8부 문헌 '坐'의 용례 통계

---

3) 楊伯峻注에는 "射犬으로 하여금 장막 밖에 앉게 하다."로 되어 있다.

4) 楊伯峻注에는 "장례 행렬이 나갈 때, 군대가 곡을 하고, 수레 끄는 자들은 감히
서있지 못하고 앉아 있게 된다."라고 했는데, '坐引者'란 곧 '앉아서 수레를 끄는
이들'이다.

4. 走

《廣韻》에서는 "'빨리 가다'로, '子苟切' 또는 음이 '奏'라고 되어 있다(趨也, 子苟切. 又音奏)."라고 되어 있다.

《群經音辨》에는 "'走'는 '달리다'로 발음은 '臧苟切'이다. 또 '~을 향해 달려가다'의미가 있고 발음은 '臧候切'이다(走, 趨也, 臧苟切. 趨向曰走, 臧候切)."이라 되어 있다.

'走'는 두 가지 발음이 있는데, 하나는 上聲으로 재구음은 *ʔsooʔ 이며, 뜻은 '달리다(跑)'이다. 다른 하나는 去聲으로 *ʔsoos 로, 뜻은 '~을 향해 달리다(奔向)'이다.

4.1 上聲 '走'의 통사 기능

4.1.1 행위주주어문('달리다'의미)

목적어를 갖지 않아 불급물동사이다. 단독으로 서술어가 될 수 있고, 연동문에서 전항동사나 후항동사가 될 수도 있다.

(1) **走出**, 遇賊于門. (《左傳, 莊公, 08, 174》) 도망가다가 문에서 도적을 만나다.

(2) 重耳曰: "君父之命不校." 乃徇曰: "校者, 吾讎也." **踰垣而走**. (《左傳, 僖公, 05, 305》) 중이가 "군부의 명이니 저항할 수 없다"라고 하고는 이에 "저항하는 자는 내 원수이다."라고 두루 말하고, 담을 넘어 달아났다.

(3) 公寢, 將以戈擊之, **乃走**. (《左傳, 昭公, 25, 1462》) 공이 자려는데, 창으로 그를 치려 하자 달아났다.

(4) 神曰: "**無走**!" 帝命曰: '使晉襲於爾門.' (《國語, 晉語二》) 신이 말했

다. "달아나지 마라! 상제께서 '진을 시켜 너희나라 문으로 들어가라.'
고 했느니라."

처소논항은 목적어나 사격목적어로 실현된다. 예컨대 다음과 같다.

(5) 武王崩, 成王幼, 周公屛成王而及武王. 履天子之籍, 負扆而坐,
諸侯趨走堂下. (《荀子, 儒效》) 무왕이 죽고 성왕이 어리자, 주공이 성왕
을 물리치고 무왕을 계승했다. 천자의 자리에 올라 병풍을 등지고 앉
자, 제후들이 종종걸음으로 당 아래를 왔다갔다 했다.

(6) 居則設張容, 負依而坐, **諸侯趨走乎堂下**. (《荀子, 正論》) 편안하게
정사를 들을 때는 용을 설치하여 병풍을 의지해 앉고 제후들이 종종걸
음으로 당 아래로 간다.

4.1.2 치사자주어문('달리게 하다' 의미)

(1) 古公亶父, **來朝走馬**. (《詩經, 大雅, 綿》) 고공단보가 아침에 말을 달려
왔다.

(2) 天下有道, 卻**走馬**以糞. (《韓非子, 解老》) 천하에 도가 있으면 말 달리
는 것을 그만두고 거름을 주라고 했다.

(3) 天下有道, 無急患, 則曰靜, 遽傳不用. 故曰: '卻**走馬**以糞.' (《韓
非子, 喩老》) 천하에 도가 있으면 위급이 없어서 조용해지니, 급사를 보
낼 필요가 없다. 그래서 노자는 '말 달리는 것을 그만두고 거름을 주
라.'고 했다.

(4) 臨淄甚富而實, 其民無不吹竽, 鼓瑟, 擊筑, 彈琴, 鬪雞, **走犬**, 六
博, 蹹鞠者. (《戰國策, 齊一》) 임치는 부유하고 실하여 그 백성들이 吹
竽, 鼓瑟, 擊筑, 彈琴, 鬪雞, 走犬(개 달리게 하는 경기), 六博, 蹹鞠
을 하지 않는 자가 없다.

(5) 可以忠太子而使楚益入地. 可以爲楚王**走太子**. (《戰國策, 齊三》) 태

자에 충성함으로써 초로 하여금 더 많은 이익을 들이게 할 수 있다. 그리고 초왕을 위해 태자를 제에 가게 할 수 있다.

(6) 忠王而**走太子**者又蘇秦也. (《戰國策, 齊三》) 임금에 충성하여 태자를 보낼 수 있는 자 또한 소진이다.

(7) **李牧數破走秦軍**, 殺秦將桓齮. (《戰國策, 趙四》) 이목은 여러 차례 진의 군대를 물리쳤고, 진 장수 환기도 죽였다.

(8) 今臣爵至人君, **走人於庭**, 辟人於途. (《戰國策, 魏四》) 지금 신의 작위가 임금까지 오르게 되어, 사람들을 뜰에 다니게 할 수 있고, 길에서 피하게도 할 수 있다.

(9) **鄭强之走張儀於秦**. (《戰國策, 韓一》) 정강이 장의를 진에서 쫓아냈다.

4.1.3 관형어로 쓰이는 경우

모종의 능력이 있는 사물을 나타낸다.

(1) 麒麟之於**走獸**, 鳳凰之於飛鳥, 泰山之於丘垤, 河海之於行潦, 類也. (《孟子, 公孫丑上》) 달리는 짐승 중에서는 기린이, 날짐승 중에서는 봉황이, 언덕과 구릉 중에서는 태산이, 흐르는 웅덩이 중에서는 강과 바다가 빼어난 종류들이다.

(2) 北海則有**走馬**吠犬焉, 然而中國得而畜使之. (《荀子, 王制》) 북쪽 바다에 잘 달리는 말과 잘 짓는 개가 있는데 중국에서는 이들을 구해 가축으로 기른다.

(3) 世無東郭俊, 盧氏之狗, 王之**走狗**已具矣. (《戰國策, 齊四》) 세상에는 동곽준이니 노씨니 하는 개는 없어도 왕은 잘 달리는 개를 이미 갖추었다.

4.2 去聲 '走'의 통사 기능

4.2.1 급물동사('~을 향하다'의미). 목표를 나타내는 처소논항은 목적어로 실현된다.

(1) 奉君以走固宮. 必無害也. (《左傳, 襄公, 23, 1074》) 임금을 모시고 고궁으로 달아나면 해가 없을 것이다.5)

(2) 百濮離居, **將各走其邑**, 誰暇謀人? (《左傳, 文公, 16, 618》) 백복은 흩어져 살아, 각자 그 고을로 달아나려고 할 것이니, 누가 남을 도모할 겨를이 있겠는가?

(3) **趙旃棄軍而走林**, 屈蕩搏之, 得其甲裳. (《左傳, 宣公, 12, 738》) 조전이 군대를 버리고 숲으로 달아나 굴탕이 그와 싸워 그의 치마를 얻었다.

(4) 齊侯駕, **將走郵棠**. (《左傳, 襄公, 18, 1040》) 제후가 수레를 몰아 우당으로 달아나려고 했다.

(5) 寡君寢疾, 於今三月矣, **幷走群望**, 有加而無瘳. (《左傳, 昭公, 07, 1289》) 저희 임금께서 병으로 몸져누워 현재까지 세 달째입니다. 모든 망제 하는 데를 다 갔는데 병만 깊어지지 나아지지 않습니다.

(6) 襄子出, 曰: "**吾何走乎**?" (《國語, 晉語九》) 양자가 도망가면서 말했다. "내가 어디로 도망가야 하는가?"

(7) 民之歸仁也, 猶水之就下, **獸之走壙**也. (《孟子, 離婁上》) 백성들이 어진 이를 따르는 것은 마치 물이 아래로 내려가는 것과 같고, 짐승이 들로 달리는 것과 같다.

(8) **趙咺走山**, 田外僕, 而齊, 晉從. (《韓非子, 難四》) 조선자는 산으로 도망갔고, 전성자는 남의 종이 되었는데, 제와 진이 나중에 그에게 복종했다.

(9) **韓廆走君**而抱之, 遂刺韓廆而兼哀侯. (《韓非子, 內儲說下》) 한외

---

5) 《經典釋文》에는 "원래의 발음이며 또는 음이 奏이다(如字, 一音奏)."라고 한다.

는 임금에게 달려가 안았지만, 자객이 한외를 찌르고 애후까지 죽였다.

(10) **丙出走齊**, 居一年, 豎牛爲謝叔孫, 叔孫使豎牛召之. (《韓非子, 內儲說上》) 병이 제나라로 도망가서 일 년을 살았는데 수우를 시켜 숙손통에게 용서빌게 했으나 숙손통은 수우를 시켜 그를 부르게 했다.

4.2.2 처소논항이 사격목적어로 실현되는 경우. 총3예 출현하며 모두 《戰國策》에 나온다.

(1) 齊恐, 則**不不走於秦且走晉, 楚**. (《戰國策, 秦二》) 제나라는 두려워서 秦으로 안 가고 반드시 晉이나 楚로 갈 것이다.

(2) 齊兵敗, **閔王出走於外**. (《戰國策, 燕一》) 제나라 군사가 패하여 민왕이 밖으로 도주하였다.

(3) 羊羹不遍, 司馬子期怒而**走於楚**, 說楚王伐中山. (《戰國策, 中山》) 양고기국이 사마자기에게 돌아가지 않자 사마자기는 화가 나서 초로 가서는 초왕을 설득해 중산국을 정벌하였다.

통사 기능		詩經	左傳	國語	論語	孟子	荀子	韓非子	戰國策	총계
上聲	행위주주어	2	28	9	0	0	7	37	40	123
	치자사주어	1	0	0	0	0	0	2	7	10
去聲	목적어	0	9	5	0	1	0	11	13	39
	사격목적어	0	0	0	0	0	0	0	3	3
총계		3	37	14	0	1	7	50	63	175

표 7.4 상고 8부 문헌 '走'의 용례 통계

5. 吠('짖다')

5.1 '吠'의 통사 기능

5.1.1 목적어를 갖지 않는 경우

(1) 舒而脫脫兮, 無感我帨兮, <u>無使尨也吠</u>. (《詩經, 召南, 野有死麕》) 천천히 가만히, 내 치마를 만지지 마세요, 내 개를 짖게 하지 마세요.

(2) 夏后, 殷, 周之盛, 地未有過千里者也, 而齊有其地矣. <u>鷄鳴狗吠相聞</u>, 而達乎四境, 而齊有其民. (《孟子, 公孫丑上》) 하나라, 은나라, 주나라가 융성할 때에도 땅이 천리를 넘지 않았다. 그런데 제나라는 지금 그런 땅을 가지고 있다. 닭 울음소리, 개 짖는 소리가 서로 들려 사방까지 들릴 정도로 제나라는 백성이 많았다.

(3) 吾兄弟比以安, <u>尨也可使無吠</u>. (《左傳, 昭公, 원년, 1210》) 우리가 형제처럼 편안하면 삽살개도 짖지 않게 할 수 있다.

5.1.2 목적어를 가지는 경우

(1) 天雨, 解素衣, 衣緇衣而反, <u>其狗不知而吠之</u>. (《韓非子, 說林》) 비가 오자 흰 옷을 벗고 검은 옷으로 갈아입었는데, 그 개가 양포를 알아보지 못하고 그에게 짖었다.

(2) <u>跖之狗吠堯</u>, 非貴跖而賤堯也, <u>狗固吠非其主也</u>. (《戰國策, 齊六》) 도척의 개가 요를 보고 짖는 것은, 도척을 귀하게 여기고 요를 천하게 보기 때문이 아니요, 개는 본디 그 주인이 아니면 짖는 것이다.

(3) 夫宵行者能無爲姦, 而不能<u>令狗無吠己</u>. (《戰國策, 韓三》) 무릇 밤에 다니는 자는 나쁜 일을 안 했어도 개로 하여금 자기에게 짖지 않게 할 수 없다.

(4) 夜行者無爲姦, 不能禁<u>狗使無吠己也</u>. (《戰國策, 魏四》) 밤에 다니는 자는 나쁜 일을 안 했어도 개로 하여금 자기에게 짖지 않게 금할 수 없다.

5.1.3 관형어로 쓰이는 경우

(1) 吏人之與叔孫居於箕者, 請其**吠狗**, 弗與. (《左傳, 昭公, 23, 1443》) 숙손과 함께 기에 거주하고 있는 관리가 그에게 잘 짖는 개를 청했으나 주지 않았다.

(2) 北海則有走馬**吠犬**焉, 然而中國得而畜使之. (《荀子, 王制》) 북쪽 바다에 잘 달리는 말과 잘 짖는 개가 있는데 중국에서는 이들을 구해 가축으로 기른다.

통사 기능	詩經	左傳	國語	論語	孟子	荀子	韓非子	戰國策	총계
목적어 없음	1	1	0	0	1	0	0	0	3
직접 목적어	0	0	0	0	0	0	1	4	5
관형어로 쓰임	0	1	0	0	0	1	0	0	2
총계	1	2	0	0	1	1	1	4	10

표 7.5 상고 8부 문헌 '吠'의 용례 통계

6. 소결

우리는 전형적인 '비능격동사'의 통사 특징에 대해 아래와 같이 귀납할 수 있다.

최소 구성 형식은 'NP V'이고, 이때의 'NP'는 동사의 행위주, 즉 외재논항이다.

(1) **楚莊王既勝**, 狩於河雍, 歸而賞孫叔敖. (《韓非子, 喩老》) 초장왕이 승리했는데 황하와 형옹 사이에서 이기고는 돌아와 손숙오를 상주려 했다.

(2) **衆皆哭**, 晉於是乎作爰田. (《左傳, 僖公, 15, 360》) 사람들이 모두 통곡을 하니, 진은 이에 원전을 만들었다.

(3) 詹何坐, 弟子侍, 有牛鳴於門外. (《韓非子, 解老》) 첨하가 앉아 제자들이 모시고 앉았는데, 밖에서 소의 울음소리가 들렸다.

(4) 辰不集于房, 瞽奏鼓, 嗇夫馳, 庶人走. (《左傳, 昭公, 17, 1385》) 일월의 교차가 정상적이지 않아, 소경이 북을 치고, 색부가 마차를 달리고 서인이 달아났다.

(5) 觶懼, 將走, 公閉門而泣之, 目盡腫. (《左傳, 定公, 10, 1582》) 퇴가 두려워 달아나려 하자, 공이 문을 닫으니 울어서 눈이 다 부었다.

(6) 舒而脫脫兮, 無感我帨兮, 無使尨也吠. (《詩經, 召南, 野有死麕》) 천천히 가만히, 내 치마를 만지지 마세요, 내 개를 짖게 하지 마세요.

'비능격동사'에 대해 말하자면, 동사의 비필수논항은 통사 층위에 외현적으로 출현할 수도 있고, 출현하지 않을 수도 있다. 또한 대개 통사상의 목적어로 실현되는데, 사격목적어로는 실현되지 않는다. 이 점은 비대격동사와 다른 점이다.

일반적으로 비능격동사는 '勝', '哭', '吠' 등처럼 使動의 통사구조가 없다. 만약 사동의 통사구조가 있다면 이는 '走'나 '坐'처럼 그 사동문의 목적어가 단지 유생명사로 제한된다. 아울러 사동용법이 이들의 주요용법도 아니어서 그 용례도 매우 적다.

형용사화하여 관형어로 쓰일 때, 이것이 나타내는 의미는 "어떤 능력을 갖고 있다"라든가 수반, 진행의 의미로 영어의 현재분사와 유사하다.

(7) 坐引者, 以師哭之, 親推之三. (《左傳, 定公, 09, 1575》) 앉아 있는 수레 끄는 이들이 있고, 군사들은 곡을 했으며, 친히 수레를 세 번 밀었다.

(8) 北海則有走馬吠犬焉, 然而中國得而畜使之. (《荀子, 王制》) 북쪽 바다에 잘 달리는 말과 잘 짖는 개가 있는데 중국에서는 이들을 구해 가축으로 기른다.

呂叔湘(1987)은 일찍이 '勝'과 '敗'를 전형적인 동사로 삼아 현대한어의 불급물동사가 출현할 수 있는 두 가지 형식을 아래와 같이 토론한 바 있다.

제1형식			제2형식		
X	一동사	一Y	X	一동사	一Y
X	一동사		Y	一동사	
中國隊	勝	南朝鮮隊	中國隊	敗	南朝鮮隊
中國隊	勝		南朝鮮隊	敗	

본절에서는 상고한어 '勝'의 통사기능에 대해 토론한 바 있는데, '勝'은 사동의 통사조작을 통해 사동문을 형성하지 못한다. 이는 바로 전형적인 비능격동사이다. 그러나 '敗'는 전형적인 비대격동사로서 대량의 사동문 용례가 있다. 이러한 自動과 使動文 중의 '敗'는 음운상으로 聲母 濁(*braads)과 淸(*praads)의 대립으로 나타난다. 그리고 이것은 보다 더 이전의 접두사인 *s-까지 올라갈 수 있다. 상고한어의 使動 통사구조는 이상하리만큼 활약이 많았다. 그래서 일부 급물동사나 비능격동사 심지어 성질형용사마저도 모두 형태 또는 통사적 작용을 통해 사동화가 되었다. 이러한 면은 현대한어에 이미 존재하지 않는 특징이다. 따라서 상고한어와 현대한어의 '勝'과 '敗'가 출현하는 형식이 겉으로 보기엔 비슷해 보이나 여기에 관련된 심층적인 면모는 완전히 다르다고 할 수 있다.

한편, 주의할 사항으로 '走'라는 동사가 있는데, 이것은 上聲일 때는 '운동방식 동사'인 반면, 去聲일 때는 '방향성 동사'가 된다. 去聲의 의미는 곧 上聲 '走'의 파생형식으로 일종의 去聲別義인 셈이다. 그리고 이때의 *-s는 사격을 파생시키는 표지라 할 수 있다(洪波(2008)). 上聲 '走' 뒤에 출현하는 처소논항은 의미상 동작이 발생하는 장소이나, 去聲 '走' 뒤에 출현하는 처소논항은 동작의 목표를 나타낸다. 즉, 去聲의 '走'는 일종의 방향동사로서 상편의 제5장 방향동사에서의 상황과 마찬가지로, 처소논항은 간접적인 내재논항이 되며, 이는 목적어로 실현될 수도 있고 사격목적어로 실현될 수도 있다.

(9) <u>人之塗其體, 被濡衣而走火者</u>, 左三千人, 右三千人. (《韓非子, 內儲說上》) 사람들 중 몸에 진흙을 바르고 젖은 옷을 입고 불을 끄는(불로 뛰어들다) 이들이 있는데, 왼쪽에 삼천, 오른쪽에 삼천씩 있었다.

(10) 齊恐, 則<u>必不走於秦且走晉, 楚</u>. (《戰國策, 秦二》) 제나라는 두려워서 진으로 안 가고 반드시 진이나 초로 갈 것이다.

본서는 비대격동사의 판별에 대해 의미와 통사적 기준 모두를 중시하고 있다. 그랬을 때, 去聲 '走'가 방향동사에 속하는 것은 일종의 의미상의 비대격동사류임을 말한다. 그러나 우리는 去聲의 '走'가 사동문에 출현하는 예를 찾지 못했다. 이는 곧 비대격동사로서 통사상의 상응하는 표현이 존재하지 않는 것이다. 따라서 **우리는 去聲의 '走'를 비대격동사로 보지 않는다**. 그리고 이 동사의 용례 중 주어는 모두 엄격한 의미상의 행위주인데, 이는 오히려 비능격동사의 주어의 의미에 대한 요구사항에 더 접근해 있다.

제2절 전형적인 급물동사의 통사적 특징 – '圍', '斬', '取', '伐', '誅'

1. 圍

1.1 급물동사로 사용('포위하다'의미)

피동작주 목적어를 가지며, 뒤에 처소, 시간 보어가 출현할 수 있다.

(1) 八月壬戌, **鄭伯圍戴**. (《左傳, 隱公, 10, 69》) 팔월 임술일에 정백이 대를 포위했다.

(2) 退, **楚必圍我**. (《左傳, 襄公, 10, 982》) 물러나면, 초나라가 분명 우리를 포위할 것이다.

(3) **欒武子, 中行獻子圍公於匠麗氏**, 乃召韓獻子. (《國語, 晉語六》) 欒武子와 中行獻子가 匠麗氏의 처소에서 여공을 포위하고 한헌자를 불렀다.

(4) 兵至梁郭下, **圍梁數旬則梁可拔**. (《韓非子, 初見秦》) 양나라 성 아래까지 이르렀고, 양의 성곽을 수십일 동안 에워쌌다면 양나라를 쳐서 빼앗을 수 있었다.

(5) 百萬之衆折於外, **今又內圍邯鄲而不能去**. (《戰國策, 趙三》) 백만 대군이 밖에서 꺾였고, 지금은 또 안으로 한단이 포위되어 이를 제거하지 못하고 있다.

8부 문헌 중 '圍'와 그 목적어 사이에 기타 동사가 들어가는 예가 4예 출현하는데, 여기서 '圍'는 항시 전항동사로 출현한다.

(6) 初, 楚武王克權, 使鬪緡尹之, 以叛, **圍而殺之**. (《左傳, 莊公, 18, 209》) 처음에 초무왕이 권을 이겨 대부 투민을 시켜 수장이 되게 했는데, 그가 오히려 반란을 일으키자 포위하여 그를 죽였다.

(7) 乃走晉陽, **晉師圍而灌之**, 沈竈産鼃, 民無叛意. (《國語, 晉語九》) 이에 진양으로 도망갔다. 진의 군대가 포위하고 성안에 물을 대서 솥에서 개구리가 나올 정도로 물에 잠겼으나 백성들은 배반할 뜻이 없었다.

(8) 君因不善蘇秦, 則**是圍塞天下士**而不利說途也. (《戰國策, 齊三》) 임금께서 소진을 잘 대하지 않으시면 이는 천하의 선비를 둘러싸 막는 것이니 그러면 예리한 언로를 막는 것입니다.

(9) 昔智伯瑤殘范, 中行, **圍逼晉陽**, 卒爲三家笑. (《戰國策, 秦五》) 옛날에 지백 요가 범씨, 중행씨를 멸하고 진양을 둘러싸 압박하다가 마침내 삼가의 웃음거리가 되었다.

1.2 무표지 피동문('포위되다'의미)

'대구문(排比句)'이 되거나 혹은 '비현실문' 혹은 '완성사건'이다.

《韓非子》에 3예 출현하며, 그중 2예 뒤에는 '於'로 처소성분을 구성하고 있다. 나머지 1예는 대구문인데, 이는 또《戰國策》에도 4예 출현한다.

(1) 木枝扶疏, 將塞公閭, 私門將實, 公庭將虛, **主將壅圍**. (《韓非子, 揚權》) 나뭇가지가 무성하게 뻗어나가면 이내 궁궐의 문을 덮어버린다. 권력자 집이 장차 실해지면 궁궐이 텅비게 되어 군주가 장차 가려진다.

(2) 故**日月暈圍於外**, 其賊在內, 備其所憎, 禍在所愛. (《韓非子, 備內》) 그러므로 해무리, 달무리가 밖에서 에워 싸지고, 그 적은 안에 있으니, 그 증오하는 바를 방비하면, 화는 사랑하는 이에게 있다.

(3) 今也, **寡人一城圍**, 食不甘味, 臥不便席. (《戰國策, 秦三》) 지금 과인은 성 하나만 포위당해도 밥맛을 모르고, 잘 때 자리가 불편할 것이다.

(4) 今者, 齊韓相方, **而國圍**攻焉. (《戰國策, 趙三》) 지금은 제나라와 한나라가 서로 대적하여 나라가 포위되어 공격을 받고 있다.

(5) 文臺墮, 垂都焚, 林木伐, 麋鹿盡, **而國繼以圍**. (《戰國策, 魏三》) 문대가 무너지고, 수도는 불에 타고 나무는 베어지고 사슴들도 다 사라졌고, 나라는 계속해서 포위당했다.

이러한 무표지 피동문은 능동문과의 비교를 통해 관찰할 수 있다.

(6) **襄子圍於晉陽中**, 出圍, 賞有功者五人, 高赫爲賞首. (《韓非子, 難一》) 양자가 진양에서 포위되어 있다가 거기를 뚫고 나와서 유공자 다섯을 상주었는데, 고혁이 가장 높은 상을 받았다. **무표지 피동문**

(7) 昔者六晉之時, 智氏最强, 滅破范, 中行, 帥韓, **魏以圍趙襄子於晉陽**. (《戰國策, 秦四》) 전에 육진 때, 지씨가 가장 강해 범씨와 중행씨

를 멸하고 한, 위를 이끌고 조양자를 진양에서 포위했다. **능동문**

(8) **今雍氏圍**, 而秦師不下崤, 是無韓也. (《戰國策, 韓二》) 지금 옹씨 땅이 포위당했는데, 진의 군대가 효산을 넘지 않고 있으면 이는 한을 포기하는 것이다. **무표지 피동문**

(9) **楚圍雍氏**, 韓令冷向借救于秦 (《戰國策, 韓二》) 초나라가 옹씨를 포위하자, 한은 냉량을 진에 보내 구원을 청했다. **능동문**

상술한 무표지 피동문의 예(6)과 (8)이 서술하는 내용은 모두 완성사건이고, 능동문인 예(7)과 (9)가 나타내는 것은 비완성사건이다.

1.3 유표지 피동문

'被圍+於'의 형식으로 《戰國策》에 1예 출현한다.

(1) 君臣過計, 上下迷惑, 栗腹以百萬之衆, 五折於外, 萬乘之國, **被圍於趙**, 壤削主困, 爲天下戮, 公聞之乎? (《戰國策, 齊六》) 군신이 계책을 잃고, 상하가 미혹되어 율복이 백만대군을 이끌고 밖에서 그 절반이 졌으니, 만승의 나라가 조나라에게 포위당하고, 국토는 깎이고 임금은 곤궁해져 천하의 모욕을 당했으니 공은 들어봤는가?

1.4 관형어로 쓰이는 경우. 《戰國策》에 2예 출현한다.

(1) 吾視居北圍城之中者, 皆有求於平原君者也. 今吾視先生之玉貌, 非有求於平原君者也, 曷為久居此**圍城**之中而不去也? (《戰國策, 趙三》) 제가 이 포위된 성 안에 거주하는 사람들을 보니, 모두 평원군에게 무언가를 바라는 것이 있었는데, 지금 제가 선생의 얼굴을 보니, 평원군에게 요구하는 것이 없는 듯합니다. 어찌하여 오래도록 포위된 성에 머물며 떠나지 않으십니까?

통사 기능		詩經	左傳	國語	論語	孟子	荀子	韓非子	戰國策	총계
능동문	주술목	0	136	7	0	0	8	0	36	188
	연동문	0	1	1	0	0	0	0	2	4
피동문	무표지 피동	0	0	0	0	0	3	0	4	7
	'被+於'	0	0	0	0	0	0	0	1	1
관형어로 쓰임		0	0	0	0	0	0	0	2	2
총계		0	137	8	0	0	11	0	45	201

표 7.6 상고 8부 문헌 '圍'의 용례 통계

2. 斬

2.1 급물동사로 사용('베다'의미)

피동작주 목적어를 가진다. 《詩經》에 1예,《左傳》에 16예,《國語》에 13예,《韓非子》에 32예,《戰國策》에 11예 출현한다.

(1) 浩浩昊天, 不駿其德. 降喪饑饉, **斬伐四國**. (《詩經, 小雅, 雨無正》) 넓고 넓은 하늘이, 항상 덕을 베풀지는 않아, 상란과 기근을 내려 사국을 베고 정벌하시니.

(2) **披斬其袪**. 遂出奔翟. (《左傳, 僖公, 05, 305》) 그때 피가 중이의 소매를 잘랐으나, 중이는 적으로 달아났다.

(3) 戰之明日, 晉襄公縛秦囚, **使萊駒以戈斬之**. 囚呼, 萊駒失戈, **狼瞫取戈以斬囚**, 禽之以從公乘. (《左傳, 文公, 02, 519》) 전쟁이 있은 다음 날, 진양공이 진의 포로들을 묶어, 내구에게 시켜 그들을 과로 참하게 했다. 포로가 소리 지르자 내구는 과를 떨어뜨렸고, 낭심이 과를 잡아 포로를 참수했고 그를 잡아 공의 수레를 따랐다.

(4) 有事於山, 蓺山林也. 而**斬其木**, 其罪大矣. (《左傳, 昭公, 16, 1382》) 산에서 제사를 지내면 산림을 길러야 한다. 그 나무를 베면 그 죄가 크다.

(5) 丁丑, **斬慶鄭**, 乃入絳. (《國語, 晉語三》) 정축에, 경정을 참하고서야 혜공이 강도에 들어왔다.

(6) 詈侮捽搏, 捶笞臏脚, **斬斷枯磔**, 藉靡舌絶. (《荀子, 正論》) 욕을 먹고 모욕을 당하고, 머리를 잡히고 맞기도 하고, 다리를 잘리는 형을 받기도 하며, 목을 잘리거나 사지가 찢기는 형벌을 받기도 하는데, 쇠사슬에 묶이기도 하고 재갈이 물리기도 한다.

(7) **且韓子之所斬若罪人**, 郤子奚分焉? (《韓非子, 難一》) 한자가 참한 이가 만약 죄인이라면 극자가 어찌 비난을 나누겠는가?

(8) 塞太行之口, 又**斬范, 中行之途**, 棧道千里於蜀, 漢, 使天下皆畏秦. (《戰國策, 秦三》) 태행산 입구를 막고 범씨와 중행씨의 길을 참하고 지나, 잔도로 촉과 한중 땅까지 천리를 이어 천하로 하여금 진을 두렵게 만들었다.

2.2 목적어를 갖지 않는 경우

연동문이 되거나, 혹은 동사 앞에 조동사나 부사가 있는데, 주로 '將', '必', '能', '欲' 등이 있다.

(1) 荀吳之嬖人不肯卽卒, **斬以徇**. (《左傳, 昭公, 원년, 1216》) 순오가 총애하는 자가 군에 들려고 하지 않아 참수하여 모두에게 보였다.[6]

(2) **斬伐養長不失其時**, 故山林不童, 而百姓有餘材也. (《荀子, 王制》) 나무를 베거나 기르는 시기를 잃지 않으면 산림이 황폐화되지 않아 백성들이 재목을 충분히 얻을 것이다.

(3) **斬而齊**, 枉而順, 不同而一. (《荀子, 臣道》) 잘라서 가지런히 하고, 굽혀 따르게 하면 같지 않아도 하나가 된다.

---

6) 楊伯峻注에는 "魏舒가 참수하여 무리에게 보인 것이다."라고 되어 있다.

(4) 摩厲以須, 王出, **吾刃將斬矣**. (《左傳, 昭公, 12, 1216》) 칼을 갈면서 기다리다가, 왕이 나오면 내 칼로 벨 것이다.

(5) **百工將時斬伐**, 佻其期日, 而利其巧任. (《荀子, 王霸》) 백공들이 장차 일정한 때에 나무를 베게 하고, 그 기일을 늦추게 하여 그들의 기술에 유리하게 하다.

2.3 '可V' 구조

(1) 三軍大敗, **不可斬也**, 獄犴不治, 不可刑也, 罪不在民故也. (《荀子, 宥坐》) 삼군이 대패를 해도 참해서는 안 되고, 옥사를 잘 다스리지 못해도 형벌을 가하면 안 되니, 죄가 백성에게 있지 않기 때문이다.

2.4 무표지 피동문

'대구문'이 되거나 혹은 '가상의 상태문' 또는 '완성사건'이 될 수도 있다.

(1) **國既卒斬**, 何用不監. (《詩經, 小雅, 節南山》) 나라가 이미 망했는데, 어찌하여 돌아보지 않는가?

(2) **君子之澤五世而斬**, **小人之澤亦五世而斬**. (《孟子, 離婁下》) 군자의 혜택도 다섯 세대를 넘기지 못하고, 소인의 혜택도 다섯 세대를 넘기면 다한다.

(3) 謂二三子歸而不歸, 處而不處, 進而不進, 退而不退, 左而不左, 右而不右, **身斬**, 妻子鬻. (《國語, 吳語》) 너희들에게 돌아가라 했는데, 돌아가지 않고, 남아 있으라고 했는데 남아 있지 않고, 나아가라 했는데, 나아가지 않고, 후퇴하라고 했는데, 후퇴하지 않고, 왼쪽으로 가라고 했는데 왼쪽으로 가지 않고, 오른쪽으로 가라고 했는

데 오른쪽으로 가지 않은 이들은 그 자신은 참하고 처자는 노예로 삼
았다.

(4) 以此觀之, 先令者殺, **後令者斬**, 則古者先貴如令矣. (《韓非子, 飾
邪》) 이로 보건대, 명령을 앞선 이도 죽었고, 명령을 늦게 한 자도 참수
했으니, 옛날에 명령을 그대로 따르는 것을 중시하였다.

(5) 夫珠玉人主之所急也, 和雖獻璞而未美, 未為主之害也, 然猶**兩
足斬**而寶乃論, 論寶若此其難也. (《韓非子, 和氏》) 무릇 옥은 군주가
중요하게 여기는 것이다. 화씨가 비록 옥을 바친 것이 아름답지 않았
으나, 군주에게 해가 되지는 않는다. 그러나 오히려 두 발이 잘려지고
나서야 보옥으로 판정 되었다. 보옥으로 판정되기가 이렇게 어려운 것
이다.

(6) 公孫鞅奔秦, **關龍逢斬**, 萇宏分胣, 尹子穽於棘, 司馬子期死而
浮於江. (《韓非子, 難言》) 공손앙이 진으로 도망가자, 관룡봉은 참수되
고, 장굉은 창자가 잘려졌고, 윤자는 가시덤불 속에 던져졌고, 사마자
기는 죽어 강에 던져졌다.

(7) **進退不肅應對不恭者斬於前**. (《韓非子, 說疑》) 나아가고 물러남이 엄숙
치 않고 응대가 공손치 못한 이는 앞에서 참수되었다.

통사 기능	詩經	左傳	國語	論語	孟子	荀子	韓非子	戰國策	총계
피동작주 목적어	1	16	13	0	0	0	32	11	73
연동구조	0	1	0	0	0	4	0	0	5
동사 앞에 기타 성분이 있음	0	1	0	0	0	1	0	0	2
可V	0	0	0	0	0	1	0	0	1
무표지 피동	1	0	1	0	2	1	4	0	9
총계	2	18	14	0	2	7	36	11	90

표 7.7 상고 8부 문헌 '斬'의 용례 통계

3. 取

3.1 주로 급물동사로 사용됨('가지다'의미)

피동작주 목적어를 취함.

> (1) 遂殺之, 而**取其璧**. (《左傳, 哀公, 17, 1711》) 드디어 그를 죽이고 그 벽옥을 취했다.

> (2) 楚旣寧, **將取陳麥**. (《左傳, 哀公, 17, 1708》) 초나라가 안정되자, 진의 보리를 취하고자 했다.

> (3) 十有三年春, **鄭罕達帥師取宋師于嵒**. (《左傳, 哀公, 13, 1764》) 13년 봄, 정나라 한달이 군사를 거느리고 암에서 송의 군사를 취했다.

> (4) 古者黔首悗密蠢愚, 故**可以虛名取**也. (《韓非子, 忠孝》) 옛날의 백성은 다른 생각 없이 우매하여, 헛된 이름으로도 그 마음을 취할 수 있었다.

목적어가 출현하지 않는 경우는 연동이거나 부정일 때, 또는 '取' 앞에 조동사가 있는 경우이다. 또는 '於'로 사격목적어가 유도되어 범위를 표시하는 경우이며, 또 대구인 경우도 있다.

> (5) 士皆坐列, 曰: "顔高之弓六鈞." **皆取而傳觀之**. (《左傳, 定公, 08, 1563》) 군사들이 모두 열 지어 앉아 말했다. "안고의 활은 여섯 균이다." 그러고는 모두 활을 갖고 전해 살펴보았다.

> (6) **獲城而弗取**, 勤民而頓兵, 何以事君? (《左傳, 昭公, 15, 1371》) 성을 얻었는데 취하지 않고, 백성들을 수고롭게 하고 무기를 무디게 했으니, 임금을 어찌 섬기겠는가?

> (7) 今政令在家, **不能取也**. (《左傳, 昭公, 05, 1266》) 지금 정령은 대부에게 있어 가져올 수 없다.

> (8) 天地百物, **皆將取焉**, 胡可專也? (《國語, 周語上》) 천지 만물은 누구

나 취할 수 있는 것인데, 어찌 혼자 독점할 수 있겠는가?

 (9) 楚圍宋之役, 師還, **子重請取於申呂**, 以爲賞田. (《左傳, 成公, 07, 83 3》) 초나라가 송나라를 포위하는 전역에서 군사들이 돌아오자, 자중이 신과 여의 전지를 취해 상으로 달라고 청했다.

(10) 以德名爲義, 以類命爲象, **取於物爲假, 取於父爲類**. (《左傳, 桓公, 06, 115》) 덕을 가지고 이름하는 것을 의라 하고, 비슷한 것을 취해 이름하는 것을 상이라 하고, 사물에서 취한 것을 가라 하고, 부모에게서 취한 것을 류라고 한다.

(11) 若匱, 王用將有所乏, 乏則**將厚取於民**. (《國語, 周語上》) 만약 고갈되면 왕의 쓰임이 장차 결핍이 있을 것이요, 결핍되면 장차 백성들에게서 많이 거두게 될 것이다.

대구를 하면서 목적어가 출현하지 않는 예도 있다.

(12) 可以**取**, 可以無取, 取, 傷廉. 可以與, 可以無與, 與, 傷惠. 可以死, 可以無死, 死, 傷勇. (《孟子, 離婁下》) 취할 수 있고 취하지 않을 수 있을 때 취하면 청렴을 해치고, 줄 수 있고, 주지 않을 수도 있을 때, 주면 은혜를 해친다. 죽을 수도 있고, 죽지 않을 수도 있는데, 죽으면, 용감함을 해친다.

(13) 凡人之**取**也, 所欲未嘗粹而來也. 其去也, 所惡未嘗粹而往也. (《荀子, 正名》) 무릇 사람이 취할 때 바라는 바가 순수하지 않게 오기도 하고, 그것을 버릴 때, 싫어하는 바가 순수하지 않게 가기도 한다.

(14) 兵出必**取**, 取必能有之. (《韓非子, 飭令》) 병사들을 내보내 전쟁을 하면 반드시 승리를 취할 것이고 승리를 취하면 반드시 소유하게 될 것이다.

(15) 主過予則臣偸幸, **臣徒取**則功不尊. (《韓非子, 飾邪》) 군주의 과실에 상을 수여하면 신하는 그 요행을 훔치게 된다. 신하가 공도 없이 상을 받으면 정작 공로가 있어도 존경을 받지 못하게 된다.

(16) 今堯自以爲明而不能以畜舜, 舜自以爲賢而不能以戴堯, 湯·武
自以爲義而弒其君長, 此明君且常與, 而賢臣且**常取**也. (《韓非子,
忠孝》) 요는 스스로 현명하다 자처했지만 순을 기르지 못했고, 순은 스
스로 현명하다 했으나 요를 받들지 못했다. 탕과 무는 스스로 의롭다
했지만 그 주군을 살해했다. 이로써 현명한 군주는 항상 주려하고, 현
명한 신하는 또 항상 가지려고 한다.

3.2 '可V' 구조

(1) 臣嘗爲隸於施氏矣, 魯未**可取**也. (《左傳, 定公, 09, 1572》) 신은 일찍
이 시씨에게 신하된 적이 있으나 노나라는 취할 수 없습니다.

(2) 公曰: "魯**可取**乎?" (《左傳, 閔公, 원년, 257》) 제나라 임금이 말했다.
"노나라는 빼앗을 수 있겠는가?"

3.3 무표지 피동문

대구문이나 가상의 상태문, 완성사건으로 쓰인다.

(1) **物取**而皆祭之. (《荀子, 禮論》) 사물은 취하여 모두 제사지낸다.

(2) 兩者合而**天下取**, 諸侯後同者先危. (《荀子, 王覇》) 두 가지를 합하면
천하가 취해질 것이고, 제후 중 나중에 협동하는 자는 먼저 위험해질
것이다.

(3) 故能當一人而**天下取**, 失當一人而社稷危. (《荀子, 王覇》) 그러므로
한 사람을 잘 써서 천하가 취해질 수도 있고, 한 사람을 잃어 사직이
위태로울 수도 있다.

(4) 若受我幣而假我道, 則是**寶猶取之內府**而藏之外府也, **馬猶取之內**
廐而著之外廐也. (《韓非子, 十過》) 만약 우리의 선물을 받고 나에게

길을 빌려준다면, 이는 보물을 내부 창고에서 꺼내어 외부에 보관하는 것과 같고, 말을 내부 우리에서 취해 바깥 우리에 두는 것과 같다.

(5) 夫離法者罪, **而諸先生以文學取**, 犯禁者誅, 而群俠以私劍養. (《韓非子, 五蠹》) 법을 벗어난 자는 벌을 받아야 하나 여러 학자들은 문학으로 등용된다. 금령을 범한 자는 죽어야 하나 여러 협객은 사사로운 검으로 길러진다.

(6) **色與馬取於今之世**, 士何必待古哉? (《戰國策, 齊四》) 색과 말은 지금에서 취하면서 선비는 어찌 반드시 옛것을 기다려야 합니까?

통사 기능		詩經	左傳	國語	論語	孟子	荀子	韓非子	戰國策	총계
피동작주 목적어		14	232	27	5	38	62	71	141	590
목적어가 조건적으로 未출현	연동문	1	11	4	2	0	2	5	19	44
	부정문	0	4	6	2	0	3	8	24	47
	조동사/부사	0	2	4	0	0	0	0	2	8
'於/于'로 범위 표시		0	4	2	1	5	2	0	2	16
可V		0	3	2	0	0	0	0	1	6
무표지 피동문		0	0	0	0	0	3	3	1	7
총계		15	256	45	10	43	72	87	190	718

표 7.8 상고 8부 문헌 '取'의 용례 통계

4. 伐

《廣韻》에서는 "'伐'은 '정벌하다', '나무를 베다'의미이고, 또 '스스로 자랑하다'이다. '房越切'이다(伐, 征也, 斬木也, 又自矜曰伐. 房越切)."이라 되어 있다. 이중 본서에서는 '스스로 자랑하다'의 의미는 토론하지 않는다. '정벌'과 '나무 베다'는 다만 그 피동작주 대상이 다를 뿐이기 때문에, 본서에서는 '伐'을 동일한 의항의 두 가지 의의소(義位)로 볼 것이며 이를 굳이 엄격하게 구분하지 않을 것이다.

4.1 주로 급물동사로 사용됨('정벌하다'의미).

피동작주 목적어를 가진다.

(1) 劉廉公徹戎, <u>將逐伐之</u>. (《左傳, 成公, 원년, 782》) 유렴공이 융의 화평을 틈타 그들을 치려고 했다.

(2) 秋, <u>楚人伐吳</u>. (《左傳, 定公, 02, 1528》) 가을에 초나라 사람들이 오나라를 정벌했다.

(3) <u>伐虢之役</u>, 師出於虞. (《國語, 晉語二》) 괵을 정벌하는 전쟁에서 진나라 군대는 우를 통과해야 했다.

피동작주 목적어는 조건에 따라 출현하지 않을 수 있다.

(4) 子晳以駟氏之甲<u>伐而焚之</u>. (《左傳, 襄公, 30, 1175》) 자석은 사씨의 정병을 거느리고 백유를 정벌하여 불을 질렀다.

(5) <u>伐而不治</u>, 亂也. (《左傳, 宣公, 04, 677》) 다른 나라를 쳐서 잘 다스리지 않으면 혼란스럽다.

(6) 蔽芾甘棠, <u>勿翦勿伐</u>, 召伯所茇. (《詩經, 召南, 甘棠》) 사랑스런 팥배나무, 꺾지 마오. 소공이 여기서 머무셨다.

(7) <u>吾欲南伐</u>, 何主? (《國語, 齊語》) 내가 남쪽을 정벌하고자 하는데 어디를 주요 대상으로 해야 하는가?

또한 피동작주 목적어는 사격목적어의 형식으로 출현하기도 한다.

(8) 陽虎有寵於季氏而<u>欲伐於季孫</u>, 貪其富也. (《韓非子, 難四》) 양호가 계씨에게 총애를 받으면서도 오히려 그를 치려고 한 것은 그의 부를 탐했기 때문이다.

4.2 '可V' 구조

(1) 沈同以其私問曰: "燕可伐與?" (《孟子, 公孫丑下》) 심동이 사사로이 맹자에게 물었다. "연은 칠만하지요?"

4.3 무표지 피동문

대구문이 되거나 가상의 상태문 또는 완성사건을 나타낸다.

(1) **韋顧旣伐, 昆吾夏桀**. (《詩經, 商頌, 長發》) 위와 고를 이미 정벌하시고, 곤오와 하 걸왕을 치셨다.

(2) **君伐**, 焉歸? (《左傳, 昭公, 10, 1316》) 임금이 공격을 당했는데 어디로 돌아가겠는가?

(3) 文臺墮, 垂都焚, **林木伐**, 麋鹿盡, 而國繼以圍. (《戰國策, 魏三》) 문대가 무너지고, 수도는 불에 타고 나무는 베어지고 사슴들도 다 사라졌고, 나라는 계속해서 포위당했다.

(4) 諸侯戴齊, 而王獨弗從也, 是**國伐**也. (《戰國策, 燕一》) 제후들이 제나라를 다 떠받들 것이며, 유독 임금만 합종에 참여하지 않아, 이에 임금의 나라는 정벌되게 됩니다.

4.4 유표지 피동문

'見V'의 형식으로 1예 출현한다.

(1) 隨之見伐, 不量力也. (《左傳, 僖公, 20, 387》) 수나라가 정벌 당한 것은 자기 힘을 헤아리지 못해서이다.

통사 기능		詩經	左傳	國語	論語	孟子	荀子	韓非子	戰國策	총계
피동작주 목적어		0	594	73	1	23	15	63	332	1101
피동작주가 사격목적어로 됨		0	0	0	0	0	0	1	0	1
목적어가 조건적으로 未출현	연동문	0	2	0	0	2	1	0	5	10
	부정문	0	2	1	0	0	0	2	5	10
	조동사	0	0	3	0	0	0	0	1	4
可V		0	0	0	0	2	0	3	5	10
무표지 피동문		1	1	0	0	0	0	0	1	3
유표지 피동문		0	1	0	0	0	0	0	0	1
총계		1	600	77	1	27	16	69	349	1140

표 7.9 상고 8부 문헌 '伐'의 용례 통계

5. 誅

《廣韻》에는 "'誅'는 '질책하다'로, 《釋名》에 '죄가 나에게 미치는 것을 誅라 한다. 마치 큰 나무를 베어 가지와 나뭇잎이 다 떨어지는 것과 같다.'라고 나온다. 음은 '陟輸切'이다(誅, 責也, 《釋名》曰: '罪及余曰誅, 如誅大樹, 枝葉盡落.', 陟輸切)."이라 되어 있다. 이를 통해 보면, '誅'의 핵심의미는 '질책하다'이다. '죽이다'란 의미는 사실 구체적인 문맥 속에서의 의미라 할 수 있다.

5.1 급물동사로 사용됨('죽이다, 책하다'의미).

피동작주 목적어를 가진다.

(1) 朽木不可雕也, 糞土之墻不可杇也, **於予與何誅**? 《論語, 公冶長》)
썩은 나무는 새길 수 없고, 더러운 흙으로 만든 담장은 흙손질 할 수 없다. 재여에게 무엇을 꾸짖겠는가?

(2) **誅其君**而弔其民, 若時雨降, 民大悅. 《孟子, 梁惠王下》) 그 임금을

죽여 그 백성들을 위로하는 것은 마치 때 맞춰 내리는 비와 같아 백성들이 매우 기뻐한다.

5.2 사격목적어를 갖는 경우

동작이 미치는 대상 또는 범위를 나타낸다.

(1) **君若欲誅於祝, 史**, 修德而後可. (《左傳, 昭公, 20, 1418》) 임금께서 축관, 사관을 죽이시는 것은 덕을 닦은 후에야 가합니다.

(2) **臣誅於揚干**, 不忘其死. (《國語, 晉語七》) 신이 양간을 꾸짖었는데 신의 죽을 죄를 잊지 않고 있습니다.

(3) **誅於無罪**, 使僵以天性剖背, 以詐僞爲是, 天性爲非, 小得勝大. (《韓非子, 安危》) 무죄인 자를 죽이고, 천성의 곱사등이 등을 가르고, 거짓을 옳다고 하고, 천성이 그르다고 하는 등 이렇게 하여 작은 나라 주나라가 은을 이길 수 있었다.

5.3 무표지 피동문

대구문이나 가상의 상태문 또는 완성사건을 나타낸다.

(1) 得晉國而討無禮, **曹其首誅也**. (《國語, 晉語四》) 진나라를 얻어 무례한 나라를 토벌한다면 조나라가 맨 먼저 죽임을 당할 것이다.

(2) 是以門人捐水而**夷射誅**, 濟陽自矯而二人罪, 司馬喜殺爰騫而**季辛誅**, 鄭袖言惡臭而新人劓, 費無忌敎郄宛而**令尹誅**. (《韓非子, 內儲說下》) 이로써 문지기는 물을 뿌려서 夷射가 사형을 당하고, 제양군은 스스로 명령을 꾸며 두 신하가 벌을 받았고, 司馬喜가 爰騫을 죽였는데, 季辛이 죽임을 당했고, 鄭袖는 새 애첩이 왕의 냄새를 싫어한다고 말해 그 애첩이 코가 잘렸고, 費無忌는 郄宛에게 무기를

전시하게 하여 영윤이 처벌을 받게 하였다

(3) 是故誠有功則雖疏賤必賞, 誠有過則**雖近愛必誅**. (《韓非子, 主道》) 이로써 진실로 공이 있으면 비록 소원하고 천해도 반드시 상을 주고, 진실로 잘못이 있으면 아무리 가깝고 사랑스러워도 반드시 처형한다.

(4) 孝公不聽, 遂行商君之法, 民後知**有罪之必誅**. (《韓非子, 奸劫弒臣》) 효공은 듣지 않았고, 상앙의 법을 계속 진행했다. 백성들은 나중에 죄가 있는 자 반드시 벌을 받는다는 것을 알게 되었다.

(5) **挾君之讎以誅於燕**, 後雖悔之, 不可得也已. (《戰國策, 秦三》) 그대와의 원한으로 연에게 죽임을 당한다면 나중에 비록 후회해도 이미 얻을 수가 없습니다.

5.4 '可V'구조

(1) 誅之, 則**不可勝誅**. 不誅, 則疾視其長上之死而不救, 如之何則可也? (《孟子, 梁惠王下》) 그들을 죽이자니 이루다 죽일 수 없고, 죽이지 않자니, 백성들이 그 윗사람의 죽음을 미운 눈초리로 보며 구하지 않을 터인데, 어찌하면 좋겠는가?

통사 기능		詩經	左傳	國語	論語	孟子	荀子	韓非子	戰國策	총계
피동작주 목적어		0	7	5	1	10	35	48	8	114
피동작주가 사격형식으로 출현		0	3	1	0	0	0	0	0	4
피동작주 생략	부정문	0	1	1	0	1	1	10	0	14
	연동문	0	1	6	0	0	10	3	5	25
	조동사	0	0	2	0	0	0	0	1	3
무표지 피동문		0	0	1	0	0	0	18	0	19
可V		0	0	0	0	0	1	4	0	6
총계		0	12	16	1	12	47	83	14	185

표 7.10 상고 8부 문헌 '誅'의 용례 통계

6. 소결

상술한 5개 동사의 상고 8부 문헌 속에서의 용례를 기초로, 상고 급물동사의 주요 통사 기능에 대해 아래와 같이 나타낼 수 있다.

통사 기능		圍	斬	取	伐	誅	총계
피동작주 목적어문		188	73	590	1101	114	2066
피동작주가 사격형식인 경우		0	0	0	1	3	4
사격목적어로 범위 표시		0	0	16	0	1	17
피동작주 목적어의 조건적 생략	부정	0	0	47	10	14	71
	연동	4	5	44	10	25	88
	앞에 기타성분	0	2	7	4	3	16
무표지 피동문		7	9	7	3	19	45
유표지 피동문		1	0	0	1	0	2
可V		0	1	7	10	6	24
관형어		2	0	0	0	0	2
총계		202	90	718	1140	185	2335

표 7.11 상고 급물동사의 주요 통사 기능 통계 분석

표 7.11로 알 수 있듯이, 先秦한어의 전형적인 급물동사는 피동작주 목적어를 갖는 것이 매우 일반적이다. 피동작주 목적어는 가끔 사격목적어의 형식으로 출현하기도 하나 이때 피동작주는 의미상 동작이 미치는 목표 또는 범위가 된다. 이러한 피동작주 목적어는 그것이 생략될 수 있는 조건도 발견할 수 있는데, 여기에는 연동구조, 부정문, 동사 앞에 '能, 欲, 將' 등의 능원동사나 부사가 있는 경우, 그리고 대구문 등이다. 이 시기 모든 유표지 피동문은 그다지 발달하지 않아서 그 수량도 매우 적다. 그러나 무표지 피동문은 그 조건이 있는데, 대구문이나 가상의 상태문, 또는 완성사건 등에서 출현하고 있다. 그 밖에 주요한 내용

으로, 일부 심리동사인 '懼', '恐', '畏' 등은 그 뒤에 상기의 급물동사들이 출현할 때, 출현하는 동사가 항시 일종의 피동의미를 나타낸다는 사실이다. 예컨대 다음과 같다.

(1) 夫齊合, 則趙恐伐, 故急兵以示秦. (《戰國策, 東周》) 무릇 秦이 제와 결탁하면 조나라가 정벌당할까 두려워서 급히 병사를 모아 진에게 시위할 것입니다.

(2) 蔡澤相秦王數月, 人或惡之, 懼誅, 乃謝病歸相印. (《戰國策, 秦三》) 채택이 진의 재상이 된지 수개월 되자 사람들이 그를 싫어했는데 채택은 죽을까 두려워 이에 칭병하고 재상인을 반납했다.

(3) 爲人臣者畏誅罰, 而利慶賞, (《韓非子, 二柄》) 신하된 자는 형벌이 두려워 상을 이롭게 여긴다.

어떤 경우, 한 절 내에서 주어와 목적어가 모두 출현하지 않을 때가 있는데, 이때는 능동의미와 피동의미 모두 가능하다.

(4) 其君不聽, 然後誅焉. (《國語, 晉語三》) 우리 임금이 우리말을 안 들은 후에 그를 죽여도 된다.

한편, 상고한어 급물동사가 관형어로 쓰이는 예는 많지 않다. 다만, 그것이 형용사화하여 명사의 수식어로 사용될 때는 피동의미나 완성의미를 나타낸다. 예컨대 다음과 같다.

(5) 吾視居此圍城之中者, 皆有求於平原君者也. 今吾視先生之玉貌, 非有求於平原君者也, 曷為久居此圍城之中而不去也? (《戰國策, 趙三》) 제가 이 포위된 성 안에 거주하는 사람들을 보니, 모두 평원군에게 무언가를 바라는 것이 있었는데, 지금 제가 선생

의 얼굴을 보니, 평원군에게 요구하는 것이 없는 듯합니다. 어찌하여 오래도록 포위된 성에 머물며 떠나지 않으십니까?

《公羊傳, 莊公, 28年》의 "春秋伐者爲客, 伐者爲主(춘추시기 정벌하는 자는 객이고, 정벌 받는 자는 주이다)."이란 문장에 대해 東漢의 何休注에는 "伐人者爲客, 長言之. 見伐者爲主, 短言之. 皆齊人語(남을 정벌하는 자가 객이고 이때는 伐을 길게 말한다. 남에게 정벌 당하는 자는 주인데, 이때는 伐을 짧게 말한다. 모두 제나라 말이다)."라고 하니, '伐'은 이처럼 齊나라 방언에서 형태상 능동과 피동의 구별이 있었던 것이다. 그러나 《廣韻》에서 '伐'은 단지 '房越切' 한 注音만 실려 있는데, 당시의 通語에서는 결코 이렇게 구별하지 않고 있음을 알 수 있다(洪波(2009) 참조).

제3절 비대격동사의 판별식 및 그 합리성 토론

상술한 전형적인 비능격동사인 '勝', '走', '哭', '吠'의 고찰에서 알 수 있듯이, 상고한어의 전형적인 비능격동사는 통사 기능상 아래와 같은 특징이 나타난다.

첫째, 가장 자주 출현하는 최소 구성 형식은 'NP V'이나, 여기서의 NP는 V의 외재논항, 즉 행위주이다.

둘째, 일반적으로 사동의 통사구조가 없다. 만약 사동의 통사구조가 있다면, 그 사동문의 목적어는 대개 유생명명사로 제한된다.

셋째, 형용사화하여 관형어로 쓰일 때, 나타내는 의미는 '어떤 능력을 갖고 있음' 또는 수반, 진행의 의미이다.

넷째, 비필수논항은 일반적으로 직접적인 목적어로 실현된다.

L&RH(1995)의 연접규칙에 의해 확정된 비대격동사의 의미유형에 근거하여, 본서에서는 상편에서 상태동사, 방향동사, 존현동사, 심리 동사 및 형용사의 통사 행위에 대해 토론을 진행하였다. 이것의 주요 목적은 바로 상고한어 비대격동사의 가능한 판별식을 탐구하고자 하는 것이다. 이 가운데 상태동사는 가장 논쟁의 여지가 없는 비대격동사의 의미유형이기 때문에, 그 통사 특징은 비대격동사 통사 특징의 기준점이 될 수 있다. 우리는 약20개의 전형적인 상태동사들에 대한 고찰을 통해, 이들이 아래와 같은 공통된 통사적 특징을 갖고 있음을 발견하였다.

1) 이들이 가장 자주 출현하는 최소 구성 형식은 'NP V'이며, 이때의 'NP'는 'V'의 직접적인 내재논항이다. 그리고 이 자체로 의미가 충족되고 있다.
2) 통사구조상 이에 상응하는 사동 교체형식이 존재한다. 그리고 사동문 중의 목적어는 자동문 중의 주어가 된다. 양자는 동일한 의미역을 담당한다.
3) 관형어로 쓰일 때, '완료'나 '피동'의 의미를 갖는다.
4) 영주속빈문을 구성할 수 있다.

전형적인 비능격동사의 통사적 특징과 비교했을 때, 상고한어의 비대격동사는 한 가지 독특한 통사적 특징을 갖는다. 그것은 바로 바깥 성분이 목적어로 실현되거나 사격목적어로 실현될 수 있다는 점이다. 예컨대 아래와 같다.

(1) 商密人懼曰: "秦取析矣! 戍人反矣!" 乃**降秦師**. (《左傳, 僖公, 25,

435》) 상밀 사람이 두려워 말했다. "진이 석을 **빼앗았다**! 지키던 자가 배신했다!" 그러고는 진의 군대에 항복하였다.

(2) 夏, 師及齊師圍郕. **郕降於齊師**. (《左傳, 莊公, 08, 173》) 여름에 우리 군사들과 제나라 군사들이 郕을 포위하였다. 그러자 郕이 제나라에 항복하였다.

(3) 初, 王儋季卒, **其子括將見王**, 而嘆. (《左傳, 襄公, 30, 1173》) 애초에 영왕의 아우 담계가 죽은 후, 그의 아들 괄이 영왕을 알현하기 위해 입조할 때, 탄식을 하였다.

(4) 公使代之. **見於左師**, 左師曰: "女夫也必亡." (《左傳, 昭公, 06, 1278》) 공이 그를 대신하게 하였다. 좌사를 찾아가 뵈니, 좌사가 말했다. "너 같은 놈은 반드시 망한다."

(5) **其解之**也, 似**不解之**者, 其知之也似不知也, 不知而後知之. (《莊子, 徐無鬼》) 그것에 대해 이해한다고 해도 이해하지 못하는 이와 같고, 그것에 대해 안다고 해도 알지 못하는 것과 같으니, 아무 것도 모르는 경지에 올라야 알게 되는 것이다.

(6) 雖然, 其應於化而**解於物**也, 其理不竭, 其來不蛻, 芒乎昧乎, 未之盡者. (《莊子, 天下》) 비록 그러하나, 변화에 대응하여 만물에 대해 해명할 때에는, 사물의 조리를 다하지 못했고, 그 사물이 올 때 벗어나지 못했으며, 아득하고 어두워 아직 극진하지는 못한 자이다.

상술한 비대격동사와 비능격동사의 통사 기능을 통해 보건대, 先秦 한어는 일종의 '내포성 비대격 현상'임을 알 수 있다. 비대격동사와 비능격동사의 표층 통사 형식은 매우 유사하여 모두 'NP V'형식이다. 이 점이 바로 '외현성 비대격현상'이 핵심인 현대한어와 다른 점이다. 따라서 언어학계로 하여금 비대격동사에 대한 연구를 촉발케 할 만한 것은 어찌 보면 선진 한어와 같은 이러한 내포성 비대격현상일 수도 있다.

본절에서는 기존의 비대격동사 관련 이론적 성과와 비교를 하면서,

이러한 판별식의 합리성에 대해 필요한 토론을 진행할 것이다. 아울러 이 기초를 바탕으로, 비대격동사의 각 의미유형에 대한 귀납, 정리 작업을 진행하여 상고한어 비대격동사 및 비대격 현상의 보편성 그리고 개별적 특징에 대해 살펴보고자 한다.

1. 판별식의 합리성에 대한 토론

본서에서 제기한 네 가지 판별식은 상태동사에서 그다지 균질적으로 나타나고 있지는 않다. 물론 기타 의미유형의 비대격동사에서도 다르게 나타나고 있다. 이중 제1조와 제2조는 본문에서 고찰한 모든 비대격동사에서 균일하게 적용되고 있는 반면, 제3조와 제4조는 균일하지 못하고 심지어 어떤 의미유형의 동사에서는 나타나지 않고 있다. 제1조 판별식은 비대격동사가 제기될 수 있는 통사적 기초이기 때문에 여기서 더 이상 논할 필요가 없다. 이보다는 아래에서 나머지 세 가지 판별식에 대해 그것이 과연 유효한 비대격동사 판별식인지에 대해 집중적으로 논의할 것이다.

1.1 사동 교체형식

비대격동사의 유일한 논항은 그 심층 의미의 피동작주이며, 이 심층 의미 관계는 사동 교체형식을 통해 나타날 수 있다. 이 판별식은 비대격동사의 핵심적인 판별식이라 할 수 있다. "일반적으로 비대격동사는 어떤 상태의 변화를 나타낸다. 그리고 이러한 동사는 영어에만 있는 것이 아니고 기타 여러 언어에서도 사역동사와 대응을 구성하고 있다."[7]

---

7) Haspelmath(1993)

이론의 연구 과정에서, "언어학자들은 항상 상응하는 사역 동사를 찾을 수 있는가의 여부를 비대격동사를 검증하는 하나의 기준으로 본다."[8] 사실상, 최초로 비대격동사에 대한 고도의 관심을 이끌어낸 것은 바로 이렇게 자동문에도 출현하고 또 사동문에도 출현하는 동사였다. 왜냐하면 비대격동사의 의미적 특징과 통사적 특징은 이러한 교체형식을 통해서 구현되는 것이기 때문이다. 예컨대, 프랑스어와 영어에서의 예를 살펴보자(이는 A.A,E.A&M.E(2004:2)에서 재인용함).

> a) Jean brisera   le   verre.
>   'Jean will break the glass. 진은 그 유리잔을 깰 것이다.'
> b) Le verre se   brisera
>   the glass REFL will break
>   'The glass will break. 그 유리잔은 깨질 것이다.'

상고한어 중, 본서에서 고찰한 모든 의미유형의 비대격동사는 그에 상응하는 사동 교체형식이 있다. 다만 이와 동시에, 상고한어의 일부 비능격동사와 급물동사도 역시 사동화가 가능함을 볼 수 있다.

비능격동사의 사동화 예:

(1) 二子在幄, <u>坐射犬于外</u>, 既食而後食之. (《左傳, 襄公, 24, 1092》) 두 사람이 군막에 있는데, 사견은 밖에 앉혔고, 다 먹고 나서 그 다음에 먹게 했다.[9]

(2) <u>太后坐王</u>而泣. (《戰國策, 秦五》) 태후는 왕을 앉혀놓고 울었다.

(3) 其適來班貢, 不俟馨香嘉味, 故<u>坐諸門外</u>, 而使舌人體委與之.

---

8) 顧陽(1996)

9) 楊伯峻注에는 "使射犬坐于幕外"로 되어 있다.

(《國語, 周語中》) 그들이 마침 와서 조공을 바치면, 맛있는 음식을 기다릴 것도 없이 문 밖에 그들을 앉게 하고 역관을 시켜 먹을 것을 통째로 주면 된다.

(4) 宋人懼, 使華元夜入楚師, 登子反之牀, **起之**, 曰… (《左傳, 宣公, 15, 765》) 송나라 사람이 두려워 화원을 시켜 밤에 몰래 초나라 군대 안으로 들어오게 하여 자반의 침대에 올라 그를 일으키게 하고는 말하게 했다.

(5) **昭王强起應侯**, 應侯遂稱篤, 因免相. (《戰國策, 秦三》) 소왕이 응후를 억지로 일으키자, 응후는 병이 있다고 했고 이에 재상에서 면되었다.

(6) 王聞之怒, 因見武安君, **强起之**. (《戰國策, 中山》) 왕이 이 말을 듣고 노하여, 직접 무안군을 찾아가서 억지로 그를 일으켜 세웠다.

(7) 君王之於越也, **緊起死人**而肉白骨也. (《國語, 吳語》) 임금께서 저희 월에 주신 은혜는 죽은 이를 일으키고 백골에 살이 붙게 하는 정도입니다.

L&RH(1995)는 비능격동사가 사동화하기 위해서는 아래와 같은 조건이 필요하다고 한다.

첫째, 치사자 논항은 행위주로 제한되어, 자연력이나 원인, 도구 등이 될 수 없다.
둘째, 피사동주(使役, causee) 논항은 유생명명사로 제한된다.

이러한 두 가지 의미 제약은 상고한어의 비능격동사에도 동일하게 적용가능하다. 예(7)에서 '死人'은 그 자체가 원래 무생명성 명사구이나, 여기서는 '死人'이 '설 수 있는 능력'을 요구받고 있다. 이러한 유생명성은 문맥이 부여한 것이며, 역시 의미적 제약을 깨지 못하고 있다. 상고한어의 급물동사 역시 사동화가 가능하다. 예컨대, 동사 '飮',

'食', '衣' 등은 모두 사동화할 수 있다.

    (8) 羿猶不悛, 將歸自田, 家衆殺而亨之, **以食其子**, 其子不忍食諸,
        死于窮門. (《左傳, 襄公, 04, 937》) 예가 아직 깨닫지 못하고 사냥에서
        돌아오려고 했고, 집안사람들은 그를 죽여 삶아 그 자식들에게 먹였
        다. 그 자식들은 차마 먹지 못하고 궁의 문에서 죽었다.

    '食'은 급물동사이다. 그런데 위의 '食其子'의 '食'은 《經典釋文》의 注
音에 '音嗣'로 되어 있다. 반면 '食諸'의 '食'은 주가 없어서 如字로 보고
있고(즉, '먹다'임), 여기서의 '諸'는 피동작주 목적어 즉, 앞의 '之'를 조응
(回指)하고 있어 아비인 '羿'를 가리킨다. 그리고 '食其子'에서의 '其子'
는 일종의 '여격(與事) 목적어'이다(즉, '~에게'에 해당함). 전치사 '以' 뒤
에는 명사성 성분인 '之' 즉 피동작주가 생략된 것으로 볼 수 있다. 아래
의 예에서 '衣', '食', '飮'의 피동작주 목적어는 모두 생략되어 있다.

    (9) 華亥與其妻, 必盥而**食所質公子者**而後食. (《左傳, 昭公, 20, 1414》)
        華亥와 그 아내는 반드시 인질로 잡힌 공자들을 먹인 후에 먹었다.

    (10) 若見費人, 寒者衣之, **飢者食之**, 爲之令主, 而共其乏困, 費來如
         歸, 南氏亡矣. (《左傳, 昭公, 13, 1343》) 비읍인들을 보면, 추운 이는 입
         혀주고, 주린 이는 먹여주고, 그들의 좋은 주인이 되어 그들의 궁핍한
         것을 공급하면, 마치 집에 가듯이 비읍인들이 올 것이고 남씨는 망할
         것입니다.

    (11) 成人伐齊師之**飮馬**于淄者, 曰. (《左傳, 昭公, 26, 1472》) 치수에서 말
         에게 물을 먹인 제나라 군사를 죽인 성읍 사람이 말했다.

    사실상 '衣', '食', '飮' 등에서 생략된 피동작주 목적어는 모두 '원형
목적어'이다. '衣', '食'이 묵인한 피동작주 논항은 그것의 '동족목적어

(同源賓語)', 즉 '衣衣', '食食'이고, '飮'이 묵인한 피동작주 논항은 '水'이다. 그리고 그 피동작주가 비원형 논항일 경우엔 통사상 외현적으로 출현해야 한다. 예컨대 다음과 같다.

(12) **公飲之酒**, 厚酬之, 賜及從者. (《左傳, 昭公, 21, 1426》) 공이 그에게 술을 마시게 했는데 후하게 응대했고 하인에게도 내려주었다.

급물동사는 사동화를 통해 본래의 급물구조의 기초위에 '여격'이라는 다른 논항을 하나 더 추가한 것이다. 사실 급물동사의 사동화는 다른 언어에서도 발견되고 있다. 예컨대, 오스트레일리아어 중 Diyari어의 사동 접미사 '-ipa'는 급물동사 뒤에 붙어 그 행위의 발생이 비주어 수익자에게 어떤 이익을 가져다주는 것을 표시한다.

Karna-li   wilha   nandra-ipa-yi   (ngakarni)
man-ERG   woman   hit-ALT-PRET   I DAT
"the man hit the woman for me. 그 남자는 나를 위해 그 여자를 때렸다."
                                            (Austin(2005)에서 재인용함)

Nedjalkov & Silnitsky(1973)과 같은 일부 학자들은 '사동의 접사'가 언어에서 운용될 때, 아래와 같은 특징이 있다고 한다.

"불급물동사가 급물동사보다 많고, 급물동사는 쌍급물동사보다 많다."

예를 들어, Lamang어, Uradhi어, Urubukaapor어, Moroccan어, Berber어, Kayardild어 등의 언어에서, 사동 접사는 모두 불급물동사에 한정되어 첨가된다. 그리고 Abkhaz어와 Basque어는 사동 접사가 급물동사와 불급물동사에만 한정되고, 쌍급물동사는 형태상의 사동화가 없다 (Song(1996:266)에서 인용함).

상고한어 비대격동사 및 비능격동사에 대한 관찰과 결합해 보면, 우리는 비대격동사, 비능격동사 및 급물동사가 '사동화능력'과 관련하여 아래와 같은 등급관계가 있음을 알 수 있다.

비대격동사 > 비능격동사 > 급물동사

위에서 오른쪽에 있는 동사유형이 사동화가 존재한다면 상대적으로 왼쪽에 있는 동사유형도 당연히 사동화 할 수 있다는 말이다. 비대격동사는 이러한 등급 연속선에서 가장 좌측에 위치하고 있다. 이것은 곧 비대격동사가 가장 쉽게 사동형식을 갖고 있는 동사 하위범주라는 것을 설명해준다. 그러나 사동의 교체형식이 있는 동사가 모두다 비대격동사는 아니다. 따라서 사동의 교체형식은 상고한어에서 비대격동사를 판정하는 필요조건이 될 수는 있어도 충분조건이라고 할 수는 없다. 어떤 동사가 비대격동사인지를 판별하는 데에는 해당 동사의 의미와 결합해서 논해야 한다.

자동과 사동의 교체형식 존재여부를 가지고 비대격동사를 판별하는 것은 아래와 같은 문제에 직면해 있다. 그것은 급물동사의 무표지 피동문과 급물동사 간의 관계가 마치 자동/사동의 교체형식과 매우 유사하다는 점이다. 예컨대, '誅', '伐', '斬', '圍' 등의 급물동사도 상술한 조건에 부합하는 최소 형식을 구성할 수 있다.

> (13) 得晉國而討無禮, **曹其首誅也**. 《國語, 晉語四》 진나라를 얻어 무례한 나라를 토벌한다면 조나라가 맨 먼저 죽임을 당할 것이다.
>
> (14) 諸侯戴齊, 而王獨弗從也, 是**國伐**也. 《戰國策, 燕一》 제후들이 제

나라를 다 떠받들 것이며, 유독 임금만 합종에 참여하지 않아, 이에 임금의 나라는 정벌되게 됩니다.

(15) <u>進退不肅應對不恭者斬於前</u>. (《韓非子, 說疑》) 나아가고 물러남이 엄숙치 않고 응대가 공손치 못한 이는 앞에서 참수되었다.

(16) 木枝扶疏, 將塞公閭, 私門將實, 公庭將虛, <u>主將壅圍</u>. (《韓非子, 揚權》) 나뭇가지가 무성하게 뻗어나가면 이내 궁궐의 문을 덮어버린다. 권력자 집이 장차 실해지면 궁궐이 텅 비게 되어 군주가 장차 가려진다.

이들은 또 동시에 이와 대응하는 급물구조도 존재한다.

(17) <u>誅其君</u>而弔其民, 若時雨降, 民大悅. (《孟子, 梁惠王下》) 그 임금을 죽여 그 백성들을 위로하는 것은 마치 때 맞춰 내리는 비와 같아 백성들이 매우 기뻐한다.

(18) 秋, <u>楚人伐吳</u>. (《左傳, 定公, 02, 1528》) 가을에 초나라 사람들이 오나라를 정벌했다.

(19) 丁丑, <u>斬慶鄭</u>, 乃入絳. (《國語, 晉語三》) 정축에, 경정을 참하고서야 혜공이 강도에 들어왔다.

(20) 退, <u>楚必圍我</u>. (《左傳, 襄公, 10, 982》) 물러나면, 초나라가 분명 우리를 포위할 것이다.

우리는 두 가지 방면에 근거하여 전형적인 급물동사와 사동사를 구분할 수 있다고 본다.

첫째, 급물동사가 피동작주 주어문에 출현하는 것은 조건이 있는 것으로, 대구문이나 가상의 상태문, 또는 완성사건에 출현한다. 이는 곧 화용적인 촉진을 받아 출현한 임시 용법이다. 이에 비해, 비대격동사는 독립적인 어휘적 지위를 갖고 있어서 문맥상 받는 제약은 적은 편이다.

둘째, 전형적인 급물동사는 행위동사이다. 행위는 반드시 특정한 도구나 방식을 통해 실시하는 것이기 때문에, 하나의 묵인된 '도구 논항'이나 '방식 논항'이 함축되어 있다. 사동사 역시 모종의 도구나 방식으로 결과상태에 이르게 하는 것이지만 어떤 도구이고 어떤 방식인지에 대해서는 동사의 의미 속에 지정되어 있지 않다. 따라서 **통사상으로, 전형적인 급물동사의 주어가 의미상 받는 제약은 사동사보다 크고, 반드시 행위주를 주어로 해야 한다.**[10) 한편, 행위주와 도구가 의미상 밀접하고 불가분의 관계인 경우가 많아, 도구 논항이 주어가 되는 경우를 가끔 볼 수 있는데(예(21),(22)), 다만, 이러한 경우는 용례가 비교적 적다. 도구와 방식 논항은 일반적으로 사격목적어로 실현되고 있다.

(21) 摩厲以須, 王出, **吾刃將斬矣**. (《左傳, 昭公, 12, 1216》) 칼을 갈면서 기다리다가, 왕이 나오면 내 칼로 벨 것이다.

(22) 牛山之木嘗美矣, 以其郊於大國也, **斧斤伐之**, 可以爲美乎? (《孟子, 告子上》) 우산의 나무가 일찍이 아름다우나 그것이 대국의 교외에 있어 도끼로 그것을 마구 베어버리니, 아름다울 수 있겠는가?

그런데 사동사의 원인은 행위주나 도구(아래 예(23)의 '盜賊之矢')에 제한되지 않고, 환경일 수도 있고(아래(24)의 '縱心所欲而行'), 자연력일 수도 있다((25)의 '暴風疾雨').

---

10) [역주] 전형적인 급물동사는 행위 속에 도구 등이 내포되어 있어서 행위주 주어만 나와도 충분히 설명이 된다. 그러나 사동사는 행위와 도구가 분리되어 있는 상태라, 행위자가 주어로 나올 수도 있고, 도구가 주어로 나올 수도 있다. 바로 이러하기 때문에 통사적으로 급물동사는 행위주만 주어로 나와야 하는 의미적 제약이 있다.

(23) 國人望君如望慈父母焉, **盜賊之矢若傷君**, 是絶民望也, 若之何 不胄? (《左傳, 哀公, 16, 1703》) 국인들이 그대 보기를 자상한 부모 보듯 이 하는데, 도적이 만약 그대를 상하게 하기라도 한다면 백성들을 절 망하게 하는 것이니 어찌 투구를 쓰지 않겠는가?

(24) 書曰: "**欲敗度, 縱敗禮.**" 我之謂矣. (《左傳, 昭公, 10, 1319》) 書經에 이르기를 "욕망은 법도를 망치고, 욕망을 따르면 예를 망친다."고 했 으니 나는 이것을 일컫는 것이다.[11]

(25) 夫人主不塞隙穴, 而勞力于赭堊, **暴風疾雨必壞**. (《韓非子, 用人》) 임금이 틈을 메꾸지 않고 적토와 백토에만 힘을 쓴다면 폭풍우에 반드 시 무너질 것이다.

劉承慧(1994)에 따르면, 논항 구조로만 봤을 때, 사동사와 전형적인 급물동사는 매우 유사하여 모두가 두 개의 참여자항을 갖는다고 한다. 특히 주어의 참여자는 의미상 강한 의지성과 강한 역량성을 가진다. 그 러나 개념의미상으로 볼 때, 사동사와 급물동사는 사실 다르다. 이것은 **급물동사의 핵심이 이에 수반되는 물리적인 행위인 반면, 사동사의 핵심은 결과상태라는 점에서 특히 차이가** 난다. 그리고 '피동작주가 받는 영향성' 이 사동관계에서는 본질적이나 급물관계에서는 부차적이라는 점에서도 차이가 난다.

사동사가 만약 속인주어(屬人主語)와 장기간 결합되어 사용되면 행 위동사로 변화될 가능성이 있다(劉承慧(2006a)). 일부 사동사의 경우, 어떤 예문에서는 행위동사가 되기도 한다. 예컨대, '折'은 淸濁別義를 갖춘 동사인데, 淸聲母의 '折'은 사동사이다. 아래 예(26)은 "진나라가 대왕의 수레 받침대를 부러뜨릴 수 있음"을 말한다. 여기서 '秦나라'는

---

11) 楊伯峻注에 "縱謂縱心所欲而行('縱'이란 바로 자신의 마음이 하고자 하는 바를 따라 하는 것을 말한다)"라고 나온다.

하나의 치사자이다. 그러나 예(28)에서는 단지 하나의 유생명명사가 실시한 구체적인 행위 '折(꺾다)'일 뿐이다. 한편, 예(27)은 '나의 박달나무 가지를 꺾어 부러지게 만들다'라는 사동사로 이해될 수도 있고, 또 '나의 박달나무 가지를 잡아당겨 부러뜨리다'라는 일반 행위동사로 이해될 수도 있다.

(26) 今王憧憧, 乃輦建信以與强秦角逐, 臣恐**秦折王之椅**也. (《戰國策, 趙三》) 지금 대왕께선 불안하게 건신군을 수레에 태워 진과 각축전을 벌이시니, 신은 진이 대왕의 수레의 받침대를 부러뜨릴까 두렵습니다.

(27) 將仲子兮, 無踰我園, **無折我樹檀**. (《詩經, 鄭風, 將仲子》) 둘째 아드님아, 우리집 뜰을 넘어오지 마세요, 우리집 박달나무 꺾지 마세요.

(28) **爲長者折枝**, 語人曰: "我不能", 是不爲也, 非不能也. (《孟子, 梁惠王上》) 어른을 위해 나뭇가지를 꺾는 일을 남에게 말해 "나는 못합니다."라고 했다면, 이는 안 하는 것이지, 못하는 것이 아닙니다.

이러한 예를 통해 보건대, '직접적인 致使'를 표시하는 사동사는 행위동사로 변화할 가능성이 있다. 先秦시기는 바로 이러한 변화의 과도시기에 놓여 있어서, 한 사동사가 행위동사로 사용되고 있는가 하는 것은 구체적인 분석을 필요로 한다. 본서에서는 L&RH(1995)에 기초하여, 의미를 중심으로 상고한어의 비대격동사를 연구하고 있다. 이 과정에서 사동 교체를 구성하고 있는 사동사 역시 우리의 연구 대상이 되고 있으나 이것이 설사 어떤 경우 급물동사로 쓰일 수 있다 하더라도 이 자체가 우리의 결론에는 결코 근본적인 영향을 주지는 않는다. 사실, 이러한 상황은 다른 언어에서도 존재한다. 예컨대, 영어의 전형적인 비대격동사 'break'와 사동사 'break'는 동형이다.

(29) a. The vase break. 그 꽃병은 깨졌다.
    b. I broke the vase. 나는 그 꽃병을 깼다.
    c. The vase was broken (by me). 그 꽃병은 (나에 의해) 깨졌다.

(29b)에서 만약 '나'가 탁자에 부딪쳐서 옆에 있던 꽃병이 깨지게 만들었다면, 이는 일종의 간접적인 致使사건이 되고, 'break'는 사동사가 되며, b는 a의 사동 교체형식이 된다. 그런데 '나'가 꽃병에 부딪쳐서 꽃병을 깨지게 만들었다면, 이는 직접적인 致使사건이 되고, '나'는 사실상 행위주가 된다. 그리고 'break'는 일종의 급물동사가 되며, (29c)처럼 수동태로 전환이 되는 것을 허락할 수도 있다.

1.2 비대격동사가 관형어로 사용되는 현상

비대격동사가 관형어로 사용되는 것은 '분사가 형용사로 변화한 것 (participle adjective conversion)'이며, 이 분사는 일종의 완료 형식이다. 예컨대 다음과 같다.

(1) 余, 而所嫁婦人之父也. 爾用先人之治命, 余是以報. (《左傳, 宣公, 15, 764》) 나는 당신이 개가시킨 여자의 아버지요. 당신이 아버지가 정신 맑을 때의 명에 따랐기 때문에 내가 보답을 한 것이오.

《經典釋文》에서의 주음은 '直吏反'이고 去聲의 '治'이다. 앞에서 '治'에 대해 설명할 때, 비대격동사 去聲의 '治'는 平聲 '治'의 완료형식, 즉 '과거분사'라고 언급한 바 있다. 이렇게 관형어로 사용되는 '治'는 과거분사에서 전화된 형용사 형식이다.

이러한 것들은 과거분사와 유사하고, '기사의미(旣事義)'를 갖는다. 이들은 특히 상태동사에서 비교적 강한 보편성을 보여주고 있으며, 17개

동사 중 13개 동사에서 나타나고 있다.

(2) **破國**不可復完, **死卒**不可復生. (《戰國策, 中山》) 망한 나라는 복원하기 어렵고, 죽은 병사는 되살리기 어렵다.

(3) 且君親從臣而**勝降城**, 城非不高也, 人民非不衆也, 然而可得並者, 政惡故也. (《戰國策, 魏一》) 일찍이 대왕께서는 친히 저를 따라 항복한 성을 이긴 적이 있는데, 그 성이 높지 않았던 것도 아니고, 백성이 적지 않은 것도 아닌데, 그런데도 이길 수 있었던 것은 그들의 정치가 잘못되었기 때문입니다.

(4) 未報秦施, 而伐其師, 其爲**死君**乎? (《左傳, 僖公, 33, 497》) 진나라가 베푼 은혜를 아직 갚지 않았는데, 그 군사를 치면, 그가 돌아가신 임금이겠습니까?

(5) 國雖大赦, **降城亡子**不得與焉. (《戰國策, 魏四》) 나라에 비록 대사면이 있어도, 항복한 성과 도망간 자들은 거기에서 제외된다.

(6) 齊桓公存三**亡國**以屬諸侯, 義士猶曰薄德. (《左傳, 僖公, 19, 382》) 제환공은 망해가는 세 나라를 존속시켜 제후를 복속시켰는데도 의사들은 오히려 덕이 없다고 말한다.

(7) 所謂**亡君**者, 非莫有其國也, 而有之者, 皆非己有也. (《韓非子, 八姦》) 이른바 망하는 군주는 나라가 없는 것이 아니라 가지고 있는 나라가 모두 다 그 자신에 있지 않는 것이다.

(8) 宋之富賈有監止子者, 與人爭買百金之璞玉, 因佯失而毀之, 負其百金, 而**理其毀瑕**, 得千溢焉. (《韓非子, 說林》) 송나라의 부유한 상인인 감지자란 자가 있는데, 다른 이와 백금의 옥을 사려고 다투다가 거짓으로 실수한 척하며 옥을 훼손했다. 백금을 물어주고는 그 훼손된 하자를 보수하여 천일에 팔게 되었다.

방향동사 또한 관형어로 사용될 수 있는데, '出'과 '散'이 그러하다.

(9) 其雨其雨, 杲杲**出日**. (《詩經, 衛風, 伯兮》) 비가 오려나, 비가 오려나 했는데, 환하게 떠오른 태양.

(10) 令荊人得收亡國, **聚散民**, 立社稷, 主置宗廟. (《韓非子, 初見秦》) 그 결과 초나라 사람들은 빼앗긴 영토를 다시 회복하여 흩어진 백성을 모으고, 사직을 세우고, 종묘를 세웠다.

비능격동사 역시 관형어로 쓰일 수 있다. 이때 어떤 능력을 보유하고 있거나, 수반, 진행의 의미를 나타내긴 하나, 과거분사의 의미와 대응하지는 않는다.

(11) 吏人之與叔孫居於箕者, 請其**吠狗**, 弗與. (《左傳, 昭公, 23, 1443》) 숙손과 함께 기에 거주하고 있는 관리가 그에게 잘 짖는 개를 청했으나 주지 않았다.

(12) 北海則有走馬**吠犬**焉, 然而中國得而畜使之. (《荀子, 王制》) 북쪽 바다에 잘 달리는 말과 잘 짖는 개가 있는데 중국에서는 이들을 구해 가축으로 기른다.

(13) 齊與魯三戰而魯三勝, 國以危, 亡隨其後, 雖有**勝名**而有亡之實, 是何故也? (《戰國策, 齊一》) 제와 노가 싸워 세 번 싸워 노나라가 삼승했는데, 나라가 위태로워졌고, 망조가 뒤를 이었다. 비록 이겼다는 명성은 있으나 실속이 없으니 이는 어찌된 일인가?

'서다'의미의 '立'은 비능격동사이나 '존현'의미의 '立'은 비대격동사로 이른바 '가변성동사(可變異動詞)'12)에 속한다. '立'이 관형어로 쓰

---

12) 가변성동사(variable behavior verbs)란 의미의 범위에서 체계적으로 관련이 있는 동사들은 또한 통사적 형태의 범위에서 발견이 될 수 있고 또 통사적 행위의 패턴 범위를 표현하기도 한다. 그리고 이러한 통사적 형태와 행위 패턴은 주어진 동사와 관련된 다양한 의미와 정확히 조화될 수 있다. 각 의미는 정확한 통사적 행위

일 때의 의미 차이는 비대격동사와 비능격동사 둘 간의 통사적 대립의 면모를 아주 분명하게 보여주고 있다.

(14) 俯見其影, 以爲伏鬼也. 卬視其髮, 以爲**立魅**也. (《荀子, 解蔽》) 허리를 숙여 자기 그림자를 보고 귀신이 구부리고 있는 것으로 생각하고, 머리를 들어 자기 머리카락을 보고도 도깨비가 서있다(서있는 도깨비)고 생각했다.

여기서의 '立'은 '서다'의 의미이며 수반이나 진행의 의미를 표시하고 있다.

(15) 天降喪亂, 滅我**立王**. 降此蟊賊, 稼穡卒痒. (《詩經, 大雅, 桑柔》) 하늘에서 난리를 내리셔서 우리가 세운 임금 멸하시고, 해충을 내리셔서 작물이 다 병이 들었다.

여기서의 '立'은 '존현'의미 동사로 기사의미(既事義)를 나타내고 있다. 한편, **급물동사**가 관형어로 사용될 때도 기사의미를 갖는데, 역시 **과거분사**와 유사하다.

(16) 反其**侵地**柴夫, 吠狗, 使海于有獘, 渠彌于有陼, 環山于有牢. (《國語, 齊語》) 연에게서 빼앗은 땅인 시부와 폐구를 돌려주시고, 바다에는 울타리를 치고, 냇가에는 담장을 치고, 둘러싼 산으로 울타리를 삼으십시오.

(17) 審吾疆場, 而反其**侵地**, 正其封疆, 無受其資, 而重爲之皮幣, 以驟聘眺於諸侯, 以安肆鄰, 則四鄰之國親我矣. (《國語, 齊語》) 우리

와 상관되는 것으로 보일 수 있다. (L&RH(1995:180))

의 국경을 살펴, 우리가 침범한 땅을 돌려주고, 경계를 바르게 하고, 재물을 받지 말고, 가죽과 폐백을 잘 만들어 자주 제후들을 방문하여 사방의 이웃을 안정시키면, 사방 이웃나라가 우리를 친히 여길 겁니다.

(18) 誠得劫秦王, 使悉反諸侯之**侵地**, 若曹沫之與齊桓公, 則大善矣, 則不可, 因而刺殺之. (《戰國策, 燕三》) 만약 진왕을 위협하여 제후들의 침범한 땅을 다 돌려주게 한다면, 이는 조말이 제환공에게 한 것과 같으니 아주 좋습니다. 만약 안 된다면 그를 찔러죽입니다.

(19) 夫安樂無事, 不見**覆軍殺將**之憂, 無過燕矣. (《戰國策, 燕一》) 무릇 편안하고 즐거워 일이 없으니 뒤집어진 군대와 죽은 장수의 우환을 당하지 않는 것이 연보다 나은 나라가 없다.

(20) 吾視居北**圍城**之中者, 皆有求於平原君者也. (《戰國策, 趙三》) 제가 이 포위된 성 안에 거주하는 사람들을 보니, 모두 평원군에게 무언가를 바라는 것이 있었다.

과거분사가 형용사가 될 때, 단지 피동문 및 비대격구문 속의 심층 목적어를 수식하게 되는데, 이 목적어는 사실 원동사의 직접적인 내재 논항이라 할 수 있다. 이것은 특히 영어에서 분명하게 반영되고 있다. 예컨대, 다음과 같다.

(21) a. The book was badly written. 그 책은 형편없이 쓰여 졌다.
        a badly written book 형편없이 쓴 책

    b. The novel appeared recently. 그 소설은 최근에 나왔다.
        a recently appeared novel 최근에 나온 소설

(袁秀鳳(2006)에서 재인용)

상고한어의 아래의 예도 이러한 변환의 존재를 반영해 내고 있는데, 수식구조의 '圍城'은 술목구조와 형식상 동일하다.

(22) **圍千丈之城**, 不存其一角, 而野戰不足用也, 君將以此何之? (《戰國策, 趙三》) (3만의 병력으로) 천장 길이의 성을 둘러싸도 그 구석을 다 채우지 못하게 됩니다. 그리고 야전에서는 족히 사용할 수 없으니 그대는 이를 어찌할 계획이오?

'侵'은 '피동의미'의 표현형식이 있고, 그것이 관형어로 쓰이면 기사의미(旣事義)를 나타내게 된다. 수식구조의 중심어(예(24)의 '侵地'의 '地')는 바로 급물동사의 피동작주(예(23)의 '地')가 된다.

(23) 夫韓嘗一背秦而國迫**地侵**. (《韓非子, 存韓》) 무릇 한나라는 일찍이 진을 배반한 후 나라는 절박해졌고, 땅은 침략당했다.

(24) 齊遂伐趙, 取乘丘, 收**侵地**. (《戰國策, 魏一》) 제나라가 드디어 조를 정벌하여 승구를 취하고 빼앗겼던 땅을 수복했다.

관형어로 쓰인 '見'은 淸聲母 '見'의 완료 분사형식이다. 예컨대, 다음과 같다.

(25) 法者**見功**而與賞, 因能而受官. (《韓非子, 外儲說左上》) 법이란 공이 나타나야 상을 주고 능력에 의거 벼슬을 주는 것이다.

(26) 是以言陳之日, 必有筴籍, 結智者事發而驗, 結能者**功見**而謀. (《韓非子, 八經》) 이로써 신하가 진언한 날에 반드시 기록을 하고, 지혜를 모을 때는 일의 발생으로 징험하고, 능력을 모을 때는 공의 드러남으로 헤아린다.

(27) 今道雖不可得聞見, **聖人執其見功**以處見其形, 故曰: "無狀之狀, 無物之象." (《韓非子, 解老》) 지금의 도는 비록 듣고 볼 수 없지만, 성인이 그 드러난 공효를 잡아 그 형상을 보여주었다. 이에 노자는 "현상이 없는 현상이오, 물체가 없는 형상"이라고 하였다.

위의 3예 중, 제1예의 '見'은 청성모이고, 뒤의 두 예는 탁성모의 '見'이다. 즉, 이는 청성모 '見'의 완료 형식이다(자제한 내용은 제8장 2절 참조).

비대격동사가 관형어로 쓰이는 것과 급물동사가 관형어로 쓰이는 것의 의미는 서로 동일하다. 이것은 곧 비대격동사 뒤의 명사성분이 심층구조에서 그것의 내재논항이라는 것을 의미한다. 이로써 이 항목은 비대격동사의 판별식으로서 합리적임을 알 수 있다.

이렇게 관형어로 사용되어 완료 분사와 유사하게 나타나는 특징은 다른 언어에서도 비대격동사의 판별식이 될 수 있다. 예컨대, 덴마크어가 그러하다.

(28) de gevallen/(pas) gearriveerde jongen
     the fallen/(just)   arrived   boy

     (L&RH(1995:12), Zaenen(1993:140)에서 재인용)

(29) *de gewerkte/getelefoneerde   man
     *the worked/phoned   man

     (L&RH(1995:12), Zaenen(1993:140)에서 재인용)

1.3 영주속빈문 구조

상대적으로 볼 때, 영주속빈문은 많이 발견되지 않는다. 비대격동사로서의 통사적 속성을 갖는 '傷'이란 동사는 특히 이 구조에서 비교적 충분한 출현 상황을 보여주는데, 여기서는 《韓非子》라는 문헌 속에서 동일한 사건에 대해 '傷'이란 동사가 보여주는 3가지 통사구조를 소개한다.

(1) 昔者楚共王與晉厲公戰於鄢陵, 楚師敗, 而共王傷其目. (《韓非子, 十過》) 옛날에 초공왕이 진여공과 언능에서 싸웠다. 그때 초나라 군대

가 패하고, 공왕은 눈을 다쳤다.   주어 + 傷 + 부분목적어

(2) 今日之戰, **寡人目親傷**, 所恃者司馬, 司馬又如此, 是亡荆國之社稷而不恤吾衆也, 寡人無與復戰矣. (《韓非子, 飾邪》) 오늘의 전투에서 나의 눈은 부상을 입었고, 믿을 사람은 사마뿐이다. 그런데 사마 역시 이와 같으니, 이는 아예 초나라의 사직을 잊어버리고 백성들을 사랑하지 않는 것이다. 나는 더 이상 전쟁할 방법이 없다.   주어 + 부분목적어 + 傷

(3) 今日之戰, <u>不谷親傷</u>, 所恃者司馬也. (《韓非子, 十過》) 오늘의 전투에서 나는 다쳤으니 믿을 사람은 사마뿐이다.   주어 + 傷

어떤 경우 영속구조 자체가 바로 사동문 중의 목적어이기도 하다. 예컨대, 다음과 같다.

(4) 鄾舒爲政而殺之, 又**傷潞子之目**. (《左傳, 宣公, 15, 762》) 풍서가 위정자가 되어 그를 죽이고, 또 노자의 눈을 다치게 했다.

범언어적 관점에서 볼 때, 이러한 영주속빈문은 비대격동사 판별식으로서 중국어 특유의 조건이다. 그런데 일부 언어에서도 비대격동사의 일부 통사구조는 이와 유사한 의미관계가 존재하기도 한다. 예컨대, 이탈이아어의 'ne-'부착 구조를 보자.

(5) a. Giovanni   ne   ha   insultati   due.
       John   of- them   has   insulted   two.

    b. Ne   arrivano   molti.
       Of-them   arrive   many.

    c. *Ne   telefonano molti.
       Of-them   telephone   many.   (AA,EA & ME (2004)에서 재인용)

독일어에서는 이른바 분열문 구조(split phrases)를 허락하고 있어 역시 영속구조와 유사하다.

(6) a. Er hat immer <u>dreckige Kleider</u> an. 그는 늘 더러운 옷을 입고 있어요.
    b. <u>Kleider</u>i hat er immer <u>dreckige</u> ei an. 그는 항상 더러운 옷을 입는다.
    ('As for clothes, he always wears dirty ones.')

(AA,EA & ME (2004)에서 재인용)

영속구조는 통사적 조작을 통해 영주속빈문이 된 후, 형식상 급물동사와 일치하는 면을 보여준다. 그러나 의미상으로 보면, 주어 위치의 영유(領有)성분은 행위주나 치사자 논항이 아닌 관계주 논항이다. 따라서 이 구조가 비능격동사와는 함께 출현할 수 없다는 사실은 곧 주어의 의미특징에 의해 결정되고 있는 것이다. 주어 위치의 영유어(領有語)는 관계주 논항이 되는데, 이는 아래의 예를 통해 알 수 있다.

(7) **魏犨傷於胸**. 公欲殺之, 而愛其才. (《左傳, 僖公, 28, 454》) 위주가 가슴에 상처를 입었다. 공이 그를 죽이려 했으나 그의 재주를 아꼈다.

'魏犨傷於胸'은 사실상 '魏犨傷胸'으로 변환시킬 수 있다.
'勝', '哭', '走', '坐', '吠' 등의 전형적인 비능격동사에 대한 고찰은 이러한 판단을 보다 더 증명해주고 있으며, 이들 동사들은 공히 영주속빈을 구성하는 예가 존재하지 않는다.
'王冕死了父親'을 대표로 하는 영주속빈문은 현대한어에서 보편적인 주목을 받고 있고, 많은 이들이 토론을 해오고 있다. 先秦시기에 영주속빈문이 이미 비대격동사에서 나타나고 있기 때문에, 이 구조가 매우 이른 시기에 기원했음을 알 수 있다. 우리는 이 시기 자료를 중심으로 하여 7.3.3에서는 영주속빈문과 관련된 심도 있는 논의를 더 진행할 계획이다.

통사구조는 의미적인 파생을 유도할 수 있다. 따라서 일부 비대격동사의 의미 파생은 영주속빈문의 작용에 의한 것일 수 있다.[13] 이것의 전형적인 예가 바로 '亡'이다. 《說文》에서는 "'亡'은 '도망가다'이다(亡, 逃也)."라 하고, 段玉裁注에서는 "'亡'의 본의는 '도망가다'로, 지금 사람들은 '亡'을 단지 '죽다'로 보는데, 이는 잘못이다. 이것이 파생되어 '잃다'가 되기도 하니, '爲亡'은 또한 '爲失'이다(亡之本義爲逃, 今人但謂亡爲死, 非也. 引申之則爲失, 爲亡, 亦爲失)."라고 하는 것을 볼 때, '亡'의 '失'의미는 곧 영주속빈구조에서 나온 것이다. 예컨대, 다음과 같다.

(8) 失屬, **亡師**, 爲罪已重, 不如進也.[14] (《左傳, 宣公, 12, 728》) 소속도 잃고, 군사도 잃으면 그 죄가 매우 크니 그냥 진군하십시오.

(9) **今軍敗亡二萬人**, 臣有斧質之罪, 請自歸於吏以戮. (《戰國策, 燕二》) 지금 우리 군이 패하여 이만을 잃었으니 신은 부질의 죄를 지었으니, 청컨대 스스로 관리에게 가서 육형을 받겠습니다.

(10) **韓亡美人與金**, 其疏秦乃始益明. (《戰國策, 韓三》) 한나라는 미인과 금을 잃고, 오히려 진과 소원해진 것이 더욱 분명해졌다.

(11) **今王亡地數百里, 亡城數十**, 而國患不解, 是王棄之, 非用之也. (《戰國策, 魏四》) 지금 임금께서는 땅을 수백 리 잃으셨고 성을 수 십

---

13) [역주] 구문문법에서는 기존에 있던 어떤 구문의 기본 의미가 확정된 후 여기에 참여하는 동사 등 구성성분의 의미에 영향을 주어 해당 구문에 맞게 변화를 유도시키는 현상을 '구문강요'라고 하는데, 여기서 말하듯이 영주속빈이란 구문이 거기에 참여하는 비대격동사의 의미에 영향을 주어 의미 파생을 유도하는 것 역시 일종의 구문강요 현상이라 할 수 있다.

14) [역주] '亡師'는 "주어가 군사를 잃다."이다. 즉, 이때 '군사'는 주어에 속한 것으로 영주속빈문이다.

개 잃으셔서 나라의 근심이 풀리지 않고 있습니다. 이는 왕께서 이것을 버리신 것이지 지키려하지 않아서입니다.

(12) 爲蛇足者, **終亡其酒**. (《戰國策, 齊二》) 뱀의 다리를 그린 자는 결국 그의 술을 잃고 말았다.

이들 예에서, 표층의 주어 위치의 명사와 표층 목적어 위치의 명사는 행위주와 피동작주의 관계가 아니다. 이들은 영속관계이다. 즉, 주어는 '亡'이란 동작의 능동적인 발출자가 아니며, 의지가 있어 하는 행위도 아니다. 의미상으로 오히려 피동이 되어 '亡(잃다)'되는 것이다. 그래서 주어가 소유한 목적어가 구체적으로 '亡'되고 만다.

1.4 '自V' 구조

曾立英(2007:46-68)은 현대한어에서 능격동사를 판단하는 세 가지 기준을 제시한 바 있다.

첫째, 해당 동사가 'NP₁+V+NP₂'와 'NP₂+V'란 同義구문의 변환 현상이 있는지를 본다.

둘째, 해당 동사가 사령문에 출현할 수 있는지를 본다. 즉, 이 동사가 'NP₁+使+NP₂+V'라고 하는 구문에 출현할 수 있는지 본다.

셋째, 해당 동사가 '自己'의 수식을 받을 수 있는지 본다. 즉, 'NP₂+自己+V了'라는 구문에 출현할 수 있는지 본다.

이 가운데 첫 번째 기준은 반드시 만족시켜야 하며, 제2조와 제3조는 선택 사항이다.

한편, 기타 언어의 비대격동사 연구에서도 현대한어의 '自己'와 유사한 'by oneself'가 비대격동사의 판별식 중 하나가 되고 있다. 예컨대, Chierchia는 이탈리아어 중의 'da sè' ('by itself')('without outside help'라는 의미와 유사함)가 바로 치사자 논항이 존재하고 있음을 암시하고 있다고 본다.

(1) a. La porta si è aperta da sè.
    the door opened by itself. 문이 저절로 열렸다.

   b. La barca è affondata da sè.
    the boat   sank   by itself. 그 배가 저절로 가라앉았다.

(L&RH(1995:88), Chierchia(1989:42)에서 재인용)

영어에서 비대격동사를 수식하는 'by itself'는 'without outside help'라는 말과 의미가 유사하다. 이는 곧 '自己'로 번역할 수 있다. 그리고 비능격동사를 수식할 때는 'alone' 즉 '獨自'라는 말과 유사하다.

(2) The plate broke by itself. 접시가 저절로 깨졌다.
   The door opened by itself. 문이 저절로 열렸다.

그리고 "Molly laughed by herself(몰리는 그녀 혼자 웃었다.)"는 "Molly laughed alone.(몰리는 그녀 혼자 웃었다.)"과 유사한 것이다.

현대한어 재귀대명사 '自己'에 해당하는 先秦한어는 '自'이다. 이것은 동사 앞에 놓여, '自V'구조를 구성하는데, 이 '自V'구조는 상고한어 비대격동사의 판별식이 되지 못한다. 이는 선진 한어에 두 가지 '自'가 있기 때문인데, 하나는 부사이고, 다른 하나가 재귀대명사이다. 즉, 전자는 동사의 논항성분이 되지 못하나 후자는 동사의 필수논항이다. 그런데 이 둘의 구분은 의미로 판단하기가 매우 힘들고, 동사의 논항 수 요구에 근거해야 한다. 예컨대, 다음과 같다.

> (3) 夫先自敗也已, 安能敗我? (《左傳, 哀公, 원년, 1608》) 대개 먼저 스스
> 로를 패배시켰기 때문일 뿐이니, 어찌 우리를 패배시키겠는가?

> (4) 非神敗令尹, 令尹其不勤民, 實自敗也. (《左傳, 僖公, 28, 468》) 귀신이
> 영윤을 패배시킨 것이 아니고, 영윤이 백성들에게 힘을 다 하지 않으
> 니 이는 사실 본인이 자기 자신을 패배시킨 것이다.

이 두 예의 '自敗'는 '敗他'와 대구로 출현하고 있다. 게다가 이 네
개의 '敗'자는 《經典釋文》에서 모두 주음이 없다. 이는 곧 이 네 개의
'敗'가 모두 동일한 '敗'이고, 이때의 '自'는 곧 동사 '敗'의 한 논항성분
임을 말해준다. 즉, '自'는 재귀대명사로서 목적어로 쓰이고 있으며 동
사 앞으로 전치가 된 상태이다.[15]

부사 용법으로서의 '自'는 급물동사 앞에 전치할 때 '친히, 직접'의
의미가 된다.

> (5) 冬十月, 華元自止之, 不可, 乃反. (《左傳, 成公, 15, 875》) 겨울 시월에
> 화원은 스스로 가서(친히) 그들을 만류하였으나 불가하여 이에 돌아
> 왔다.

---

15) 《經典釋文, 序錄》에, '自敗'의 '敗'가 '薄邁反', '敗他'의 '敗'는 '補敗反'이라 되
어 있다. 그러나 《左傳》에서의 이 두 예의 '敗'는 주음이 없다. 盧文弨는 "《經典
釋文》에서 주음이 없다는 것으로 본래 이독이 아님을 알 수 있다."라 하고 있다.
또 周祖謨는 《顏氏家訓音辭篇注補》에서 "이것은 혹시 《經典釋文》에서 우연히
빠뜨린 것이며, 권수에 이미 起例를 언급한 바 있다."라고 말한다(黃坤堯
(1992:10)에서 재인용). 본서에서는 그러나 이 두 의견과는 다르고, '敗'가 확실히
異讀이 있으며, 이곳의 주가 없는 곳은 결코 '凡例'를 따라야 하는 것도 아니므로,
통사상의 '自敗'는 의미상의 '自敗'와 분명히 다르다고 본다.

그런데 불급물동사 앞에 전치할 때는 '스스로(自己)'의 의미가 된다. 그러나 이때의 '自'는 동사의 논항이 아니고 수식성분이 되어 강조를 나타낸다.

(6) 對曰: "翳桑之餓人也." 問其名居, 不告而退, 遂自亡也. (《左傳, 宣公, 02, 662》) 대답하길 "예상의 굶주렸던 사람입니다."라고 했고, 그 이름과 거처를 묻자, 알려주지 않고 물러나, 마침내 스스로 도망가 버렸다.

'통사적 조작을 통해 사동의미를 획득하는 동사'의 경우, 동사 앞의 '自'의 의미는 동사 논항구조에 대한 판별을 참고해야 한다.

(7) 夫固知君王之蓋威以好勝也, 故婉約其辭, 以從逸王志, 使淫樂於諸夏之國, 以自傷也. (《國語, 吳語》) 무릇 저들은 임금께서 위의를 숭상하고 승리를 좋아하는 것을 압니다. 이에 그 말을 부드럽게 해서 임금의 뜻을 방종하게 만들고 여러 제후국들에 대해 함부로 무력을 즐기게 하여 스스로를 상하게 만들 것입니다.

(8) 管仲故爲三歸之家, 以掩桓公非, 自傷於民也. (《戰國策, 東周》) 관중은 일부러 삼귀의 집을 지어 환공의 잘못을 덮었으니, 백성의 비방에 대해 스스로를 상하게 한 것이다.

위의 예(7)과 (8)에서 '自'는 모두 두 가지로 이해될 수 있다. 먼저 재귀대명사로 보아, '以自傷'이 표현하는 것은 일종의 使成의 결과이다. 즉 '傷'은 사동사가 된다. 다른 한편으로 이것을 부사 '自'로 보아, '自傷'은 일종의 자연스러운 결과상태를 나타낼 수도 있다. 이와 같이 상고한어의 '自V'구조는 중의적이라, 비대격동사를 판단할 수 있는 효과적인 판별식이 될 수가 없다.

2. 외현적 비대격 현상

비대격동사 이론의 연구에서는 내포성 비대격 현상과 외현성 비대격 현상을 구분한다. 내포성 비대격 현상이란 비대격동사의 직접적인 내재논항(심층 의미상의 피동작주)이 주어 위치에 출현하는 것을 말한다. 그리고 외현성 비대격 현상은 직접적인 내재논항이 위치이동이 일어나지 않고 여전히 목적어의 위치에 놓이는 것을 말한다.

현대한어는 주로 외현성 비대격 현상 위주이다. 潘海華, 韓景泉(2005)는 "비대격 현상은 한어에서 주로 외현적으로 표현된다. 많은 경우, 비대격동사의 유일한 논항은 표층의 목적어 위치에 출현하기 때문에, 표층의 통사적 구조 위치를 바탕으로 동사의 비대격 속성을 판단할 수 있다."고 한다.

상고한어의 비대격동사의 개별 동사에 대한 연구에 따르면, 상태동사, 존현동사, 방향동사 및 심리동사의 최소 구성 형식은 'NP V'이고, 'NP'는 이 비대격동사의 직접적인 내재논항이 되고 있다. 따라서 상고한어는 내포성 비대격 현상이 주를 이룬다.

그러나 상고한어 역시 외현성 비대격 현상이 존재한다. 첫 번째로 만약 주어와 목적어 간의 영속관계가 있고, 생략된 주어는 또한 치사자논항으로 분석되지 않는다면, 비대격동사의 외현적 통사구조를 구성할 수 있다. 예컨대 다음과 같다.

> (1) 四擬不破, 則隕身滅國矣. 《韓非子, 說疑》) 이 이상한 네 가지가 없어지지 않으면, 군주는 죽고 나라는 망할 것이다.

이 문장은 사실 "四擬不破, 則身隕國滅矣"이다.

두 번째로, '처소도치 구조'와 '氣象동사의 통사구조'에서 외현성 비대격 현상을 발견할 수 있는데, 이는 아래에서 자세히 논의한다.

2.1 처소도치 구조

L&RH(1995)는 처소도치 구조를 비대격동사의 판별식으로 보자는 것에 대해 회의적이며, 처소도치 구조가 일종의 화용상의 처리라고 보고 있다. 이것은 일부 동사가 명사의 후치에 대해 매우 민감하기 때문이다. 상고한어의 상황으로 보자면 처소도치 구조는 매우 적다. 그래서 이러한 구조가 비대격동사의 판별식으로 볼 수 있는가에 대해서는 좀 더 신중히 고찰할 필요가 있다.

방향동사 '出'의 경우 처소도치 구조를 아래와 같이 2예 발견할 수 있다.

(1) 鳳鳥不至, **河不出圖**, 吾已矣夫! (《論語, 子罕》) 봉황새도 오지 않고, 황하에서 그림도 나오지 않으니, 나는 이제 끝인가 보구나!

(2) 秋, 大水. 凡**平原出水**爲大水. (《左傳, 桓公, 원년, 82》) 가을에 큰물이 났다. 대개 평원에까지 물이 찬 것을 큰물이라 한다.

2.2 氣象동사 - 雨/震

楊素英(1999)에 따르면, 현대한어에서 "지점을 갖지 않는 존현문과 날씨문 그리고 사역/불급물의 교체는 비대격과 비능격동사를 구분하는데 사용된다"고 한다. Perlmuterr(1978)에 따르면, 비대격동사 유형에는 非自主的이고 소리나 빛, 맛과 관련된 단어('臭', '閃' 등)가 있다고 한다. 그리고 L&RH(1995)에 따르면 'verbs of emission(방출/발생 동사)'의 유형도 있다고 하는데, 의미의 '內在致使'/'外在致使'에 따라 비능격/비대격동사 유형을 귀납할 수 있다 있다고 한다. 한편, 상고한어의 '雨(去聲)'는 일종의 氣象동사이다. 그리고 '地震'을 나타내는 '震'이란 동사 역시 氣象동사에 속한다. 이들 동사는 모두 단논항동사로, 그 논항은 관계주 즉 심층의 피동작주이다.

2.2.1 雨

'雨'는 주로 무주어문에 사용되며 피동작주 논항은 목적어 위치에 보류된다.

(1) 昔我往矣, 楊柳依依. 今我來思, <u>雨雪</u>霏霏. (《詩經, 小雅, 采薇》) 지난 날 내가 갈 때는 버드나무 무성했는데, 지금 내가 오니 눈과 비가 흩날린다.

(2) 有渰萋萋, 興雨祁祁. <u>雨我公田</u>, 遂及我私. (《詩經, 小雅, 大田》) 먹구름 뭉게뭉게 일어나 비가 막 쏟아진다. 우리 공전에도 내리고 내 사전에 비가 온다.

(3) 冬十月, <u>雨雪</u>. (《左傳, 桓公, 08, 120》) 겨울 10월에 눈이 내렸다.

(4) 冬, <u>不雨</u>. (《左傳, 莊公, 31, 249》) 겨울에 비가 내리지 않았다.

(5) 秋, <u>雨螽</u>於宋, 隊而死也. (《左傳, 文公, 03, 531》) 가을에 송나라에 메뚜기가 비처럼 내렸는데, 떨어져서 죽었다.

(6) 夫千乘, 博昌之間, 方數百里, <u>雨血</u>沾衣, 王知之乎? (《戰國策, 齊六》) 천승과 박창 사이 사방 수 백리에 피비가 내려 옷을 적시고 있는데 왕께서는 아십니까?

'雨'는 비대격동사로서의 특수성이 아래의 세 가지 면에서 나타난다.
첫째, 이것은 '내포성 동족목적어'를 가질 수 있다. 去聲 '雨'는 단논항동사로, 그것의 내재논항이 '雨'의 동형 명사일 경우, 통사 층위에 이것이 출현하지 않는다. 예를 들어, "六月, 雨(6월에 비가 내렸다)."(《左傳, 僖公, 03》)의 경우, '雨'는 하나의 동사로 사실상 '雨雨'나 다름없어서 목적어와 동사가 같은 형태이다.

L&RH(1995:40)에 따르면, 통상적으로 비대격동사가 비능격동사와 대조를 이루는 점은 바로 동족목적어를 포함해 어떠한 표층의 목적어도 갖지 않을 수 있다는 것이다. 그런데 상고한어의 비대격동사로서의 '雨'는 동족목적어의 형식을 가질 수도 있는데, 이것은 일종의 통례가 개별적인 특징을 갖는 경우로 볼 수 있다.

둘째, 이것은 대응하는 사동 교체형식이 없다. 상고 8부 문헌에는 '雨'의 사동 통사구조가 보이지 않는다.

셋째, 이것은 외현성 비대격 현상으로 나타난다. '雨'의 관계주논항은 모두 동사의 뒤에 출현하는데, 이것은 심층 의미의 피동작주가 표층의 목적어 위치에 보류되는 것이다. 그런데 '天雨墻壞(하늘에서 비가 내려 담장이 무너지다)'란 예에서는, '天'이 '雨'의 필수논항이 아니라 일종의 배경이다.

2.2.2 震

《說文》에서는 "'震'은 '벽력'으로, 만물을 흔들게 만드는 것이다(震, 劈歷振物者)."라 나온다. 《廣韻》에서는 "'震'은 '천둥이 진동하는 것'이다. 또 '움직이다', '두려워하다', '일어나다', '위협하다'의 의미가 있다. '章刃切'이다(震, 雷震也, 又動也, 懼也, 起也, 威也. 章刃切)."이라 나온다. 일종의 氣象동사로서 우리가 통계를 한 것은 바로 '雷震(천둥이 진동하다)'의미의 '震'으로, 상고 8부 문헌에서 모두 11예 출현한다. 이를 두 가지 통사구조로 나눌 수 있다.

2.2.2.1 관계주논항이 표층의 목적어 위치에 출현하는 것.16) 총9예

(1) **燁燁震電**, 不寧不令. (《詩經, 小雅, 十月之交》) 번쩍 거리는 천둥과 번 개가 편안치 않으며 좋지가 않도다.

(2) 三月癸酉, 大雨, **震電**. (《左傳, 隱公, 09, 63》) 3월 계유일에 큰 비가 내리고 천둥 번개가 쳤다.

(3) 陰陽分布, **震雷**出滯. (《國語, 周語上》) 음과 양이 똑같이 분포하고, 우 레가 진동하여 겨울잠을 자는 벌레들을 나오게 만들다.

그 중 2예는 안긴문장(包孕句)이다.

(4) **主震雷**, 長也, 故曰元. (《國語, 晉語四》) 우레가 치는 것을 주장하는 이가 장남이므로 우두머리라 했다.

(5) **內有震雷**, 故曰利貞. (《國語, 晉語四》) 내괘에 우레가 치는 것이 있으 니, 이에 곧음이 이롭다고 하였다.

2.2.2.2 직접적인 내재논항이 표층의 주어 위치에 출현하는 것. 2예.

(1) 今藏川池之冰, 棄而不用, 風不越而殺, **雷不發而震**. (《左傳, 昭公, 04, 1250》) 지금 내와 못의 얼음을 저장하여 버려두고 쓰지 않고, 바람 은 흩어지지 않아 초목을 죽이고, 우레가 치지 않아도 흔들린다.

(2) 其藏之也周, 其用之也遍, 則冬無愆陽, 夏無伏陰, 春無凄風, 秋無苦雨, **雷出不震**, 無災霜雹. (《左傳, 昭公, 04, 1250》) 그 보관하는 것이 면밀하고, 쓰임이 널리 퍼진다면, 겨울은 너무 따뜻하지 않고, 여 름은 음기가 숨지 않으며, 봄엔 찬바람이 불지 않고, 가을엔 장맛비가

---

16) [역주] 이것은 곧 '震電'나 '震雷'의 형식으로 자주 나타나는데, 여기서 '震' 뒤의 '電', '雷'가 '천둥, 번개'라는 일종의 관계주 논항이 된다. 즉, "천둥, 번개가 진동 하다"라는 의미를 자주 형성한다.

내리지 않으며, 우레가 나와도 흔들리지 않고, 재해가 되는 우박, 서리
가 없다.

  '震'의 통사행위로 보건대, 이것은 분명 외현성 비대격 현상이 주류
이다. 먼저, 이러한 용례가 매우 많고 그 다음으로 그것의 안긴문장의
상황으로 보건대, 절을 품은 형식은 언어에서 가장 기본이 되는 구조이
기 때문이다. "어순은 절 층위에서는 쉽게 변화하지만, 구 층위에서는
변화가 비교적 적다(Croft(2000))". 예컨대, 위의 (4), (5)에서, 안긴문장
의 서술어 '震雷'는 외현성 비대격 현상이 나타난 것이다. 셋째로, 두
가지 예의 내포성 비대격 현상(2.2.2.2의 예들)은 모두 대구의 구조이다.
즉 내포성 비대격 통사형식을 사용하는 경우는 분명 일종의 임시적 처
리로 볼 수 있다.

  이로 보건대, 상고한어 중 외현성 비대격 현상은 주로 氣象동사와
소수의 처소도치 구조에서 출현하고 있음을 알 수 있다. 특히 氣象동사
는 외현성 비대격 현상이 주류인 동사유형임을 알 수 있다. 다만 여전
히 내포성 비대격 형식이 출현할 수 있음을 완전히 배제할 수는 없다.
예컨대, '霜降(서리 내리다)'이란 자연현상의 경우, 아래처럼 '隕霜'(예
3)도 가능하고, 또 '霜降'(예4)도 가능하다.

  (3) 本見而草木節解, 馹見而**隕霜**, 火見而淸風戒寒. 《國語, 周語中》
      본성이 보이면 초목이 떨어지고, 사성이 보이면 서리가 내리고, 화성
      이 보이면 서늘한 바람이 불어 추위를 대비해야 한다.

  (4) **霜露旣降**, 君子履之, 必有凄愴之心, 非其寒之謂也. 《禮記, 祭義》
      서리가 내리면 군자가 이를 밟고, 반드시 서글픈 마음을 가지는데, 이
      는 추워서가 아니다.

3. 先秦시기 영주속빈문을 통해 본 "王冕死了父親"의 역사적 기원

비대격동사 가설(Unaccusative Hypothesis)은 일항동사 그룹에 대해 '비대격동사(unaccusative verb)'와 '비능격동사(unergative verb)'로 더 구분할 것을 제기하였다. 이 두 유형의 동사는 비록 표층상으로는 유사하나 실질상 다르다. 전자의 유일한 논항은 직접적인 내재논항, 즉 심층의미의 피동작주이다. 그러나 후자의 유일한 논항은 외재논항, 즉 심층의미의 행위주이다. Burzio의 일반화 가설(Bruzio's Generalization)[17])에 따르면, 주어명사에 '행위주'라는 의미역을 부여할 수 없는 동사는 역시 목적어 명사에 '목적격(대격)'을 부여할 수 없다. 그래서 '死'는 전형적인 비대격동사로 그것의 직접적인 내재논항은 '논리목적어(邏輯賓語)'[18])이기 때문에 이것에게 대격을 부여할 수 없다. 바로 이로 인해 현대한어 가운데 "王冕死了父親"같은 영주속빈문에 대해 "여기서의 명사성 성분인 '王冕'과 '父親'의 통사적 지위와 기원을 어떻게 해석할 것인가?"라는 의문이 제기될 수 있다. 이 문형을 지속적으로 토론해 오는 와중에 이것에 대한 연구모델이 크게 세 가지로 출현하였다. 첫째는 생성문법 이론 틀 내에서 해결방안을 제시한 것으로, 여기엔 '영속격의 주어 위치이동설'(徐杰(1999, 2001), 韓景泉(2000), 溫賓利, 陳宗利(2001)), '경동사설'(朱行帆(2005), 李杰(2007)) 그리고 '화제의 기초생성설'(潘海華, 韓景泉(2005, 2008))이 있다. 둘째는 인지언어학 이론 틀 내에서

---

17) [역주] 'Burzio의 일반화 가설'이란 "비능격동사는 외부 논항을 가지기 때문에 대격을 부여할 수 있지만, 비대격동사는 외부 논항을 가지지 못하기 때문에 대격을 부여할 수 없다"는 것이다.

18) [역주] 논리목적어란 '술어로 쓰이지 않는 동사의 의미상의 피동작주'를 말하며 예컨대, "The dinner is ready to eat."이란 문장에서 'eat'의 논리목적어는 바로 'the dinner'가 된다.

이 문형의 형성 동기화를 토론한 것이 있다(沈家煊(2006, 2009), 劉曉林(2007), 任鷹(2009)). 셋째는 영주속빈문의 漢語史상의 기원과 형성 기제를 토론한 것이 있다(石毓智(2007), 帥志嵩(2008), 兪理明・呂建軍(2011)).

각각의 학자들은 각기 다른 관점으로부터 영주속빈문의 토론을 진행하여 해당 문형에 대한 인식을 위해 다방면의 힌트를 주고 있다. 그런데 각 파들은 저마다 문제점을 안고 있다. 생성문법 이론 틀에서 영주속빈문을 토론하는 과정에서는 어떠한 가설이든지 만족스럽고 시원한 답을 제시하지 못하는 측면이 있다(沈家煊(2006)[19]). 그리고 인지언어학 틀 내에서 제기한 해석은 漢語史 방면의 자료를 제공해주지 못하는 한계가 있어 실증이 부족하다. 현재 역사적 기원의 측면에서 연구를 한 경우는 '死亡'의미 동사의 어휘 교체라는 점에 주목하고 있다. 그중 특히 帥志嵩(2008)은 "王冕死了父親"은 同義문형 경쟁의 결과라고 본다. 즉, '死'가 '喪'을 대체하여 이것의 통사 기능을 계승했다는 것이다. 한편, 兪理明・呂建軍(2011)은 帥志嵩(2008)의 주장을 기초로 하여, 死亡의미의 모든 어휘로 더 나아가, 이들 어휘 각각으로 구성되는 단위 간의 구조 형식과 의미 관계 및 기타 同類 관계를 토론함으로써 해당 문형의 역사 발전을 연구하였다. 그리고 石毓智(2007)는 "王冕死了父親"과 "他來了兩個客戶" 둘의 기원과 생성방식이 동일하다고 보았다. 그래서 이들은 함께 13세기에 존현문으로부터 출현한 것이라 하였다. 그에 따르면, 이러한 존현문의 주어가 환유를 통해 '처소명사'에서 '指人명사'로 변화한 것인데, 특히 언어 시스템 내부에 술보구조의 건립에

---

19) [역주] 沈家煊에 따르면, 생성문법은 일가동사인 '死'가 어떻게 결합가가 더 늘어나게 되었는지에 대해 명확한 해석을 못한다고 보았다. 특히, '死'와 '王冕'의 의미 관계는 직접적인 것도 아니기 때문에 이는 단순히 결합가의 증가만으로 해결할 수 없는 문제가 있다.

수반되어 출현한 하나의 구체적인 구조라고 보고 있다. 즉, '구조가 의미를 부여한다(結構賦義)'는 규율이 唐宋시기에 건립이 되어 이러한 존재문의 출현과 응용에 대해 모종의 추동작용을 했다고 보는 것이다.

이렇게 본다면, 생성문법 이론 틀 외의 기타 연구는 이 문형의 생성과정에 대해 연구의 최초 초점을 벗어나고 있다. 다시 말해서 이 문형의 1가동사가 어떻게 하여 두 개의 명사성 성분을 갖게 되었는지, 그리고 이 두 개의 명사성 성분의 통사적 지위가 무엇인지에 대해 정면으로 대답하지 못했던 것이다. 그런데 역사적 기원으로부터 이 문형을 토론할 수도 있다. 왜냐하면 역사적 언어 자료 속에는 이 문제에 대한 실마리를 제공할 수 있는 대답들이 들어 있기 때문이다. 한편, 영주속빈문의 동사는 의미상으로 보면, 대개 喪失의미 동사, 상태동사, 존현의미 동사이다. 그리고 死亡의미 동사는 단지 喪失의미 동사의 한 종류로 볼 수 있다. 그렇다고 이렇게 死亡의미 동사라는 것에 구애되어 이 문형의 형성을 탐색하다보면 일부 매우 가치 있는 자료들을 지나칠 가능성도 있다. 우리가 고찰한 언어자료로 보건대, 영주속빈문은 先秦시기에 이미 출현하였다. 그리고 이와 관련된 형식을 통해 영주속빈문의 형성이 또 다른 動因이 있음을 알 수 있다. 이는 또한 해당 문형의 형성이 상표지 '了'와 아무 관련이 없다는 것을 의미한다.

3.1 先秦 영주속빈문의 기본 면모

선진 문헌에는 영주속빈문의 용례가 적지 않다.

(1) 眷言顧之, 潸焉出涕. (《詩經, 小雅, 大東》) 머리를 돌려 그 길을 바라보니 주르르 눈물만 흐른다.

(2) 韓與荊有謀, 諸侯應之, 則秦必復見崤塞之患. (《韓非子, 存韓》) 한나

라가 초나라와 모의하여 제후들이 이에 응해주면, 진나라는 제나라에 당했던 봉변이 다시 출현하게 될 것이다.

(3) 聞於諸侯也, **趙氏破膽**, 荊人狐疑, 必有忠計. (《韓非子, 存韓》) 제후에게 알려지면 조나라는 놀라 쩔쩔맬 것이며, 초나라는 기존의 방식에 의심을 품고 반드시 중립을 지킬 것입니다.

(4) **吾斷足也**, 固吾罪當之, 不可奈何. (《韓非子, 外儲說左下》) 제가 발꿈치를 잘리게 된 것은 당연히 저의 죄에 합당한 것으로 어쩔 수 없는 것입니다.

先秦시기 영주속빈문을 구성하는 동사는 전형적인 비대격동사의 의미유형 즉, 상태동사와 존현동사에 속한다. 우리는 그중 '敗, 斷, 折, 壞, 盡' 등 37개의 비대격동사를 선택하여[20], 8부의 선진 문헌에서 그들이 보여주는 통사행위를 고찰하였고, 그들이 구성하는 영주속빈문의 용례 총27예를 발견하였다.[21] 그중 '전투에 패배하다'의미의 '敗'가 1예, '折'이 2예, '斷'이 1예, '출현'의미의 '見'이 3예, '흩어지다'의미의 '解'가 1예, '傷'이 8예, '破'가 3예, '출현'의미 '生'이 1예, '출현'의미 '出'이 5예,

---

20) 선택된 비대격동사는 다음과 같다.
  1. 상태동사: 敗, 斷, 折, 壞, 盡, 見, 解, 降, 治, 毁, 沉, 張, 生, 傷, 止, 破, 死, 開, 啓.
  2. 존현동사: 立, 起, 作, 興.
  3. 방향동사: 入, 出, 去, 來, 朝, 遷.
  4. 심리동사: 怒, 懼, 服, 悅.
  5. 형용사: 順, 紓, 緩, 深.

21) 동일한 예가 다른 곳에서 인용되었거나 중복된 것은 모두 따로 통계하였다. 예를 들어, '作'의 2예의 영주속빈문은 동일한 예의 반복 사용이다. 《荀子》에서 《詩經》 중의 "眷言顧之, 潸焉出涕"를 인용하였는데, 이는 각각 계산한다. 만일 동일 자료에서 2개의 영주속빈문이 출현한다면 이를 2예로 계산한다. 예컨대, "天見其明, 地見其光, 君子貴其全也."이 그러하다. 이하 모두 이와 동일한 원칙을 적용한다.

'作'이 2예이다. 한편, 심리동사와 형용사는 모두 영주속빈문을 구성하는 용례가 없다. 그들은 先秦 시기에 모두가 가장 전형적인 비대격동사 의미유형에는 속하지 않는다. 그리고 '哭', '笑', '走', '吠' 등의 전형적인 비능격동사에 대한 조사를 통해 보건대, 선진 시기 비능격동사는 영주속빈문을 구성하지 못함을 알 수 있다.

비대격동사의 논항실현 규칙에 따르면, 영속구(領屬短語)[22]는 그 자체가 문장의 주어로 실현될 수 있어야 한다. 예컨대, 아래와 같다.

(5) 若跣不視地, **厥足用傷**. (《國語, 楚語上》) 맨발로 걸으면서 땅을 보지 않으면 그 발이 상하게 된다.

(6) 牛馬俱死, 而不能成其功, **王之國必傷矣**! (《戰國策, 魏一》) 소와 말이 다 죽으면 그 공을 이룰 수가 없고, 대왕의 나라는 반드시 다치게 됩니다!

현대한어가 외현성 비대격 현상이 주류인 것과 달리, 先秦 한어는 내포성 비대격 현상이 주류이다. 즉, 표층의 통사상, 비대격동사의 심층 의미의 피동작주는 대개 문장의 주어로 실현이 되며, 가장 자주 발견되는 구조 또한 그 최소 구성 형식이 'NP V'문형, 이른바 自動文이다. 영주속빈문을 구성하는 용례는 매우 적다. 상술한 영주속빈문이 있는 동사를 예를 들어 보면, 동일 의항 하에, 8부 상고문헌 속에서의 이들의 용례 통계 상황은 아래와 같다.

---

22) 본서에서는 "王冕死了父親"과 같은 구조를 '영주속빈문'이라 칭하고, 여기서의 "王冕(的)父親"같은 수식구조를 '영속구'라고 칭한다.

문형	동사										총계
	敗	折	斷	見	解	傷	破	生	出	作	
NP V 문형	139	20	12	12	18	44	40	43	32	80	440
영주속빈	1	2	1	3	1	8	3	1	5	2	27

표 **7.12** NP V문형과 영주속빈문 용례 비교

이렇게 영속구가 문장의 주어로 실현된다면, 이러한 분열식 형태의 영주속빈문은 도대체 어떻게 형성된 것인가? 우리가 볼 때, 이러한 비대격동사가 구성하는 영주속빈문은 비율상 가장 자주 출현하는 'NP V' 문형의 6.1%에 지나지 않는데, 이는 이러한 형식이 일종의 비정상적 상태의 문형임을 보여준다. 즉, 명제의미가 대체로 동일한 상황 하에서, 이러한 비정상적 문형은 분명 화용적인 수요에 의해 출현했을 가능성이 있다. 우리가 중복된 예를 제거한 25개 영주속빈문에 대해 분석을 한 결과, 대체로 두 가지 상황으로 구분할 수 있다.

1) 앞뒤 절이 이어질 때, 이 문형을 사용하여 '화제 연속성'이란 수요를 만족시킬 수 있다. 총18예가 나온다.

(7) 眷言顧之, 潸焉出涕. (《詩經, 小雅, 大東》) 머리를 돌려 그 길을 바라보니 주르르 눈물만 흐른다.

(8) 及子産卒, 仲尼聞之, 出涕曰: "古之遺愛也." (《左傳, 昭公, 21, 1422》) 자산이 죽자, 중니가 그 말을 듣고 눈물을 흘리며 말했다. "옛 인애의 유풍을 가졌다."

(9) 齊侯還自晉, 不入. 遂襲莒, 門于且于, 傷股而退. (《左傳, 襄公, 23》) 제후가 진에서 돌아와 들어오지 않고 거를 습격했다. 차우의 문을 공격하다가 넓적다리에 상처를 입고 물러났다.

(10) 公懼, 墜於車. 傷足, 喪屨. (《左傳, 莊公, 08, 175》) 공이 두려워 수레에

서 떨어지자 발을 다치고 신발도 잃어버렸다.

(11) 女忘君之爲孺子牛而折其齒乎, 而背之也. (《左傳, 哀公, 06, 1638》) 당신은 돌아가신 경공께서 아기씨를 위해 소를 몰게 했다가 (넘어지는 바람에) 그의 이를 부러뜨린 일을 잊으셨습니까? 그리하여 지금은 도리어 임금을 배반하는 것이오.

(12) 其折骨絶筋, 終身不可以相及也. (《荀子, 修身》) 그것이 뼈가 부러지고 근육이 끊어지더라도 종신토록 서로 미칠 수가 없다.

(13) 吾斷足也, 固吾罪當之, 不可奈何. (《韓非子, 外儲說左下》) 제가 발꿈치를 잘리게 된 것은 당연히 저의 죄에 합당한 것으로 어쩔 수 없는 것입니다.

(14) 今王破卒散兵, 以奉騎射, 臣恐其攻獲之利, 不如所失之費也. (《戰國策, 趙二》) 지금 대왕께서는 병사들의 편제를 망가뜨려 기사병을 만들고 계시니, 신은 이렇게 하여 얻은 이익이 잃을 손해보다 못할 것이라 생각됩니다.

(15) 是不勝黃城, 破心而走, 歸, 恐不免於罪矣! (《戰國策, 趙二》) 외황성을 이기지 못하면, 군사들은 그 사기가 망가져서 도망갈 것이고, 돌아가면 죄를 면키 어려울 것입니다.

(16) 昔者楚共王與晉厲公戰於鄢陵, 楚師敗, 而共王傷其目. (《韓非子, 十過》) 옛날에 초공왕이 진여공과 언능에서 싸웠다. 그때 초나라 군대가 패하고, 공왕은 눈을 다쳤다.

(17) 宋人大敗, 公傷股, 三日而死, 此乃慕自親仁義之禍. (《韓非子, 外儲說左上》) 송나라 사람들은 대패하였고, 양공은 다리를 다쳐 사흘 뒤에 죽었다. 이는 곧 군주가 인의를 행하기를 흠모하여 다친 화이다.

(18) 靈姑浮以戈擊闔閭, 闔閭傷將指, 取其一屨還. (《左傳, 定公, 14, 1596》) 이때 영고부가 창으로 합려를 찔렀고 합려는 큰 발가락에 상처를 입었다. 그리고 영고부는 합려의 신발 한 짝을 얻었다.

(19) 旣陳而後擊之, 宋師敗績. 公傷股. (《左傳, 僖公, 22, 397》) 이미 대열

을 갖춘 후에 공격하자 송의 군대는 대패했고, 양공은 넓적다리를 다쳤다.

(20) 師退, 冉猛僞**傷足**而先. (《左傳, 定公, 08》) 군사가 물러나자, 염맹은 발을 다친 것으로 가장하고 앞으로 나섰다.

(21) 物類之起, 必有所始. 榮辱之來, 必象其德. **肉腐出蟲, 魚枯生蠹**. (《荀子, 勸學》) 모든 사물의 시작에는 반드시 그 원인이 있고, 영욕이 오는 것도 반드시 사람의 덕에 의한다. 고기가 썩으면 벌레가 나오고, 물고기가 마르면 좀이 생긴다.

(22) 勉力不時, 則牛馬相生, **六畜作祅**. (《荀子, 天論》) 농사일에 힘씀에 때에 맞지 않으면, 소와 말이 서로 새끼를 바꿔 낳게 되는데, 이는 가축들에게 요사스러운 일이 생기는 것이다.

(23) 公泫然**出涕**曰: "不亦悲乎! 寡人有國而田成氏有之, 今爲之奈何?" (《韓非子, 外儲說右上》) 경공은 괴로운 듯 눈물을 흘리며 말했다. "또한 슬프지 아니한가? 과인이 가지고 있는 나라를 전성씨가 갖게 되다니, 지금 이를 어찌하오?"

위의 예에서, (7)부터 (16)까지는 전후 절이 논술하는 것이 동일 화제이다. (17)부터 (20)까지는 전후의 화제가 매우 긴밀하게 서로 연결이 되어, 전후 화제가 사실상 하나의 '화제연쇄(話題鏈)'가 된다. (21)과 (22)는 전후의 주제 의미가 서로 같아, '出忠'과 '生蠹'는 사실상 한 가지 일이나 다름없고, '牛馬相生'과 '六畜作祅'도 모두가 괴이한 현상의 발생이란 공통점이 있다. 예(23)의 경우는 전체 담화 연결의 수요로 인한 것으로, 담화의 내용은 齊景公과 晏子가 少海에서 놀 때, 군신 간의 대화이다. 대화는 바로 경공과 안자 사이에 번갈아 가며 이루어지고 있는데, 이 부분은 田成氏가 어떻게 백성들의 마음을 얻게 된 것인지에 대해 안자가 말을 한 후 이어지는 대목이다. 그래서 차례는 다시 제경공으로 돌아온 상태다.

2) 비록 동일한 화제를 이은 것은 아니지만, 영주속빈문은 그 전 또는 그 후의 절과 함께 일종의 '대조성' 또는 '인과적 대조성'을 갖게 된다. 모두 7예가 출현한다.

(24) **今軍敗亡二萬人**, 臣有斧質之罪, 請自歸於吏以戮. (《戰國策, 燕二》) 지금 우리 군이 패하여 이만을 잃었으니 신은 부질의 죄를 지었으니, 청컨대 스스로 관리에게 가서 육형을 받겠습니다.

(25) **天見其明, 地見其光**, 君子貴其全也. (《荀子, 勸學》) 하늘은 그것의 밝음이 드러나고, 땅은 그것의 광채가 나타나며, 군자는 그 온전함을 귀히 여긴다.

(26) 韓與荊有謀, 諸侯應之, 則**秦必復見崤塞之患**. (《韓非子, 存韓》) 한나라가 초나라와 모의하여 제후들이 이에 응해주면, 진나라는 제나라에 당했던 봉변이 다시 출현하게 될 것이다.

(27) 聞於諸侯也, **趙氏破膽**, 荊人狐疑, 必有忠計. (《韓非子, 存韓》) 제후에게 알려지면 조나라는 놀라 쩔쩔맬 것이며, 초나라는 기존의 방식에 의심을 품고 반드시 중립을 지킬 것입니다.

(28) 夫沐者有棄髮, **除者傷血肉**, 爲人見其難, 因釋其業, 是無術之事也. (《韓非子, 八說》) 머리를 감으면 머리카락이 빠지게 되고, 병을 고치려는 자는 자신의 피와 살을 상하기 마련이다. 사람을 다스림에 그 어려움을 보고 이에 그 일을 버리는 것은 지혜롭지 않은 일이다.

(29) 信不可知, 義無所立, 四方諸侯, **其誰不解體**?23) (《左傳, 成公, 08, 837》) 믿음을 알 수 없고, 도의가 설 곳이 없다면 사방 제후가 누구인들 마음이 떠나지 않겠는가?

---

23) 이 예는 두 가지 해석이 가능하다. 첫 번째 해석은 바로 "王冕死了父親"과 유사한 것으로, 이때 대명사 '其'는 앞의 화제 '四方諸侯'를 반복 지시하고 있다. 이는 앞의 화제를 이어서 말하고 있기 때문에 마땅히 1)의 상황으로 볼 수도 있다. 두 번째 해석은 '其'를 반복대명사(復指代詞)가 아니라 양상부사로 보는 것이다. '四方諸侯' 뒤의 휴지는 화제표지와 유사하다. 본서는 두 번째 해석에 동의한다.

과거의 연구에서, 領有語는 주어인가 화제인가에 대해 각각의 견해가 있었는데, 문형 응용의 환경으로부터 우리는 領有語가 일종의 화제라고 생각한다.[24] 先秦 한어에 비록 주어라는 범주가 존재하나(洪波(2010) 참조), 영주속빈문 중의 領有語의 통사 기능을 화제로 보고 주어로 보지 않는 가장 직접적인 증거는, 바로 領有語가 화제화를 통해 위치 이동했다는 흔적을 언어 자료로부터 찾을 수 있다는 것이다.

(30) 昔者楚共王與晉厲公戰於鄢陵, 楚師敗, 而共王傷其目. (《韓非子, 十過》) 옛날에 초공왕이 진여공과 언능에서 싸웠다. 그때 초나라 군대가 패하고, 공왕은 눈을 다쳤다.

(31) 女忘君之爲孺子牛而折其齒乎, 而背之也. (《左傳, 哀公, 06, 1638》) 당신은 돌아가신 경공께서 아기씨를 위해 소를 몰게 했다가 (넘어지는 바람에) 그의 이를 부러뜨린 일을 잊으셨습니까? 그리하여 지금은 도리어 임금을 배반하는 것이오.

(32) 天見其明, 地見其光, 君子貴其全也. (《荀子, 勸學》) 하늘은 그것의 밝음이 드러나고, 땅은 그것의 광채가 나타나며, 군자는 그 온전함을 귀히 여긴다.

이 네 개의 영주속빈문에서, 屬語명사 앞에 모두 대명사 '其'가 있다. 마치 영어의 "This book I have read it"과 마찬가지로, 領有語가 화제화를 통해 위치 이동을 한 후, 원래의 통사 자리에 모종의 흔적(語跡, trace)을 남긴 것이다. 이러한 흔적의 존재는 곧 領有語가 결코 통사의 주어가 되지 않았음을 말해준다. 領有語가 화제가 되었다는 것은 처음

---

24) 沈家煊(2006)은 화용의 관점에서 '王冕'이 화제라고 했는데, 이는 문제가 없다. 그럼 통사의 관점에서 말하면 '王冕'은 무엇인가? 본서에서는 徐烈炯, 劉丹青 (1998)의 의견을 받아들일 수 있다고 보는데, 이는 화제라는 것이 단지 화용적인 것 뿐 아니라 통사적인 것이기도 하기 때문이다.

부터 그 자리에 있었던 것이 아니라 위치 이동을 통해 생성되었기 때문이다. 이처럼 領有語가 위치 이동을 통해 화제가 되었다는 설은 곧 영주속빈문의 기초 형식이 바로 'V NP'임을 의미한다.

3.2 영주속빈문의 형성 기제

3.2.1 領有語 위치 이동의 動因

영속구의 領有명사는 비대격동사의 논항이 아니다. 이것은 단독으로 문장의 주어로 실현되지 못한다. 동사 뒤의 통사 위치로부터 위치 이동을 하여 화제가 된 후에 이와 같은 영주속빈문을 형성한 것이다. 이것은 일종의 '틀설정 화제'이다. Gasde(1999)는 인류 언어의 화제를 두 가지로 구분하였다. 하나는 'aboutness topic'인데, 劉丹青이 이를 '關涉話題(상관성 화제)'라고 번역하였다. 이것은 통상 하나의 논항 성분으로 충당되며, 문장의 내용이 둘러싸고 있는 중심이다. 또 하나는 'framer-setting topic'인데, 이것은 '框架設置話題(틀설정 화제)'이다. 이것은 대개 '시간/장소 배경', '개체배경', '조건절' 등의 성분으로 충당된다(劉丹青(2003) 참조).

이러한 기초 위에, 劉丹青은 '틀설정 화제'가 '틀은 내용보다 크다'는 원칙을 준수한다고 하였다. 즉, 틀은 그것이 틀 속에 담은 내용보다는 커야 비로소 틀이 되는 것이다. 그리고 틀설정 화제 중의 '개체배경'이란 "종종 화제가 설명 중 관련된 성분과의 사이에 존재하는 상황으로 표현된다." 先秦 한어 중 영주속빈문 속 領有語와 屬語의 관계는 '틀설정 화제'의 의미조건에 부합한다. 따라서 이것은 일종의 '틀설정 화제 구조'에 속한다고 볼 수 있으며, 틀의 領有語는 '개체배경'이 되고, 屬語는 '전경'이 된다.

이러한 영주속빈문을 채용함으로써, 한편으로 화제의 연속성을 유지하여 담화적 수요를 만족시킬 수 있고, 다른 한편으로, 屬語를 문미에 놓음으로써 이것이 문장의 상규초점 위치에 놓이게 할 수 있다. 이것이 바로 領有語가 위치 이동하는 진정한 動因이라 할 수 있다.

"昔者楚共王與晉厲公戰於鄢陵, 楚師敗, 而共王傷其目"을 예로 보자. 우선 담화의 연결수단으로 '共王'이 영주속빈문에서 전방조응(承前照應)의 역할을 한다. 그래서 독자들한테는 이것이 익숙한 내용이 되어 화제에 부합한다. 그리고 신정보로서의 '目'은 자연초점 위치에 놓음으로써 문장의 일반적인 정보구조 조직 방식에 부합하고 있다. 상규의 문형인 "寡人目親傷(과인의 눈이 직접 다쳤다.)"이 초점을 맞추는 내용은 눈의 상태('傷')인 반면, 영주속빈문이 초점을 두는 것은 바로 '共王이 어느 부위를 다쳤는가' 이다.

영주속빈문 속의 동사는 전형적인 비대격동사이다. 비대격동사의 논항 격부여 규칙에 따르면, 전체 영속구는 마땅히 통사적 주어로 실현되어 'NP V'문형을 구성해야 한다. 이러한 상규의 문형 속 영속구는 문두에 위치하게 되며, 마찬가지로 화제의 연속성은 유지된다. 그러나 담화 기능의 관점에서 보면, 문두에 위치하는 영속구가 만약 기타 통사적 또는 음운적 수단이 없다면 문장의 초점이 되지 못한다. 그리고 전체 문형이 표현하는 것은 'NP의 상태'에 대한 관심일 뿐이다. 아래에서 다시 두 개의 '傷'을 예로 한 예문을 살펴보자.

(1) 牛馬俱死, 而不能成其功, **王之國必傷矣**! (《戰國策, 魏一》) 소와 말이 다 죽으면 그 공을 이룰 수가 없고, 대왕의 나라는 반드시 다치게 됩니다!

(2) 今日之戰, **寡人目親傷**, 所恃者司馬, 司馬又如此, 是亡荊國之社稷而不恤吾衆也, 寡人無與復戰矣. (《韓非子, 飾邪》) 오늘의 전투에서 나의 눈은 부상을 입었고, 믿을 사람은 사마뿐이다. 그런데 사마 역

시 이와 같으니, 이는 아예 초나라가 사직을 잊어버리고 백성들을 사랑하지 않는 것이다. 나는 더 이상 전쟁할 방법이 없다.

(1)과 (2)에서 '傷' 앞에는 모두 부사가 있다. (1)의 추측부사 '必'이 지향하는 것은 서술자로, 이는 서술자의 '王之國'의 상태에 대한 예측이다. 서술자는 나라가 장차 빠지게 되는 상태야 말로 왕이 관심 갖는 초점이라는 것을 알고 있다. 한편, (2)는 양상부사 '親'이 나오고 있으며 이것이 지향하는 것은 '寡人'이다. '寡人'이 '부상'이란 상태가 출현하였고, 이것은 전쟁 상태에 처한 제후국으로서는 중요한 상징적 의미를 갖기 때문에 어디를 다치든 그 의미는 모두 동일하다. 따라서 우리는 《韓非子》 '十過篇'에서 이것을 바로 "不穀親傷"으로 고친 것을 발견할 수 있다.

(3) 共王駕而往, 入其幄中, 聞酒臭而還, 曰: "今日之戰, **不穀親傷**, 所恃者司馬也. 而司馬又醉如此, 是亡楚國之社稷而不恤吾衆也, 不穀無復戰矣." (공왕이 수레를 타고 직접 가서, 그 장막 안으로 들어갔다. 술 냄새를 맡고 돌아와 말했다. "오늘의 전투에서 내가 눈을 다쳤으니 믿을 만한 사람은 사마뿐이다. 그런데 사마가 또 이렇게 취했으니, 이는 초나라의 사직을 잊고 우리 군사를 돌보지 않은 것이다. 나는 다시 싸우지 않겠다.")

만약 초점이 부상당한 구체적인 부위가 아니라, 누가 부상을 당했다고 하는 이러한 상태라고 한다면, 부상 부위는 또 사격목적어의 형식으로 보충 출현할 수도 있다.

(4) **魏犨傷於胸**. 公欲殺之, 而愛其才. (《左傳, 僖公, 28, 454》) 위주가 가슴에 상처를 입었다. 공이 그를 죽이려 했으나 그의 재주를 아꼈다.

3.2.2 영주속빈문의 기초형식

先秦한어는 내포성 비대격 현상이 주류이다. 다시 말해서 그 심층구조가 'V NP'라 하더라도, 비대격동사의 표층 기초형식은 대개 'NP V' 형식이다. 영주속빈문은 領有語가 위치 이동을 하여 화제가 된 것이며 그 기초형식은 'V NP'이다. 그렇다면 영주속빈문의 이러한 기초형식은 어디에서 온 것인가? 우리는 先秦한어의 영주속빈문은 氣象동사의 통사 실현 형식에서 그 형식을 가져온 것으로 본다.

우리는 앞에서 선진한어의 氣象동사가 나타내는 것은 외현성 비대격 현상이라고 언급한 바 있다. 아래의 예에 있는 '雨(去聲)', '震', '隕'이 그러하다.

(1) 昔我往矣, 楊柳依依. 今我來思, <u>雨雪霏霏</u>. (《詩經, 小雅, 采薇》) 지난 날 내가 갈 때는 버드나무 무성했는데, 지금 내가 오니 눈과 비가 흩날린다.

(2) 秋, <u>雨螽</u>於宋, 隊而死也. (《左傳, 文公, 03, 531》) 가을에 송나라에 메뚜기가 비처럼 내렸는데, 떨어져서 죽었다.

(3) 三月癸酉, 大雨, <u>震電</u>. (《左傳, 隱公, 09, 63》) 3월 계유일에 큰 비가 내리고 천둥 번개가 쳤다.

(4) 本見而草木節解, 駟見而<u>隕霜</u>, 火見而清風戒寒. (《國語, 周語中》) 본성이 보이면 초목이 떨어지고, 사성이 보이면 서리가 내리고, 화성이 보이면 서늘한 바람이 불어 추위를 대비해야 한다.

기상동사는 심층에서도 무주어의 비대격동사이지만 동시에 표층 통사상으로도 무주어문이어서 통사적 주어는 빈자리가 되는데, 이는 현대한어에서도 그러하다. 내포성/외현성 비대격 현상을 위주로 하는 언어는 결코 내포성/외현성 비대격 현상을 배척하지 않는다. 그래서 현대한어는 외현성 비대격 현상 위주이기 때문에 "來人了", "沉船了" 등의 문장이 가능하지만, 또한 내포성의 비대격 형식도 여전히 존재해서 "人來了", "船沉了"도 가능하다. 다만, 후자의 경우, 전자에 비해 그 중의 '人'과 '船'은 화용상 한정적인 것이 요구된다. 한편, 내포성 비대격 현상이 위주인 先秦한어는 어떤 조건을 만족시킬 때, 기상동사와 마찬가지로 외현성의 비대격 통사구조를 구성할 수 있다. 이러한 조건으로 특정한 의미 유형의 동사도 있지만, 가장 관건이 되는 것은 바로 화용적 요소이다.

이렇게 "王冕死了父親" 중 '王冕'이 위치 이동을 하여 화제가 되고, 통사적 주어는 빈자리가 되는 상황에서 Burzio의 규칙에 의거, '父親'이 주격을 획득하게 된다. 이것은 潘海華, 韓景泉(2005)에서 이미 논술하였기에 여기서는 자세한 언급을 생략한다. 그러나 潘씨, 韓씨와 다른 점은, 先秦의 자료를 통해 이 화제는 위치 이동을 하여 인상(提升, raising)된 것이지 기초에서 생성된 것이 아니며[25], 또 틀설정 화제이지 현수화제(懸垂話題, Dangling Topic)[26]가 아니라는 점을 알 수 있다는 것이다.

3.2.3 '領屬'과 '存現'의 관계

언어의 안정성을 유지하기 위해 언어의 강성 통사 규칙은 문형의 생성 과정에서 주도적인 위치를 차지하고, 화용적 요소에 의해 유도되는

---

25) [역주] 화제의 생성과 관련하여 크게 '이동생성'과 '기저생성'으로 구분할 수 있는데, "王冕死了父親"의 화제는 일종의 이동생성으로 볼 수 있다는 것이다.

26) [역주] 현수화제 또는 '중국식화제'라고 하며 '영어식화제'와 대조된다. 이것은 술제(설명)의 동사에 의해 선택되거나 하위범주화되지 않기 때문에 술제 안에서 이와 관련한 통사적 위치를 찾을 수 없는 것을 가리킨다(김종호, 강희명 〈현대중국어 화제의 두 위치 해석〉(2017) 참조)

창조는 비상규 문형으로 귀결된다. 이러한 점은 우리가 이미 비대격동사로부터 형성된 영주속빈문과 'NP V'문형 간의 수량 비교를 통해서도 알 수가 있다. 그런데 여기서 한 가지 문제를 제기할 수 있다. 언어 내의 문형 종류는 유한하고, 동시에 통사적 창조는 어휘에 비해 상대적으로 안정적이다. 이러한 상황에서 비상규 문형은 아무 근거 없이 생성될 수는 없는 것이며, 이들은 반드시 언어 중의 기존 문형에 의탁하여 '옛 술병에 새 술을 담는(舊瓶裝新酒)' 수요를 완성시키게 된다. 한편, 의미관계에 대해서 말하면, 領有者와 領有物 간의 관계는 의미 불투명의 관계 시스템에 속한다. 그래서 '행위주/피동작주 구조' 속으로 동화될 수가 있다. 다만 先秦한어의 영주속빈문 속 영유자는 위치 이동을 하여 문두 위치로 가기 때문에, 이러한 문형은 '행위주/피동작주 구조'의 동화를 받아 형성된 것은 아니다. 그렇다면 **최종적으로 형성된 영주속빈문은 어떤 구조를 기초로 한 것인가?** 아래에서 이 문제를 해결하도록 하자.

沈家煊(2006)은 '혼합설'로 "王冕死了父親"을 분석할 때, 이것과 "我來了兩個客戶"가 두 개의 서로 다른 구문에 속한다고 하였다. 즉, 전자의 구문의미는 '喪失'이고, 후자는 '獲得'이라 그것의 혼합생성 과정이 다르다는 것이다. 반면, 石毓智는 이 두 문형이 존현문이라는 하나의 문형으로 귀납시킬 수 있으며, 양자가 출현한 시간이 거의 같아 모두 13세기 즈음이라고 하였다. 이러한 존현문의 공통점은 "동사는 불급물의 구체 행위를 나타내고, 목적어는 불확정 명사이다." 魏晉시기 이전에 이런 구조의 추상 격식은 "(有+NP)+PP+VP"이고, 불확정 명사와 전치사구는 단지 동사 앞에만 출현하므로, "他家來了一個客人"같은 표현은 있을 수 없다는 것이다. 石毓智가 제시한 두 가지 예는 아래와 같다.

(1) **有蛇自泉宮出**. (《左傳, 文公, 16년》) 뱀이 있는데, 천궁으로부터 나왔다.

(2) 頃之, 上行出中渭橋, **有一人從橋下走出**, 乘輿馬驚. (《史記, 張釋之
馮唐列傳》) 조금 이따가 황제가 중위교로 행차했는데, 어떤 이가 다리
아래에서 뛰어 나와 수레를 끄는 말을 놀라게 했다.

우리는 "王冕死了父親"과 "我來了兩個客戶" 두 유형이 함께 존현 문형에
속한다고 하는 石毓智의 의견에 동의한다. 그러나 이와 동시에 관련된 언
어 사실 및 추론 결과는 재고의 여지가 있다.

첫째, 先秦시기는 사동용법이 광범위하게 존재하던 시대였지만 이와 함께
소수의 '死+NP행위주/주체'의 용례가 존재하기도 하였다. 石毓智는 사동의
'死'와 개념이 서로 같은 전문적인 급물동사로 '殺'이 존재하기 때문에
'死我(나를 죽게 하다)'와 같은 표현이 출현할 수 없다고 하였으나[27] 꼭
그러한 것은 아닌 것이다. 아래의 예와 같이 일부는 가능했다.

(3) **死吾父**而專於國, 有死而已, 吾蔑從之矣. (《左傳, 襄公, 21, 1058》)
우리 아버지를 죽이고 국정을 전횡하였으니 오직 죽음만이 있을 뿐,
내 저들을 따르지 않을 것이다.

(4) **死吾君**而殺其孤, 吾有死而已, 吾蔑從之矣! (《國語, 晉語二》) 우리
임금을 죽이고 그 어린 자식을 또 죽이려고 한다면 나에게는 단지 죽
음만이 있을 뿐 결코 따르지 않을 것이다!

石毓智에 따르면, 술보구조가 발달한 후, 宋代이후가 되어야 '死我
(나를 죽게 하다)'와 같은 형식이 가능했는데, 이러한 술목구조의 출현
으로 인해 점차 '死'는 신흥의 존현문에 사용되게 되어, 결국 "王冕死

---

27) 帥志嵩(2008) 또한 이러한 의견을 제기하였다. 그러나 그가 인용한 것은 劉曉林
(2007)이 제기한 《漢書, 朱買臣傳》의 예로 시대가 약간 늦다.

了父親" 같은 문형이 출현할 수 있었다고 한다.28) 그런데 이러한 인과 관계는 합리적이지가 않다. 왜냐하면 '死我'라고 하는 술목구조는 일종의 사동의 통사구조이며, 존현구조와는 파생의 관계가 성립되기 어렵기 때문이다. 만약 이러한 추론이 성립한다면, 先秦한어 중에는 대량의 비대격동사가 다 그에 상응하는 사동 통사구조를 가지게 될 것이고, 이로 인해 이미 그 시기에 자연스럽게 신흥의 존현문이 등장하게 마련일 것이지, 어찌 13세기까지 기다려서 출현하겠는가? 또 과거의 토론에서는 "王冕死了父親"이란 전형적인 예에서, 학자들이 너무 '死'라는 동사의 漢語史 중의 용례만을 살핀 나머지 기타 동사는 간과하였다. 그러나 우리는 비록 선진의 8부 문헌에서 '死'가 영주속빈문에 사용되는 용례는 발견하지 못했지만, '死亡'의미와 관련이 되어 '喪失'의미를 나타내는 '喪'이나 '亡'이란 동사가 그 영주속빈문의 용례가 많음을 발견하였다.29)

---

28) [역주] 石毓智(2007)은 '死我'의 조기의 예로 "上天生我, 上天死我~(《元刊雜劇 三十種》)"를 들고 있다. 이렇게 石毓智는 '死我'와 같은 형식이 매우 늦게 나온 것이고, 이것 때문에 비로소 동일한 형식의 '死+NP'라는 존현문에 출현하게 되었 다고 주장하는 것이다.

29) 帥志嵩(2008)과 兪理明, 呂建軍(2011)은 '死亡'의미의 전체 어휘계통으로부터 영주속빈문의 형성을 탐색하고자 하였고, 아울러 先秦한어 중의 '喪'과 '亡'이 이러한 문형에 나타나는 용례를 관찰하였다. 그런데 그들은 이 문형 속의 '喪'과 '亡'을 급물동사로 보았다. 그러나 우리는 이러한 문형 속에 출현하는 '喪/亡'을 여전히 불급물동사, 즉 불급물동사 아래에 있는 비대격동사로 본다. 첫째, 先秦한 어의 전체 계통에서 살펴볼 때, 영주속빈문 속의 동사는 '喪/亡'에만 국한되는 것이 아니다. 그 외에 '敗', '傷' 등 상태동사와 출현의미의 '生', '作' 등의 존현의미 동사도 있다. 둘째, '喪'과 '亡'은 先秦시기에 모두 사동문에 사용된다. 예컨대, "一言而喪邦, 有諸?(한 마디 말에 나라를 잃게 한다고 하니 그러한 일이 있습니 까?"(《論語, 子路》), "紹續昧醉寐而**亡其裘**, 宋君曰: '醉足以亡裘乎?'"(송속매가 술에 취해 자다가 가죽옷을 잃어버리자 송군이 말했다. 술에 취했다고 가죽옷을 잃어버릴 수 있소? (《韓非子, 說林上》) 만약 '喪'과 '亡'을 급물동사로 본다면, 형성된 사동문 중에 그들은 마땅히 쌍급물동사여야 하고, 그중의 영유어는 마땅

(5) **綦毋張喪車**, 從韓厥曰: "請寓乘." (《左傳, 成公, 02》) 기모장이 수레를 잃고 한궐을 좇아와 말했다. "붙어서 타게 해주십시오."

(6) **子喪師徒**, 何以復命? (同上) 그대는 군대를 잃으면 어떻게 복명하겠는가?

(7) 微子, **吾喪伯氏矣**. (《左傳, 宣公, 15》) 그대가 없었다면, 나는 백씨를 잃었다.

(8) **韓亡美人與金**, 其疏秦乃始益明. (《戰國策, 韓三》) 한나라는 미인과 금을 잃고, 오히려 진과 소원해진 것이 더욱 분명해졌다.

(9) **今王亡地數百里, 亡城數十**, 而國患不解, 是王棄之, 非用之也. (《戰國策, 魏四》) 지금 임금께서는 땅을 수백 리 잃으셨고 성을 수 십 개 잃으셔서 나라의 근심이 풀리지 않고 있습니다. 이는 왕께서 이것을 버리신 것이지 지키려하지 않아서입니다.

(10) 爲蛇足者, **終亡其酒**. (《戰國策, 齊二》) 뱀의 다리를 그린 자는 결국 그의 술을 잃고 말았다.

둘째, 先秦시기에도 처소명사가 동사 앞에 출현하는 예가 드물지만 발견되고 있다. 이것은 비대격동사의 연구에서 이른바 '처소도치 구조'라고 불리는 것이다.

(11) 鳳鳥不至, **河不出圖**, 吾已矣夫! (《論語, 子罕》) 봉황새도 오지 않고, 황하에서 그림도 나오지 않으니, 나는 이제 끝인가 보구나!

히 여격이어야 한다. 그러나 우리는 결코 이러한 예를 보지 못했다. 의미상으로 또 설사 유사한 쌍급물구조 ('一言而喪其邦', '醉足以亡紹續裘')를 형성한다고 추측할 수 있겠으나, 이때의 영유어는 단지 관형어로 봐야지 동사의 논항성분으로 볼 수는 없다. 사동의 결합가 증가수단을 통해, '喪/亡'이 치사자 논항이 증가했음에도 여전히 급물동사이므로, 원래의 영주속빈문 중의 동사는 1가의 불급물동사임을 알 수 있다.

(12) 秋, 大水. 凡<u>平原出水</u>爲大水. (《左傳, 桓公, 원년, 82》) 가을에 큰물이 났다. 대개 평원에까지 물이 찬 것을 큰물이라 한다.

(13) 西南得朋, <u>東北喪朋</u>. (《易, 坤》 兪理明(2011)에서 재인용) 서남이면 벗을 얻고, 동북이면 벗을 잃을 것이다.

존현문은 다시 '존재문', '출현문', '소실문'의 3류로 구분할 수 있다. 위의 3예의 처소도치 구조는 존현문 중에서 '출현문'과 '소실문'에 속한다. 영주속빈문은 처소도치 구조와 비교할 때 용례상 차이가 크므로, 처소도치 구조는 마땅히 영주속빈문의 한 특례라고 봐야 한다. 즉, 領有語의 의미가 처소명사인 것이다. 劉曉林(2007)은 "존현문의 문두 공간어휘를 만약 유생명명사까지 유추한다면, 존현문이 영속문으로 변화할 수 있다."라고 했으나 위의 내용은 이것과는 다른 것이다. 비록 일반적으로 처소도치 구조를 비대격동사의 판별식 중 하나로 보긴 하지만, L&RH(1995)는 이것에 회의적이었고, 처소도치 구문은 일종의 화용상의 처리라고 보았다. 이것은 일부 동사가 명사 후치에 대해 매우 민감하기 때문이다. 그런데 이 점이 바로 先秦한어의 영주속빈문이 화용상의 결과물이라고 하는 것과 딱 맞아 떨어진다. 즉, "영주속빈문을 광의의 '존현문'으로 보는 것(劉曉林(2007))"이 합리적일 수 있다.

先秦한어의 자료에서 볼 수 있듯이, 영주속빈문과 개념틀에서 유사한 존재문은 마땅히 그것의 형식 기초라 볼 수 있다. 先秦시기 존재문의 동사는 '有'와 '無'에 국한된다. 儲澤祥(1997)은 《詩經》, 《論語》, 《左傳》의 존재문 98예를 통계 낸 바 있는데, 그중 대부분이 영주속빈문과 동일한 "A段(처소)+B段(동사)+C段(존재물)"의 구조였으며, 이것이 총87예나 되었다. 儲澤祥(1997)에서 재인용한 예는 아래와 같다.

(14) 丘中有麻. (《詩經, 王風, 丘中有麻》) 언덕 속에 마밭이 있다.

(15) 南有喬木. (《詩經, 周南, 漢廣》) 남쪽에 교목이 있다.

영주속빈문의 기초형식과 동일한 "B段(동사)+C段(존재물)"구조(예
컨대, '有一只鳥')의 존재문은 상술한 3부 문헌에서는 나타나지 않고
있다. 이는 곧 先秦한어 존재문의 기본 구조는 "A段(처소)+B段(동
사)+C段(존재물)"이라는 것을 말한다. 용기 은유에서는 '存現'과 '領
屬'을 동일한 '용기 – 내용물'의 개념틀로 보기 때문에, 같거나 유사한
관련 모델이 종종 같거나 유사한 언어 구조식으로 실현되곤 한다(任鷹
(2009)). 따라서 존현문과 영주속빈문 사이에는 일종의 연원관계가 존
재한다. 앞의 분석에 따르면, '출현문'과 '소실문'은 모두 영주속빈문의
하위범주라고 하였다. 따라서 영주속빈문은 존재문의 동화를 받아 출현한
새로운 문형이라 할 수 있다. 다시 말해서, 화용상의 촉발을 받아, 용기
은유를 통해, 존재문은 영주속빈문의 유추 형식이 된 것이다. 그리고 기초형
식 'V NP'로부터 최종적으로 존재문과 동일 구조의 영주속빈문이 파생
된 것이다.

3.3 소결

요컨대, 영주속빈문은 화용과 인지의 이중 요소에 영향을 받아 형성
된 특수한 문형으로, 그것의 형성과정은 두 가지 과정을 거쳤다. 첫째,
심층구조로부터 표층의 통사로 투사되는 과정에서, 진일보한 화용적 수
요를 만족시키기 위해, 비상규적인 외현성 비대격 통사구조를 기초형식
으로 선택하였다. 둘째, 화용과 인지라고 하는 이중적인 요소의 제약을
받아, 존재문과 동일 구조의 최종형식이 파생되었다. 이 새로운 문형은
화제연속성을 유지하는 동시에, 가장 중요한 점은 바로 문장 초점 설정
의 수요를 만족시켰다는 것이고, 이로써 기초 형식으로부터 파생될 때,

그 개념틀과 유사한 존재문에 의탁하였다.

이로 보건대, 언어에서 문형의 생성은 한편으로 강성 통사규칙의 강제성 제약을 받아야 하고, 다른 한편으로는 화용적 촉진, 그리고 그로 인한 수식성 창조가 있어야 한다. 이 두 가지 역량이 경쟁하는 도중에, 같은 명제가 다른 문형을 생성할 수도 있다. "王冕死了父親", "王冕, 父親死了"와 "王冕的父親死了"를 예를 들어 보면, 이들은 세 가지 서로 다른 문형이다. 이 세 가지 문형의 생성 과정에서, "王冕的父親死了"는 강성 통사규칙의 지배를 완전히 받은 것으로, 영속구는 목적격을 획득할 수 없기 때문에 통사상의 주어로 실현되었다. 한편, "王冕死了父親"은 화용이 리드한 것으로, '父親'을 초점정보의 위치에 놓기 위해, 氣象동사와 동일한 외현성 비대격 통사형식 즉 "死了王冕父親"을 생성하였다. 또 담화 연속의 요구를 만족시키기 위해, 틀설정 화제라는 의미 조건에 부합하는 "王冕父親" 중의 領有語 '王冕'을 화제로 위치 이동하였다. 그리고 세 번째 예는 화용원칙과 통사규칙의 세가 균등하게 작용하여 서로 타협한 것이다. 한편으로 '王冕'을 화제로 선택하였고, 다른 한편으로, 통사규칙이 작용하여, 비대격동사 '死'의 유일한 논항을 주어 위치로 격부여하여 주격을 획득하게 함으로써, "王冕, 父親死了"라는 문형이 생성된 것이다. 당연히 先秦시기의 문헌에서는 "王冕, 父親死了"와 같은 문형은 발견되지 않는다. 이것이 늦게 출현했음은 곧 이 문형이 앞의 두 가지 문형의 기초 위에 진일보하게 융합되고 창조되어 나왔음을 설명한다.

영주속빈문은 한어의 특수한 문형으로 영어 등 여러 언어에서는 발견되지 않는 것이다. 이것은 주로 이들 언어가 모두 서로 다른 언어유형에 속하기 때문이다. 漢藏語族은 화제우선형 언어이고, 영주속빈문은 틀설정 화제구조에 속한다. 劉丹靑(2001)은 한어의 틀설정 화제는 틀인지원칙에 부합하는 동시에, 또 '成分接近度'라는 원칙을 위배한

대가이기도 하다고 한다. 이러한 근본적인 원인은 한어가 일종의 화제 우선형 언어이기 때문인데, 이것은 또한 주어우선형의 영어 등의 언어 에서는 이러한 영주속빈문이 존재하지 않는 원인이기도 하다.

제4절 각 의미 유형별 동사 비대격성의 강약

1. 존현동사는 전형적인 비대격동사이다.

범언어적 연구에 따르면, 상태동사는 전형적인 비대격동사라고 한다. 그리고 본서의 비대격동사 판별식은 바로 상태동사의 통사특징과 기능 을 귀납 분석하여 나온 것이다. 상고한어의 존현동사 역시 전형적인 비 대격동사로 상태동사의 통사적 특징 및 기능과 평행하며, 게다가 이것 은 또 범언어적 관점에서 볼 때 특수한 가치를 지니고 있다.

비대격동사의 범언어적 연구에 따르면, 존현동사는 일반적으로 그에 상응하는 사동 교체형식이 없다고 한다. 影山太郞(2001)은 《動詞語義 學》에서 비대격동사와 비능격동사를 구분하였고, 또 "다른 術語로 되 어 있는 비대격동사와 능격동사는 사실상 서로 다른 의미 구조를 가진 것이다. …… 통사상으로 보면, 이 두 가지 유형의 동사는 광의상으로 모두 '비대격'이다."라고 하였다. 그는 존현의미의 동사를 비대격동사 로, 상태의미의 동사를 능격동사로 귀납하였는데, 그 형식적인 기준은, 전자는 사동교체에 참여할 수 없고, 후자만이 참여할 수 있다는 것이었 다. 그가 예로 든 영어 중의 비대격동사는 "be, appear, arise, occur, happen, disappear, vanish, emerge, elapse, exist, remain, crupt, ensue, arrive, thrive, flourish" 등이다.

L&RH(1995)는 사동교체는 존현동사의 비대격 판정을 위해 부적합

하다고 지적하였다. 어휘의미의 특징상, 이러한 동사는 외부 致使가 거의 없다. 그러나 이들 동사는 전형적인 비대격동사이다. 그래서 영어에서 이들 동사는 목적격을 격부여하지 못하며, 이탈리아어에서는 이들이 조동사 essere('be')를 선택한다. 그리고 더 중요한 것은 연접규칙에 의거, 이러한 동사는 내부 致使동사가 아니다.

그런데 상고한어의 존현의미 동사는 사동의 교체형식을 갖고 있다. 본서에서 토론한 '見, 起, 立, 作, 興'은 존현의미 동사로 모두가 그에 상응하는 사동 교체형식이 있다.

(1) 軻旣取圖奉之, 發圖, 圖窮而**匕首見**. (《戰國策, 燕三》) 형가가 지도를 들어 바치며 지도를 폈고, 지도가 펴지자 비수가 드러났다.

(2) **吳人見舟于豫章**, 而潛師于巢. (《左傳, 定公, 02, 1529》) 오나라 사람이 예장에 몰래 수군 배를 늘어놓고 몰래 소로 출병했다.

(3) **讒言益起**, 狐突杜門不出. (《國語, 晉語一》) 참언이 더욱 일어나 호돌이 문을 닫고 나가지 않았다.

(4) 若惠於父而遠於死, 惠於衆而利社稷, 其可以圖之乎? 況其危身於狄以**起讒於內**也? (《國語, 晉語一》) 만약 아버지 마음에 순응하면서 죽음에서도 멀어지고, 민중은 은혜롭게 하면서 사직도 이롭게 한다면 도모할 만한 일일 겁니다. 하물며 오랑캐에게 몸을 위태롭게 하며 참언이 안에서 일어나도록 하는 일에 비하겠습니까?

(5) 我友敬矣, **讒言其興**. (《詩經, 小雅, 沔水》) 내 친구들 조심하면, 참언이 어찌 일어나리오?

(6) **今吾子殺人以興謗**, 而弗圖, 不亦異乎! (《左傳, 昭公, 27, 1488》) 지금 그대는 사람을 죽여 비방을 일으키고, 그것을 도모하지 않으니 또한 괴이하지 않습니까!

(7) 王者之迹熄而詩亡, 詩亡然後**春秋作**. (《孟子, 離婁下》) 왕도정치의 자취가 사라진 후 시가 없어졌고, 시가 없어진 연후에 춘추가 나왔다.

(8) 孔子懼, **作春秋**. (《孟子, 滕文公下》) 공자께서 두려워 춘추를 지었다.

(9) 夫**立法令者**以廢私也, 法令行而私道廢矣. (《韓非子, 詭使》) 무릇 법령을 세우는 것은 사사로운 것을 폐하기 위함이다. 법령이 행해지면 사사로운 도는 폐해진다.

(10) **法立**, 則莫得爲私矣. (《韓非子, 詭使》) 법이 서게 되면, 사도를 행하는 자가 없게 된다.

제3조와 제4조의 판별식은 상태동사 외에도 존현동사에서도 발견된다. '見'자는 淸濁의 兩讀이 있어서 본서는 이것을 제2장 제2절에 넣어 토론하였다. 그런데 의미상 濁聲母의 '見'은 존현의미 동사이다. 이것이 관형어로 사용되는 예는 아래와 같다.

(11) 其同人曰: "**見龍在田**." 其大有曰: "飛龍在天." 其夬曰: "亢龍有悔." 其坤曰: "**見羣龍無首**, 吉." 坤之剝曰: "龍戰于野." (《左傳, 昭公, 29, 1502》) 동인에서는 '나타난 큰용이 밭에 있다.'라고 하고, 대유에서는 '나는 용이 하늘에 있다'라고 하고, 쾌괘에서는 '끝까지 오른 용이 후회한다.'라고 하고, 곤괘에서는 '나타난 용떼는 머리가 없으니 길하다.'라고 하고, 곤괘가 박괘로 바뀐 곳에서는 '용이 들에서 싸운다'라고 하였다.

(12) 皐陶之狀, 色如削瓜. 閎夭之狀, **面無見肤**. (《荀子, 非相》) 고요의 형상은 얼굴빛이 참외를 깎아 놓은 듯 하고, 굉요의 형상은 얼굴이 드러난 피부가 하나도 없는 듯하다.

(13) 今道雖不可得聞見, **聖人執其見功**以處見其形, 故曰: "無狀之狀, 無物之象." (《韓非子, 解老》) 지금의 도는 비록 듣고 볼 수 없지만, 성인이 그 드러난 공효를 잡아 그 형상을 보여주었다. 이에 노자는 "현상이 없는 현상이오, 물체가 없는 형상"이라고 하였다.

또 영주속빈문의 예도 있다.

(14) **天見其明, 地見其光**, 君子貴其全也. (《荀子, 勸學》) 하늘은 그것의 밝음이 드러나고, 땅은 그것의 광채가 나타나며, 군자는 그 온전함을 귀히 여긴다.

(15) 韓與荊有謀, 諸侯應之, 則**秦必復見崤塞之患**. (《韓非子, 存韓》) 한나라가 초나라와 모의하여 제후들이 이에 응해주면, 진나라는 제나라에 당했던 봉변이 다시 출현하게 될 것이다.

비능격동사 또는 상태동사로부터 파생되어 나온 존현의미의 동사 '起', '興', '立'은 관형어로 쓰일 수 있다. 이것은 '기사의미(旣事義)'를 갖는다. '作'은 영주속빈의 예가 있다.

(16) 不谷之國雖小, 卒已悉起, 願大國之信意於秦也. 因願大國令使者入境視楚之**起卒**也. (《韓非子, 十過》) 우리나라는 비록 작지만 모든 군대가 다 일어났으니, 원컨대 진에 대해 대국의 뜻을 펴시기 바랍니다. 따라서 대국께서는 사자를 보내 초나라의 일어난 군대 상황을 살펴보시기 바랍니다.

(17) 冀之北土, 馬之所生, **無興國焉**. (《左傳, 昭公, 04, 1247》) 기의 북쪽 땅은 말이 나는 곳인데, 흥성한 나라가 없습니다.

(18) 故**興王賞諫臣**, 逸王罰之. (《國語, 晉語六》) 그러므로 국가를 일으킨 임금은 간언하는 신하에게 상을 주고, 방탕한 임금은 벌을 준다.

(19) 反先王之道, 亂楚國之法, **墮興功之臣**, 恥受賞之屬. (《荀子, 强國》) 선왕의 도를 위반하고, 초나라 법을 어지럽히며, 공을 세운 신하들의 기를 죽이며, 상을 받은 이들을 부끄럽게 하고 있다.

(20) 大上有**立德**, 其次有**立功**, 其次有**立言**. (《左傳, 襄公, 24, 1088》) 최고의 것은 세워진 덕에 있고, 그 다음은 세워진 공에 있으며, 그 다음은

세워진 말에 있다.

(21) 鄭游吉如楚葬郟敖, 且聘立君. (《左傳, 昭公, 원년, 1235》) 정나라 유길이 초나라에 가서 겹오의 장례에 참석하고, 아울러 새로 즉위한 임금을 빙문하였다.

(22) 勉力不時, 則牛馬相生, 六畜作祆. (《荀子, 天論》) 농사일에 힘씀에 때에 맞지 않으면, 소와 말이 서로 새끼를 바꿔 낳게 되는데, 이는 가축들에게 요사스러운 일이 생기는 것이다.

이렇게 본다면, 상고한어의 존현의미 동사의 통사 기능은 상태동사와 동일하다. 그래서 비대격동사의 판별식을 충분히 통과할 수 있다. 先秦시기의 존현동사는 이에 대응하는 사동문이 있으며 이는 매우 특수한 것이다. 의미상으로 볼 때, 존현과 상태는 상통하는 것이다. 단지 입장의 차이로 인한 것인데, 존현문이 주로 부각시키는 것은 사물의 존현상태이다. 사물이 어떤 상태에 처해 있음은 다시 말해 어떤 상태가 존재하거나 출현한 것을 의미한다고 볼 수 있다.

2. 방향동사의 비대격성에 대한 토론

L&RH(1995)의 직접변화연접규칙에 따르면, '동사가 묘사한, 직접 변화를 겪은 실체와 서로 대응하는' 동사 논항은 그것의 직접적인 내재논항이다. 방향동사의 어휘개념구조는 '직접적인 내재논항의 공간적 위치에 변화가 발생하는 것'이다. 여기에는 두 개의 내재논항이 있는데, 그것은 바로 '객체논항'과 '처소논항'이다. 전자는 직접적인 내재논항이고, 후자는 간접적인 내재논항이다. 先秦시기 방향동사의 처소논항은 통사상의 필수논항은 아니어서, 반드시 통사 층위에 외현적으로 실현되어야 하는 것은 아니다. 다만, 처소논항이 통사상으로 실현된다면, 일반

적인 목적어의 형식으로 출현할 수도 있고, 사격목적어의 형식으로 출현할 수도 있다. 그런데 이 점은 비대격동사 바깥성분의 통사 실현 형식과 동일하다.

先秦의 방향동사는 통사행위상 비교적 큰 차이점이 있다. 즉, 이들중, 일부분은 비대격동사와 유사하고 일부분은 급물동사와 유사하다. 그리고 어떤 동사는 비능격동사와 유사하고, 어떤 동사는 위의 것들 중두 가지에 속할 수가 있다. 그래서 우리는 이들에 대해 일률적으로 전형적인 비대격동사의 의미유형으로 귀납할 수가 없다. **비대격성을 갖춘 방향동사는 모두 상응하는 사동의 통사 교체형식이 있는데**, 아래의 (1)~(5) 중 '來', '去', '散', '聚', '披'는 a에서 자동문을 구성하고, b에서는 사동문을 구성한다. 이때 사동문 중의 목적어는 자동문 중의 주어가 되며 양자의 의미역은 동일하다. 예를 들어, (1)에서, '來遠'은 '遠者'로 하여금 오게 하는 것이라, '遠者'는 a의 '遠者來'에서는 주어이나, b의 '來遠'에서는 목적어가 된다. 그러나 이것은 의미역에서 계속 변화 없이 유지 되어, 모두 '이동을 진행하는 객체'가 된다. 기타 예들도 모두 이와 동일하다.

(1) a. 子曰: "近者說, **遠者來**." (《論語, 子路》) 공자가 말했다. "가까이 있는 자가 기뻐야 하고 멀리 있는 자가 찾아와야 하는 것이다."

b. 葉公子高問政於仲尼, 仲尼曰: "政在悅近而**來遠**." (《韓非子, 難三》) 섭의 공자 고가 공자에게 정치를 물었다. 공자가 대답했다. "정치는 가까이 있는 이를 기쁘게 하고, 멀리 있는 이를 오게 하는 것입니다."

(2) a. **太子去**, 齊無辭, 必不倍於王也. (《戰國策, 齊三》) 지태자가 떠나면 제는 구실이 없어 반드시 임금께 땅을 두 배로 달라고 하지 못할 것입니다.

b. 今已得地而求不止者, 以太子權王也. 故**臣能去太子**. (《戰國策,

齊三》) 지금 땅을 이미 얻고도 멈추지 않는 것은, 태자로 귀국의 임금을 저울질 하는 것입니다. 그러므로 신이 태자를 떠나게 하겠습니다.

(3) a. 公私分, 則**朋黨散**, **朋黨散**, 則無外障距內比周之患. (《韓非子, 難三》) 공과 사를 잘 구분하면 당이 흩어진다. 당이 흩어지면 밖으로 인재가 오는 것을 막는 걱정, 안으로 패거리가 형성되는 우환이 없을 것이다.

b. **散其黨**, 收其餘, 閉其門, 奪其輔, 國乃無虎. (《韓非子, 主道》) 그 당을 해산시키고, 그 나머지를 거두고, 문을 닫고, 도움을 빼앗으면 나라는 호랑이가 없어진다.

(4) a. 百日之內, **天下之兵未聚**, 奢已擧燕矣. (《戰國策, 趙四》) 백일 내에 천하의 제후 군사가 다 모이기 전에 저는 이미 연을 뽑아 버릴 수 있습니다.

b. 令荊人得收亡國, **聚散民**, 立社稷, 主置宗廟. (《韓非子, 初見秦》) 그 결과 초나라 사람들은 빼앗긴 영토를 다시 회복하여 흩어진 백성을 모으고, 사직을 세우고, 종묘를 세웠다.

(5) a. **木數披**, 黨與乃離. 掘其根本, 木乃不神. (《戰國策, 秦一》) 나무를 자주 헤치면 당여가 흩어진다. 나무의 뿌리를 파면 나무가 신령스럽지 못하다.

b. 爲人君者, **數披其木**, 毋使木枝扶疏. (同上) 임금이 된 자는 자주 나무 가지치기를 하여 나뭇가지가 무성하지 않게 한다.

비대격성을 갖는 방향동사의 또 다른 특징은 바로 **최소 구성 형식이** 'NP V'이고, 처소논항은 표층의 통사로 출현하지 않을 수 있다는 것이다. 이때, NP는 유생명성일 수도 있고, 무생명성일 수도 있다.

(6) 宣子曰: "我欲得齊, 而遠其寵, **寵將來乎**?" (《左傳, 昭公, 03, 1141》)

선자가 말했다. "우리가 제나라를 얻고자 하면서 총신을 멀리한다면, 총신이 장차 오겠는가?"

(7) 田野不辟, **貨財不聚**, 非國之害也. 《孟子, 離婁上》) 들이 개간되지 않고, 재물이 모이지 않는 것은 나라의 해가 아니다.

(8) 齊聞而伐之, **民散**, 城不守. 《戰國策, 宋衛》) 제나라가 이를 듣고 쳐들어가자 백성들이 흩어지고 성을 지키지 않았다.

(6)~(8)까지의 '寵將來乎', '貨財不聚', '民散'은 모두 'NP V'형식의 단문으로 처소논항이 출현하지 않는다. 그리고 (6)과 (7)의 NP '寵'과 '貨財'는 무생명 객체이나, (8)의 '民'은 유생명 객체이다.

극소수의 방향동사는 형용사화하여 관형어로 쓰이거나 영주속빈문을 구성하기도 한다. 그 당시, 방향동사의 의미 특징이 약화하여 상태의미나 존현의미에 근접하기도 하였다. 형용사화하여 관형어로 쓰이는 예는 아래와 같다.

(9) 其雨其雨, 杲杲**出日**. 《詩經, 衛風, 伯兮》) 비가 오려나, 비가 오려나 했는데, 환하게 떠오른 태양.

(10) 自取一聽, 則毋隨**墮壑**之累. 《韓非子, 八經》) 군주가 많은 이의 말을 듣고 그중 하나를 취해도, 따라서 구학에 떨어지는 누를 범하지는 않는다.

(11) 冬十月, **隕霜**殺菽. 《左傳, 定公, 원년》) 겨울 10월, 떨어지는 서리가 콩을 죽였다.

위에서 '出日'은 '떠오른 태양'이고, '墮壑'은 '떨어진 계곡'이며, '隕霜'은 '떨어진 서리'이다. 이들 모두 관형어로 사용되고 있으며, 의미상 영어 동사의 과거분사 의미와 유사하여, 피동이나 완료를 나타낸다. 그래서 이들이 부각시키는 의미는 '出'은 더 이상 '안에서 밖으로의 위치이동'이 아니고, '墮'나 '隕'은 '위에서 아래로의 위치이동'이 아니다.

한편, 영주속빈문을 구성하는 예는 아래와 같다.

(12) 公泫然**出涕**曰: "不亦悲乎! 寡人有國而田成氏有之, 今爲之奈何?"(《韓非子, 外儲說右上》) 경공은 괴로운 듯 눈물을 흘리며 말했다. "또한 슬프지 아니한가? 과인이 가지고 있는 나라를 전성씨가 갖게 되다니, 지금 이를 어찌하오?"

(13) 吏請其罪, <u>文公**隕**涕</u>而憂. (《韓非子, 外儲說右上》) 벼슬아치가 처벌을 청했으므로, 문공은 눈물을 흘리며 고뇌했다.

'出'과 '隕'은 방향상, 전자는 '안에서 밖으로', 후자는 '위에서 아래로'이다. 그러나 '出涕'와 '隕涕'의 의미는 유사하다. '눈물이 흘러나오다'와 '눈물이 흘러내리다' 두 가지 모두 가능하며, 어쨌든 강조하는 것은 눈물을 흘린다고 하는 상황 자체이기 때문이다.

방향동사의 내부는 통사행위상 다르게 표현될 수 있다. 그렇다면 방향동사의 비대격성에 영향을 주는 주요 요소는 무엇인가? 아마도 유형 귀납 과정에서 '두 가지 모두에 속할 수 있는 동사'가 비대격성에 영향을 주는 요소를 토론하는데 있어서 좋은 예가 될 것이다. 사실 **비능격동사와 급물동사 모두에 속하는 동사는 모순이 존재하지 않는다.** 왜냐하면 그들은 모두 '행위주 동사'이기 때문이다. 특히 先秦시기에 비능격동사는 의미역 첨가(施用化)가 되어 급물구조를 구성하기도 한다. 이로써 '上向類' 동사는 비능격동사에 속하기도 하고 급물동사에 속하기도 한다. '前向類'의 '至', '往'은 비능격동사이나 그 외의 구성원은 급물동사이다. 이들의 통사 행위의 차이는 이들의 어휘계통에서의 지위 및 층위의 차이에서 기인한다. 이에 비해 비대격동사는 '피동작주 동사'이다. 만약 하나의 동사가 비대격동사와 비능격동사 모두에 속한다면 모순이 존재할 수 있다. 下向類의 '降'이 바로 이러한 상황이다. 자세히 분석해 보면, '降'의 관계주주어가 무생명명사일 경우, 비대격동사의 핵심적인 통사 특징을 갖게 된다. 그래서 최소 구성 형식이 'NP V'이고, 주어는 직접적인 내재논항이다((14)와 (15)). 그리고 자동과 사동 교체의 통사 형식을 구성하기도 한다(예(16)).

(14) **水潦方降**, 疾虐方起, 中山不服, 棄盟取怨, 無損於楚, 而失中山, 不如辭蔡侯. (《左傳, 定公, 04, 1534》) 장맛비가 바야흐로 내리고 있고, 학질이 드디어 시작되었으며, 중산국은 불복하고 있는데, 맹약을 버리고 적을 부르니, 초나라에 손해될 것이 없고, 중산국을 잃었으니, 채후를 거절함만 못합니다.

(15) **霜降**逆女, 冰泮殺止, 十日一御. (《荀子, 大略》) 서리가 내릴 때 여자를 맞이하고, 얼음이 풀릴 때 첩을 줄이며, 열흘에 한 번 집안일을 주재한다.

(16) a. 夏書曰: "皐陶邁種德, 德, **乃降**." (《左傳, 莊公, 08, 173》) 하서에 말했다. "고요는 힘써 덕을 베푸는지라 덕이 이에 내려간다."

b. **天降滔德**, 女興是力. (《詩經, 大雅, 蕩》) 하늘이 과도한 덕을 내려 너희들이 힘쓰는구나.

그런데 유생명명사가 주어로 쓰일 경우, 이와는 상대되는 쌍급물구조가 된다. 다만 단논항구조 중의 관계주주어가 대응하는 것은 쌍급물구조 중의 간접목적어이지, 그 적집적인 내재논항이 아니다. 다시 말해서, 자동과 사동 교체의 통사형식을 구성하지는 못한다는 것이다. 아래의 (19)에서 '降之罰'의 '降'은 이중목적어를 갖고 있는데, 그중 인칭대명사 '之'는 간접목적어이다. 그리고 추상명사 '罰'은 직접목적어가 된다. 예(17)의 '晉侯降'과 예(18)의 '罪人以罪降'의 주어 '晉侯'와 '罪人'

은 의미역상 간접목적어인 '之'에 대응한다.30)

- (17) **晉侯降**, 辭. (《左傳, 文公, 03》) 진후가 내려와서 사양했다.

- (18) 子產曰: "君之羈臣, 苟得容以逃死, 何位之敢擇, 卿違, 從大夫之位. **罪人以其罪降**, 古之制也." (《左傳, 昭公, 07, 1293》) 자산이 말했다. "임금의 떠돌이 신하가 죽음을 벗어나기만 하면 되었지 어찌 감히 관위를 택하겠으며, 경이 나라를 떠나면, 대부의 관위를 따르며, 죄인이 그 죄에 따라 등급을 낮추는 것이 옛 제도이다."

- (19) 楚王方侈, 天或者欲逞其心, 以厚其毒, **而降之罰**, 未可知也. (《左傳, 昭公, 04, 1246》) 초나라왕은 바야흐로 교만한데다가 하늘도 그 욕심을 채워주려고 하는 듯, 그 독을 두터이 하여 그에게 벌을 내리려고 하려는지 아직 모릅니다.

따라서, '降'은 내재논항이 무생명명사일 경우, 비대격동사의 통사행위를 갖고 있으나, 주어가 의지성이 비교적 강한 유생명명사일 경우, 이와 대응하는 쌍급물구조는 결코 상응하는 사동의 교체형식과 같지 않다. 이를 통해, 방향동사의 비대격성에 영향을 주는 요소는 '행위주의 전형여부'임을 알 수 있다. 下向類의 비대격동사인 '落', '隕', '墮', '墜' 등은 대부분 무생명명사를 주어로 사용한다.

- (20) 水深而回, **樹落**則糞本, 弟子通利則思師. (《荀子, 致士》) 물이 깊으면 소용돌이가 일어나고, 나뭇잎이 떨어지면 뿌리에 거름이 된다. 이처럼 제자가 성공하면 반드시 스승을 생각한다.

- (21) 夜中, **星隕**如雨. (《左傳, 莊公, 07, 170》) 밤중에 별이 비 오듯이 떨어졌다.

---

30) [역주] 즉, 그(之)에게 벌을 내리는 것은 곧 그가 벌을 받는 것인데, 이로써 '之'는 일종의 여격으로 받는 대상이 된다. 그래서 이것은 '之降(그가 벌을 받음)'이 될 수 있다는 것이다.

(22) 則夫人行年七十有二, 齫然而齒墮矣. (《荀子, 君道》) 그 강태공은 나이 72세에 이가 빠져 움푹 들어갔다.

(23) 文武之道, 未墜於地. (《論語, 子張》) 문왕과 무왕의 도가 아직 땅에 떨어지지 않았다.

많은 방향동사의 주어는 유생명명사일 수도 있고, 무생명명사일 수도 있다. 물론 문헌 속에서 각 방향동사의 객체논항(주어)의 의지성 또는 제어성을 판별하는 것은 어려움이 있다. 그러나 下向類 방향동사에 대한 분석을 통해 어느 정도는 할 수 있는데, 비록 이동이 발생한 객체가 항시 일정한 행위주성을 갖고 있기는 하지만, 先秦시기 비대격성을 가진 방향동사의 경우 객체가 유생명명사이더라도 그 제어성이나 의지성이 강하지 않기 때문에 전형적인 행위주가 되지 못한다고 볼 수 있다. 따라서 외부 致使논항으로 격부여 할 수 있고, 그와 교체가 가능한 사동문도 형성할 수 있다. 이에 방향동사의 비대격성에 영향을 주는 주요 요소는 객체논항이 행위주에 더 근접한가 아니면 피동작주에 근접한가의 여부이다.

만약 객체논항이 피동작주에 많이 근접하다면, 방향동사가 있는 어구가 표시하는 것은 그 객체논항의 출현이나 소실일 것이므로 방향동사의 의미 특징이 약화된다. 이것은 영주속빈문 중의 의미 특징과 유사하다. 즉, 방향동사의 비대격성은 종종 존현의미의 문맥 속에 구현된다. 따라서 先秦시기의 방향동사는 전형적인 비대격동사의 의미 유형이 아니다.

3. 심리동사의 비대격성에 대한 토론

범언어적 각도에서, 심리동사는 致使심리동사와 非致使심리동사로 나눌 수 있다. 상고한어의 심리동사 그룹은 비대격의 표현에 있어서 모두 일치하는 것은 아니다. 그래서 '怒'와 '懼'는 치사성의 심리동사인 반면, '畏'는 비치사성의 심리동사이고, '悅'과 '喜'는 양자 사이에 있다. 그리고 사동 교체구조를 형성하는 능력 면에서, 치사성의 심리동사는 비치사성의 심리동사보다 강하다.

동사의 어휘개념구조상, 심리동사는 2논항동사이다. 그래서 경력자 (experiencer) 논항과 자극물(stimulus) 논항 두 가지가 관련되어 있다. 상고한어에서 경력자 논항은 심리동사의 필수논항이어서 통사 층위에서 실현되어야 하는데, 일반적으로 절의 주어로 실현된다. 반면, 자극물 논항의 실현은 두 가지 경향으로 나타난다. 먼저, '怒', '懼', '服', '悅'이 유사하게 나타나는데, 자극물은 이 동사들의 필수논항은 아니다. 이것은 통사 층위에서 내포적으로 출현하는 용례가 많은 편이나, 또 문장의 일반 목적어나 사격목적어로 실현되기도 한다. 그 다음 동사 '畏'의 경우 이들과 달라서, 자극물은 외현성의 통사 단위 중 하나가 되며 필수논항이기도 하다. 그래서 '畏'의 통사 표현은 급물동사와 유사한 면이 있다.

전형적인 비능격동사와 비대격동사의 통사 실현으로 볼 때, 비능격동사의 비필수논항은 일반적으로 목적어로 실현되지, 사격목적어로 실현되지는 않는다. 그런데 비대격동사의 비필수논항은 일반 목적어로 실현되기도 하고, 또 사격목적어로 실현되기도 한다. 따라서 **논항의 통사 실현으로 볼 때, '怒', '懼', '服', '悅', '喜'는 비대격동사와 일치하고, '畏'는 비능격동사와 일치한다.**

다만, 관형어로 쓰이는 상황에 근거할 때, '怒', '懼', '喜'가 한 유형이 되어, 수반의미나 진행의미를 나타내며, 현재분사와 유사하다. 그리고 '服'이 한 유형이 되어, 기사식(旣事式)을 나타내는데, 이는 완료의 분사와 유사하다.

이처럼 심리동사는 통사행위와 기능상에 있어서 내부 구성원들 간 가장 비균질적인 의미 유형이다. '服'은 전형적인 비대격동사이나, '怒', '懼', '悅'은 모두 자동과 사동 교체의 통사형식이 존재하여 비대격동사의 핵심적인 판별식을 충분히 통과할 수 있다. 다만, 관형어로 쓰일 때, '怒'와 '懼'는 비능격동사의 통사 기능과 유사하다. 그리고 上聲의 '喜'는 비대격동사의 핵심적인 판별식을 통과하지도 못하고, 또 관형어로 쓰일 때, 의미 특징이 비능격동사와 유사하기 때문에, 마땅히 비능격동사로 귀속시켜야 한다.

심리동사의 비대격성의 토론에서 알 수 있듯이, 비대격동사는 의미로 결정되는 것이다. 그러나 또 완전히 의미에 의해 결정되는 것도 아니어서, 동일 의미 유형의 성원 내부가 비대격성의 특징상 강약의 차이가 있을 수 있다. 여러 가지 판별식에 근거할 때, 동일한 동사가 비대격동사로 들어갈 수도 있고 또 비능격동사로 들어갈 수도 있다. 또 '畏'와 같은 일부 동사는 전형적인 비능격동사로 보거나 약한 급물동사로 볼 수도 있다. 이러한 사실들을 통해, 심리동사는 전형적인 비대격동사가 아니며, 비대격의 표현에 있어서, 심지어 방향동사보다도 약한 경향이 있음을 알 수 있다.

4. 형용사의 비대격성에 대한 토론

Carlson(1977)은 형용사를 '개체차원술어(individual level predicate)'와 '단계차원술어(stage level predicate)'로 구분하였다.[31] 언어의 공통성

---

31) [역주] 만약 'He is smart'라고 한다면 이때의 형용사 'smart'는 '그'의 지속적인 속성을 말하는 것이고, 'He was running'이라고 한다면 이때의 술어 'running'은 일시적인 속성을 말하는 것이다. Carlson은 이처럼 술어를 지속적인 개체차원의 술어와 일시적인 단계로 이루어진 단계차원의 술어로 구분한 것이다.

질 측면에서 볼 때, 단계성술어는 비대격성을 갖고 있다. 예컨대, 영어의 'smart'의 경우 두 가지 의항이 있는데, 하나는 '영리한'이고 다른 하나는 '세련된'이다. 이로부터 파생된 사동사인 'smarten(~을 깨끗이 하다)'은 두 번째 의항에 대응하는 의미이다. 反義동사쌍 중에 'harden(강화하다)/soften(완화시키다)'과 'widen(넓히다)/narrow(좁히다)'가 있는데 이들은 모두 反義형용사쌍과 대응한다. 그러나 동사 'tame(길들이다)'은 이에 대응하는 반의어로 'wild(야생의)' 또는 'wilden' 같은 것이 없다. 이것은 형용사 'wild'가 'tame'과 달리, 개체에 대한 묘사이기 때문이다. 즉, 개체성술어는 '내재치사성(內在致使性)'이고 외재치사화(外在致使化)할 수 없다. 그리고 단계성술어는 또 이와 정반대이다(L&RH(1995:96)).

일반적으로 현대한어의 '성질형용사'와 '상태형용사'의 대응이 바로 위의 개체차원술어와 단계차원술어에 대응한다고 한다(楊稼輝(2010)). 이러한 성질형용사와 상태형용사의 대립은 先秦시기에도 존재했다(楊建國(1979)). 그중, 성질형용사는 사동용법과 意動용법이 있으나, 상태형용사는 이러한 두 가지 구조를 구성할 수 없다. 先秦문헌에서 상태형용사가 마치 사동처럼 쓰이는 예가 있는데, 이에 대해 楊建國(1979)는 그중의 '睅(눈이 큰 모양)'과 '皤(배가 불룩한 모양)'는 단지 묘사만 한다고 보았다.

(1) 城者謳曰: "睅其目, 皤其腹, 棄甲而復. 于思于思, 棄甲復來." (《左傳, 宣公, 02, 653》) 성을 쌓던 자들이 말했다. "눈이 튀어나온 놈, 배가 불룩한 놈이 갑옷을 버리고 돌아왔네. 수염 많은 털보가 갑옷을 버리고 돌아왔네."

"睅其目, 皤其腹, 棄甲而復" 이 구절은 압운의 요구로 인해 어순을 조정한 것으로 보인다. 사실은 "其目睅, 其腹皤, 棄甲而復"이어야 한다. 이것은 先秦시기의 상태형용사는 일반적으로 사동의 교체형식을 구성하지 못하며 비대격성을 갖지 못함을 말해준다.

宋亞雲(2009)은 아래와 같은 4가지 기준을 가지고 先秦시기의 성질형용사를 판단하였다.

첫째, 정도부사의 수식을 받아야 하고, 목적어를 갖지 않아야 한다.
둘째, 비교구조에 사용되어 비교의미를 나타낼 수 있어야 한다.
셋째, 관형어로 쓰여 수식의미를 나타낼 수 있어야 한다.
넷째, 서술어로 쓰여 묘사의미를 나타낼 수 있어야 한다.

그의 기준에 따르면, 상편에서 토론한 '大', '小', '深' 등은 전형적인 성질형용사이나 '緩', '亂', '順'은 그다음 가는 전형적 성질형용사이다. 이들은 모두 대응하는 사동교체의 통사구조를 갖고 있어서 비대격성을 갖고 있다. 이는 앞에서 기타언어의 단계차원술어가 비대격성을 갖는다고 한 사실과 다르다. 우리는 이러한 원인이 先秦시기의 성질형용사, 상태형용사가 결코 개체차원술어, 단계차원술어와 각각 대응하는 것이 아니기 때문이라 생각한다.

일반적으로 볼 때, 개체차원술어는 정태적이고, 단계차원술어는 동태적이다. 그 외에도 '영구적:임시적', '내재적(본질적):우연적' 등으로도 의미상의 대립이 이루어질 수 있다. 이러한 의미 대립은 일부 언어에서는 통사상으로 구현이 되기도 하는데, 예를 들어, 스페인어는 이 두 유형의 형용사와 결합하는 계사의 형식이 다르다. 본질적 특징을 나타내는 형용사 앞에 사용되는 계사 형식은 'ser'이고, 임시성 특징의 형용사 앞에 사용되는 계사 형식은 'estar'이다. 아래와 같은 예가 있다.

A. Maria es hermosa.
   'Maria is(ser) beautiful.'

B. Pedro está enojado.
   'Pedro is(estar) angry.'

성질형용사는 전형적인 형용사이다. 先秦한어는 바로 이러한 견해를 뒷받침해주는데, 아래는 先秦한어 형용사의 특징이다.

성질형용사의 수량이 많고 또 사용이 비교적 자유롭다. 상태형용사는 대부분 첩음이나 굴절, 부가 등의 방법을 통해 복음절의 형식으로 출현한다. 단음절 상태형용사는 단지《詩經》에서 많이 출현하고 先秦산문에서는 사용이 매우 적다.

郭曉紅(2010)은《戰國策》에 출현하는 형용사 481개 5,562예를 통계 낸 바 있다. 그중 성질형용사는 단음절이 총380개 5,375예였고, 쌍음절 은 61개 136예였다. 그리고 40개의 상태형용사는 모두 51예 출현하였고 모두가 복음절 형식이다. 楊建國(1979:427)에 따르면, 先秦 성질형용사 는 시간부사와 정도부사의 수식을 받을 수 있고, 뒤에는 또 정도를 나 타내는 부사인 '甚'이 붙을 수도 있다. 그리고 비교문에 사용될 수 있고, 사동용법이나 의동용법이 있다. 반면, 상태형용사는 상술한 통사위치에 는 출현하지 못한다. 이를 통해 보건대, 성질형용사는 시간상 혹은 정도 상 변화할 수 있는 성질을 나타내고, 상태형용사는 시간상 또는 정도상 상대적으로 정지된 사물 상태를 나타낸다. 이러한 내용을 통해 보면, 先秦의 성질형용사와 상태형용사가 대립되는 의미기초는 개체차원술 어와 단계차원술어가 보여주는 것과 뒤섞인 형국임을 알 수 있다. 이는 아래 표와 같다.

유별	의미 특징			
	恒長性	臨時性	靜態性	動態性
개체차원술어	+	−	+	−
단계차원술어	−	+	−	+
성질형용사	±	±	±	±
상태형용사	−	+	+	−

표 7.13 先秦형용사와 개체차원술어, 단계차원술어의 의미 특징 표

고금을 막론하고 형용사는 기본적으로 술어에 속한다. 그리고 술어는 국면(情狀)의 유형 차이가 있다. 張國憲(1995,2007)은 형용사의 국면 유형에 대해 비교적 심도 있는 논의를 진행한 바 있다. 그는 형용사를 우선 '靜態형용사'와 '動態형용사'로 구분하였다. 여기서 정태형용사는 성질과 상태형용사를 포함한다. 그리고 동태형용사는 곧 '변화형용사'이다. 예컨대, '臭'는 '臭肉'에서는 정태성형용사이지만, '肉臭了'에서는 변화의 국면을 나타내는 형용사가 된다. 여기서 더 세분화하면, 아래의 예에 있는 형용사 '美'는 a에서는 성질형용사이지만 b에서는 변화형용사이다.

(2) a. 巧笑倩兮, 美目盼兮, 素以爲絢兮. (《論語, 八佾》) 예쁜 웃음 보조개가 있고, 아름다운 눈은 흑백이 분명하고, 흰색으로 광채를 삼는다.

   b. 子謂韶, "盡美矣, 又盡善也." (同上) 공자께서 소라는 음악을 평하시되, "형식이 매우 아름답고 또 내용도 매우 좋다."라고 하셨다.

고금의 동태형용사는 성질형용사와 종종 같은 형태이다. 張國憲은 이를 이른바 '형식변화의 정체현상(形變滯後)'의 체현이라 해석한다. 우리는 이것이 혹시 일종의 언어 자체의 책략이 아닐까 추측한다. 즉, 한어에서 정태에 속하는 상태형용사들은 대부분 형식의 복잡화를 선택하여 성질

형용사와 구별한다. 先秦시기도 마찬가지여서 상태형용사의 형태는 비교적 복잡하다. 다만, 동태와 정태는 두 가지 서로 다른 국면이고 의미의 차이도 크기 때문에 '일형식겸직현상(一形雙職)'을 통해, 한 가지 형식으로 '靜態적 성질'과 '動態적 변화'를 모두 나타내게 된 것이다.

표 7.13에서 성질형용사는 모든 의미 좌표에서 두 가지 가능성을 보여준다. 이것은 바로 성질형용사가 변화형용사를 포함하기 때문이다. 동일한 술어성 성분이라도 다른 문맥에서는 개체차원과 단계차원이라는 두 가지 다른 해독이 가능하며 이는 기타 언어에서도 존재한다. 예컨대, 'I have brown hair'에 대한 통상적인 이해는 개체차원이다. 그러나 매일 하루에 한 번씩 염색을 하는 사람이라면 이는 단계차원으로 이해된다(Kratzer(1995)). 漢族은 일찍이 "有無相生, 難易相成, 長短相形, 高下相盈, 音聲相和, 前後相隨.(《老子, 道經》)"(있음과 없음은 서로를 낳고, 어려움과 쉬움은 서로를 이루고, 깊과 짧음은 서로를 이루며, 높음과 낮음은 서로를 채워 주고, 음과 소리는 서로를 조화로우며, 앞과 뒤는 서로를 따른다.)"라는 개념을 제기한 바 있다. 성질형용사가 변화의 국면을 동시에 나타낼 수 있는 기능을 파생해낸 것은 민족의 인지심리상 당연한 것일 수 있다. 이렇게, 우리는 표 7.13을 아래와 같이 조정한다.

유별	의미 특징			
	恒長性	臨時性	靜態性	動態性
개체차원술어	+	−	+	−
단계차원술어	−	+	−	+
성질형용사	+	−	+	−
상태형용사	−	+	+	−
변화형용사	−	+	−	+

표 7.14 先秦형용사와 개체차원술어, 단계차원술어의 의미 특징 표

상고한어에서 성질형용사의 의미 특징은 개체차원술어와 같고, 상태형용사는 '임시성'에서 단계차원술어와 같고 '정태성'에서 개체차원술어와 같다. 변화형용사는 단계차원술어와 의미 특징상 완전히 대응하고 있다. 이에 형용사는 성질형용사로부터 동태형용사와 상태형용사가 파생되었다고 가정할 수 있다. 여기서 성질형용사가 체현한 것은 사물의 정태적인 속성 특징이다. 그리고 동태형용사는 사물의 性狀이 시간의 진행상 발생한 동태적 변화를 체현하였다. 또한 상태형용사는 사물의 임시적 정태 상태를 체현한 것이라 할 수 있다. 상고한어에서 상태형용사는 형태의 복잡화를 선택하여 성질형용사와 구별을 하고 있는 반면, 동태형용사는 주로 문맥과 통사 형식에 의지해 구별함으로써 형태의 형식상 대부분 성질형용사와 동형인 경우가 많다.

정태와 동태는 두 가지 다른 국면 유형이다. 그리고 서로 다른 문법 특징으로 표현되고 있다. 張國憲(1995)은 현대한어 동태형용사의 형식상의 표현에 대해 다음과 같이 묘사하였다. "문장을 구성할 때, 단어 하나만으로는 안 되며, 통상적인 상황에서는 시간부사 '已經', 동태조사 '了'와 같이 출현한다." 상고한어 동태형용사와 성질형용사의 문법적 특징 차이는 주로 아래와 같다.

문법 기능상으로 볼 때, 동태형용사는 대개 서술어가 된다. 관형어가 되는 것은 대부분 성질형용사이다. 예컨대 다음과 같다.

(3) 吾老矣, 不能用也. (《論語, 微子》) 나는 늙어서, 등용할 수 없다.

(4) 旣富矣, 又何加焉? (《論語, 子路》) 이미 부유하다면 또 무엇을 더할 수 있겠습니까?

(5) 焉知賢才而擧之? (同上) 어진 인재를 어떻게 알아 등용합니까?

(6) 欲達, 則不達, 見小利, 則大事不成. (同上) 이르고자 하면 이르지 못한다. 작은 이익을 보면 큰일을 이루지 못한다.

사람이나 사물의 성질에 대한 판단, 확인, 비교를 할 경우, 성질형용사(아래 예에 있는 '美', '危', '富')는 서술어가 될 수 있다.

(7) 齊慶封來聘, 其車美. (《左傳, 襄公, 27, 1127》) 제나라 경봉이 빙문을 왔는데, 그 수레가 아름다웠다.

(8) 楚國若有大事, 子其危哉! (《左傳, 昭公, 27, 1488》) 초나라가 전쟁이 있게 된다면 그대는 위태로울 것이다!

(9) 季氏富於周公, 而求也爲之聚斂而附益之. (《論語, 先進》) 계씨는 주공보다도 부유한데, 염구는 그를 위해 거두어 모아 그의 부를 더 보탰다.

서술어가 되어 부정을 할 때는, 동태형용사는 앞에 부정사 '未'를 쓰고, 성질형용사는 '不'을 쓴다.

(10) a. 管子對曰: "未可. 國未安." (《國語, 齊語》) 관자가 말했다. "아직 안됩니다. 나라가 아직 안정되지 않았습니다."

b. 夫君子之居喪, 食旨不甘, 聞樂不樂, 居處不安, 故不爲也. (《論語, 陽貨》) 무릇 군자는 상중에 맛있는 것을 먹어도 달지가 않고, 음악을 들어도 즐겁지 않으며, 거처가 편안하지 않다. 그러므로 1년 상을 하지 않는다.

(11) a. 當堯之時, 天下猶未平, 洪水橫流, 氾濫於天下. (《孟子, 滕文公上》) 요임금 시기에 천하가 아직 태평스럽지 않아, 홍수가 넘쳐흘러서 천하에 다 범람하였다.

b. 界不正, 井地不鈞, 穀祿不平, 是故暴君汙吏必慢其經界. (同上) 경계가 바르지 않으면 정지가 고르지 않고, 곡록이 공평하지 않습니다. 이런 이유로 폭군과 오리가 반드시 그 경계 지음에 태만합니다.

(12) a. 今王美秦之言, 而欲攻燕, 攻燕, 食未飽而禍已及矣. (《戰國策,

趙一》) 지금 임금께선 진의 말을 달콤하게 여겨, 연을 공격하려고 하는데, 연을 공격하면, 밥을 먹고 배부르기도 전에 화가 미칠 것입니다.

b. 五十非帛不暖, 七十非肉**不飽**. (《孟子, 盡心上》) 나이 오십엔 비단이 아니면 따뜻하지가 않고, 나이 칠십엔 고기가 아니면 먹어도 배부르지 않다.

(13) a. 夫珠玉人主之所急也, 和雖獻璞而**未美**, 未爲主之害也. (《韓非子, 和氏》) 무릇 옥이란 군주가 급히 얻고자 하는 것이다. 화씨가 바친 옥이 아직 아름답지는 못하지만 군주에게 해가 되지는 않는다.

b. 夫物之待飾而後行者, 其質**不美**也. (《韓非子, 解老》) 무릇 사물이 장식을 기다려 그 힘을 보이려 하는 것은 그 바탕이 아름답지 못하기 때문이다.

‘安’, ‘平’, ‘飽’, ‘美’ 앞에 ‘未’의 수식을 받을 때는 ‘아직 편안치 않다/배부르지 않다/아름답지 않다’ 등의 의미이다. 즉, 의미가 ‘不安/不平/不飽/不美’한 상태로부터 아직 ‘安/平/飽/美’의 상태로 변화를 하지 않은 것이고 이것이 부정하는 것은 바로 변화상태이다. 그러나 ‘不’가 수식할 때 나타내는 것은 ‘安/平/飽/美’의 속성특징을 갖추지 않음을 나타내는 것으로 이것이 부정하는 것은 정태적인 성질이다.

동태형용사는 시간성과 관련이 있어서, 시간부사인 ‘已’, ‘既’, ‘將’ 등의 수식을 받을 수 있다(아래(14)~(16)). 반면, 성질형용사는 시간의 변화를 잘 받지 않는데, 이것은 정도부사의 수식을 받을 수 있다(아래 (17), (18)의 ‘多’와 ‘美’).

(14) 筐篋**已富**, 府庫**已實**, 而百姓貧. (《荀子, 王制》) 그의 금고가 부유하고, 창고가 이미 다 차면, 백성은 가난하다.

(15) 喪亂**既平**, **既安**且寧. (《詩經, 小雅, 常棣》) 상란이 이미 평정되었고, 이

미 편안해졌다.

(16) 使營菟裘, 吾將老焉. (《左傳, 隱公, 11, 97》) 토구에 집을 짓게 하여, 나는 장차 거기에서 늙을 것이다.

(17) 謀夫孔多, 是用不集. (《詩經, 小雅, 小旻》) 계획을 하는 이는 매우 많으나 이것을 해 내는 데는 모이지 않는다.32)

(18) 昔有仍氏生女, 黰黑, 而甚美, 光可以鑑. (《左傳, 昭公, 28, 1492》) 옛날에 잉씨가 딸을 낳았는데, 머리가 검고, 매우 아름다웠으며 빛이 거울에 비치듯 하였다.

동태형용사는 사동화할 수 있다.

(19) 既來之, 則安之. (《論語, 季氏》) 이미 오게 했다면, 그들을 편안하게 해준다.

(20) 其達士, 絜其居, 美其服, 飽其食, 而摩厲之於義. (《國語, 越語上》) 사리에 통달한 자는 그 거처를 깨끗이 해주고, 그 옷을 아름답게 해주며, 그 먹는 것을 배부르게 해주어 도의를 갈고 닦게 해준다.

(21) 十三年春, 會于北杏, 以平宋亂. (《左傳, 莊公, 13, 194》) 13년 봄에 북행에서 회맹했는데 송의 난을 평정하기 위한 것이었다.

(22) 小人之學也, 入乎耳, 出乎口. 口耳之間, 則四寸耳, 曷足以美七尺之軀哉! (《荀子, 勸學》) 소인의 학문은 귀로 들어가 입으로 나온다. 입과 귀 사이 사촌일 뿐인데, 어찌 칠척의 몸을 아름답게 하겠는가!

이러한 사동문은 모두가 외재 致使者의 영향을 통해, 사동 목적어로 하여금 '未~安/飽/平/美'의 상태에서 '安/飽/平/美'로 상태변화하게 만든다는 의미를 함축하고 있다.

---

32) [역주] 여기서의 '孔'은 '매우'란 뜻의 정도부사이다.

정태적 성질형용사는 意動化할 수 있다.

(23) 孔子登東山而**小魯**, 登太山而**小天下**. (《孟子, 盡心上》) 공자는 동산
에 올라 노나라를 작게 보았고, 태산에 올라 천하를 작게 보았다.

(24) 見棠姜而**美之**, 使偃取之. (《左傳, 襄公, 25, 1095》) 당강을 보고 아름
답다고 여겨, 동곽언에게 그녀를 시집보내게 했다.

이 가운데 '小'와 '美'는 "작다고 생각하다", "아름답게 여기다"이며,
이는 주관상 인식대상 속성에 대한 판단을 나타내는 것으로, 성질형용
사의 의동용법에 속한다.

宋亞雲(2009)는 형용사 가운데 11개의 사동용법이 있는 '非관형어
형용사'33)를 열거하였는데 여기에는 '崇, 充, 弘, 惛, 竭, 均, 虧, 缺,
審, 愼, 調'가 있다. 이것은 다음과 같은 의미를 나타낸다.

充府庫 곳간을 채우다 ~ 食充 먹을 것이 충분하다
崇德 덕을 높이다 ~ 宮室不崇 집이 높지 않다
弘道 도를 넓히다 ~ 用物也弘 사물을 사용함이 넓다
惛主 군주를 어지럽히다 ~ 吾惛 내가 어지럽다
竭吾才 나의 재주를 다하게 하다 ~ 池之竭 연못이 마르다
均貧富 빈부를 균등히 하다 ~ 分均 배분이 균등하다
不虧其神 그 신을 이지러지게 하다 ~ 神不虧 신이 이지러지다
缺我斨 나의 도끼 이빨이 나가게 하다 ~ (物)缺 물건이 부족하다
審法度 법도를 안정시키다 ~ 法審 법도가 안정되다

----

33) [역주] 일명 '非定形容詞'로, 이것은 그의 여러 기준 가운데, 관형어로 사용은 안
되나, 비교문에 쓰이고, 정도부사의 수식을 받을 수 있고, 술어로 쓰일 수 있는
형용사를 말한다.

愼吾威儀 나의 위의를 신중히 하다 ~ 民愼 백성들이 신중하다
調其弓矢 활과 화살을 조정하다 ~ 弓調 활이 조절되다

성질형용사의 가장 전형적인 기능은 바로 관형어로 쓰이는 것이다. 사동용법이 있는 비관형어 형용사의 존재로 인해 사람들은 이것이 혹시 전문적인 변화형용사가 아닌가 추측하게 된다. 그러나 '宮室不崇'와 '神不罷'에 있는 '崇'과 '罷'가 부정부사 '不'의 수식을 받는 것을 보면, 이들이 여전히 성질형용사로 사용되고 있음을 알 수 있다. 따라서 이 11개의 사동용법이 있으면서 관형어로 쓰이지 못하는 형용사들은 단지 문헌 부족의 한계로 인한 것이지, 상고한어는 전문적인 동태형용사가 아직 분화되지 않았다고 볼 수 있다.

만약 형용사의 국면 유형을 구분한다면, 상고한어 중에 使動化할 수 있는 것은 動態형용사이며, 또 이것이 비대격성을 갖고 있는 것인데, 이러한 면은 기타 언어와 유사하다. 동태형용사는 사물이 시간축상에서 동태적으로 변화하는 것을 구현하는 것으로, 이는 가장 동사에 접근한 형용사 유형이다. 따라서 사동화는 근본적으로 말하면, 동사의 형태, 통사기능이다. 그런데 이러한 동태형용사는 사실 아직 완료나 피동의미를 나타내는 관형어로 충당될 수 없기 때문에 현대한어의 "我紅了臉"같은 영주속빈문은 형성하지 못했다. 전체적으로 보면, 先秦시기 동태형용사의 비대격성은 전형적인 상태동사나 존현동사보다도 약하다.

제5절 본장 소결

본장의 토론을 통해, 상고한어는 내포성 비대격 현상이 주류이고, 외

현성 비대격 현상의 동사는 주로 氣象동사이며, 처소도치 구조의 용례
는 매우 적어 화용적 현상에 속함을 알 수 있다. 그리고 비능격동사와
비대격동사는 사동화 능력, 영주속빈문의 구성, 그리고 관형어로 쓰이
는 의미 등의 방면에서 모두가 다르게 나타나고 있다.

비대격동사는 의미로부터 예측할 수 있고, 아울러 통사상의 표현도
있다. 그래서 의미가 그 자체로 충분한 단논항구조 'NP V' 중, NP가
만약 심층의 피동작주이면, 이를 비대격동사로 예측할 수 있다. 또한
만약 NP가 심층의 행위주라면, 이는 비능격동사로 예측할 수 있다. 이
는 곧 비대격동사의 연구에서 '의미'가 여전히 하나의 중요한 결정 요
소임을 말해준다. 그리고 행위주성이 강한 불급물동사는 비능격동사가
되고, 행위주성이 약한 동사는 비대격동사가 된다. 본서는 주어 행위주
성의 강약에 대해 분류처리를 하지 않았다. 다만 자료를 분석하는 초기
에, 우리는 주어 행위주성의 강약이 동사 통사에 끼치는 영향을 관찰하
고자 했으나 분명한 대응관계를 관찰할 수 없었다. 그런데 방향동사의
통사 표현을 통해, 주어의 행위주성이 동사의 비대격성에 양향을 주고
있음을 알 수 있다. 예컨대, 淸聲母 '降'은 의미상 비록 전형적인 방향
동사이나, 내재논항이 무생명명사일 경우, 비대격동사의 핵심적인 통사
특징을 갖고 있었다. 그리고 단논항구조에서 내재논항이 행위주성의 유
생명명사일 경우, 우리는 이에 대응하는 사동의 교체형식을 찾을 수 없
었고 당연 비대격동사의 통사 표현도 없었다.

한편, 본서에서는 비록 L&RH(1995)의 틀을 바탕으로 상고한어의 비
대격성을 관찰하였으나, 의미상의 두 대립되는 중요 개념인 '내재치사'
와 '외재치사'의 개념을 가져오지는 못했다. 내재치사의 불급물동사가
가진 논항의 성질은 그것이 유발한 사건에 대해 책임을 지는 경향이
있다. 예컨대, '哭', '笑' 등이 그러하다. 그 밖에, 영어에서의 '소리(윙윙
대는 소리, 신음소리 등)', '빛(섬광 등)', '냄새(악취 등)', '물질(기포

등)' 류의 동사는 그 유일한 논항이 비행위주성의 무생명명사이다. 그러나 그 논항의 성질이 이들 동사가 묘사하는 사건의 개념화를 초래했기 때문에, 이들 동사는 '내재치사성'의 '비능격동사'로 볼 수 있다. 본서에서 취한 비능격동사는 의미개념상 모두가 행위주성의 내재치사동사이며, 문헌의 시대와 내용상의 한계로 인해, L&RH(1995)가 제시한 이러한 비행위주성의 내재치사동사는 상고한어에서 그것과 대응하는 동사를 발견하기 어려웠다. 그런데 상고한어는 일찍이 사동태가 존재했던 상황이 있기에, 이른바 행위주성의 내재치사동사는 마찬가지로 사동화할 수 있었다. 예컨대, '坐'가 그러하다.

(1) 二子在幄, <u>坐射犬于外</u>, 既食而後食之. (《左傳, 襄公, 24, 1092》) 두 사람이 군막에 있는데, 사견은 밖에 앉혔고, 다 먹고 나서 그 다음에 먹게 했다.

(2) <u>太后坐王</u>而泣. (《戰國策, 秦五》) 태후는 왕을 앉혀놓고 울었다.

기타 언어에서도 행위주 동사의 사동화 현상이 발견되기 때문에, 내재치사와 외재치사라고 하는 이 대립쌍의 의미개념과 비대격성 간의 관계는 논증이 더 필요하다. 당연히 우리는 어떤 동사의 사동화 능력 차이가 내재치사와 외재치사의 차이를 통해 정확히 해석될 수 있다는 것을 배제할 수 없다. 예컨대, '병나다' 의미의 '疾'은 내재치사동사이나 사동화할 수 없다. 반면, '곤궁, 난처'의미의 '病'은 외재치사동사로 사동화할 수 있다. 예를 들어 다음과 같다.

(3) <u>疾</u>, 君視之, 東首, 加朝服, 拖紳. (《論語, 鄉黨》) 병이 들었는데, 임금이 문병을 오면, 동쪽으로 머리를 두고 조복을 위에 덮고 띠를 얹었다.

(4) 子駟曰: "國<u>病</u>矣." (《左傳, 襄公, 10, 978》) 자사가 말했다. "나라가 곤궁해질 것이다."

(5) 崔子將有大志, 不在病我, 必速歸, 何患焉? (《左傳, 襄公, 25, 1095》)
　　최자는 장차 큰 뜻을 두어 우리를 곤란하게 하는데 뜻이 있지 않아,
　　반드시 속히 돌아갈 것이니 어찌 그것을 걱정하는가?

　　본서의 연구를 종합하자면, 우리는 상고한어가 비대격성이란 특징에
서 아래의 세 가지 특징이 발견되고 있음을 찾아냈다.

　　첫째, 비대격동사는 영주속빈문형을 구성할 수 있다. 영주속빈문은
일종의 틀설정 화제구조이며, 이러한 문형의 형성은 한어가 화제우선형
언어라는 사실과 관련이 있다.
　　둘째, 존현동사는 그에 상응하는 사동의 교체형식이 존재한다. 상고
음 연구에 따르면, 상고한어에는 사동태가 존재했었는데, 존현동사는
통사 측면에서 조기 사동태의 존재에 대해 증거를 제시하고 있다.
　　셋째, 방향동사는 전형적인 비대격동사 유형이 아니다.

　　상태동사와 존현동사는 전형적인 비대격동사이다. 동태형용사도 사
동화가 가능하나, 방향동사와 심리동사는 그 내부에 사동문을 구성하는
능력이 일정하지가 않다. 존현의미를 나타내는 방향동사는 형용사화하
여 관형어로 쓰이면서 피동의미와 완료의미를 나타내며, 또 영주속빈문
을 구성할 수 있다. 만약 상고한어 비대격동사 판별식의 통과 상황을
기준으로 각 의미 유형의 비대격성에 순서를 정한다면, 다음과 같다.

　　상태동사, 존현동사 > 동태형용사 > 방향동사 > 심리동사

　　상술한 동사들의 공통된 의미 특징을 분석하면 아래와 같은 내용을
발견할 수 있다. 먼저, 비대격성을 갖는 방향동사가 표시하는 것은 존현
의미이고, 동태형용사가 묘사하는 것은 사물의 동태변화이며, 심리동사

는 유생명 사물의 심리상태의 변화를 나타낸다. 그리고 가장 전형적인 두 가지 비대격동사인 상태동사와 존현동사는 의미상 서로 통하는데, 사물이 어떤 상태에 처해 있다는 것은 곧 어떤 상태가 존재하거나 출현했다는 것이다. 이렇게, 우리는 상고한어에서 비대격성을 결정하는 의미 자질이 [+상태변화]와 관련이 있다고 본다. 따라서 최소의 구성 형식인 'NP V' 중의 직접적인 내재논항 NP는 바로 상태변화를 겪은 참여자가 된다. 다시 말해서, 단논항동사의 의미가 상태의 가변화성을 함축하고 있다면, 일단 외재치사논항을 표현할 필요가 있으므로 사동문을 형성할 수가 있고, 이로써 비대격동사의 가장 전형적인 통사 기능이 나타나게 되는 것이다.

제8장
비대격동사의 파생 방향 및 관련 문제

제1절 비대격동사의 파생 방향

비대격동사 그리고 이와 대응하는 급물동사의 파생 방향과 관련하여, 현재 두 가지 관점이 있다. 하나는 비대격동사로부터 급물동사가 파생되어 나왔다고 보는 것이고, 다른 하나는 급물동사가 탈급물화하여 비대격동사가 되었다는 것이다. Nedjalkov(1969)가 조사한 다수의 샘플 중에서 동사 'break'의 급물사동형식은 형태상 표지가 매우 적은 것이었다. 그래서 60종의 언어에서 19종 언어의 불급물동사 형식이 급물동사 형식과 동일했고, 22종 언어는 급물의 형식으로부터 파생된 것이었다(L&RH(1995)). L&RH(1995)는 비대격동사를 다음의 둘로 구분하였다.

1) 어휘의미 특징이 기본적으로 사역의 2가동사에 속하며, 치사자가 출현하지 않을 때, 그 논항구조는 단일한 직접적인 내재논항으로 구성된다. 사역의 2가동사가 탈사역화하여 그에 상응하는 비대격동사가 파생되었다.
2) '보다 기본적인' 사동사와는 관련이 없는 비대격동사. 이러한 비대격동사는 두 개의 내재논항이 있다.

어떤 학자들은 상고한어의 이러한 동사의 파생 방향에 대해 이미 토론을 한 바 있다. 예를 들어, 俞敏(1999)은 비록 梵語가 자동사로부터

사동사가 파생된 것이지만, "고한어의 규율은 동일해보이지 않아, 아마
도 '역성어(反孳生, back formation)'가 있을 수 있다."고 보았다. 그는
본서에서 언급한 동사에 대해, '解'는 k- > g-, '折'은 t- > d-1), '斷'은
d- > t-라고 하였다.

金理新(2006)은 상고한어 자음 淸濁교체 어휘의 파생 방향이 치사
동사로부터 비치사동사가 파생되었다고 주장한다. 즉, 청성모의 급물동
사가 탈급물화하여 불급물동사가 되었다는 것이다. 그가 든 이유는 세
가지이다. 먼저, 언어에서 대개 淸音의 자음은 무표지의 자음이고, 濁
音의 자음은 유표지 자음이다. 둘째, '斷'이 치사동사로 사용되는 것은
'常態'인 반면, 비치사동사로 사용되는 것은 '非常態'이다. 셋째, 濁聲
母 형식의 동사 기원은 동사의 완료형식으로, 예컨대, '盡'의 탁성모 의
미는 '이미 다함(旣極)'이다.

상고한어 비대격동사의 파생 방향은 상술한 것보다 훨씬 복잡하다.
상고한어 비대격동사 파생 방향의 판단은 그것과 대응하는 급물동사
(사동사) 형식과의 비교를 통해서 알 수 있다. 이것은 바로 상고한어의
사동형태 문제와 밀접한 관련이 있다. 동사의 사동용법은 두 가지가 있
다. 첫째는 '동사+사역형태'로, 이른바 '파생사동사(役格動詞)'를 구성
한다. 둘째는 능동동사 자체가 직접 사동으로 사용되는 것이다(何元建,
王玲玲(2002)). 상고한어에는 이 두 가지 형식이 동시에 존재하였다.
상편에서의 비대격동사 각 개별 상황 연구에 따르면, 상고한어의 비대
격동사와 그에 상응하는 사동사 간의 관계를 아래의 몇 가지로 분류할
수 있다.

---

1) '折'의 이 파생 방향에 대해, 俞敏선생은 약간 보류를 했는데, 그것은 d- > t-의
   가능도 있기 때문이다.

첫째, 비대격동사와 사동사 간에, 성모의 淸濁대립으로 표현되는 것. '敗, 斷, 折, 盡, 壞, 順, 紓, 解₄'가 있다.

둘째, 비대격동사와 사동사 간의 차이가 非去聲 대 去聲으로 표현되는 것. 여기에는 또 두 가지 상황이 있는데, 하나는 완료 접미사 *-s와 관련된 것으로 '治'와 '毁'가 있고, 다른 하나는 사동태 접미사 *-s와 관련된 것으로, '沉', '生', '出', '去', '來'가 있다.

셋째, 비대격동사와 사동사가 同形인 것. 이는 통사적 사동을 통해 형성된 것이다. 이 유형이 가장 많은데, 여기에는 '見濁', '降濁', '解₂', '傷', '破', '止', '開/啓', '怒', '懼', '服', '悅', '起', '作', '立', '興', '聚', '散', '緩', '亂', '深'이 있다.

넷째, 비대격동사와 사동사 간에 음운상의 차이가 있는 것. 예컨대, '入/內/納', '去', '死'²⁾가 있다.

이들 중 특히 넷째의 경우, 아직 이들의 이러한 음운 대립의 형식적 기초를 확실히 귀납하기가 어렵다. 따라서 비대격동사의 파생 방향에 대한 토론 시에, 앞의 세 가지 상황의 동사를 주요 추론 근거로 삼을 수 있다. 이로써 얻은 결론으로, 상고한어 비대격동사의 파생방식은 주로 아래의 세 가지 상황이 있다.

1) 비대격동사가 原生性이고, 사동사(급물동사)가 파생어이다. 즉 비대격

---

2) '入'과 '納'은 모두 입성자이다. 金理新(2006)은 자동사 '入'은 *g-접두사가 있는 행위주동사이고, '納'은 *r-접두사가 있는 피동작주동사라고 하였다. 그러나 이러한 관점은 접수도가 낮아 본서에서도 취하지 않는다. '死'의 사동사는 '殺'이다. 이 둘은 상고시기의 독음이 단지 운미만 다를 뿐이다. 그래서 '殺'은 입성의 *sreed이고, '死'는 上聲의 *shlji?이다. 이들은 음운상으로 서로 관련이 있으나, 그렇다고 去聲사동이나 淸濁別義의 범주로 넣을 수는 없다.

동사를 통해 급물동사가 파생된 것이다. 이들은 비대격동사의 기초에 *s-접두사나 *-s접미사를 붙여 사동화했을 수 있는데, 여기엔 '敗'류와 '沉'류가 대표적이다. 이외에 또 비대격동사와 파생된 사동사 간에 음운 차이가 없는 경우도 있다. 이것은 형태변화를 통해 형성된 것이 아니고, 사동의 통사를 통해 형성된 것이다.

2) 급물동사로부터 비대격동사가 파생된 경우이다. 이것은 다시 두 가지로 양분된다. 먼저, 비대격동사가 급물동사의 완료형식인 경우가 있는데, 예컨대, '治', '毁', '見', '降', '解₂'가 대표적이다. 그 다음 급물동사가 탈급물화하여 생긴 것이 있다.

3) 비능격동사로부터 존현의미의 비대격동사가 파생된 경우이다.

이처럼, 상고한어의 비대격동사 파생 방향은 결코 단일하지가 않고 두 가지가 병존하는데, 原生의 비대격동사로부터 급물동사가 파생되는 경우와 급물동사 혹은 비능격동사로부터 비대격동사가 파생되는 경우이다. 그리고 이 두 가지는 각각 그 내부에 다시 여러 가지 상황이 존재한다.

1. 비대격동사에서 급물동사가 파생되는 경우

비대격동사로부터 급물동사가 파생되는 방향은 두 가지 방식이 있다. 첫째는 사동 접두사나 접미사를 통해 형성되는 경우이다. 둘째는 '使動態'가 통사 층위에서 '使動의 기본모델'이란 구조 형식을 만들고, 이로부터 기타 동사가 유추의 방식으로 이 구조식으로 진입하게 되나 그 동사의 음운형식은 변화하지 않는 것이다. 이것이 이른바 '통사적 사동'이다.

비록 金理新(2006)이 '敗'류 동사가 치사동사로부터 비치사동사가 파생된 것이란 주장을 하지만, 상고한어에 사동태가 존재한다는 전제하에 전체적으로 보자면, 사동태와 관련이 있는 동사 중에, 비대격동사는 原生性이고, 사동사는 派生性이다. 당연히 일부 異讀동사의 경우, 六朝시기에 모방해서 만들어졌을 가능성이 있어 그중 소수가 역성어로 만들어졌을 가능성도 있다.3) 한편, '敗', '斷', '折', '盡', '壞'의 先秦 8부 문헌에서의 사용상황을 보면 다음과 같다. '敗'가 자동사로 쓰이는 것은 192예, 사동사는 233예, '盡'이 자동사로 쓰이는 것은 102예, 사동사로 쓰이는 것은 189예, '斷'이 자동사로 쓰이는 것은 12예, 사동사로 쓰이는 것은 50예, '折'이 자동사로 쓰이는 것은 20예, 사동사는 30예, '壞'가 자동사로 쓰이는 것은 22예, 사동사로 쓰이는 것은 14예이다. '壞'가 사동사용법이 자동사용법보다 적은 것을 제외하고, 기타 몇 개의 동사는 모두 사동사의 사용이 자동사보다도 많다. 상대적으로 볼 때, '敗'와 '盡'은 고빈도의 동사이며 사동사와 자동사로 사용되는 예가 모두 100회 이상이다. 기타 몇 개의 동사는 사동사와 자동사의 용례 차이가 크기가 않다. 이는 곧 先秦한어에서 이 몇 개의 동사는 결코 단순한 사동사나 자동사로 편향되어 있지 않다는 것을 보여준다.4)

Lakoff(1970), Chomsky(1970), Guerssel et al.(1985), Pinker(1989)는 일찍이 open류의 불급물과 급물이 同形인 동사는 불급물동사가 기본이고, 급물동사는 불급물동사에 사역 개념을 더 추가해서 만들어진 것이라고 논술한 바 있다. Guerssel et al.(1985)가 귀납한 개념구조는 바로 이러한 사역화의 이론을 보여주고 있다.

---

3) 역성어의 방향은 급물동사로부터 불급물동사가 파생되는 비대격동사로, 이는 동사의 의미와 관련이 있다.
4) [역주] 자동과 사동으로 사용되는 횟수의 차이가 꼭 파생의 방향을 말해주는 것은 아니다.

불급물동사   break: y come to be BROKEN

급물동사   break: x cause (y come to be BROKEN)

일반적으로 존현동사는 原生性 비대격동사로 대응하는 사역교체형식이 없다. 이에 影山太郎(2001)은 불급물상태변화동사로부터 급물동사가 파생되는 사역화 규칙에 대해 의문을 품어, 만약 정말로 이러한 규칙이 있다면 마땅히 존현동사에 적용되어야 한다고 보았다. 그러나 영어의 'occur', 'happen'이란 동사는 그에 대응하는 사역급물동사가 성립되지 않는다.

(1) a. A big fire occurred. 큰 불이 나타났다.
     *They occurred a big fire.

   b. The pigeon disappeared. 비둘기가 사라졌다.
     *The magician disappeared the pigeon.

   c. A package arrived. 소포가 도착했다.
     *The mailman arrived a package.

(影山太郎(2001:148)에서 재인용)

상고한어의 존현동사는 대응하는 사동사 형식이 보편적으로 존재한다.

(2) 我友敬矣, **讒言其興**. (《詩經, 小雅, 沔水》) 내 친구들 조심하면, 참언이 어찌 일어나리오?

(3) **今吾子殺人以興謗**, 而弗圖, 不亦異乎! (《左傳, 昭公, 27, 1488》) 지금 그대는 사람을 죽여 비방을 일으키고, 그것을 도모하지 않으니 또한 괴이하지 않습니까!

(4) **齊兵已去**, 魏失其與國. (《戰國策, 燕三》) 제나라 군대가 이미 떠나자 위나라는 그 동맹국을 잃었다.

(5) 若**去蔑與行父**, 是大棄魯國, 而罪寡君也. (《左傳, 成公, 16, 893》) 중
손멸과 계손행보를 제거하면, 노나라를 크게 버리고 과군을 징벌하는
것입니다.

(6) **國將亡**, 本必先顚, 而後枝葉從之. (《左傳, 閔公, 원년, 257》) 나라가
장차 망하려 할 때는 근본이 먼저 쓰러지고 나서 지엽적인 것이 따른다.

(7) **亡鄧國者**, 必此人也. (《左傳, 莊公, 06, 169》) 등나라를 망하게 할 사람
은 분명 이 세 사람일 것이다.

이는 곧 사역화 규칙이 상고한어에는 적용된다는 말이다. 존현동사는 사
동사에 비해 상대적으로 기본적인 형식인데, 淸濁異讀이 존재하는 '見'
은 이 점을 아주 잘 설명해준다. 濁聲母의 '見'은 본래 淸聲母 '見'의
완료 형식이었다. 그리고 나중에 하나의 독립된 어휘로 고정화하였다.
이로써 '보다'의미로부터 '출현하다'의미가 파생되었고, 더 나아가 '출
현시키다'라는 사동사가 파생된 것이다. 의미 파생의 과정으로 볼 때,
존현의미 동사로부터 지각동사 '보다'가 파생될 수는 없다. 즉, 파생의
방향은 '사동사 見 > 존현동사 見 > 지각동사 見'일 수 없다는 것이
다. 이를 통해, '출현하다'의미의 '見'은 본래 파생어이고 아울러 통사적
사동의 형식으로 더 나아가 사동사를 파생시켰음을 알 수 있다(여전히
濁聲母임).

(8) 昔堯臨民以五, **今其胄見, 神之見也,** 不過其物. (《國語, 周語上》) 옛
날에 임금은 5년에 한 번씩 백성에 나아갔었는데, 지금 그 후예가 나
타났으니 신이 나타났으면 그 物數를 지나지 않습니다.

(9) 七日, 新城西偏將有巫者而**見我焉**. 許之, 遂不見. (《左傳, 僖公, 10,
335》) 7일 후에, 신성 서쪽에 무당이 있을 것이니, 나의 모습을 나타나
게 할 것이다. 이에 허락을 하니 마침내 보이지 않게 되었다.

(10) 折而不撓勇也. **瑕適並見**, 情也. 扣之, 其聲淸揚而遠聞, 其止輆

然, 辭也. (《荀子, 法行》) 부러지더라도 구부러지지 않음은 용이고, 티가 있어도 그대로 드러나는 것은 정이다. 이것을 두드리면 그 소리가 맑게 울려 멀리까지 들리고, 멈추면 소리가 바로 그치게 되니 이것은 말하는 모습이다.5)

(11) **鏡無見疵之罪**, 道無明過之怨. (《韓非子, 觀行》) 거울은 흉터를 보인 죄가 없으며, 도는 잘못을 밝혔다는 원망이 없는 것이다.

상고의 존현동사는 비대격상의 특수 표현이라는 사실은 거꾸로 다른 각도에서 말하자면, 상고한어에 확실히 使動形態가 존재함을 말해주고 있다. '통사적 사동형식'이 先秦시기에 광범위하게 사용되었는데, 이는 곧 이 시기에 使動態가 더 이상 생산적인 형태수단이 아님을 말해준다. 그렇지 않다면, 이러한 유추는 형태수단을 기초로 했을 것인데, 결국 통사적 조작을 통해 완성되고 말았다.

2. 급물동사에서 비대격동사가 파생되는 경우

2.1 완료 형식

급물동사의 완료 형식으로부터 비대격동사가 파생되는 경우는 두 가지 상황으로 구분된다.

첫째, 비대격동사가 그와 대응하는 사동사가 모두 음운적 차이가 없고, 급물동사의 완료 형식이 고정화된 후, '통사적 사동'의 형식을 통해 그와 대응하는 사동사가 형성된 것이다. 예컨대, '見', '降', '解₂' 등은 淸濁의

---

5) [역주] '瑕適'은 '티'이다.

두 가지 형식이 있는데, 그중 濁聲母가 비대격동사이다. 그리고 이와 함께 사동 교체형식을 구성하는 동사 역시 濁聲母이다.

(1) <u>彭城降晉</u>, 晉人以宋五大夫在彭城者歸, 寘諸瓠丘. (《左傳, 襄公, 원년, 917》) 팽성이 진나라에 항복하자, 진나라 사람들이 팽성에 있는 송의 다섯 대부를 잡아가 호구에 안치하였다.

(2) <u>晉降彭城</u>而歸諸宋, 以魚石歸. (《左傳, 襄公, 26, 1111》) 진나라는 팽성을 항복시켜 송나라에 돌려주고, 어석을 사로잡아 돌아갔다.

둘째, 접미사 *-s를 통해 완료형식을 구성하고, 완료형식이 나중에 비대격동사가 되는 경우이다. 이에 대표적인 예로 '治', '毀', '張' 세 동사가 있다. 이들 간에도 약간 차이가 있다. 去聲의 비대격동사인 '治', '毀'는 대응하는 사동사 형식이 모두 平聲이다. 그리고 去聲의 비대격동사 '張'은 통사적 사동을 통해 사동식을 형성하였고 여전히 去聲이다.

(3) 王思子文之<u>治楚國</u>也, 曰: "子文無後, 何以勸善?" 使復其所, 改命曰生. (《左傳, 宣公, 04, 684》) 왕은 자문이 초나라를 다스릴 것을 생각하여 말했다. "자문에게 후사가 없으면 어떻게 그에게 선한 일을 권하겠는가?" 그의 지위를 회복하게 하고 이름을 '生'으로 바꾸었다.[6]

(4) 子西長而好善, 立長則順, <u>建善則治</u>. 王順, <u>國治</u>, 可不務乎? (《左傳, 昭公, 26, 1474》) 자서는 연장자인데다가 선을 좋아한다. 연장자를 세우면 순리이고, 선한 자를 세우면 다스려진다. 왕이 순리에 맞고, 나라가 다스려지니, 힘쓰지 아니하겠는가?[7]

(5) 齔, 毀齒也. 男八歲女七歲而<u>毀齒</u>. (《周禮, 秋官, 司厲》의 鄭玄注) '齔'

---

6) 《經典釋文》에는 주음이 없고, 平聲이다.

7) 《經典釋文》에 '直吏反'(즉, 去聲)으로 되어 있다.(直吏反)

는 이를 가는 것이다. 남자아이 8세, 여자아이 7세에는 이가 빠진다.8)

(6) 若**司馬毀吳舟于淮**, 塞城口而入. 是獨克吳也. (《左傳, 定公, 04, 154
3》) 사마가 회수에서 오나라 배를 부수고 성구를 막고 들어가면 이는
혼자서 오나라를 이기는 것이다.

去聲 '張'은 '자만하다, 거만하다'란 의미 하나가 있으며, 비대격동사
이다. 이는 자동과 사동의 통사 교체형식을 구성할 수 있다.

(7) 隨**張**, 必棄小國. (《左傳, 桓公, 06, 110》) 隨나라가 자만하면 반드시 작
은 나라를 깔보게 될 겁니다.9)

(8) 少師侈, 請贏師以**張之**. (《左傳, 桓公, 06, 110》) 소사는 자만에 들뜬 사
람이니, 약한 군사를 내세워 저들을 기고만장하게 하십시오.10)

楊伯峻注에는 예(8)에 대해 "張亦可讀去聲, 張之者, 使少師自驕
大.(張 또한 거성으로 읽을 수 있는데 '張之'는 바로 '소사를 기고만장
하게 만드는 것'이다.)"라고 하고 있는데, 글의 내용을 보면 양백준의
견해가 취할 만하다. 平聲의 '張'은 '施弓弦(활시위를 걸다)'해야 활시
위를 당길 수 있는 것이다. 그러나 이는 결코 '弦拉滿(현이 팽팽히 벌
여지다)'은 아니다. 단지 활 전체가 다 당겨져야 활시위가 다 벌어진
정도에 이르게 되는 것이다. 기사식(旣事式)은 아마도 이 의미에서 말
하는 것일 수 있다.

平聲 '治'는 동작동사로, 그 자체는 상태변화의 의미를 포함하지 않

---

8) 《經典釋文》에 "'況僞反'이다."라고 되어 있다.(況僞反)
9) 《經典釋文》 "'豬亮反'으로 '스스로 거만함'이다. 주는 동일하며, 다른 한 음은 원
래와 같다."(豬 亮反, 自侈大也, 注同. 一音如字.)
10) 《經典釋文》에는 注音이 없다.

는다. 그 결과는 단지 '잘 다스리다'와 '잘 다스려지지 않다'일 뿐이며, 이는 去聲의 '治'혹은 '不治'로, 중간 상태가 없다. 上聲 '毁'는 급물의 행위동사이며, 그 자체가 비록 상태변화 의미를 포함하나, 자동사는 탈급물화한 것이 아니고, 그것의 완료형식이다. 상고한어 중 상태변화 의미를 함축한 급물동사는 탈급물화하여 자동사가 될 수 있다. 그러나 '毁'는 이러한 경로를 거치지 않았다. 《說文》에 '毁'는 '缺(깨져서 이지러지다)'이라 하였다. 그리고 段玉裁注에서는 '缺者, 破也(缺이란 깨지는 것이다)'라 하고 있다. 결국 '毁'의 최초의 어휘 개념의미가 자동사로 구현된 것이다. 그래서 가장 가능한 방향은 바로 자동사로부터 사동사가 파생된 것이다. 그러나 '毁'의 독음 상황으로부터 추론해보면, 오히려 급물동사의 완료형식에서 자동사가 파생된 것으로 봐야 한다. 이렇게 '毁'의 파생방향 상 존재하는 의문은 許愼의 '毁'에 대한 본의 해석에 차이가 있기 때문일 수 있고, 또 이 글자의 音讀기재 상황이 문제가 있어서 일수도 있다.

완료형식과 관련된 것은 또 이른바 '피동문형'과도 관련이 있다. 이것은 바로 상고한어의 무표지 피동문이다. 제7장 제2절에서 우리는 이런 문장은 대구문이나 비현실문 또는 완성사건이라고 제시한 바 있다. 예컨대 다음과 같다.

(9) 木枝扶疏, 將塞公閭, 私門將實, 公庭將虛, **主將壅圍**. (《韓非子, 揚權》) 나뭇가지가 무성하게 뻗어나가면 이내 궁궐의 문을 덮어버린다. 권력자 집이 장차 실해지면 궁궐이 텅비게 되어 군주가 장차 가려진다.

(10) 今也, **寡人一城圍**, 食不甘味, 臥不便席. (《戰國策, 秦三》) 지금 과인은 성 하나만 포위당해도 밥맛을 모르고, 잘 때 자리가 불편할 것이다.

(11) 以此觀之, 先令者殺, **後令者斬**, 則古者先貴如令矣. (《韓非子, 飾邪》) 이로 보건대, 명령을 앞선 이도 죽었고, 명령을 늦게 한 자도 참수

했으니, 옛날에 명령을 그대로 따르는 것을 중시하였다.

(12) 夫珠玉人主之所急也, 和雖獻璞而未美, 未為主之害也, 然猶**兩足斬**而寶乃論, 論寶若此其難也. (《韓非子, 和氏》) 무릇 옥은 군주가 중요하게 여기는 것이다. 화씨가 비록 옥을 바친 것이 아름답지 않았으나, 군주에게 해가 되지는 않는다. 그러나 오히려 두 발이 잘려지고 나서야 보옥으로 판정 되었다. 보옥으로 판정되기가 이렇게 어려운 것이다.

(13) 兩者合而**天下取**, 諸侯後同者先危. (《荀子, 王霸》) 두 가지를 합하면 천하가 취해질 것이고, 제후 중 나중에 협동하는 자는 먼저 위험해질 것이다.

(14) **韋顧旣伐**, **昆吾夏桀**. (《詩經, 商頌, 長發》) 위와 고를 이미 정벌하시고, 곤오와 하 걸왕을 치셨다.

(15) 文臺墮, 垂都焚, **林木伐**, 麋鹿盡, 而國繼以圍. (《戰國策, 魏三》) 문대가 무너지고, 수도는 불에 타고 나무는 베어지고 사슴들도 다 사라졌고, 나라는 계속해서 포위당했다.

(16) 得晉國而討無禮, **曹其首誅也**. (《國語, 晉語四》) 진나라를 얻어 무례한 나라를 토벌한다면 조나라가 맨 먼저 죽임을 당할 것이다.

(17) 是以門人捐水而**夷射誅**, 濟陽自矯而二人罪, 司馬喜殺爰騫而**季辛誅**, 鄭袖言惡臭而新人劓, 費無忌教郄宛而**令尹誅**. (《韓非子, 內儲說下》) 이로써 문지기는 물을 뿌려서 夷射가 사형을 당하고, 제양군은 스스로 명령을 꾸며 두 신하가 벌을 받았고, 司馬喜가 爰騫을 죽였는데, 季辛이 죽임을 당했고, 鄭袖는 새 애첩이 왕의 냄새를 싫어한다고 말해 그 애첩이 코가 잘렸고, 費無忌는 郄宛에게 무기를 전시하게 하여 극완이 영윤에게 처벌을 받았다.

'圍', '斬', '取', '伐', '誅' 자체는 급물동사이다. 그러나 무표지 피동문에서 심층의 피동작주는 문장의 주어가 되며 외재논항(즉, 행위주)이 없는데, 이렇게 나타난 모습은 일종의 비대격 현상이다.

이러한 면을 Cikoski(1978a:132)가 제기한 적이 있다. 그는 아래의 예 중, 동사 '封'을 능격동사, 즉 비대격동사로 보았다.[11]

> (18) 今不封蔡, <u>蔡不封矣</u>. (《左傳, 昭公, 13년》) 지금 채나라를 봉하지 않으면, 채나라는 봉해지지 않을 것이다.

무표지 피동문이 가정한 것은 일종의 상태 또는 이미 달성된 결과이다. 의미상으로 보면, 그 중의 동사는 분명 일종의 완료형식이다.

상술한 '斬', '圍', '取', '伐', '誅' 등의 동사는 단지 특정한 문장 환경에서만 비대격 현상을 보여주고 있고, 급물동사의 용법에 비해 매우 적다. 그런데 '見濁', '降濁', '解₂' 등 비대격동사는 급물동사의 완료형식에서 온 것이며 아울러 독립된 어휘기능을 획득하였다. 전형적인 비대격동사는 상태의미 동사이고, 급물동사의 완료 의미는 일종의 상태의미 또는 결과의미이다. 따라서 이러한 비대격동사가 어휘화한 후, 그 의미는 '敗濁'류 原生性 비대격동사의 의미와 유사하다. 淸聲母 형식이 이미 그 급물동사의 소유가 되었기에, 그들은 더 이상 성모 淸濁의 차이를 통하지 않으며, 통사적 조작을 통해 그에 대응하는 사동의 교체형식을 형성하게 되었다.

2.2 탈급물화

급물동사는 탈급물화를 통해 비대격동사를 파생해 낼 수 있다. 그리고 이는 동사의 어휘의미와 관련이 깊은데, 급물동사의 의미에 [+狀態變化]라는 것이 함축돼 있어야 한다. 예를 들어, 平聲의 '張'의 경우, 본의

---

11) Cikoski와 달리, 본서에서는 '蔡不封矣'에서의 '封'이 보여주는 것을 비대격 현상으로 본다. 그러나 '封'자체는 결코 비대격동사가 아니다. 이와 관련된 판단은 관련된 판별식을 통해 증명된다.

는 '施弓弦(활시위를 걸다)'로 급물동사이다.

(1) **旣張我弓**, 旣挾我矢. (《詩經, 小雅, 吉日》) 내 활 시위를 걸고, 내 화살을 끼워서

이 동사는 불급물의 비대격동사를 파생할 수 있는데, 이때도 여전히 平聲의 발음이다.

(2) **弓矢斯張**, 干戈戚揚, 爰方啓行. (《詩經, 大雅, 公劉》) 활과 화살을 이에 벌려 메고, 방패, 창, 도끼 들고 비로소 길 떠난다.

활시위를 걸어야 자연히 활을 잡아당길 수 있게 된다. 따라서 '施弓弦'의 행위는 활의 상태변화를 함축하고 있다. 影山太郎(2001)에 따르면, 영어에선 급물동사(사역구조)를 기점으로 하여, '반사역화'를 통해 능격의 불급물동사(break, open, shut)를 파생해낸다고 하였다. 그가 예로 든 이 급물동사는 어휘의미 속에 모두가 [+狀態變化]를 함축하고 있다. 현대영어의 전형적인 급물동사인 'cut'은 [+狀態變化]를 가지고 있기 때문에, 비대격 현상을 파생시킬 수 있는 실마리가 있었던 것이다. 예컨대 다음과 같다.

(3) He cut his fingers. 그는 그의 손가락들이 베어졌다.

급물동사로서의 'cut'은 제어성과 의지성을 갖추고 있다. 그러나 이 문장은 제어할 수 없거나 비고의적인 것으로 이해할 수 밖에 없다. 현대한어로는 "他切傷了手指."인데, 한어의 '영주속빈문'과 매우 유사하다. 비록 현재의 영어에서 아직은 "his fingers cut"이라 말하지는 못하

지만, 'cut'은 탈사역화의 중간 상태에 놓여있는 것이다.

俞敏(1999)은 清濁異讀이 있는 '解'는 k- > g-, '斷'은 d- > t-, 그리고 '折'은 t- > d-로 변화했을 가능성을 제시했다. 일부 清濁異讀의 동사는 六朝시기에 모방을 통해 만들어졌을 가능성이 있기 때문에, 俞敏 선생은 清濁異讀의 동사 가운데 역성어가 존재할 수 있음에 대해 고려할 필요가 있다고 언급하였다. '解'는 확실히 k- > g-이다. 여기서 후자는 전자의 완료형식이다(본장 2절 참조). 그럼 '折'과 '斷'이 역성어인지 여부는 어떻게 확정할 것인가? 우리는 巫雪如(2009)의 방법을 참고하여, '고문자 구조'로부터 들어가 동사의 최초의 어휘개념 의미를 분석함으로써, 그 동사가 최초에 급물동사였는지 불급물동사였는지 판정할 수 있다. '折'은《說文》字形이 '斯'이다. 이 글자는 회의자로 '从斤斷艸(도끼로 풀을 자르다의 의미를 따름)'이다. 段玉裁는 注에서, "《說文》에서 취한 것은 小篆자형인데, 이 글자의 籀文은 '艸在仌中'이고, 隸書에서 '从手从斤'으로 변했다."고 한다. 즉, "唐後人所妄增(당 이후 사람들이 함부로 늘린 것)"이다. 자형으로 보건대, '艸在仌中, 仌寒故折(풀이 얼음(仌) 속에 있어, 얼음이 차가워서 풀이 부러졌다.)'이라 하고 있다. 이렇게 보니 '折'의 어휘개념의미는 최초에 '불급물동사'였던 것이다. 따라서 비대격동사로부터 급물동사가 파생된 것이다. 즉, d- > t-이다. 小篆자형은 秦代이후 사람들이 '折'이란 글자에 대한 어휘개념의미의 인지상태에 변화가 발생했음을 반영한 것이다. 이는 바로 '以斤斷艸(도끼로 풀을 끊다)'로, 여기서 도구의 존재는 곧 행위자의 존재를 의미하기 때문에 제어성이 있는 급물동사를 나타낸다.

'斷'은 회의자이다.《說文》에서는 두 개의 고문자형을 제시하는데, 오른쪽에 '人'과 '斤'을 갖고 있거나, '斤'은 없고 '人'만 있기도 하다. 이것은 바로 '斷'의 최초의 개념의미가 "사람이 (도끼로) 물체를 자르다"라는 것이다. 즉, 행위주의 자주적 행위로, 이 행위는 물체의 상태로

하여금 변화가 발생하도록 유도한다. 이렇게 본다면, 비대격동사 '斷'은 바로 급물동사가 탈급물화하여 된 것, 즉 t- > d- 로 볼 수 있다.

3. 비능격동사에서 비대격동사가 파생된 경우

黃正德(2007)은 다음과 같이 언급한다. "어떤 경우, 한 동사가 한 문 맥에서는 비능격에 속하다가도 다른 문맥에서는 비대격에 속할 수가 있다." 예를 살펴보자.

(1) 他正在跑. 그는 도망가고 있다. – '跑'는 비능격동사이다.

(2) 他跑了. 그는 도망갔다. – '跑'는 비대격동사이다.

비대격동사 '跑'는 바로 존현의미의 문맥에 출현하고 있다. 상고한어에 는 이와 유사한 현상이 있다. 비능격동사 '降淸'의 주어가 무생명명사일 때, 존현의미로 이해되거나 氣像동사로 이해될 수 있다. 예컨대, 다음과 같다.

(3) **水潦方降**, 疾虐方起, 中山不服, 棄盟取怨, 無損於楚, 而失中山, 不如辭蔡侯. (《左傳, 定公, 04, 1534》) 장맛비가 바야흐로 내리고 있고, 학질이 드디어 시작되었으며, 중산국은 불복하고 있는데, 맹약을 버리 고 적을 부르니, 초나라에 손해될 것이 없고, 중산국을 잃었으니, 채후 를 거절함만 못합니다.

(4) **霜降**逆女, 冰泮殺止, 十日一御. (《荀子, 大略》) 서리가 내릴 때 여자 를 맞이하고, 얼음이 풀릴 때 첩을 줄이며, 열흘에 한 번 집안일을 주 재한다.

曾麗英(2006)은 일찍이 존현동사의 비대격성에 의문을 제기하고, 이것은 특 정 구문이 부여한 것이라고 보았다. 그러나 상고한어에 있어서, 이러한 의문은 존재하지 않는다. 비록 우리가 상고 8부 문헌에서 '降$_清$'이 존현의미나 기상동사로 사용될 때 전형적인 비대격동사의 통사행위를 나타내고 있음을 발견하지는 못했으나, 존현의미 동사인 '見$_濁$', '起', '作', '興', '立' 등은 사동의 교체형식이 존재하거나 영주속빈문을 구성하는 등, 모든 또는 대부분의 비대격 판별식을 통과할 수 있었다. '見$_濁$'은 '見$_清$'의 완료형식에서 파생된 것이다. 한편, '起', '作', '興', '立'은 본래 비능격동사(a조)이기도 하고, 일정한 조건하에서는 모두 존현의미의 비대격동사(b조)로 이해되기도 한다. 예컨대 아래와 같다.

(5) a. 楚子聞之, **投袂而起**. (《左傳, 宣公, 14, 756》) 초자가 그 말을 듣고 소매를 떨치며 일어났다.

　　 b. **讒言益起**, 狐突杜門不出. (《國語, 晉語一》) 참언이 더욱 일어나 호돌이 문을 닫고 나가지 않았다.

(6) a. 鼓瑟希, 鏗爾, **舍瑟而作**. (《論語, 先進》) 증석이 슬을 간간히 뜯다가 뎅하고 슬을 내려놓고 일어났다.

　　 b. 妖由人興也, 人無釁焉, **妖不自作**. (《左傳, 莊公, 14, 197》) 요괴는 인간으로부터 일어나는데, 인간이 자신이 틈이 없다면 요괴는 스스로 일어나지 않는다.

(7) a. 在陳絶粮, 從者病, **莫能興**. (《論語, 衛靈公》) 공자께서 진나라에 계실 때 양식이 떨어져, 따르던 제자들이 병이 들어, 일어나지 못했다.

　　 b. 鯀殛而**禹興**. 伊尹放大甲而相之. (《左傳, 襄公, 21, 1060》) 곤이 극형을 받았지만 우가 등용되었고, 이윤이 태갑을 쫓아냈지만 그를 도왔다.

(8) a. **嘗獨立**, 鯉趨而過庭. (《論語, 季氏》) 일찍이 아버지께서 홀로 서 계실 때 내가 종종걸음으로 마당을 지나고 있었다.

　　 b. 君子務本, **本立**而道生. (《論語, 學而》) 군자는 근본에 힘을 쓰며, 근본이 세워져야 도가 생겨난다.

상고한어의 이러한 존현의미 동사의 통사행위는 매우 특수한 것으로, 이는 비대격 이론에 대해 새로운 자료를 제공하고 있다(제7장 참조).

전체적으로 볼 때, 상고한어에는 原生性의 비대격동사도 있고, 급물동사로부터 비대격동사가 파생되는 것도 있으나, 이 외에, 비능격동사가 존현의 문맥에 사용됨으로써 존현의미의 비대격동사로 파생되기도 하였다.

제2절 두 가지 서로 다른 淸濁 교체형식

淸濁別義의 기능과 관련하여, 가장 최초로 관심을 가졌던 것은 바로 自動과 使動의 구분이었다. 《顔氏家訓》엔 다음과 같은 구절이 나온다.

> (江南學士) 讀'左傳'口相傳述, 自爲凡例. 軍自敗曰敗, 打人軍曰敗, 補敗反.
>
> 강남의 학사들이 좌전을 읽을 때, 입으로 서로 전하여, 스스로 범례가 되었다. 군대가 스스로 패하는 것을 '敗'라 하고, 다른 군대를 패배시키는 것을 '敗'라고 하고, 발음은 '補敗反'이라고 한다.

여기서 말하는 것은 바로 자동과 사동의 구별로 이는 그 이후 陸德明에 의해 채택된다. 그래서 《經典釋文》에서 다음과 같이 언급한다.

> 及夫自敗蒲邁反敗他蒲(補)敗反之殊, 自壞呼怪反壞撤音怪之異, 此等或近代始分, 或古已爲別, 相仍積習, 有自來矣.
>
> 무릇 '스스로 패하는 것'(蒲邁反)과 '남을 패하게 하는 것'(蒲(補)敗反)의 차이, '스스로 무너지는 것'(呼怪反)과 '남을 무너뜨려 없애다'(音怪)의 차이, 이것들은 혹은 최근에 와서 나누어졌을 수도 있고 혹은 예부터 이미 구분되어 서로 계속 익히고 익혀 전해 내려온 것일 수도 있다.

이러한 점은 또 현대학자인 周法高(1953,1962), 王力(1965,1980), 梅祖麟(1989,2008), 潘悟雲(1991) 등에 의해 접수되고 보다 더 발전된 논술이 진행되어, 이미 정론이 되어 버렸다.

먼저 周法高(1953,1962)는 淸濁別義가 단지 자동, 사동의 구분만이 아니라 그 외에 완료(그가 말한 '旣事式')와 미완료의 구분도 있음에 주목하였다. 그는 '見', '解' 등 6개의 예를 들었다. 그러나 그의 이 관점을 이어서 주장하는 이들은 거의 없어졌고, 그가 든 예증은 기타 학자들에 의해 다른 견해로 주장되고 있다. 예컨대, '見'자의 淸濁 兩讀에 대해, 王力(1965,1980)은 최초에는 자동과 사동의 구별로 봤으나 나중에는 능동과 피동의 구별로 보았다. 또 Baxter(1992)와 金理新(2006)도 역시 능동과 피동의 구별로 보고 있다.

비대격동사의 파생 방향을 토론할 때, 통사－형태의 각도에서 우리는 先秦한어가 두 종류의 淸濁別義 현상이 있음을 목격하였다. 이에 본절에서는 주로 '見'류 동사 청탁별의의 기원 문제를 보다 철저히 해결하고자 한다.

1. '見'의 淸濁 교체

1.1 '見淸'의 용법('만나다, 보다'의미)

제2장 제2절에서는 先秦한어의 '見淸'이 自主的인 급물동사이며, 그 기본적인 통사구조가 'NP1+見+NP2'라고 언급하였다. 예컨대 다음과 같다.

(1) 冬十二月, 齊侯游于姑棼, 遂田于貝丘. **見大豕**. (《左傳, 莊公, 08, 175》) 겨울 12월에, 제후가 고분으로 놀러가서 패구에서 사냥하였는데, 큰 돼지를 보았다.

(2) 子曰: "隱者也." **使子路反見之**. (《論語, 微子》) 공자가 "은자로다"라고 하고는 자로에게 도로 가서 그를 만나게 했다.

1.2 '見濁'의 용법('나타나다'의미)

'見濁'은 세 개의 의항으로 나뉜다. 이중 의항②③은 의항①의 사동용법으로부터 온 것이다.[12] '見濁'이 의항①('나타나다')일 경우, 존현의미의 비대격동사가 된다. 그래서 이것이 서술어로 쓰이는 기본 통사구조는 'NP+見'이다. 비대격동사 이론에 따르면, 문형 중의 'NP'는 의미상 '見濁'의 심층 피동작주 성분이다. 예컨대, 다음과 같다.

(1) 凡祀, 啓蟄而郊, **龍見而雩**, 始殺而嘗. (《左傳, 桓公, 05, 107》) 무릇 제사라는 것은, 경칩에는 교제사를 지내고, 창룡성이 나타나면 기우제를 지내고, 가을 기운이 나타나면 상제를 지낸다.

(2) 士文伯曰: "**火見**, 鄭其火乎!" (《左傳, 昭公, 06, 1277》) 사문백이 말했다. "큰 화성이 출현했으니, 정나라는 크게 재앙이 닥칠 것이다!"

이 외에, '나타나다'의미의 '見濁'은 또 관형어로도 쓰인다.

(3) 其同人曰: "**見龍在田**." 其大有曰: "飛龍在天." 其夬曰: "亢龍有悔." 其坤曰: "**見群龍無首**, 吉." 坤之剝曰: "龍戰於野." (《左傳, 昭公, 29, 1502》) 동인에서는 "나타난 용이 밭에 있다."고 했고, 대유에서 "곧게 나는 용이 하늘에 있다."라고 했다. 그리고 쾌괘에서는 "끝까지 간 용은 후회하게 된다."라고 했고, 곤괘에서는 "나타난 용 떼는 머리

---

12) [역주] '見濁'의 의항은 아래와 같다.
  ① 나타나다, 드러나다(露也)
  ② 드러내다, 보이다(示之)
  ③ 아랫사람이 윗사람을 뵙다(下朝上)

가 없으니 길하다."라고 했다. 또 곤괘가 박괘로 변한 곳에서는 "용이
들판에서 싸운다."라고 했다.

(4) 皐陶之狀, 色如削瓜. 閎夭之狀, **面無見肤**. (《荀子, 非相》) 고요의
형상은 얼굴빛이 참외를 깎아 놓은 듯 하고, 굉요의 형상은 얼굴이 드
러난 피부가 하나도 없는 듯하다.

(5) 今道雖不可得聞見, **聖人執其見功**以處見其形, 故曰: "無狀之狀,
無物之象." (《韓非子, 解老》) 지금의 도는 비록 듣고 볼 수 없지만, 성
인이 그 드러난 공효를 잡아 그 형상을 보여줄 수 있다. 이에 노자는
"현상이 없는 현상이오, 물체가 없는 형상"이라고 하였다.

　　예(3)의 '見龍', '見群龍'은 '飛龍', '亢龍'의 통사구조와 유사하며 모
두 비술어동사인 관형어로 쓰이고 있다. 예(4)의 '見肤'의 의미는 '드러
난 피부'로, 楊倞注에서는 "言多鬚鬓蔽其肤也(수염이 많아 피부를 덮
은 것을 말한다)"라고 되어 있다. 예(5)의 '見功'은 곧 '드러난 공효'의
의미이다.

　　'見濁'의 의항②는 사실 '나타나게 하다'의 의미이며, 술어동사로 쓰
이면 아래의 두 가지 기본형식을 구성한다.

　　　A형: NP1(행위주) + 見 + NP2(피동작주) (NP1이 NP2를 나타나게 하다.)
　　　B형: NP1(행위주) + 見 + NP2(피동작주) + 於 + NP3 (NP1이 NP2를 NP3에
　　　　　게 나타나게 하다.)

예컨대, A형은 아래와 같다.

(6) 王曰: "殺女, 我伐之." **見犀**而行. (《左傳, 宣公, 14, 755》) 초장왕이 말
했다. "만약 송나라가 그대(신주)를 죽인다면 내 송나라를 정벌할 것
이다." 그러자 신주는 아들 신서를 왕에게 보이고(왕 앞에 신서를 나

오게 하다) 길을 떠났다.

(7) 七日, 新城西偏將有巫者而**見我焉**. 許之, 遂不見. (《左傳, 僖公, 10, 335》) 7일 후에, 신성 서쪽에 무당이 있을 것이니, 나의 모습을 나타나게 할 것이다. 이에 허락을 하니 마침내 보이지 않게 되었다.

B형의 예는 다음과 같다.

(8) **諸侯將見子臧於王**而立之. (《左傳, 成公, 15, 873》) 제후들은 자장을 주 나라 천자에게 보이고 그를 임금으로 세우고자 했다.

(9) 止子路宿, 殺鷄爲黍而食之, **見其二子焉**. (《論語, 微子》) 자로를 머물러 자게하고는 닭을 잡고 기장밥을 하여 먹이고, 그의 두 아들을 그에게 보였다(나타나게 했다).

의항②의 사동용법은 일반적인 급물동사의 사동용법과 약간 다르다. 일반적인 급물동사가 사동으로 쓰일 때는 단지 하나의 논항성분만이 증가하게 된다. 즉 치사자 주어가 더 생긴다. 그러나 '見濁'의 사동용법은 두 개의 논항성분이 증가하는데, 하나는 사동주어(NP1)이고, 다른 하나는 대상목적어(NP3)이다. 이러한 대상목적어는 A형에서는 나타나지 않지만 실제로 그 안에 함축되어 있다. 의미역의 각도에서 보면, 의항②가 구성하는 문형 속의 NP1은 사역행위주 성분(사역자)이다. 그리고 NP2의 의미역은 의항①에서의 NP의 의미역과 같으나 단지 여기서는 사역피동작주성분을 맡고 있다. 한편, NP3는 경험자성분이다. 그래서 전체의 의미관계는 "사역자가 사역행위를 통해 경험자로 하여금 피동작주를 보게 하다."이다.

'見濁'의 의항③인 경우, 술어동사로 사용되면서 아래의 세 가지 기본 문형을 구성한다.

A형: NP1+見 (즉, NP1이 나타나다, 또는 자신을 보이다)

B형: NP1+見+NP2 (즉, NP1이 NP2에게 나타나다, 또는 자신을 보이다)

C형: NP1+見+於+NP2

A형은 아래와 같다.

(10) 劌曰: "肉食者鄙, 未能遠謀." **乃入見**, 問何以戰. (《左傳, 莊公, 10, 182》) 조귀가 말했다. "고기 먹는 자들은 고루하여 멀리까지 도모하지 못합니다." 이에 (그에게 자신을) 보이고, 왜 싸우는지 물었다.

(11) 齊侯田於莒, **盧蒲嫳見**, 泣, 且請曰: "余髮如此種種, 余奚能爲?" (《左傳, 昭公, 03, 1242》) 제나라 군주가 거땅에 와서 사냥을 했는데, 노포별이 찾아와 그를 뵙고는 울면서 청하여 말했다. "신의 머리가 이처럼 짧아졌는데, 제가 무엇을 할 수 있겠습니까?"

예에서 '入見'이나 '見, 泣'은 모두 연동구조로, '入'과 '泣'은 모두 불급물동사이다.

B형은 다음과 같다.

(12) 初, 王儋季卒, **其子括將見王**, 而嘆. (《左傳, 襄公, 30, 1173》) 애초에 영왕의 아우 담계가 죽은 후, 그의 아들 괄이 영왕을 알현하기(괄이 영왕에게 자신을 보이기) 위해 입조할 때, 탄식을 하였다.

(13) **載見辟王**, 曰求厥章. ······ **率見昭考**, 以孝以享. (《詩經, 周頌, 載見》) 천자를 알현하고 그 법도를 구한다. ······ 모두들 와서 선왕(무왕)의 신주 알현하고 제물을 바쳐 제사한다.

C형은 아래와 같다.

(14) 襄仲欲立之, 叔仲不可. **仲見於齊侯**而請之. 齊侯新立, 而欲親

魯, 許之. (《左傳, 文公, 18, 631》) 양중이 그를 즉위시키려하자, 숙중이 동의하지 않았다. 중이 제나라 군주를 뵙고 부탁을 하니, 제나라 군주는 막 즉위하여 노나라와 친하게 지내고자 그것을 허락하였다.

(15) **冉有, 季路見於孔子.** (《論語, 季氏》) 염유와 계로가 공자를 찾아뵙다.

의항③의 B형의 표층형식은 '見淸'이 구성하는 문형과 같다. 그러나 그 심층의 구조관계와 논항성분의 의미역은 모두 다르다. B형의 NP2와 C형의 NP2의 의미역은 동일하나, C형의 NP2는 전치사 '於'를 사용해 사격목적어를 이끌고 있다. 先秦한어에서 전형적인 급물동사는 동작의 직접적인 영향을 받는 피동작주 성분을 목적어로 가지며, 일반적으로 전치사 '於'를 필요로 하지 않는다. 예컨대, '見淸'의 피동작주 성분은 직접적인 목적어로 충당된다. 따라서 '見濁'의 의항③이 구성하는 두 가지 문형 속 NP2는 분명 피동작주 성분이 아니다. 이 두 문형 속 NP1은 사실상 심층의 피동작주 성분으로 의항②가 구성하는 문형 속 NP2의 의미역과 같다. 그러나 의항③의 NP2는 심층의 경험자 성분으로, 의항②가 구성하는 문형 속 NP3의 의미역과 같은 것이다. 그 표층의 형식은 아래와 같은 변환 과정을 거쳐 이루어졌다.

NP1+見 → (使動)見+NP1+於+NP2 → (NP1인상)NP1+見+於+NP2 → ('於'제거)NP1+見+NP2

두 가지 사실이 위의 변환 과정을 증명할 수 있다. 첫째, 의항③이 구성하는 문형에서, A형은 기본식으로 세 가지 형식 가운데 가장 많다. 즉 NP2는 출현하지 않을 수 있다는 것이다. 다시 말해서 의항③의 '見濁'은 본래 불급물동사이다. 둘째, 의항③이 구성하는 문형 속 NP1은 재귀형식이 있다. 예컨대, 다음과 같다.

(16) 牛謂叔孫: "**見仲而何**?" 叔遜曰: "何爲?" 曰: "**不見, 旣自見矣**, 公 與之環而佩之矣." (《左傳, 昭公, 04, 1258》) 우가 숙손에게 말했다. "중을 알현시킴이 어떠합니까?" 숙손이 말했다. "어찌해서인가?" 말했다. "알현시키지 않았는데도 이미 스스로 알현하여, 공이 그에게 옥가락지를 주어 그것을 차고 있습니다."

예문 속 '見仲而何'는 《經典釋文》에서 "'見'은 '賢遍反'이며, 아래에 있는 주인 '杜泄見'과 같다(見, 賢遍反. 下及注幷 '杜泄見'同)."이라 하고 있다. 楊伯峻注에서는 "'仲으로 하여금 昭公을 뵙게 하여 그 지위 계승을 확고히 하는 것이 어떠합니까?'라고 말한 것이다."라고 한다. 《經典釋文》에 의하면, '不見'과 '自見' 모두 '賢遍反'이다. 의미상으로 보건대, '不見'과 '自見'은 사실 '仲이 (그를) 만나보게 하지 않다', '(仲이) 스스로를 (그에게) 보게 하다'란 의미이다. 여기서 두 개의 '見'자 모두 사동용법이며, 의항②의 용법과 동일하다. 주지하다시피, 재귀대명사 '自'는 분포 규칙상 동사 앞에 출현하지만 그 기능은 동사의 피동작주 목적어에 상당한다. 이 예에서 재귀대명사가 지칭하는 것은 앞의 것을 이어 생략된 NP1 즉 '仲'이다. 그러나 여기서 이것은 이중의 의미역을 담당하여, 한편으로 '사역의 행위주 성분' 겸 '사역의 피동작주 성분'이기도 하다.

이상의 내용을 통해 우리는 다음과 같은 사실을 알 수 있다. 문형 중 '見濁'은 사실상 사동용법이며, NP1은 의미상 사역을 받는 대상(사역 피동작주)이다. 따라서 변환식 중의 두 번째 단계는 실제로 존재하는 것이다. NP1이 사역의 피동작주 성분으로 충당될 때, 이것은 사실상 이중의 의미역을 띠게 되어, **사역의 피동작주 겸 사역의 행위주**가 된다. 이러한 이중의 의미역은 이것으로 하여금 문장의 주어로 인상하게 만든다. 이로써 변환식의 세 번째 단계가 형성된다. 한편, A형 문형의 존재

와 의항③의 C형 문형은 모두 B형 속 NP2의 통사적 지위가 확실히 전
치사 '於'를 제거함으로써 실현된 것임을 설명하고 있다(B형의 NP2의
의미역과 의항②형 B중 NP3의 의미역은 같다).

이상의 분석을 통해 보건대, 우리는 '見濁'의 의항③은 의항①의 사동용
법으로부터 온 것이고, 사실상 의항②와 합병이 될 수 있으며, 의항②의
일종의 기능 변이형이라 본다. 그리고 이러한 '下見上'이 이러한 표현방식
을 채택하게 된 이유는 분명 화용상의 '禮儀 원칙'과 관련이 있다. 이러한
면은 바로 '見淸'과 '見濁'이 나타나는 문맥으로부터 확실히 알 수 있다.

(17) 楚公子棄疾如晉, 報韓子也. 過鄭, 鄭罕虎, 公孫僑, 遊吉從鄭伯
以勞諸稅. 辭不敢見, 固請, 見之. 見如見王, 以其乘馬八匹私面.
見子皮如上卿, 以馬六匹; 見子産以馬四匹; 見子大叔以馬二匹. (《左
傳, 昭公, 06, 1278》) 초나라 공자 기질이 진나라로 간 것은 한자에게 보
답하기 위함이다. 정나라를 지나는데, 정나라 한호, 공손교, 유길이 정
백을 따라와 사에서 위로하였다. 사양하고 감히 보려하지 않았다. 그
런데 굳이 청하길래 뵈었다. 뵙기를 왕 뵙듯이 하였다. 그가 탄 말 여
덟 필을 개인적 예물로 하였다. 자피를 만나기를 상경 뵙듯이 하여 말
6필을 주었다. 자산을 만날 때는 말4필, 자태숙을 만날 때는 말2필을
주었다.

위의 예에서 "辭不敢見, 固請, 見之. 見如見王"의 네 개의 '見'은
《經典釋文》에서 모두 '賢遍反'이고, 아래의 '見子皮', '見子産', '見子
大叔'에서의 '見'은 《經典釋文》에서 모두 주음이 없다. 즉 '如字'인
'見淸'인 것이다. "辭不敢見"부터 "見如見王"까지는 楚公子 棄疾이
鄭伯을 만나는 상황이라 '下見上'의 상황이다. 그러나 '見子皮' 등은
모두 卿大夫 간의 동등한 회견일 뿐이다. 이처럼 '見濁'의 용법은 예의
를 존중하는 상황을 아주 일목요연하게 잘 보여주고 있다.

2. '解'의 淸濁 교체

위에서 토론한 '見'자의 淸濁 교체와 '敗'자의 淸濁 교체는 현저하게 다르다. '敗濁'은 自動용법이고, '敗淸'은 使動용법이다. 이것의 淸濁 교체가 구현하는 것은 自動과 使動의 대립일 뿐이다. 그런데 '見'은 그렇지 않아, '見淸'은 自主급물동사이긴 하나, '見濁'의 사동 형식은 아니다. '見濁' 자체가 自動의 용법도 있으면서 使動의 용법도 있다. 따라서 '敗', '見' 두 글자의 淸濁 교체는 분명 두 가지 서로 다른 유형의 淸濁 교체 현상이라 할 수 있다.

'敗'의 淸濁 교체는 이미 기존 연구자들이 많은 연구를 한 바 있다. 그중, 梅祖麟(2008)은 漢藏語 역사비교와 결합하여 보다 진일보하게 연구를 함으로써, 이러한 淸濁의 교체는 사실 보다 이른 시기의 使動 접두사 *s-에서 기원했다고 하였다. 그에 따르면, 상고한어는 緬彝語와 매우 유사하여, 모두가 *s-접두사가 있고, 모두 동사의 淸濁別義가 있다고 한다. 그리고 緬彝語의 淸濁別義 기원은 사동화 *s-접두사이므로 상고한어의 淸濁別義 역시 *s-접두사에서 기원했다고 한다. 梅祖麟이 상고한어의 淸濁別義 현상을 모두 다 사동 접두사 *s-의 영향이라고 보았는데, 이는 옳지 않다. 위의 '見'자의 분석에서도 알 수 있듯이, '見'자의 淸濁 교체는 결코 이렇지가 않다. 특히나 '解'는 '敗'와 '見' 두 가지 다른 淸濁 교체 현상을 한 몸에 다 포함하고 있다.

제2장 제2절 중, 우리는 '解'자의 音讀과 관련하여 정리를 한 바 있다. 이를 다시 나타내면 아래와 같다.

> ① 나누다, 풀다(判也), '古買反'. 이 의미로부터 '벗어나다(解脫)',
>   '없애다(解除)' 의미가 파생되었으며 발음은 같다. (解₁)
> ② 흩어지다, 풀리다(散也), '胡買反'. (解₂)

③ 흩어지게 하다(使散), '胡買反'. (解₃)

④ 알다, 이해하다(理解, 曉), '戶買反'. (解₄)

⑤ 알게 하다, 이해하게 하다(使理解, 使明白), '佳買反'. (解₅)

의항④⑤ 가운데 의항④는 비교적 늦게 출현한 의항으로, 자동사 용법이 있으며, 최소 구성 형식은 'NP+解'이다.

(1) 大惑者, **終身不解**, 大愚者, 終身不靈. (《莊子, 天地》) 크게 미혹된 자는 종신토록 이해하지 못하고, 크게 우매한 자는 종신토록 영명해지지 못한다.

(2) 善問者如攻堅木, 先其易, 後其節. 及其久也, **相說以解**. (《禮記, 學記》) 묻기를 잘하는 자는 마치 굳은 나무를 치는 것과 같아서, 먼저 쉬운 것을 하고, 나중에 마디를 한다. 그것이 오래되어서야 서로 말하여 이해하게 된다.

또한 내용목적어를 가질 수도 있어 'NP1+解+NP2'문형을 구성한다.

(3) **其解之**也, 似**不解之**者, 其知之也似不知也, 不知而後知之. (《莊子, 徐無鬼》) 그것에 대해 이해한다고 해도 이해하지 못하는 이와 같고, 그것에 대해 안다고 해도 알지 못하는 것과 같으니, 아무 것도 모르는 경지에 올라야 알게 되는 것이다.

내용목적어는 또 전치사로 유도될 수 있어 사격목적어가 되기도 한다.

(4) **已爲道者解乎此**. (《莊子, 田子方》) 이미 도를 이해한 사람이라면 이것을 이해할 수 있을 것이다.

의항⑤는 의항④의 使動용법으로, 그 용례는 先秦문헌에서는 보이지 않고, 漢代에서 드물게 나타나고 있다.

(5) 馬曰: "升我堂矣, 未入於室耳. 門人不解, 謂孔子言爲賤路, 故復解之." (《論語, 先進, 注》) 마융이 말했다. "나의 대청에는 올랐으나 아직 방에는 들어가지 않았을 따름이다. 문인들이 이해하지 못하고 공자가 자로를 천하게 말한 것으로 오해하여 다시 해석해 주었다(알게 해 주다)."[13]

위의 예에서 '故復解之'의 의미는 '故復使之解(그로 하여금 이해하게 하다)'이다. 이때 '解'는 사동용법이다. 《經典釋文》에서 앞의 '解'자 아래에는 주음이 있으나 이 '解'는 주음이 없어서 '如字'로 봐야 한다. 즉, 음은 '佳買反'이다.

이상의 용례와 音義 상황으로 보건대, '解'자는 의항④⑤ 두 가지에서 淸濁 교체를 구성하고 있음을 알 수 있다. 그리고 용법상으로 보면, 의항④는 자동이고, 의항⑤는 사동이다. 따라서 '解'자는 '이해하다, 알다'라는 의항에 있어서는 '敗'류와 동일한 유형에 속한다. 즉, 그것의 淸濁 교체가 나타내는 것은 바로 자동과 사동의 대립이다.

한편, '解'의 ①②③ 의항의 용법은 아래와 같다. 의항① 및 그것의 파생의미 '벗어나다', '없애다'는 모두 自主의 급물동사로, 'NP1+解+NP2'문형을 구성할 수 있다. 그리고 의미상으로, NP1은 행위주이고, NP2는 피동작주이다. 예컨대, 다음과 같다.

(6) 庖丁爲惠君解牛. (《莊子, 養生主》) 포정이 혜군을 위해 소를 해체하였다.

---

13) 《經典釋文》에는 "'不解'의 음은 '蟹'이다"라고 나온다.(不解, 音蟹)

(7) 侍坐於長者, 屨不上於堂, **解屨**不敢當階, 就屨, 跪而舉之. (《禮記, 曲禮上》) 어른을 모시고 앉을 때는 신을 신고 마루에 오르지 않으며 신을 벗을 때는 감히 섬돌에 바로 놓아두지 못한다. 신을 신을 때는 꿇어 앉아 신을 들고 섬돌 곁으로 물러나서 신는다.

(8) 塞其兌, 閉其門, 挫其銳, **解其忿**, 和其光, 同其塵, 是謂玄同. (《老子, 德經》) 감각의 구멍을 막고, 욕망의 문을 닫으며, 예리함은 무디게 하고, 복잡함은 풀어내어, 빛을 흐리게 하여 먼지와 함께 동화된다. 이것이 바로 도와 현묘한 합일이라고 한다.

이 의항은 또한 피동구조를 구성할 수도 있다.

(9) 善結, 無繩約**不可解**. (《老子, 道經》) 자연 그대로 묶으면, 끈으로 단단히 묶지 않아도 풀 수가 없다.

(10) 南方無窮而有窮, 今日適越而昔來. 連環**可解**也. (《莊子, 天下》) 남쪽은 끝이 없으나 끝이 있으며, 오늘 월나라에 갔는데 어제 도착했다. 그 이어진 고리를 풀 수 있다.

의항②는 非自主자동사로, 최소 구성형식은 'NP+解'이다. 의미상 NP는 '解'의 심층 피동작주이다. 예컨대 다음과 같다.

(11) **天地解**而雷雨作. (《周易, 解卦, 彖辭》) 천지가 풀려 우레와 폭우가 일어났다.

(12) 且彼方跐黃泉而登大皇, 無南無北, 奭然**四解**, 淪於不測. (《莊子, 秋水》) 또한 저 장자는 이제 황천에까지 발을 들여놓고 하늘 끝 태황에까지 오르려 하고 있네. 남쪽도 북쪽도 없이 거침없이 사방팔방으로 흩어져서 짐작할 수도 없네.

의항③은 의항②의 사동용법으로 'NP1+解+NP2'문형을 구성할 수
있고, 의미상 NP1은 사역의 행위주이고, NP2는 사역 피동작주이다.

(13) 及入, **宰夫將解黿**, 相視而笑. (《左傳, 宣公, 04, 678》) 들어가자 요리사
가 자라를 해체하려고 했고 서로 보고는 미소를 지었다.

(14) **故君子苟能無解其五藏**, 無擢其聰明, 尸居而龍見, 淵默而雷聲,
神動而天隨. (《莊子, 在宥》) 그러므로 군자는 그의 오장을 풀어헤치지
않고, 그의 총명을 뽐내지 않으며, 시동처럼 앉아 있어도 용처럼 나타
나고, 심연처럼 고요해도 우레와 같고, 정신이 움직이면 하늘이 그를
따른다.

형식상으로 보면, 이 의항의 용법은 의항①의 용법과 구별이 안 되
나, 《經典釋文》에 따르면, 이들은 독음 상 서로 다르다. 의항①은 淸聲
母인 반면, 이 의항은 濁聲母이다. 《經典釋文》에서는 '音蟹'라고 주가
달려있다.14)

단순히 의미관계의 관점에서만 본다면, 의항①은 의항②의 사동용법
에서 나온 것으로 분석할 수도 있다. 그러나 《經典釋文》의 音注자료를
보면, 이러한 분석은 분명 잘못된 것임을 알 수 있다. 오히려 의항③의
존재를 통해, 우리는 '散'의미의 '解'의 사동용법이 통사적 수단을 통해 실현
된 것이지, 淸濁 교체라는 형태적 수단을 통해 실현된 것이 아님을 알 수 있
다. 이렇게 본다면, '解'의 ①②③ 세 의항의 용법은 '見'류에 넣을 수 있고,
淸聲母의 발음은 사동용법과는 아무 관계가 없음을 알 수 있다.

---

14) 《經典釋文》속 '解'자에 대한 이러한 용법의 音注는 분명 신구 두 파로 나뉜다.
구파는 '音蟹'로 읽고, 신파는 '如字'로 읽는다. 따라서 이러한 용법은 기본적으로
두 독음이 있는 것이다. 이는 곧 '解'자의 이러한 용법이 中古이후 독음상 이미
의항①로 병합되었음을 말해준다.

3. '見'류 동사 淸濁 교체의 기원

지금까지의 '見'과 '解'의 분석을 근거로 하고, 기존 연구자들의 '敗' 등의 淸濁 교체 현상에 대한 연구와 결합한다면, 아래와 같은 판단을 할 수 있을 것이다.

先秦한어에서

ⅰ) 만약 하나의 글자가 淸濁 兩讀이 있는데, 그 濁聲母 형식이 自動을 나타내고, 淸聲母 형식이 使動을 나타낸다면, 이는 '敗'류 淸濁 교체에 속한다.

ⅱ) 만약 하나의 글자가 濁聲母 형식이 自動 겸 使動도 나타낼 수 있고, 그 淸聲母 형식이 使動을 나타내지 않으면, 이는 '見'류 淸濁 교체에 속한다.

'敗'류 淸濁 교체가 표시하는 자동과 사동의 대립은 굴절 형태 수단으로 체현되는 것이다. 이러한 자동과 사동의 대립은 일종의 原生性 형태–통사 현상이다. 한편, '見'류 동사의 淸濁 교체는 자동/사동의 대립과 무관하고, 그 사동용법은 통사적 수단을 통해 체현된 것이다. 즉, 先秦시기 '사동의 통사 도식(causative syntactic schema)'이란 유추를 통해 이루어진 것이다. 따라서 '見'류의 사동용법은 일종의 파생성의 통사 현상이다.

'敗'류 淸濁 교체는 보다 이른 시기의 사동 접두사 *s-의 영향으로 이루어진 것이며, 이렇게 해서 자동/사동의 대립으로 구현된 것이다(梅祖麟(2008)). 그러나 '見'류 淸濁 교체는 자동/사동의 대립을 나타내는 것이 아니다. 그렇다면 '見'류 淸濁 교체는 어떻게 출현한 것일까? 그리고 그 원초적 기능과 형식은 무엇인가?

周法高(1953,1962)는 '見'류 淸濁 교체가 '기사식(旣事式)'과 '비기

사식(非旣事式)'의 대립 즉, 완료형과 비완료형의 대립이라고 보았다. 그가 든 6개의 이러한 淸濁 교체의 예로 '解, 見, 係, 著, 屬, 折'이 있다. 그가 든 6개의 예가 합당한 것인지, 우리가 위에서 든 판단 조건을 통해 검증을 해야 하나, 그가 제기한 완료형과 비완료형의 대립은 주목할 만하다. 사실 이러한 견해는 周法高보다는 일찍이 唐代 孔穎達이 최초로 제기했다고 볼 수 있다.

> 解有兩音, 一音古買反, 一音胡買反. 解(아마도 '古買反')謂解難之初, 解(아마도 '胡買反')謂旣解之後." (《周易, 解掛》孔穎達疏) '解'는 두 가지 독음이 있다. 하나는 '古買反'이고 다른 하나는 '胡買反'이다. 전자는 '어려움을 해결하는 초기'를 말하는 것이고, 후자는 '이미 다 풀고 난 후'를 말한다.

아래에서 우리는 계속해서 '見', '解'를 전형적인 예로 하여 그들의 淸濁 교체가 완료형/비완료형의 대립과 관련이 있는지 토론하고자 한다.

우리의 先秦 전적에 대한 조사에 따르면, '見濁', '解濁'의 自動용법은 확실히 기본적으로 이미 완료가 이루어진 상태를 나타내고 있었다. 예컨대, 위의 글 1.2의 '見濁'의 예(1)(龍見),(2)(火見), '解濁'의 예(11)(天地解),(12)(四解)가 그러하다. 이 외에 '見濁'의 자동 용법은 관형어로 사용될 수 있으며 또 완료형의 형식으로 '이미 이루어진 상태'를 나타낼 수 있다. 예를 들어, 1.2의 예(3),(4),(5)가 그러하다. 그리고 일부 '見淸'과 '見濁', '解淸'과 '解濁'이 나타나는 문맥에서, 그들의 완료 용법과 비완료 용법은 쉽게 드러난다. 예컨대, 다음과 같다.

(1) 樊遲退, **見子夏**, 曰: "**鄉也吾見於夫子**而問知." (《論語, 顏淵》) 번지가 나가자 자하를 보고 말했다. "지난번에 내가 선생님을 뵙고 앎에

대해 물었다."

(2) <u>庖丁爲惠君解牛</u>,……庖丁釋刀對曰 : "……<u>始臣之解牛之時</u>, 所見無非全牛者. ……動刀甚微, <u>謋然已解</u>, 如土委地……" (《莊子, 養生主》) 포정이 혜군을 위해 소를 해체할 때, 포정이 칼을 놓으며 대답했다. "……처음에 신이 소를 해체할 때 눈에 보이는 것은 온통 소뿐이었습니다. ……칼을 아주 미세하게 움직이면 어느 결에 뼈가 다 해체되었으니, 마치 흙이 땅에 떨어지듯이 하여……"

예(1)의 첫 번째 '見'은 '見淸'으로 '미완료 사건'을 표시한다. 그러데 두 번째 '見'은 《經典釋文》에서 '賢遍反'으로, 이는 '見濁'이며, '이미 이루어진 사건'을 나타낸다. 예(2)에는 3개의 '解'가 있는데, 앞의 두 '解'가 표시하는 것은 미완료 사건이다. 《經典釋文》에 주음이 없다. 즉 '解淸'이란 의미이다. 그런데 세 번째 '解'는 '이미 이루어진 사건'을 나타내며, 《經典釋文》의 주음이 '蟹'로, '見濁'이다.

이상의 사실을 통해, '見濁'과 '解濁'의 자동용법이 확실히 완료형 용법이 있음을 알 수 있다. 그러나 '見濁'과 '解濁'의 사동 형식은 반드시 이미 이루어진 사건이나 이미 이루어진 상태를 표시하는 것으로 제한되지 않는다. 이 외에 미래(將然)의 문맥, 미발생(未然)의 문맥의 예도 있다. 예를 들어, 윗글 '見濁'의 예 '聖人執其見功', '諸侯將見子臧於王', '其子括將見王', '見仲而何' 그리고 '解濁'의 예 '宰夫將解黿', '君子苟能無解其五藏'이 이에 해당한다. 게다가 우리는 또 '見濁', '解濁'과 대응하는 '見淸'과 '解淸'도 이미 이루어진 사건이나 상태를 나타내고 있음을 발견하였다. 예컨대, 아래와 같다.

(3) 未見君子, 憂心忡忡, <u>旣見君子</u>, 我心則降. (《詩經, 小雅, 出車》) 님을 뵙지 못하여, 마음이 뒤숭숭하고, 님을 뵌 후에야 내 맘이 놓였다.

(4) **見公之足于戶下**, 遂弒之. (《左傳, 莊公, 08, 176》) 문 아래에서 공의 발을 보았고 마침내 그를 죽였다.

(5) 公使人視之, 則**解衣**般礴裸. (《莊子, 田子方》) 원군이 사람을 시켜 살펴보니 그는 옷을 벗고 두 다리를 뻗고 발가벗고 앉아 있었다.

(6) 盧蒲癸自後刺子之, 王何以戈擊之, **解其左肩**. (《左傳, 襄公, 28, 1148》) 노포계는 뒤에서 자지를 찔렀고, 왕하는 창으로 공격해 그의 왼쪽 팔을 베어냈다.

이러한 현상을 통해 알 수 있듯이, 만약 先秦시기에 '見', '解'의 淸濁 교체가 여전히 완료형과 비완료형의 구별이라고 한다면, 분명 성립될 수 없는 상황이다. 그렇다고 해서 '見', '解'의 淸濁 교체가 완료/비완료의 대립에서 온 게 아님을 의미하지는 않는다. 우리가 보기에, 先秦시기, 동사의 완료형은 이미 일종의 형태현상이 아니었다. 일부 동사의 완료형식은 이미 어휘형식으로 고정화되어 어휘 시스템 속에 진입하게 되었다. 그리고 이러한 동사들의 완료 형식은 비대격 또는 비능격의 불급물동사나 형용사의 면모로 다시 통사 조작에 참여하게 된 것이다. 그래서 '見濁', '解濁'의 사동용법은 이러한 '어휘화'가 이루어지고 난 후, 다시 통사조작에 참여하게 되는 시스템이 구현된 것으로 볼 수 있다. 그들이 '어휘화'가 된 후, 더 이상 완료형의 굴절형태를 나타내지 않기 때문에, 이들은 미래나 미발생의 문맥에도 출현할 수 있었던 것이고, 그 자동용법은 문법적인 관성으로 인해, 지속적으로 '이미 이루어진 사건이나 상태'로 국한된 것이다.

　先秦한어 '見'류 동사의 濁聲母형식은 동일 기원 淸聲母 형식의 완료형식이다. 이러한 완료형식의 濁聲母는 보다 이른 시기의 모종의 완료 접두사의 영향을 받은 것이다. 柯蔚南(South Coblin, 1984)의 연구에 따르면, 서면藏語의 완료 형태의 형식(旣事式)은 b-~-s 또는 b- 라고 한다. 그리고

吳安其(1997)는 漢藏語의 비교 연구를 통해, 원시 漢藏語 내의 완료형 접두사는 *b- 뿐 아니라, *g-(G-)도 있다고 주장한다. 先秦 또는 그보다 이른 시기의 漢語에 있어서, 비록 완료형 접미사로서 *-s 가 확실히 존재할 가능성이 있긴 하지만(金理新(2005a)), 이 접미사가 항시 濁聲母와 결합하는 것은 아니다. 우리도 알다시피, 한어 去聲은 접미사 *-s에서 기원하였지만, '解'자의 완료형식의 중고음 발음은 '胡買反'(즉, 上聲)이다. 이에 先秦시기 '解'의 완료형식으로 *-s 가 없었다는 사실을 충분히 증명할 수 있다. 다만, 어근 성모를 濁音化시킨 완료형 접두사가 *b-인지 *g-(G-)인지, 아니면 그 외의 다른 형식인지는, 漢藏語 역사비교라는 보다 진일보된 연구와 상고한어 음운, 형태에 대한 진일보한 연구를 통해야만 확정할 수 있다. 그러나 이 완료형 접두사가 분명 濁音의 형식이고, 그것이 어근 성모의 濁化를 유도했다는 이 사실 하나만은 확실하다.

마지막으로 한 가지 문제를 분명히 할 필요가 있다. 高本漢(1949, 1956)은 '見'자의 淸濁 교체를 능동과 피동의 차이로 보았다. 그래서 그는 '見淸'을 'to see'로 번역하고, '見濁'을 'to be seen'으로 번역하였다. 이러한 견해는 많은 이들에 의해 채택되고 있는데, 王力(1980), Baxter(1992), 金理新(2006) 등이 그러하다. 그리고 孫玉文(2000,2004)과 宋亞雲(2006)은 이러한 관점에 대해 좀 더 진일보된 견해를 주장하기도 하였다. 그런데 이렇게 본다면, '見'자의 淸濁 교체는 아래의 몇 가지 방면의 문제가 있다. 첫째, 학자들이 언급한 성모 淸濁 교체를 통한 능동/피동의 구분이란 설은 단지 '見' 하나만 예가 있는데, 이는 일종의 '孤證'이다. 둘째, '見濁'은 전형적인 불급물동사 용법이 있다. 만약 '見濁'을 '見淸'의 피동형식이라 한다면, 고전 라틴어 동사의 피동형식처럼 '見濁'의 전형적인 불급물 용법을 해석할 방법이 없다. 단지 불급물 용법의 '見濁'을 이들과 전혀 관계가 없는 단어로 볼 수밖에 없다.

셋째, '見濁'은 대량의 사동용법이 있다. 따라서 이것을 피동형식으로 본다면, 이러한 사동용법을 해석할 길이 없고, 또 피동형식이 어떻게 동시에 사동의미까지 표현할 수 있는지 해석할 수가 없다. 넷째, 사실상 단지 '見濁' 의항③의 C형 문형만이 형식상 통상적으로 생각하는 피동문형과 유사하다. 그러나 이 의항 하의 B형 문형이 존재하기 때문에, 이 문형을 피동문형으로 보기 어렵다. 설사 우리가 앞에서 말한 A형의 NP2의 통사 지위에 대해 전치사 '於'의 제거를 통해 실현된 것이라 하더라도, 한 가지 큰 장벽을 넘을 수가 없는데, 그것은 바로 先秦한어 내에서 우리는 타동사의 피동용법이 능동태와 완전히 일치하는 통사형식을 찾을 수 없다는 사실이다. 다섯째, 만약 '見濁'이 하나의 피동형식이라고 한다면, 어째서 단지 '下見上'이란 이 의항에만 국한되는 것인가? 이 역시 해석할 수가 없다. 이상의 다섯 가지 점들을 바탕으로, 우리는 '見'자의 淸濁 교체로 능동/피동을 구분하는 것은 성립할 수 없다고 본다. 어떤 이는 또 '見'자 자체가 결과의미를 포함하고 있어서, 완료형(旣事式)의 의미와 완전히 같은 것이라고 주장하는데(孫玉文(2004)), 이는 오해이다. 완료형은 동사의 굴절형태이나, 동사가 결과의미를 함축하고 있다는 것은 동사 자체의 의미 특징일 뿐이다. 예컨대, 영어의 'kill'은 결과의미를 함축하고 있지만, 마찬가지로 역시 완료형식도 가지고 있다.

제9장

상고한어의 언어 유형 탐색

도입

先秦한어의 유형적 탐색은 곧 관련된 통사-형태 현상으로부터 보다 이른 시기의 한어 유형을 추측해내는 것이다. 많은 학자들이 先秦의 통사-형태 문제에 대해서 다양한 각도로부터 연구를 진행하고 있다. 그 가운데, 어순과 관련하여, 先秦한어는 'SVO'를 위주로 하고 있음이 밝혀졌다. 물론 'SOV'어순도 발견되나 전적으로 화용적인 것은 아니며, 통사적인 것도 있다고 알려졌다(劉丹靑(2004)). 또 피동태 문제와 관련하여, 周秦시기에는 피동태가 존재하지 않았고, 능동태(自動態)와 使動態의 대립이 존재할 뿐이었다고 주장되고 있다(洪波(2009)). 그리고 고한어의 형태(構詞)와 관련하여, 異讀 동사가 출현하는 통사구조가 달랐으며, 이것이 보여주는 것은 바로 어휘파생 또는 형태 현상임이 알려지고 있다(周法高(1962), 金理新(2006)). 한편, 전체적인 언어 면모와 관련하여, 徐通鏘(1998)은 使動과 自動이 곧 한어 의미 통사의 두 가지 기본 문형이라고 주장한 반면, 徐丹(2004)은 先秦한어는 '종합적 언어의 특징을 갖추고 있다'고 하면서, 동사가 여러 가지 통사적 관계를 나타내는 방식이 있어서 형태언어와 분석언어의 특징을 융합하고 있다고 보았다. 이러한 연구를 종합해보면, 이들 연구는 곧 아래의 결론을 함축하고 있다.

보다 이른 시기의 한어는 일종의 형태언어일 가능성이 매우 높다. 그리고 만약 漢藏 동원의 가설로 추론한다면 분명 능격형 언어일 것이다.

비대격동사에 대한 연구는 항시 언어의 유형과 연관된다. 상고한어의 비대격동사와 사동사의 대응 관계는 형태를 수단으로 하는 것도 있고, 통사를 수단으로 하는 것도 있다. 그렇다면 비대격동사 및 관련된 통사-형태 현상에 입각한다면, 상고한어의 언어 유형 연구를 좀 더 심도 있게 진행할 수 있는 것인가?

본장에서는 상고한어의 통사-형태 현상을 이용하여 상고한어의 언어 유형 상황을 밝히고자 한다. 이러한 통사-형태 현상은 상고한어의 '급물성'의 확장을 포함한다. 이를 통해 우리는 상고한어 동사가 급물성 개념에 의한 분류와는 어울리지 않음을 알 수 있다. 그리고 명사성 성분은 통사적으로 비강제적으로 출현하게 되는데, 특히 주어의 출현여부는 가장 자유롭다. 즉, 상고한어는 진정한 피동태와 反피동태가 존재하지는 않으며, 使動態가 존재한다. 한편, 상고한어 목적어 의미의 복잡성과 통사적 실현방식은 藏語의 여격 표지 la 와 비교할 만하다. 그래서 상고한어의 어순은 SVO위주이고 또 SOV형 어순을 겸하고 있다. 이러한 통사-형태 현상은 藏語[1]와 고도의 유사성을 갖고 있고 언어의 보편성으로는 증명할 수 없는데, 이는 곧 이 두 언어 간에 확실히 역사적 연원 관계가 있음을 설명해준다. 이러한 통사-형태 현상을 결정하는 근본은 바로 '동사의 범주'이다. 藏語는 自動과 使動 대립이라는 동사 범주가 있는데, 이는 곧 先秦한어도 동사와 관련하여 자동과 사동의 대립이 있고, 급물동사와 불급물동사의 양분 체제가 아님을 말해준다. 그리하여 이 점은

---

1) Vollmann(2008)은 藏語와 관련된 능격성 연구 상황을 전면적으로 소개한 바 있다. 본장의 이와 관련된 관점은 주로 이 책에서 힌트를 얻은 것이며, 藏語와 관련된 연구 자료 및 논술 역시 이 책에서 인용한 것이다.

바로 徐通鏘(1998)의 관점을 진일보하게 해석해주고 있다. 藏語의 동사 시스템은 藏語의 능격표지에 대해 최종적인 결정 작용을 하게 되는데, 藏語는 바로 '의미 능격형 언어'에 속한다. 先秦한어 비대격동사의 존현동사와 방향동사의 통사 표현상의 특수성을 고려할 경우, 우리는 보다 이른 시기의 한어 역시 의미 능격형 언어에 속한다고 본다.

상고한어는 매우 크고 또 매우 난이도가 있는 언어이며, 그 연구 또한 관련된 분야가 많다. 연구자의 수준과 노력, 통찰력 등을 고려할 때, 관련 분야에 대해 분명 이해가 부족하고 해석 능력이 떨어져 본장에서는 단순히 抛磚引玉의 역할만을 할 수 있을 것으로 보인다. 이에 우리가 주목하고 있는 관련 분야를 소개하는 정도에서 만족하고, 좀 더 깊이 있는 문제는 앞으로 더 진일보한 연구를 통해 해결될 수 있기를 기대한다.

제1절 상고한어의 급물성 확장

《馬氏文通》은 서방의 언어학 이론을 본떠서, '급물성'이란 개념을 이용하여 동사의 분류를 진행하였는데, 동사가 목적어를 가지는가의 여부로 급물동사와 불급물동사로 분류하였다. 그 이후 상고한어의 동사 연구에서 이러한 동사 분류 방법은 주류를 차지하게 되었다. 그런데 지금까지 상고한어 동사연구에서는 지속적으로 다음의 두 가지 문제에 봉착을 하게 되었다. 첫째, 어떠한 동사가 사동화를 하는 것인가, 둘째, 비논항의 목적어 신분은 어떻게 보아야 하는가.

우선 첫 번째 문제와 관련하여, 우리는 비대격동사의 관점에서 동사의 사동화가 다음과 같은 등급을 준수함을 관찰할 수 있다.

비대격동사 > 비능격동사 > 급물동사

이를 통해 우리는 어떠한 동사가 사동화할 수 있는지에 대해 답을 할 수가 있다.

두 번째 문제는 급물성의 확장 문제와 관련이 된다. 많은 학자들이 상고한어를 연구하는 도중, 상고한어는 급물동사와 불급물동사의 개념으로 동사 분류를 할 수 없음을 주목하게 되었다. 예를 들어, 雅洪托夫(1986)는 "상고한어에서 모든 동사는 사실상 목적어를 갖는 능력이 있다. 이러한 능력은 불급물동사와 구분되는 급물동사의 특징이라 볼 수는 없다."라고 언급한 바 있다. 상고한어에서는 전형적인 급물동사가 목적어를 갖는 것 외에도, 비능격동사, 비대격동사가 모두 목적어를 가질 수 있다. 우리는 이것에 대해 '급물성 확장의 통사식'이라고 명명한다. 그 외에 상고한어에는 또 '급물성 확장의 형태식'도 존재한다.

1. 급물성 확장의 통사식

1.1 비능격동사가 목적어를 가지는 경우

상고한어의 비능격동사는 통사적으로 목적어를 가질 수 있다. 예컨대 다음과 같다.

(1) **華周, 杞梁之妻善哭其夫**, 而變國俗. (《孟子, 告子下》) 화주와 기량의 아내가 남편을 위해 곡을 잘 하니 나라의 풍속이 변했다.

(2) 齊人將立孝公, **不勝四公子之徒**, 遂與宋人戰. (《左傳, 僖公, 18, 378》) 제나라 사람들이 효공을 세우고자 했으나 네 공자의 무리를 이기지 못해 마침내 송나라와 전쟁을 했다.

(3) **跖之狗吠堯**, 非貴跖而賤堯也, **狗固吠非其主也**. (《戰國策, 齊六》) 도

척의 개가 요를 보고 짖는 것은, 도척을 귀하게 여기고 요를 천하게 보기 때문이 아니요, 개는 본디 그 주인이 아니면 짖는 것이다.

1.2 비대격동사가 목적어를 갖는 경우

상고한어의 비대격동사는 통사적으로 목적어를 가질 수 있다. 예컨 대 다음과 같다.

(1) 臣也無罪, **父子死余矣**. (《左傳, 襄公, 27, 1127》) 공손신은 죄가 없다. 그의 부자는 나를 위해 죽었다.

(2) 鄭罕虎如齊, 娶於子尾氏, **晏子驟見之**. (《左傳, 昭公, 05, 1270》) 정나 라 한호가 제나라에 가서, 자미씨를 아내로 맞았다. 안자가 그를 누차 만나보았다.

(3) 使解揚如宋, **使無降楚**, 曰: "晉師悉起, 將至矣." (《左傳, 宣公, 15, 759》) 解揚을 송에 가게 한 다음 楚에 항복하지 않게 하여 말했다. "晉의 군대가 모두 일어나 곧 이를 것이다."

급물동사와 다른 점은 비능격동사와 비대격동사 뒤에 출현한 목적어 는 모두 동사의 비논항 성분이라는 것이다. 다시 말해서, 이것은 동사의 필수논항이 아니다. 특히 비대격동사의 비논항 성분은 문장의 목적어로 실현되기도 하고 또 사격목적어의 형식으로 출현하기도 한다.

(4) 襄仲欲立之, 叔仲不可. **仲見於齊侯**而請之. 齊侯新立, 而欲親 魯, 許之. (《左傳, 文公, 18, 631》) 양중이 그를 즉위시키려하자, 숙중이 동의하지 않았다. 중이 제나라 군주를 뵙고 부탁을 하니, 제나라 군주 는 막 즉위하여 노나라와 친하게 지내고자 그것을 허락하였다.

(5) 夏, 師及齊師圍郕. **郕降於齊師**. (《左傳, 莊公, 08, 173》) 여름에 우리

군사들과 제나라 군사들이 郕을 포위하였다. 그러자 郕이 제나라에
항복하였다.

2. 급물성 확장의 형태식

많은 언어에서 불급물동사는 어휘과정규칙을 통해 급물동사로 변환될
수 있다. 이러한 급물화는 두 가지 가능한 모델이 있다. 하나는 **사동화**
(Causativisation)로, 하나의 치사자 논항을 증가시킴으로써 이루어진다.
다른 하나는 **의미역 첨가**(施用化, applicativisation)로, 비논항의 외부 성분
을 증가시킴으로써 이루어지는데, 다시 말해, 사격성분이 목적어로 실현
되는 것이다. Austin(2005)은 오스트레일리아어에 이 두 가지 모델이 동
시에 존재한다고 하였다. 그는 또한 이 두 가지 모델은 동사의 의미와
관련이 있어서, 다른 말로 비능격동사와 비대격동사의 대립과도 관련이
있다고 하였다. 즉, 전자가 바로 의미역 첨가이고, 후자는 사동화이다.

Diyari어 중 -ipa-는 불급물동사의 사동화에도 쓰이고, 또 급물동사
뒤에도 쓰여 그 행위의 집행으로부터 주어수익자가 아닌 다른 수혜자
를 표명할 수 있다. 이에 대해 Austin은 '利他(altruistic) 기능' 즉 하나
의 여격 논항을 가져오는 것이라고 하였다. 그 수혜자는 여격 표지가
있는 명사로 표현될 수 있다. 그러나 항시 문맥을 통해 이해되며 통사
적으로 실현되지는 못한다. 심지어 -ipa-는 두 가지가 출현할 수 있는데,
첫째는 급물화를 나타내고, 두 번째는 수혜논항을 나타낸다. 예컨대 다
음과 같다.

Kupa   tharka-ipa-ipa-mayi   (ngakarni)
Child   stand-tr-alt-imper:emph   I dat
'Stand the child for me.' 나를 위해 그 아이를 일으켜 세워라.[2]

어떤 언어에서, 사동화와 의미역 첨가 표지는 같은 형식일 수 있다. 예컨대, Arrernte어족의 접사인 -ihile-가 그러하다.

Causativ(사동) -ihile-
mangke- "to grow"   mangke-ihile- "to raise"
tnye-   "fall"   tnye-ihile-   "to drop"

Appiled(의미역 첨가) -ihile-
artne   "to cry"   artne-ihile- "to cry for, moun"
therre- "to laugh"   therre-ihile- "to laugh at"

Pitta-Pitta 어족의 -la-접사. 예컨대 다음과 같다.

Causative(사동) -la-
kurra- "to fall"   kurra-la-   "to drop"
yanthi- "to burn"   yanthi-la-   "to burn(it)"

Applied(의미역 첨가) -la-
tiwa-   "to be jealous"   tiwa-la-   "to be jealous of"
wiya-   "to laugh"   wiya-la   "to laugh at"

(Austin(2005)에서 재인용)

상고한어 급물성 확장의 형태식 유형은 상술한 언어의 상황과 유사하다. 그래서 치사자 논항을 증가시키는 사동화 파생식도 있고, 의미역 첨가 파생식도 있다. 전자는 뒤에서 토론할 사동태 접두사 *s-이고, 후자는 형태수단을 통해 비논항의 외부 성분을 증가시켜 급물화하는 것으로 바로 접미사 *-s$_3$이다. 언어사실로부터 보건대, 先秦한어에 이 두 가지 모델이

---

2) [역주] 'imper'는 명령형이다.

존재하는 것은 결코 비능격동사와 비대격동사의 대립으로 표현되지는 않는다. 왜냐하면, 비능격동사와 비대격동사 모두 의미역 첨가도 가능하고 사동화도 가능하기 때문이다. 다만, 비능격동사는 의미역 첨가를 좀 더 선호하고, 비대격동사는 사동화를 선호하는 편이다.

洪波(2009)는 상고한어의 접미사 *-s가 명사화(*-s$_1$)와 기사식(既事式)(*-s$_2$)의 기능으로 분화하는 것 말고도, 하나가 더 있는데 그것은 바로 '사격을 파생시키는 표지기능(*-s$_3$)'이라고 한다. 그는 다음과 같이 말한다.

> "어근 뒤에 *-s$_3$를 붙이면, 이는 항시 '하나의 원초적 의미가 포함하거나 포함하지 않는 대상'과 관련이 되거나 이를 나타낸다. 이 대상은 그 자신의 목적어 신분으로 출현하기도 하고 전치사의 목적어 신분으로 출현하기도 한다(출현하는 대상이 어근 자체의 의미가 묵인한 유일한 대상일 경우 출현하지 않을 수도 있다). 의미상으로 볼 때, 이렇게 관련된 대상은 피동작주 목적어(accusative object)일 수도 있고, 여격 목적어(dative object)'일 수도 있다. 또 '외부 목적어(external object)'일 수도 있고, 사동 목적어(役格, causative object)일 수도 있다. 그리고 처소나 목표성분(locative or goal)일 수도 있다."

그는 周法高(1962)가 추가로 증명한 동사 및 그 목적어 상황에 대해서 새롭게 분석을 하여 아래와 같이 열거하였다.

> 피동작주목적어를 갖는 것: 氷, 膏, 巾, 靡, 塵, 文, 粉, 蹄, 被, 風, 道, 鹽, 刵(耳), 縊, 樂
> 대상목적어를 갖는 것: 王, 妻, 子, 衣, 賓(儐), 名
> 도구목적어를 갖는 것: 枕, 棺, 帆
> 처소 또는 목표목적어를 갖는 것: 種, 首, 間, 旁, 還
> 사동목적어를 갖는 것: 枕3), 喪

이른바 '사격 파생 표지'는 동사를 위해 하나의 관계 논항을 증가시키는 것으로, 논항과 동사의 의미 관계가 하나가 아니다. 사실상 급물성의 확장 모델인 셈이다. 이렇게 급물성이 확장된 후, 비논항의 외부 성분은 직접적인 목적어로 실현될 수도 있고, 사격목적어로 실현될 수도 있다. 예를 들어, '遠'은 上聲과 去聲 두 가지 독음이 있다. 이를 *Gwanʔ, *Gwans로 재구할 수 있다. 去聲 '遠'은 곧 上聲 '遠'의 파생형식이다. 아래의 예에서 '遠'의 《經典釋文》의 주음은 '于萬反'이고 去聲이다.

(1) 女子有行, 遠父母兄弟. (《詩經, 邶風, 泉水》) 여자가 시집가니 부모형제를 멀리하는 것이다.

(2) 夫子以愛我聞, 我以將殺子聞, 不亦遠於禮乎? 遠禮不如死. (《左傳, 文公, 15, 612》) 부자는 나를 사랑하는 것으로 소문이 났는데, 나는 자식을 죽이는 것으로 소문이 났으니 이 또한 예를 멀리하는 것이 아닌가? 예를 멀리하느니 차라리 죽겠다.

(3) 我遠於陳氏矣, 且其違者, 不過數人, 何盡逐焉? (《左傳, 哀公, 14, 1684》) 나는 진씨를 멀리했으니, 또한 위반한 자는 몇 명에 불과하다. 어찌 진씨를 다 쫓아낼 수 있겠는가?

본서의 비대격동사에 대한 연구에 따르면, '敗濁'류 원생성 비대격동사의 사동용법은 형태-통사 수단을 통해 실현된 것이다. 그리고 '傷'류 비대격동사의 사동용법은 통사적 수단을 통해 실현된 것으로, 조기

---

3) 去聲의 '枕'은 도구목적어를 가질 수 있다. 예를 들어, "曲肱而枕之."(《論語, 述而》)(팔을 굽혀 베개로 삼아 베다)가 있다. 또 사동목적어를 가질 수도 있다. 예를 들어, "枕之股而哭之."(《左傳, 僖公, 28》)(그의 허벅지를 베고 그를 위해 곡을 했다.)가 있다. 이중 뒤의 예는 이중목적어를 가진 경우로, 여기서 '之'가 사동목적어이고, '股'는 도구목적어이다.

사동태가 구성한 모델의 일종의 유추라 할 수 있다. 여기서 비교할 만한 것은, 사격 파생 표지라고 하는 이러한 형태식의 급물성 확장 모델도 일종의 모델을 형성하였으며, 이로써 급물성 확장의 통사식을 구성하게 되었다는 교체가 완료형/비완료형의 대립과 관련이 있는지 토론하고자 한다. 것이다. 이러한 확장의 역량은 매우 커서, 동사의 목적어로 실현되는 명사성 성분은 어떤 때는 외부 성분도 아닐 수 있다. 예컨대 다음과 같다.

(4) 天油然作雲, 沛然下雨, 則<u>苗浡然興之矣</u>. 《孟子, 梁惠王上》 하늘이 뭉게뭉게 구름을 일으키고, 패연히 비를 내리면 벼가 불쑥 일어납니다.

여기서 '之'는 가리키는 대상이 없다. 그래서 일부 문법서에서는 이를 '衬'字라고 하는데, 그렇다면 무엇을 '돋보이게(衬)'하는 것인가? 이는 마땅히 급물성 확장 모델의 유추적 영향을 받은 것으로 봐야 한다.

상고한어 사동화와 의미역 첨가(施用化)라는 두 가지 급물성 확장 모델 중, 형태식은 원생적인 것이고, 시기가 매우 이르다. 반면, 통사식은 파생적이며 시기가 늦다. '급물성 확장 모델'이란 개념은 전통적인 통사 틀 아래의 급물동사와 불급물동사라고 하는 상대적인 동사 범주를 돌파하였다. 특히 의미역 첨가의 급물성 확장은 목적어 의미의 복잡화를 불러왔다.

3. 前向類 방향동사 통사적 차이의 원인

상편의 토론 내용 중, 전향류 방향동사인 '之'류와 '往'류는 先秦 전기의 통사상 대립이 비교적 명확했다. 즉, '之'류는 급물동사이고, '往'류는 비능격동사이다. 그리고 先秦 후기에 '往'류 동사는 분명한 급물화 과정이 발생한다. '之'류 동사와 '往'류 동사는 처소논항의 실현에 있어서 대립이 존재하며, 이를 통해, 그들 간의 통사적 차이의 원인이 급물성 확장의 통사식과는 관계가 없음을 알 수 있다. 또한 '往'류 동사가 후기에 급물화가 출현하는 것도 이것과는 무관하다. 그보다는 '之'류 동사의 유추 영향을 받았을 가능성이 있다. 그렇다면 전향류 방향동사의 통사적 차이의 원인은 어디에 있는가? 본절에서는 이 문제를 해결하고자 한다.

일반적으로, 동사의 어휘의미는 그것의 통사적 표현을 결정한다. 따라서 "전향류 방향동사 간에는 통사에 영향을 주는 미세한 의미 차이가 존재한다."라고 하는 아주 자연스러운 가설을 설정할 수 있다. 段玉裁는 "許慎이 '適往詞'의 釋義 안에 '그 내부에 존재하는 미세한 의미 차이가 숨겨져 있다'는 인식을 하고 있다."라고 보고서, 이를 분명히 하였는데, '往'류 동사는 '自發動言之(출발로부터 말한 것)'라고 하였고, '之'류 동사는 '自所到言之(도착지로부터 말한 것)'라고 하였다. 그는 《說文解字》의 '適'자 아래 注에 "내가 보기에, 이를 '往'이라 하지 않고, '之'라고 하였는데, 허신의 뜻은 아마도 之와 往의 의미가 약간 다르다는 것이다. '逝', '徂', '往'은 출발로부터 말한 것이고, '適'은 도착지로부터 말한 것이다(按, 此不曰往, 而曰之, 許意蓋以之與往稍別. '逝', '徂', '往'自發動言之, '適'自所到言之)."라고 하였다. 그러나 이러한 의미 차이로 전향류 방향동사를 정리한 것만으로는 피차간의 통사적 차이까지 해석하기엔 역부족이다. 먼저 상편에서 각 단어의 통사 표현에 대해 했던 통계를 보면, '自發動言之'의 '徂', '逝'와 '自所到言之'의 '適', '之'의 통사 행위는 대체로 비슷함을 알 수 있는데, 이는 곧 段玉裁의 구분이 확실히 세심하지 않음을 보여준다.

보다 중요한 것은, '往'류 동사의 통사 표현이 '발원점에 치중한 방향동사'와는 다르다는 점이다. 전향류 방향동사의 前向性은 이동이 '발원점에서 종점까지'임을 의미한다. 그러나 통사 층위에서, '往'의 발원점 성분은 단지 배경이고, 대부분 전치사 '自'에 의해 나오게 된다. 그리고 대부분 동사 앞의 부사어 위치에 출현한다. 예컨대, 다음과 같다.

(1) 十五年五月, 陳侯**自敝邑往**朝于君. (《左傳, 文公, 17》) 15년 5월에, 진
후가 우리나라로부터 임금님께 가서 조현을 했다.

(2) 樂毅**自魏往**, 鄒衍**自齊往**, 劇辛**自趙往**, 士爭湊燕. (《戰國策, 燕一》)
악의가 위에서 갔고, 추연이 제에서 갔고, 극신이 조에서 가는 등 선비
들이 앞 다투어 연으로 갔다.

그런데 모든 전향류 방향동사의 처소 목적어는 의미상 모두 목표 또
는 종점이다.

(3) **我徂東山**, 慆慆不歸. (《詩經, 豳風, 東山》) 나는 동산으로 가서, 오랫동
안 돌아오지 못했네.

(4) 我送舅氏, 曰**至渭陽**. (《詩經, 秦風, 渭陽》) 나는 외숙을 전송하느라고
위수 북쪽에 이르렀다.

한편, '自發動言之'에 치중한 방향동사가 가진 '발원점을 표시하는
처소명사'는 직접적인 목적어로 실현될 수 있다. 예를 들어, '去', '出',
'下'가 그러하다.

(5) 或欲通外內, **且欲去君**. (《左傳, 昭公, 25, 1465》) 혹 안팎으로 통하려고
하고, 또 임금을 떠나려고 합니다.

(6) **將命者出戶**, 取瑟而歌. (《論語, 陽貨》) 명령을 전달하는 자가 문을 나
설 때, 비파를 들고 노래를 불렀다.

(7) **馮婦攘臂下車**, 衆皆悅之, 其爲士者笑之. (《孟子, 盡心下》) 풍부가
소매를 걷어 올리며 수레에서 내리자, 모두가 다 기뻐했으나, 선비된
자들은 모두 비웃었다.

揚雄의 《方言》의, "'逝'는 秦晉의 말이고, '徂'는 齊語이고, '適'은 宋魯의 말이다. '往'은 공동어이다(逝, 秦晉語也. 徂, 齊語也. 適, 宋魯語也. 往, 凡語也)."에 따라, 본서에서는 先秦 전기 전향류 방향동사의 통사 대립은 결코 어휘 피차간의 의미 차이에서 온 것이 아니라고 본다. 그보다는 그들이 어휘시스템 내에서의 기원이나 층위와 관련이 있다고 본다. 사용 빈도로 본다면, '至', '往', '如'는 고빈도 어휘이고, '之'가 그 다음이며, '適', '赴', '徂'는 빈도가 낮은 어휘이다. 어휘시스템에서, '至', '往'은 분명 先秦시기 통용어의 기본 어휘였을 것이다. 그리고 '之'는 전기에는 일종의 古語였다가 후기에 통용어 어휘가 된 것으로 보인다. 한편, '如', '逝', '徂'는 단지 비교적 이른 시기의 문헌에서만 등장하며, 후기 문헌에서는 이미 발견하기 힘들게 되었는데, 이보다 더 늦은 시기의 문헌에 나올 경우엔 일종의 古語로 볼 수 있다. '赴'와 '適'은 저빈도 어휘로 先秦시기에 계속 사용되었으므로 일반 어휘로 볼 수 있다.

'徂'와 '逝'는 방언 어휘로 아직 통용어의 체계에 진입하지 못했다. 《史記》에는 '徂'가 10예 출현하는데, 그중 8예는 '인용'한 것이고, 2예는 분명히 倣古的인 문학언어이다. 그리고 '適往義'의 '逝'는 단지 1예 출현하는데, 司馬相如의 〈大人賦〉에서 인용한 것이며, 처소목적어를 갖지 않은 것으로, 이는 先秦 전기의 용법이다. 先秦 전기의 4부 문헌에서 '逝'가 직접적으로 처소목적어를 갖는 것과 처소목적어를 갖지 않는 용례는 서로 비슷하다. '逝'를 '之'류에 넣는 이유는 이러한 처소목적어를 갖지 않는 예에서 '逝'의 의미가 둘로 해석되기 때문이다. 하나는 '가다'의미, 다른 하나는 '사라지다'의미인데, '가다'의미일 경우, 앞의 목표나 종점이 문맥 속에 함축되어 있지 않고 일종의 虛指 또는 任指 성분이 된다(즉, 특정되어 있지 않음). 그런데 이는 전형적인 전향류 동사의 용법은 아니고 존현의미로 보는 것이 더 낫다.

(8) 二子乘舟, 泛泛**其逝**. (《詩經, 邶風, 二子乘舟》) 두 아들이 배를 타고 둥둥 떠서 가도다.

(9) **日月逝矣**, 歲不我與. (《論語, 陽貨》) 해와 달은 가는 것이고, 세월은 나와 더불지 않는다.

(10) 始舍之圉圉焉, 少則洋洋焉, **攸然而逝**. (《孟子, 萬章上》) 처음 연못에 놓아줬더니 비실비실하더니, 조금 있다가 생기가 있게 조용한 곳으로 가버렸다.

(11) 非效鳥集烏飛, 兎興**馬逝**, 漓然止於齊者. (《戰國策, 東周》) 새가 모이거나 까마귀가 날거나, 토끼가 뛰거나 말이 가듯이 스스로 제나라로 갈 수 있는 것이 아니다.

'適'의 저빈도 사용은 그것이 방언에서 기원한 것과 관련이 있다. 또는 宋魯語가 先秦 전기에는 권위 있는 방언이 아니었다가 후기에 가서야 통용어의 일반 어휘 속에 진입했을 가능성이 있다.

'如'는 전향류 방향동사로서 분명 《左傳》편찬자의 방언 어휘였을 가능성이 있다. 통계를 한 문헌 중에서, '如'는 단지 전기 문헌인 《左傳》(270예)과 《國語》(20예)에서만 출현한다. 게다가 《國語》의 소수 예는 《左傳》의 영향을 받은 것이다. 후세 문헌에서 '如'를 전향류 방향동사로 다시 사용하는 경우는 《左傳》이 유가경전이 된 것과 관련이 있다.

'之'는 先秦 시기 기본 어휘였다. 그러나 이것은 대명사나 조사로 사용된 '之'를 말하는 것이다. 전향류 방향동사로 사용된 용례는 전기 문헌에서는 비교적 적어서, 단지 7예만 출현한다. 《說文》에 "'之'는 '나오다'이다(之, 出也)."라고 하고 그 파생의미로 '往(가다)'의 의미가 있다고 하였다. 비록 동사 '之'의 조기 단계의 용례가 매우 적긴 하나, 문법화의 통례와 의미 파생의 합리성으로 봤을 때, 余藹芹(1998)의 관점을 취할 만하다. 즉, 지시대명사 '之'는 지시동사로부터 문법화하여 온 것이고, '之'의 동사 용법의 사용은 甲骨文 卜辭 시기 또는 그보다 이른 시기에 절정에 달했을 가능성이 있다. 갑골문에서 '가다', '~로 가다'의 용례로 해석되는 것을 보면, '之'는 급물동사로 사용되었던 것이다. 예컨대, "己卯卜, 爭貞: 王乍邑, 帝若, 我從之唐?(기묘일에 점을 치니 爭이 묻는다: 왕께서 도읍을 만드시는데 상제께서 승낙해주십시오. 저희는 따라서 당으로 갑니까?)"(《甲骨文合集》, 14200 正)가 있다. 따라서 先秦 전기 문헌 속 동사 '之'는 古語이고 그것이 목적어를 갖는 것은 옛 것을 계승한 것이다. 후기에 가서 문헌 속 용례가 점점 더 증가하였는데,《孟子》에 10예,《荀子》에 1예,《韓非子》에 8예,《戰國策》에 55예 출현한다. '往'이 《戰國策》에서 단지 49예 출현하는 것을 고려할 때, 동사 '之' 역시 기본 어휘 단위에 속한다고 볼 수 있다.

통용어 중의 '往'은 전기에 목적어를 갖는 것이 6예가 있다. 그러나 모두 의문문에서만 출현하며, 또 모두 '焉往'이라, 분명 화용상의 수요에 의한 것으로 보인다.

(12) 己氏曰: "殺女, 璧其焉往?"(《左傳, 哀公, 17, 1711》) 기씨가 말했다. "너를 죽이면 벽옥이 어디로 가겠는가?"

(13) 子良曰: "先得公, 陳鮑焉往?"(《左傳, 昭公, 10, 1316》) 자양이 말했다. "우리가 먼저 임금을 얻으면, 진씨와 포씨가 어디로 가겠는가?"

'至'는 전기 문헌에서 처소목적어를 갖는 예가 있다. 예컨대 다음과 같다.

(14) 內史過從至虢, 虢公亦使祝史請土焉. (《國語, 周語上》) 내사 과가 그들을 따라 괵땅에 이르렀는데, 괵공은 축응과 사은으로 하여금 땅을 더 달라고 청하게 했다.

(15) 我送舅氏, 曰至渭陽. (《詩經, 秦風, 渭陽》) 외삼촌을 배웅하려 위수 북
쪽에 이르렀네.

(16) 夏, 楚公子慶, 公孫寬追越師, 至冥, 不及, 乃還. (《左傳, 哀公, 19,
1714》) 여름에 초나라 공자경과 공손관이 월나라 군사를 추격해 명에
이르지 못하고 돌아갔다.

그러나 '至'의 근 300개의 용례 중, 단지 7개만이 처소목적어를 갖고
있어 그 비율이 매우 낮다. 이는 아마도 반드시 처소목적어를 가져야
한다는 전향류 방향동사의 영향을 받아 이루어진 것으로 보인다.

'赴'는 통용어 속의 일반 어휘이다. 전기의 4부 문헌에서 단지 《左
傳》에서만 보이는데, 15개 용례 중 14개의 상하문 문맥이 모두 '亡故
(사망, 고인)'와 관련이 있다. 아래는 유일한 예외이다.

(17) 故人之能自曲直以赴禮者, 謂之成人. (《左傳, 昭公, 25》) 그러므로
사람들 중 곡직으로부터 예로 나아갈 수 있는 자를 성인이라고 한다.

이 예에서 '禮'는 처소논항으로 보기 힘들다. 그리고 사용된 것은
'赴'의 다른 의미인데, '지향, 추구'의 의미이다.

연동문과 부정문의 6예 외에도, '赴'는 목적어를 갖지 않는 예가 2예,
전치사 '于'로 처소명사를 이끄는 것이 6예 있다.

(18) 孝公奔宋, 十二月乙亥, 赴. 辛巳, 夜殯. (《左傳, 僖公, 17, 376》) 효공
이 송나라로 달아났다. 12월 을해 일에 (부고를 전하러) 갔고, 신사일
밤에 초빈을 하였다.

(19) 于四月丁未, 鄭公孫蠆卒, 赴于晉. (《左傳, 襄公, 19》) 사월 정미일에
정나라 공손채가 죽어 진에 (부고를 전하러) 갔다.[4]

'赴'는 기타 전향류 방향동사에 비해 상대적으로 국면(情狀)의미를 부가하고 있다. 《說文》에 "'赴'는 '빨리 뛰다'이다(赴, 趨也)."라고 되어 있고, 段玉裁는 "고문에서는 '訃告'에 해당하는 글자로 단지 '赴'만을 쓰는데, 이는 급하다는 뜻을 취한 것이다. 지금 글도 이를 따라 쓰고 있고, '급하다'는 의미는 감추어졌다)(古文訃告字只作赴者, 取急疾之意, 今文從言, 急疾意轉隱矣)."라 하고 있다. 다시 말해서, 今文의 '訃'자는 先秦 고문에서는 '赴'자를 썼다는 것으로, 《左傳》에서 '赴'를 쓴 것은 고문자형을 취한 것이다. 이를 통해 보건대, '赴'의 전향류 방향동사로서의 정확한 의미는 '趨而至(빨리 뛰어 이르다)'이다. '急疾(급하고 빠르다)'의 방식은 이 동사가 특수한 문맥에 사용되게끔 하였는데, 그것은 바로 '가서 부고를 전하다'라는 의미이다. 이것의 통사적 표현은 '至', '往'과 동일하고, 불급물동사이다. 처소목적어를 갖지 않을 수 있지만, 어떤 경우 처소성분이 전치사의 목적어 형식으로 출현한다.

따라서, 전향류 방향동사의 간접적인 내재논항(처소성분)의 실현은 先秦 전기에 어휘 지위의 차이에 따라 서로 다른 실현 방식을 취하게 된다. 통용어 속의 어휘 '至', '往', '赴'의 처소성분은 단지 '배경'으로만 실현된다. 반드시 문맥 속에 함축되거나 전치사의 목적어로 출현한다. 다만, '之'는 반드시 목적어를 가지는데, 이는 매우 이른 시기의 용법을 계승한 것이다. 방언 어휘인 '如', '徂', '逝', '適' 등 전향류 방향동사의 처소성분은 '전경'으로 실현된다. 그래서 반드시 통사상의 목적어로 실현된다. 통용어와 방언 간 동일 의미의 동사가 통사적으로 미세한 차이가 존재하는 것은 결코 특수한 것이 아니다. 예컨대, 보통화와 西南官話 중의 3가동사인 '給'은 이중목적어 구조에서 다르게 나타나고 있다. 후자는 '給書我'라고 할 수 있으나 전자는 단지 '給我書'만이 가능하다.

---

4) [역주] 이 두 예문 모두 '부고가 가다'라는 '赴'자의 특별한 의미로 볼 수 있다.

전체적으로 볼 때, 전향류 방향동사 중, '至'와 '往'은 六朝시기에 가면 이미 급물동사가 된다. 그러나 이 두 동사는 이 과정에서 시간적인 선후 차이가 존재하는데, 우리의 통계 상황으로 보면, 先秦 후기 '至'의 급물성이 증가되어 처소논항이 목적어로 실현되는 용례가 증가한다. 그런데 '往'은 이 시기 아직 명확한 급물화가 발생하지 않아, 목적어를 갖는 예가 여전히 매우 적다. 이 두 전향류 방향동사의 급물화 실현 과정과 관련하여 華建光(2010)을 참고할 수 있다. 이 두 동사가 급물동사로 발전해 나가는 것은 분명 '之'류 '適往詞'의 영향을 받은 것으로 볼 수 있다.

'赴'는 후기에 가서, 그 사용범위가 확장이 된다. 그리고 급물성도 증가하여 처소논항이 직접목적어로 실현된다. 이는 '至'의 급물화 추세의 추동을 받은 것으로 보인다.

(20) 赴水則接掖持頤, 蹶泥則沒足滅跗. (《莊子, 秋水》) 물속에 들어가 겨드랑이를 물에 대고 턱을 받치고, 진흙을 발로 차도 발등 정도까지만 빠진다.

(21) 其應佚若聲響, 其赴百仞之谷不懼, 似勇. (《荀子, 宥坐》) 그 반응은 메아리처럼 빠르며, 그가 백 길이나 되는 계곡에 빠져도 두려워하지 않는데 마치 용감한 이와 같다.

전체적으로 봤을 때, 통용어 중의 전향류 방향동사는 先秦 후기부터 명확한 급물화 추세가 발생하기 시작했다. 그리하여 처소논항은 표층 통사상 함축되어 있거나 배경성분으로 있던 것이 점차 전경으로 실현되었고 직접적인 목적어로 승격이 되었다. 공교롭게도, 상고에서 중고로 오면서, 한어의 어휘의미 역시 이른바 '함축에서 출현으로의 과정'을 겪었다(胡敕瑞 (2005))[5]. 다만, 그 배후에 동일한 원인이 작용하였는가에 대해서는 진일보한 연구를 할 필요가 있다.

우리의 결론은 다음과 같다: 어휘시스템의 개방성이 강하여 내부는 끊임없이 조정 변화가 이루어져서, 先秦의 전향류 방향동사는 그 내부에 기원과 층위상의 차이가 존재하게 되었는데, 이로써 전향류 방향동사 어휘시스템은 보다 번잡해졌고, 또 통사상의 분명한 차이와 변화까지 발생하게 되었다.

제2절 명사성분의 비강제성

楊伯峻, 何樂士(1992:809-844)에 따르면, "언어의 생략현상은 고금 한어가 모두 존재하는데, 고대한어가 현대한어에 비해 더 현저하다."라고 한다. 그들은 '省略'이란 한 장을 7절로 나누어 고한어에서의 각종 생략현상을 논하고 있다. 그중 명사성분 생략과 관련된 부분은 주어의 생략과 목적어의 생략이다. 이 가운데 이 책은 주어 생략의 7가지 상황을 총결하였다.

1. 앞의 주어를 받아서 생략. 대화중의 생략과 서사중의 생략이 포함됨
2. 주어가 앞의 전치사 목적어속 주어와 일치하여 생략6).

---

5) [역주] 胡敕瑞(2005)에 따르면, 기존에 하나의 한자 속에 여러 개념이 융합되어 함축되어 있던 것이 이후 점차 이들이 분리되어 표면으로 출현하게 되면서 쌍음절 어휘화 하였다고 한다. 예를 들어, 〈한비자〉에 출현하는 '泪'는 '눈'과 '물'이 융합되어 처음부터 이 내부엔 눈물의 개념이 함축되어 있던 것이나 이후에 동한의 불경에서는 아예 '眼泪'로 표기하게 되었다.

6) [역주] 이 책에서는 "自我爲汝家婦, (我) 未嘗聞汝先古之有貴者. 〈史記〉"와 같은 예를 들고 있다.

3. 주어가 앞의 '主+之+謂' 중 주어와 일치하여 생략

4. 뒤의 주어와 동일하여 앞의 주어를 생략

5. 한편으로는 위문장으로 인해 주어를 생략하고, 한편으로는 아래 문장으로 인해 주어를 생략

6. 주어가 위문장의 목적어와 같아 생략

7. 위문장의 겸어와 같아 생략

목적어의 생략은 동사 목적어의 생략과 전치사 목적어의 생략이 있다. 동사 목적어의 생략은 일반적으로 위문장을 받아서 생략하게 된다. 상용 전치사 중, '以', '爲', '與'의 목적어는 항상 생략이 가능하다. 그러나 '於', '于', '乎'의 목적어는 생략이 불가하다. 기타 절대다수의 전치사는 모두 운용하는 과정에 목적어를 갖는다. 전체적으로 보자면, 전치사와 그 목적어는 생략이 불가능한 것이다. 그래서 董秀芳(2005)은 상고한어의 목적어는 함부로 생략할 수 없으며 그것에 조건이 있는 것이라 분석한 바 있다.

따라서 생략현상으로 볼 때, **명사성 성분**은 상고한어에서 비강제성 범주로 볼 수 있으며, 특히 주어가 더욱 심하다. 그래서 상고한어에서 명사성 성분의 생략은 그 자유도에 따라 말하자면, "**주어 〉 동사 목적어 〉 전치사 목적어**"로 등급을 배열할 수 있다.

많은 학자들이 상고한어와 오늘날의 영어가 특히 유사하다는 사실을 발견하였다. 그러나 명사성 성분의 강제성이라는 문제에 있어서는 양자가 매우 다르게 나타난다. 영어에 대한 연구를 통해 보면, 일반적으로 술어동사가 합병과 일치가 부족한 고립어 같은 경우에 주절에서 원칙상 영조응(零回指, zero anaphora)을 할 수 없게 되어 있다. 따라서 영조응이 출현하면 이에 대해 해석이 요구되고, 동사의 기본 논항이 출현하지 않으면 그것의 통사나 담화적 원인을 찾게 된다. 다시 말해서, 주

절의 표준적인 지칭표현은 대명사이거나 하나의 완벽한 명사구여야 한다. 그러나 Charles N. Li(1997)는 《論語》를 샘플로 하여, 고립어에 있는 영조응이 이미 수립된 지칭 규범인지에 대해서 분석을 한 바 있다. 그의 연구 결론은 상술한 내용과 다르다. 즉, 영조응은 지칭표현으로서 해석할 필요가 없고, 오히려 대명사나 하나의 명사구가 지칭표현으로서 출현할 때 담화나 화용적인 해석이 필요하다는 것이다. 다만, 전치사구 중의 명사나 명사성구가 전치사 뒤에서 출현하는 것은 문법상 강제적인 것이다.

명사성 성분의 비강제성은 특히 藏語의 현저한 통사현상 중 하나이다. Vollmann(2008:20)에 따르면, 많은 연구자들이 다음과 같은 내용을 발견했다고 한다.

"藏語의 동사논항이 '삭제가능성(可刪除性)'을 갖고 있어서 단문 중의 명사구 범주(NP, PP)는 통사상으로 강제적인 것이 아니라고 했는데, 이것은 상고한어 보다도 훨씬 더 멀리 나간 것이다. 이것은 특히 동사에 붙는 허사의 작용으로 인한 현상으로, 단문 중의 전치사구가 출현하지 않아도 의미표현에 영향을 주지 않는다."

아래의 예문 중 [] 속의 어떠한 성분도 출현하지 않을 수 있다.

(1) [bkra shis kyis]　[deb]　　[tshe ring la]　sprad pa red/
　　[Tashi-ERG]　　[book]　　[Tsering-ALL]　give-Ns-DISJ
　　[Tashi] gave [the book]　[to Tsering]

(Vollmann이 Agha(1993:13)을 인용한 것)

명사성 성분이 비강제적이고, 게다가 藏語의 어순이 SOV이기 때문에, 어떤 문장은 피동문으로 이해되기도 한다. 예컨대 다음과 같다.

(2a) rtsam pa   bzas bzhag /

      Tsampa   eat: PFv-INFER

      [he/she] has eaten the tsampa! (-The Tsampa has been eaten!)

(2b) khos   bzas bzhag /

      3:ERG   eat: PFv-INFER

      He has eaten [it].

(Vollmann이 Tournadre(1996:69,71)을 인용한 것)

Li(1997)는 다음과 같이 분석하였다. 소수 예외 상황을 제외하고, 일단 지칭이 직접적인 담화 환경에서 건립이 되면, 필수적인 지칭표현의 요구는 존재하지 않는다. 영어와 비교해볼 때, 하나의 완벽한 명사형식이 출현하는 것은 곧 앞의 순서에서 제시된 동일한 지칭이 폐쇄됨을 의미한다. 그는 다음과 같은 예를 들었다.

(3) 子   曰: 吾 與   回   言   終日
    Confucius said, I have talked with Hui all day,

    不   違   如   愚
    (he) has not raised any objection as if (he were) stupid

    退   而   省   其
    (he) has withdrawn, and   (he) have examined

    私,
    his private behavior

    亦   足   以發
    (he) was also adequate to develop (my teachings)

    回也   不   愚[7]
    Hui! (he) is not stupid

---

7) '省其私'의 주어에 대해, Li는 朱熹의 설을 취하여 孔子라고 보았다. 그래서 원문의 영어는 'I'로 되어 있다. 그러나 본문에서는 楊伯峻의 설을 취하기 때문에 顏回로 보며, 영어도 'he'라고 하였다.

藏語에서는 일단 하나의 화제로 들어가면, 아주 긴 텍스트 내에서도 함축의 상태가 되어, 대명사로 지칭할 필요가 없다. 예컨대 다음과 같다.

(4) de'i tshe bcom ldan'das   bsod snyoms kyi
    DEM:G time   bhagavan   alms-GEN

    dus la   bab nas/
    time-ALL   fall-ABS

    Sham thabs   dang   chos gos   bgos nas
    Lower cloth-SOC   dharma cloth   put:on-ABS

    lhung bzed   bsnams te/
    begging bowel   take-CONT

    kun dga'bo dang   bsod snyoms la   gshegs so/
    Ananda-SOC   alms ALL   go-FIN

    At that time, the bhagavan, when the time for alms had come, put on the shamthab and the chögö, took the begging bowl and went for alms with Ananda.   (Vallmann, 2008:21 예19)

위의 이 문장은 Jâtaka(자타카)[8]에서 가져온 것이다. 비록 동사(put on, take, go)가 서로 다른 격의 틀을 요구하고 있지만, 부처는 이 긴 문장에서 단지 한 번만 언급되고 있다. Herforth(1989:81)는 명사성 성분의 생략은 이것들의 텍스트 층위상의 삽입과 관련이 있다고 하였다.

"행위주가 더 적은 텍스트의 예에서, 그 동사가 지정된 행위주의 현저한 형식으로 출현하는 것이 곤란하다는 점에 대해, 우리는 藏語를 통해 알 수 있다. 이렇게 형식이 분명한 우리들의 예에 대해 상대적인 예외로 볼 수 있는 것은 바로 담화 연속의 과정에서 모두 영조응으로 있

---

8) [역주] 자타카는 고대 인도의 불교 설화의 하나로, 석가모니가 전생에 보살이었던 때의 선행을 모은 것이다.

는 예이다. 즉, 하나의 명확히 지시할 수 있는 행위주 논항은 직접적으로 앞의 담화 속으로부터 회복이 가능한 문맥이다."

(Herforth(1989:81)로부터 Vallmann이 인용한 것임)

즉, 명사성 성분이 통사상 강제적으로 출현할 수 있는가의 여부 문제에서, 상고한어는 藏語와 유사성을 갖고 있다. 위의 예들로부터 보건대, 주어의 생략 자유도는 가장 높으며, 그 지칭 대상은 문맥으로부터 보충하여 완성할 수 있다.

제**3**절 사동태

상고한어 형태와 관련된 연구 성과에 대해, 鹿欽佞(2007)이 전면적인 종술을 한 바가 있다. 이미 아주 오래전 일인데다가, 현존하는 문헌에 기록된 한자는 직접적으로 한어의 형태를 반영하지 못하기 때문에, 관련된 연구는 기본적으로 漢藏語族의 비교 연구를 기초로 하게 된다. 그리고 한어 내부에서 반영하는 형태 관계를 통해 이들을 증명하고 있다. Sagart(1999), 金理新(2006) 등 일부 학자의 연구가 이미 많이 진행되어, 보다 많은 형태 대응 관계를 제기하고 있긴 하지만, 그들의 일부 견해는 아직 광범위한 지지를 받지는 못하고 있다. 다만 한 가지 분명히 말할 수 있는 사실은 현재까지 상고한어의 형태 연구 문제에 있어서, 공통된 인식은 바로 상고한어 또는 원시 한어 시기에 '使動態'가 존재했었고, 이는 접두사 *s-를 부가하거나 접미사 *-s[9]를 부가하는 것으로 반영되어 있었다는 것이다.

---

9) 이러한 접미사는 藏緬語에서도 존재한다. 洪波(2009)는 이러한 使動의 접미사 -s를 접미사 -s₃로 귀속시켰다.

1. 사동태 접두사 s-와 관련된 清濁別義

비대격동사의 파생 방향 중 하나는, 비대격동사로부터 그에 상응하는 급물동사(사동사)가 파생되는 것이다. 이때, 사동태 접두사와 관련된 동사는 '敗'류 동사들로 여기에는 '斷, 折, 盡, 壞, 順, 紓, 解₂'가 포함되어 있다. 상고한어 시기에 이러한 동사들의 비대격동사(자동사)와 그에 대응하는 사동사 간에는 성모의 清濁 대립으로 나타나고 있다.

이러한 清濁 대립이 반영하는 것은 바로 사동과 자동의 관계이며, 이것은 일찍이 많은 이들이 알고 있는 바이다. 清濁別義를 이용해 자동과 사동을 구분하는 것은 藏語, 景頗語, 緬彝語, 西夏語, 哈由(Hayu)語 등과 같은 藏緬語에 광범위하게 존재한다. 그리고 이러한 清濁別義의 기원은 사동 접두사 *s-와 관련이 있는데, 이것은 뒤에 오는 濁音聲母를 清化시킨다. 즉, *s- + 濁聲母 > 清聲母이다. 이와 관련한 역사 변화의 체인은 또한 살아 있는 언어를 통해 추측 연역할 수 있다. 藏語를 예로 할 때, 藏語는 사동사와 결과동사를 구분한다.

	to be(come) warm(by itself)	to make warm
서면 藏語	dro, dros	sro, bsros, (bsro), sros
巴爾提話	tros, tros	stro, stros, stros
Themchen	tṣi, tṣi	ṣo, ɸṣi, ṣi

공시적인 측면에서, 藏語의 자동, 사동 구분은 매우 불규칙하다. 그래서 중부 藏語인 衛藏방언의 형태는 불투명(즉, 이미 어휘화함)한 반면, 먼 변경지역은 아직도 이것을 보유하고 있다. 연구자들이 제공한 자료를 보면, 藏語의 사동태 접두사 *s-의 변화는 점진적이라고 한다. 서면 藏語에서는 180쌍의 동사가 체계적인 유사성을 보여주고 있어서, 사동은 주로 접두사 *s-로 표현되는데, 9세기까지, 사동화 규칙

은 衛藏방언에서는 여전히 생산적인 것이었다. 그리고 지금의 서부 藏語(즉 拉達克, Ladakhi)에도 아직 남아 있다고 한다. 또한 동부의 安多藏語에는 부분적으로 생산성을 유지하고 있다고 한다(상술한 관점은 Vollmann(2008:288)에서 근거함).

戴慶廈(2001)에 따르면, 藏緬語의 사동 범주는 많은 굴절형식이 있는데, 전치 자음 *s-를 부가함으로써 사동을 표시하는 것은 가장 이르고 주요한 變音式이었고, 나중에 출현한 각종의 음변식 및 접두사 부가식은 모두 이것으로부터 변화해 온 것이라고 한다. *s-로 구성된 사동식은 나중에 변화가 발생하여 두 가지 다른 길이 출현한다. 그중 하나는 전치 자음과 뒤의 자음이 합병되어 복자음 성모가 단자음 성모로 변하는 것이다. 만약 자동사가 濁聲母라면, 사동사는 淸聲母로 변화한다. 이로써 淸濁의 성모 교체를 구성하고 이로써 사동을 나타내게 된다. 현대의 藏緬語 가운데 淸濁 대립을 보유한 언어는 대다수가 淸濁 교체를 이용해 사동/자동을 표시한다. 그래서 濁聲母는 자동을, 淸聲母는 사동을 표시하는데, 다만 출현 비율의 다소의 차이가 있을 뿐이다. 이렇게 淸濁의 교체로 사동/자동을 표시하는 것은 藏緬語 사동 범주의 하나의 중요한 변음형식이라 할 수 있으며, 역사적으로 일찍이 주도적인 지위에 있었다고 볼 수 있다. 그런데 康拉迪(Conrady 1896)는 일찍이 이러한 성모의 淸濁을 동사의 급물과 불급물이란 두 가지 형태의 차이라고 보았다. 즉, 淸者는 급물동사로, 이는 前加 성분이 남은 흔적이고, 濁者는 불급물동사로 본래 前加성분이 없는 것이라고 한다. 藏文의 s-접두사는 사동화와 名謂化(명사의 동사화)라는 두 가지 형태 기능이 있다. 즉, 사동태 접두사 *s-는 마땅히 가장 오래된 층위라 할 수 있는 것이다.

梅祖麟(2008)은 이에 근거하여 상고한어 淸濁聲母 교체의 조어법의 기원에 대해 다음과 같은 명확한 답을 제시했다. "상고한어는 緬彝語

와 매우 흡사하다. 모두 *s-접두사를 갖고 있고 또 동사의 淸濁別義가 있다. 緬彝語의 淸濁別義의 기원은 사동화 *s-접두사이다. 이에 상고한어의 淸濁別義 역시 *s-접두사로부터 기원하였다." 아울러 그는 일부 동사쌍의 음운재구를 하였는데, 여기서는 본서와 관련이 있는 '敗', '斷', '折'을 인용하여 소개한다.

자동사			사동사			
敗	*brads	自破	*s-b	> *s-p	> *prads	破他
斷	*duanX	絕也	*s-d	> *s-t	> *tuans	斷絕
折	*dĵat	斷也	*s-dj	> *s-tj	> *tjat	拗折

다시 말해서 상고한어의 淸濁別義는 자동과 사동을 구분했던 것이고, 藏緬語와의 비교를 통해 조기의 사동태 접두사로 *s—를 찾을 수 있다.

한편, 비대격동사와 이에 대응하는 사동사 간에는 통사적 조작을 통해 형성이 되기도 하는데, 이것이 바로 '통사적 사동'이다. 여기에는, '傷', '亂', '止', '開/啓', '興', '起' 등이 있다. 이들 동사는 자동문과 사동문에서 그 형식이 동일하고 음운 상의 차이가 없다. 이러한 원인은 바로 使動態가 일종의 동사의 통사 및 특질(物性, qualia)[10]을 승격시켜주는 '통사적 도식(syntactic schema)'을 생성하기 때문이다(洪波(2009)). 이로써 급물성 확장의 형태식이 급물성 확장의 통사식을 파생해 낸 것이다. 사동식의 통사적 도식의 생성은 분명 사동태 접두사 *s-가 예측성은 높으나 정보량이 낮기 때문에 이로 인해 점차 소실되어 갔고, 대신 총체적인 통사구조가 사동태 접두사 *s-의 기능을 대체함으로써 이루어졌다고 볼

---

10) [역주] '특질'이란 어휘의미론의 용어로, 사물의 특성을 이해하는 방식을 말한다. 예를 들어, 이것을 통해서 '병원'이란 단어가 왜 기관이나 건축물로 이해되고, '창문'이란 단어가 왜 '틈, 물체'로 이해되는지를 해석할 수 있다.

수 있다.

"표층에서 쉽게 예측이 가능한 형태성분은 표층에서 쉽게 예측되지 않는 형태성분에 비해 훨씬 더 쉽게 소실되는 경향이 있다.(Morphological material which is predictable on the surface tends to be more susceptible to loss than morphological material which is not predictable on the surface.)"(Kiparsky(1982:67)에서 인용).

본서의 비대격동사에 대한 고찰을 통해, 상고시기 사동태는 결코 생산적인 형태수단이 아니었음을 알 수 있다. 또한 방향동사 중, '去', '來', '入', '出'등은 그 자동사와 사동사가 다른 음운형식이 존재한 반면, '墮', '落'은 통사적 조작을 통해서 사동의 통사구조를 구성하였음을 알 수 있다. 따라서 사동태의 활약 시기는 분명 상고한어의 아주 이른 시기로 봐야 한다. 《經典釋文》, 《群經音辨》의 音注 자료로 봤을 때, 先秦한어에 잔존한 것으로 특히 형태현상과 관련이 있는 어휘는 주로 '飮', '食', '衣' 등 같은 기본어휘에 치중해 있다. 이것은 곧 형태는 기본어휘에서 가장 늦게 소실됨을 말해준다.

先秦한어 시기에, 원래 사동태 *s-접두사나 *-s접미사 등의 형태적 수단으로 표현하던 자동/사동의 구별은 음운의 차이로 나타나게 되었다. 그래서 '敗濁'류 같은 이러한 兩讀 동사는 어떤 경우엔 두 개의 어휘로 인식되기도 하고 어떤 경우엔 하나의 어휘로 인식되기도 한다. 그래서 北齊의 顔之推는 《顔氏家訓,音辭篇》에서 다음과 같이 말했다.

> 江南學士讀左傳, 口相傳述, 自爲凡例, 軍自敗曰敗, 打破人軍曰敗, 讀補敗反. 諸記傳未見補敗反, 徐仙民讀左傳, 唯一處有此音, 又不言自敗敗人之別. 此爲穿鑿耳. 강남 학사들의 〈좌전〉 공부는 입으로 전술하였기 때문에 자신들의 것을 규범이라 여긴다. 그래서 군대가 스스로 패배한 것도 敗라 하고, 상대의 군대를 패배시킨 것도 敗라 하며, 補敗反으로 읽는다. 여러 기록에서는 補敗反은 보이지 않는다. 서

선민이 〈좌전〉을 읽을 때, 유일한 한 군데가 이 발음이 있으나 역시 스스로 패한 것과 남을 패배시킨 것의 차이를 말하지 않고 있다. 이는 천착한 것일 뿐이다.

그런데 어떤 자동사와 사동사 간에는 독음의 차이만 있는 게 아니고 문자형식도 차이가 있다. 이로써 이른바 '동근어'를 구성하기도 한다. 예를 들어, '順'과 '馴', '訓'이 그러하다.

古藏語 동사의 사동식은 형태수단이란 한 가지 방식에만 국한되지 않고, 또 '우언법'도 채택하였다. 전자는 주로 동사 어근 앞에 접두사 *s-나 *b-를 부가하여 비사동사를 사동사로 변화시키는 것이다. 그리고 어떤 때는 聲母 교체의 방식을 사용하기도 한다. "사동사의 두 번째 구성방식은 동사 뒤에 '-par bjed' 또는 '-la du' 등을 부가하는 것이다." (馬學良(1991:165-166)).

先秦한어는 이른바 '우언법'으로 使成관계를 표현하기도 한다. 비대격동사에 대한 관찰 과정에서, 본서는 많은 동사들이 '어휘-형태식'을 사용하기도 하지만, 동시에 구체적인 사역어휘를 사용하여 使成관계를 외현적으로 나타내기도 하는 '우언법'도 사용하고 있음을 발견하였다. 예컨대, '敗', '入', '懼', '怒' 등은 대개 어휘-형태 使成式을 구성하나 소량의 '우언법' 使成式도 발견되고 있다. 예컨대 다음과 같다.

(1) 式遏寇虐, **無俾正敗**. (《詩經, 大雅, 民勞》) 도적과 포학한 자를 막아 정도가 패하지 않도록 하라.

(2) 朱儒朱儒, **使我敗於邾**. (《左傳, 襄公, 04, 940》)(朱儒야, 朱儒야, 우리나라를 邾나라에 패하게 만드는구나!

(3) **苟使我入獲國**, 服冕乘軒, 三死無與. (《左傳, 哀公, 15, 1694》) 나로 하여금 들어가 나라를 얻게 해준다면, 면복을 입게 하고 헌거를 타게

해주며 세 번의 죽을죄를 면하게 해주겠다.

(4) 甚者舉兵以聚邊境而制斂於內, 薄者數內大使以震其君, **使之恐懼**, 此之謂四方. (《荀子, 八姦》) 심하게는 큰 나라의 군대를 변방에 모이게 하여 그 나라 안까지 제압한다. 약하게는 큰 나라의 사신을 자주 받아들여, 군주의 마음을 흔들되 그로 하여금 두렵게 하는 것이다. 이것을 사방이라 한다.

(5) 寡君不佞, 不能事疆場之司, **使君盛怒**, 以暴露於弊邑之野, 敢犒輿師. (《國語, 魯語上》) 우리 임금이 재주가 없어, 귀국의 국경 관리를 섬기지 못해, 귀국 임금을 매우 노하게 만들었고, 우리나라의 들에서 볕을 쐬고 이슬을 맞게 했으니, 감히 군대를 위로합니다.

(6) 鱉於何有? 而**使夫人怒**也! (《國語, 魯語下》) 그깟 자라 구하는 게 뭐라고 부인을 노하게 만들었는가!

(7) 自幽王而天奪之明, **使迷亂棄德**, 而卽惛淫, 以亡其百姓, 其壞之也久矣. (《國語, 周語下》) 유왕으로부터 하늘이 총명함을 빼앗아서 어지럽게 하며 덕을 버리게 하고, 음탕한 데에 나아가게 해서 그 백성들을 잃게 하였으니, 그 파괴시킨 것이 오래되었도다!

(8) 我以墨子之'非樂'也, 則**使天下亂**. (《荀子, 富國》) 나는 묵자가 음악을 부정하는 것이 천하를 어지럽게 만든다고 여긴다.

동일 동사가 어휘-형태 사성식과 우언법 사성식에 사용될 때 각각 어떠한 차이가 나타나는지에 대해서는 본서에서는 아직 연구가 미진하다. 위의 예를 통해 보면, 우언법 사성식의 치사자 논항은 대부분 '원인'이다. 그런데 비대격동사 통사기능에 대한 개별 동사 연구에서 우리는 어휘-형태 사성식의 치사자 논항이 행위주에만 국한되지 않고, 도구나 자연력, 원인도 존재함을 언급한 바 있다. '**우언법**'과 형태식은 일종의 파생의 관계가 존재한다. 이것은 또한 기타 언어에서도 유사한 현상이 발견되고 있음을 통해 증명된다. 예를 들어, Mixtec어에서, 독

립적인 사역동사로 sáʔà도 있고 또 사동접두사인 sá, s-가 있다. "사동
접두사 두 가지와 사역동사는 아마도 역사적인 관련성이 있어 보인
다."(Song(2001:278)).

(9) Mixtec
　　sáʔà　　　hà　　nà　　kee.
　　CAUS　　NR　OPT　eat
　　'Make him eat.'　　　　　　　　　　　(Song(2001:279)에서 재인용함)

(10) Mixtec
　　s-kée
　　Cp-eat
　　'Feed him.'　　　　　　　　　　　　(Song(2001:279)에서 재인용함)

Wolfenden(1929)이 藏語의 접요사 -s-를 분석할 때의 구상에 근거하
여, 洪波(2009)는 "周秦한어 내의 *-s₃가 이러한 기능에 있어서 藏語의
-s와 매우 유사하다."라고 보았다. Wolfenden(1929)은 藏語의 접요사
-s-를 분석할 때 일찍이 다음과 같이 언급한 바 있다.

> "藏文의 접미사 -s의 최초의 기능은 아마도 동사 어근이 표시하는
> 상황 혹은 상태의 일반적인 방향을 나타내는 것이거나 혹은 목적어의
> 방향을 나타내는 것이다. 즉 동작 행위의 작용 하에 직접적인 목적어가
> 간접적인 목적어를 향하거나 위하는 것이었다. 그러다가 나중에 이 -s-
> 접미사는 이러한 기능의 기초 위에 급물화나 사동화 표지 기능이 발전
> 해 나왔다.(洪波(2009))"

Song(1996)은 사성구조의 유형을 COMPACT, PURP(목적 관계의 절
구조)와 AND(병렬관계 절구조)의 세 가지로 나누었다. 그리고 Comrie
(1981)가 말한 어휘형과 형태형의 사성식을 모두 COMPACT유형에 넣

었다. '오늘의 형태는 어제의 통사'라는 원칙에 입각하여, 그녀는 사동 접사와 PURP를 포함한 비사성성분 간에는 결코 우연한 연관성이 존재하지 않으며, 후자는 분명 사동접사 파생의 형식적 기원이라고 보았다. 이렇게 하여 Wolfenden(1929)의 이른바 '방향'의미를 확정하였다. 갑골문 이전의 한어 문헌이 존재하지 않기 때문에, 우리는 PURP형의 사성구조와 사동태 접사 간의 원류 관계를 찾을 수는 없다. 그러나 Wolfenden(1929)과 Song(1996)의 연구는 현재의 상고한어의 관련된 통사 - 형태 문제를 새롭게 인식하는데 있어서 다음과 같은 유익한 계발을 제공하고 있다.

첫째, 급물동사의 사동화 문제. 앞에서 이미 언급했듯이, 상고한어 역시 급물동사가 사동태 접미사 -s에 의해 사동화하는 현상이 있다. 그 전형적인 예는 '飮', '食' 등이다. 급물동사의 사동화는 사실상 통사 층위에서 하나의 여격 논항을 추가하는 것이다. 이것은 불급물동사의 사동화가 하나의 원인(causer)논항이 생기는 것과는 다르다. 이것은 일종의 의미역 첨가구조라 할 수 있는데, 즉, 사격 파생 표지 $^*-s_3$와 관계된 것이다. 이러한 급물동사의 사동화 현상을 통해서 방향의미에서 사동의미로 가는 과도적 현상을 볼 수가 있다. 또는 사동화의 등급 시스템에 근거할 때, 언어 중 급물동사가 형태를 통해 사격논항이 증가할 수 있을 때, 불급물동사 뒤의 原방향의미 접사가 이미 사동 접사의 기능을 획득하게 되는 현상을 볼 수도 있다.

둘째, 동사 범주의 문제. Comrie가 말한 "사성식 중 被使者 논항의 격부여 등급의 개괄"과 관련하여, Song(1996)은 의문을 제기한 바 있다. 나아가 그는 사동화는 사실상 언어 중 동사 논항의 구조적 요구라고 보았다. 언어에서 일반적으로 동사는 기껏해야 세 개의 논항을 갖는다. 그래서 쌍급물동사는 사동화가 불가능하며, 급물동사와 불급물동사는 사동화가 가능하다. 이렇게 사동태 접사 s- 역시 先秦한어 '논항부여

기능'의 허가라 할 수 있다. 본서의 비대격동사와 비능격동사에 대한 고찰에 따르면, 先秦한어의 비대격동사와 비능격동사 역시 모두 급물화 확장의 통사식이 있다. 이것은 사실상 사동태의 논항부여 기능과 일치하는 것이다. 이처럼 先秦한어의 동사 범주는 '급물성'을 이용하면 정확한 개괄을 할 수가 없고, 반드시 그 동사 범주에 보다 적합한 기준을 찾아야 한다고 말할 수 있다.

셋째, 상고한어 '動+名' 간 존재하는 '於'의 기원 문제. 비대격동사의 외부논항은 문장의 목적어로 실현될 수도 있고, 사격목적어로 실현될 수도 있다. 급물동사도 가끔 피동작주 논항이 사격목적어의 형식으로 출현할 수 있는데 그중의 사격목적어는 모두 전치사 '於'와 결합되어 있다. 이러한 통사 현상은 과연 사격 파생 표지와 관련이 있는 것인가? 전치사 '於'의 기본 기능은 처소를 표시하는 것이고, 그것의 원초적인 기능은 분명 방향의미를 지시하는 것이다. 그리고 '於'는 동사와 명사 사이에서 숨겨질 수도 있고 나타날 수도 있다. 그것이 숨겨질 때는 급물화 확장의 통사식이 되는 반면, 나타날 때는 어휘 자체를 통해 동작의 방향성을 표시하게 된다. 즉 사실상 문장을 위해 표층에 논항 하나를 추가시키는 것이어서, 일종의 어휘형 사격 파생 표지의 기능이라 할 수 있다. 현재까지 전치사 '于/於'의 기원과 관련하여 확실한 해석이 이루어져 있지는 않다. 다만, '于'는 사격 파생 표지 *-s$_3$와 확실히 동일한 기능을 갖고 있는데, 양자 간에 대체의 관계가 있는지에 대해서는 아직 더 연구가 필요한 상황이다. 문헌 가운데, '于'와 *-s$_3$접미사가 중복되는 용례가 소수 발견되고 있다. 이는 곧 당시에 이 둘 사이에 여전히 경쟁의 관계가 있어서 이렇게 중복 사용되어 나타났다고 볼 수 있다. 예컨대, 앞에서 언급했던 '于萬反'의 '遠'을 예로 들면 다음과 같다.

(11) 夫子以愛我聞, 我以將殺子聞, 不亦**遠於禮**乎? **遠禮**不如死. (《左

傳, 文公, 15, 612》) 부자는 나를 사랑하는 것으로 소문이 났는데, 나는
자식을 죽이는 것으로 소문이 났으니 이 또한 예를 멀리하는 것이 아
닌가? 예를 멀리하느니 차라리 죽겠다.

(12) **我遠於陳氏矣**, 且其違者, 不過數人, 何盡逐焉?(《左傳, 哀公, 14,
1684》) 나는 진씨를 멀리했으니, 또한 위반한 자는 몇 명에 불과하다.
어찌 진씨를 다 쫓아낼 수 있겠는가?

2. 피동태 문제

상고한어 피동태는 처음 《馬氏文通》에서 제기되었다. 그러나 馬氏
는 동사의 각도에서 이 문제를 언급한 것이지 통사구조의 형식을 가리
킨 것은 아니었다. 그는 라틴어의 문법 범주를 이용하여 《實字卷之四》
의 한 章에서 전문적으로 '受動字'를 논하고 있는데, 이것은 바로 동사
의 被動語態이다. 그는 6가지 '受動字'를 식별할 수 있는 방법을 제시
하였다. 여기에는 外動字 앞에 '爲……所……'가 선행하는 형식, 外動
字 앞에 '爲'가 선행하는 형식, 外動字 뒤에 '于/於'字가 전치사로 있는
형식, '見', '被'가 外動字에 첨가된 형식, '可', '足'이 外動字에 첨가된
형식, 外動字 단용식 등 6가지가 있다.

이후에 학자들은 통사의 각도에서 피동식을 논하기 시작했다. 예를
들어 王力의 《中國現代語法》(1985:57)에서는 "진술문에는 능동식과
피동식의 구분이 있다. (一) 술어가 서술하는 행위가 주어에서 나오는
것을 '능동식(主動式)'이라 하고…… (二) 술어가 서술한 행위가 주어
에게 베풀어지는 것을 '피동식'이라 한다.……"라고 하고 있다.

王力의 《漢語史稿》에서는 '개념상의 피동'과 '구조특징을 갖고 있는
피동식'을 구분하였다. 이중, '개념상의 피동'은 '可'자문 및 그와 유사
한 구조를 포함하고 있고, 또 일반 능동의 형식을 차용해 피동의 의미

를 나타내는 것을 포함하고 있는데, 이것은 피동식 밖으로 배제해야 한다. 그리고 진정한 피동식은 3가지가 있는데, '於'자문, '爲'자문, '見'자문이 그것이다.

楊五銘(1980)은 西周 金文에도 피동식이 있다고 주장한다. 그리고 唐鈺明, 周錫馥(1985)는 先秦 한어의 피동식 기원을 商代까지 끌어올렸으며, 그 구조적 표지사로 '于'를 들고 있다. 한편, 張玉金(2004:288)은 西周 한어의 피동문으로 "의미상 피동을 나타내는 문장"과 "'于'자 피동식"의 두 가지가 있다고 주장한다.

姚振武(1999)는 '于/於'字式, '見'字式, '爲'字式을 구조 특징으로 하는 고한어 피동식에 대해 하나씩 분석을 한 바 있다. 그 결과 그는 "'于/於'字는 결코 어떠한 피동의 정보를 갖고 있지 않았다. 그리고 '見'字式은 단지 '만나다, 당하다(遭遇)'의미 동사문의 일종일 뿐이고, '爲'字式은 단지 '爲'字 뒤의 동사성 성분이 지칭화하여, 피동작주 주어를 변환지시(轉指)하는 문장의 일부분이 되기 때문에, 모두 피동식의 구조특징으로 볼 수 없다."라고 하였다. 그래서 그는 先秦한어의 '피동작주 주어문' 계통을 '意念句', '遭遇義動詞句', '指稱句'의 3대 유형으로 나눌 것을 제시하였다. 그리고 이 관점은 대부분 학자들이 찬성을 하고 있다.

洪波(2009)는 형태와 통사 두 방면에서 周秦한어 피동태 문제를 토론하였다. 그는 姚振武(1999)의 글에 대해 진일보한 논의를 전개하여, 장기간 동안 광범위하게 인정받아왔던 피동표지 '見'은 '遭受'의미 동사로, '爲'는 '판단'의미 관계 동사로, '于'는 만능 전치사로 보았다. 周秦 한어에서 이른바 '피동식'이라 했던 것은 형태상의 구별도 없고, 통사상의 표지도 없어, 周秦 한어에서는 능동태와 피동태의 대립이 없다, 즉 周秦 한어에는 피동어태가 없다고 그는 결론 내렸다.

Keenan(1986), Keenan&Comrie(2007)[11]는 무엇이 진정한 피동인가

에 대해 일종의 '내포성의 관계'를 제시하였다. 만약 한 언어에 피동식이 있다면 이러한 격식은 基本格式이 있는데, 즉 행위주가 출현하지 않는 피동식인 것이다. 그리고 만일 어떤 언어가 非基本格式의 피동이 있다면, 분명 基本格式의 피동을 말할 수가 있다.

표지를 갖는 피동식에 대해서, 본서는 姚振武(1999)와 洪波(2009)의 관점에 찬성을 하여 상고한어에는 표지가 있는 피동식이 없다고 본다. 그렇다면, 상고한어 시기 표지를 갖지 않는 피동작주 주어문은 기본격식의 피동일까?

본서에서는 이미 급물동사의 '無표지 수동문'에 대해 분석을 한 바 있는데, 이러한 문형은 조건이 있어서 그것이 나타내는 것은 일종의 비대격현상이라고 본다. 이와 유사하게,《馬氏文通》,《漢語史稿》,《古漢語語法及其發展》에서 예로 든 '무표지 피동'의 전체 예문에 대해 3가지 상황으로 분류하였다. 그런데 그들은 모두 진정한 피동식이 아니다.

제1종 상황은 대구의 환경에 출현하는 것으로, 이는 화용적 수요에 의해 이루어진 '피동'이다. 예는 아래와 같다.

(1) 唇竭則齒寒, 魯酒薄而**邯鄲圍**, 聖人生而大盜起. (《莊子, 胠篋》) 입술이 없어지면 이가 시리듯이, 노나라 술이 시원찮자 한단이 포위되었고, 성인이 나타나자 대도가 일어났다.

(2) **昔者龍逢斬, 比干剖**, 萇弘胣, 子胥靡. (《莊子, 胠篋》) 옛날에 관용봉은 걸왕에게 목이잘려 죽었고, 비간은 주왕에게 가슴이 찢겨 죽었고, 장홍은 영왕에게 창자가 끊겨 죽었고, 오자서는 죽임을 당해 그 시신이 썩어 문드러졌다.

---

11) 이와 관련한 관점은 張敏선생(2007)이 南開大學에서 한 학술발표에서 참고한 것이다.

(3) 邑人又殺楊季主, **季主家上書人又殺闕下**. (《漢書, 遊俠郭解傳》) 읍인
이 또 양계주를 죽였고, 양계주의 가인이 글을 올려 고발했으나 그 역
시 궐 아래에서 죽었다.

　제2종 상황은 가상의 비현실문에서의 상황으로, 결코 세상에서 실제로
발생하는 동작을 실현하는 것이 아니다. 呂叔湘(1982:56-59)은 동작이
실제로 출현하지는 않고 단지 실현의 가능성만 있는 것으로, 사실상 일
종의 성질이라고 하였다. 즉, 가상 국면의 피동 개념은 진정한 피동식이
아니라는 것이다.

(4) **迫**, 斯可以見矣. (《孟子, 滕文公下》) 절박하다면 이에 만날 수 있을 것
이다.

(5) **若殆往而刑耳**. (《莊子, 人間世》) 만약 네가 가면 형벌을 받을 것이다.

(6) **諫行言聽**, 膏澤下於民, 有故而去, 則君使人導之出疆, 又先於
其所往, 去三年不反, 然後收其田里. (《孟子, 離婁下》) 간언이 시행
되고 진언이 받아들여져서 은택이 백성들에게 미치는 이가 이유가 있
어 임금 곁을 떠나게 되었을 때, 임금은 사람을 시켜 그가 국경을 넘도
록 인도해주고, 그보다 먼저 가서 안배를 해주고, 떠난 지 삼년이 되었
는데도 돌아오지 않으면 그때 가서 그 전록을 회수한다.

(7) 向使成安君聽子計, **僕亦禽矣**. (《漢書, 韓信傳》) 지난번에 성안군이
그대의 계책을 들었다면 나는 또한 사로잡혔을 것이다.

　제3종 상황은 동사가 비대격동사인 경우이다. 비대격동사는 피동식과
유사한 면이 있는데, 모두 피동작주가 주어이다. 다만, 양자가 다른 면은
비대격동사는 그 자체가 불급물동사인 반면, 피동식은 능동식의 파생형
식이라 동사 자체는 급물동사이다. 즉, 비대격동사문이 표현하는 것이
비록 일종의 피동 의미라 하더라도 결코 진정한 피동식이 아닌 것이다.

(8) **攻齊所以大破者**, 以其伐楚而肥韓魏也. (《史記, 范雎蔡澤列傳》) 제나라가 싸움에 크게 진 까닭은 초나라를 정벌하여 한과 위를 살찌운 데 있다.

(9) **不夭斤斧**, 物無害者, 無所可用, 安所困苦哉! (《莊子, 逍遙游》) 그 나무는 도끼로 찍힐 일도 없고, 그것을 해할 것도 없고, 아무 쓸모가 없으니 어찌 괴로워한단 말인가!

어떤 예는 두 가지 특징을 겸하고 있기도 하다.

(10) 行衢道者不至, **事兩君者不容**. (《荀子, 勸學》) 갈라진 길을 가려는 자는 어느 곳에도 이르지 못하고, 두 임금을 섬기는 자는 누구에게도 용납되지 못한다.

(11) 物格而後知至, 知至而後意誠, 意誠而**後心正**, **心正而後身修**, 身修而後**家齊**, 家齊而後國治, **國治**而後天下平. (《禮記, 大學》) 만물이 분석된 후에야 앎이 지극하고, 앎이 지극한 후에야 뜻이 정성스럽다. 뜻이 정성스러워야 마음이 바르고, 마음이 바르게 되어야 몸을 닦는다. 몸을 닦아야 집안이 가지런해지고, 집안이 가지런해져야 나라가 다스려진다. 다라가 다스려져야 천하가 태평해진다.

Dixon(1994:190)은 "피동의 전형적인 의미 성질은, 어떤 행위의 결과로서, 지칭하는 심층의 목적어 명사가 처한 상태를 주목하는 경향이 있다."라고 한다. 동사 시스템으로 말하자면, 비대격동사가 표시하는 것은 심층 목적어 명사가 처한 상태이다. 또는 비대격동사가 갖는 기능이 무표지 피동식의 출현을 억제하게 되었다고 할 수 있다. **상고한어에는 무표지 피동식은 존재하지 않는다.** 이른바 '意念피동문'은 기껏해야 일종의 '假피동(pseudo-passive)'일 뿐이다. 黃行, 趙明鳴(2004)는 다음과 같이 언급하였다.

"피동태는 적어도 漢藏語와 남아어에서는 발달하지 않았다. 이러한 언어에서 말하는 피동형태는 어떤 경우 행위주를 표지하기 위한 것일 수 있고, 어떤 경우엔 행위주의 관계로 인해 피동작주에게 유발된 어떤 상태를 표시하기 위한 것일 수 있다. 사동태는 OV형 소수민족 언어에서는 비교적 발달되어 있다. 이 외에도 交互態, 反身態 등이 있다."

사동태와 피동태는 언어 유형 면에서 아마도 배척 관계에 있는 것으로 보인다. 劉承慧(1999)는 意念피동은 구조規律과 관계가 밀접한 수사형식이지 결코 고정된 구조형식은 아니라고 보았다. 劉承慧(2006a)는 또 先秦의 동사 시스템은 '상태'와 '행위'의 대립이며, 이것이 통사적으로 표현되면, '상태문(表態句)12)'과 '비상태문(非表態句)'의 대립이라고 하였다.

제4절 어순 및 사격목적어의 실현

1. 어순

상고한어의 어순은 SVO를 위주로 한다. 그러나 또 통사성의 SOV어순13)도 존재하는데, 이는 劉丹靑(2004)이 상세히 설명하고 있다. 이 글에서 작자는 주어목적어 어순과 전치사의 어순유형이라는 두 가지 측면에서 先秦한어의 두 가지 유형학적 특징을 논증하였다. 그는 다음과 같이

---

12) [역주] 사물의 성질이나 상태를 나타내는 문장을 말한다. 술어는 대부분 형용사이다.
13) [역주] 여기서 말하는 '통사성의 어순'이란 화용적 목적을 위해 담화 공간에서 임시로 변환하여 만들어진 어순이 아니라 하나의 통사적 구조로 고정된 어순이라는 의미이다. 아래에서는 그래서 '통사화된 어순'이란 표현도 사용하고 있다.

언급했다. "절구조 측면에서 先秦한어는 SVO어순이 주류이지만, 순수한 SVO형은 아니고 SOV유형도 병존하고 있다. 그중 여러 가지 피동작주 전치는 **통사화된 어순으로**, 이는 현대한어의 화제구조 또는 '把'字文의 피동작주 전치와 다른 것이고, 또 모두가 초점과 관련된 것도 아니다. 전치사 분야에서 先秦한어는 물론 '전치사'가 주류이긴 하나 또 완전한 전치사 언어도 아니다. 전치사들이 대부분 **후치사 용법**도 있는데, 이는 전치사들이 동사에서 기원한데다, 당시에 여전히 통사성의 OV어순이 존재했던 것과도 관련이 깊다."

2. 탈대격화(去賓格化)

전치사는 특히 사격성분을 표지하는 주요 수단이다. 그 가운데 '於/于'는 주요 표지사가 된다. '於/于'로 유도되는 명사성분은 의미상 다양해서, 처소와 시간, 대상, 범위와 분야, 근거와 원인, 행위자 등의 목적어를 취한다(解惠全, 洪波(1988)). 일부 학자는 '於/于'가 피동작주를 취하는 기능도 있다고 한다(楊伯峻, 何樂士(1992:414-415)). 한편, 董秀芳(2006)은 "'於/于'는 의미상으로 봤을 때, 고한어 중 非피동작주성분의 표지로서, 이것으로 전형적인 피동작주 이외의, 동사와 관련된어떠한 명사성 성분도 취할 수 있다."14)고 본다.

---

14) [역주] 董秀芳(2006)에 따르면, '于/於'가 동사와 非賓語명사성성분 사이에 출현하기도 하는데 예를 들어 아래와 같은 예가 있다.
예) 三年無改於父之道.(《論語》)
위의 예와 같이 '于/於'가 이끄는 것은 전형적인 피동작주 성분이 아니다. 즉, '于/於' 앞의 동사의 동작성이 비교적 약하고, '于/於' 뒤의 명사성 성분의 구체성이 낮아, '于/於' 앞의 동사가 '于/於' 뒤의 명사성 성분에 주는 영향이 비교적 낮다고 본다.

상고한어에서는 非논항성분도 사격목적어로 실현될 수 있지만 동사의 필수논항성분도 사격목적어로 실현될 수 있다.

(1) **楚子使薳章讓於鄧**, 鄧人弗受. (《左傳, 桓公, 09, 125》) 초나라 왕이 원장을 보내 등나라를 책망했고, 등나라 사람은 이를 받아들이지 않았다.

楊伯峻注에는 "'讓於鄧'은 곧 '讓鄧'과 같다. '於'자는 필요 없으나 옛사람들은 이렇게 말하는 방식이 많았다(讓於鄧, 猶言讓鄧. 於字不宜有, 但古人多有此種語法)."라고 되어 있다.

'誅'와 '襲'은 전통 의미상 전형적인 급물동사이고, 그것의 필수논항은 사격목적어의 형식으로 출현할 수 있다. 이는 특히나 상고한어의 '통사적 급물성'과 '동사의 급물동사 여부'는 그다지 관계가 깊지 않다는 것을 말해준다.

(2) 諸侯不知, 其謂我不敬, 君**盍誅於祝固, 史嚚**以辭賓? (《左傳, 昭公, 20, 1415》) 제후들은 모르고 우리가 불경하다고 할 겁니다. 임금께서는 어찌하여 축고와 사은을 죽여 손님들에게 해명하지 않습니까?

이 예에 대한 杜預注는 "은과 고를 죽여 병문안 오는 이들을 사절하려고 한 것이다(欲殺嚚, 固以辭來問疾之賓)."라고 되어 있고, 孔穎達疏는 服虔의 설을 인용하여, '固'를 '固陋'로, '嚚'를 '嚚暗' 즉 인명이 아닌 것으로 해석했다. 그런데 또 孔穎達은《左傳, 莊公 32년》의 神降於莘, "虢公使祝應, 宗區, 史嚚享焉(괵공이 축응, 종구, 사은을 시켜 제사지내게 했다)" 중의 '史嚚'가 인명인 것을 들어서 이 예에서의 '史嚚' 역시 인명이라고 하였다. 이러하다면, '祝固, 史嚚'은 '誅'의 피동작주가 된다.《左傳, 昭公, 20》중의 '誅'의 피동작주가 사격목적어의 형식으로 출현한 것이 두 예 더 있다. 뒤의 두 예의 구체적인 인명은 출현하지 않았으나 앞의 문장으로 인해 생략된 것이다.

(3) 據與款謂寡人能事鬼神, **故欲誅於祝, 史**, 子稱是語, 何故? (《左傳, 昭公, 20, 1416》) 거와 관이 과인에게 귀신을 섬겨도 된다고 하길래, 축관과 사관을 죽이려고 했는데, 그대가 이 말을 한 것은 어째서인가?

(4) **君若欲誅於祝, 史**, 修德而後可. (《左傳, 昭公, 20, 1418》) 임금께서 축관, 사관을 죽이시는 것은 덕을 닦은 후에야 가합니다.

(5) 神曰: "無走! 帝命曰: '**使晉襲於爾門.**'" (《國語, 晉語二》) 신이 말했다. "달아나지 마라! 상제께서 '진을 시켜 너희나라 문을 습격해 들어가라.'고 했느니라."

"誅於祝固, 史嚚"의 '誅'는 동작동사이고, '祝固', '史嚚'은 구체적인 명사이다. 동사가 나타내는 동사 행위가 목적어에 대해서 직접적인 작용력과 비교적 큰 영향력을 갖고 있다. 이는 董秀芳(2006)이 정의한 전형적인 高급물의 술목구조에 속한다. 동사와 명사 사이에 '於/于'를 넣어 피동작주를 취하게 했는데, 이는 직접적인 목적어를 사격목적어로 강등시키는 것이다. Hasmalpath(2001)는 '價變(결합가의 변화)'을 토론할 때, 이를 이른바 '탈대격화'라고 하였다. 이러한 통사 현상은 특수성이 있다. 바로 "단지 일종의 피동작주의 배경화 범주일 뿐이지 피동작주의 제거 범주는 아니다." 전형적인 피동작주가 사격목적어로 실현되는 예는 先秦에 매우 적으며, 대부분이 '미완료사건'으로 제한된다(高迎澤(2011))[15]. 이러한 통사적 처리는 분명 일종의 화용적인 요구이다. 완료사건

---

15) [역주] 高迎澤(2011)은 杉田泰史(1998)의 〈좌전〉 '급물동사+于+목적어'에 대한 연구를 인용하면서, 이러한 경우는 '~하려고 하다', '~하기 시작하다', '~하고 있다' 등의 미완료를 나타내는 것이라 한다.

에 출현하는 전형적인 예는 다음과 같다.

　(6) 臣誅於揚干, 不忘其死. (《國語, 晉語七》) 신이 양간을 꾸짖었는데 신
　　　의 죽을 죄를 잊지 않고 있습니다.

이 일은 《左傳》에 다음과 같이 기록되어 있다.

　(7) 晉侯之弟揚干, 亂行於曲梁, 魏絳戮其僕. 晉侯怒, 謂羊舌赤曰:
　　　"合諸侯以爲榮也, **揚干爲戮**, 何辱如之? 必殺魏絳, 無失也."
　　　《左傳, 襄公, 03》) 진후의 아우 양간이 곡량에서 행군을 어지럽혀, 위강
　　　이 그의 종을 죽였다. 진후가 노하여 양설적에게 말했다. "제후를 규합
　　　한 것은 영광스러우나 양간이 욕된 것은 어느 욕이 그만하겠는가? 반
　　　드시 위강을 죽일 것이니 실수가 없어야 한다."

　동일 사건인 '魏絳이 揚干의 종을 죽인 사건'을 《左傳》에서는 '揚干
爲戮'으로 되어 있다. 이는 사실 '臣誅揚干(신이 양간을 꾸짖다)'이며,
《國語》에서는 '臣誅於揚干'을 사용함으로써 '揚干'을 사격목적어로
내리고 행위자인 '臣'을 부각시키고 있다. 즉, "臣이 죄가 있으니 신이
마땅히 죽어야 한다."라고 부각시킨 것으로 여전히 화용적인 요구로 볼
수 있다.16)

　많은 학자들은 藏語의 여격 표지 또는 향격(向格) 표지 la가 직접적인 목
적어를 표지하는 상황에 주목하고 있다(Vollmann(2008:37-43)). 'touch',
'call', 'eat' 등의 동사는 유럽 언어에서는 순수한 급물모델의 동사이나,
藏語에서는 la를 사용할 수 있는데, 이는 곧 특정한 목표(GOAL) 기능

---

16) '臣誅於揚干'은 양간의 죄를 물어 죽인 것이라 '죽이다. 꾸짖다'모두 가능하다고
　　본 것이다.

을 한다.

Jäschke(1865)는 일찍이 藏語에서 어떤 경우엔 "여격이 원래 목적어로 실현되어야 하는 기능을 갖추기도 한다."고 언급하였다. 그리고 Bell(1919)은 藏語의 일부 동사의 목적어가 la의 형식을 가질 수도 있지만 la를 갖지 않을 수도 있어 이른바 '절대격(通格)'의 형식으로 출현한다고 보았다. 예를 들어, 영어의 'He beat me(그는 나를 때렸다)'는 'khos nag la(또는 nga) brdungs song.'이 될 수 있다는 것이다.

藏語 중 曼尼普爾語의 -də(변이형 -ŋongdə)는 동작의 간접적인 관련성을 받는 어떠한 사물이든 표지할 수 있는데, 예컨대, 목표, 근원, 경험자, 피동작주, 수혜자 등이 있으며 처소도 표지할 수 있다(Dixon (1994:29)).

王志敬(2009)은 藏語의 목적어와 보어는 동일한 형식인 "N+la/su+V"에 출현할 수 있으며, 이들을 쉽게 구분하기 어려운데, 그중 보어 형식으로 출현하는 것은 일종의 화용적인 고려라고 주장한다. 예컨대 다음과 같다.

(8) potala   la   phyagvtshal   (向布達拉行禮)
    布達拉   受格   行禮

(9) btshanpo la   phyagvtshal   (向贊普行禮)
    贊普   受格   行禮

(10) vbngs   su   phyagvtshal   (向庶民行禮)   (王 69)
    庶民   受格   行禮

예(8)의 처소명사 '布達拉'는 목적어이다. 그러나 (9)와 (10)의 指人명사인 '贊普'와 '庶民'은 모두 보어로 우리가 말하는 '사격목적어'와 유사하다. 王志敬은 (9)와 (10)의 보어 'btshanpo'와 'vbngs'는 모두 화용상으로 해석할 수 있다고 한다. (9)의 'btshanpo'는 항상 'phyagvtshal

(예배)'를 받아 목적어가 된다. 동시에 'btshanpo'의 신분으로 외국 황제에게 예배하는 것 또한 많이 보인다. 그리고 (10)의 'vbngs'는 항상 'btshanpo' 등의 관리에게 'phyagvtshal(예배)'를 한다. 그러나 결코 이들이 'phyagvtshal(예배)'될 가능성도 절대로 배제할 수는 없다.

통사형식으로 볼 때, 상고한어에서 이렇게 피동작주가 사격목적어로 실현되는 통사 표현 형식은 '반피동태형식(反被動態形式, anti-passivitive)'과 유사하다. 반피동태형식이란 원래의 급물동사문이 통사적 기제를 통해 그 행위주를 절대격(通格)으로 강등시키고, 피동작주를 여격으로 실현시키는 것인데, 이는 행위주를 강조하고 피동작주를 배경에 위치시키기 위한 것이다. 藏語는 피동태도 없고 당연히 반피동태형식도 없다. 마찬가지로 상고한어의 이러한 통사 처리는 분명 반피동태의 동기와는 서로 상충된다.

(11) 君子雖貧, 不粥祭器. 雖寒, 不衣祭服. 爲宮室, **不斬於丘木**. (《禮記, 曲禮下》) 군자가 비록 가난하더라도 제기를 팔지 않으며, 춥더라도 제사 옷을 입지 않으며, 집을 짓기 위해 무덤가 나무를 베지는 않는다.

(12) 有事於山, 藝山林也. 而**斬其木**, 其罪大矣. (《左傳, 昭公, 16, 1382》) 산에서 제사를 지내면 산림을 길러야 한다. 그 나무를 베면 그 죄가 크다.

앞의 예는 분명히 행위주 주어가 생략되었다. 그런데 행위주를 돌출시키는 반피동태는 분명 행위주 주어를 생략하지는 않는다. 탈대격화는 형식적으로 반피동태와 유사하다. 그러나 탈대격화는 임시적인 화용상의 처리이기 때문에, 엄격한 통사적인 기제는 아니다. 따라서 先秦한어에는 진정한 반피동태는 존재하지 않는다. 탈대격화는 결코 범언어적인 보편성을 갖지는 않는다. 이러한 범주를 갖는 언어 역시 매우 엄격한 어휘제약이 있는데, 先秦한어와 藏語는 바로 이러한 면에서 유사하며 이는 결코 우연이 아니다.

Dreyer(1986)는 통사기능 상, 주요목적어(primary object, PO)와 부차적 목적어(secondary object, SO)의 쌍이 존재하며 이는 직접목적어/간접목적 쌍과의 비교를 통해 보여줄 수 있다고 한다. 만약 한 언어의 쌍급물동사의 개념상의 간접목적어(목표, 수혜자 등)가 통사 또는 형태상 단급물동사의 개념상의 직접목적어(피동작주, 객체 등)와 동등하게 취급된다면, 이 언어는 PO/SO를 구분하는 언어이다.

先秦한어는 바로 이 점에 있어서 혼합형의 특징을 보여준다. 즉, PO와 SO로 구분하기도 하고, 또 DO(direct object)와 IO(indirect object)로 구분하기도 한다. 한편으로, 단급물동사의 피동작주 또는 객체가 직접목적어로 실현되기도 하고, 또 사격목적어로 실현되기도 한다. 다른 한편으로, 쌍급물동사의 간접목적어는 단급물구조에서 직접목적어로 실현되기도 하고 또 사격목적어로 실현되기도 한다. 즉, **쌍급물동사의 간접목적어와 단급물동사의 직접목적어가 통사적으로 동일하게 취급된다는 것이다.** 예를 들어, '言說'의미의 동사 '告'는 상고한어에서 쌍급물동사인데, 이것의 여격 논항은 단급물동사에서는 직접목적어로 실현되기도 하고 또 간접목적어로 실현되기도 한다.

(13) 十二月, 盧降. **使國勝告難於晉**, 待命於淸. (《左傳, 成公, 17, 900》) 12 월에 盧가 항복하였다. 국승을 시켜 진에 환난을 알리게 하고 淸땅에서 명을 기다렸다.

(14) **樂祁告其宰陳寅**. (《左傳, 定公, 06, 1558》) 악기가 그의 가신 진인에게 알렸다.

(15) 文子使**告於趙孟**曰. (《左傳, 定公, 14, 1595》) 문자는 사람을 시켜 조맹에게 알리게 하여 말했다.

제**5**절 상고한어의 언어 유형 상황

1. 藏語의 사동태 접두사 *s-와 언어유형 간의 관계

1.1 무엇을 '능격언어'라고 하는가?

언어의 유형상, 藏語는 일종의 능격(ergativity)언어이다. 능격언어는 대격언어와 상대되는 말이다. 만약 한 언어가 통사적으로 급물동사의 행위주A와 불급물동사의 주어S를 함께 처리하고, 급물동사의 피동작주 O에 대해서는 따로 처리한다면, 이는 주격/대격언어에 해당한다. 만약 불급물동사의 주어S와 급불동사의 목적어O를 함께 처리하고, 급물동사의 행위주A에 대해서는 따로 처리한다면 이는 능격/절대격(通格, ab-solutive)언어가 된다. 즉 다음과 같다.

NOM(주격)	A(행위주)	ERG(능격)
	S(주어)	ABS(절대격)
ACC(대격)	O(목적어)	

표 9.1

예를 들어 Basque어나 오스트레일리아어 중 Dyirbal 같은 능격언어 의 경우, 통사상으로 형태표지가 있다. 그래서 급물동사의 주어 위치에 는 능격표지가 있으나, 불급물동사의 주어와 급물동사의 목적어는 표지 가 없고 모두 절대격 형식이다. 예를 들어, Dyirbal어는 아래와 같다.

(1) ŋuma   banaga-n$^\gamma$u
    father+ABS   return-NONFUT
    'father returned' 아빠가 돌아왔다.

(2) yabu   banaga-n^yu

    mother+ABS   return-NONFUT

    'mother returned' 엄마가 돌아왔다.

(3) ŋuma   yabu-ŋgu   bura-n

    father+ABS   mother-ERG   see-NONFUT

    'mother(A)   saw   father(O)' 엄마가 아빠를 봤다.

(4) yabu   ŋuma-ŋgu   bura-n

    mother+ABS   father-ERG   see-NONFUT

    'father(A)   saw   mother(O)' 아빠가 엄마를 봤다.

(Dixon(1994:10)에서 재인용-)

1.2 藏語는 능격언어이다.

藏語를 능격언어로 넣는 이유는, 급물동사의 행위주 뒤에는 능격표지 gis가 있고, 목적어와 불급물동사의 주어는 표지가 없는 절대격형식이기 때문이다. 예를 들어 다음과 같다.

(1) me long   chag go/   tshe ring gis   me long   bcag   go/

    mirror   broke-FIN   Tshering-AG   mirror   broke-FIN

    'The mirror broke.'   'Tshering broke the mirror.'

(Vollmann(2008:140)이 Herforth(1989:79)를 인용한 것임)

영어의 비대격동사 break는 藏語의 상술한 상황과 유사하다.

(2) Pat broke the window. Pat이 그 유리창을 깨뜨렸다.

    The window broke. 그 유리창이 깨졌다.

그러나 영어는 전형적인 '주격/대격'언어이다. Dixon(1994:52)에 따르면, "어순은 화용이나 문법적 기능으로 인해 채택되는 것이다. 그래서 단지 성분의 순서만을 근거로 한 언어를 능격이라고 볼 수는 없다."고 한다.

"독일어는 심지어 형태구조상으로 사동과 결과 범주의 동사쌍을 구분한다. 예를 들어, fallen-fällen('fall-chop(자르다)'), sehen-ansehen('see-look at'), sitzen-setzen('sit-put'), liegen-legen('lie-put') 등이 있다. 사실상 모든 언어는 사동과 결과동사를 구분하는 어휘가 있다. 그러나 영어와 독어에서의 이러한 현상은 단지 어휘현상일 뿐이다. 즉, 어떤 상황에서 동사 접두사 의미의 부산물 정도이지 체계적인 지위를 갖고 있는 것은 아니라는 것이다. 이를 판단하는 근거는 두 가지이다. 첫째는 '하나의 형태규칙으로서 이러한 차이를 명확하게 구분하는 동사쌍의 수량'이고, 둘째는 '통사에서 중심적이고 체계적인 지위를 갖추고 있는가의 여부'이다."(Vollmann(2008:288)에서 인용함)

모든 藏語 방언에는 많은 동사들이 사역동사와 결과동사의 형태적 대립이 존재한다(주로 유기/무기나 淸濁의 대립). 이러한 동사형식은 모두 능격표지가 있는 참여자를 갖고, 의지는 동사형식과 조동사를 통해 표현된다(Vollmann(2008:233)). 확실히, 藏語는 이러한 두 가지 동사를 구분하는 형태적 기제를 갖고 있는데, 이것이 바로 사동접두사*s-이다. 위의 예에서 자동사 chag과 사동사 bcag이 서로 대립하고 있다.[17] 이 두 가지 동사를 구분하는 형태적 기제가 있고, 게다가 이것과 관련된 것으로 또 참여자가 능격표지를 갖고 있으니, 이는 바로 문법적으로 구별적인 중요 지표를 갖추고 있는 것이다. 즉, 이것은 藏語를 능격형 언어로 귀속시킬 수 있는 형식표지인 것이다.

---

17) 현대의 중부 藏語에서, 자동사 chag과 사동사 bcag의 대립은 음운상으로 무기/유기로 나타난다. 그리고 이와 대응하는 서면 藏語는 sgrol/grol이 있다.

1.3 藏語의 능격 표지와 사동태의 관계

藏語는 형태언어로 그 격표지 체계는 주로 AG(행위주), ABS(절대격), EXP(경험자)의 세 가지 의미격으로 구성되며, 그 외에 ERG(능격)과 ALL(향격)이라고 하는 두 가지 형식표지를 갖는다. 그리고 ERG(능격)과 ALL(향격)의 강제성 표지인 행위주와 경험자 의미역은 행위주와 경험자라는 것이 확실할 경우엔, 그 표지의 사용 여부가 선택적이다.

藏語의 능격표지는 비교적 복잡하다. 방언마다 다른 표현이 있는데, 여기서는 Vollmann(2008:221-249)를 근거하여 일부 藏語의 능격 분포 상황을 언급하고자 한다.

서면 藏語: 본표는 Vollmann(2008:226)이 Haller(2005:47)을 인용한 것을 근거하는데, 그중 c=controllable verb(自主動詞)이고, nc=non-controllable verb(非自主動詞)이다. E=ERG, A-ABS, D=DAT이다. 예컨대, 'cEA'라면, 이는 '능격 - 절대격 표지 모델을 채택한 자주동사'이다. 나머지는 이와 같은 방식으로 한다.

自主動詞		非自主動詞	
통사모델	동사 수량	통사모델	동사 수량
cA	46	ncA	114
cEA	95	ncEA	34
cEDA	72	ncAD	41
cED	13	ncDA	18

표 9.2

Kyirong 방언(중서부 藏語에 속함): 본표는 Vollmann(2008:234)이 Huber (2002:74)을 인용한 것을 근거한다.

동사 유형	미완료	완료
1가 自主동사	ABS	ERG 또는 ABS
1가 非自主동사	ABS	ABS
2가 自主동사	ABS 또는 ERG	ERG 또는 ABS
2가 非自主동사	ABS 또는 ERG	ERG 또는 ABS
3가 自主동사	ABS 또는 ERG	ERG 또는 ABS

표 9.3

라싸 장어(중부 藏語에 속함): 본표는 Vollmann(2008:237의 표9)를 근거한 것이다.

동사 의미		대표 동사	격표지 모델
피동작주에 직접적인 영향이 있음	결과의 포함	kill, break, bend	능격 - 절대격
	결과의 불포함	hit, shoot, kick, eat	
감지 동사	피동작주를 다소 많이 획득	see, hear, find	능격 - 경험자
	피동작주를 적게 획득	listen, look	
추구의미 동사		search, wait, await	
인지 의미 동사		know, understand, remember, forget	능격 - 절대격
감정 동사		love, like, want, need	절대격 - 경험자
관계 동사		possess, have, lack, resemble	절대격 - 경험자
능력 동사		capable, proficient, good	절대격 - 경험자

표 9.4

德格語(동부 藏語에 속함): 본표는 Vollmann(2008:239의 표11)를 근거한 것이다.

동사류	+c/+TR	−c/+TR	+C/−TR	−C/−TR
동사예	sbyar	shor	skor144	skyug
의미	stick	lose	turn	vomit
격표지	ERG	ERG	ERG	ABS

표 9.5

Themchen어: 본표는 Vollmann(2008:241의 표13)를 근거한 것이다.

동사류와 격표지	MILA 藏語(서부 藏語)		THEM 藏語(동북부 安多방언)	
	백분율	동사수량	백분율	동사수량
自主동사 + 능격	42.55%	180	41.77%	198
自主동사 + 절대격	10.87%	46	14.56%	69
非自主동사 + 능격	9.69%	41	4.22%	20
非自主동사 + 절대격	36.88%	156	39.45%	187

표 9.6

藏語 중 가장 서부 쪽의 Balti어 운동동사의 주어는 절대격이고, 능격은 급물의 自主동사만으로 국한된다. 이 방언은 自主동사와 非自主동사를 구분하는데, 전자는 능격 주어를 갖고 있고, 후자의 주어는 절대격을 갖는다.

拉達克어의 격표지는 통사적 모델에 의해 결정 된다기보다, 의미에 의해 결정된다. 衛藏방언도 3개의 주요 격표지 간의 의미값으로 나타난다. 그런데 Ladakhi어와 衛藏방언 간의 차이점은 격의 游移性으로 나타난다. 이 두 방언의 차이는, 衛藏방언이 격표지에 점점 더 많이 의존하여 구별을 하고, 경험자 주어구조에서 능격 – 절대격, 절대격 – 절대격 구조를 더 선호한다는데 있다.

서부 藏語의 Drokpa방언에서, 절대격은 비능동적인 사람이나 사물에 사용된다. 그리고 급물동사 그리고 더 소량의 불급물동사와 함께 동반되는 것은, 능격표지가 강조의 초점행위 참여자에 놓여 있는 사건구조에서만 사용된다는 것으로, 이로써 능격의 ERG는 游移性이 있다.

藏語 중 네팔어의 일부인 Sherpa어는 남부 히말라야어 변이형의 예로 사용될 수 있다. 그것의 격표지 체계는 전형적으로 여격표지 목적어를 사용하는 분열 능격 모델을 갖는 것으로 묘사된다.

즉, 藏語의 능격성은 고도의 변이적 현상이다. 이는 다음과 같은 특징이 있다.

1) 격표지와 능격표지의 사용에 있어서 방언 간에 차이가 존재한다.
2) 일부 문맥에서는 능격표지는 임의적이다(유동적인 S표지).
3) 능격표지는 相과 관련이 있다.
4) 어떤 상황에서는 능격표지가 '불급물' 동사에 사용될 수도 있다. 예컨대, go가 있다.
5) 일부 문맥에서는 일종의 의지성 표현일 수 있다.
6) 능격표지는 또 큰 범위로 비행위주역에 사용될 수 있다. 예를 들어, 경험자 주어가 그러하다.
7) 일부 문맥에서 이것은 하나의 강조 표지가 되기도 한다.
8) 능격과 동사 간에는 문법상의 일치가 존재하지 않는다. 그러나 주어는 제1인칭이고, 의지성이 있는 동사 범주는 의미상 능격과 상호 영향을 준다.

능격표지의 사용으로 볼 때, 藏語는 전체적으로 보면, 일종의 '의미 능격형 언어'이지, 통사 능격형 언어는 아니다. 다시 말해서, 능격표지의 사용은 주어의 의미와 관련이 있고, 모든 주어가 다 무조건적으로 능격표지를 갖는 것은 아니다.

藏語의 모든 방언의 의지성이 있는 행위주는 능격표지를 갖기도 한
다. 그러나 역사적으로 AG(행위주) 경향의 동사형식과 PAT(피동작주)
경향의 동사형식으로 양분되는 형태표지범주는 능격 표지에서 하나의
주요 의미 역할을 하고 있다. 그리고 동사 형식의 복잡성과 비교해볼
때, 격표지는 일종의 부차적인 현상일 뿐이다(Vollmann(2008:249)).

한편, 藏語의 '사동기능'이 있는 문장 가운데서 이와 유사한 S=O의
생략을 발견할 수 있다. 즉, CAU/RESL의 동사 시스템은 결과적으로
藏語의 능격 표지에 대해 결정적인 작용을 하였는데, 그것은 바로 사동
사가 확실히 행위주의 의지성 및 동작의 제어가능성을 표현하기 때문
이다.

2. 상고한어 언어 유형의 경향: 의미 능격형 언어

종합하자면, 상고한어는 통사 – 형태상의 표현이 '過渡型 언어'의 특
징을 충분히 보여주고 있다. 먼저, 어순에서는 SVO가 주류이나, 통사상
의 OV어순도 겸하고 있다. 그리고 통사 기능상 PO/SO의 구별 또
DO/IO의 구별도 겸하고 있다. 동시에 통사 – 형태적으로 藏語와 고도
의 유사성을 보여주고 있는데, 조기에는 s-접두사로 자동과 사동을 구
분하여 서방 언어의 급물성 범주로는 동사 귀납을 할 수가 없다. 또한
形態型의 급물 확장 모델이 있고, 명사성 성분, 특히 주어가 통사상 비
강제적으로 출현하며, 피동태와 반피동태는 존재하지 않는다.

상고한어의 상술한 통사 – 형태상의 특징은 최종적으로 동사 범주로
귀결해야 한다. 실제로 藏語의 능격 현상이 매우 복잡하기 때문에, 언
어학자들은 藏語의 동사 범주 문제로 방향을 돌려 토론하고 있다. 그리
하여 Tsunoda(1985)는 일찍이 급물성을 가지고 藏語의 동사를 분류하
였는데, 아울러 능격 표지와 연관 짓기도 하였다. 藏語에서 능격 표지

가 있는 것은 高급물동사이다(kill, break, bend, hit, shook, kick, eat).
그리고 감지동사 역시 능격 표지를 갖고 있다(look, listen). 설사 비의지
성의 감지동사라도 역시 가능하다(see, hear). 이와 유사한 것으로는 또
추구의미 동사(search, pursuit), 인지 동사(know, understand, remember,
forget)가 있다. 그러나 감각동사, 관계동사, 능력동사는 능격 표지가 없
다. 그런데 이러한 분류는 다음과 같은 문제에 봉착해 있다.

> "藏語 중의 능격 표지는 유동적이어서 생략이 가능하다. 능격과 절
> 대격의 선택은 아직 相(분열의 능력)에 의지하여 선택해야 한다. 동사
> 는 능격과 절대격 모델 간 변환이 가능하다(즉, CAUS/RES의 구분). 게
> 다가 藏語에는 의지성과 비의지성을 나타내는 조동사가 있고, 이에 의
> 지성 동사와 비의지성 동사 간에 상호 변환이 가능하다."

다시 말해서 藏語의 동사분류는 통사 기준으로 설정할 수가 없다는 것이
다. Vollmann(2008)은 藏語의 동사를 CAUS/RES(사동/결과)로 분류하
였다. 이는 또한 自主와 非自主 동사의 두 유형으로 불리기도 한다
(Bielmeier & Zeisler(2004)).

본서의 토론에 따르면, 상고한어의 동사 범주는 급물성으로 관찰할
수 없다. 동사는 모두 형태나 통사 모델을 통해 급물성을 획득할 수 있
다. 다만, 비대격동사의 관점에서 살펴보면, 보다 이른 시기의 사동태는
일종의 통사적인 기초를 다지게 되었고, '使動'은 상고한어 시기 일종
의 광범위한 통사 조작 모델이 되었다. 그런데 先秦한어의 보다 이른 시
기에, 동사 범주는 마땅히 '자동'과 '사동'으로 구분해야 한다(洪波(2009)).
徐通鏘(1998)은 일찍이 "자동과 사동은 한어 의미통사의 두 가지 기본
문형이다."라고 언급한 바 있다. 그러면서 그는 또 "한어의 사동식은
조기에는 분명 일정한 형태 표지가 있었는데, 주로 성모 복자음의 전치
자음으로 표시했었다."라고 추측하기도 했다. 그리고 漢藏語 비교와 관

련된 연구에서는 바로 이러한 점들을 증명하고 있다.

상고한어의 복잡한 통사-형태 현상은 동사 범주의 관점에서 그 해답을 얻을 수 있는데, 이 말은 곧 자동과 사동이란 상대적인 동사 범주가 일찍이 언어에서 핵심적인 지위에 있었다는 것을 설명해준다. 비록 先秦한어 음운상황 중 많은 부분이 기록되어 오지 못했지만, 기존의 音注자료 및 통사적 사동의 광범위성으로 보면, 조기에 사동형태를 가지고 자동과 사동을 구분했던 동사쌍 수량이 상당했고, 보다 이른 시기에 한어가 일종의 능격언어였음을 판단할 수 있다.

한편, 한어와 유사한 藏語의 상황으로 보면, 상고한어는 일종의 의미 능격형 언어임에 틀림없다. 의미 능격형 언어라 함은 두 가지 가능성이 있다. 첫 번째 가능성은 상고한어는 결코 모든 능력과 절대격의 구별을 다 반영할 수 있는 그런 형태표지가 없었다는 것이다. 그 다음 두 번째 가능성은, 상고한어는 藏語와 유사하게, 주어가 능격 표지를 갖는데 의미의 제약을 받아서 동사의 의미와 연관이 되지만, 결코 엄격한 통사격은 아니라는 점이다. 이 중에서 상고한어는 후자에 속할 가능성이 있다. 이는 특히 방향동사 그룹 내부의 통사 표현이 일률적이지가 않아, 비대격성을 갖는 방향동사는 의지성이 약한 존현의미 환경에서 나타나고 있기 때문이다. 범언어적 각도에서 볼 때, 상고한어의 존현동사는 독특한 개성을 갖고 있다. 즉 대응하는 사동의 교체 형식이 있다는 것인데, 다시 말하면, 통사적 조작을 통해 치사자 논항을 증가시킬 수가 있고, 또 치사자가 항상 [+의지성]이라는 것이다. 그래서 강한 의지성의 주어는 원시한어 시기에 능격 표지를 갖고 있었을 가능성이 있다.

Dixon(1994)에 따르면, 능격언어는 반피동태와, 대격언어는 피동태와 종종 함께 실현되거나 일종의 함축적인 관계를 갖고 있다고 한다. 그런데 한어와 藏語의 유사성은 상고한어가 반피동태가 없는데다가 또 진정한 피동태도 없고, 피동은 단지 의미나 화용의 범주에 속한다는 점에서 나타난다. 한어와 마찬가지로 藏語도 피동태와 반피동태가 존재하지 않는다. 이는 곧 언어 유형상, 원시 한어는 藏語와 일치하며, 모두가 의미 능격형 언어임을 말해준다.

제10장

결어

　언어의 비대격 현상은 광범위한 관심을 불러일으켰다. 범언어적인 연구에 따르면, 비대격동사와 비능격동사의 대립은 초언어적 성격을 갖고 있으며, 자연언어에서는 확실히 존재한다고 한다. 지금까지 각 언어에서 전개된 비대격 현상에 대한 연구는 아직 일치된 의견이 이루어지지는 않고 있다. 특히 비대격동사의 판별식은 언어마다 약간씩 달라서 동일한 의미유형이라도 어떤 언어에서는 비대격동사이지만 다른 언어에서는 아닐 수도 있다. 이것은 비대격 현상의 복잡성을 충분히 반영하고 있으며, 동시에 구체적인 언어의 비대격 현상에 대해 앞으로도 보다 심도 있는 연구를 진행할 필요성이 있음을 강하게 시사하고 있다.

　현대한어의 비대격 현상에 대해서는 이미 많은 학자들이 연구를 진행해오고 있다. 예를 들어, Frei(1956), Li(李英哲)&Yip(1979), 呂叔湘(1987), 黃正德(1990), Zhou(1990). 徐烈炯(1995), 顧陽(1996), 徐烈炯 & 沈陽(1998), 徐杰(1999/2001), 楊素英(1999), 韓景泉(2001), 唐玉柱(2001), 何元建 & 王玲玲(2002), 王暉輝(2002), 朱曉農(2003), 鄧思穎(2004), 潘海華 & 韓景泉(2005), 呂雲生(2005), 曾立英 & 楊小衛(2005) 등이 있다. 그런데 Perlmutter(1978)가 '비대격가설'을 제기할 때, "비대격동사는 비능격동사와 함께 모두 단논항동사이고, 표층의 통사형식이 일치하지만 심층의 의미 관계가 다르다."라고 하였다. 통사표현으로 볼 때, 현대한어는 '외현성 비대격 현상'을 중심으로 한다. 즉 심층 의미상의 피동작주는 통사상의 목적어로 실현된다는 것이다. 이에 비해 '내포성 비대격 현상'은 명확한 제약조건이 있다. 따라서 비대격동사와 비능격동사가 표층의 통사상으로 분명한 차이가 있는 것이다.

상고한어의 비대격동사와 비능격동사는 표층 통사상으로 일치한다. 그러나 이와 관련된 '능격동사'연구와 진정한 비대격동사 연구의 방향은 아직 큰 차이가 있다. 그래서 상고한어 비대격동사의 통사적 특징 및 그것의 범언어적인 특수성에 대해서는 아직까지도 밝혀지지 않고 있다. 우리는 L&RH(1995)의 연구 성과를 이용하여, 비대격동사는 의미 예측으로부터 통사에 표현될 수 있다고 본다. 그리하여 비대격동사 의미상유형이 통사적으로 표현되는 것을 고찰하기 시작하여 상고한어 비대격동사의 가능한 판별식을 찾아내고, 비대격 현상의 기본적인 면모를 보여주려고 하였다. 아울러 비대격동사의 가능한 파생 방향을 토론하여, 통사－형태적 각도에서 상고한어의 언어 면모를 보다 깊이 있게 인식하고자 하였다. 따라서 본서에서는 최초로 비대격동사 이론을 운용하여 상고한어의 비대격 현상을 비교적 전면적으로 토론하였다. 그리고 통사－형태적 관점에서 상고한어의 사동태, 동사 논항 격부여의 특징 및 그것의 언어유형의 상황 등의 문제에 대해 매우 체계적으로 논의하였다.

본서는 상, 하편으로 나누어, 상고한어 동사의 비대격 현상에 대해 토론을 진행하였는데, 상편에서는 각 개별 동사의 통사 기능 고찰에 중점을 두었고, 하편에서는 이론적인 토론과 총결에 중점을 두었다. 그리하여 동사 연구를 통사－형태 영역으로 보다 깊이 파고 들어갔다. 따라서 이러한 면이 바로 본서의 가장 두드러진 특징이라고 할 수 있다. 본서에서는 아래의 몇 가지 방면에서 노력을 기울였다.

첫째, 연구 방법에 있어서, 동사에 대한 연구를《經典釋文》이나《郡經音辨》 등의 문헌 속 音注자료와 결합하여, 각 동사의 통사적 기능에 대해 전면적인 조사 통계를 진행하는 한편, 통사 연구와 형태 문제를 상호 연결시켜 다루었다. 이것은 상고한어의 동사 연구에 있어서 매우 의미 있는 시도라 할 수 있다.

둘째, 본 연구는 관련된 비대격 동사 이론을 이용하여, 주요 의미 유형의 비대격 동사에 대해 고찰을 진행하였다. 특히 전형적인 상태동사의 통사 기능을 기초로 하여, 상고한어 비대격동사의 가능한 판별식을 귀납해 내었고, 아울러 범언어적 각도에서 판별식의 합리성에 대해 토론을 진행하였다. 다양한 의미 유형의 비대격동사 특징의 전형성과 관련하여 그에 상응하는 비교와 판단을 진행함으로써, 비대격성의 강약 등급을 발견하게 되었는데, 이는 아래와 같다.

상태동사, 존현동사 > 동태형용사 > 방향동사 > 심리동사

토론을 통하여, 심리동사가 비대격 특징상 매우 복잡함을 밝혀냈다. 그리고 상고한어 동태형용사가 비대격적 특징을 갖고 있음도 밝혀내었다. 한편, 범언어적 각도에서 상고한어의 존현동사가 모종의 특수성을 갖고 있음을 알아냈는데, 존현동사는 대응하는 사동의 통사구조가 있어서 자동과 사동의 통사 교체형식을 충분히 구성할 수 있고, 통사기능상 상태동사와 완전히 평행하다. 방향동사는 특히 공인된 비대격동사이긴 하나, 상고한어의 방향동사는 약간 다르다. 이것은 행위주를 주어로 할 경우, 비능격동사와 동일한 통사기능이 있다. 예컨대, 淸聲母의 '降'이 형용사화하여 관형어로 쓰일 때, 하나의 현재분사와 유사하다. 또 去聲의 '走'는 사동용법이 없다. 이처럼 많은 면에서 비능격동사와 일치하고 있어서, 비대격동사와 비능격동사는 두 영역으로 확실히 구분할 수 없는 일종의 연속체임을 알 수 있다.

셋째, 전형적인 비능격동사의 통사기능에 대해 다음과 같이 총결하였다.

1) 가장 자주 발견되는 구조 및 최소 구성 형식은 'NP V'이나, 이때의 NP는 V의 외재논항, 즉 행위주 논항이다.
2) 일반적으로 사동의 통사구조가 없다. 만약 사동의 통사구조가 있다면, 그 사동문의 목적어는 통상 유생명명사로 제한된다.
3) 형용사화하여 관형어로 쓰일 수 있는데, 이때 "어떤 능력을 갖고 있음" 또는 수반, 진행의 의미를 나타낸다.

이 몇 가지 특징은 비대격동사와는 선명한 대조를 이룬다. 이를 통해 비대격동사와 비능격동사는 분명 두 가지 서로 다른 동사의 하위범주이고, 이들이 각각 통사 특징상 상응하는 표현이 있음을 알 수 있다.

넷째, 어떠한 동사가 사동화할 수 있는지에 대해 초보적인 결론을 제시하였다. 상고한어의 비대격동사, 비능격동사 그리고 급물동사는 모두 사동화할 수 있다. 다만 그들은 아래와 같은 하나의 등급서열을 준수한다.

비대격동사 > 비능격동사 > 급물동사

즉, 오른쪽 동사 유형이 사동화할 수 있다는 것은 곧 왼쪽 동사 유형도 사동화할 수 있다는 것이다. 그 가운데 비대격동사는 이러한 등급서열 중에서 가장 왼쪽에 위치하는데, 이는 비대격동사가 가장 쉽게 사동형식이 가능한 동사의 하위범주임을 의미한다. 물론 사동 교체형식이 있는 모든 동사가 다 비대격동사인 것은 아니다. 본서에서는 동시에 상고한어 '비논항의 목적어화 현상'에 대해서도 토론하고 결론을 내렸다. 그리하여 통사적으로 볼 때, 상고한어는 급물과 불급물의 구분이 있는 것이 아니고, 의미상의 불급물동사 유형이 이른바 '의미역 첨가'나 사동화를 통해 형태나 통사적 수단으로 급물화를 실현할 수 있다고 본다. 이때 이러한 목적어는 동사의 필수논항이 아니며, 통사적으로 일반 목적어나 사격목적어로 실현될 수 있다.

다섯째, 본서는 또 상고한어 비대격동사의 가능한 파생 방향에 대해서도 토론하였다. 상고한어 原生性 비대격동사는 사동접미사나 접두사를 통해 사동사를 파생시킬 수 있다. 또 급물동사에서 파생한 완료형식이 어휘로 고정화 된 후, 비대격동사로 파생될 수 있으며, 상태의미를 가진 급물동사가 탈급물화하여 비대격동사가 될 수도 있다. 그리고 비능격동사가 존현의 문맥에 출현할 때, 비대격동사로 파생되기도 한다.

여섯째, 본서는 상고한어의 통사 - 형태 관계에 대해 새로운 인식을 제시하였다. 본서는 비대격동사의 각도에서, 상고한어에 '敗'류와 '見'류라고 하는 두 가지 淸濁別義 현상이 존재함을 제시하였다. 전자의 淸濁別義가 구분하는 사동과 자동에서, 濁聲母의 동사는 原生性의 비대격동사이고, 후자의 濁聲母 동사는 급물동사의 완료형식으로 즉 파생성 비대격동사이다. 아울러 본서는 통사형식을 통해 이러한 사실을 논증하였다. 한편, 영주속빈문 "王冕死了父親"의 기원문제는 한어학계에서 광범위한 토론이 이루어진 바 있다. 학자들은 저마다 각종의 이론과 방법을 운용하여 다양한 결론을 제시하였다. 그러나 본서는 상고 비대격동사가 있는 영주속빈문의 표현을 상세히 고찰함으로써, 이 문형이 일종의 '틀설정 화제구조'이고, 또 이 문형의 형성은 한어의 '화제우선형 언어' 특징과 관련이 있음을 밝혀냈다. 본서는 또한 '之'류와 '往'류 適往詞들의 처소논항 통사 실현의 차이에 대해서도, 자료 통계 및 분석 연구를 진행하였는데, 이 두 유형 동사의 차이는 그들의 어휘계통에서의 지위차이로 인해 이루어진 것이라고 본다.

일곱째, 친속어인 藏語와의 통사 - 형태적인 비교를 하여, 보다 많은 통사 - 형태적인 특징을 통해, 상고한어의 언어유형 상황이 '의미 능격형 언어'임을 밝혀냈다. 이러한 통사 - 형태적 특징은 특히 상고한어의 '급물성'확장을 포함한다. 즉, 비대격동사와 비능격동사 모두 통사상으로 급물화 할 수 있으며, 전자의 非필수논항은 직접목적어로 실현될 수도 있고, 간접목적어로 실현될 수도 있다. 그런데 후자는 단지 직접목적어로만 실현이 가능하다. 이를 통해 다음과 같은 내용을 알 수 있다.

> "상고한어의 동사는 급물성 개념하의 분류와는 맞지가 않으며, 명사성 성분은 통사상 비강제적으로 출현하고, 특히 주어의 출현여부가 가장 자유롭다. 진정한 피동태와 반피동태는 존재하지 않으며 단지 사동태가 존재한다. 상고한어 목적어 의미의 복잡성과 통사적 실현 방식은 藏語의 여격 표지 la와 비교할 만하다. 상고한어의 어순은 SVO위주이며 SOV형을 겸하고 있다."

이러한 통사 – 형태적 현상은 藏語와 고도의 유사성을 갖고 있는데, 이를 통해, 상고한어는 혼합형 특징이 매우 현저하여 藏語와 중요한 관계가 있으며, 그중 상고한어 통사 – 형태적 면모에 영향을 주는 중요한 방면은 바로 동사의 분류임을 알 수 있다. 즉, 藏語의 사동태 접두사의 능격 상황은 상고한어가 아주 이른 시기에 분명 의미 능격형 언어였음을 의미한다.

工具书部分

辞源, 北京 : 商务印书馆, 1980.

经典释文, [唐]陆德明撰. 上海 : 上海古籍出版社, 1985.

群经音辨, 贾昌朝, 丛书集成初稿, 北京 : 中华书局, 1985.

十三经注疏, 上海 : 上海古籍出版社, 2007.

宋本广韵, 陈彭年等编, 南京 : 江苏教育出版社, 2002.

说文解字, [汉]许慎撰, [清]段玉裁注, 上海 : 上海古籍出版社, 1995.

同源字典, 王力著, 北京 : 商务印书馆, 1982.

王力古汉语字典, 王力主编, 北京 : 商务印书馆, 2000.

现代语言学词典(第四版), 戴维·克里斯特尔编, 沈家煊译. 北京 : 商务印
    书馆, 2002.

英汉语言学词汇, 陈慰主编, 北京 : 商务印书馆, 1998.

引用书目

春秋左传注, 杨伯峻编著, 北京 : 中华书局, 1995.

国语, 上海师范学院古籍整理组校点, 上海 : 上海古籍出版社, 1976.

韩非子集解, [清]王先慎撰, 钟哲点校, 北京 : 中华书局, 1998.

老子校释, 朱谦之撰, 北京 : 中华书局, 1984.

列子集释, 杨伯峻撰, 北京 : 中华书局, 1996.

论语译注, 杨伯峻译注, 北京 : 中华书局, 2002.

孟子译注, 杨伯峻译注, 北京 : 中华书局, 2003.

墨子集诂, 王焕镳, 上海 : 上海古籍出版社, 2005.

商君书注释, 高亨注译, 北京 : 中华书局, 1974.

诗集传, 朱熹撰, 南京 : 凤凰出版社, 2007

战国策, [西汉]刘向集录, 上海：上海古籍出版社, 1985.

荀子集解, [清]王先谦撰, 沈啸寰、王星贤点校, 北京：中华书局, 1988.

庄子集解, [清]郭庆藩撰, 王孝鱼点校, 北京：中华书局：1961

专著部分

包拟古, 1985,《原始汉语与汉藏语》, 潘悟云、冯蒸译, 北京：中华书局.

陈承泽, 1982,《国文法草创》, 北京：商务印书馆.

陈望道等著, 1987,《中国文法革新论丛》, 北京：商务印书馆.

伯纳德·科姆里, 2010,《语言共性和语言类型》(第二版), 沈家煊、罗天华译, 北京：北京大学出版社.

范晓, 1987,《汉语动词概述》, 上海：上海教育出版社.

菲尔墨, 2005,《"格"辨》, 胡明扬译, 北京：商务印书馆.

高本汉, 1995,《中国音韵学研究》, 北京：商务印书馆.

高名凯, 1957,《汉语语法论》, 北京：科学出版社.

高明乐, 2004,《题元角色的句法实现》, 北京：中国社会科学出版社.

管燮初, 1994,《〈左传〉句法研究》, 合肥：安徽教育出版社.

郭锐, 2002,《现代汉语词类研究》, 北京：商务印书馆.

黄坤尧, 1992,《经典释文动词异读新探》, 台北：学生书局.

黄坤尧, 1997,《音义阐微》, 上海：上海古籍出版社.

金理新, 2006,《上古汉语形态研究》, 合肥：黄山书社.

李方桂, 1980,《上古音研究》, 北京：商务印书馆.

李福印, 2006,《语义学概论》, 北京：北京大学出版社.

李佐丰, 2003,《上古汉语语法研究》, 北京：北京广播学院出版社.

李佐丰, 2004,《古代汉语语法学》, 北京：商务印书馆.

黎锦熙, 1992,《新著国语文法》, 北京：商务印书馆.

林杏光等, 1994,《现代汉语动词大词典》, 北京：北京语言学院出版社.

刘丹青, 2003,《语序类型学与介词理论》, 北京：商务印书馆.

刘丹青, 2008,《语法调查研究手册》, 上海：上海教育出版社.

刘景龙, 1985,《汉语文言语法》, 北京：中华书局.

吕叔湘，1982，《中国文法要略》，北京：商务印书馆.

吕叔湘·王海棻，2005，《〈马氏文通〉读本》，上海：上海世纪出版集团.

马学良主编，1991，《汉藏语概论》，北京：北京大学出版社.

梅祖麟，2000，《梅祖麟语言学论文集》，北京：商务印书馆.

潘悟云，2000，《汉语历史音韵学》，上海：上海教育出版社.

潘玉坤，2005，《西周金文语序研究》，上海：华东师范大学出版社.

蒲立本，2006，《古汉语语法纲要》，孙景涛译，北京：语文出版社.

沙加尔，2004，《上古汉语词根》，龚群虎译，上海：上海教育出版社.

沈家煊，1999，《不对称和标记论》，南昌：江西教育出版社.

沈　阳，2000，《配价理论与汉语语法研究》，北京：语文出版社.

沈　园，2007，《句法语义界面研究》，上海：上海教育出版社.

施向东，2000，《汉语和藏语同源体系的比较研究》，北京：华语教学出版社.

孙玉文，2000，《汉语变调构词研究》，北京：北京大学出版社.

太田辰夫，2003，《中国语历史文法》(修订译本)，蒋绍愚、徐昌华译，北京：
　　　北京大学出版社.

王力，1980，《汉语史稿》(修订本)，北京：中华书局.

王志敬，1994，《藏语拉萨口语语法》，北京：中央民族大学出版社.

吴安其，2002，《汉藏同源研究》，北京：中央民族大学出版社.

吴安其，2010，《文献语言的解释》，北京：中国社会科学出版社.

徐烈炯·刘丹青，1998，《话题的结构与功能》，上海：上海教育出版社.

徐通锵，2008，《历史语言学》，北京：商务印书馆.

雅洪托夫，1986，《汉语史论文集》，唐作藩、胡双宝选编，北京：北京大学出
　　　版社.

殷国光，1997，《〈吕氏春秋〉词类研究》，北京：华夏出版社.

杨伯峻·何乐士，2001，《古汉语语法及其发展》(修订本)，北京：语文出版社.

杨树达，1984，《高等国文法》，北京：商务印书馆.

影山太郎，2001，《动词语义学》，于勤、张勤、王占华译，北京：中央广播电
　　　视大学出版社.

张博，2000，《古代汉语词汇研究》，银川：宁夏人民出版社.

张博, 2003, 《汉语同族词的系统性+与验证方法》, 北京 : 商务印书馆.

张猛, 2003, 《〈左传〉谓语动词研究》, 北京 : 语文出版社.

张希峰, 1999, 《汉语词族丛考》, 成都 : 巴蜀书社.

张玉金, 2004, 《西周汉语语法研究》, 北京 : 商务印书馆.

张志毅 · 张庆云, 2005, 《词汇语义学》, 北京 : 商务印书馆.

赵元任, 1980, 《语言问题》, 北京 : 商务印书馆.

赵元任, 2005, 《汉语口语语法》, 北京 : 商务印书馆.

赵学清, 2004, 《〈韩非子〉同义词研究》, 北京 : 中国社会科学出版社.

郑张尚芳, 2003, 《上古音系》, 上海 : 上海教育出版社.

周法高, 1962, 《中国古代语法 · 构词编》, 台湾 : 台湾"中研院"历史语言研究所专刊.

周法高, 1962, 《中国古代语法 · 造句编》(上), 台湾 : 台湾"中研院"历史语言研究所专刊.

周守晋, 2005, 《出土战国文献语法研究》, 北京 : 北京大学出版社.

朱德熙, 1980, 《语法讲义》, 北京 : 商务印书馆.

Adele E. Goldberg, 2007, 《构式 : 论元结构的构式语法研究》, 吴海波译, 北京 : 北京大学出版社.

Artemis A. & M. Everaert, 2004, *The Unaccusativity Puzzle*, New York : Oxford University Press.

Bernhard Karlgren(高本汉), 1949, *The Chinese Language*, New York.

Beth Levin & Malka Rappaport Hovav, 1995, *Unaccusativity : At the Syntax-Lexical Semantics Interface*, The MIT Press Cambridge, Massachusetts London, England.

Beth Levin & Malka Rappapor tHovav, 2005, *The Argument Realization*, Cambridge University Press.

Burzio. L, 1986, Italian Syntax : A Government-Binding Approach Dordrecht : Reidel.

FransBlank, 1979, *Ergativity : Towardsa Theory of Grammatical Relations*, AcademicPressINC. (London)LTD.

Jae Jung Song, 1996, *Causative and Causation : A Universal-Typological Perspective,* Longman : London and NewYork.

Jae Jung Song, 2001, *Linguistic Typology : Morphology and Syntax,* Pearson Education Limited.

Lakoff George, 1970, *Irregularity in syntax.* Holt, Rinehart & Winston.

Matthews, 2000, *Morphology*(形态学)(Secondedition), 外语教学与研究出版社 & 剑桥大学出版社.

Pinker Steven, 1989, *Learnablity and cognition,* MITPress.

R. M. W. Dixon, 1994, Ergativity, CambridgeUniversityPress.

RalfVollmann, 2008, *Descriptions of Tibetan ergativity a historiographical account,* Leykam Graz.

StuartN. Wolfenden, 1929, *Outlines of Tibeto-Burman Linguistic Morphology,* The Royal Asiatic Society.

William Croft, 2000, *Typology and Universals,* 北京 : 外语教学与研究出版社.

William. E., 1981, *Argument Stucture and Morpholoty,* The Linguistic Review.

William H. Baxter(白一平), 1992, *A Handbook of Old Chinese Phonology,* Monton de Gruyter.

Vendler, Z, 1967, *Linguistics and Philosophy, Ithaca* : Cornell University Press.

论文部分

白一平, 1983,《上古汉语* 前缀的发展》,《语言研究》第1期.

边滢雨, 1997,《〈论语〉的动词、名词研究》, 北京大学博士学位论文.

蔡向阳, 2005,《论缅语动词的使动范畴》,《解放军外国语学院学报》第6期.

陈平, 1997,《试论汉语中三种句子成分与语义成分的配位原则》,《中国语文》第3期.

程工, 1995,《评〈题元原型角色与论元选择〉》,《当代语言学》第3期.

程琪龙, 1994,《及物和作格的系统功能分析》,《外国语》第6期.

储泽祥刘精盛等, 1997,《汉语存在句的历时性考察》,《古汉语研究》第4期.

崔立斌, 1995,《〈孟子〉动词、形容词、名词研究》, 北京大学博士学位论文.

大西克也, 2004,《施受同辞刍议——〈史记〉中的"中性动词"和"作格动词"》,
    《意义与形式——古代汉语语法论文集》(LincomEurop).

大西克也, 2008,《上古汉语"使"字句的语法化过程》, 中国国际语言学学会
    第16次年会(北京).

戴曼纯, 2001,《中动结构的句法特征》,《外语学刊》第4期.

戴庆厦·李洁, 2007,《汉藏语被动句的类型学分析》,《中央民族大学学报》
    第1期.

董秀芳, 2005,《古汉语宾语的表层隐现条件及其解释》,《语言学论丛》第31
    辑, 北京 : 商务印书馆.

董秀芳, 2006,《古汉语动名之间"于/於"的功能再认识》,《古汉语研究》第2期.

邓思颖, 2004,《作格化和汉语被动句》,《中国语文》第4期.

杜若明, 1990,《藏缅语动词使动范畴的历史演变》,《语言研究》第1期.

范晓, 1989,《施事宾语句》,《世界汉语教学》第1期.

方光焘, 1961,《关于古代汉语被动句基本形式的几个疑问》,《中国语文》10,
    11月.

方平权, 2000,《关于介词"于"由先秦到汉发展变化的两种结论》,《古汉语
    研究》第2期.

方文一, 2000,《"如、适、之、徂、逝、往"的几个问题》,《浙江师大学报》第2
    期.

冯胜利, 2005,《轻动词移位与古今汉语的动宾关系》,《语言科学》第1期.

冯英·曾晓渝, 2004,《藏缅语"致使"义表达方式的历史层次及类型学意义》,
    《西南师范大学学报》第1期.

傅爱兰, 杨将领, 1997《也谈独龙语的使动词》,《中国民族语言论丛》第2期.

高迎泽, 2011,《上古汉语及物动词研究语义、句法、语用和形态》, 南开大学
    博士学位论文.

格桑居冕, 1982,《藏语动词的使动范畴》,《民族语文》第5期.

龚煌城, 2004,《从汉藏语的比较看上古汉语的词头问题》, 载龚煌城《汉藏
    语研究论文集》, 北京 : 北京大学出版社.

古川裕, 2001, 《外界事物的显著性与句中名词的"有标性"——"出现、存

在、消失"与"有界、无界"》,《当代语言学》第4期.

顾阳, 1994,《论元结构理论介绍》,《国外语言学》第1期.

顾阳, 1996,《生成语法及词库中动词的一些特性》,《国外语言学》第3期.

顾阳, 1997,《关于存现结构的理论探讨》,《现代外语》第3期.

郭继懋, 1990,《领主属宾句》,《中国语文》第1期.

郭锡良, 1997,《介词"于"的起源和发展》,《中国语文》第2期.

郭晓红, 2010,《〈战国策〉形容词研究》,武汉大学博士学位论文.

韩景泉, 2000,《领有名词提升移位与格理论》,《现代外语》第3期.

何乐士, 2000,《从〈左传〉和〈史记〉的比较看〈史记〉被动句的特色》, 收入《古汉语语法研究论文集》,北京:商务印书馆.

何书·马景仑, 2007,《古汉语动词词义引申的义素运动模式研究》,《扬州大学学报》第2期.

洪波, 2009,《上古汉语*-s后缀的指派旁格功能》,《民族语文》第4期.

洪波, 2009,《周秦汉语被动语态之检讨》,《历史语言学研究》第2辑,北京:商务印书馆.

胡敕瑞, 2005,《从隐含到呈现试论中古词汇的一个本质变化》,《语言学论丛》第31辑,北京:商务印书馆.

华建光, 2010,《位移动词"至、往"的及物化过程和机制》,《语言科学》第2期.

黄锦章, 2004,《汉语中的使役连续统及其形式紧密度问题》,《华东师范大学学报》第5期.

黄行·赵明鸣, 2004,《我国少数民族语言类型学研究》,《中国社会科学院院报》6月17日.

黄正德, 1990,《中文的两种及物动词和两种不及物动词》收入《第二届世界华语文教学研讨会论文集》,台北:世界华文出版社.

黄正德, 2007,《汉语动词的题元结构与其句法表现》,《语言科学》第4期.

贾彦德, 1997,《对现代汉语语义格的认识与划分》,《语文研究》第3期.

蒋绍愚, 2001,《内动、外动和使动》,收入《汉语词汇语法史论文集》,北京:商务印书馆.

金理新, 2005,《汉藏语的完成体后缀*-s》,《民族语文》第2期.

金理新，2005，《受格动词后缀*-s》，《温州师范学院学报》第3期.

金理新，2005，《上古汉语清浊声母交替与动作的体》，《语文研究》第4期.

金娜娜，2004，《Dik与Halliday的作格观》，《郑州航空管理学院学报》第1期.

金鹏，1986，《汉语和藏语的词汇结构以及形态的比较》，《民族语文》第2期.

金树祥，2000，《〈战国策〉动词研究》，北京大学博士学位论文.

柯蔚南，1984，《藏语动词的形态变化》，《民族语文研究情报资料集》第3辑，中国社会科学院民族研究所语言室编.

李明，2008，《从"容"、"许"、"保"等动词看一类情态词的形成》，《中国语文》第3期.

李永，2003，《上古汉语动词分化的语义基础和句法机制》，《贵州师范大学学报》第1期.

李宇明，1987，《存现结构中的主宾互易现象研究》，《语言研究》第2期.

李佐丰，1983，《先秦汉语的自动词及其使动用法》，《语言学论丛》第10辑，北京：商务印书馆.

李佐丰，1994，《先秦的不及物动词和及物动词》，《中国语文》第4期.

李佐丰，1996，《古代汉语教学中的使动与活用》，《中国语文》第2期.

刘承慧，1999，《先秦汉语的结构机制》，《中国境内语言暨语言学》第5辑.

刘承慧，2006a，《先秦汉语的受事主语句和被动句》，《语言暨语言学》第5辑.

刘承慧，2006b，《先秦动词类型及词性转化》，《语言学论丛》第34辑，北京：商务印书馆.

刘丹青，2003，《论元分裂式话题结构初探》，载于徐烈炯、刘丹青主编《话题与焦点新论》，上海：上海教育出版社.

刘丹青，2004，《先秦汉语语序特点的类型学观照》，《语言研究》第3期.

刘丹青，2005，《形容词和形容词短语的研究框架》，《民族语文》第5期.

刘芳，2009，《几组趋向动词演变研究》，福建师范大学博士学位论文.

刘宁生，1985，《动词的语义范畴："动作"与"状态"》，《汉语学习》第1期.

刘探宙，2009，《一元非作格动词带宾语现象》，《中国语文》第2期.

刘一之，2003，《古代汉语中的"受事名词+动词"句式》，载入刘丽文、赵雪主编《古代语言现象探索》，北京：北京广播学院出版社.

刘正光·崔刚, 2005, 《语法原型与及物性》, 《外语与外语教学》第1期.

鹿钦佞·洪波, 2008, 《上古汉语形态研究的回顾与展望》, 《南开语言学刊》第1期.

刘晓林, 2007, 《也谈"王冕死了父亲"的生成方式》, 《中国语文》第5期.

陆丙甫, 2001, 《从宾语标记的分布看语言类型学的功能分析》, 《当代语言学》第4期.

吕海霞, 2008, 《汉语"适往"词的历时演变研究》, 苏州大学硕士学位论文.

吕叔湘, 1987, 《说"胜"和"败"》, 《中国语文》第1期.

吕云生, 2005, 《有关"施事后置"及"非宾格假说"的几个问题》, 《语言科学》第5期.

马庆株, 1992, 《自主动词和非自主动词》, 收入《动词和动词性结构》, 北京: 北京语言学院出版社.

马志刚, 2009, 《题元准则、非宾格假设与领主属宾句》, 《汉语学报》第1期.

梅祖麟, 1980, 《四声别义中的时间层次》, 《中国语文》第6期.

梅祖麟, 2008, 《上古汉语动词清浊别义的来源》, 《民族语文》第3期.

倪蓉, 2008, 《现代汉语作格交替现象研究》, 上海外国语大学博士学位论文.

潘海华·韩景泉, 2005, 《显性非宾格动词结构的句法研究》, 《语言研究》第3期.

潘海华·韩景泉, 2008, 《汉语保留宾语结构的句法生成机制》, 《中国语文》第6期.

潘秋平, 2004, 《上古汉语中的清浊别义及其相关的问题》, 收入《丁邦新教授荣休纪念论文集》, 香港科技大学人文学部中国语言学研究中心.

潘悟云, 1987, 《谐声现象的重新解释》, 《温州师范学院学报》第4期.

潘悟云, 1991, 《上古汉语使动词的屈折形式》, 《温州师范学院学报》第2期.

任鹰, 2009, 《"领属"与"存现":从概念的关联到构式的关联——也从"王冕死了父亲"的生成方式说起》, 《世界汉语教学》第3期.

沈家煊, 1999, 《转指和转喻》, 《当代语言学》第2期.

沈家煊, 2006, 《"王冕死了父亲"的生成方式》, 《中国语文》第4期.

沈家煊, 2009, 《"计量得失"和"计较得失"——再论王冕死了父亲的句式意义和生成方式》, 《语言教学与研究》第5期.

沈阳，1995，《领属范畴及领属性名词短语的句法作用》，《北京大学学报》第5期.

沈阳，1995，《名词短语部分移位造成的非价成分："占位NP"与"分裂NP"》，收入《现代汉语配价语法研究》，北京：北京大学出版社.

沈阳，2001，《名词短语分裂移位与非直接论元句首成分》，《语言研究》第3期.

石毓智，2007，《语言学假设中的证据问题——论"王冕死了父亲"之类句子产生的历史条件》，《语言科学》第4期.

帅志嵩，2008，《"王冕死了父亲"的衍生过程和机制》，《语言科学》第3期.

宋绍年，1994，《汉语结果补语式的起源再探讨》，《古汉语研究》第2期.

宋素珍·张明明·丁治民，2006，《上古汉语的被动形式》，《温州师范学院学报》第6期.

宋亚云，2005，《汉语作格动词的历史演变及相关问题研究》，北京大学博士学位论文.

宋亚云，2006，《从〈左传〉的"见""闻""伐"看上古汉语的使动构词和被动构词》，《语言学论丛》第32辑，北京：商务印书馆.

孙宏开，1998，《论藏缅语动词的使动语法范畴》，《民族语文》第6期.

孙宏开，2006，《汉藏语研究的问题》，《语言科学》第1期.

孙宏伟，2004，《〈韩非子〉使动用法研究》，北京大学硕士学位论文.

孙晋·伍雅清，200,3《再论领有名词提升移位》，《语言科学》第6期.

孙良明，2002，《关于取消"介词省略"说以及"于"字用法的问题》，《古汉语研究》第3期.

孙良明，2005，《当今古汉语语法分析质疑——古注语法分析启示琐记》，《山东师范大学学报》第4期.

孙天琦，2009，《谈汉语中旁格成分作宾语现象》，《汉语学习》第3期.

孙天琦·李亚非，2010，《汉语非核心论元允准结构初探》，《中国语文》第1期.

孙玉文，1992，《略论清儒关于上古汉语四声别义的研究》，《湖北大学学报》第4期.

孙玉文，2004，《从"闻""见"的音变构词看上古汉语有被动构词》，《湖北大学学报》第4期.

汤廷池，2002，《汉语复合动词的"使动与启动交替"》，《语言暨语言学》第3期.

唐钰明·周锡，1985，《论上古汉语被动式的起源》，《学术研究》第5期.

唐钰明，1988，《古汉语被动式变换举例》，《古汉语研究》第1期.

唐玉柱，2001，《存现句中的there》，《现代外语》第1期.

陶红印，2000，《从"吃"看动词论元结构的动态特征》，《语言研究》第3期.

王葆华，2003，《动词的语义及论元配置句法语义接口研究》，复旦大学博士学位论文.

王力，1980，《汉语滋生词的语法分析》，《语言学论丛》第6期，北京：商务印书馆.

王力，2000，《古汉语自动词和使动词的配对》，原载《中华文史论丛》第6期，收入《王力语言学论文集》，北京：商务印书馆.

王宁，1994，《先秦汉语的词汇意义与语法分别》，载高思曼、何乐士主编《第一届国际先秦汉语语法研讨会论文集》，长沙：岳麓书社.

王文婷，2013，《古汉语中位移动词的变读问题研究》，《语言研究》第3期.

王志军，2004，《及物性的典型研究》，《外国语》第4期.

温宾利·陈宗利，2001，《领有名词移位：基于MP的分析》，《现代外语》第4期.

巫雪如，2009，《从认知语义学的角度看上古汉语的"作格动词"》，《清华中文学报》第2期.

吴安其，1996，《与亲属语相近的上古汉语的使动形态》，《民族语文》第6期.

吴安其，1997，《汉藏语的使动和完成体前缀的残存与同源的动词词根》，《民族语文》第6期.

吴福祥，1999，《试论现代汉语动补结构的来源》，收入江蓝生、侯精一主编《汉语现状与历史的研究》首届汉语语言学国际研讨会论文集，北京：中国社会科学出版社.

吴国忠，1989，《古汉语介词"于"使用的随意性》，《求是》第6期.

吴益民，1998，《双重投射假设和及物性变异》，《现代外语》第3期.武内绍人·尤氏大卡哈使著.

益西译，1997，《关于藏语及物与非及物动词作谓语句的不同形式的再思考》，《西藏研究》第4期.

夏晓蓉, 2001,《英汉v-R结构与非宾格现象》,《外语教学与研究》第3期.

解惠全·洪波, 1988,《"于""於"介词用法考》,《语言研究论丛》第五辑, 天津: 南开大学出版社.

谢质彬, 1982,《论古汉语不及物动词带宾语——兼论及物动词和不及物动词的区别》,《河北大学学报》第3期.

谢质彬, 1996,《古代汉语反宾为主的句法及外动词的被动用法》,《古汉语研究》第2期.

谢质彬, 2004,《上古汉语中的几种特殊宾语》,《古汉语研究》第3期.

徐丹, 2001,《从动补结构的形成看语义对句法结构的影响——兼谈汉语动词语义及功能的分化》,《语文研究》第2期.

徐丹, 2004,《先秦汉初汉语里动词的指向》,《语言学论丛》第29辑, 北京: 商务印书馆.

徐丹, 2005,《谈破——汉语某些动词的类型转变》,《中国语文》第4期.

徐杰, 1999,《两种保留宾语句式及相关句法理论问题》,《当代语言学》第1期.

徐杰, 2001,《"及物性"特征与相关的四类动词》,《语言研究》第3期.

徐烈炯·沈阳, 1998,《题元理论与汉语配价问题》,《当代语言学》第3期.

徐通锵, 1998,《使动和自动——汉语语义句法的两种基本句式及其历史演变》,《世界汉语教学》第1期.

徐悉艰, 1984,《景颇语的使动范畴》,《民族语文》第1期.

薛凤生, 1997,《古汉语中的主语省略与所谓的被动句型》,《中国语言学论丛》第1辑, 北京: 北京语言文化大学出版社.

严学宭, 1979a,《论汉语同族词内部屈折的变换模式》,《中国语文》第2期.

严学宭, 1979b,《谈汉藏语同源词和借词》,《江汉语言学丛刊》第1辑, 湖北省语言学会编.

杨福绵, 1991,《反映在上古汉语多音字中的原始汉语前缀》,《语言研究》第1期.

杨稼辉, 2010,《论汉语中的性质形容词和状态形容词》, 湖南大学硕士学位论文.

杨建国, 1979,《先秦汉语的状态形容词》,《中国语文》第6期.

杨将领，2003，《藏缅语使动范畴的分析形式》，《民族语文》第3期.

杨荣祥，2002，《古汉语中"杀"的语义特征和功能特征》，《汉语史学报》第2辑.

杨素英，1999，《从非宾格动词现象看语义和句法结构之间的关系》，《当代语言学》第1期.

杨武铭，1982，《西周金文被动句式简论》，《古文字研究》第7期.

杨秀芳，2001，《从汉语史观点看"解"的音义和语法性质》，《语言暨语言学》第2期.

姚振武，1999，《先秦汉语受事主语句系统》，《中国语文》第1期.

余蔼芹著，王丽玲译，2013，《先秦汉语的"之"》，原名为ZhiinPre-Qin Chinese，载T'oungPao(1998)，收录于吴福祥编《境外汉语历史语法研究文选》，上海：上海教育出版社.

俞理明·吕建军，2011，《"王冕死了父亲"句的历史考察》，《中国语文》第1期.

俞敏，2008，《古汉语派生新词的模式》，收入《俞敏语言学论文集》，北京：商务印书馆.

袁秀凤，2006，《非宾格动词理论研究浅析》，《福建工程学院学报》第5期.

袁毓林，2002，《论元角色的层级关系和语义特征》，《世界汉语教学》第3期.

袁毓林，2004，《论元结构和句式结构互动的动因、机制和条件——表达精细化对动词配价和句式构造的影响》，《语言研究》第2期.

曾立英，2007，《作格研究述评》，《现代外语》第4期.

曾立英，2007，《现代汉语作格动词的判定标准》，《语言学论丛》第35辑，北京：商务印书馆.

曾立英·杨小卫，2005，《从"作格"角度谈主语系统的选择》，《汉语学报》第4期.

张国宪，1995，《现代汉语的动态形容词》，《中国语文》第3期.

张国宪，2006，《性质形容词重论》，《世界汉语教学》第1期.

张国宪，2007a，《状态形容词的鉴定和语法特征描述》，《语言科学》第1期.

张国宪，2007b，《形容词下位范畴的语义特征镜像》，《汉语学报》第2期.

张猛，2004，《关于〈左传〉动词"伤"的义项判定规则》，《语言学论丛》第29辑，北京：商务印书馆.

张敏，2008，《空间地图和语义地图上的"常"与"变"——以汉语被动、使役、处置工具、受益者等关系标记为例》(讲座), 天津 : 南开大学.

张玉金, 2003, 《西周汉语语法研究的回顾暨展望》, 《语言研究》第3期.

赵彦春, 2001, 《Burzio内论元说证伪》, 《现代外语》第2期.

赵彦春, 2002, 《作格动词与存现结构症结》, 《外语学刊》第2期.

周法高, 1953, 《语音区别词类说》, 《史语所集刊》第24本.

周毛草 2002, 《藏语的行为动词和行为结果动词》, 《民族语文》第6期.

周祖谟, 1966, 《四声别义释例》, 收入《问学集》, 北京 : 中华书局.

朱晓农, 2003, 《谈谈调查太平洋岛施格语的学习体会》, 收入戴昭铭编《汉语方言语法研究和探索》, 哈尔滨 : 黑龙江人民出版社.

朱行帆 2005 《轻动词和汉语不及物动词带宾语现象》, 《现代外语》第3期.

August Conrady, 1896, Eine Indochinesische Kausativ-Denominativ : Bildung und ihr Zusammenhang mit den Tonakzenten. Leipzig.

Belletti, A., 1988, The case of unaccusatives, *Linguistic Inquiry* 19, 1 : 1-34.

BernhardKarlgren(高本汉), 1956, Cognate Words in the Chinese Phonetic Series. *Bulletin of the Museum of Far Eastern Antiquities* 28, 1-18.

Carlson, G. N., 1977, Reference to Kinds in English. PhD, University of Massachusetts, Amherst.

Charles N. Li, 1997, On Zero Anaphora. *Essays on Language Function And Language Typology*, John Benjamins Publishing Company.

Chomsky Noam, 1970, Remarks on Nominalization. Roderick A. Jacobs and Peter S. Rosenbaum(eds), *Readingsin English Trans formational Grammar*, 184-221.

Cikoski, John S., 1978a, An Outline Sketch of Sentence Structures and Word Classes in Classical Chinese—Three Essays on Classica lChinese Grammar : I. *Computational Analyses of Asian & AfricanLanguage*s, No. 8.

Cikoski, John S., 1978b, An Analysis of Some Idioms Commonly Called "Passive" in Classical Chinese—Three Essayson Classical Chinese Grammar : Ⅲ. *Computational Analyses of Asian & African Languages*, No. 9.

Dowty, David, 1991, Thematic Proto-roles and Argument Selection. *Language*,

67(3): 547-619.

Dryer, Matthew S, 1986, Primary Objects, Secondary Objects, and Antidative. *Language*, 62. 4: 808-845.

Elena Paducheva, 2007, Causatives, Decausatives and Unaccusatives. 语言学—Google学术搜索.

Fillmore, 1982, Framesemantics. *In Linguistics in the Morning Calm. Seou: l Hanshin*, 111-137. 中译本: 詹卫东译, 2003《框架语义学》,《语言学论丛》第27辑, 北京: 商务印书馆.

Guerssel, Mohamed, Ken Hale, Mary Laughren, Beth Levin, and Josie W. Eagle, 1985, A Cross-linguistic Study of Transitivity Alternations. *Paper from tue Parasession on Causatives and Agentivity*, CLS21, part2: 48-63.

Hopper, P. & Thompson, 1980, Transitivity in Grammer and Discourse. Language, 56: 251299.

Kipasky, P., 1997, Remarks on Denominal Verbs. In Alex Alsina et al. (Eds.), *Complex Predicates*, CSLI.

MeiTau-lin(梅祖麟), 1989, The Causative and Denominative Functions of the*s-Prefix in Old Chinese. *Proceedings of the Second International Conference on Sinology* (SectiononLinguisticsandPaleography), 33-52.

Nedyalkov, V. P. & G. G. Silnitsky, 1973, The Typology of Morphological and Lexical Causatives. InF. Kierfer[Eds.] *Trends in Soviet Theoretical Linguistics*, Dordrecht: Reidel.

Perlmutter, D. M., 1978, Impersonal Passives and the Unaccusative Hypothesis. In Proceedings of the fourth Annual Meeting of the Berkeley Linguistics Society, *Berkeley Linguistics Society*, University of California, Berkeley.

Peter K. Austin, 200, Causative and Applicative Constructions in Australian Aboriginal Languages. 语言学—Google学术搜索.

Peyranbe, Alain, 1996, Recent Issuesin Chinese Historic Syntax. InC. —T. J. Huang & Y. -H. Li(eds). *New Horizons in Chinese linguistic*.

Pulleyblank, EdwinG. (蒲立本), 1973, Some New Hypotheses Concerning Word

Families in Chinese. Journal of Chinese Linguistics, 1 : 1. 111-125.

RabdyJ. Lapolla 1992 'Anti-ergative' Marking in Tibeto-Burman. *Linguistics of the Tibeto-BurmanArea,* Vollume15 : 1.

Sagart, L(沙加尔), 1994, Old Chinese and Proto-Austronesian evidence for Sino-Austuonesian. *Oceanic Linguistics,* 33 : 2. 271-308.

Stemphanie Harves, 2006, Non-Agreement, Unaccusativity and the External Argument Constraint. 语言学—Google学术搜索.

Van Valin, R. D. JR., 1990, Semantic Parameters of Split Intransitivity. *Language,* 66 : 221-260.

Werner Abraham. On Identifying Unaccusativity. 语言学—Google 学术搜索.

Y. C. Li(李英哲) & M. Yip, 1979, The Bǎ-construction and Ergativity in Chinese. In Plank, France(Ed.), *Ergativity : Towards A Theory of Grammatical Relations,* 103-114. London : AcademicPress.

Zaene, A 1993 Unaccusativity in Dutch : Integrating Syntax and Lexical Semantics. InJ. Pustejovsky(ed.)*SemanticsandLexicalSemantics,* 129-161. Dordrecht : Kluwer.

Zhou, X. P., 1990, Aspects of Chinese Syntax : Ergativity and Phrase Structure. PhD, University of Illinois, Urbana.

| 지은이 소개 |

楊作玲

중국 南開大學 중문과를 졸업하고 동대학에서 석사와 박사학위를 취득하였다. 2009
년부터 현재까지 중국 三峽大學의 '문학 및 매스미디어대학' 부교수로 재직 중이다.
한어사 전반과 통사론 등을 연구하고 있으며 특히 상고한어 어법을 주로 연구하고
있다. 본서는 그의 박사학위논문을 정리하여 출간한 것이다.

| 옮긴이 소개 |

박원기

고려대학교 한문학과, 고려대학교 중문과 석사과정 졸업. 중국 上海 復旦大學 중문
과에서 박사학위를 취득하였고, 2009년 이후 현재까지 원광대학교 중국학과 교수로
재직 중이다. 주요 연구 분야는 중국 어법사로, 중국어의 문법화를 연구해 왔으며,
구문문법 이론에 기반한 구문화 이론도 연구하고 있다. 그리고 최근에는 상고한어의
형태를 연구하고 있다. 저서로는 『중국어와 문법화』, 『백유경의 언어: 중고중국어의
세계』 등이 있고, 『구문화와 구문변화』, 『중국어교수법 연구』 등의 역서가 있으며,
「중고중국어 'V+(O)+令/使+(O)+XP'구문의 구문론적 해석」(2020년) 외 다수의 논문
이 있다.

상고한어의 비대격동사와 형태현상
上古汉语非宾格动词研究

초판 인쇄   2020년 12월   1일
초판 발행   2020년 12월 20일

지 은 이ㅣ楊作玲
옮 긴 이ㅣ박 원 기
펴 낸 이ㅣ하 운 근
펴 낸 곳ㅣ學古房

주   소ㅣ경기도 고양시 덕양구 통일로 140 삼송테크노밸리 A동 B224
전   화ㅣ(02)353-9908 편집부(02)356-9903
팩   스ㅣ(02)6959-8234
홈페이지ㅣwww.hakgobang.co.kr
전자우편ㅣhakgobang@naver.com, hakgobang@chol.com
등록번호ㅣ제311-1994-000001호

ISBN 979-11-6586-117-9 93720

값: 36,000원